최신출제동형
100문항

문항 및 시험시간

평가영역	문항 수	시험시간	비 고
자산관리사(FP) 2부	100문항	100분	

※ 이 자료는 저작권법에 의해 보호를 받는 저작물이므로 동영상 제작 및 무단전재와 복제를 금합니다.

은행FP 자산관리사 2부

최신출제동형 100문항

제1과목 금융자산 투자설계(70문항)

01 다음 중 표지어음에 대한 설명으로 옳지 않은 것은?

① 표지어음은 은행, 종합금융회사, 상호저축은행 등에서 취급하며 가입대상 및 최고 예치한도의 제한은 없다.
② 표지어음의 최저 가입금액은 통상 5백만원 또는 1천만원 이상이다.
③ 표지어음의 발행기간은 60일 이상으로 하되 원어음의 최장 만기일을 초과하여 발행할 수는 없다.
④ 표지어음은 중도해지는 불가능하지만 어음의 특성상 배서에 의한 양도는 가능하다.
⑤ 표지어음은 예금자보호법에 의해 보호된다.

02 다음 중 농어가목돈마련저축에 대한 설명으로 옳지 않은 것은?

① 가입대상은 일반 및 저소득 농어민으로 구분된다.
② 농어민의 생활안정과 재산형성을 지원하기 위해 도입된 특별우대 비과세 저축으로, 지역농협이나 지구별·업종별 수협에서 취급하는 3년 이상의 장기저축상품이다.
③ 가입 직전 3개 과세기간 중 2회 이상 금융소득종합과세자에 해당하는 경우에는 이자소득에 대하여 과세된다.
④ 가입기간 중 일반중도해지 시에는 이자소득에 대하여 과세된다.
⑤ 농어촌의 계절적인 자금사정을 고려하여 분기 또는 반년 납부도 가능하며, 납입한도 범위 내에서 여러 구좌로 나누어 가입할 수 있다.

03 다음 중 목돈마련을 위한 적립식 상품에 대한 설명으로 옳지 않은 것은?

① 적립식 상품은 만기가 있는 상품으로 요구불예금과 비교하여 수익성은 높으나 유동성이 낮다.
② 농어가목돈마련저축은 일정 자격에 부합하는 농어민 및 저소득 농어민을 대상으로 하는 저축상품으로 예금자보호법의 보호를 받는다.
③ 청년 희망적금의 예치기간은 2년이며, 가입한도는 매월 50만원 이하이다.
④ 신용부금의 저축방법은 월부금식과 일부금식 두 가지의 형태가 있으며, 비과세종합저축으로 가입이 가능하다.
⑤ 재형저축은 2015년 이후 신규 가입이 불가하다.

은행FP 자산관리사 2부

04 다음 주가지수연동정기예금의 만기 지급수익률은 얼마인가?

- 1년 만기 20% 베리어 상승수익추구형
- 참여율 : 30%
- 리베이트 조건 : 0.5%
- 주가지수 상승률 : 10%(최고상승률 15%, 최저하락률 25%)

① 0% ② 0.5%
③ 3% ④ 20%
⑤ 30%

05 다음 중 주택청약종합저축에 대한 설명으로 옳지 않은 것은?

① 국민주택 또는 민영주택에 청약하려는 자는 입주자모집공고일 현재 주택청약종합저축에 가입되어 있어야 한다.
② 입주자저축의 가입자가 청약하는 주택의 면적을 변경하고자 하는 경우에는 청약신청일까지 변경하여야 한다.
③ 적용이율은 한국은행에 발표하는 예금은행 정기예금 가중평균 수신금리 등을 고려하여 주택청약종합저축의 가입일부터 해지일까지의 기간에 따라 국토교통부장관이 고시하는 이자율을 적용하여 산정한다.
④ 무주택세대주로서 총 급여액이 세법에서 정한 일정 금액 이하인 근로자의 경우 연간 납입액 300만원 한도의 40% 범위 내에서 소득공제가 가능하다.
⑤ 주택청약종합저축의 가입자 명의변경은 반드시 주택공급 신청 전에 하여야 한다.

06 다음 중 개인종합자산관리계좌(ISA)에 대한 설명으로 옳지 않은 것은?

① 만 19세 이상 거주자 또는 만 15세 이상 만 19세 미만으로서 근로소득이 있는 자면 누구나 가입이 가능하나, 직전 3개년도 중에서 1회 이상 금융소득종합과세 대상자에 해당하는 경우에는 가입이 불가능하다.
② 연간납입한도는 2,000만원 이하이나, 조세특례제한법에 따라 재형저축 또는 장기집합투자증권저축에 가입한 경우에는 연간 계약금액 총액을 차감한다.
③ 일반형의 비과세 한도는 200만원이고, 서민형과 농어민형의 비과세 한도는 400만원이다.
④ 의무가입기간은 5년이며, 총 납입한도는 1억원 이하로서 연간 2천만원 한도 중 미납입분에 대한 이월납입이 가능하다.
⑤ 일임형 ISA는 투자자의 위험성향별로 모델포트폴리오(MP)를 구성하여 제시하여야 하고, 분기 1회 이상 포트폴리오 재배분을 실시해야 한다.

07 금융소비자보호법상 청약의 철회 및 위법계약의 해지에 대한 설명으로 옳지 않은 것은?

① 투자성 상품 중에서 금소법상 청약철회가 가능한 대상상품은 고난도금융투자상품, 고난도투자일임계약, 고난도금전신탁계약, 비금전신탁이다.
② 청약의 철회는 투자자가 청약 철회의사를 표시하기 위하여 서면(전자우편, 휴대전화 문자메시지 또는 이에 준하는 전자적 의사표시 포함) 등을 발송한 때에 효력이 발생한다.
③ 금융소비자는 금융상품의 계약체결일로부터 5년 이내, 위법계약 사실을 안 날로부터 1년 이내인 경우 서면 등으로 계약의 해지를 청구할 수 있다.
④ 금융회사가 위법계약해지청구권을 수락하여 해지되는 경우에는 별도의 수수료, 위약금 등 계약의 해지에 따른 비용을 부과할 수 없다.
⑤ 투자성 상품은 계약서류를 제공받은 날로부터 10일 이내에 철회가 가능하다.

08 다음 괄호 안에 들어갈 말로 옳은 것은?

> 상장지수펀드(ETF) 집합투자증권에 대하여 집합투자기구 설립 또는 설정일로부터 (　　) 이내에 증권(거래소) 시장에 상장하도록 하고 있다.

① 7일　　　　　　　　　　　② 15일
③ 20일　　　　　　　　　　 ④ 30일
⑤ 50일

09 다음 중 원금보장형 구조화 상품에 대한 설명으로 옳지 않은 것은?

① 방향성 수익추구형의 수익구조는 기초자산 가격 변동폭에 대한 참여율을 적용하면서 일정 베리어를 터치할 경우 낙아웃이 발생하는 구조가 가장 일반적이다.
② 참여율이란 기초자산의 상승 또는 하락에 대하여 펀드의 수익이 얼마만큼의 비율로 참여하는가를 나타내는 비율이다.
③ 하락수익추구형은 주가지수 하락 시 원본을 보존하면서 상승에 따른 참여율을 적용받는 구조이다.
④ 범위형은 기초자산 가격이 특정 범위 내에 있을 때는 사전에 정한 일정한 수익률을 지급하고, 기초자산 가격이 특정 범위를 벗어나는 경우에는 원금만 지급하는 구조이다.
⑤ 디지털형은 미리 정한 조건이 충족되면 수익을 지급하고, 그렇지 않으면 수익을 지급하지 않는 형태이다.

은행FP 자산관리사 2부

10 다음 중 스텝다운형 구조화 상품에 대한 설명으로 옳지 않은 것은?

① 일정 단위의 평가기간마다 기초자산 가격을 평가하여 사전에 정한 상환조건을 만족하는 경우 조기상환일에 원금과 수익금을 상환하지만, 조건을 만족하지 못하는 경우에는 상환조건이 조금씩 낮아지는 구조이다.
② 기초자산의 변동성은 낮을수록 유리하고, 상관관계는 높을수록 유리하다.
③ 일반적으로 투자기간이 길수록 낙인 발생 시 원금회복가능성이 높다.
④ 조기상환 조건 평가가격이 높을수록, 평가주기는 길수록 유리하다.
⑤ 다른 조건이 동일하다면 쿠폰 수익률이 높을수록 유리하다.

11 다음 중 신탁에 대한 설명으로 옳지 않은 것은?

① 신탁은 기본적으로 위탁자와 수탁자 간의 특별한 신임관계에 기초하여 이루어지는 법률행위로 위탁자와 수탁자 간 신탁계약 또는 위탁자의 유언에 의해 성립한다.
② 신탁의 수익자는 위탁자가 지정해야 하며, 별도로 지정하지 않은 경우에는 위탁자는 수익자가 될 수 없다.
③ 미성년자, 금치산자, 한정치산자, 파산자 등은 수탁자가 될 수 없다.
④ 위탁자의 지위는 수탁자와 수익자의 동의를 받아야 제3자에게 이전 가능하다.
⑤ 신탁재산관리인은 수탁자가 불가피한 사정으로 사임 또는 기타 사유로 해임되었을 경우에 수탁자를 대신하여 임시적으로 신탁재산을 관리하는 자를 말한다.

12 다음 중 특정금전신탁에 대한 설명으로 옳지 않은 것은?

① 자산유동화증권은 특판형 특정금전신탁에서 기초자산으로 많이 이용하고 있는 것으로, 금융기관이나 기업 등이 보유하고 있는 자산을 표준화 및 특정 조건별로 집합화하고 이를 기초로 증권을 발행한 후 매각하여 자산을 현금화한 증권이다.
② 신탁기간은 5년 이상 장기만 가능하다.
③ 특정금전신탁에서 운용할 수 있는 기초자산의 종류에 대해 법률에서 특별하게 제한하고 있지는 않다.
④ 원칙적으로 신탁금액에는 제한이 없으나, 일반적으로 금융기관에서 자체적으로 최저 신탁금액을 일정 금액 이상으로 제한하고 있다.
⑤ 실적배당형 상품으로 예금자보호법에 의해 보호되지 않는다.

13 다음 중 한정근담보에 대한 설명으로 옳은 것은?

① 담보 약정 시 대출종류가 아닌 채무자를 기준으로 채무자와 금융기관 간 모든 거래를 담보하는 담보권의 종류로 담보권이 말소될 때까지 포괄적으로 책임을 부담한다.
② 담보 약정 시 특별히 지정된 대출과 관련하여 계속적으로 발생하는 대출을 담보하는 종류로 동일 대출의 기한 연장은 가능하다.
③ 담보 약정 시 특별히 지정된 대출에 한해 담보를 제공하는 담보권의 종류로 대출의 기한연장이나 갱신 등이 허용되지 않는다.
④ 담보 약정 시 소유권을 이전하나, 실제 목적은 채무 담보에 있는 담보 방식이다.
⑤ 담보 약정 시 지정된 대출 종류에 대해 현재부터 미래에 완납할 때까지 지속적으로 책임을 부담하는 담보권의 종류로 기한연장이나 재대출 등이 가능하다.

14 다음 중 외화예금 상품에 대한 설명으로 옳지 않은 것은?

① 전신환매매율은 자금의 결제를 전신환을 통해 실행하는 경우 적용되는 환율로, 자금의 결제가 1일 이내에 완료된다.
② 외화예금과 관련하여 적용되는 대고객 환율은 전신환매매율이라고 할 수 있다.
③ 외화정기예금은 예치금액에는 제한이 있으나, 이자율이 가장 높은 외화예금에 속한다.
④ 외화당좌예금은 영업활동을 위한 자금의 보관과 지급위탁을 목적으로 이용된다.
⑤ 외화적립식예금은 금융기관에 따라 예치건별로 일부 인출이 가능하며, 이 경우 예치건별로 예치기간에 해당하는 외화정기예금의 이율을 적용하게 된다.

15 다음 중 외화수표에 대한 설명으로 옳지 않은 것은?

① 외화수표는 추심후 지급을 원칙으로 하며, 외화수표의 추심에 있어서도 외국통화의 매매 시와 같이 미화 1만불 상당액을 초과 시 취득경위 입증서류를 받아야 한다.
② 추심전 매입은 일종의 여신행위에 속한다고 볼 수 있으므로 의뢰인의 신용상태, 외화수표의 종류, 거래실적, 수표의 취득경위 등을 면밀히 검토한 후 처리한다.
③ Personal Money Order는 발행은행이 지급은행의 역할을 수행할 뿐이며, 지급의무를 부담하지는 않는다.
④ 미국 국고수표는 미국 재무성이 발행하는 수표로, 발행일로부터 12개월이 경과하면 무효가 된다.
⑤ 수표상에 특정 통화표시가 없는 경우에는 지급지의 통화로 본다.

16 다음 중 신용카드의 이용한도에 대한 설명으로 옳지 않은 것은?

① 신용카드의 초기한도란 회원의 신용도 또는 결제능력심사기준에 의하여 부여할 수 있는 최고한도를 말한다.
② 신용카드의 초과한도란 일시적으로 잔여한도를 초과하여 물품을 구매하는 경우 1회에 한하여 승인하는 한도를 말한다.
③ 신용카드 한도는 총한도 범위 내에서 일시불 한도, 할부 한도, 해외사용 한도, 현금서비스 한도로 구분하여 관리한다.
④ 신용카드의 총한도에서 이용금액을 차감한 것이 잔여한도이다.
⑤ 가족회원의 한도는 본인회원의 한도에 포함하여 관리한다.

17 다음 중 주식과 투자에 대한 설명으로 옳지 않은 것은?

① 증권은 주식보다 훨씬 포괄적인 의미를 내포한다.
② 주식은 기업에 일정 금액을 출자한 것을 표시한 것이다.
③ 회사가치가 주식이 갖는 가치와 반드시 일치하는 것은 아니다.
④ 투자로부터 발생되는 이익은 구입한 자산의 가치상승을 통해 발생하는 것으로 기업의 이익창출에 포함된다.
⑤ 주식투자는 투자자금의 제한이 없으며, 언제든 원하는 주식을 살 수 있고 팔아서 현금화할 수 있다는 장점이 있다.

18 다음 〈보기〉에 제시된 주가 결정요인 중 시장 내적 요인으로 올바르게 묶인 것은?

〈보 기〉

㉠ 시장규제 ㉡ 경기변동
㉢ 이자율   ㉣ 사회적 변화
㉤ 수급관계 ㉥ 투자자의 심리동향

① ㉠, ㉡, ㉢
② ㉡, ㉢, ㉣
③ ㉠, ㉣, ㉤
④ ㉡, ㉣, ㉤
⑤ ㉠, ㉤, ㉥

19 다음 중 발행시장과 유통시장에 대한 설명으로 옳지 않은 것은?

① 발행시장은 1인이나 소수의 집단인 증권 발행자와 다수 매수자의 결합인데 반해, 유통시장은 증권의 매수자와 매도자가 다수인 집단 경쟁체제이다.
② 유통시장의 실제 거래는 거래소시장을 중심으로 이루어진다.
③ 정부가 유통시장에서 공개시장조작을 통해 통화를 조절함으로써 금리와 물가의 안정을 기할 수 있다.
④ 유통시장에서 형성된 가격은 향후 발행될 증권가격을 결정하는 기준을 제공한다.
⑤ 투자자는 발행시장에서 모집 또는 매출에 대응해 최종적으로 유가증권을 취득함으로써 발행자에게 자금을 공급하는 역할을 한다.

20 다음 중 경제변수와 주가에 대한 설명으로 옳지 않은 것은?

① 경제성장률이 높을 때는 주가가 상승하고, 경제성장률이 둔화될 때는 주식시장이 침체되는 것이 일반적인 현상이다.
② 단기적으로 통화량이 증가할 경우 실질소득이 감소하면서 주가 하락요인으로 작용한다.
③ 물가가 완만하게 장기적으로 상승하는 경우 주가에 긍정적으로 작용한다.
④ 일반적으로 이자율과 주가는 역의 상관관계를 갖는다.
⑤ 일반적으로 환율 상승은 주식시장에 긍정적, 환율 하락은 부정적으로 작용하지만 수입의존도가 높은 나라의 경우에는 정반대의 현상이 나타날 수 있다.

21 다음 중 각종 주가지수에 대한 설명으로 옳은 것은?

① 코스피지수는 시가총액식 주가지수 산출방법으로 주가지수를 표현하다가 다우존스식으로 전환하였다.
② 코스피200지수는 거래소에 상장된 종목 중 거래가 활발하여 시가총액이 일정 규모 이상인 200개 이상의 종목으로 구성된 지수이다.
③ 코스타지수는 코스닥 시장에서 상장된 종목 중 선정된 우량종목 50종목을 구성종목으로 한다.
④ 나스닥지수는 기술주와 성장주의 성과를 측정하는 지수로 Non-US 회사는 포함하지 않는다.
⑤ 니케이225지수는 니케이신문에 의해 매일 산출되며 달러로 표시된다.

22 다음 중 경기변동과 주가에 대한 설명으로 옳지 않은 것은?

① 일반적으로 경기선행지수가 주가에 가장 민감하게 반응한다.
② 경기변동은 각 순환 과정의 주기와 진폭이 서로 다르게 나타난다.
③ 경기가 확장에서 수축, 또는 수축에서 확장국면으로 일단 반전되기 시작하면 경제는 일정한 방향으로 누적 확대현상을 보이게 된다.
④ 경제지표는 부문별 경기동향을 파악하는 데는 유용하나 흐름을 파악하기 어렵고, 개인의 주관에 치우치기 쉽다는 단점이 있다.
⑤ 계량모형은 경제의 여건이나 구조가 크게 변화해도 합리적 경제이론에 바탕을 두고 있기 때문에 신뢰도가 크게 떨어지지 않는 장점이 있다.

23 다음 중 제품수명주기 분석에 대한 설명으로 옳지 않은 것은?

① 산업의 주력제품이 수명주기상 어느 단계에 속해 있느냐에 따라 그 산업의 수익성과 위험 등을 통해 향후 발전가능성을 예측할 수 있다.
② 도입기에는 광고 등 판매촉진비와 생산비가 크기 때문에 손실이 발생한다.
③ 성장기에는 매출이 급성장함에 따라 이익의 대부분을 재투자하고 투자자금을 외부에서 조달하기도 한다.
④ 성숙기에는 제품단위당 이익은 아직 증가하지만 위험이 점차 감소한다.
⑤ 쇠퇴기에는 기업의 철수 또는 다른 업종으로의 사업다각화를 고려하게 된다.

24 다음 중 재무비율에 대한 설명으로 옳지 않은 것은?

① 자기자본이익률은 자기자본에 대한 순이익의 비율로 수익성 관련 재무비율에 속한다.
② 안정성 관련 재무비율에는 유동비율, 부채비율, 고정비율, 매출채권회수기간, 이자보상비율 등이 있다.
③ 유동성비율은 기업의 단기채무에 대한 지불능력을 판단하는 근거를 제공한다.
④ 이자보상비율은 기업의 영업이익이 지급해야 할 이자비용의 몇 배에 해당하는가를 나타내는 비율로, 이자보상비율이 높을수록 좋다.
⑤ 총자산증가율은 기업의 전체적인 성장규모를 측정하는 지표로, 인플레이션이 높은 기간에는 실질적인 성장률을 검토해야 한다.

25 다음 제시문에 해당하는 시장가치비율로 옳은 것은?

> 기업자산의 시장가치와 현시점에서 자산을 재구입할 경우 소요되는 대체원가와의 관계를 나타낸다. 이 비율이 1보다 크면 기업이 투자자들로부터 조달된 자본을 잘 운영하여 기업가치가 증가한다고 해석할 수 있으며, 1보다 작으면 자산의 시장가치가 대체비용에 비하여 저렴하게 평가되어 있어 M&A의 대상이 되기도 한다.

① PER
② PBR
③ PSR
④ 토빈의 q
⑤ 배당수익률

26 다음 중 배당평가모형에 대한 설명으로 옳지 않은 것은?

① 배당평가모형은 증권의 내재가치가 영속적인 미래배당흐름을 요구수익률로 각각 할인한 현재가치로 표시되는 것이다.
② 매년 일정한 금액의 배당이 발생하는 가장 단순한 모형을 제로성장 배당모형이라 한다.
③ 정률성장 배당모형은 한 기업의 배당이 g의 비율로 성장한다고 할 때 요구수익률이 일정하고, 요구수익률은 성장률보다 크다고 가정한다.
④ 정률성장 배당모형에 의하면 요구수익률이 클수록 주가가 상승한다.
⑤ 배당평가모형에 몇 단계 성장률 변화를 반영하면 평가의 정확성이 높아지며, 이러한 몇 단계의 성장변화를 감안한 평가모형을 고속성장 배당모형이라고 한다.

27 요구수익률이 10%, 성장률이 5%, 올해 배당수입이 1,000원일 때 정률성장 배당모형에 따른 주식의 가격을 계산한 값으로 옳은 것은?

① 20,000원
② 21,000원
③ 22,000원
④ 23,000원
⑤ 24,000원

28 다음 중 주가배수평가모형에 대한 설명으로 옳지 않은 것은?

① 주가수익비율(PER)은 기업 수익력의 성장성, 위험, 회계처리방법 등 질적인 측면이 총체적으로 반영된 지표로 그 증권에 대한 투자자의 신뢰를 나타낸 것으로도 해석할 수 있다.
② 다른 조건이 동일하다면, 주가수익비율(PER)은 배당성향과 이익성장률이 클수록 커지고, 기대수익률이 클수록 작아진다.
③ PBR은 보통주의 한 주당 가치를 시장가격과 장부가치로 대비하여 본 지표이다.
④ PBR 계산을 위한 회계정보는 재무상태표상에서 쉽게 구할 수 있고, 부(-)의 EPS기업에도 적용 가능하다는 장점이 있다.
⑤ PER을 구성하는 요소들의 시점이 일치하기 때문에 수익력 해석이 용이하다.

29 다음 중 투자위험을 고려한 성과평가에 대한 설명으로 옳지 않은 것은?

① 샤프지수는 펀드의 베타계수만을 고려하지만, 트레이너지수는 전체 위험을 고려하는 표준편차를 사용하고 최소 1개월 이상의 수익률 데이터를 필요로 한다.
② 통상적으로 트레이너지수가 높을수록 펀드 성과가 좋은 것으로 평가한다.
③ 샤프지수가 높은 포트폴리오는 투자위험을 감수하면서도 그만큼 높은 초과수익률이 발생하기 때문에 포트폴리오 성과 또한 높게 나타날 가능성이 커진다.
④ 젠센지수는 포트폴리오의 실제수익률이 시장균형을 가정한 경우의 수익률보다 얼마나 높은지를 나타내는 지표이다.
⑤ 정보비율은 무위험자산과 소수의 주식 포트폴리오에 분산투자하고 있는 경우의 운용성과평가에 적절한 면이 있다.

30 다음 중 적극적 투자운용방법에 대한 설명으로 옳지 않은 것은?

① 적극적 투자운용방법은 소수 정예종목에 집중 투자하는 경향이 있으며, 정보비용이 많이 드는 단점이 있다.
② 포뮬라 플랜은 최소한의 위험부담과 함께 경기변동에 탄력적으로 대응하는 방법이다.
③ 불변금액법은 투자 포트폴리오를 주식과 채권으로 한정한다고 가정할 때 위험자산인 주식투자금액을 일정하게 유지하는 방법이다.
④ 불변비율법은 비율이 임의적이고 거래비용이 많이 든다는 단점이 있다.
⑤ 변동비율법은 주식과 채권으로 포트폴리오를 구성했을 경우 주가가 높으면 주식비율을 높이고, 주가가 낮을 경우는 주식비율을 낮추는 방법이다.

31 다음 중 운용스타일에 따른 주식투자전략에 대한 설명으로 옳지 않은 것은?

① 가치투자 스타일은 현재의 수익이나 자산의 가치가 상대적으로 싼 주식을 포착해 포트폴리오를 구성하는 전략이다.
② 일반적으로 경기 저성장기나 침체기에는 성장투자 스타일의 투자전략이 유리하다.
③ 혼합투자 스타일의 성과는 시장 전체의 평균적인 특성을 보여준다.
④ 성장투자 스타일의 투자위험은 기대했던 매출의 증가가 이뤄지지 않거나 예상보다 저조한 EPS의 증가율이 현실화되는 일이다.
⑤ 시가총액에 의한 스타일에서 소형주의 경우에는 대형주에 비해 애널리스트들의 분석이 적어 적정가격 대비 저평가된 기업을 찾을 기회가 많을 것이라는 기대가 있다.

32 다음 중 금리의 용어에 대한 설명으로 옳지 않은 것은?

① 물가상승률을 고려하여 이자의 실질적인 가치를 반영하는 이자율을 실질이자율이라고 한다.
② 일반적으로 현재에 투자되는 금액을 기준으로 한 경우의 금리를 수익률, 미래에 지급되는 금액을 기준으로 한 경우의 금리를 할인율이라 표현한다.
③ 복리는 일정기간 경과하여 발생한 이자가 원금과 함께 재투자되어 추가적인 수익이 창출되는 방식이다.
④ 채권에서는 발행 시 최초 결정되어 명시되는 이자율로 액면가에 대한 연간지급률을 실효금리라 부른다.
⑤ 각국 중앙은행에서는 모든 금리의 기준이 될 수 있는 초단기금리를 인위적으로 결정하는데 이를 정책금리 또는 기준금리라고 부른다.

33 다음 중 각 상황이 금리변동에 끼치는 영향을 연결한 것으로 옳지 않은 것은?

	요 인	금리변동
①	경기 상승	상 승
②	경기 하락	하 락
③	물가 상승	상 승
④	확장 재정정책	상 승
⑤	통안채 발행	하 락

34 다음 중 주식과 비교한 채권의 특성으로 옳지 않은 것은?

	특 성	주 식	채 권
①	자본형태	자기자본	타인자본
②	상환여부	불상환	정해진 만기 시 상환
③	발행주체	주식회사	정부, 공공기관, 특수법인, 주식회사
④	주요권리	원리금상환청구권	경영참가권, 이익배당권
⑤	의결권	있 음	없 음

35 다음 중 채권의 발행방법 및 발행조건에 따른 분류에 대한 설명으로 옳지 않은 것은?

① 최근 발행되는 대부분의 회사채는 무보증채로 발행되며, 무보증채는 대체로 보증채에 비해 금리가 다소 높게 형성되는 것이 일반적이다.
② 50인 이상의 불특정 다수 투자자들을 대상으로 하는 공모발행에서는 투자자들이 쉽게 이해할 수 있도록 일정한 규칙에 따라 발행되는 것이 일반적이다.
③ 만기까지의 이자를 지급하는 방식은 확정되어 있으나 이자를 받는 시점의 상황에 따라서 그 이자금액이 변동할 수 있는 채권을 변동금리부채권이라고 한다.
④ 채권을 발행한 후 어느 시점의 시장상황이 발행자 또는 투자자의 입장에서 그 채권의 존속이 불리해졌을 때 채권의 해지를 강제할 수 있는 권한을 투자자가 가진 채권을 콜옵션부채권이라고 한다.
⑤ 전환사채는 주가가 하락한다고 하더라도 회사가 부도나지 않는다면 보유한 채권의 원리금을 상환받을 수 있다는 장점이 있다.

36 다음 중 통안채에 대한 설명으로 옳지 않은 것은?

① 통안채는 통화안정화증권이라고도 하며, 한국은행이 시중의 통화량을 조절하기 위해 발행하는 채권이다.
② 통안채도 은행채이므로 금융채에 포함된다.
③ 통안채는 3년, 5년, 10년, 20년, 30년 등의 만기물로 발행된다.
④ 시중의 유동성을 흡수하기 위해서는 통안채 발행량을 만기량보다 많게 하고, 시중에 유동성을 공급하기 위해서는 통안채 발행량을 줄여 만기량보다 적게 한다.
⑤ 국채와 함께 신용등급이 부여되지 않는 무위험채권으로 분류된다.

37 다음 중 전환사채(CB)에 대한 설명으로 옳지 않은 것은?

① 회사채로 발행되어 소정의 이자가 지급된다.
② 전환사채는 주가가 약정된 가격 이상으로 상승하면 권리를 행사함으로써 높은 수익률을 향유할 수 있다.
③ 전환사채는 증권사에서 공모하거나 증권사 사이트 등에서 장내매매로 거래하여 매입할 수 있다.
④ 일반채권에 비해 보장금리가 상당히 낮다는 단점이 있다.
⑤ 주식의 물량에 대한 부담이 없어 주가가 쉽게 상승할 수 있다는 장점이 있다.

38 다음 중 채권가격과 채권수익률의 관계에 대한 설명으로 옳지 않은 것은?

① 채권수익률과 채권가격은 반대로 움직인다.
② 같은 금리폭의 움직임이라도 금리가 하락할 때의 가격상승폭이 금리가 상승할 때의 가격하락폭보다 크다.
③ 만기가 긴 채권일수록 금리변동에 대한 가격 변동폭이 크다.
④ 금리변동에 따른 채권가격 변동폭은 만기가 길수록 증가하나 그 증가율은 체감한다.
⑤ 표면이자율이 높은 채권이 표면이자율이 낮은 채권보다 금리변동에 따른 가격 변동폭이 크다.

39 맥컬레이 듀레이션이 2.86년인 5% 수익률채권의 경우 수정듀레이션을 계산한 값으로 옳은 것은? (이자는 연 1회 지급한다.)

① 1.74년　　　　　　　　　　② 2.72년
③ 2.85년　　　　　　　　　　④ 3.17년
⑤ 3.75년

40 다음 중 수익률곡선에 대한 설명으로 옳지 않은 것은?

① 우상향하는 수익률곡선의 경우 잔존만기가 길수록 듀레이션은 높아지므로 위험이 클수록 기대수익률이 높아야 한다는 경제학 이론에 부합한다.
② 유동성선호이론은 우상향 수익률곡선의 이유를 설명한다.
③ 향후 기준금리가 하락할 것으로 예상은 되지만 확신하기는 어렵다고 시장참여자들이 판단할 경우 수익률곡선은 수직형의 모습을 보일 수도 있다.
④ 우상향하지 않는 수익률곡선의 이유를 설명하는 이론으로는 시장분할이론이 있다.
⑤ 수익률곡선은 어느 특정한 이론에 의해 형성된다기보다는 여러 이론의 혼재된 힘들이 작용하여 형성되는 것이다.

41 다음 중 신용등급과 시장금리에 대한 설명으로 옳지 않은 것은?

① 신용등급이 높을수록 그 채권은 높은 가격 수준에서 발행된다.
② 채권투자자에게는 채권의 신용등급보다는 발행자의 종류가 더 중요한 투자고려대상이다.
③ 같은 신용등급의 채권끼리는 비슷한 수준의 시장금리가 형성된다.
④ 크레딧물이란 시장에서 신용등급을 부여받은 채권들을 말한다.
⑤ 신용스프레드는 크레딧물과 무위험채권인 지표채권과의 금리차이를 말한다.

42 3년 만기 우리은행 복리채권 100억원을 5%에 매입하고, 2년 후 이 채권을 4%에 매각한다면 보유기간 2년 동안의 투자수익률을 계산한 값으로 옳은 것은?

① 5%　　　　　　　　　　② 5.5%
③ 6%　　　　　　　　　　④ 6.5%
⑤ 7%

은행FP 자산관리사 2부

43 현재 채권시장에서 LH공사채 1년물의 수익률이 4%, 2년물 수익률이 5%, 3년물 수익률이 6%일 때, LH공사채 2년물과 3년물 기대수익률은 각각 얼마인가?

① 2년물 기대수익률 : 4%, 3년물 기대수익률 : 5%
② 2년물 기대수익률 : 4%, 3년물 기대수익률 : 6%
③ 2년물 기대수익률 : 4%, 3년물 기대수익률 : 8%
④ 2년물 기대수익률 : 6%, 3년물 기대수익률 : 7%
⑤ 2년물 기대수익률 : 6%, 3년물 기대수익률 : 8%

44 다음 중 채권투자 철학에 대한 설명으로 옳지 않은 것은?

① 투자 철학이란 어떻게 더 우수한 수익률을 낼 것인가에 관한 방법론으로 전망투자와 가치투자로 구분한다.
② 전망투자자는 금리상승이 예상되면 채권을 매수하거나 잔존만기가 긴 채권으로 교체하여 듀레이션 수준을 높인다.
③ 가치투자자는 측정된 자산의 가치 대비 현재 시장가격이 충분히 낮은 경우 매수한다.
④ 가치투자전략을 위해서는 자산의 가치를 측정하는 명확한 규칙이 필요하다.
⑤ 투자 철학 또는 투자스타일에 따라 같은 시장에서의 투자행태도 달라진다.

45 다음 중 채권의 매매행태에 따른 투자전략으로 가장 적절하지 않은 것은?

① 만기보유전략
② 인덱싱전략
③ 교체매매전략
④ 단기매매전략
⑤ 중도매각전략

46 채권투자전략 중 전체 현금흐름의 듀레이션 수준을 일치시키는 전략은?

① 면역전략
② 현금흐름 일치전략
③ 사다리형 만기전략
④ 바벨형 만기전략
⑤ 불렛형 만기전략

47 다음 중 장내파생상품의 거래조건과 발행조건에 대한 설명으로 옳은 것은?

① 당사자 간의 합의에 따라 거래조건을 자유롭게 조정할 수 있다.
② 조직화된 거래소에서 거래가 이뤄지며 일정한 자격조건 없이도 누구나 거래소의 중개를 통해 거래가 가능하다.
③ 파생상품거래의 특성상 거래 당사자들이 결제를 불이행할 위험이 있으므로, 거래소는 반대거래, 일일정산 및 증거금 제도를 운영한다.
④ 장내파생상품 거래를 하는 경우 투자자는 거래 상대방의 신용을 파악하는 절차를 진행해야 한다.
⑤ 장내파생상품은 기본적으로 비공개로 거래된다.

48 다음 중 선물과 선도의 차이점에 대한 설명으로 옳지 않은 것은?

① 선물은 가격이 시장에서 형성되지만, 선도는 거래당사자 간에 협의로 형성된다.
② 선물은 증거금을 납부하고 일일정산이 이루어지지만, 선도는 은행 간 거래에는 증거금이 없고 대고객의 경우 필요에 따라 증거금을 요구한다.
③ 선물의 만기일은 특정월의 특정일이고, 선도의 만기일은 거래당사자 간에 협의로 정해진다.
④ 선물은 대부분이 실물인수도이지만, 선도의 실물인수도 비율은 매우 낮다.
⑤ 선물의 거래금액은 표준단위이지만 선도의 거래금액에는 제한이 없다.

49 다음 중 KOFR 선물에 대한 설명으로 옳지 않은 것은?

① 국채·통안증권을 담보로 하는 익일물 RP거래 금리이다.
② 신용위험과 유동성위험이 포함된 상태에서 자금의 수요와 공급에 의해 결정되는 평균 자금조달비용이다.
③ 실제 체결된 RP거래를 기반으로 산출되어 조작 가능성이 거의 없고, 다양한 금융회사의 자금조달 금리로서 시장 대표성이 높다.
④ 파생거래 등 금융계약의 손익과 가격 등을 결정하는 준거금리이다.
⑤ CD금리의 대체금리로 사용되거나 대출, 변동금리부채권 등 다양한 금융상품 계약에 활용된다.

50 다음 중 한국국채선물에 대한 설명으로 옳지 않은 것은?

① 거래대상은 표면금리 연 5%, 6개월 이표지급 방식의 3년/5년/10년 만기 국고채권이다.
② 거래단위는 액면가 1억원이며, 가격은 액면가 100원을 기준으로 표시된다.
③ T-Bond 선물 등 대부분의 국채선물과는 달리 현금결제방식을 택하고 있다.
④ 최종결제일은 최종거래일로부터 7영업일 이후 12시이다.
⑤ 거래소는 각 결제월별로 3개 이상의 국고채를 최종결제가격 기준현물로 지정하여 해당 결제월의 거래개시일 이전에 발표한다.

51 국채선물 3년물의 듀레이션은 2.5년, 국채선물 10년물의 듀레이션은 5년으로 가정할 때, 향후 수익률곡선의 스티프닝을 예상하는 투자자가 국채선물을 이용하여 실행하는 수익률곡선 전략으로 옳은 것은?

① 단기물인 국채선물 3년물을 100계약 매수하는 경우 장기물인 국채선물 10년물은 50계약을 매도한다.
② 단기물인 국채선물 3년물을 100계약 매수하는 경우 장기물인 국채선물 10년물은 100계약을 매도한다.
③ 단기물인 국채선물 3년물을 100계약 매수하는 경우 장기물인 국채선물 10년물은 50계약을 매수한다.
④ 단기물인 국채선물 3년물을 100계약 매수하는 경우 장기물인 국채선물 10년물은 100계약을 매수한다.
⑤ 단기물인 국채선물 3년물을 100계약 매수하는 경우 장기물인 국채선물 10년물은 25계약을 매도한다.

52 다음 중 해외투자와 환리스크관리에 대한 설명으로 옳지 않은 것은?

① 달러/원 환율이 선물환 계약 체결 당시의 선물환율보다 낮아지면 환차익을 얻을 수 있다.
② 선물환매도로 환리스크를 헤지한 후 주가가 상승하는 경우에도 환리스크에 노출된다.
③ 해외주식투자의 경우 미래의 주식가치를 예측할 수 없고 펀드를 통해 고객자산을 운용하는 경우 고객의 환매시기와 액수를 미리 알 수 없기 때문에 환리스크 헤지가 쉽지 않다.
④ 주가와 환율이 반대방향으로 움직이는 경우에는 주가와 환율 간의 공분산이 음(−)이 되어 포트폴리오의 리스크가 감소된다.
⑤ 해외주식투자에 수반되는 환리스크를 헤지한 이후 원화가치가 지속적으로 상승한다면 환차손이 발생하고, 원화가치가 하락한다면 환차익이 발생하게 된다.

53 다음 중 초기에 프리미엄 순수입이 발생하는 옵션 전략은?

① 강세 콜옵션 스프레드 전략
② 강세 풋옵션 스프레드 전략
③ 약세 풋옵션 스프레드 전략
④ 스트래들 매수 전략
⑤ 스트랭글 매수 전략

54. 다음 중 장외옵션인 캡과 플로어에 대한 설명으로 옳지 않은 것은?

① 캡이란 계약상의 최고금리 이상으로 기준금리가 상승하면 캡 매도자가 캡 매수자에게 차액만큼을 지급하기로 하는 계약이다.
② 캡은 금리에 대한 콜옵션이다.
③ 플로어란 계약상의 최저금리 이하로 기준금리가 하락하면 플로어 매도자가 플로어 매수자에게 차액만큼을 지급하기로 하는 계약이다.
④ 결제일에 플로어 매도자가 플로어 매수자에게 지불하는 금액은 행사금리와 기준금리의 차이에 일정한 명목원금을 곱한 액수가 된다.
⑤ 칼라 매수에 수반되는 비용은 일정한 상한 행사금리를 가진 캡의 매수비용보다 크다.

55. 다음 중 통화옵션에 대한 설명으로 옳지 않은 것은?

① 통화옵션은 불리한 환율변동으로부터의 손실위험을 제거할 수 있을 뿐 아니라 유리한 환율변동으로부터 이익기회도 유지할 수 있다.
② 현재 외국통화를 보유하고 있거나 앞으로 외환대금수취 등으로 외국통화를 보유하게 될 경우라면 환율 하락에 대한 리스크를 회피하기 위해 콜옵션을 매수하면 된다.
③ 통화옵션은 계약기간 또는 만기일에 특정 외국통화를 사전에 정한 환율로 매입하거나 매도할 수 있는 권리이다.
④ 풋옵션을 매수하는 경우에는 환율의 하한선을 결정하는 효과를 가져온다.
⑤ 환율의 상한은 콜옵션의 행사가격에서 프리미엄을 더한 값이 된다.

56. 다음 중 금리스왑에 대한 설명으로 옳은 것은?

① 가장 일반적인 형태는 변동금리와 다른 변동금리에 따른 이자지급을 교환하는 것이다.
② 베이시스스왑은 변동금리와 고정금리에 따라 결정되는 이자지급을 교환하는 거래를 의미한다.
③ 만기에는 반드시 초기의 원금교환과 반대방향의 원금교환을 해야 한다.
④ 변동금리로 적용받는 기업과 고정금리로 적용받는 기업의 이자를 교환하는 과정에서는 한쪽 기업만 자금조달비용 감소가 가능하다.
⑤ 스왑딜러는 변동금리와 고정금리를 거래하는 과정에서 수수료를 수취한다.

57. 다음 중 주식연계 구조화 상품의 유형별 투자전략에 대한 설명으로 옳지 않은 것은?

① 옵션 스프레드전략은 시간가치소멸효과가 없어 옵션포지션의 장기보유가 가능하고, 옵션포지션의 손익이 기초자산가격의 변동성과 독립적이다.
② 디지털옵션 구조는 원금비보장형 상품에 많이 활용되는 형태 중 하나이다.
③ 리베이트가 없는 녹아웃구조는 은행의 정기예금 수준에 해당하는 확정금리에 보너스금리를 지급하는 형태이다.
④ 낮은 리베이트의 녹아웃구조는 주가지수가 상방 베리어에 도달하여 수익률이 급락하는 경우라도 정기예금보다는 높은 수준으로 리베이트를 설계함으로써 리베이트가 없는 구조에 대한 투자자들의 불만을 해소하는 상품이다.
⑤ 대부분의 조기상환형 구조는 옵션의 매도가 내재되어 있고, 원금비보장형의 구조를 가진다.

58 다음 〈보기〉에서 설명하는 금리연계상품의 투자전략으로 옳은 것은?

―〈보 기〉―
매 이표지급 시점 직전일에 기준 충족 여부에 따라 상이한 이표를 지급하는 것으로, 발행채권의 기준금리가 사전에 정한 범위 안에 머무르면 높은 이자를 지급하고, 범위를 벗어나면 낮은 이자를 지급한다.

① 변동금리채권
② 역변동금리채권
③ 이중변동금리채권
④ 금리상하한 변동금리채권
⑤ 레인지채권

59 주식 A의 표준편차가 0.12, 주식 B의 표준편차가 0.22이고, 두 주식의 공분산이 0.012라면 상관계수를 계산한 값으로 옳은 것은?

① 0.4
② 0.05
③ 0.45
④ 0.5
⑤ 0.55

60 다음 중 투자설계 프로세스 6단계의 단계별 내용에 대한 설명으로 옳지 않은 것은?

① 1단계에서 재무목표를 설정하면서 유의할 점은 고객이 제시하지 않은 잠재적인 필요는 고객의 프라이버시 보호를 위해 감안되지 않아야 한다는 것이다.
② 2단계에서 FP는 고객의 위험에 대한 감내도를 제대로 파악하는 것이 매우 중요하다.
③ 4단계에서 FP는 투자정책서에 기술된 고객의 위험 감수도에 따른 투자성향에 일관된 투자 포트폴리오가 구축되도록 해야 한다.
④ 5단계 투자실행 시 FP는 고객의 실행부담을 줄이기 위한 현실적인 대안을 제공할 필요가 있다.
⑤ 6단계 투자성과에 대한 점검은 일정 주기별로 이루어져 고객에게 보고된 후 투자 포트폴리오의 수정이 이루어져야 한다.

61 다음 중 투자자의 효용과 무차별곡선에 대한 설명으로 옳지 않은 것은?

① 위험회피성향이 클수록 무차별곡선의 기울기는 더 완만한 형태를 띠게 된다.
② 위험회피자라고 해서 모두 동일한 무차별곡선을 갖는 것은 아니다.
③ 투자자의 기대효용은 기대수익률이 높을수록, 예상되는 위험이 작을수록 커진다.
④ 무차별곡선은 위쪽에 위치할수록 더 큰 효용을 갖는다.
⑤ 무차별곡선이 양의 기울기를 갖는다는 것은 위험이 증가할 때 기대수익도 함께 증가해야 동일한 효용을 유지할 수 있다는 의미이다.

은행FP 자산관리사 2부

62 다음 중 위험자산의 효율적 프런티어와 최적 포트폴리오 선택에 대한 설명으로 옳지 않은 것은?

① 지배원리란 위험이 동일한 투자대상들 중에는 기대수익이 높은 것을 선택하고, 기대수익이 동일한 투자대상들 중에는 위험이 가장 작은 것을 선택하는 원리를 말한다.
② 포트폴리오의 위험은 개별자산 위험을 투자비중으로 가중평균한 것보다 작거나 같다.
③ 두 자산의 상관관계가 작거나 음(-)이면 포트폴리오 위험이 증가한다.
④ 효율적 프런티어상의 포트폴리오들은 동일한 표준편차에 대해 가장 높은 기대수익률을 제공하거나, 동일한 기대수익률에 대해 표준편차가 가장 낮은 포트폴리오들이므로 효율적으로 분산투자되었다고 할 수 있다.
⑤ 효율적 프런티어와 무차별곡선이 접하는 포트폴리오가 위험자산의 최적 포트폴리오가 된다.

63 A회사 주식의 기대수익률이 12%, 국채수익률이 2%라면 A회사 주식의 위험프리미엄은 얼마인가?

① 2%
② 5%
③ 10%
④ 12%
⑤ 15%

64 다음 중 자본시장선(CML)에 대한 설명으로 옳지 않은 것은?

① 자본시장선은 체계적 위험이 완전히 제거된 포트폴리오이다.
② 균형시장에서 자본시장선의 위험보상비율 값은 모든 투자자에게 동일하다.
③ 자본시장선의 기울기는 위험 1단위에 대한 위험보상의 정도를 나타낸다.
④ 무위험자산이 존재할 때 포트폴리오의 기대수익률과 위험 간의 선형관계를 나타내는 효율적 투자기회선이다.
⑤ 자본시장선은 시장 포트폴리오를 위험자산으로 사용한 자본배분선을 말한다.

65 시장포트폴리오 수익률이 8%, 무위험수익률이 2%, 주식 A의 베타가 1.0이라고 할 때 증권시장선(SML)상 주식 A의 기대수익률을 예측한 값으로 옳은 것은?

① 4%
② 8%
③ 10%
④ 13%
⑤ 15%

66 다음 중 포트폴리오 전략의 종류에 대한 설명으로 옳지 않은 것은?

① 단순매입보유전략을 통해 시장위험은 감소시키고 투자자는 기업고유위험만을 부담하게 된다.
② 인덱스전략은 특정 종목을 선택하기 위한 분석이 필요 없고, 상대적으로 저렴한 비용으로 투자할 수 있다.
③ 시장예측전략은 시장예측을 통해 우월한 수익을 줄 수 있다고 판단되는 자산군은 선제적으로 포트폴리오 내 비중을 높이고 그렇지 않은 자산군의 비중은 낮추는 전략이다.
④ 증권선택전략을 통해 적극적 투자자들은 시장 평균 이상의 초과수익을 얻고자 한다.
⑤ 단순매입보유전략과 인덱스전략은 소극적 전략에 해당한다.

67 다음 중 차익거래가격결정이론(APT)에 대한 설명으로 옳지 않은 것은?

① 차익거래란 동일한 자산이 서로 다른 가격으로 거래될 경우 싼 것을 매입하고 비싼 것을 공매함으로써 투자자금과 위험부담 없이 수익을 얻는 것을 말한다.
② 차익거래 기회는 동일한 자산에 대해서는 적용될 수 있지만 상대적 가격 오류가 존재하는 둘 이상의 자산에 대해서는 적용될 수 없다.
③ 위험이 잘 분산된 포트폴리오들 간에도 위험 한 단위를 부담함으로써 얻을 수 있는 위험프리미엄이 동일하지 않으면 차익거래 기회가 존재하게 되므로 시장균형 상태에서는 위험 1단위당 보상이 동일해야 한다.
④ 단일요인 APT에서는 차익거래 기회가 존재하지 않는 한 시장 균형상태에서 잘 분산투자된 포트폴리오의 기대수익률은 체계적 위험에 대하여 선형관계를 갖는다는 것을 보여준다.
⑤ 다요인 APT는 차익거래가 발생하지 않는 균형상태에서 자산수익률이 다요인모형에 따라 형성된다고 가정하였을 때 시장 균형상태에서 자산 또는 포트폴리오의 기대수익률은 공통요인에 대한 베타계수의 선형함수로 표시된다.

68 다음 중 벤치마크가 가져야 할 속성에 대한 설명으로 가장 옳지 않은 것은?

① 벤치마크를 구성하고 있는 종목명과 비중이 명확하게 표시되어야 한다.
② 투자자가 현재 벤치마크를 구성하는 종목에 대한 경험과 지식이 있어야 한다.
③ 적극적인 운용을 하지 않을 경우에 벤치마크의 구성종목에 투자하여 보유할 수 있어야 한다.
④ 원하는 기간마다 벤치마크 자체의 수익률을 계산할 수 있어야 한다.
⑤ 벤치마크는 평가기간이 시작되기 전에 미리 정해져야 한다.

69 다음 중 위험을 고려한 투자성과의 평가지표에 대한 설명으로 옳지 않은 것은?

① 동일한 운용기간을 대상으로 샤프지수를 비교해야 한다.
② 트레이너지수는 상품선택 시 광범위하게 활용되지만 투자 규모가 크고 광범위한 분산투자를 하는 연기금에 보다 적합하다.
③ 샤프지수가 높을수록 위험 대비 초과수익이 높으므로 투자성과가 좋다고 평가할 수 있다.
④ 샤프지수는 체계적 위험인 베타 1단위를 부담할 때 초과수익이 얼마인지를 구하는 지표이다.
⑤ 젠센의 알파는 뮤추얼펀드를 맡아서 운용하는 개별 펀드매니저의 증권선택 능력을 측정할 때 유용하게 활용된다.

70 펀드 A의 수익률이 10%, 시장포트폴리오 수익률 5%, 무위험수익률 3%, 펀드의 베타가 1.5일 때 펀드 A의 젠센의 알파를 계산한 값으로 옳은 것은?

① 1.5%
② 2%
③ 2.5%
④ 3%
⑤ 4%

은행FP 자산관리사 2부

제2과목 비금융자산 투자설계(30문항)

71 다음 중 「국토의 계획 및 이용에 관한 법률」상 '도시지역'이 아닌 용도지역은?

① 제1종 일반주거지역
② 준공업지역
③ 계획관리지역
④ 근린상업지역
⑤ 자연녹지지역

72 다음 중 도시형생활주택에 대한 설명으로 옳지 않은 것은?

① 도시지역 중 허용지역에만 건축할 수 있다.
② 분양가 상한제는 적용되지 않는다.
③ 단지형 연립은 건축위원회 심의를 받은 경우 주택으로 5층까지 건축 가능하다.
④ 하나의 건축물에 단지형 연립주택과 아파트형 주택을 함께 건축할 수 있다.
⑤ 아파트형은 세대별 독립된 주거가 가능하도록 욕실과 부엌을 설치하고 하나의 공간으로 구성된 주택이다.

73 건축물이 지하 2층에서 지상 4층이다. 대지면적은 400m²이고, 각 층의 바닥면적은 100m²이라고 할 때 용적률은 얼마인가?

① 100%
② 150%
③ 200%
④ 250%
⑤ 300%

74 새로운 형태의 주택 중 단위세대를 대지의 경사도에 맞추어 쌓아올린 것으로 아래층 세대의 지붕을 위층 세대가 정원으로 활용하는 방식은?

① 타운하우스
② 테라스하우스
③ 게스트하우스
④ 서비스드레지던스
⑤ 쉐어하우스

75 주택담보대출 원리금 상환액은 물론, 다른 부채의 원리금 상환액을 모두 합한 금액을 연간소득으로 나눈 비율은 무엇인가?

① DSR
② LTV
③ DTI
④ RTI
⑤ ABS

76 다음 중 등기사항증명서의 을구에 포함되지 않는 것은?

① 지상권
② 지역권
③ 전세권
④ 경매신청
⑤ 저당권

77 다음 중 토지이용계획확인서에서 확인할 수 없는 것은?

① 해당 토지의 지목과 면적
② 용도지역·지구·구역
③ 개별공시지가
④ 토지거래허가구역
⑤ 토지등급

78 다음 중 개별공시지가에 대한 설명으로 옳지 않은 것은?

① 개별공시지가는 토지 관련 국세 및 지방세의 부과기준이 된다.
② 개별공시지가는 매년 1월 1일 가격을 기준으로 동년 5월 31일에 결정·공시한다.
③ 개별공시지가에 대해 이의가 있는 자는 개별공시지가의 결정·공시일부터 30일 이내 서면으로 시장·군수 또는 구청장에게 신청할 수 있다.
④ 시·군·구에서는 이의 신청기간이 만료된 날부터 3개월 이내에 이의신청을 심사하여 그 결과를 신청인에게 서면으로 통지해야 한다.
⑤ 개별공시지가는 부동산 공시가격 알리미에 접속하거나 각 시·군·구청 홈페이지에서 열람할 수 있다.

79 다음 중 도시·군 기본계획에 대한 설명으로 옳지 않은 것은?

① 상위계획인 종합국토계획·광역도시계획의 내용을 수용한다.
② 장기적으로 시·군이 공간적으로 발전하여야 할 구조적 틀을 제시하는 종합계획이다.
③ 목표연도는 계획수립시점에서 20년을 기준으로 하되, 연도의 끝자리는 0 또는 5년으로 한다.
④ 수립대상은 특별시, 광역시, 시, 군이며 광역시 안에 있는 군도 포함된다.
⑤ 시장·군수는 타당성 여부를 5년마다 전반적으로 재검토하고 정비해야 한다.

80 다음 중 주택임대차보호법과 상가건물임대차보호법을 비교한 것으로 옳지 않은 것은?

		주택임대차보호법	상가건물임대차보호법
①	적용대상	주거용건물 또는 주거 일부 (무허가, 미등기 건물 제외)	사업자등록의 대상이 되는 영업용 건물
②	계약갱신	임대차기간이 끝나기 6개월 전부터 2개월 전까지 요구 가능	최초 임대차기간 포함 전체기간 10년을 초과하지 않는 한 만료 전 6개월 전부터 1개월까지 요구 가능
③	차임증감	차임 또는 보증금의 5% 범위 내	차임 또는 보증금의 5% 범위 내
④	대항력	계약 + 주택인도 + 전입신고	계약 + 건물인도 + 사업자등록신청
⑤	임대차 존속 기간	2년	1년

81 다음 중 부동산시장의 영향요인에 대한 설명으로 옳지 않은 것은?

① 금리가 상승하면 부동산 시장은 상대적으로 투자수요의 위축이 일어날 수 있다.
② 수요와 공급을 부동산시장에 적용할 때는 부동산 특성인 국지성을 통해 분석해야 한다.
③ 가격상승기에 사용하는 부동산 규제책의 영향력이, 가격하락기에 사용하는 부양책보다 효과가 더 크다.
④ 대출규제는 국회의 동의를 받지 않고 시장에 즉시 대응할 수 있는 강력한 규제책으로 활용된다.
⑤ 유동성은 금융시장과 주식시장, 부동산시장 간 시차에 따라 지분을 공유하지 않는다.

82 다음 중 해외 부동산 투자에 대한 설명으로 옳은 것은?

① 투자자가 해외 부동산에 투자하는 경우 송금액 한도는 300만달러 이하여야 한다.
② 해외 부동산을 취득하는 경우 한국은행에 신고하여 수리를 받아야 한다.
③ 신고대상 부동산은 주거 이외 목적 부동산과 거주자 또는 거주자의 배우자가 해외에서 1년 이상 체재할 목적의 주거용 주택이다.
④ 분양 계약에 의한 부동산의 취득은 주거 목적도 포함된다.
⑤ 해외 부동산 처분 후 3개월 이내에 지정거래외국환은행에 처분보고서를 제출해야 한다.

83 다음 중 베이비부머 세대의 은퇴가 부동산 시장에 미치는 영향과 가장 거리가 먼 것은?

① 베이비부머 세대의 은퇴시기가 도래함에 따라 시장에 주택을 매도하는 대규모 세력으로 등장할 수 있다.
② 베이비부머가 은퇴 후 대규모로 주택을 매도하면서 주택가격이 하락할 것으로 예상된다.
③ 베이비부머는 은퇴 후 주택을 이동할 때 주택면적을 줄이는 경향을 띨 것으로 예상된다.
④ 베이비부머는 은퇴 후 기존의 거주지(도시)에서 크게 벗어나지 않을 가능성이 높다.
⑤ 베이비부머 은퇴 등 인구구조의 변화로 중소형 주택 선호 추세가 강화될 것으로 전망된다.

84 다음 중 금융정책에 대한 설명으로 옳지 않은 것은?

① 금리정책은 부동산 가격 조절 목적으로 직접 사용하지 않는다.
② 고금리는 부동산가격을 상승시키는 역할을 한다.
③ 대출정책은 주택이나 토지정책 등에 비해 효과가 크고 빠르다.
④ 대출정책은 금리정책보다 직접적으로 부동산시장에 영향을 준다.
⑤ 부동산시장의 활성화를 위해 대출규모와 대상을 확대하는 정책을 쓰기도 한다.

85 다음 중 시대별 부동산정책이 잘못 연결된 것은?

① 김영삼 정부 – 부동산 실명제
② 김대중 정부 – 분양권 전매제한 폐지
③ 노무현 정부 – 다주택자 양도세 중과 제도
④ 박근혜 정부 – 보금자리주택 공급 확대
⑤ 윤석열 정부 – 임대인의 미납국세열람의 실효성 강화

86 다음 중 종합부동산세를 신설한 정부는?

① 김영삼 정부　　　　　　　　　② 김대중 정부
③ 노무현 정부　　　　　　　　　④ 이명박 정부
⑤ 박근혜 정부

87 다음 중 계약갱신청구권에 대한 설명으로 옳지 않은 것은?

① 임차인은 계약갱신청구권을 1회 행사할 수 있다.
② 갱신되는 임대차 존속기간은 2년이다.
③ 임대인은 실거주를 이유로 갱신을 거절할 수 있다.
④ 임대인은 임차인이 임대차기간이 끝나기 6개월 전부터 2개월 전까지 계약갱신을 요구하는 경우 정당한 사유 없이 거절하지 못한다.
⑤ 계약 갱신 시 증액은 3% 이내로 한다.

88 다음 중 국토교통부 등 정부 발표자료에 대한 설명으로 옳지 않은 것은?

① 국토교통부 등 정부 발표자료에는 실거래가격, 주택거래량, 미분양주택, 지가변동률이 있다.
② 거래침체가 극심한 상태에서의 실거래가는 급매물 수준의 낮은 가격일 가능성이 높다.
③ 일반적으로 거래량이 증가하면 가격이 상승하는 동행률은 대략 70% 정도이다.
④ 미분양주택은 국토교통부에서 조사를 통해 매월 초에 전월기준 자료를 발표한다.
⑤ 전국의 지가변동률은 해당지역의 토지시장 추이를 나타내는 지표이다.

89 다음 중 부동산 투자의 특징으로 옳지 않은 것은?

① 장래 기대수익은 비유동적이며, 확정적이다.
② 일반적인 투자수단에 비해 자본이 비교적 많이 든다.
③ 건물 등의 감가상각에 의한 절세효과를 기대할 수 있다.
④ 투자대상물은 도난·멸실의 위험이 거의 없다.
⑤ 부동산 개발을 할 경우 개발이익이 발생할 수 있다.

90 어떤 부동산의 연평균 예상수익이 3천만원이고 요구수익률이 20%인데 이 부동산의 시장가치는 현재 3억원이다. 투자가치와 기대수익률은?

① 투자가치 : 5천만원, 기대수익률 : 5%
② 투자가치 : 1억 5천만원, 기대수익률 : 10%
③ 투자가치 : 2억원, 기대수익률 : 15%
④ 투자가치 : 2억 5천만원, 기대수익률 : 20%
⑤ 투자가치 : 3억원, 기대수익률 : 25%

은행FP 자산관리사 2부

91 다음 중 부동산 투자 시 레버리지 활용에 대한 설명으로 옳지 않은 것은?

① 레버리지는 높은 비용의 부채를 이용하여 투자자의 수익을 증대시키는 것을 말한다.
② 레버리지 비율이란 총자본에 대한 부채의 비율이다.
③ 기대수익률보다 대출이자율이 높으면 자기자본 대비 투자수익률이 낮아진다.
④ 대출이자는 소득세 납부 시 지급이자로 처리되어 경비로 공제받을 수 있다.
⑤ 대출금 자체는 자금출처 조사에 대비한 조달자금 증빙의 역할을 한다.

92 다음 중 부동산 가치분석에 대한 설명으로 옳은 것은?

① 가치는 대상 부동산에 대한 과거의 값이지만 가격은 현재의 값이다.
② 가격은 사람이 느끼는 주관에 중점을 둔 것이다.
③ 가치는 매수인이 매도인에게 지불하는 금액이다.
④ 가격은 시장에서 실제 지불한 과거의 값이며, 가치는 현재의 입장에서 장래 기대하는 편익을 평가한 값이다.
⑤ 주어진 시점에서 부동산에 대한 가치는 하나밖에 없지만 가격은 무수히 많다.

93 다음 중 부동산의 경제성 분석 및 재무성 분석에 대한 설명으로 옳지 않은 것은?

① 투자자 입장에서는 미래의 현금보다는 현재의 현금흐름을 선호한다.
② 저당상수란 연금의 현재가치를 기준으로 매기 지불 또는 수령할 금액을 결정할 때 사용하는 비율이다.
③ 순현가법에서는 할인율로 내부수익률을 사용한다.
④ 내부수익률법에서 독립적인 투자안의 경우 내부수익률이 요구수익률보다 작으면 투자가 기각된다.
⑤ 내부수익률법은 비전통적 투자사업의 경우 동일한 투자대안에 대해 두 개 이상의 내부수익률이 동시에 생길 수 있다는 약점이 있다.

94 다음 중 부동산 포트폴리오 전략에 대한 설명으로 옳지 않은 것은?

① 포트폴리오 이론을 부동산 시장에 적용하는 데는 일정한 한계가 있다.
② 부동산 투자는 분할에 많은 곤란이 따르므로 그 특성상 불가분성의 특징이 있다.
③ 포트폴리오 이론은 장기시장보다는 단기시장에 적합한 이론이다.
④ 위험과 수익이 비례관계에 있다고 할 때 그 위험은 시장의 체계적 위험을 의미한다.
⑤ 자산 수가 많도록 구성하면 체계적 위험은 줄어들지만 비체계적 위험은 줄어들지 않는다.

95 다음 중 부동산 의사결정과 전략수립에 대한 설명으로 옳지 않은 것은?

① 부동산은 감가상각을 한다.
② 부동산에 대한 수요와 공급은 시장에서 쉽게 조정된다.
③ 부동산은 한 번 잘못된 투자를 하면 원상회복이 어렵다.
④ 부동산 투자에 대한 의사결정을 할 때는 투자목적을 명확히 하고 투자전략을 수립하여 입안해야 한다.
⑤ 부동산 투자는 장기적인 고려에 의해 결정해야 한다.

96 청약가점제에서 조정대상지역 내 주거전용면적 85m^2를 초과하는 민영주택의 가점제와 추첨제 적용 비율은?

① 가점 100%, 추첨 0%
② 가점 80%, 추첨 20%
③ 가점 70%, 추첨 30%
④ 가점 50%, 추첨 50%
⑤ 가점 30%, 추첨 70%

97 다음 중 오피스텔 투자 전략에 대한 설명으로 옳지 않은 것은?

① 1~2인 가구가 증가하고 소형주택이 부족해지면서 오피스텔이 최근 몇 년간 대거 분양됐고 분양가도 높게 형성됐다.
② 도시형생활주택이 등장하면서 오피스텔과 상호 경쟁관계를 형성했다.
③ 오피스텔은 임대를 통해 수익을 창출해야 하므로 수요가 안정적인 역세권의 사무실, 주택 밀집지역을 선택해야 한다.
④ 오피스텔 투자는 철저하게 배후 수요를 보고 판단해야 하며, 일정 부분 공급이 확충되었으므로 선별 투자가 바람직하다.
⑤ 오피스텔을 선택하는 독신자나 프리랜서는 자신들의 업무 및 생활공간을 선호하므로 비교적 한산하고 녹지가 인접한 도심 외곽지역이 적합하다.

98 다음 중 부동산 자산관리 운영방식에 대한 설명으로 옳은 것은?

① 직접관리방식은 과도기적 관리방식이다.
② 직접관리방식은 기밀유지 및 보안이 불완전하다.
③ 위탁관리방식은 전문성이 결여되어 있다.
④ 위탁관리방식은 관리요원의 건물·설비에 대한 애착이 강하다.
⑤ 혼합관리방식은 책임소재가 불분명하고 전문관리업자의 전문성을 충분히 활용할 수 없다.

99 다음 중 보유 부동산 자산분석에 대한 설명으로 옳지 않은 것은?

① 지역 분석은 인근 시장의 지역경제 환경, 인구의 특성, 교통흐름과 편의시설, 인근 개발지역 환경 등을 분석한다.
② 부동산 개별 분석이란 보유 부동산에 대한 분석과 계획을 말한다.
③ 대체방안 분석은 최대유효 이용상태가 되도록 하는 부동산 자산가치에 대한 분석방안이다.
④ 재무적 분석은 각 대체방안을 실행함에 있어 '비교 편익 분석방법'을 통해 검정한다.
⑤ 시장경쟁 분석은 대상 부동산이 갖는 경쟁 부동산과의 장단점을 평가하기 위한 것이다.

100 다음 중 리츠에 대한 설명으로 옳지 않은 것은?

① 자기관리형 리츠는 「상법」상 주식회사 형태로 일반법인과 같이 주주총회, 이사회, 감사를 두어야 한다.
② 자기관리형 리츠는 상근임직원이 있어 직접관리하지만, 위탁관리형 리츠와 구조조정형 리츠는 위탁관리한다.
③ 국내 리츠는 미국 리츠처럼 개발사업·단기매매에 제한이 없고, 법인세가 면제된다.
④ 위탁관리형 리츠는 「신탁업법」을 근거로 프로젝트별 개별펀드 형태로 운영되며, 투자방식은 수익증권 취득방식이다.
⑤ 구조조정형 리츠는 한시적인 Paper Company 형태이며, 기업구조조정부동산에 투자한다.

제1회
은행FP 자산관리사 2부
실제유형 모의고사

문항 및 시험시간

평가영역	문항 수	시험시간	비 고
자산관리사(FP) 2부	100문항	100분	

※ 이 자료는 저작권법에 의해 보호를 받는 저작물이므로 동영상 제작 및 무단전재와 복제를 금합니다.

은행FP 자산관리사 2부

제1회 실제유형 모의고사

문 항 수 : 100문항
응시시간 : 100분

제1과목 금융자산 투자설계(70문항)

01 다음 중 목돈운용을 위한 거치식 상품에 대한 설명으로 옳지 않은 것은?

① 거치식 예금은 중도에 자금이 필요한 경우에는 중도 해지가 되지 않거나 매우 낮은 중도 해지 이율을 적용받을 수 있다.
② 통상 만기 후 이자는 당초 약정이자의 1/2 수준 이하에서 결정되므로 가급적 만기일에 해지하여 원리금을 수령한 후 다시 재예치하는 것이 유리하다.
③ 정기예탁금은 비과세종합저축과 별도로 조합원에 대해 1인당 5천만원 한도 내에서 별도의 세금 혜택을 부여한다.
④ 양도성예금증서를 실물로 발행하는 경우에는 증서인도만으로 양도가 가능하여 양도가 자유롭지만 분실 또는 도난을 당한 경우에는 증서 재발급이 불가능하다.
⑤ 환매조건부채권은 일반적으로 만기 후 이자는 지급하지 않으나 중도 해지가 가능하며, 비과세종합저축으로도 가입이 가능하다.

02 다음 중 별단예금에 대한 설명으로 옳지 않은 것은?

① 별단예금은 과도기적 예금성격을 가진 것으로, 금융기관이 인정한 일부 항목에 대해서 예치증 또는 확인증 등을 발행한다.
② 일반적으로 별단예금의 대부분을 차지하는 것은 자기앞수표 발행대전이다.
③ 일정 금액 이하의 소액 일반자기앞수표는 금융사기 등의 사고가 발생할 우려가 높아 특별한 경우를 제외하고는 금융기관에서 잘 발행하지 않고 있다.
④ 사고신고된 자기앞수표에 대하여 수표의 선의취득자가 해당 수표를 수표의 지급제시기간 내에 지급 제시하는 경우 은행은 수표대금을 지급할 수도 있다.
⑤ 자기앞수표의 사고신고는 원칙적으로 전화 등 유선을 통하여 접수받을 수 있도록 하고 있다.

은행FP 자산관리사 2부 — 1회

03 다음 중 사고신고된 수표대금의 지급사유에 대한 설명으로 옳지 않은 것은?

① 사고신고 수표에 대하여는 공시최고 및 제권판결을 받은 경우 수표대금을 지급할 수 있다.
② 사고신고된 수표가 선의취득자로부터 수표의 지급제시 기간 내에 제시되고 사고신고인이 동 수표와 관련하여 법적절차가 진행 중임을 증명할 수 있는 서류를 사고신고일로부터 7영업일 이내에 제출하지 아니한 경우 수표의 소지인에게 수표대금을 지급할 수 있다.
③ 제권판결에 의한 수표대금 지급 시 제권판결을 선언한 날로부터 1개월이 경과한 경우에 수표대금을 지급하며, 제권판결이 있는 경우라고 하더라도 사고수표의 소지인이 선의취득자로서 그 권리를 다투고자 할 경우에는 수표대금의 지급을 보류한다.
④ 수표의 소지인이 수표와 관련한 소송에서 승소하여 승소판결문과 함께 판결확정증명원을 제시하면 수표의 소지인에게 수표대금을 지급할 수 있다.
⑤ 사고신고된 수표에 대하여는 사고신고인과 수표의 소지인 간에 합의가 있는 경우에는 사고신고의 철회절차를 밟아 수표대금을 지급할 수 있다.

04 다음 중 당좌예금에 대한 설명으로 옳지 않은 것은?

① 당좌예금은 일반예금과 달리 은행과 예금주 등 당사자 간 일종의 지급위탁계약이라고 할 수 있다.
② 당좌예금을 개설하기 위해서는 금융기관이 정한 신용조사 예외 대상자를 제외하고 당좌개설을 위한 신용조사를 받아야 하며, 개설 이후에는 별도의 신용조사 없이 계속거래가 가능하다.
③ 당좌예금은 당좌대월을 설정할 수 있다.
④ 당좌예금의 임의해지사유란 당좌거래가 6개월 이상 중지되거나 당좌거래처의 당좌거래약관 위배, 거래불량 등으로 인하여 수표·어음의 유통질서를 해칠 우려가 있다고 인정되는 경우에는 금융기관에서 임의로 당좌거래를 해지하는 것을 말한다.
⑤ 당좌예금은 어음·수표를 지급수단으로 하기 때문에 예금부족이나 위·변조 등 관련 법률에서 정한 일정한 사유에 해당하면 부도처리를 하게 된다.

05 다음 〈보기〉에서 어음·수표의 부도반환 사유로 옳은 항목을 모두 고른 것은?

〈보 기〉
㉠ 예금부족
㉡ 분실사고신고서접수
㉢ 수표의 제시기간 미도래
㉣ 지급지 상이
㉤ 무거래

① ㉠, ㉡, ㉢
② ㉠, ㉡, ㉢, ㉣
③ ㉠, ㉡, ㉣, ㉤
④ ㉡, ㉢, ㉤
⑤ ㉡, ㉣, ㉤

1회 은행FP 자산관리사 2부

06 다음 중 목돈마련을 위한 적립식 상품에 대한 설명으로 옳은 것은?
① 매월 일정한 금액을 정해진 날짜에 저축해야 하며 중도해지가 불가능하다.
② 상호부금은 대출을 목적으로 하는 적립식 상품이다.
③ 재형저축은 2015년 이후로 가입 불가하며, 예금자보호법에 의해 보호되지 않는다.
④ 농어가목돈마련저축의 경우 월납과 반기납은 가능하지만 분기납은 불가능하다.
⑤ 청년도약계좌는 모든 가입자에게 동일한 정부기여금을 지급하고 해당 이자소득에 대하여 비과세 혜택을 부여한다.

07 다음 중 주택청약종합저축에 대한 설명으로 옳지 않은 것은?
① 가입자격은 국내에 거주하는 재외동포 및 외국인 거주자를 포함한 실명의 개인이다.
② 계약기간은 별도의 만기가 없고 가입한 날로부터 입주자로 선정된 날까지로 한다.
③ 매월 신규가입일 해당일을 약정 납입일로 하여 2만원 이상 50만원 범위 내에서 자유롭게 납입이 가능하다.
④ 가입일부터 3개월 이내에 해지하는 경우에는 이자를 지급하지 아니한다.
⑤ 예금자보호법에 의해 보호받지 않는 상품이다.

08 다음 중 개인종합자산관리계좌(ISA)에 대한 설명으로 옳지 않은 것은?
① 가입자격에 따라 일정한도까지의 운용기간 손익을 통산하여 비과세혜택을 부여하며 한도 초과분에 대하여는 우대세율로 분리과세한다.
② 총 납입한도는 1억원 이하로서 연간 2천만원 한도 중 미납입분에 대한 이월 납입이 가능하다.
③ 신탁형은 사전 투자자의 위험성향별로 모델포트폴리오를 구성하여 제시해야 하고, 분기 1회 이상 포트폴리오 재배분을 실시해야 한다.
④ 직전 3개년도 중에서 1회 이상 금융소득종합과세대상자에 해당하는 경우에는 가입이 불가하다.
⑤ 의무 가입기간은 3년이며, 가입자격에 따라 일반형, 서민형, 농·어민형으로 구분된다.

09 다음 중 집합투자의 정의 및 특징에 대한 설명으로 옳지 않은 것은?
① 기본적으로 간접투자에 따른 실적배당원칙을 기초로 하며 투자손익은 투자자에게 귀속된다.
② 집합투자는 2인 이상의 투자자로부터 소액의 투자자금을 모아서 펀드를 구성하고, 소액으로는 투자가 불가능한 곳에 투자하여 수익을 올릴 수 있는 공동투자의 특징을 가지고 있다.
③ 펀드 투자자는 펀드 손익과 의결권 등에 있어 투자지분에 따라 동등한 권리를 가진다.
④ 집합투자는 투자전문가들이 다양한 유가증권에 분산투자하여 투자위험을 최소화하며 재산의 운영과 관련하여 투자자로부터 일상적인 운용지시를 받는다.
⑤ 집합투자재산은 자산운용회사의 고유재산과 분리하여 은행과 같이 공신력 높은 수탁회사가 별도로 보관하도록 한다.

10 다음 중 판매보수와 판매수수료에 대한 설명으로 옳은 것은?

① 판매보수의 경우 집합투자재산 연평균가액의 2%를 한도로 하고 있다.
② 판매수수료의 경우 납입금액 또는 환매금액의 1%를 한도로 하고 있다.
③ 판매수수료는 단기투자 시 유리하고, 판매보수는 장기투자 시 유리하다.
④ 판매보수는 투자자로부터 직접 취득하고, 판매수수료는 집합투자기구로부터 취득한다.
⑤ 판매수수료는 집합투자규약에서 정하는 바에 따라 판매방법, 투자매매업자·투자중개업자, 판매금액, 투자기간 등을 기준으로 차등하여 받을 수 있다.

11 다음 중 증권집합투자기구에 대한 설명으로 옳지 않은 것은?

① 집합투자재산의 100분의 50을 초과하여 증권에 투자하는 집합투자기구를 말한다.
② 액티브형 펀드는 펀드의 운용성과에 있어서 펀드매니저의 능력에 대한 의존도가 높고 보수가 높은 편이다.
③ 패시브형 펀드는 지수추적을 목표로 운용되기 때문에 매매회전율이 낮고 각종 비용이 저렴한 것이 특징이다.
④ 가치주 펀드는 성장주 펀드에 비해 상대적으로 낮은 시장민감도를 가진다.
⑤ 성장주 펀드는 주로 Bottom-Up 방식으로 투자의사를 결정한다.

12 다음 중 구조화 상품의 손익구조에 대한 설명으로 옳지 않은 것은?

① 상승수익추구형은 주가지수 상승 시 원본을 보존하고, 주가지수 하락 시 참여율을 적용하여 수익률이 정해진다.
② 범위형의 경우 주가지수가 일정 범위 내에서 박스권의 움직임을 보인다고 전망되는 경우 유효한 투자전략이다.
③ 디지털형은 미리 정한 조건이 충족되면 수익을 지급하고, 그렇지 않으면 수익을 지급하지 않는 형태의 수익구조이다.
④ 원금부분보장형의 수익구조가 2Star 스텝다운형인 경우에는 투자자에게 지급하는 쿠폰수익률을 낮추는 대신 원금 최대손실률을 제한하는 형태로 설계하는 경우가 가장 일반적인 형태이다.
⑤ 스텝다운형은 상환조건을 만족하지 못하는 경우 다음 평가기간 또는 만기까지 투자기간이 연장되면서 상환조건이 조금씩 낮아지는 구조로 설계된 상품이다.

13 다음 중 특수한 형태의 집합투자기구에 대한 설명으로 옳지 않은 것은?

① 환매금지형 펀드는 집합투자증권을 최초로 발행한 날부터 90일 이내에 집합투자증권을 거래소시장에 상장해야 한다.
② 전환형 펀드는 투자자에게 펀드 전환권을 부여함으로써 투자자의 시장상황 판단 및 전망에 따라서 다른 펀드로의 선택이 자유롭고, 전환 시에 수수료 절감효과가 발생한다.
③ 종류형 펀드는 각 클래스별로 집합투자증권을 발행해야 하고, 기준가격도 각 클래스별로 산정해야 한다.
④ 모자형 펀드는 모펀드와 자펀드의 자산운용회사가 동일해야 한다.
⑤ 상장지수 펀드는 특정 지수와 연동되는 수익률을 얻을 수 있도록 설계된 집합투자기구로, 개별 종목에 대한 별도의 분석이 필요하다.

14 다음 〈보기〉에서 설명하는 것은?

〈보 기〉

주택을 소유하고 있으나 다른 소득이 없는 고령자의 노후생활안정자금을 지원하고자 하는 공적목적의 대출로, 국내에서는 한국주택금융공사에서 공적보증을 제공하여 주택연금이라는 명칭으로 취급하고 있다.

① 주택담보대출
② 보증서담보대출
③ 모기지론
④ 역모기지론
⑤ 신용대출

15 다음 중 외화예금에 대한 설명으로 옳지 않은 것은?

① 외화예금과 관련하여 적용되는 대고객 환율은 전신환매매율이라고 할 수 있다.
② 외화보통예금은 예치한도에는 제한이 없고, 예치통화의 매일 고시되는 보통예금 이율을 적용한다.
③ 외화정기예금은 일정 금액의 외국통화를 일정 기간까지 예치하고 그 기한이 만료될 때 환급해주는 기한부 예금으로, 이자율이 가장 높은 외화예금에 속한다.
④ 외화당좌예금은 수표·어음의 발행에 의하여 지급되며 원칙적으로 이자를 지급하지 않는다.
⑤ 외화적립식예금은 금융기관에 따라 예치 건별로 일부 인출이 가능하며, 이 경우 예치 건별로 예치기간에 해당하는 외화정기예금의 이율을 적용하게 된다.

16 다음 중 신용카드에 대한 설명으로 옳지 않은 것은?

① 본인회원은 만 18세 이상으로서 결제능력 심사기준에 의하여 결제능력이 있는 실명의 개인이며, 미성년자는 발급이 불가하다.
② 1인이 다수의 카드를 보유하고 있는 경우에는 소지한 카드 중에서 가장 높은 등급의 카드등급을 기준으로 하여 연회비가 부과된다.
③ 가족회원의 한도는 본인회원의 한도에 포함하여 관리한다.
④ 초과한도란 일시적으로 잔여한도를 초과하여 물품을 구매하는 경우 1회에 한하여 승인하는 한도를 말한다.
⑤ 카드대금을 이용대금 결제일 이전에 선결제하면 이용일부터 선납일까지의 수수료만 부담하게 되어 잔여일에 대한 수수료를 절감할 수 있다.

17 다음 중 주식투자접근방법에 대한 설명으로 옳지 않은 것은?

① 포트폴리오 분석법은 두 개 이상의 복수증권과 결합관계에서 투자가치를 평가하고 선택하는 방법이다.
② 기술적 분석은 과거의 증권가격 및 거래량의 추세와 변동 패턴에 관한 역사적 정보를 이용하여 미래 증권가격의 움직임을 예측하는 분석기법이다.
③ 기본적 분석에서는 내재가치가 시장가치에 비해 낮게 형성되어 있으면 매수를, 내재가치가 시장가치에 비해 높게 형성되어 있으면 매도를 고려한다.
④ 기술적 분석에서 오랜 기간의 각종 차트를 통해 얻고자 하는 것은 패턴과 추세로, 이를 분석함으로써 매매시점을 포착하는 것을 목적으로 한다.
⑤ 포트폴리오 분석법은 포트폴리오의 기대수익과 위험에 대한 분석을 기초로 일정한 기대수익에서 투자위험을 최소화할 수 있는 효율적 분산투자의 방법을 찾는 데 주력한다.

18 다음 중 경제변수와 주가에 대한 설명으로 옳지 않은 것은?

① 단기적으로 통화량이 증가할 경우 주가가 상승할 확률이 높아지고, 장기적으로 통화량이 증가할 경우 주가가 하락할 확률이 높아진다.
② 물가가 급격하게 상승할 경우 주가에 부정적으로 작용하여 주가가 하락한다.
③ 이자율이 상승하면 주가가 하락하고, 이자율이 하락하면 주가가 상승한다.
④ 환율이 상승하면 주가가 하락하고, 환율이 하락하면 주가가 상승한다.
⑤ 국제 원자재 가격이 상승하면 주가가 하락한다.

19 다음 중 발행시장의 주요 기능에 해당하지 않는 것은?

① 가격결정의 지표
② 자금조달 기능
③ 금융정책의 수단
④ 투자수단 제공
⑤ 자본의 효율성 제고

20 다음 중 경기변동에 대한 설명으로 옳지 않은 것은?

① 경기변동은 확장기와 수축기의 길이가 동일하게 나타나는 것이 일반적이다.
② 개별 경제활동은 동시에 동일방향으로 변동하는 것이 아니라 상당한 시차를 두고 그 영향이 다음 단계로 파급된다.
③ 단순히 확장과 수축을 교차하면서 반복되는 것이 아니라 각 순환과정의 주기와 진폭이 서로 다르게 나타난다.
④ 경기종합지수는 경기선행지수, 경기동행지수, 경기후행지수로 구분하며 일반적으로 경기선행지수가 주가에 가장 민감하게 반응한다.
⑤ 경기변동은 주요 경제변수들이 일정 기간을 주기로 경제변수의 장기추세선을 중심으로 상하운동을 하면서 변화하는 현상이다.

1회 은행FP 자산관리사 2부

21 다음 중 포터(M.E. Porter)의 산업경쟁구조 분석에 대한 설명으로 옳지 않은 것은?

① 기존 기업들의 입장에서 가장 매력적인 산업은 진입장벽이 높고, 철수장벽이 낮은 시장이다.
② 시장 내에 다수의 강력한 경쟁기업이 진출해 있는 경우는 매력이 적은 시장이다.
③ 특정 시장의 제품에 대한 실질적인 또는 잠재적인 대체품이 많을 경우는 매력이 적은 시장이다.
④ 제품이 비차별적일 때 구매자의 교섭력은 약해진다.
⑤ 공급자가 전방통합할 가능성이 높을 때 공급자의 교섭력은 강해진다.

22 다음 〈보기〉에서 설명하는 제품수명주기로 옳은 것은?

〈보 기〉
- 광고 등 판매촉진비와 생산비가 크기 때문에 손실이 발생한다.
- 제품에 대한 평가가 좋을 경우 성장을 거듭하면서 해당 산업에서 주목을 받는다.
- 수익성은 낮은 반면 위험이 상대적으로 큰 시기이다.

① 도입기　　　　　　　　　② 성장기
③ 성숙기　　　　　　　　　④ 쇠퇴기
⑤ 회복기

23 다음 중 기업분석의 단점에 대한 설명으로 옳지 않은 것은?

① 회계처리기준 중 어느 것으로 사용하느냐에 따라 재무제표가 달라질 수 있다.
② 기업의 진정한 가치를 파악하는 데 걸리는 분석시간이 길다.
③ 시장가격에 주관성이나 심리적 요인이 개입할 여지가 작다.
④ 새로운 정보가 출현하게 되면 기업가치를 제대로 평가할 수 없다.
⑤ 회계자료는 미래 이익의 예측능력에 차이가 있어 객관적이지 못하다.

24 다음 〈보기〉에 제시된 정보를 이용하여 ROE를 계산한 값으로 옳은 것은?

〈보 기〉
- 매출액 : 100억원
- 순이익 : 30억원
- 총자산 : 500억원
- 자기자본비율 : 60%

① 6%　　　　　　　　　　② 10%
③ 12%　　　　　　　　　　④ 20%
⑤ 30%

25 다음 중 시장가치비율분석에 대한 설명으로 옳지 않은 것은?

① 주가순자산비율은 분모는 시장가치를, 분자는 장부가치를 사용하여 계산한다.
② 주가현금흐름비율은 기업의 영업성과와 자금조달 능력을 나타낸다.
③ 주가매출액비율은 영업성과에 대한 객관적인 자료를 제공하기 때문에 주가수익비율의 단점을 보완해주는 역할을 한다.
④ 토빈의 q는 기업자산의 시장가치와 현시점에서 자산을 재구입할 경우 소요되는 대체원가와의 관계를 나타낸다.
⑤ 주가수익비율은 주당이익의 창출능력에 비해 주가가 높은지 낮은지를 판단하는 기준이 될 수 있다.

26 다음 중 배당평가모형에 대한 설명으로 옳지 않은 것은?

① 기업주가의 이론적 가치는 미래에 받게 될 배당금과 주식매각대금을 적절한 요구수익률로 할인한 금액의 합이라 할 수 있다.
② 배당평가모형은 증권의 내재가치는 영속적인 미래배당흐름을 요구수익률로 각각 할인한 현재가치로 표시되는 것이다.
③ 제로성장 배당모형은 배당평가모형에서 가장 단순한 모형으로 기업이 성장 없이 현상유지만 하는 경우를 말한다.
④ 정률성장 배당모형은 미래 배당흐름이 매년 일정하게 증가한다고 가정한 모형으로, 필요자금은 외부자금으로만 조달된다는 것을 전제로 한다.
⑤ 기업이 처음 수년간 매우 높은 성장률을 보이다가 투자유망기회를 찾기 힘들어지면서 둔화되는 경향을 보이는 배당평가모형을 고속성장 배당모형이라고 한다.

27 ㈜시대교육의 재무정보가 다음 〈보기〉와 같을 때 정률성장 배당모형으로 측정한 적정 주가로 옳은 것은?

─〈보 기〉─
- 배당성장률 : 8%
- 무위험이자율 : 2%
- 시장포트폴리오의 기대수익률 : 12%
- 베타계수 : 0.8
- 당기의 주당배당액 : 1,000원

① 10,080원
② 38,000원
③ 50,000원
④ 54,000원
⑤ 58,000원

1회 은행FP 자산관리사 2부

28 요구수익률이 10%, 자기자본이익률(ROE)이 10%일 경우 정상적 PER을 구한 값으로 옳은 것은?

① 2배 ② 4배
③ 5배 ④ 8배
⑤ 10배

29 다음 중 EV/EBITDA 평가모형에 대한 설명으로 옳지 않은 것은?

① EV/EBITDA 비율은 기업가치를 이자·세금·감가상각비 차감전 이익으로 나눈 것이다.
② EV/EBITDA 평가모형은 경제상황이 극도로 악화되어 기업들의 부도 가능성이 높아지면서 주가가 극도로 낮아져 주당이익이나 주당순자산 또는 주당매출액에 의거한 상대가치평가가 힘을 발휘하지 못하는 상황에서 유용한 모형이다.
③ EV/EBITDA 비율이 낮다면 회사의 주가가 기업가치에 비해 고평가되었다고 평가할 수 있다.
④ EV/EBITDA 평가모형은 감가상각방법 등의 회계처리방법과 영업외적 요인에 의해 별로 영향을 받지 않는다는 강점이 있다.
⑤ EV/EBITDA 평가모형은 운전자본이 증가할 경우 실제와는 다르게 현금흐름이 과대 계상될 수 있다는 단점이 있다.

30 다음 중 투자위험을 고려한 포트폴리오의 성과평가에 대한 설명으로 옳지 않은 것은?

① 샤프지수가 높은 포트폴리오는 포트폴리오 성과 또한 높게 나타날 가능성이 커진다.
② 젠센지수는 포트폴리오의 실제수익률이 시장균형을 가정한 경우의 수익률보다 얼마나 높은지를 나타내는 지표이다.
③ 샤프지수는 시장 민감도를 나타내는 베타지수로 초과수익률을 나눈 것이다.
④ 트레이너지수는 포트폴리오가 잘 분산되어 있는 펀드를 평가할 때 적합하다.
⑤ 정보비율은 펀드매니저의 능력을 측정할 수 있는 지표로 초과수익률을 비체계적 위험이 측정된 잔차표준편차로 나눈 값이다.

31 적극적 투자운용방법 중 가치투자 스타일에 의한 투자전략에 대한 설명으로 옳지 않은 것은?

① 해당 종목의 미래 성장성보다는 현재의 시장가치를 중요하게 생각한다.
② 현재의 수익이나 자산의 가치가 상대적으로 싼 주식을 포착해 포트폴리오를 구성하는 전략이다.
③ 가치투자 스타일에 의한 투자전략에는 저PER투자, 역행투자, 고배당수익률 투자방식 등이 있다.
④ 이 전략은 기업의 수익은 과거 평균치에 회귀하는 성향을 보인다는 것에 근거를 두고 있다.
⑤ 경기 저성장기나 침체기보다는 경기성장기에 유리한 투자전략이다.

32 다음 중 금리의 종류에 대한 설명으로 옳지 않은 것은?

① 실질이자율은 물가상승률을 고려하여 이자의 실질적인 가치를 반영하는 이자율이다.
② 미래에 지급되는 금액을 기준으로 한 경우의 금리를 할인율이라고 한다.
③ 복리는 일정 기간 경과하여 발생한 이자가 원금과 함께 재투자되어 추가적인 수익이 창출되는 방식이다.
④ 실제 정확한 기준으로 평가하여 부담하게 되는 금리를 표면금리라고 한다.
⑤ 단리는 일정 기간이 지나는 동안 원금에 대해서만 일정비율만큼 수익이 더해지는 방식이다.

33 다음 중 자금시장에서 자금의 수요와 공급에 따라 결정되는 금리로 옳은 것은?

① 시장금리
② 정책금리
③ 명목이자율
④ 실효금리
⑤ 표면금리

34 다음 중 시장금리의 하락 요인으로 옳은 것은?

① 물가 상승
② 국채발행 감소
③ 주요 선진국 금리수준 상승
④ 시중자금 부족
⑤ 경기 호전

35 다음 중 주식과 채권을 비교한 설명으로 옳지 않은 것은?

구 분	주 식	채 권
① 발행주체	주식회사	정부, 공공기관, 특수법인, 주식회사
② 소유자 위치	주 주	채권자
③ 자본형태	타인자본	자기자본
④ 의결권	있 음	없 음
⑤ 주요권리	경영참가권, 이익배당권 등	원리금상환청구권

36 다음 중 발행주체에 따른 채권의 종류로 옳지 않은 것은?

① 지방채
② 이표채
③ 금융채
④ 회사채
⑤ 특수채

37 다음 〈보기〉에서 설명하는 채권으로 옳은 것은?

― 〈보 기〉 ―
한국은행이 시중의 통화량을 조절하기 위해 발행하는 채권으로, 금융채에 포함되지만 국채와 함께 신용등급이 부여되지 않는 무위험채권으로 분류된다.

① 통안채
② 특수채
③ 지방채
④ 보증채
⑤ 무보증채

38 다음 중 정부나 공공단체가 발행하고 국채, 지방채, 특수채 및 국책은행 채권을 포함하여 신용리스크가 거의 없는 채권으로 옳은 것은?

① 회사채
② 국공채
③ 복리채
④ 고정금리부채권
⑤ 공모발행채권

39 발행이율이 5%인 2년 만기 할인채 10,000원의 발행 시 가격을 계산한 값으로 옳은 것은?

① 9,010원
② 9,030원
③ 9,050원
④ 9,070원
⑤ 9,090원

40 다음 중 전환사채와 이익참가부채권에 대한 설명으로 옳지 않은 것은?

① 전환사채는 회사채로 발행되어 소정의 이자가 지급되고, 발행 시 정해진 일정 기간이 지난 후에 투자자가 청구할 경우 주식으로 전환할 수 있는 채권을 말한다.
② 이익참가부채권은 일정한 이자가 지급되면서도 발행기업의 이익분배에도 참가할 수 있는 권리가 부여된 채권이다.
③ 전환사채는 주가가 약정된 가격 이상으로 상승하면 권리를 행사함으로써 높은 수익률을 향유할 수 있다.
④ 전환사채는 주가가 하락하여 회사가 부도나더라도 보유한 채권의 원리금을 상환받을 수 있다.
⑤ 전환사채는 주로 일반적인 회사채시장을 통한 자금조달이 어려운 기업들에 의해 발행되기 때문에 회사의 제반여건을 보다 면밀히 살펴봐야 한다.

41 다음 중 채권가격과 채권수익률의 관계에 대한 설명으로 옳지 않은 것은?

① 채권가격과 채권수익률은 반대방향으로 움직인다.
② 같은 금리의 변동이라도 금리가 상승할 때의 가격하락폭보다 금리가 하락할 때의 가격상승폭이 더 커진다.
③ 금리가 상승할 때의 가격하락폭은 체감하며 금리가 하락할 때의 가격상승폭은 체증한다.
④ 금리변동에 따른 채권가격 변동폭은 만기가 길수록 증가하나 그 증가율은 체감한다.
⑤ 표면이자율이 높은 채권이 표면이자율이 낮은 채권보다 금리변동에 따른 가격 변동폭이 크다.

42 이표율 8%, 3개월 단위로 이자를 지급하는 만기 15년 채권의 만기수익률이 10%일 때 맥컬레이듀레이션이 8.16이라고 한다면, 수정듀레이션을 계산한 값으로 옳은 것은?

① 6.53
② 7.43
③ 7.96
④ 8.13
⑤ 8.56

43 장기금리가 단기금리보다 빠르게 하락하여 장기적으로 경제전망이 좋지 않을 때 발생하는 것으로 아래 그래프와 같이 나타나는 현상으로 옳은 것은?

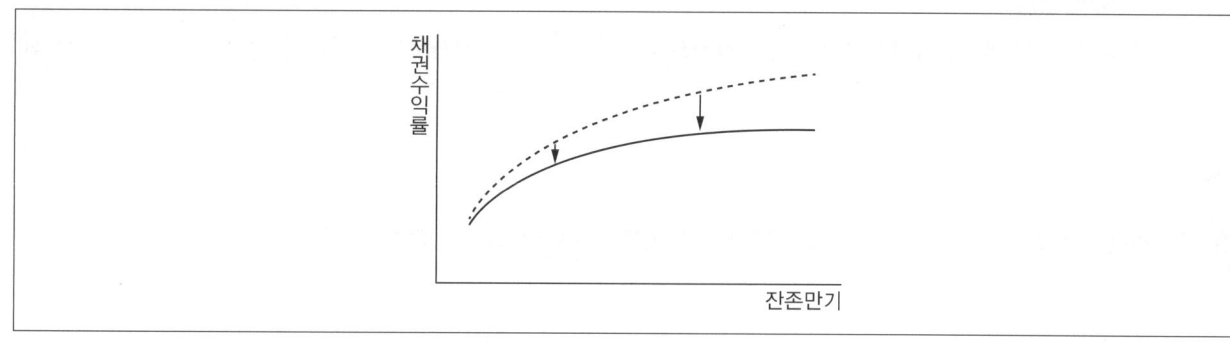

① 불 플래트닝
② 불 스티프닝
③ 베어 플래트닝
④ 베어 스티프닝
⑤ 텀 스프레드

44 다음 〈보기〉에서 설명하는 채권등급으로 옳은 것은?

〈보 기〉
원리금 지급능력이 양호하나, 경제여건 및 환경 악화 시 지급능력의 저하 가능성이 있다.

① A
② BBB
③ BB
④ B
⑤ CCC

45 복리채에 투자한 결과가 다음 〈보기〉와 같을 때 채권 투자수익률을 구한 값으로 옳은 것은?

― 〈보 기〉 ―
- 채권 매입가격 : 10,000원
- 채권 매도가격 : 10,500원
- 표면이자수입 : 400원

① 4%
② 5%
③ 9%
④ 10%
⑤ 15%

46 다음 중 장내파생상품의 특징에 대한 설명으로 옳지 않은 것은?

① 거래단위, 결제월, 결제방법 등의 계약명세가 거래소에 의해 표준화되어 있다.
② 투자자는 파생상품거래 시 상대방의 신용상태를 반드시 파악해야 한다.
③ 장내파생상품거래에서는 최종거래일 이전에 거래당사자가 원할 경우 언제든지 계약에서 벗어날 수 있도록 하기 위해 반대매매를 제도적으로 허용하고 있다.
④ 선물시장에는 전일의 선물가격과 당일의 선물가격과의 차이에 해당하는 금액을 익일에 결제하도록 하는 일일정산제도가 있다.
⑤ 파생상품거래 시 거래소 회원사는 위탁자로부터, 거래소는 회원사로부터 반드시 증거금을 징수하도록 하고 있다.

47 파생상품 중 행사 권리가 내재되어 있어 손익구조가 중간에 꺾이는 특성을 갖는 것은?

① 선 도
② 선 물
③ 캡
④ 선물옵션
⑤ 스왑션

48 다음 중 스프레드거래전략에 대한 설명으로 옳지 않은 것은?

① 스프레드는 예상했던 것과 다른 방향으로 변하면 손실이 발생하지만, 가격예측에 의한 방향성 매매보다는 손실위험이 작다.
② 원월물가격과 근월물가격의 차이인 결제월 간 스프레드는 순보유비용의 차이에 의해 결정된다.
③ 결제월 간 스프레드거래는 거래대상이 동일하며, 만기가 다른 두 개의 선물을 동시에 매수·매도하는 전략이다.
④ 주가지수선물의 경우 약세 스프레드전략은 스프레드가 확대될 것으로 예상하는 경우 원월물을 매도하고 근월물을 매수한다.
⑤ 채권선물의 경우에는 순보유비용이 음(-)이므로 주식관련 선물의 스프레드거래 포지션과 반대로 설정해야 한다.

49 펀드운용자는 주식시장이 강세가 될 것으로 예상하여 KOSPI200 지수선물(현재가격은 400포인트)을 이용하여 주식 포트폴리오(현재가치 100억원)의 베타를 현재 0.9에서 1.5로 증가시키기를 원한다. 이 경우 주식 포트폴리오의 베타를 조정하기 위해 매도 또는 매수해야 할 지수선물의 계약 수(N)를 계산한 것으로 옳은 것은? (단, 1포인트 = 25만원)

① KOSPI200 선물 50계약을 매도
② KOSPI200 선물 60계약을 매수
③ KOSPI200 선물 70계약을 매도
④ KOSPI200 선물 80계약을 매수
⑤ KOSPI200 선물 90계약을 매수

50 다음 중 주식 관련 선물에 대한 설명으로 옳지 않은 것은?

① 주가지수선물은 주식시장을 대표하는 주가지수를 거래 대상으로 하고, 거래비용이 저렴하여 분산투자가 잘 이루어진 주식 포트폴리오의 가격변동 리스크를 헤지하는 데 유용하다.
② 수익률곡선이 우상향하는 일반적인 상황에서 순보유비용이 양(+)인 선물가격은 현물가격보다 높게 형성되며, 만기일이 멀수록 선물가격이 높게 형성된다.
③ 시장의 강세를 예상하는 투자자는 주가지수선물을 매도하고, 약세를 예상하는 투자자는 주가지수선물을 매수한다.
④ 액티브 주식운용자는 주가가 상승할 것으로 예상하는 경우 베타가 높은 주식의 비중을 늘림으로써 주식 포트폴리오의 시장리스크를 증가시킨다.
⑤ 주식 포트폴리오의 보유자는 지수선물을 매도함으로써 장래의 가격하락 리스크를 제거할 수 있는데 이를 매도헤지라 한다.

51 한국의 B기업은 미국에 제품을 수출하고 그 대금으로 6개월 후에 $1,000,000를 받을 예정이다. 현재 원-달러 현물환율은 $1 = ₩1,000이고, 6개월 선물환의 선물환율은 $1 = ₩1,100이라고 한다면, 다음 설명 중 옳지 않은 것은?

① 6개월 후 달러화 수취 시 달러가치가 하락한다면, 즉 원-달러 환율이 달러당 1,000원 이하로 하락할 경우 B기업은 손실을 입게 된다.
② B기업은 원-달러 환율이 상승하면 이익을 보게 된다.
③ B기업의 환포지션은 매수포지션에 해당되므로, 환율 하락 위험을 헤지하기 위해 선물환 매도포지션을 가질 필요가 있다.
④ 환율 하락으로 인한 손실을 피하기 위해 6개월 원-달러 선물환을 달러당 1,100원에 $1,000,000만큼 매수하는 헤지 전략이 필요하다.
⑤ 매도헤지 결과 B기업은 6개월 후의 환율변동에 관계없이 11억원을 확보할 수 있게 된다.

52 A기업은 미국에 제품을 수출하고 3개월 후에 $5,000,000를 받을 예정이다. 달러자금 수취 시 달러가치 변동으로 인한 손실을 피하기 위하여 한국거래소에 상장된 미국 달러선물을 활용하기로 했다면, 다음 중 적절한 선물포지션으로 옳은 것은?

① 달러선물 50계약 매도
② 달러선물 100계약 매수
③ 달러선물 100계약 매도
④ 달러선물 500계약 매수
⑤ 달러선물 500계약 매도

53. 다음 중 해외투자와 환리스크관리에 대한 설명으로 옳지 않은 것은?

① 글로벌 투자 시 주식투자에서의 환리스크 헤지비율이 채권투자보다 상대적으로 낮은 것이 일반적이다.
② 선물환 매도로 환리스크를 헤지한 후 주가가 상승하는 경우에도 환리스크에 노출된다.
③ 해외 주식투자의 경우 미래의 주식가치를 예측할 수 없고, 펀드를 통해 고객자산을 운용하는 경우 고객의 환매시기와 액수를 미리 알 수 없기 때문에 환리스크 헤지가 쉽지 않다.
④ 주가와 환율이 반대방향으로 움직이는 경우에는 주가와 환율 간의 공분산이 음(−)이 되어 포트폴리오의 리스크가 증가한다.
⑤ 해외 주식투자에 수반되는 환리스크를 헤지한 이후 원화가치가 지속적으로 상승한다면 환차익을, 원화가치가 하락한다면 환차손이 발생하게 된다.

54. 다음 중 옵션의 개념과 유형에 대한 설명으로 옳지 않은 것은?

① 기초자산을 매수할 수 있는 권리를 콜옵션, 매도할 수 있는 권리를 풋옵션이라고 한다.
② 유럽형 옵션은 만기일 이전에도 행사가 가능한 반면, 미국형 옵션은 만기일에만 행사가 가능하다.
③ 선물콜옵션의 매수자가 권리를 행사하면 선물가격이 행사가격을 초과한 만큼의 이익이 발생하며 선물의 매수포지션을 취하게 된다.
④ 선물풋옵션의 매수자가 권리를 행사하면 행사가격이 선물가격을 초과한 만큼의 이익이 발생하며 선물의 매도포지션을 취하게 된다.
⑤ 옵션의 매수자는 기초자산의 가격과 행사가격을 비교하여 유리한 경우에 옵션을 행사할 권리를 갖지만, 불리할 경우에는 옵션을 행사하지 않아도 된다.

55. KOSPI200 지수가 250포인트일 때 행사가격이 250포인트인 풋옵션을 1.5포인트에 1계약 매입하여 만기까지 보유하였다. 만기 시 KOSPI200 지수가 252포인트가 되었다면 이 투자자의 손익으로 옳은 것은? (단, 1포인트 = 25만원)

① 375,000원 손실
② 375,000원 이익
③ 1,000,000원 손실
④ 1,000,000원 이익
⑤ 손익 없음

56. 다음 중 옵션투자에서 이익이 발생하는 원천에 대한 설명으로 옳지 않은 것은?

① 양(+)의 델타는 기초자산 가격이 상승할 경우 이익이 발생함을 의미하고, 음(−)의 델타는 기초자산 가격이 하락할 경우 이익이 발생함을 의미한다.
② 콜옵션과 풋옵션 매수의 감마는 모두 음(−)이다.
③ 델타가 0이고 감마가 양(+)인 포지션은 기초자산 가격의 변화에 대해 이익을 보며 그 변화폭이 클수록 큰 이익을 볼 수 있음을 의미한다.
④ 베가는 선물가격의 변동성에 대한 옵션가격의 민감도를 설명한다.
⑤ 쎄타는 시간가치감소를 측정하는 것으로 콜옵션 또는 풋옵션의 매수는 음(−)의 쎄타를 가지며, 시간이 지남에 따라 가치가 소멸된다.

57 우리나라의 수출업자는 3개월 후 100만 달러의 수출대금을 수취할 예정이다. 이 수출업자는 환율이 하락하여 결제 받을 원화대금이 적어질 것을 걱정하여 달러화에 대한 풋옵션을 매수하기로 결정했다. 현재 달러/원 현물환율이 $1 = ₩1,200원이고, 3개월 만기 달러 풋옵션(행사가격 : 1,200원)의 프리미엄이 10원일 때, 현물 포지션과 행사가격 1,200원 풋옵션 매수 포지션의 손익을 합한 헤지포지션의 결과에 대한 설명으로 다음 중 옳지 않은 것은?

① 거래소에서 거래되는 달러 풋옵션은 계약당 $10,000이므로 총 100계약을 매수해야 한다.
② 3개월 후 현물환율이 1,200원을 유지할 경우 달러당 10원의 손실이 발생한다.
③ 환율이 1,200원 이하로 하락하는 경우에는 달러당 10원의 이익이 발생한다.
④ 환율이 1,210원 이상으로 상승하게 되면 옵션에서의 손실은 옵션프리미엄 10원으로 고정된다.
⑤ 환율이 1,210원 이상으로 상승하게 되면 현물포지션에서 이익이 증가하므로 전체적으로는 이익을 얻을 수 있다.

58 우리나라의 K기업은 향후 3년간 120억원에 대한 투자수입을 기대하고 있는 반면, 1,000만달러의 차관 원리금을 3년 간 상환해야 한다. 현재 환율은 ₩1,200/$이나 향후 3년간 환율이 안정될지는 불투명하다. 다음 중 K기업에게 향후 3년간의 위험관리를 위해 가장 적절한 대안으로 옳은 것은?

① 달러 고정금리를 수취하고, Libor를 지급하는 달러 이자율스왑 거래를 한다.
② 달러 고정금리를 지급하고, Libor를 수취하는 달러 이자율스왑 거래를 한다.
③ 달러 변동금리를 수취하고, Libor를 지급하는 달러 이자율스왑 거래를 한다.
④ 만기에 원화 원금을 지급하고, 달러 원금을 수취하는 통화스왑 거래를 한다.
⑤ 만기에 달러 원금을 지급하고, 원화 원금을 수취하는 통화스왑 거래를 한다.

59 다음 중 옵션 가격(프리미엄)에 영향을 끼치는 4가지 요인에 해당하지 않는 것은?

① 기초자산의 가격
② 기초자산의 과거 거래량
③ 기초자산의 변동성
④ 행사가격
⑤ 옵션의 잔존만기

60 다음 중 투자수익률의 종류에 대한 설명으로 옳지 않은 것은?

① 보유기간수익률은 (기말의 투자자산가격 – 기초의 투자자산가격 + 배당금)을 기초의 투자자산가격으로 나누어 계산한다.
② 산술평균은 각 기간별 수익률을 단순 평균한 것으로 복리계산을 무시하기 때문에 기하평균보다 낮다.
③ 기하평균은 과거의 평균적인 수익률 내지 투자성과를 측정하는 데 적절하다.
④ 포트폴리오의 수익률은 개별자산의 보유기간별 수익률에 총 포트폴리오에서 차지하는 개별자산의 비율을 곱한 후 가중하여 합한 값인 가중평균수익률을 사용한다.
⑤ 기대수익률은 어떤 사건이 발생할 확률에 그 사건이 발생할 경우의 수익률을 곱한 기댓값으로 산출한다.

61 주식 A의 시장상황별 자료가 다음과 같을 때 주식 A의 분산과 표준편차를 계산한 값으로 옳은 것은?

시장상황	확 률	수익률
호 황	40%	60%
정 상	20%	10%
불 황	40%	-40%

① 분산 : 10%, 표준편차 : 44.72%
② 분산 : 10%, 표준편차 : 47.72%
③ 분산 : 20%, 표준편차 : 44.72%
④ 분산 : 20%, 표준편차 : 47.72%
⑤ 분산 : 25%, 표준편차 : 47.72%

62 주식 A와 B의 수익률의 표준편차가 각각 0.2와 0.1이다. 두 주식의 수익률의 공분산이 0.014라면 상관계수는 얼마인가?

① 0
② 0.14
③ 0.5
④ 0.7
⑤ 0.77

63 다음 중 무차별곡선에 대한 설명으로 옳지 않은 것은?

① 동일한 무차별곡선상에 있는 모든 기대수익과 위험의 조합은 투자자에게 동일한 만족을 준다.
② 무차별곡선이 양의 기울기를 갖는다는 것은 위험이 증가할 때 기대수익도 함께 증가해야 동일한 효용을 유지할 수 있다는 의미이다.
③ 무차별곡선은 위쪽에 위치할수록 더 큰 효용을 갖는다.
④ 위험회피자는 모두 동일한 무차별곡선을 갖는다.
⑤ 무차별곡선이 원점에 대해 볼록한 것은 한계효용체감의 법칙에 의한 것이다.

64 다음 중 효율적 프런티어에 대한 설명으로 옳지 않은 것은?

① 효율적 프런티어보다 왼쪽이나 위쪽에 위치한 수익률과 위험의 조합은 선택 불가능한 대안이다.
② 효율적 프런티어와 무차별곡선이 접하는 점에서 투자자의 효용이 최대가 된다.
③ 효율적 프런티어상의 포트폴리오들은 동일한 표준편차에 대해 가장 높은 기대수익률을 제공하거나 동일한 기대수익률에 대해 표준편차가 가장 낮은 포트폴리오이다.
④ 효율적 프런티어의 아래에 위치한 포트폴리오들은 효율적 프런티어에 의해 지배되므로 선택될 수 없다.
⑤ 공격적인 투자자일수록 최적 포트폴리오는 최소분산 포트폴리오에 근접하게 된다.

65 시장포트폴리오 수익률이 10%, 무위험수익률이 4%, 주식 A의 베타가 1.5라고 할 때 증권시장선(SML)상 주식 A의 기대수익률을 예측한 값으로 옳은 것은?

① 4%
② 6%
③ 10%
④ 13%
⑤ 15%

66 다음 〈보기〉는 FP의 질문에 대해 고객이 대답한 내용이다. 해당 고객이 선택한 투자전략 매트릭스로 옳은 것은?

─〈보 기〉─
㉠ 시장예측에 의한 선제적인 자산배분은 성공할 수 있는가? 아니오
㉡ 증권분석에 의해 수익은 높고 위험은 낮은 우수한 증권선택이 가능한가? 예

① 제1사분면 투자관
② 제2사분면 투자관
③ 제3사분면 투자관
④ 제4사분면 투자관
⑤ 선택사항 없음

67 다음 중 벤치마크의 설정 시 고려사항에 대한 설명으로 옳지 않은 것은?

① 벤치마크는 평가기간 중에 정해져야 한다.
② 벤치마크가 매니저의 운용 스타일이나 성향과 일치해야 한다.
③ 적극적인 운용을 하지 않을 경우에 벤치마크의 구성종목에 투자하여 보유할 수 있어야 한다.
④ 원하는 기간마다 벤치마크 자체의 수익률을 계산할 수 있어야 한다.
⑤ 벤치마크를 구성하고 있는 종목명과 비중이 명확하게 표시되어야 한다.

1회 은행FP 자산관리사 2부

68 다음 〈보기〉의 자료에서 젠센의 알파 값이 가장 큰 펀드로 옳은 것은? (단, 무위험수익률 = 3%, 시장포트폴리오 수익률 = 5%)

〈보 기〉

구 분	A	B	C	D	E
펀드수익률	9%	10%	11%	12%	13%
총위험	5%	10%	15%	20%	25%
베 타	0.4	1.0	1.5	2.0	2.5

① A
② B
③ C
④ D
⑤ E

69 포트폴리오의 평균수익률 = 12%, 무위험수익률 = 4%, 총위험 = 8%, 포트폴리오 수익률의 베타 = 2.0일 때 샤프지수와 트레이너지수를 계산한 값으로 옳게 짝지어진 것은?

① 샤프지수 : 1.0, 트레이너지수 : 1.0
② 샤프지수 : 2.0, 트레이너지수 : 2.0
③ 샤프지수 : 2.5, 트레이너지수 : 4.0
④ 샤프지수 : 1.0, 트레이너지수 : 4.0
⑤ 샤프지수 : 2.0, 트레이너지수 : 4.0

70 다음 중 투자성과에 대한 평가와 피드백에 대한 설명으로 옳지 않은 것은?

① 전략적 자산배분은 장기적인 투자전략이므로 한 번 자산배분을 하면 변화를 주지 않고 그대로 유지해야 한다.
② 전술적 자산배분은 일반적으로 시장예측 부분에 해당하므로 FP는 단기적인 전망에 따른 투자의 성과를 제대로 측정해서 고객에게 제시하여 잘못된 선택이 수익률에 미치는 영향을 알려주는 것이 중요하다.
③ FP는 투자 포트폴리오 전체의 증권선택 효과를 자산군별로 나누어 평가한 후 각 자산군별 세부 금융상품별로 설정된 벤치마크와 비교 평가하여 상품 교체 여부를 결정해야 한다.
④ 성과 평가 후에는 재설계되는 전술 포트폴리오의 구성비율을 결정해야 한다.
⑤ 고객의 심리적 오류에 기인한 전술 포트폴리오 변경에 실패한 경우에는 적절한 피드백이 필요하다.

제2과목 비금융자산 투자설계(30문항)

71 다음 중 부동산과 동산의 법률적 차이로 옳지 않은 것은?
① 부동산의 공시방법은 등기이고, 동산의 공시방법은 점유이다.
② 부동산은 공신력을 불인정하지만, 동산은 인정(선의취득)한다.
③ 부동산은 용익물권의 설정이 가능하지만, 동산은 불가능하다.
④ 부동산과 동산 모두 유치권 설정이 가능하다.
⑤ 부동산은 질권을 설정할 수 있으나, 동산은 질권을 설정할 수 없다.

72 다음 중 용도지역에 대한 설명으로 옳지 않은 것은?
① 용도지역은 도시지역, 관리지역, 농림지역, 자연환경보전지역으로 구분된다.
② 용도지역은 토지의 이용, 건축물의 용도, 건폐율, 용적률, 높이 등을 제한한다.
③ 도시지역은 인구와 산업이 밀집되어 있거나 밀집이 예상되어 그 지역에 대해 체계적인 개발·정비·관리·보전 등이 필요한 지역을 말한다.
④ 용도지역은 모든 토지에 지정해야 하며, 중복 지정이 가능하다.
⑤ 자연환경보전지역은 자연환경·수자원·해안·생태계 및 문화재의 보전과 수산자원의 보호·육성 등을 위해 필요한 지역이다.

73 주택의 분류 중 단독주택에 해당하는 것은?
① 아파트
② 연립주택
③ 다세대주택
④ 다가구주택
⑤ 기숙사

74 다음 중 부동산 관련 용어에 대한 설명으로 옳지 않은 것은?
① 필지란 등기법상 등기단위로서 토지소유자의 권리를 구분하기 위한 법적 개념이다.
② 획지란 인위적, 자연적, 행정적 조건에 의해 다른 토지와 구별되는 가격수준이 비슷한 일단의 토지이다.
③ 재축이란 기존 건축물의 전부 또는 일부를 철거하고 그 대지에 종전과 같은 규모의 범위에서 건축을 다시 축조하는 것을 말한다.
④ 용적률이란 대지면적에 대한 건축물의 연면적 비율이다.
⑤ 건폐율이란 대지면적에 대한 건축면적의 비율이다.

75 다음 중 개인이 받은 모든 대출의 연간 원리금을 연소득으로 나눈 비율은 무엇인가?
① LTV
② DTI
③ DSR
④ RTI
⑤ 신DTI

76 다음 중 등기사항증명서의 갑구에 포함되지 않는 것은?
① 압 류
② 가압류
③ 저당권
④ 가등기
⑤ 경매신청

77 다음 중 집합건물에 대한 건축물대장의 표제부에서 확인할 수 없는 내용은?
① 용적률
② 층별 용도 및 면적
③ 건폐율
④ 공동주택공시가격
⑤ 건축물의 면적

78 다음 중 주택임대차보호법에 대한 설명으로 옳지 않은 것은?
① 임차인이 주택의 인도와 전입신고를 마친 때에는 그 익일 0시부터 제3자에 대한 효력인 대항력이 발생한다.
② 우선변제권은 임차인이 대항력과 확정일자를 부여받은 경우 성립한다.
③ 미등기 건물도 적용대상이다.
④ 최우선적으로 보호되는 소액임차보증금액의 합계액이 경매낙찰대금의 2분의 1을 초과할 수 없다.
⑤ 임대인이 임대차기간 만료 전 6월부터 1월까지 임차인에게 갱신거절의 통지를 하지 않은 경우에는 이전과 동일한 조건의 계약이 2년을 기간으로 하여 갱신된 것으로 본다.

79 다음 중 상가건물임대차보호법에 대한 설명으로 옳지 않은 것은?

① 상가건물임대차 존속기간은 1년이다.
② 임차인은 임대차기간이 만료되기 6개월 전부터 1개월 전까지 사이에 계약의 갱신을 요구할 수 있다.
③ 대항력을 갖추었으며 임차보증금이 지역별 소액임차보증금 이하인 경우에는 최우선변제권을 인정받을 수 있다.
④ 상가건물임대차에서 대항력이 성립되려면 임차인이 임차 대상 건물을 인도받아 점유해야 하고, 상가건물을 주소지로 하는 사업자등록을 구비해야 한다.
⑤ 임대인에게 손해배상을 청구할 권리는 임대차가 종료한 날부터 1년 이내에 행사하지 아니하면 시효의 완성으로 소멸한다.

80 다음 중 부동산시장의 활성화에 영향을 주는 요인에 해당하는 것은?

① 구매력 위축
② 금리 상승
③ 대출규제 강화
④ 유동성의 풍부
⑤ 경제 불황

81 다음 중 해외 부동산 투자에 대한 설명으로 옳지 않은 것은?

① 해외 부동산 투자는 실수요자와 투자자의 송금액 제한이 없다.
② 해외 부동산 취득 시 3개월 이내에 지정거래외국환은행에 취득보고서를 제출해야 한다.
③ 신고 시 징구서류에는 관할 세무서장이 발행한 납세증명서 1부도 포함된다.
④ 해외 부동산 처분 시 3개월 이내에 지정거래외국환은행에 처분보고서를 제출해야 한다.
⑤ 신고대상 부동산은 거주자 본인 또는 거주자의 배우자가 해외에서 1년 이상 체재할 목적의 주거용 주택이다.

82 다음 중 인구구조 변화와 부동산시장에 대한 설명으로 옳지 않은 것은?

① 인구의 감소는 단기적으로 부동산시장에 큰 영향을 미친다.
② 주택을 기준으로 수요를 분석할 때에는 주거의 단위인 가구 변화를 먼저 검토해야 한다.
③ 1~2인 가구는 가파르게 증가하고 있다.
④ 주택의 다운사이징 현상은 지속될 것이다.
⑤ 베이비부머 세대는 은퇴 후 현재의 주택에서 그대로 거주하고자 할 것이다.

83 부동산정책이 필요한 이유에 대한 설명이다. 다음 〈보기〉가 설명하는 것은?

〈보 기〉
부동산 이용에 있어 가장 바람직하게 이용하도록 하는 것이 최선의 가치라는 것을 강조한다. 따라서 정부가 부동산 소유자들의 자유이용을 방임해서는 안 되며, 사회적 관점에서 공적 개입이 필요하다.

① 경제적 논리
② 정치적 논리
③ 사회적 논리
④ 최유효이용론
⑤ 강력한 복지론

84 다음 중 부동산 조세 및 토지정책에 대한 설명으로 옳지 않은 것은?
① 부동산 세금은 관리 주체에 따라 국세와 지방세로 나뉜다.
② 국가의 재정수입차원에서 취득세가 차지하는 비중이 크다.
③ 부동산 조세는 재정수입 외에도 부동산 경기의 조절 및 분배 문제의 개선, 규제의 완급조절 등의 목적으로 활용된다.
④ 토지정책에서는 토지활동을 원활히 하기 위해서 합리적인 토지관리체계를 구축해야 한다.
⑤ 토지정책은 소유권을 기반으로 이뤄지므로 소유권 규제정책을 통해 정책 목표를 달성한다.

85 정부의 부동산 정책 중 조세정책의 기능에 대한 설명으로 옳지 않은 것은?
① 당초에는 국가의 재정수입원으로서의 기본적인 기능이 중시되었다.
② 최근 정부가 특정한 정책 목표를 달성하기 위한 수단으로도 운영되고 있다.
③ 부동산조세 중 부동산 취득세는 지방자치단체의 재정 수입에 기여하는 바가 크다.
④ 저소득층의 자금조달을 어렵게 하고 부유층의 자금출처 증빙을 차단함으로써 구매력을 줄인다.
⑤ 부동산 경기 조절, 부동산 분배 문제의 개선, 부동산 규제의 완급조절 등의 역할을 하기도 한다.

86 다음 중 투기지역의 주택거래신고제를 도입한 정부는?
① 김영삼 정부
② 김대중 정부
③ 노무현 정부
④ 이명박 정부
⑤ 박근혜 정부

87 다음 중 시대별 부동산정책을 옳게 짝지은 것을 모두 고르면?

> ⊙ 김영삼 정부 - 부동산실명제 도입
> ⓒ 김대중 정부 - 분양권전매제도 폐지
> ⓒ 노무현 정부 - 종합부동산세 도입
> ⓔ 문재인 정부 - 다주택자 양도세 중과 폐지

① ⊙, ⓒ
② ⓒ, ⓔ
③ ⊙, ⓒ, ⓒ
④ ⊙, ⓒ, ⓔ
⑤ ⓒ, ⓒ, ⓔ

88 다음 중 정부 발표자료인 실거래가격, 주택거래량, 미분양주택, 지가변동률에 대한 설명으로 옳지 않은 것은?

① 실거래가격은 거래를 하는 데 중요한 후행자료가 된다.
② 주택거래량은 시장동향을 나타내는 중요한 지표이다.
③ 미분양주택의 주택시장에 대한 영향력을 파악하기 위해서는 해당지역별 수급동향을 중심으로 한 세분화된 분석과 대응이 필요하다.
④ 전국의 지가변동률은 해당 지역의 토지시장 추이를 나타내는 지표이다.
⑤ 종전 거래사례 금액을 파악함으로써 현재 매매가격과 종전 실거래가의 고저를 비교분석할 수 있다.

89 다음 중 부동산 투자의 특징과 장단점에 대한 설명으로 옳지 않은 것은?

① 다른 투자수단에 비해 투자기간이 비교적 장기이다.
② 투자 수익창출은 투자자의 능력에 의존하는 측면이 크다.
③ 일반적인 투자수단에 비해 비교적 자본이 적게 든다.
④ 부동산은 즉시 현금화가 어렵다.
⑤ 건물과 토지는 부가물에 의해 손해가 발생할 수 있다.

90 A씨가 부동산을 현재 10억에 매입해서 1년 후 12억에 팔 수 있을 것이라 예상했지만, 실제로는 13억원에 팔았다면 기대수익률과 실현수익률은 각각 얼마인가?

① 기대수익률 : 10%, 실현수익률 : 20%
② 기대수익률 : 20%, 실현수익률 : 30%
③ 기대수익률 : 30%, 실현수익률 : 40%
④ 기대수익률 : 40%, 실현수익률 : 50%
⑤ 기대수익률 : 50%, 실현수익률 : 60%

91. 다음 중 부동산의 가치평가에 대한 설명으로 옳은 것은?

① 원가방식은 원가비용 측면에서 접근하여 평가하는 방식으로서, 현재의 가격을 참고하여 파악하는 방식이다.
② 원가방식에는 가격을 구하는 적산법과 부동산의 임료를 구하는 원가법이 있다.
③ 수익방식에는 부동산의 가격을 구하는 수익환원법과 임료를 구하는 수익분석법이 있다.
④ 비교방식은 시장성 측면에서 접근하는 평가방식으로, 과거의 가격을 참고하여 파악하는 평가기법이다.
⑤ 비교방식 접근방법에는 직접환원법과 할인현금흐름분석법이 있다.

92. 다음 중 부동산의 재무성 분석 및 경제성 분석에 대한 설명으로 옳지 않은 것은?

① 순현가법은 투자로 인해 발생할 미래의 모든 현금흐름을 적절한 할인율로 할인하여 현가로 나타내는 방법이다.
② 순현가법에서 미래가치를 현재가치로 환원할 때 사용하는 수익률은 내부수익률이다.
③ 연금의 미래가치는 연금 × 연금의 내가계수이다.
④ 상호배타적 투자안일 경우 내부수익률이 요구수익률보다 큰 투자안 중에서 내부수익률이 가장 큰 투자안을 선택한다.
⑤ 감채기금계수는 n년 후에 1원을 만들기 위해 매년 불입할 액수이다.

93. 다음 중 일반 아파트 투자전략에 대한 설명으로 옳지 않은 것은?

① 교육환경은 우리나라뿐만 아니라 전 세계에서 주거선택의 중요한 기준이 된다.
② 신혼부부부터 고령층까지 교통의 접근성은 중요하게 여겨진다.
③ 자연환경은 주거를 선택하는 데 고려하지 않아도 된다.
④ 대단지 위주의 새 아파트여야 한다.
⑤ 대형마트, 백화점 등 편의시설이 잘 갖춰져 있어야 한다.

94. 다음 중 분양투자 전략에 대한 설명으로 옳지 않은 것은?

① 청약통장은 청약저축, 청약부금, 청약예금, 주택청약종합저축으로 구성되어 있다.
② 청약저축에 가입하는 경우에는 국민주택에만 청약할 수 있다.
③ 청약가점제란 민영주택 청약 시 동일순위 내에서 경쟁이 있을 경우, 무주택기간, 부양가족수, 청약통장 가입기간을 기준으로 산정하여 가점점수가 높은 순으로 당첨자를 선정하는 제도이다.
④ 투기과열지구에서는 전용면적 60~85m^2 이하인 민영주택의 경우 청약가점제는 70%로 운영된다.
⑤ 분양권의 경우 분양계약일로부터 2주 이내에 신고해야 하며, 주택공급자 및 수분양자 모두 신고의무가 존재한다.

95 단독주택과 도시형생활주택, 전원주택의 투자전략에 대한 설명으로 옳지 않은 것은?

① 고급 단독주택으로는 서울의 성북동, 한남동, 평창동, 삼성동 등이 대표적이며, 전통적인 부자들의 상징적인 주거유형이다.
② 최근에는 다가구주택의 선호가 높아지고 있는데 그 이유는 본인의 주거도 해결되고 월세도 받을 수 있기 때문이다.
③ 도시형생활주택은 부대 복리시설을 의무적으로 설치해야 한다.
④ 도시형생활주택은 일반 주택과 비교하여 주차장 설치 기준이 낮다.
⑤ 전원주택은 보안 등의 문제가 있으므로 건축할 때 이를 위한 대비가 필요하다.

96 다음 중 토지 관련 용어에 대한 설명으로 옳지 않은 것은?

① 농업인에는 1년 중 120일 이상 축산에 종사하는 자도 포함된다.
② 농지는 토지대장 지목에 따르지 않고 토지현상에 따라 결정한다.
③ 자경이란 농업인이 농작업의 2분의 1 이상을 자기의 노동력으로 경작 또는 재배하는 것을 말한다.
④ 연접제한개발제도란 도시계획의 목적에 위반될 우려가 있는 개발행위를 하는 경우 계획의 적정성, 기반시설의 확보 여부 등을 고려하여 허가 여부를 결정하는 제도이다.
⑤ 산지전용부담금이란 보존임지에 대한 전용허가를 받거나 산림의 형질변경 허가를 받은 자 등에 대해 전용면적을 기준으로 부과·징수하는 것을 말한다.

97 다음 중 경매 및 공매에 대한 설명으로 옳지 않은 것은?

① 경매는 인도명령절차가 가능하며 명도가 용이하다.
② 공매는 국세징수법상 체납세액을 강제징수하는 행정처분이다.
③ 경매는 채권자 평등원칙이 적용된다.
④ 경매는 재입찰 참여가 가능하다.
⑤ 경매와 공매 모두 매수자에게 명도책임이 있다.

98 다음 중 부동산 자산관리시장 트렌드의 변화로 옳지 않은 것은?

① 과거에는 부동산금융이 고정화되었다면, 현재는 부동산금융이 유동화되었다.
② 과거에는 부동산 공급자 중심시장이었다면, 현재는 부동산 수요자 중심시장이다.
③ 과거에는 부동산이 거주이용 목적이었다면, 현재는 소유투자 목적이다.
④ 과거에는 시설관리 중심이었다면, 현재는 자산관리 중심이다.
⑤ 과거에는 주로 부동산 유지보존관리가 목적이었다면, 현재는 주로 부동산 수익운영관리가 목적이다.

99 다음 중 부동산금융과 주택금융에 대한 설명으로 옳지 않은 것은?

① 부동산금융이란 부동산의 개발 및 취득을 목적으로 부동산자금을 조달하는 것이다.
② 부동산금융은 일반금융과는 달리 감가상각과 세금감면 혜택이 있다.
③ 부동산금융은 부동산의 특성을 고려하여 저당채권 유동화 제도가 필요하다.
④ 주택금융은 단기의 저리대출을 특성으로 한다.
⑤ 주택금융은 주택을 융자대상자산으로 하기 때문에 채무불이행의 위험이 있다.

100 다음 중 부동산개발금융(PF)에 대한 설명으로 옳지 않은 것은?

① 차주의 신용이나 일반재산이 아닌 프로젝트의 사업성 자체가 대출 채무의 담보가 되는 자금조달 방식이다.
② 법 규정에 따라 다양한 형태의 대출채권 담보장치를 확보하고 있다.
③ 엄격한 대출채권 담보장치를 확보한 대출형부동산펀드의 대출이자는 상대적으로 높다.
④ 시공사의 신용평가등급과 건설도급순위를 점검해야 한다.
⑤ 프로젝트 수행에서 금융기관의 관여가 상대적으로 강화되고, 시행사의 결정권한은 약화된다.

제2회
은행FP 자산관리사 2부
실제유형 모의고사

문항 및 시험시간

평가영역	문항 수	시험시간	비 고
자산관리사(FP) 2부	100문항	100분	

※ 이 자료는 저작권법에 의해 보호를 받는 저작물이므로 동영상 제작 및 무단전재와 복제를 금합니다.

은행FP 자산관리사 2부

제2회 실제유형 모의고사

문 항 수 : 100문항
응시시간 : 100분

제1과목 금융자산 투자설계(70문항)

01 다음 중 투자의 3요소에 대한 설명으로 옳지 않은 것은?

① 투자의 3요소에는 안전성, 수익성, 유동성이 있다.
② 투자의 3요소는 서로 보완관계에 있다.
③ 금융상품을 선택함에 있어서 고려해야 할 수익성의 기준은 실효수익률이다.
④ 유동성을 고려함에 있어서는 기회비용 측면도 반드시 동시에 고려해야 한다.
⑤ 안전성은 금융상품의 원금 또는 원리금이 보호·보전될 수 있는 정도를 의미한다.

02 다음 중 입출금이 자유로운 상품에 대한 설명으로 옳지 않은 것은?

① 보통예금은 가입대상이나 예치금액에 제한을 두지 않는 가장 전통적인 요구불예금으로 적용금리가 매우 낮다.
② 저축예금은 보통예금 대비 고금리를 지급하는 가계우대성 요구불예금이다.
③ 당좌예금의 지급은 원칙적으로 예금주가 발행한 어음이나 수표를 결제하는 방식으로 처리되지만 당좌거래 통장으로도 입·출금이 가능하다.
④ MMDA는 시장 실세금리를 적용하는 단기 고금리 예금상품으로 기간별 예치금액에 따라 차등금리가 적용되며, 1개월마다 이자를 계산하여 원금에 가산한다.
⑤ 종합금융회사의 CMA는 예금자보호법에 따라 보호받을 수 있으나 증권회사의 CMA는 보호받지 못한다.

03 다음 〈보기〉의 괄호 안에 들어갈 숫자로 옳은 것은?

〈보 기〉

- 제권판결에 의한 수표대금 지급 시 제권판결을 선언한 날로부터 (㉠)개월이 경과한 경우에 수표대금을 지급한다.
- 사고신고된 수표가 선의취득자로부터 수표의 지급제시 기간 내에 제시되고 사고신고인이 동 수표와 관련하여 법적절차가 진행 중임을 증명할 수 있는 서류를 사고신고일로부터 (㉡)영업일 이내에 제출하지 아니한 경우 수표의 소지인에게 수표대금을 지급할 수 있다.

① ㉠ : 1, ㉡ : 5
② ㉠ : 1, ㉡ : 7
③ ㉠ : 2, ㉡ : 5
④ ㉠ : 2, ㉡ : 7
⑤ ㉠ : 3, ㉡ : 7

04 다음 중 금융상품의 종류에 대한 설명으로 옳지 않은 것은?

① 정기적금은 저축한도에 제한이 없고, 예금자보호법에 의한 보호대상이다.
② 정기예금은 가입원금의 일정범위 내에서 예금담보대출이 가능할 뿐만 아니라 비과세종합저축으로도 가입이 가능하다.
③ 환매조건부채권은 시장 실세금리를 반영하는 금융상품으로 우량 채권을 대상으로 하고, 예금자보호법에 의해 보호되기 때문에 안전성이 매우 높다.
④ 양도성예금증서는 일반적으로 정기예금에 비해 약간의 고금리를 적용받게 되므로 3개월에서 1년 이내의 목돈운용에 적합한 상품이다.
⑤ 신용부금은 일 또는 월 단위로 납부할 수 있으며 일정 회차를 납입하지 않더라도 신규 가입 즉시 계약금액 범위 내에서 대출을 받을 수 있다.

05 다음은 FP가 고객에게 상품을 설명하는 내용으로 옳지 않은 것은?

① 별단예금은 원칙적으로는 예금이자를 지급하지 않으나, 금융기관이 정한 일부 범위 내에서는 예금이자를 지급할 수도 있습니다.
② 종합금융회사의 CMA는 예금자보호법에 의해 보호받지 못하는 상품인데 괜찮으신지요?
③ 재형저축은 2015년 말 기준으로 비과세 재형저축의 일몰시한이 도래함에 따라 기존 가입자의 추가납입은 가능하지만 신규가입은 불가한 상품입니다.
④ 신용부금은 일정 회차를 납입하지 않더라도 신규가입 즉시 계약금액 범위 내에서 대출을 받으실 수 있습니다.
⑤ 정기적금의 저축방법에는 정기적립식과 자유적립식이 있는데, 자유적립식의 경우에는 월 최고 납입에 한도가 있습니다.

06 다음 중 주택청약종합저축에 대한 설명으로 옳지 않은 것은?

① 주택청약종합저축은 국민주택과 민영주택에 모두 청약할 수 있는 적립식형태의 저축이다.
② 주택청약종합저축의 가입자 명의변경은 가입자가 사망하여 그 상속인 명의로 변경하는 경우를 제외하고는 변경할 수 없다.
③ 가입자가 다른 주택건설지역으로 주소지를 이전함에 따라 그 예치금액의 차액을 추가로 예치할 경우 그 차액의 예치는 주택공급 신청 후에 해야 한다.
④ 입주자저축의 가입자가 청약하는 주택의 면적을 변경하고자 하는 경우에는 청약신청일까지 변경하여야 한다.
⑤ 적용이율은 한국은행이 발표하는 예금은행 정기예금 가중평균 수신금리 등을 고려하여 주택청약종합저축의 가입일부터 해지일까지의 기간에 따라 국토교통부장관이 정하여 고시하는 이자율을 적용하여 산정한다.

07 다음 중 특수한 형태의 집합투자기구에 대한 설명으로 옳지 않은 것은?

① 환매금지형 펀드는 집합투자증권을 최초로 발행한 날부터 30일 이내에 집합투자증권을 거래소시장에 상장해야 한다.
② 종류형 펀드는 각 클래스별로 자산의 운용 및 평가방법을 다르게 할 수 없다.
③ 전환형 펀드는 투자자의 시장상황 판단 및 전망에 따라 다른 펀드로의 선택이 자유롭고, 전환 시 환매수수료를 징수하지 않는다.
④ 자펀드는 모펀드가 발행하는 집합투자증권 이외의 다른 집합투자증권을 취득할 수 없다.
⑤ 상장지수 펀드는 지수에 투자하는 인덱스 펀드의 특징을 가지고 있으므로 개별 종목에 대한 별도의 분석이 필요하지 않다.

08 다음 중 주식형 펀드에 대한 설명으로 옳지 않은 것은?

① 집합투자재산의 60% 이상을 주식 및 주식관련파생상품에 투자하는 증권 펀드로, 전통적인 고위험·고수익형 투자상품이다.
② Top-Down 방식이란 거시경제분석 - 경기분석 - 산업분석 - 개별기업 가치분석 순으로 종목을 선정하는 방식이다.
③ 패시브형 펀드는 비교대상지수 수준의 수익을 목표로 운용되는 펀드로, 인덱스 펀드가 가장 대표적이다.
④ 기업의 내재가치에 주목하여 고평가된 주식에 투자하는 주식형 펀드를 가치주 펀드라고 한다.
⑤ 성장주 펀드는 주로 Top-Down 및 Bottom-Up 방식을 병행하여 투자의사를 결정하며, 가치주 펀드에 비해 상대적으로 높은 변동성과 매매회전율 및 높은 시장민감도를 특징으로 한다.

09 다음 중 종류형 집합투자기구에 대한 설명으로 옳지 않은 것은?

① 각 클래스별로 판매보수 및 판매수수료 체계가 달라야 한다.
② 클래스의 수에는 제한이 없다.
③ 특정 클래스에서 다른 클래스로의 전환은 허용되지 않는다.
④ 펀드의 기준가격은 각 클래스별로 산정·공고하여야 한다.
⑤ 각 클래스별로 자산의 운용 및 평가방법을 다르게 할 수 없다.

10 다음 중 연금신탁의 연금 수령요건으로 옳은 것은?

① 최소 납입기간 5년 이상, 만 55세 이상, 수령기간 10년 이상
② 최소 납입기간 5년 이상, 만 65세 이상, 수령기간 10년 이상
③ 최소 납입기간 10년 이상, 만 55세 이상, 수령기간 20년 이상
④ 최소 납입기간 10년 이상, 만 65세 이상, 수령기간 10년 이상
⑤ 최소 납입기간 5년 이상, 만 55세 이상, 수령기간 20년 이상

11. 다음 중 구조화 상품에 대한 설명으로 옳지 않은 것은?

① 구조화 상품은 수익구조나 원금보장 범위 등을 일정한 형태로 구조화하여 만든 금융상품으로 ELS, ELT, ELF 등이 있다.
② 주가연계증권(ELS)은 주가지수 또는 개별주식 가격 움직임과 연계하여 손익이 결정되는 수익구조를 가진 금융투자상품이다.
③ 주가연계신탁(ELT)은 은행이 별도로 신탁상품을 구조화하거나 운용하는 특정금전신탁을 말한다.
④ 주가연계펀드(ELF)는 단일 발행사가 발행한 파생결합증권의 편입비율 제한을 받고 있기 때문에 최소 3개 이상 증권사가 발행한 파생결합증권을 편입하여 펀드를 구성해야 한다.
⑤ 주가연계파생결합사채(ELB)는 원금이 보장되는 구조로 설계되어 있지만 예금자보호법에 의해 보호받을 수 없다는 특징을 가지고 있다.

12. 다음 중 원금비보장형 2Star/3Star(스텝다운형) 투자 시 유의사항으로 옳지 않은 것은?

① 일반적으로 투자기간이 길수록 낙인 발생 시 원금회복 가능성이 높다.
② 조기상환 조건 평가가격이 높을수록, 평가주기는 길수록 유리하다.
③ 낙인 베리어는 원금 손실 가능성과 직결되므로 베리어가 낮을수록 유리하다.
④ 다른 조건이 동일하다면 기간 중 이자를 지급하는 방식이 유리하다.
⑤ 상관관계는 높을수록 유리하다.

13. 다음에 제시된 상품의 수익구조에 대한 설명으로 옳지 않은 것은?

(기초자산 : KOSPI200 지수)

지수변동범위	쿠폰수익률
15% 초과	연 0.0%
−15%~15%	연 6.5%
−15% 미만	연 0.0%

① 만기수익률 결정일에 기초자산인 KOSPI200의 지수가 최초기준지수보다 20% 높은 경우 원금은 보장받고 수익률은 0.0%이다.
② 만기수익률 결정일에 기초자산인 KOSPI200의 지수가 최초기준지수보다 −20% 높은 경우 원금은 보장받고 수익률은 0.0%이다.
③ 만기수익률 결정일에 기초자산인 KOSPI200의 지수가 최초기준지수보다 15% 높은 경우 원금은 보장받고 수익률은 6.5%이다.
④ 만기수익률 결정일에 기초자산인 KOSPI200의 지수가 최초기준지수보다 −15% 높은 경우 원금은 보장받고 수익률은 6.5%이다.
⑤ 만기수익률 결정일에 기초자산인 KOSPI200의 지수가 최초기준지수와 동일한 경우 원금은 보장받지 못하고 수익률은 6.5%이다.

2회 은행FP 자산관리사 2부

14 다음 중 대출 관련 주요 제도에 대한 설명으로 옳지 않은 것은?

① 금융기관의 프라임레이트 연동대출 금리 구조는 프라임레이트에 대출의 개별 조건에 따른 가산금리를 더한 후 고객의 개별 조건에 따른 할인 금리를 차감하는 방식으로 산출된다.
② 재대출은 기존 대출의 상환을 위하여 기존 여신잔액 범위 내에서 동일한 채무자에게 동일한 과목의 여신을 신규에 준하는 절차에 따라 취급하는 것을 말한다.
③ 면책적 채무인수 방법에 의해 채무인수를 한 경우에는 기존 담보권을 이용한 재대출이나 대환대출 등은 취급이 가능하나, 기한연장은 불가능하다.
④ 한정근담보는 담보 약정 시 지정된 대출종류에 대하여 현재부터 미래에 완납할 때까지 지속적으로 책임을 부담하는 담보권으로, 기한연장이나 재대출 등이 가능하다.
⑤ 특정근담보는 담보 약정 시 지정된 대출과 관련하여 계속적으로 발생하는 대출을 담보하는 것으로, 동일대출의 기한연장은 가능하다.

15 다음 중 대고객매매율에 대한 설명으로 옳지 않은 것은?

① 대고객매매율이란 외국환은행이 고객과 외국환거래를 함에 있어서 적용되는 환율로 기준 환율에 대고객매매율차를 반영하여 외국환은행장이 결정 고시한다.
② 일반적으로 대고객매매율에서 현찰매도율은 최고환율이 되고, 현찰매입율은 최저환율이 된다.
③ 전신환매입률은 당발송금환의 취결과 타발추심의 결제, 외화예금의 입금 등에 사용된다.
④ 여행자수표매도율은 외화표시 여행자수표를 원화대가로 판매하는 경우에 적용하는 환율로, 기준환율에 여행자수표 판매에 따른 수수료율을 가산하여 정해지는 환율이다.
⑤ 외화예금과 관련하여 적용되는 대고객환율은 전신환매매율이라고 할 수 있다.

16 다음 중 신용카드의 부정사용대금을 보상해줄 수 있는 경우로 옳은 것은?

① 신변위협에 의한 비밀번호 누설로 인해 발생한 손해
② 분실·도난 신고 후 보상신청의 지연으로 인하여 카드사의 피해조사 및 부도 반환이 불가능하게 된 경우
③ 회원의 가족, 동거인에 의한 부정사용의 경우
④ 카드의 분실·도난 사실을 인지하고도 즉시 신고하지 않은 경우
⑤ 부정사용 피해조사에 대하여 허위진술을 하거나 조사에 협조하지 아니한 경우

17 다음 중 주식과 투자의 개념에 대한 설명으로 옳지 않은 것은?

① 증권은 유가증권을 지칭하며 주식보다 훨씬 포괄적인 의미를 내포한다.
② 주식이 갖는 가치는 회사의 가치와 일치한다.
③ 투자란 미래에 보다 큰 수익을 얻을 목적으로 현재의 경제적 희생을 감수하여 각종 자산을 취득하는 행위를 말한다.
④ 주식은 회사의 가치를 증서라는 가시적인 유가증권을 통해 매매할 수 있도록 만들어놓은 것이다.
⑤ 투자로부터 발생되는 이익은 구입한 자산의 가치상승을 통해 발생하는 것으로 기업의 이익창출과는 구별된다.

18 다음 중 유통시장과 발행시장에 대한 설명으로 옳지 않은 것은?

① 발행시장은 새로운 증권이 최초로 발행되고 증권의 발행자와 수요자 사이에 증권과 자금이 최초로 교환된다는 점에서 1차 시장 혹은 본원적 시장이라 한다.
② 발행시장은 1인이나 소수의 집단인 증권 발행자와 다수 매수자의 결합인 데 반해 유통시장은 증권의 매수자와 매도자가 다수인 집단 경쟁체제라는 차이가 있다.
③ 투자자는 유통시장에서 모집 또는 매출에 응해 최종적으로 유가증권을 취득함으로써 발행자에게 자금을 공급하는 역할을 한다.
④ 유통시장에서의 거래는 실제로 거래소시장을 중심으로 이루어진다.
⑤ 유통시장의 주요 기능에는 환금성 제공, 공정가격의 제공, 가격결정의 지표, 유가증권 담보력 제고 등이 있다.

19 다음 중 경제변수와 주가의 관계에 대한 설명으로 옳지 않은 것은?

① 일반적으로 이자율과 주가는 정의 상관관계를 갖는다.
② 장기적으로 통화량이 증가할 경우 실질소득이 감소하면서 주가 하락요인으로 작용한다.
③ 물가가 완만하게 장기적으로 상승하는 경우 주가에 긍정적으로 작용한다.
④ 일반적으로 자원의 대부분을 수입해야 하는 나라는 원자재 가격과 주가가 역의 관계에 있다.
⑤ 환율의 상승은 주식시장에 긍정적, 환율의 하락은 주식시장에 부정적으로 작용한다.

20 포터(M.E. Porter)의 산업 경쟁구조 분석에서 이미 진입한 기업에게 가장 유리한 조건은?

① 진입장벽이 높고, 철수장벽이 낮은 경우
② 시장 내에 다수의 강력한 경쟁기업이 진출해 있는 경우
③ 잠재적인 대체품이 많을 경우
④ 구매자가 점차 강력한 교섭력을 가지게 되는 경우
⑤ 공급자의 교섭력을 강화시키는 경우

21 다음 중 재무비율 분석의 구분으로 바르게 짝지어진 것은?

① 수익성 - 매출액증가율
② 안정성 - 고정비율
③ 활동성 - 당좌비율
④ 성장성 - 자기자본이익률
⑤ 유동성 - 고정자산회전율

22 다음 〈보기〉에서 설명하는 제품수명주기로 옳은 것은?

〈보 기〉
매출성장이 둔화되는 시기로, 제품단위당 이익은 아직 증가하지만 가격경쟁 역시 체감적으로 증가하고 위험도 점차 증가한다.

① 도입기
② 성장기
③ 성숙기
④ 쇠퇴기
⑤ 회복기

23 다음 괄호 안에 들어갈 말로 옳은 것은?

〈보 기〉
적정 PER이 15배인 A기업의 현재 주가는 100,000원, 주당순이익은 5,000원이라고 할 때, 실제 PER은 (㉠)배이고 A기업의 주가는 (㉡)평가되어 있다고 할 수 있다.

① ㉠ : 10, ㉡ : 저
② ㉠ : 10, ㉡ : 고
③ ㉠ : 20, ㉡ : 저
④ ㉠ : 20, ㉡ : 고
⑤ ㉠ : 25, ㉡ : 고

24 다음 〈보기〉의 계산방법에 해당하는 재무비율로 옳은 것은?

〈보 기〉
$$\frac{매출액}{고정자산}$$

① 총자산증가율
② 총자산회전율
③ 고정비율
④ 재고자산회전율
⑤ 고정자산회전율

25 다음 중 배당평가모형에 대한 설명으로 옳지 않은 것은?
① 증권의 내재가치가 영속적인 미래배당흐름을 요구수익률로 각각 할인한 현재가치로 표시되는 것을 배당평가모형이라고 한다.
② 정률성장 배당모형은 요구수익률이 일정하고, 성장률은 요구수익률보다 크다는 것을 전제로 한다.
③ 배당평가모형에 몇 단계 성장률 변화를 반영한다면 평가의 정확성이 높아진다.
④ 정률성장 배당모형에 의하면 요구수익률이 클수록 주가는 하락하고, 배당성장률이 클수록 주가는 상승한다.
⑤ 기업은 매년 성장률이 다르고 해마다 배당금액이 다를 수 있기 때문에 미래 배당흐름의 성장률이 매년 일정하게 성장한다는 가정은 비현실적이다.

은행FP 자산관리사 2부

2회

26 ㈜시대기업의 주요 재무비율이 다음과 같을 때 ROE와 PBR을 계산한 값으로 옳은 것은?

- 자기자본 1,000억원
- 당기순이익 200억원
- 발행주식수 100만주
- 주가 120,000원

① ROE : 5%, PBR : 0.2배
② ROE : 10%, PBR : 0.5배
③ ROE : 15%, PBR : 1배
④ ROE : 20%, PBR : 1.2배
⑤ ROE : 25%, PBR : 1.5배

27 다음 중 포트폴리오 수익률에서 무위험이자율을 차감한 후에 펀드수익률의 민감성(베타)으로 나누어 산출하는 것은?

① 샤프지수
② 트레이너지수
③ 젠센지수
④ 정보비율
⑤ 벤치마크

28 다음 중 위험조정 성과평가 척도에 대한 설명으로 옳지 않은 것은?

① 샤프지수는 전체 위험을 고려하는 표준편차를 사용하고, 분산투자가 잘 되어 있는 펀드를 평가할 때 유용한 방법이다.
② 정보비율은 펀드매니저의 능력을 측정할 수 있는 지표로 초과수익률을 추적 오차로 나눈 값을 말한다.
③ 젠센지수는 포트폴리오의 실제 수익률이 시장균형을 가정한 경우의 수익률보다 얼마나 높은지를 나타내는 지표이다.
④ 트레이너지수는 시장 민감도를 나타내는 베타지수로 초과수익률을 나눈 것이다.
⑤ 정보비율은 무위험자산과 소수의 주식포트폴리오에 분산투자하고 있는 경우의 운용성과평가에 적절한 면이 있다.

29 다음 중 PBR 평가모형에 대한 설명으로 옳지 않은 것은?

① PBR은 보통주의 한 주당 가치를 시장가격과 장부가치로 대비하여 본 지표이다.
② 재무상태표상에 보통주 한 주가 주당순자산 가치의 실질적 가치를 정확히 반영하면 PBR은 1이 된다.
③ PBR은 기업의 마진, 활동성, 부채 레버리지, 기업수익력의 질적 측면이 반영된 지표로, 자산가치에 대한 평가뿐만 아니라 수익가치에 대한 포괄적인 정보가 반영된다.
④ PBR 계산을 위한 회계정보는 재무상태표에서 쉽게 구할 수 있고, 부(-)의 EPS기업에도 적용이 가능하다는 장점이 있다.
⑤ PBR 평가모형은 미래의 수익발생능력을 반영할 수 있기 때문에 계속기업을 전제로 한 평가기준이 될 수 있다.

30 주식투자전략에서 적극적 투자전략과 소극적 투자전략에 대한 설명으로 옳지 않은 것은?

① 평균투자법은 소극적 투자전략의 하나로 매 기간에 일정금액을 투자하므로 주가가 하락할 경우 이전보다 많은 수의 주식을 매수할 수 있다는 장점이 있다.
② 포뮬라 플랜은 적극적 투자운용방법으로 최소한의 위험부담과 함께 경기변동에 탄력적으로 대응하는 방법이다.
③ 가장 적극적인 의미에서의 소극적인 투자관리는 인덱스 펀드에 투자하는 것으로 완벽하게 시장의 성과에 맡기는 것이다.
④ 단순 매수·보유전략은 무작위로 선택한 주식을 매입해 보유하는 소극적 투자전략으로 포트폴리오를 구성하는 종목 수가 많아지면 체계적인 위험만을 부담하게 되는 장점이 있다.
⑤ 적극적인 투자운용 방법은 소수 정예종목에 집중 투자하는 경향이 있기 때문에 정보비용이 적게 드는 장점이 있다.

31 다음 중 가치투자 스타일에 대한 설명으로 옳지 않은 것은?

① 가치투자 스타일에 의한 투자전략에서는 해당 종목의 현재 시장가치보다는 미래 성장성을 중요하게 생각한다.
② 현재의 수익이나 자산의 가치가 상대적으로 싼 주식을 포착해 포트폴리오를 구성하는 전략이다.
③ 가치투자 스타일 전략을 구사하는 근거는 기업의 수익은 과거 평균치에 회귀하는 성향을 보인다는 것이다.
④ 최근 수익이 과거 평균보다 낮았다면 향후 평균치로의 복귀로 수익이 개선될 것이라는 기대를 갖고 포트폴리오에 편입한다.
⑤ 가치투자는 시장에서 투자자들이 가격의 저평가를 충분히 인정해주지 않으면 자신이 기대하는 기간 내에 주가가 회복되지 않을 위험도 가지고 있다.

32 다음 중 금리에 대한 용어의 설명으로 옳지 않은 것은?

① 단리는 일정 기간이 지나는 동안 원금에 대해서만 일정비율만큼 수익이 더해지는 방식이다.
② 복리는 일정 기간 경과하며 발생한 이자가 원금과 함께 재투자되어 추가적인 수익이 창출되는 방식이다.
③ 실질이자율은 물가상승률을 고려하여 이자의 실질적인 가치를 반영하는 이자율이다.
④ 현재에 투자되는 금액을 기준으로 한 경우의 금리를 할인율이라 표현하고, 미래에 지급되는 금액을 기준으로 한 경우의 금리를 수익률이라 표현한다.
⑤ 자금을 빌려주거나 빌린 기간 동안 발생한 이자의 단순합계와 원금의 비율을 기간수익률이라 표현한다.

33 다음 〈보기〉 중 채권의 특성에 해당하는 것만을 모두 고르면?

― 〈보 기〉 ―
㉠ 채무증서의 성격을 지닌 유가증권
㉡ 정해진 만기 시 상환
㉢ 자본형태는 자기자본
㉣ 의결권 있음

① ㉠, ㉡
② ㉠, ㉡, ㉢
③ ㉡, ㉢
④ ㉡, ㉢, ㉣
⑤ ㉠, ㉡, ㉢, ㉣

34 다음 중 전환사채(CB)에 대한 설명으로 옳지 않은 것은?

① 주가가 약정된 가격 이상으로 상승하면 권리를 행사함으로써 높은 수익률을 향유할 수 있다.
② 발행 시 정해진 일정 기간이 지난 후에 투자자가 청구할 경우 주식으로 전환할 수 있는 채권이다.
③ 일반채권에 비해 보장금리가 높다는 장점이 있다.
④ 회사채로 발행되어 소정의 이자가 지급된다.
⑤ 주가가 하락한다 하더라도 회사가 부도나지 않는다면 보유한 채권의 원리금을 상환받을 수 있다.

35 다음 중 채권투자에 대한 설명으로 옳지 않은 것은?

① 어떤 개인이 현재 투자자금을 5년 만에 2배로 만드는 데 필요한 연 수익률을 72법칙에 따라 구하고자 한다면 약 14.4%가 된다.
② 이표채는 3개월 또는 6개월 등으로 정해진 일정시기에 표면금리만큼의 이자를 정기적으로 지급받게 되는 채권을 말한다.
③ 할인채는 중간에 이자를 지급하지 않고 발행이율만큼 복리로 재투자한 후 만기일에 지급하는 채권을 말한다.
④ 콜옵션부채권의 경우 발행자는 발행 후 채권금리수준이 크게 하락했을 경우 채권해지옵션을 행사 후, 낮아진 금리로 다시 발행을 시도할 것이다.
⑤ 단기적인 투자관점에서 채권금리가 상승하는 경우에는 듀레이션이 짧은 채권의 보유가 듀레이션이 긴 채권의 보유보다 유리하다.

36 다음 중 말킬의 채권가격정리에 대한 설명으로 옳지 않은 것은?

① 채권수익률과 채권가격은 반대로 움직인다.
② 같은 금리폭의 움직임이라도 금리가 하락할 때의 가격상승폭이 금리가 상승할 때의 가격하락폭보다 크다.
③ 만기가 긴 채권일수록 금리변동에 대한 가격 변동폭이 작다.
④ 표면이자율이 낮은 채권이 표면이자율이 높은 채권보다 금리변동에 따른 가격 변동폭이 크다.
⑤ 금리변동에 따른 채권가격 변동폭은 만기가 길수록 증가하나 그 증가율은 체감한다.

37 다음 중 채권의 신용등급 A에 해당하는 설명으로 옳은 것은?

① 원리금 지급능력이 최고 수준이다.
② 원리금 지급능력이 우수하다.
③ 원리금 지급능력이 우수하나 장래의 경제여건 및 환경변화에 영향을 받을 수 있다.
④ 원리금 지급능력이 양호하나 경제여건 및 환경 악화 시 지급능력의 저하 가능성이 있다.
⑤ 원리금 지급능력에 당면 문제가 없지만 장래 안전을 단언하기 어렵다.

38 수정듀레이션이 3, 컨벡시티가 60인 회사채의 채권수익률이 1% 상승할 때, 채권가격의 변동률을 계산한 값으로 옳은 것은?

① 0.27% 상승
② 0.27% 하락
③ 2.7% 상승
④ 2.7% 하락
⑤ 변동 없음

39 다음 중 채권과 기업어음의 신용등급에 대한 설명으로 옳지 않은 것은?

① 일반적으로 BBB- 등급 이상을 투자등급 채권이라 하고, 그 미만을 투기등급 채권이라 한다.
② 회사채 A등급은 원리금 지급능력이 우수하나 장래의 경제여건 및 환경변화에 영향을 받을 수 있다.
③ 기업에서 발행하는 CP의 경우는 A1등급에서 D등급까지로 채권과는 다른 방식으로 신용등급을 표시한다.
④ 기업어음 A3등급은 회사채 BB 및 B등급 수준에 상응한다.
⑤ 회사채 BB등급은 원리금 지급능력에 당면한 문제는 없지만 장래안전을 단언하기 어려운 등급이다.

40 다음 〈보기〉에서 설명하는 채권의 종류로 옳은 것은?

〈보 기〉
예금보험공사, 주택공사, 토지공사, 한전, 도로공사 등 특별법에 의해 설립된 법인들이 발행하는 채권으로, 대부분이 공사에서 발행하기 때문에 공사채라고도 한다.

① 국 채
② 지방채
③ 특수채
④ 금융채
⑤ 통안채

41 다음 〈보기〉는 3년 만기 회사채와 국채의 신용스프레드를 나타낸 내용이다. 〈보기〉의 신용스프레드로 추정해 보았을 때, 일반적으로 가장 경기가 좋은 국면(㉠)과 가장 경기가 좋지 않은 국면(㉡)으로 옳게 짝지어진 것은?

〈보 기〉
가. 3년만기 회사채 9.0% - 3년만기 국채 4.0%
나. 3년만기 회사채 8.0% - 3년만기 국채 3.8%
다. 3년만기 회사채 7.5% - 3년만기 국채 3.5%
라. 3년만기 회사채 7.0% - 3년만기 국채 3.3%

① ㉠ : 가, ㉡ : 라
② ㉠ : 가, ㉡ : 나
③ ㉠ : 라, ㉡ : 다
④ ㉠ : 라, ㉡ : 가
⑤ ㉠ : 나, ㉡ : 다

42
5년 만기 신한은행 복리채권 100억원을 5%에 매입하였다. 2년 후 이 채권을 3%에 매도한 경우, 자본손익률을 구한 값으로 옳은 것은?

① 1% ② 2%
③ 3% ④ 4%
⑤ 5%

43
다음 중 채권의 위험에 대한 설명으로 옳지 않은 것은?

① 채권의 위험은 그 채권의 금리와 직결되며, 채권수익률에는 크레딧 프리미엄과 듀레이션 프리미엄 등 그 채권이 가지고 있는 위험만큼 이자율로 보상된다.
② 투자자산의 현금흐름이 투자자의 상황과 맞지 않아 생기는 듀레이션위험을 미스매칭위험이라고 한다.
③ 채권발행자의 신용도 하락으로 채권의 가격이 절대적 또는 상대적으로 하락할 가능성을 신용위험이라고 한다.
④ 장기투자를 지향하는 가치투자자들은 유동성이 떨어져 위험 대비 수익률이 높을 때 적극 투자하여 수익률을 제고하는 전략을 사용하기도 한다.
⑤ 통상 콜옵션부채권은 만기일 도래 전 시장금리가 급락하면 발행자가 중도상환을 회피한다.

44
다음 〈보기〉에서 적극적 투자전략으로 올바르게 묶인 것은?

〈보 기〉
㉠ 사다리형 만기전략   ㉡ 매칭전략
㉢ 딜링전략   ㉣ 교체매매전략

① ㉠, ㉡   ② ㉡, ㉢
③ ㉠, ㉢   ④ ㉢, ㉣
⑤ ㉡, ㉣

45
다음 중 채권투자전략에 대한 설명으로 옳지 않은 것은?

① 필요한 현금흐름의 스케줄에 맞추어 채권만기나 듀레이션을 결정, 투자기간 동안 금리변동으로 인한 손실의 가능성을 제거하여 투자하는 전략을 매칭전략이라고 한다.
② 현금흐름 일치전략은 특정 만기에 꼭 알맞은 채권을 구해야 하는 경우에 사용한다.
③ 사다리형 만기전략은 보유채권에서 나오는 이자와 만기금액 등의 현금흐름들을 각 기간별로 분산시켜 유지하는 전략을 말한다.
④ 바벨형과 불렛형 만기전략은 매칭전략이나 사다리형 만기전략에 비해 평균적인 기대수익률은 높은 편이나 그만큼의 위험도 큰 편이다.
⑤ 바벨형 만기전략은 중기채 위주로 채권의 보유를 지속하는 전략으로, 기대수익률이 우수한 특정 만기구간에 집중하여 투자하는 경우에 많이 사용된다.

46 현재 국채의 수익률은 4%, 회사채의 수익률은 8%이다. 향후 스프레드가 더 확대될 것으로 예상할 때 취할 수 있는 적절한 전략으로 다음 중 옳은 것은?

① 국채 매수, 회사채 매도
② 국채 매도, 회사채 매수
③ 국채 매수, 회사채 매수
④ 국채 매도, 회사채 매도
⑤ 적절한 전략 없음

47 다음 중 결제안정화제도에 대한 설명으로 옳지 않은 것은?

① 장내파생상품거래에서는 최종거래일 이전에 거래당사자가 원할 경우 언제든지 계약에서 벗어날 수 있도록 하기 위해 반대매매를 제도적으로 허용하고 있다.
② 선물시장에는 전일의 선물가격과 당일의 선물가격과의 차이에 해당하는 금액을 익일에 결제하도록 하는 일일정산제도가 있다.
③ 파생상품거래에서 증거금은 미래의 일정 시점에 계약을 반드시 이행하겠다는 이행보증금의 성격을 가진다.
④ 일일 정산 결과 계좌의 잔액이 개시증거금 수준 이하로 떨어져 선물회사가 마진콜을 통보하면, 고객은 다음 날 12시까지 선물회사에 추가증거금을 현금으로 납부해야 한다.
⑤ 개시증거금은 최초 계약체결 시 1계약당 선물회사에 납부하는 증거금을 말한다.

48 다음에 제시된 선물과 선도를 비교한 표의 내용 중 옳지 않은 것은?

	구 분	선 물	선 도
①	거래장소	거래소	특정한 장소 없음
②	거래금액	표준단위	제한 없음
③	가격형성	시장에서 형성	거래당사자 간에 협의
④	신용위험	계약불이행위험 존재	거래소가 계약이행을 보증
⑤	인수도	실물인수도 비율 매우 낮음	대부분 실물인수도

49 다음 중 파생상품 투자전략에 대한 설명으로 옳지 않은 것은?

① 방향성 거래전략은 향후 가격전망에 근거한 투자전략으로, 투자자는 선물, 선도, 스왑 등과 같은 선도형 파생상품을 활용하여 방향성 투자전략을 실행할 수 있다.
② 선물스프레드거래는 스프레드의 변화를 예상하여 한 선물계약을 매수하고 다른 선물계약을 매도하는 전략이다.
③ 옵션스프레드거래는 만기는 다르나 행사가격이 같은 콜옵션 또는 풋옵션을 동시에 매수·매도하는 전략이다.
④ 변동성 매매전략은 기초자산 가격의 방향성보다는 변동성에 근거한 투자전략이다.
⑤ 선물시장에서의 차익거래는 선물의 시장가격과 이론가격 간에 괴리가 발생할 때 이를 이용하여 무위험 수익을 얻는 거래이다.

50 현재 만기가 3개월 남은 주가지수 선물가격은 203이고 현물지수는 200이다. 금리가 연 4%, 주가지수의 배당수익률이 연 2%라고 할 때, 다음 중 확실한 수익을 얻을 수 있는 거래전략으로 옳은 것은?

① 선물매수거래
② 선물매도거래
③ 매수차익거래
④ 매도차익거래
⑤ 스프레드거래

51 현재 코스피200 주가지수는 410.35포인트이다. 코스피200 선물지수는 410.95포인트이고, 이론선물지수가 411.35포인트라고 할 때, 시장베이시스와 순보유비용을 합산한 값으로 옳은 것은?

① 0.60
② 1.20
③ 1.60
④ 2.00
⑤ 2.10

52 코스피200 지수선물을 207.05포인트에 20계약을 매수한 후, 201.10포인트에 모두 반대매매로 청산하였다면, 이 거래의 손익을 계산한 값으로 옳은 것은? (단, 1포인트 = 25만원)

① 2,975만원 이익
② 2,975만원 손실
③ 3,000만원 손실
④ 3,150만원 이익
⑤ 3,150만원 손실

53 2022년 3월 10일 현재 코스피200 지수는 247.50포인트이고, 코스피200 지수선물 6월물은 250.00포인트에 거래되고 있다. 3월 10일 현재 코스피200 지수를 완전 복제하는 인덱스 펀드에 625억원을 투자하고 있는 펀드운용자가 향후 주식시장의 불리한 변동에 대해 인덱스 펀드를 3개월 동안 헤지하기 위해 코스피200 지수선물 6월물을 이용하고자 한다면, 다음 중 가장 적절한 전략으로 옳은 것은? (단, 1포인트 = 25만원)

① 코스피200 선물 1,000계약 매수
② 코스피200 선물 1,000계약 매도
③ 코스피200 선물 625계약 매수
④ 코스피200 선물 625계약 매도
⑤ 코스피200 선물 900계약 매수

54 다음 중 주식 관련 옵션의 투자전략에 대한 설명으로 옳지 않은 것은?

① 옵션을 이용한 스프레드거래는 만기는 같으나 행사가격이 다른 콜옵션 또는 풋옵션을 매수/매도하는 전략을 말한다.
② 약세 콜옵션 스프레드전략은 프리미엄이 높은 콜옵션을 매수하고 프리미엄이 낮은 콜옵션을 매도하므로 초기에 프리미엄 순지출이 발생한다.
③ 약세 풋옵션 매수전략은 만기 시 주식가격이 손익분기점보다 낮으면 주식가격의 하락에 비례하여 이익이 발생한다.
④ 약세 콜옵션 스프레드전략은 약세가 예상되나 확신이 서지 않을 때 이용하는 보수적인 투자전략이다.
⑤ 강세 콜옵션 매수전략은 주가와 가격변동성의 상승에 따른 이익을 원하되, 예상이 틀릴 경우 제한된 손실만을 감수하는 전략이다.

55 다음 〈보기〉와 같은 포지션을 취했을 때 전체 포지션의 델타는 얼마인가?

―〈보 기〉―
- 선물 2계약 매수
- 델타가 0.4인 콜옵션 5계약 매도
- 델타가 −0.5인 풋옵션 6계약 매수

① +1.5   ② −1.5
③ 0   ④ +3.0
⑤ −3.0

56 다음 중 스왑에 대한 설명으로 옳지 않은 것은?

① 스왑은 두 당사자가 각자 가지고 있는 미래의 서로 다른 현금흐름을 일정 기간 동안 서로 교환하기로 계약하는 것이다.
② 일반적으로 스왑은 특정한 기초자산을 거래상대방과 한 번 이상 교환하는 구조를 갖는다.
③ 스왑을 할 때 교환하는 원금은 반드시 같은 자산이어야 한다.
④ 스왑에서 계약의 대상이 되는 기초자산의 원금이 실제로 교환될 수도 있고, 그렇지 않을 수도 있다.
⑤ 금리스왑은 두 거래당사자가 미래의 일정한 계약기간 동안 동일 통화의 일정한 명목원금에 대해 서로 다른 이자기준에 따라 정해지는 이자지급을 주기적으로 교환하는 계약이다.

57 다음 중 구조화 상품에 대한 설명으로 옳지 않은 것은?

① 구조화 상품은 일반적인 금융상품과 다양한 파생상품의 구조를 결합하여 발행자와 투자자의 니즈를 동시에 충족시키고자 설계되는 상품을 말한다.
② 주식 및 채권시장에 관한 투자자의 견해를 구조화 상품에 반영할 수 있으나 시장수익률보다 높은 수익률을 얻을 수는 없다.
③ 구조화 상품의 리스크와 손익구조는 투자자의 요구사항을 적절히 충족시킬 수 있도록 설계된다.
④ 투자자의 니즈를 고려한 구조화가 가능하기 때문에 일반 금융상품에서는 얻을 수 없는 특이한 형태로 손익구조를 설계할 수 있다.
⑤ 접근이 용이하지 않은 시장의 경우 또는 운용상의 제약이 있는 경우 구조화 상품의 투자를 통해 대체투자가 가능하다.

58 다음 중 금리연계 구조화 상품에 대한 설명으로 옳지 않은 것은?

① 역변동금리채권은 전반적인 금리상승기 또는 경사가 완만한 수익률곡선 상황하에서 주로 발행된다.
② 이중변동금리채권은 장단기 금리 스프레드에 의해 이표가 결정되는 변동금리채권이다.
③ 금리상하한 변동금리채권은 전형적인 변동금리채권에 최대표면금리 조건을 덧붙인 채권이다.
④ 레인지 채권은 매 이표지급 시점 직전일에 기준 충족 여부에 따라 상이한 이표를 지급하는 것으로, 디지털 옵션이 내재되어 있는 대표적인 구조화채권이다.
⑤ 레인지 어크루얼 채권은 조건을 충족시키는 일수를 매일 관측하여 일할계산 방식으로 이자를 지급함으로써 이자수취의 안정성을 강조하는 채권이다.

59 다음 중 상관계수에 대한 설명으로 옳지 않은 것은?

① 상관계수는 +1에서 -1의 범위를 가진다.
② 두 자산의 상관계수가 1에 가깝다는 것은 두 자산이 매우 밀접한 양의 상관관계를 가진다고 해석할 수 있다.
③ 상관계수가 -1이면 두 개의 자산은 아무런 관계가 없다는 뜻이다.
④ 상관계수는 두 자산의 공분산을 각 자산의 수익률의 표준편차로 나누어 계산할 수 있다.
⑤ 상관계수가 1보다 작은 경우라면 투자 포트폴리오를 구성하여 투자위험을 줄일 수 있다.

60 투자자가 2기간 동안에 거둔 투자수익률이 1기간에 10%, 2기간에 4.9%라면, 2기간의 산술평균수익률과 기하평균수익률을 구한 값으로 옳은 것은?

① 산술평균수익률 : 7.22%, 기하평균수익률 : 7.25%
② 산술평균수익률 : 7.25%, 기하평균수익률 : 7.22%
③ 산술평균수익률 : 7.42%, 기하평균수익률 : 7.45%
④ 산술평균수익률 : 7.45%, 기하평균수익률 : 7.42%
⑤ 산술평균수익률 : 7.55%, 기하평균수익률 : 7.52%

61 다음 중 위험분산포트폴리오에 대한 설명으로 옳지 않은 것은?

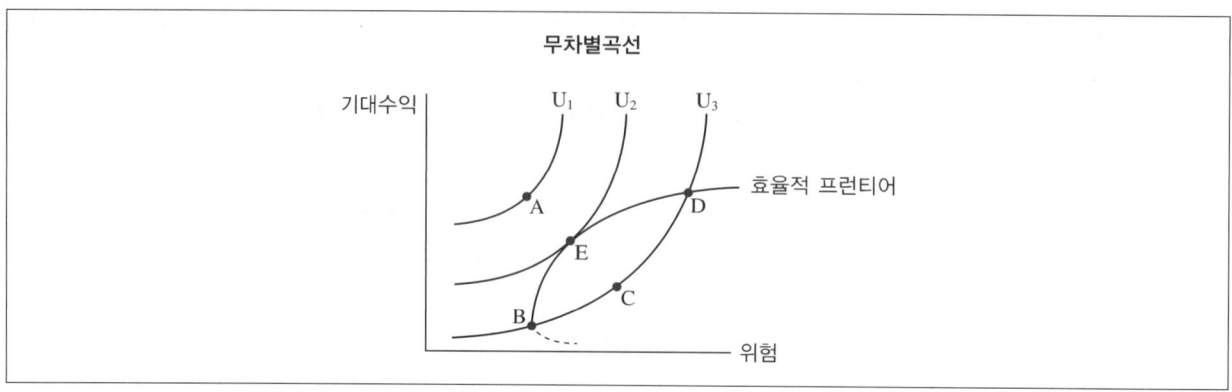

① 점 A는 가장 높은 효용을 주는 점이다.
② 효율적 프런티어보다 왼쪽이나 위쪽에 위치한 수익률-위험 조합은 선택 불가능한 대안이다.
③ 점 D에서 투자자의 효용이 최대가 된다.
④ 점 B와 D의 효용은 같다.
⑤ 점 A와 같은 수익률-위험 구조를 갖는 포트폴리오는 존재하지 않는다.

62 다음 중 무차별곡선과 효율적 프런티어에 대한 설명으로 옳지 않은 것은?

① 기대수익과 위험의 조합 중에서 투자자에게 동일한 효용을 주는 점들을 연결하여 그은 선을 무차별곡선이라 한다.
② 위험회피자의 무차별곡선은 양(+)의 기울기를 가지며, 원점에 대해 볼록한 형태를 갖는다.
③ 분산투자를 하면 개별 자산의 기대수익률은 포트폴리오 수익률보다 더 커지지만, 위험은 개별 자산의 가중평균보다 작아진다.
④ 최소분산 포트폴리오는 포트폴리오 투자기회 집합에서 위험이 최소가 되는 포트폴리오를 의미한다.
⑤ 위험회피 성향이 클수록 무차별곡선의 기울기는 더 가파른 형태를 띠게 된다.

63 다음 중 단일지표모형에 대한 설명으로 옳지 않은 것은?

① 마코위츠의 기술적인 문제점을 해결하고 현실적으로 쉽게 적용할 수 있는 효율적인 분산투자 방법을 강구하기 위해 등장한 모형이다.
② 모든 개별 자산들 간의 공분산을 계산하는 대신에 개별 자산과 시장의 움직임을 대표하는 단일시장지표와의 공분산만을 고려한 단순한 모형이다.
③ 개별 주식의 수익률은 시장 수익률과 선형관계에 있어 개별 주식의 수익률 변동을 시장지표의 변동으로 설명할 수 있다고 한다.
④ 포트폴리오의 체계적 위험을 통제하고자 하는 경우 베타는 상관없으며, 주식 수를 조정해야 한다.
⑤ 잘 분산된 포트폴리오를 구성하는 경우 기업고유위험은 제거되고 체계적 위험만 남게 된다.

64 다음 중 자본시장선(CML)에 대한 설명으로 옳지 않은 것은?

① 자본시장선은 시장 포트폴리오를 위험자산으로 사용한 자본배분선을 말한다.
② 무위험자산이 존재할 때 포트폴리오의 기대수익률과 위험 간의 선형관계를 나타내는 효율적 투자기회선이다.
③ 자본시장선의 기울기는 위험 1단위에 대한 위험보상의 정도를 나타낸다.
④ 균형시장에서 자본시장선의 위험보상비율 값은 투자자의 위험성향에 따라 상이하다.
⑤ 자본시장선은 비체계적 위험이 완전히 제거된 포트폴리오이다.

65 다음 증권시장선상 주식(i)의 기대수익률은 얼마인가?

• 무위험수익률 4%	• 시장포트폴리오 수익률 8%
• 주식(i)의 표준편차 10%	• 주식(i)의 베타 1.2

① 6.8%
② 8%
③ 8.8%
④ 11.2%
⑤ 13%

66 다음 중 포트폴리오 전략에 대한 설명으로 옳지 않은 것은?

① 단순 매입보유전략을 통해 부담하게 되는 위험은 보유 종목 수에 따라 달라지지만 종목 수를 많이 늘릴수록 기업고유위험이 점차 감소하고, 투자자는 시장위험만 부담하게 된다.
② 인덱스 전략은 상대적으로 투자하는 데 드는 비용이 비싸다는 단점이 있다.
③ 시장예측전략은 시장예측을 통해 우월한 수익을 줄 수 있다고 판단되는 자산군은 선제적으로 포트폴리오 내 비중을 높이고, 그렇지 않은 자산군의 비중은 낮추거나 시장 방향성을 예측하여 자산별로 적절한 매수·매도시점을 찾아내고자 한다.
④ 증권선택전략은 시장예측에 의한 자산배분 조정보다 저평가된 종목을 발굴하여 시장 평균 이상의 초과수익을 얻고자 하는 전략이다.
⑤ 포트폴리오 전략은 장기 재무목표 및 투자관리 정책하에 경기를 예측하여 수익률을 극대화하고 위험을 최소화할 수 있도록 가장 우수한 증권을 선정하여 투자하는 활동이다.

67 다음 중 위험을 고려한 투자성과의 평가지표에 대한 설명으로 옳지 않은 것은?

① 샤프지수는 실무상 좋은 펀드를 찾는 데 매우 유용하게 활용되는 것으로, 여러 개의 상이한 유형의 펀드 간에 샤프지수를 비교할 수 있다.
② 트레이너지수는 상품선택 시 광범위하게 활용되지만 투자 규모가 크고 광범위한 분산투자를 하는 연기금에 보다 적합하다.
③ 샤프지수가 높을수록 위험 대비 초과수익이 높으므로 투자성과가 좋다고 평가할 수 있다.
④ 트레이너지수는 체계적 위험인 베타 1단위를 부담할 때 초과수익이 얼마인지를 구하는 지표이다.
⑤ 젠센의 알파는 뮤추얼펀드를 맡아서 운용하는 개별 펀드매니저의 증권선택 능력을 측정할 때 유용하게 활용된다.

68 다음 〈보기〉에서 적극적 투자전략을 모두 고른 것은?

〈보 기〉
㉠ 단순 매입보유전략　　　　　㉡ 인덱스 전략
㉢ 시장예측전략　　　　　　　　㉣ 증권선택전략

① ㉠, ㉡
② ㉡, ㉢, ㉣
③ ㉢, ㉣
④ ㉡, ㉣
⑤ ㉠, ㉡, ㉢, ㉣

69 다음 중 전략적 자산배분에 대한 설명으로 옳지 않은 것은?

① 전략적 자산배분은 고객의 재무목표를 달성하기 위해 이루어진 장기적인 관점에서의 최적 자산배분을 말한다.
② 전략적 자산배분에서는 시장 상황 변화에 따른 일시적인 위험회피 성향 변화를 주기적으로 반영한다.
③ 전략적 자산배분은 장기적으로 투자자가 유지할 자산배분 비중을 결정하는 것뿐만 아니라 중단기적으로 실행할 수 있는 투자비중의 전술적인 변화폭을 결정하는 것까지를 포함한다.
④ 전술적 변화폭은 전략적 자산배분을 훼손하지 않는 범위 내에서 제한적으로 설정되어야 한다.
⑤ 전략적 자산배분은 최초 자산배분 시 실행한 포트폴리오를 목표 기간까지 그대로 유지하는 것이 아니라 편입자산의 가격 변화에 따른 투자비중 변화를 반영하여 주기적으로 자산배분 비중을 조정해주어야 한다.

70 다음 펀드의 샤프지수와 트레이너지수를 계산한 값으로 옳은 것은?

- 펀드 수익률 16%
- 무위험수익률 1%
- 펀드의 표준편차 5%
- 펀드의 베타계수 0.8

① 샤프지수 : 3, 트레이너지수 : 18.75
② 샤프지수 : 3, 트레이너지수 : 15
③ 샤프지수 : 3.5, 트레이너지수 : 15
④ 샤프지수 : 3.5, 트레이너지수 : 18.75
⑤ 샤프지수 : 5, 트레이너지수 : 15

제2과목 비금융자산 투자설계(30문항)

71 다음 중 부동산의 개념에 대한 설명으로 옳지 않은 것은?
① 좁은 의미의 부동산은 '토지 및 그 정착물'이다.
② 부동산의 개념은 물리적, 경제적, 법률적 정의로 나뉜다.
③ 법률적 정의에 따르면 부동산은 협의의 부동산과 준부동산으로 나뉜다.
④ 준부동산은 감정평가의 대상이 되지만, 저당권의 목적은 될 수 없다.
⑤ 공장재단, 광업재단, 어업권 등은 준부동산에 속한다.

72 다음 중 지목의 설정원칙에 대한 설명으로 옳지 않은 것은?
① 지목이란 토지의 주된 사용목적에 따라 토지의 종류를 구분·표시하는 명칭을 말한다.
② 하나의 필지에는 한 개의 지목만을 설정할 수 있다.
③ 지목은 영속적인 사용목적에 의해 설정한다.
④ 임시적이고 일시적인 다른 용도에 사용되는 경우에는 지목을 변경할 수 있다.
⑤ 도시개발사업, 택지개발사업, 산업단지조성사업 등의 지역에서 조성된 토지는 미리 그 사용목적에 따라 지목을 설정해야 한다.

73 다음 중 부동산 용어에 대한 설명 중 옳지 않은 것은?
① 필지 : 등기법상 등기단위로서 토지소유자의 권리를 구분하기 위한 법적 개념
② 획지 : 인위적·자연적·행정적 조건에 따라 다른 토지와 구별되는 가격수준이 비슷한 토지
③ 신축 : 기존 건축물이 철거되거나 멸실된 대지 등 건축물이 없는 대지에 새로 건축물을 축조하는 것
④ 개축 : 기존 건축물의 전부 혹은 일부를 철거하고, 그 대지 안에 종전과 동일한 규모의 범위 안에서 건축물을 다시 짓는 것
⑤ 재축 : 기존 건축물이 있는 대지에서 건축물의 건축면적, 연면적, 층수 또는 높이의 규모를 늘리는 것

74 다음 중 공동주택의 총면적에서 계약면적을 뺀 면적으로 옳은 것은?
① 전용면적
② 주거공용면적
③ 기타공용면적
④ 공급면적
⑤ 서비스면적

75 다음 중 토지대장에서 확인할 수 없는 내용은?

① 지 번
② 토지의 소재지
③ 좌 표
④ 소유자의 주민등록번호
⑤ 면 적

76 부동산 공적장부 중 지구단위계획구역, 토지거래허가구역 등 각각의 사항에 대한 해당 여부 및 관련 법규명이 기재되어 있는 장부는?

① 건축물대장
② 토지대장
③ 등기사항증명서
④ 토지이용계획확인서
⑤ 개별공시지가확인서

77 다음 중 개별공시지가와 개별공시지가확인서에 대한 설명으로 옳지 않은 것은?

① 개별공시지가확인서란 각 시장·군수·구청장이 개별토지의 단위면적(㎡)당 적정가격인 개별공시지가를 결정한 내용이 기재된 공적장부이다.
② 개별공시지가확인서를 통해 필지별 개별공시지가의 변동내역을 확인할 수 있다.
③ 개별공시지가를 통해 확인되는 가격은 실제거래가능금액과 일치하여 거래에 활용된다.
④ 개별공지지가와 시세 간 격차는 급격히 좁혀지고 있다.
⑤ 개별공시지가는 매년 1월 1일 가격을 기준으로 동년 5월 31일에 공시한다.

78 다음 중 주택임대차보호법의 적용대상이 아닌 것은?

① 미등기건물
② 무허가건물
③ 불법건축물
④ 가건물
⑤ 상가로 사용하는 공부상 주택

79 다음 중 주택임대차보호법과 비교하여 상가건물임대차보호법에서만 보호되는 권리는?
① 대항력
② 우선변제권
③ 최우선변제권
④ 임대차기간
⑤ 권리금의 회수기회 보호

80 다음 중 국내 부동산시장에 영향을 미치는 요인에 대한 설명으로 옳지 않은 것은?
① 대출규제는 국회의 동의를 받지 않고 시장에 즉시 대응할 수 있는 강력한 규제책으로 활용된다.
② 구매력은 그 시장의 매입 여력을 파악할 수 있는 변수가 되며, 유동성과 함께 매수세를 판단하는 주요 지표이다.
③ 주택보급률을 계산할 때 국지성을 적용하면 전국적인 통계 산정은 큰 의미가 없다.
④ 우리나라 부동산정책은 부동산시장에 크게 영향을 미치지 못한다.
⑤ 유동성은 금융시장과 주식시장, 부동산시장 간의 시차에 따라 일정 부분 지분을 공유한다.

81 다음 중 금리인상과 부동산시장의 관계에 대한 설명으로 옳지 않은 것은?
① 금리가 상승하면 시장의 유동성이 금융 부문에 흡수된다.
② 금리가 상승하면 부동산시장은 상대적으로 투자수요의 활성화가 나타난다.
③ 대출금리가 높아지면 자금 조달비용이 증가하고 사업에 대한 기대감소로 시장이 침체될 가능성이 높다.
④ 경제위기 이후 구조조정이 이루어짐에 따라 대출금리의 상승은 시장상황을 어렵게 하여 부동산가격 하락의 주요한 요인으로 작용하였다.
⑤ 금리가 하락하면 예금수익률의 저하로 부동산시장으로 자금이 유입된다.

82 부동산 정책의 필요성에 대한 설명으로 옳은 것은?
① 시장실패가 발생하고 자유로운 시장기구에 의해 해결되지 않을 경우, 정부는 공적 개입의 명분을 가진다.
② 부동산은 국가성립의 기본요소이기 때문에 부동산 문제 발생 시 정부는 우선적으로 공적 개입을 고려한다.
③ 부동산 이용에 있어 가장 바람직한 이용을 달성하도록 하는 것이 최선의 가치이므로 공적 개입이 필요하다.
④ 부동산은 복지사회 실현을 위한 자원으로서, 형평성 제고를 위한 공적 개입의 대상이 될 수 있다.
⑤ 부동산은 공공성이 약한 재화이므로 소유권의 행사를 제한하기 위해 정부는 공적 개입한다.

83 다음 중 인구 및 가구의 변화와 베이비부머의 영향력에 대한 설명으로 옳은 것은?

① 주택을 매도하는 대규모 세력으로 등장
② 고향이나 전원주택 등으로 귀농
③ 주택의 다운사이징 현상 지속
④ 주택시장의 수요 감소
⑤ 은퇴 후 철저한 노후준비

84 다음 중 시대별 부동산정책에 대한 연결이 옳게 짝지어지지 않은 것은?

① 김영삼 정부 - 부동산실명제
② 노무현 정부 - 종합부동산세 도입
③ 이명박 정부 - 공공실버주택 공급
④ 박근혜 정부 - 하우스푸어 및 렌트푸어 지원
⑤ 문재인 정부 - 재건축 안전진단 기준 강화

85 다음 〈보기〉가 설명하는 정책을 실행한 정부는?

〈보 기〉

명의신탁이 재산 은닉이나 탈세 등 각종 규제 장치를 회피하는 수단으로 변질되고 새 정부 들어 공직자 재산 공개 등에 악용되면서 이를 규제하기 위한 정책으로 도입되었다.

① 김영삼 정부
② 김대중 정부
③ 노무현 정부
④ 이명박 정부
⑤ 박근혜 정부

86 다음은 문재인 정부가 추진한 재건축 안전진단 기준강화 실시(2018.3.5)에 대한 내용으로 옳지 않은 것은?

① 현지조사 단계에 전문성 있는 공공기관이 참여할 수 있도록 하여 전문성과 객관성을 갖추게 되었다.
② 안전진단 종합판정을 위한 평가항목별 가중치가 조정되어, 구조안정성 비중이 상향 조정되었다.
③ 주거환경에서 E등급을 받으면, 다른 평가 없이 바로 재건축이 가능하다.
④ 조건부 재건축은 안전성에는 치명적인 결함이 없는 경우에 가능하며, 시·군·구청장이 재건축 시기 조정을 할 수 있다.
⑤ 재건축 안전진단은 100점 만점을 기준으로 점수에 따라 A~E등급으로 나뉘는데 25점 이하일 경우 재건축이 가능하다.

87 2018년 3월 국토교통부는 재건축 안전진단 기준 강화를 발표하였는데 변경된 구조안정성 비율은?

① 20%
② 30%
③ 40%
④ 50%
⑤ 60%

88 문재인 정부가 도입한 계약갱신청구권에 대한 설명으로 옳지 않은 것은?

① 임차인은 임대차 기간이 끝나기 6개월 전부터 2개월 전까지 계약갱신 요구를 할 수 있다.
② 임차인은 계약갱신청구권을 1회 행사할 수 있다.
③ 임대차 존속기간의 갱신은 2년으로 본다.
④ 임대인은 실거주를 이유로 갱신을 거절할 수 없다.
⑤ 차임과 보증금은 5% 범위 내에서 증감이 가능하다.

89 다음 중 부동산 투자의 장단점 및 특징으로 옳지 않은 것은?

① 투자에 대한 수익창출 시 투자자의 능력에 크게 의존한다.
② 투자차익으로 자본이득과 임대소득을 기대할 수 있다.
③ 미래 기대수익은 유동적이며 확정적이지 않다.
④ 원하는 시기에 매수자를 찾을 수 있어 현금화가 용이하다.
⑤ 건물 등의 감가상각에 의한 절세효과를 기대할 수 있다.

90 부동산 A에 대한 투자 여부를 고려하고 있다. A의 시가는 4억원, 예상처분가격은 4억 8천만원일 때, 다음 중 수익률에 대한 설명으로 옳은 것은?

① 요구수익률은 10%이다.
② 기대수익률은 10%이다.
③ 요구수익률은 20%이다.
④ 기대수익률은 20%이다.
⑤ 실현수익률은 20%이다.

91 다음 중 부동산 가치분석에 대한 설명으로 옳은 것은?

① 가치는 특정 부동산에 대한 교환의 대가로 매수인이 매도인에게 지불하는 금액이다.
② 가격은 대상 부동산에 대한 과거의 값이고, 가치는 현재의 값이다.
③ 투자가치를 구할 때는 할인율로 내부수익률을 사용한다.
④ 원가방식에는 가격을 구하는 적산법과 부동산의 임료를 구하는 원가법이 있다.
⑤ 비교방식에는 가격을 구하는 임대사례비교법과 임료를 구하는 거래사례비교법이 있다.

92 다음 중 부동산의 경제성 및 재무적 분석기법에 대한 설명으로 옳지 않은 것은?

① 내부수익률법은 투자로 인한 현금유출액 현가와 미래에 들어올 현금유입액 현가가 일치되는 할인율이다.
② 순현가는 투자로 인해 발생할 미래의 모든 현금흐름을 적절한 할인율로 할인하여 현가를 나타내는 방법이다.
③ 내부수익률 ≤ 요구수익률일 때 투자가 채택된다.
④ 연금의 미래가치는 연금 × 연금의 내가계수로 계산한다.
⑤ 순현가법에서는 할인율로 요구수익률을 사용한다.

93 다음 중 부동산 포트폴리오 전략에 대한 설명으로 옳지 않은 것은?

① 포트폴리오 이론은 단기시장보다는 장기시장에 적합한 이론이다.
② 투자안에 따라 서로 다른 세율이 적용되기 때문에 수익률 산정이 어렵다.
③ 부동산시장의 불완전시장이라는 특성 때문에 시장 포트폴리오 수익률을 계량화하기 어렵다.
④ 부동산 투자는 분할하는 데 곤란하기 때문에 불가분성의 특징이 있다.
⑤ 체계적 위험이란 포트폴리오를 완벽하게 구성해도 피할 수 없는 위험이다.

94 다음 중 부동산 분석의 필요성에 대한 설명으로 옳지 않은 것은?

① 부동산에 대한 수요와 공급은 시장에서 쉽게 조정 가능하다.
② 부동산은 여러 법적인 제약이 많다.
③ 부동산은 수명이 오래가는 내구재이기 때문에 한 번 투자를 잘못하면 원상회복이 어렵다.
④ 부동산시장은 불완전경쟁시장이므로 비동질성, 비이동성, 정보의 부족 등의 어려움이 있다.
⑤ 부동산은 시간이 지남에 따라 감가상각을 한다.

95 다음 중 수익형부동산 투자전략에 대한 설명으로 옳지 않은 것은?

① 테마상가란 특정 사업주가 주체가 되어 전체 시설을 계획·관리하는 상가의 한 형태이다.
② 근린상가는 주거지가 중심이 되는 근린생활권에 입지한 빌딩으로 대체적으로 3층 미만이다.
③ 상가는 리모델링을 통한 수익성 개선이 가능할지 투자 전에 반드시 검토해야 한다.
④ 오피스 빌딩은 경기에 대한 민감도가 덜한 상태이므로, 투자자 입장에서는 공실 리스크가 감소한다.
⑤ 오피스텔은 도시형생활주택의 등장으로 상호 경쟁관계에 놓여 있다.

96 다음 중 주말농장 운영조건에 대한 설명으로 옳지 않은 것은?

① 비농업인이 농지를 주말, 체험영농 등의 목적으로 취득하고자 할 경우에는 세대당 1,000㎡ 미만 범위 내에서 취득할 수 있다.
② 주말농장의 면적은 세대원의 보유 농지도 포함한 것이며, 기존에 보유한 농지 면적도 합산된다.
③ 주말농장을 원하는 도시민은 주말체험영농 목적으로 영농계약서를 작성해야 한다.
④ 제3자에게 임대가 가능하다.
⑤ 사업용 토지에서 제외되어 비사업용 토지로 분류된다.

97 다음 중 경매 진행절차 및 용어에 대한 설명으로 옳지 않은 것은?

① 강제경매는 채권자가 채무자의 자산을 압류한 후 경매로 금전채권의 만족을 얻는 것이다.
② 임의경매란 담보권자가 전세권, 질권, 유치권 등의 담보권 실행을 위해 담보물의 경매를 진행하여 매각 대금에서 피담보채권을 변제받는 것을 의미한다.
③ 신경매란 경락인이 경락 후 경락대금을 지급하지 않은 경우에 재차 행해지는 경매이다.
④ 부동산의 재경매기일은 대금지급기일로부터 14일 이후로 정해야 한다.
⑤ 항고 시 항고이유가 적힌 항고장을 제출하거나 항고장 제출일로부터 10일 이내에 항고 이유서를 법원에 제출해야 한다.

98 다음 중 부동산 자산관리에 대한 설명으로 옳지 않은 것은?

① 소극적 의미의 자산관리는 부동산의 시설관리에 초점을 맞춘 방법이다.
② 적극적 의미의 자산관리는 전체 자산의 운영과 총괄적인 포트폴리오를 포함한 전문적·종합적·재무적 자산관리를 의미한다.
③ 부동산 재산관리에는 수익관리, 공실관리, 시설물관리 등이 포함된다.
④ 부동산 시설관리는 부동산의 운영효율 상승과 생산성 향상 등의 서비스를 제공한다.
⑤ 부동산산업 측면에서 단순 중개업이 활성화되면서 자산관리보다는 개발의 중요성이 높아지고 있다.

99 다음 중 부동산 자산관리 운영방식에 대한 설명으로 옳지 않은 것은?

① 가장 오래된 전통적인 관리방식은 직접관리방식이다.
② 대형빌딩, 공동주택에 적합한 관리방식은 위탁관리방식이다.
③ 관리비용이 비싼 것은 위탁관리방식의 단점이다.
④ 과도기적 관리방식은 혼합관리방식이다.
⑤ 책임소재가 불분명한 것은 혼합관리방식의 단점이다.

100 다음 부동산 직접투자와 간접투자에 대한 설명 중 옳지 않은 것은?

① 부동산 직접투자는 비전문가 개인이 직접 투자 판단을 내리는 방식이다.
② 부동산 간접투자는 다양한 상품에 투자가 가능해 분산투자가 가능하다.
③ 부동산 간접투자는 취득세가 감면된다.
④ 부동산 직접투자는 취득세, 재산세, 양도소득세 등의 세금을 부담해야 한다.
⑤ 과거에는 부동산 간접투자가 많았으나, 최근에는 부동산 직접투자 경향이 나타나고 있다.

이 출판물의 무단복제, 복사, 전재 행위는 저작권법에 저촉됩니다.
파본은 구입처에서 교환하실 수 있습니다.

제3회
은행FP 자산관리사 2부
실제유형 모의고사

문항 및 시험시간

평가영역	문항 수	시험시간	비 고
자산관리사(FP) 2부	100문항	100분	

※ 이 자료는 저작권법에 의해 보호를 받는 저작물이므로 동영상 제작 및 무단전재와 복제를 금합니다.

은행FP 자산관리사 2부

제3회 실제유형 모의고사

문 항 수 : 100문항
응시시간 : 100분

제1과목 금융자산 투자설계(70문항)

01 다음 중 금융상품 선택 시 고려사항에 대한 설명으로 옳지 않은 것은?

① 일반적으로 금융상품을 선택하는 데 고려해야 할 사항에는 투자목적, 투자기간, 안전성, 수익성, 유동성 등 다섯 가지 항목이 있다.
② 안전성과 수익성, 유동성을 투자의 3요소라고 한다.
③ 금융상품을 선택함에 있어 고려해야 할 수익성의 기준은 실효수익률이 되어야 한다.
④ 투자의 3요소인 안전성, 수익성, 유동성은 서로 동반되는 관계에 있다.
⑤ 유동성을 고려할 때에는 기회비용 측면도 반드시 감안해야 한다.

02 다음 중 목돈운용을 위한 거치식 상품에 대한 설명으로 옳지 않은 것은?

① 정기예금은 주가지수연동정기예금과 같이 특별한 경우를 제외하고는 별다른 손해 없이 중도해지가 가능하다.
② 정기예탁금은 1인당 3천만원 가입한도 내에서 발생한 이자소득에 대하여 단계별 우대세율을 적용한다.
③ 환매조건부채권은 가입대상 및 최고 예치한도의 제한은 없고 일반적으로 정기예금에 비하여 약간의 고금리를 적용받게 되므로 30일에서 1년 이내의 목돈운용에 적합한 상품이다.
④ 기업어음은 금융기관의 다른 목돈운용을 위한 거치식예금에 비하여 상대적으로 높은 금리를 받을 수 있기 때문에 1개월에서 3개월 미만의 단기 목돈운용에 많이 이용된다.
⑤ 표지어음은 중도해지는 불가능하지만 비과세종합저축으로 가입은 가능하다.

03 다음 중 양도성예금증서(CD)에 대한 설명으로 옳지 않은 것은?

① 양도성예금증서는 실물형태의 발행과 등록발행제도를 병행하여 실시하고 있다.
② 등록발행제도로 양도성예금증서를 발행하는 경우 고객에게는 통장을 발행한다.
③ 실물로 발행하는 경우에는 증서인도만으로 양도가 가능하다.
④ 정기예금과 마찬가지로 중도해지 및 비과세종합저축으로 가입이 가능한 예금상품이다.
⑤ 만기일이 영업일이 아닌 경우에는 만기일 이후 도래하는 최초 영업일 전일까지에 대하여는 해당 일수만큼 만기 후 이자를 지급한다.

은행FP 자산관리사 2부   3회

04 다음 〈보기〉와 같은 수익구조를 가지고 있는 1년 만기 주가지수연동정기예금에 가입하였을 경우 만기 시 수익률은?

― 〈보 기〉 ―
가. 수익구조
  - 상승수익추구형(낙-아웃콜형)
  - 참여율 50%
  - 낙-아웃 베리어 30%
  - 리베이트 1%
  - base coupon 1%
나. 가입 시 주가지수 2,000pt
다. 만기 시 주가지수 1,950pt
라. 가입 중 최고 주가지수 2,100pt

① 0%
② 1%
③ 1.25%
④ 2.5%
⑤ 3.5%

05 다음 중 주택청약종합저축에 대한 설명으로 옳지 않은 것은?

① 가입자가 다른 주택건설지역으로 주소지를 이전함에 따라 그 예치금액의 차액을 추가로 예치할 경우 그 차액의 예치는 주택공급 신청 후에 해야 한다.
② 저축총액을 산정하는 경우에는 월납입금이 25만원을 초과한 경우에 해당 월납입금을 25만원까지 인정하여 산정하고, 미성년자로서 납입한 저축총액이 24회 월납입금 합계를 초과하는 경우에는 24회의 월납입금 합계만 인정한다.
③ 국민주택 또는 민영주택에 청약하려는 자는 입주자 모집공고일 현재 주택청약종합저축(입주자저축)에 가입되어 있어야 하며, 입주자저축의 가입자가 청약하는 주택의 면적을 변경하고자 하는 경우에는 청약신청일까지 변경하여야 한다.
④ 무주택세대주로서 총 급여액이 세법에서 정한 일정 금액 이하인 근로자의 경우 연간 납입액 300만원 한도의 40% 범위 내에서 소득공제가 가능하다.
⑤ 납입누계액이 민영주택 청약 예치금액 기준에 따른 최대금액 1,500만원 미만인 경우에는 1,500만원에 이르는 시점까지는 월 50만원을 초과하여 납입이 가능하다.

06 다음 중 개인종합자산관리계좌(ISA)에 대한 설명으로 옳지 않은 것은?

① ISA는 다양한 금융상품으로 포트폴리오를 구성한 후 운용기간 중 발생한 손익을 통산하여 순소득 중 일정한도까지 세제혜택을 부여하는 종합자산관리형 상품이다.
② 금융투자업자는 투자자 유형에 적합한 2개 이상의 포트폴리오를 제시해야 하며, 펀드와는 달리 투자자에게 고객의 투자 성향보다 높은 위험등급의 모델포트폴리오를 제시하는 것이 가능하다.
③ ISA에 편입된 펀드의 경우에는 손익에 대하여 매년 과세하지 않고 보유기간 동안 손익을 합산하여 펀드를 환매할 때 일괄과세를 한다.
④ 연금계좌 전환 입금액에 대해서는 당초 연금계좌의 자기부담금 한도와 별도로 입금할 수 있을 뿐만 아니라 세액공제 혜택도 부여하고 있다.
⑤ 연간 납입한도는 2,000만원 이하이지만, 조세특례제한법에 따라 재형저축 또는 장기집합투자증권저축에 가입한 경우에는 연간 계약금액 총액을 차감한다.

07 다음 중 자본시장법의 특징에 해당하는 설명으로 옳지 않은 것은?

① 판매회사 등의 설명 및 위험 고지의무를 강화하고 부당권유행위 및 불건전영업행위에 대한 규제를 강화하였다.
② 6개 금융투자업 상호 간 겸영을 엄격하게 제한하였다.
③ 금융기관별 규율체계에서 금융기능별 규율체계로 전환하였다.
④ 금융상품의 포괄주의를 도입하여 더욱 다양하고 획기적인 금융투자상품의 개발과 판매가 가능하게 되었다.
⑤ 일반투자자에 대한 보호업무를 대폭 강화하였다.

08 다음 중 증권집합투자기구에 대한 설명으로 옳지 않은 것은?

① 국내에서 설정되어 판매되는 대부분의 증권집합투자기구는 투자신탁의 형태로 공모형이며 개방형의 형태를 가지고 있다.
② 채권형 펀드란 집합투자규약상 집합투자재산의 60% 이상을 채권 및 채권관련파생상품에 투자하면서 주식을 편입하지 않는 펀드를 말한다.
③ 액티브형 펀드는 주식의 매매회전율이 높고, 운용에 따른 리스크가 비교적 높은 것이 특징이다.
④ 패시브형 펀드는 비교대상지수 수준의 수익을 목표로 운용되는 펀드이다.
⑤ 혼합형 펀드는 수익성 측면에서 보면 일반적으로 주식형 펀드보다 높다.

09 다음 중 주식형 펀드에 대한 설명으로 옳지 않은 것은?

① 집합투자재산의 60% 이상을 주식 및 주식관련파생상품에 투자하는 펀드로, 고위험 고수익형 투자상품이다.
② 가치주 펀드는 기업의 내재가치에 비하여 저평가된 주식에 투자한다.
③ 성장주 펀드는 미래 성장성이 높은 주식에 투자한다.
④ Top-Down 방식은 거시경제분석 – 경기분석 – 산업분석 – 개별기업 가치분석 순으로 종목을 선정하는 방식이고, Bottom-Up 방식은 개별기업 가치분석 – 산업분석 – 경기분석 – 거시경제분석의 순으로 종목을 선정하는 방식이다.
⑤ 실무적으로는 Top-Down 방식과 Bottom-Up 방식 중 한 가지 방식을 사용하는 것이 일반적이다.

10 다음 〈보기〉에서 제시된 채권형 펀드 중 소극적 전략을 사용하는 펀드로 옳게 짝지어진 것은?

〈보 기〉

가. 금리예측전략   나. 스프레드운용전략
다. 사다리형전략   라. 바벨형전략
마. 수익률곡선타기전략

① 가, 나
② 가, 나, 라
③ 다, 라
④ 다, 라, 마
⑤ 가, 나, 다, 라

은행FP 자산관리사 2부 — 3회

11 다음 중 단기금융집합투자기구(MMF)에 대한 설명으로 옳지 않은 것은?

① MMF의 특징에는 취득가평가, 안정성 강화, 유동성 강화 등 세 가지가 있다.
② 다른 펀드상품과 달리 수시 입·출금이 가능한 상품이다.
③ CP, 콜, 우량채권 등에 투자하여 안정적인 단기 고수익을 추구한다.
④ 투자자가 개인으로만 이루어진 집합투자재산의 가중평균만기가 75일 이내로 운용된다.
⑤ 남은 만기가 6개월 이내인 양도성예금증서, 남은 만기가 5년 이내인 국채증권, 기업어음증권을 제외한 남은 만기가 1년 이내인 어음 등은 단기금융상품의 종류에 해당한다.

12 다음 중 구조화 상품의 유형에 대한 설명으로 옳지 않은 것은?

① 주가연계증권(ELS)은 자본시장법상의 분류기준으로는 파생결합증권에 해당한다.
② 주가연계신탁(ELT)은 투자자 입장에서 위험요인이나 상품의 특성상 ELS와 동일한 상품이라고 할 수 있다.
③ 주가연계펀드(ELF)는 집합투자재산의 대부분을 증권사에서 발행하는 ELS 또는 DLS(기타파생결합증권)에 투자하는 펀드상품이다.
④ 주가연계파생결합사채(ELB)는 원금이 보장되는 구조로 설계되어 예금자보호법에 의하여 보호받을 수 있다.
⑤ 주가지수 또는 개별주가와 연계되어 수익이 결정되는 상품이 ELS이고, 그 이외의 금리, 통화, 원자재, 부동산 가격지수 등의 기초자산과 연계되어 수익이 결정되는 상품을 DLS라 한다.

13 원금보장형 구조화 상품 중 제시된 수익구조는 무엇인가?

지수변동률	쿠폰수익률	수익구조
+15% 초과인 경우	연 0.0%	
−15%~15% 범위인 경우	연 6.5%	연 0.0% / 연 6.5% / 연 0.0% (−15% ~ 15%)
−15% 미만인 경우	연 0.0%	

① 디지털형
② 범위형
③ 상승수익추구형
④ 하락수익추구형
⑤ 양방향수익추구형

14 다음 〈보기〉 중 금전신탁에 해당하는 것으로 올바르게 짝지어진 것은?

―〈보 기〉―
가. 연금신탁 　　　　　　　　　　나. 금전채권신탁
다. 유가증권신탁　　　　　　　　　라. 특정금전신탁
마. 부동산신탁

① 가, 나　　　　　　　　　② 나, 다, 마
③ 나, 라　　　　　　　　　④ 가, 라
⑤ 나, 라, 마

15 다음 중 특정근담보에 대한 설명으로 옳은 것은?
① 대출종류가 아니라 채무자를 기준으로 채무자와 금융기관 간 모든 거래를 담보한다.
② 특별히 지정된 대출에 한하여 담보를 제공하며, 대출의 기한연장이나 갱신 등이 허용되지 않는다.
③ 특별히 지정된 대출과 관련하여 계속적으로 발생하는 대출을 담보하는 것으로 동일대출의 기한연장은 가능하다.
④ 담보권이 말소될 때까지 포괄적으로 책임을 부담하게 된다.
⑤ 지정된 대출종류에 대해 현재부터 미래에 완납할 때까지 지속적으로 책임을 부담한다.

16 다음 중 외화예금에 대한 설명으로 옳지 않은 것은?
① 우리나라를 포함한 대부분의 국가는 자국통화표시법을 사용하고 있다.
② 자국통화표시법에서 환율의 상승은 자국통화가치의 하락을 의미하고, 환율의 하락은 자국통화가치의 상승을 의미한다.
③ 대고객매매율은 외국환은행이 결정·고시한다.
④ 현찰매매율은 외화현금을 매매하는 경우에 적용하는 환율이다.
⑤ 전신환매매율은 자금의 결제가 7일 이내에 완료된다.

17 다음에 제시된 주가 결정요인 중 기업 내적 요인에 해당하는 것은?
① 경영자의 자질
② 투자자의 심리동향
③ 시장규제
④ 물가와 이자율
⑤ 경기변동

18 다음 중 주식투자의 접근방법에 대한 설명으로 옳지 않은 것은?

① 개별주식에 대한 분석과 둘 이상의 포트폴리오를 구성했을 때의 분석으로 구분된다.
② 기본적 분석에서는 내재가치가 시장가치에 비해 낮으면 매도를, 내재가치가 시장가치에 비해 높으면 매수를 고려한다.
③ 포트폴리오 분석 시 일정한 기대수익에서 투자위험을 최소화할 수 있는 효율적 분산투자에 초점을 맞춘다.
④ 개별적으로 평가할 때는 우수한 증권일지라도 다른 증권과 결합하여 포트폴리오로 구성된 후에는 열등한 증권으로 평가되기도 한다.
⑤ 기술적 분석은 과거의 주가 등 오랜 기간의 차트보다는 기업의 수익성 등을 포함하는 내재가치에 의존한다.

19 다음 중 유통시장과 발행시장에 대한 설명으로 옳지 않은 것은?

① 유통시장은 이미 발행된 증권이 투자자들 사이에서 거래되는 시장으로, 2차적 시장이라고도 한다.
② 발행시장에서의 발행자는 증권을 발행하여 자금을 조달하는 증권의 공급자인 동시에 자금의 최종 수요자이다.
③ 유통시장에서는 다수의 투자자가 자유경쟁매매로 경합하여 시장가격이 형성되므로 합리적 가격이라 할 수 있다.
④ 정부가 유통시장에서 공개시장조작을 통해 통화를 조절함으로써 금리와 물가의 안정을 기할 수 있다.
⑤ 발행시장에서는 분산되어 있는 공급자들의 자금을 증권을 매개로 한 곳으로 집중시켜 자본의 효율성을 제고하는 역할을 수행한다.

20 다음 중 경기변동의 특징에 대한 설명으로 옳지 않은 것은?

① 단순히 확장과 수축을 교차하면서 반복되지 않는다.
② 각 순환과정의 주기와 진폭은 서로 다르게 나타나지만, 한 주기 내에서의 확장기와 수축기의 길이는 같게 나타난다.
③ 경기순환은 특정 통계자료에만 의존하여 그 흐름을 판단할 경우 오류를 범할 가능성이 크다.
④ 개별 경제활동은 상당한 시차를 두고 그 영향이 다음 단계로 파급된다.
⑤ 경기가 확장에서 수축, 또는 수축에서 확장국면으로 발전되기 시작하면 경제는 일정한 방향으로 누적 확대현상을 보인다.

21 다음 중 제품수명주기의 도입기에 대한 설명으로 옳지 않은 것은?

① 신제품이 처음 출하된 시기로 매출이 본격적으로 일어나지 않은 상태이다.
② 광고 등 판매촉진비와 생산비가 크기 때문에 손실이 발생한다.
③ 제품에 대한 평가가 좋을 경우 성장을 거듭하면서 해당 산업에서 주목을 받는다.
④ 수익성은 낮은 반면 위험이 상대적으로 큰 시기이다.
⑤ 경영위험이 낮은 시기이다.

22 다음 〈보기〉에 제시된 상장기업 A의 주당가치는 얼마인가?

〈보 기〉
- A기업의 EBITDA : 1천만원
- 채권자가치 : 1억원
- 발행주식 수 : 10만주
- A기업과 유사한 기업의 EV/EBITDA 비율 : 18

① 200원 ② 400원
③ 800원 ④ 1,000원
⑤ 1,800원

23 A기업의 재무정보가 다음 〈보기〉와 같다면, 업종평균 PER을 이용하여 추정한 A기업의 내년도 적정주가는 얼마인가?

〈보 기〉
- 내년도 예상 당기순이익 : 100억원
- 발행주식수 : 50만주
- A기업이 속한 업종의 평균 PER : 15배

① 5만원 ② 10만원
③ 15만원 ④ 20만원
⑤ 30만원

24 B기업의 ROA가 4%이고, 총자산회전율은 0.5회이다. B기업의 ROA를 10%로 증가시키기 위한 매출액순이익률은 몇 %인가?

① 5% ② 10%
③ 12% ④ 20%
⑤ 25%

25 다음 자료를 바탕으로 정률성장 배당모형으로 평가한 (주)H의 적정 주가 예측 수치는 얼마인가?

〈보 기〉
- 올해 주당 배당수입(D_0) : 1,000원
- 성장률(일정) : 5%
- 주식 투자자자들의 (주)H에 대한 요구수익률 : 10%

① 10,000원 ② 11,000원
③ 20,000원 ④ 20,500원
⑤ 21,000원

26 다음 중 주식 포트폴리오 운용계획 시 투자계획서에 포함되어야 할 사항에 대한 설명으로 옳지 않은 것은?

① 경제분석과 전망에 기초하여 계획하고 있는 투자기간 동안 주요 투자자산의 기대수익률과 위험의 추정치를 도출한 후 이를 제시한다.
② 제시한 투자목표와 일치하는 자산배분안을 제시하고, 자산배분안이 결정되면 적절한 투자관리방법을 선택하여 종목을 선정한다.
③ 사후적인 포트폴리오 수정과 투자성과 평정에 대한 내용은 투자계획서에 포함되지 않는다.
④ 재무현황과 위험성향 등을 바탕으로 목표 수익과 위험관리 방향을 제시한다.
⑤ 주식, 채권, 현금, 부동산 등으로 투자 대상을 분류하여 과거 수익률 수준과 평균 기대수익률, 위험, 공분산, 인플레이션을 감안한 추정치를 나타낸다.

27 주식 포트폴리오의 종목선정 방법 중 상향식 접근방법과 하향식 접근방법에 대한 설명으로 옳지 않은 것은?

① 하향식 접근은 종목선정보다 섹터, 산업, 테마의 선정을 강조하는 방법이다.
② 상향식 접근은 유망한 개별 종목을 선정하는 것을 중요하게 여긴다.
③ 하향식 접근 시 섹터가 세부적으로 분류될수록 최종 종목선정 과정이 수월해진다.
④ 상향식 접근은 어떤 형태로든 개별 종목의 내재가치를 측정하는 기법을 포함하고 있다.
⑤ 상향식 접근 시 내재가치에 비해 시장가치가 낮을수록 유망한 종목으로 인식된다.

28 다음 〈보기〉의 자료를 통해 샤프지수와 정보비율을 구한 값으로 옳은 것은?

─────〈보 기〉─────
• 펀드수익률 : 12%
• 무위험수익률 : 2%
• 표준편차 : 20%
• 젠센의 알파 : 2%
• 잔차위험 : 4%

① 샤프지수 : 0.50, 정보비율 : 0.50
② 샤프지수 : 1.00, 정보비율 : 0.50
③ 샤프지수 : 1.74, 정보비율 : 0.50
④ 샤프지수 : 0.50, 정보비율 : 1.00
⑤ 샤프지수 : 1.73, 정보비율 : 0.50

29 다음 중 소극적 투자전략에 대한 설명으로 옳지 않은 것은?

① 단순 매수·보유전략은 무작위로 선택한 주식을 매입해 보유하는 전략으로 특정 종목이나 포트폴리오를 선택하고자 의도적인 노력을 하지 않는다는 데 특징이 있다.
② 인덱스 펀드 투자전략에서 정보비용과 거래비용을 최소화하는 방법은 인덱스 펀드와 국공채 펀드의 투자비율을 조절하여 구성하는 것이다.
③ 평균투자법은 주가의 등락에 관계없이 정기적으로 일정금액의 주식을 계속 투자하는 방법이다.
④ 인덱스는 시장 전체 움직임 자체이므로 인덱스 펀드에 가입하면 지수 산정에 포함되는 주식을 모두 산 것과 같은 효과를 얻게 된다.
⑤ 평균투자법의 큰 장점은 매 기간에 일정금액을 투자하므로 주가가 하락할 경우 이전보다 많은 수의 주식을 매수할 수 있다는 점이다.

30 포트폴리오 성과평정에서 투자위험을 고려한 성과평가에 대한 설명으로 옳지 않은 것은?

① 트레이너지수는 펀드매니저의 능력을 측정할 수 있는 지표로 초과수익률을 추적오차로 나눈 값이다.
② 젠센지수는 실제수익률이 시장균형을 가정한 경우의 수익률보다 얼마나 높은지를 나타내는 지표이다.
③ 샤프지수는 특정 포트폴리오가 한 단위의 위험자산에 투자해서 얻은 초과수익의 정도를 나타내는 지표이다.
④ 젠센지수의 값이 높을수록 펀드의 성과가 우수함을 나타낸다.
⑤ 샤프지수가 높은 포트폴리오는 성과 또한 높게 나타날 가능성이 커진다.

31 다음 〈보기〉에 제시된 주식투자전략 중 적극적 투자전략에 해당하는 것으로 바르게 짝지어진 것은?

─〈보 기〉─
가. 인덱스 펀드 투자전략   나. 단순 매수·보유전략
다. 포뮬라 플랜   라. 평균투자법
마. 시장투자적기포착

① 가, 다
② 나, 라
③ 가, 나, 라
④ 다, 라, 마
⑤ 다, 마

32 다음 중 금리가 경제에 미치는 영향에 대한 설명으로 옳지 않은 것은?

① 시중금리수준이 상승하면 일정 수익률을 내는 자산들의 수익가치는 상승한다.
② 시중금리가 상승하면 통화량이 감소하여 경기를 위축시킨다.
③ 장기적으로 자금은 시중금리들과 비교하여 기대수익률이 높은 자산으로 이동하려는 경향을 보인다.
④ 금리가 하락하면 소비와 투자는 증가하고 저축은 감소한다.
⑤ 금리가 상승하면 투자와 생산이 감소한다.

33 다음 중 주식과 채권에 대한 설명으로 옳지 않은 것은?
① 채권은 정해진 만기일 전에도 상환받을 수 있다.
② 주식의 소유자는 주주이며, 발행주체는 주식회사이다.
③ 채권은 시장에서 거래되므로 중도매각이 가능하다.
④ 채권은 원리금의 현금흐름 스케줄이 미리 정해진다.
⑤ 주식의 자본형태는 자기자본이며, 채권의 자본형태는 타인자본이다.

34 다음 중 채권시장에 대한 설명으로 옳지 않은 것은?
① 발행시장은 채권이 투자자들에게 최초로 교부되는 시장이고, 유통시장은 이미 발행된 채권들이 매매되는 시장이다.
② 발행시장에서는 채권발행에 대한 사무처리 및 총괄업무, 인수업무, 판매업무를 수행한다.
③ 유통시장에서는 증권사가 중개기관이 되어 거래의 성사와 결제업무를 수행한다.
④ 발행시장에서는 단독의 증권사가 발행기관으로 참여하여 주간사, 인수사, 판매사 역할을 수행한다.
⑤ 유통시장에서의 결제업무 형식은 매도자에게는 증권사가 매수자가 되어 대금을 지급하고 채권을 양수한 후, 매수자에게 현물을 양도하고 대금을 지급받는다.

35 다음 중 발행주체에 따른 채권의 종류에 대한 설명으로 옳지 않은 것은?
① 국채는 재정을 위해 국회의 동의를 받은 후 정부가 발행하는 채권이다.
② 지방채는 재정적으로 완전히 독립되지 않은 채 국가로부터 보조를 받는 지방자치단체가 원리금을 지급하므로 최고 수준의 신용도를 지니고 있다.
③ 대부분의 공사채의 경우 국가의 보증 또는 신용보강을 수반하고 있기 때문에 최고등급인 AAA를 부여받는다.
④ 금융채는 한국은행에서 발행하여 국채와 마찬가지의 신용도를 지닌다.
⑤ 회사채 채권자들은 기업이 도산하거나 청산할 경우 주주에 우선하여 기업의 자산에 대한 청구권을 인정받게 된다.

36 액면금액 10,000원, 표면금리 8%, 만기 3년인 복리채의 만기상환금액을 계산한 값으로 옳은 것은?
① 12,597원
② 12,697원
③ 12,797원
④ 12,897원
⑤ 12,997원

37 말킬의 채권가격정리와 관련하여 다음 〈보기〉의 괄호 안에 들어갈 말로 옳은 것은?

〈보 기〉
- 채권의 잔존기간이 길어질수록 동일한 수익률변동에 대한 가격변동률은 (㉠)한다.
- 채권의 잔존기간이 길어질수록 발생하는 채권의 가격변동률은 (㉡)적으로 증가한다.

① ㉠ : 증가, ㉡ : 체감
② ㉠ : 증가, ㉡ : 체증
③ ㉠ : 감소, ㉡ : 체감
④ ㉠ : 감소, ㉡ : 체증
⑤ ㉠ : 불변, ㉡ : 체감

38 다음 〈보기〉에서 듀레이션이 길어지는 경우로 올바르게 모두 묶인 것은?

〈보 기〉
㉠ 표면이율이 낮아진다.
㉡ 잔존만기가 길어진다.
㉢ 만기수익률이 낮아진다.
㉣ 이자지급횟수가 많아진다.

① ㉠, ㉡, ㉢
② ㉠, ㉡, ㉣
③ ㉠, ㉣
④ ㉠, ㉢, ㉣
⑤ ㉠, ㉡, ㉢, ㉣

39 잔존기간 3년, 표면이율 8%인 연단위후급이표채의 만기수익률이 10%일 경우의 가격은 9,502.63원이다. 만약 만기수익률이 8%로 하락할 경우 이 채권의 가격변화율은 얼마인가? (단, 듀레이션은 2.78로 가정)

① 5.05% 상승
② 5.05% 하락
③ 5.56% 상승
④ 5.56% 하락
⑤ 5.55% 상승

40 다음 중 수익률곡선의 변화에 대한 설명으로 옳지 않은 것은?
① 수익률곡선은 단기물부터 장기물까지의 시장금리를 한눈에 보여준다.
② 채권시장금리 또는 수익률곡선의 하락은 채권시장의 강세를 의미한다.
③ 채권시장이 전반적으로 약세를 보이는 국면을 '베어리쉬(Bearish)'라고 표현한다.
④ 장기금리와 단기금리 간의 차이를 '텀 스프레드(Term Spread)'라고 부른다.
⑤ 장단기 스프레드가 확대되는 것을 '불 플래트닝(Bull Flattening)'이라고 표현한다.

41 다음 중 채권의 신용등급에 대한 설명으로 옳지 않은 것은?

① 신용평가사에서는 특수채, 금융채 및 회사채에 대해 최고 등급인 AAA에서 부도 등급인 D까지 신용을 평정하여 등급을 부여한다.
② AAA등급부터 BB등급까지의 단계는 +, 0, -의 세 등급으로 다시 세분되어 총 18개의 등급으로 나누어진다.
③ 국채, 통안채의 경우에는 무위험채권으로 간주되어 신용등급을 부여받지 않지만, 지방채의 경우에는 신용등급을 부여받는다.
④ BBB-등급 이상을 투자등급 채권, 그 미만을 투기등급 채권이라 한다.
⑤ 기업에서 발행하는 CP의 경우에는 A1등급에서 D등급까지로 채권과는 다른 방식으로 신용등급을 표기한다.

42 현재 채권시장에서 한국주택공사채 1년물 금리가 4%, 2년물 금리가 4.5%일 때, 1년 투자 시 '이자 + 롤링수익률' 방식을 이용한 한국주택공사채 2년물의 기대수익률을 구하면 얼마인가?

① 4%
② 4.5%
③ 5.0%
④ 5.5%
⑤ 6.0%

43 다음 중 기업어음 A3등급 수준에 해당하는 회사채의 등급으로 옳은 것은?

① AA
② A
③ BBB
④ BB
⑤ B

44 다음 중 채권의 위험에 대한 설명으로 옳지 않은 것은?

① 보유하는 채권의 듀레이션이 길면 길수록, 보유하는 채권의 금액이 많으면 많을수록 듀레이션위험은 증가한다.
② 투자자산의 현금흐름이 투자자의 상황과 맞지 않아 생기는 듀레이션위험을 미스매칭위험이라고 한다.
③ 신용위험이란 채권발행자의 신용도 하락으로 인해 채권의 가격이 절대적 또는 상대적으로 하락할 가능성을 의미한다.
④ 주로 신용등급이 낮을수록, 단기물일수록 유동성이 떨어지는 경향이 있다.
⑤ 통상 콜옵션부채권은 만기일 도래 전 시장금리가 급락하면 발행자가 이자부담을 줄이기 위해 중도상환을 강제한다.

45 3년 만기 신한은행 복리채권 100억원을 5%에 매입하고 1년 후 이 채권을 4%에 매도한다면, 1년간의 투자수익률은 얼마인가?

① 2%
② 4%
③ 5%
④ 7%
⑤ 10%

46 다음 〈보기〉에서 괄호 안에 들어갈 말로 알맞게 짝지어진 것을 고르시오.

〈보 기〉

투자 자세에 따른 채권투자전략의 분류에서 (㉠) 등과 같이 채권의 이자율을 중시하는 전략은 전형적인 소극적 투자전략으로 분류되고, (㉡) 등 추가적인 자본수익을 얻기 위해 많은 노력이 동반되는 전략은 적극적 투자전략으로 분류된다.

① ㉠ 사다리형 만기전략 – ㉡ 매칭전략
② ㉠ 매칭전략 – ㉡ 교체매매
③ ㉠ 딜링 – ㉡ 교체매매
④ ㉠ 딜링 – ㉡ 매칭전략
⑤ ㉠ 교체매매 – ㉡ 사다리형 만기전략

47 다음 중 파생상품과 증권에 대한 설명으로 옳지 않은 것은?

① 자본시장법은 금융투자상품을 증권과 파생상품으로 구분한다.
② 파생상품이란 기초자산의 가격에 의해 그 가치가 결정되는 계약이다.
③ 증권은 투자자가 취득과 동시에 지급한 금전 이외에 추가로 지급의무를 부담하지 않는다.
④ 파생상품은 투자자가 원본 외에도 추가적인 지급의무를 부담할 수 있다.
⑤ ELW는 파생상품으로 분류된다.

48 다음 중 선물거래와 선도거래에 대한 설명으로 옳지 않은 것은?

① 선물거래는 동일거래에 대한 가격이 단 한 번 형성되지만, 선도거래는 매일 형성되며 성립된 거래를 만기 또는 결제 전에 매매할 수 있다.
② 선도거래와 선물거래는 경제적인 기능면에서는 차이가 없으나, 거래실행의 제도적인 측면에서 상이한 특징을 지니고 있다.
③ 선물거래의 신용위험은 청산소에서 거래이행을 보증하지만, 선도거래는 계약불이행위험이 존재한다.
④ 선물거래는 거래금액이 표준화되어 있지만, 선도거래는 제한이 없다.
⑤ 선물거래는 지정된 거래소에서 거래하는 반면에 선도거래는 특정한 장소가 없다.

49 다음 중 KOSPI200 지수선물에 대한 설명으로 옳지 않은 것은?

① 계약금액은 KOSPI200 선물가격에 거래승수 25만원을 곱하여 산출한다.
② 최소호가단위는 0.1포인트이다.
③ 결제방법은 현금결제방식을 택하고 있다.
④ 결제월은 3, 6, 9, 12월이다.
⑤ 최종거래일은 각 결제월의 두 번째 목요일이다.

50 다음 〈보기〉의 괄호 안에 들어갈 말로 옳은 것은?

〈보 기〉

현재 단기이자율이 5%, 배당수익률이 3%라고 할 경우 주가지수선물시장에서 결제월간 스프레드 확대가 예상될 때 취할 수 있는 바람직한 거래 전략은 근월물을 (㉠)하고, 원월물을 (㉡)하는 것이다.

① ㉠ : 매수, ㉡ : 매수
② ㉠ : 매도, ㉡ : 매수
③ ㉠ : 매도, ㉡ : 매도
④ ㉠ : 매수, ㉡ : 매도
⑤ ㉠ : 보유, ㉡ : 보유

51 3년 만기 국채의 현재가치가 100이고, 수정듀레이션이 2.5년이다. 이 채권의 수익률이 2% 상승할 때 채권가치의 변동 폭을 계산한 값으로 옳은 것은?

① +2.5
② −2.5
③ −3.5
④ +5
⑤ −5

52 다음 중 환리스크관리에 대한 설명으로 옳지 않은 것은?

① 주식은 가치가 항상 변하는 자산에 투자하더라도 환리스크 헤지가 어렵지 않다.
② 달러/원 환율이 선물환계약 체결 당시의 선물환율보다 낮아지면 환차익을 얻을 수 있다.
③ 포트폴리오의 리스크를 감소시키는 것이 환리스크 헤지를 하는 가장 중요한 이유이다.
④ 해외주식투자에 수반되는 환리스크를 헤지한 후 원화가치가 하락한다면 환차손이 발생한다.
⑤ 주가와 환율이 반대방향으로 움직이는 상황에서 연속적인 헤지전략을 사용하면 환차손이 발생한다.

53 기초자산 1단위를 보유하고 있을 때, 델타중립을 만들기 위해서는 델타가 −0.5인 옵션을 몇 계약 거래해야 하는가?

① 콜옵션 1계약 매수
② 콜옵션 1계약 매도
③ 콜옵션 2계약 매수
④ 풋옵션 2계약 매도
⑤ 풋옵션 2계약 매수

54 다음 중 옵션스프레드 전략에 대한 설명으로 옳지 않은 것은?

① 투자자들이 옵션스프레드 전략을 선택하는 이유는 시간가치소멸효과가 없어 옵션 포지션의 장기보유가 가능하기 때문이다.
② 옵션스프레드 전략은 이익과 손실이 한정되어 있다.
③ 옵션스프레드 전략은 기초자산 가격의 전망에 따라 강세 스프레드전략과 약세 스프레드전략으로 분류된다.
④ 강세 풋옵션 스프레드전략과 약세 콜옵션 스프레드전략은 초기에 프리미엄 순지출이 발생하는 손익구조를 가진다.
⑤ 옵션을 이용한 스프레드거래는 행사가격은 다르지만 만기가 같은 콜옵션 또는 풋옵션을 동시에 매수·매도하는 전략이다.

55 다음 중 변동성 매매전략에 대한 설명으로 옳지 않은 것은?

① 스트랭글 매수전략은 감마와 베가는 양(+)의 값을, 쎄타는 음(−)의 값을 갖는다.
② 스트래들 매도전략은 감마와 베가는 음(−)의 값을, 쎄타는 양(+)의 값을 갖는다.
③ 스트래들 매수와 스트랭글 매수전략은 포지션을 장기적으로 보유할수록 이익이 발생한다.
④ 버터플라이 매수는 주가가 당분간 안정적일 것으로 예상하지만, 이익과 손실을 제한시키고자 하는 전략이다.
⑤ 버터플라이 매도는 중간 행사가격 콜옵션 2개를 매수하고, 양쪽 행사가격 콜옵션 1개씩 매도하는 전략이다.

56 다음 중 캡(cap)과 플로어(floor)에 대한 설명으로 옳지 않은 것은?

① 캡은 최고금리 이상으로 기준금리가 상승하면 캡 매도자가 캡 매수자에게 그 차액만큼을 지급하기로 하는 계약이다.
② 플로어는 계약상의 최저금리 이하로 기준금리가 하락하면 플로어 매도자가 플로어 매수자에게 그 차액만큼을 지급하기로 하는 계약이다.
③ 칼라는 캡과 플로어가 결합된 형태로 캡의 행사금리를 플로어의 행사금리보다 낮게 책정한다.
④ 차입자는 캡을 매수함으로써 자신이 원하는 기간 동안 금리상승 리스크를 제거할 수 있다.
⑤ 플로어 매수자는 자신이 원하는 기간 동안 금리하락 리스크를 회피하면서 금리상승에 따른 혜택을 누릴 수 있다.

57 원-달러 통화스왑에서 초기 거래시점의 환율이 ₩1,000/$일 때, 두 당사자 사이에 초기자금 교환액수가 1,000억원과 1억달러였다. 통화스왑 계약의 만기시점에 환율이 ₩1,200/$가 되었다면, 두 거래당사자가 만기에 재교환하는 자금의 액수로 다음 중 옳은 것은?

① 0.8억달러와 1,200억원
② 1억달러와 1,000억원
③ 1억달러와 1,200억원
④ 1.2억달러와 1,000억원
⑤ 1.2억달러와 1,200억원

58 다음 중 합성선물환 상품의 유형에 대한 설명으로 옳지 않은 것은?

① 기본적인 합성선물환은 선물환 가격을 행사가격으로 하는 콜옵션과 풋옵션 거래로 구성되지만, 레인지 선물환은 두 옵션의 행사가격이 상이한 구조로 설계된다.
② 일반선물환 거래는 환율변동에 따른 이익기회를 포기하는 데 반해, 레인지 선물환은 일정 수준의 이익 실현이 가능하다.
③ 목표 선물환은 옵션의 행사가격을 기준으로 만기환율이 상승할 경우 두 개의 콜옵션이 모두 행사된다.
④ 목표 선물환은 환율이 큰 폭으로 상승할 경우 시장 환율에 비해 낮은 가격으로 두 배에 해당하는 거래를 이행해야 하는 리스크를 부담하게 된다.
⑤ 낙아웃 목표 선물환 매도거래는 환율이 낙아웃 기준환율 이하가 되면 일반 선물환 거래에 비해 유리한 가격으로 외화를 매도할 수 있다.

59 여유자금 1,000만원을 다음과 같은 포트폴리오를 구성하여 투자한 경우 가중평균투자수익률은 얼마인가?

구 분	비 중	투자수익률
국내주식	10%	-4%
채권형 펀드	40%	2%
대체투자	50%	4%

① 2%
② 2.2%
③ 2.4%
④ 2.8%
⑤ 3.2%

60 다음 중 공분산과 상관계수에 대한 설명으로 옳지 않은 것은?

① 개별자산의 분산은 항상 양수(+)이지만, 공분산은 음수(-) 또는 양수(+)로 측정된다.
② 공분산을 통해서는 두 자산의 수익률의 방향성이 같은지 다른지의 여부는 파악할 수 있지만 그 크기 자체를 해석하는 것은 어렵다.
③ 상관계수는 두 자산의 공분산을 각 자산의 수익률의 분산으로 나누어 계산할 수 있다.
④ 상관계수는 공분산을 표준화하여 -1에서 +1의 범위를 가진다.
⑤ 상관계수가 0인 경우에는 두 개의 자산이 아무런 관계가 없다는 의미이다.

61 다음 중 투자설계 프로세스 6단계에 대한 설명으로 옳지 않은 것은?

① 투자설계 1단계에서 FP는 고객이 제시하는 재무목표뿐만 아니라 잠재하는 목표까지 고려하여 투자설계에 반영해야 한다.
② 투자설계 2단계에서 고객의 위험에 대한 감내도는 잘 변하지 않기 때문에 FP는 고객 스스로 채택한 투자성향을 기준으로 투자 포트폴리오를 제시해야 한다.
③ 투자설계 3단계에서 고객과의 합의를 통해 작성한 투자정책서는 예기치 못한 고객과의 분쟁 발생 시 법적인 보호장치로 사용되기도 한다.
④ 투자설계 4단계에서는 미래의 투자결과에 대한 불확실성이 존재하기 때문에 반드시 금융 포트폴리오를 구축해야 한다.
⑤ 투자성과 점검단계에서 투자 실행 이후 투자성과가 기대만큼 나오지 않은 경우, 6개월 또는 1년 내에 투자 포트폴리오의 구성을 대폭 수정하는 것은 위험하다.

62 다음 중 FP가 고객의 포트폴리오에 편입될 금융상품을 선정할 때 고려해야 할 원칙으로 옳지 않은 것은?

① 안전성이 확보된 상품 간에는 금리가 높은 상품이 유리하며, 이자가 주어지는 기간별 현금흐름을 분석하여 수익성이 높은 상품을 선별해야 한다.
② 고객 투자성향에 적합한 상품을 선택하는 것은 기본이며 투자에 따른 제반 비용을 필히 검토해야 한다.
③ 보험, 펀드의 경우 중도 해약 또는 중도 해지 시 추가적으로 투입되는 비용 조건을 검토하고, 예금, 채권의 경우 중도 해약 또는 매도가 가능한지의 여부를 살펴보아야 한다.
④ 수익성이 높은 상품은 기간이 단기인 경우가 드물기 때문에 유동성 제약을 동시에 살펴보아야 한다.
⑤ 수수료가 선공제되는 보험상품의 환금성 제약 여부에 대해서는 염두에 두지 않아도 된다.

63 다음 중 투자자의 위험선호에 대한 설명으로 옳지 않은 것은?

① 투자자는 기대수익에 수반되는 불확실성을 감안한 전체적인 만족도를 기준으로 투자를 결정한다.
② 투자자의 기대효용은 기대수익률이 높을수록, 예상되는 위험이 작을수록 커진다.
③ 위험회피형 투자자들의 효용은 수익이 증가함에 따라 커지고, 수익의 한 단위 증가에 따른 효용의 증가폭도 수익이 증가할수록 점차 커진다.
④ 동일한 무차별곡선상에 있는 모든 기대수익과 위험의 조합은 투자자에게 동일한 만족을 준다.
⑤ 위험회피 성향이 클수록 무차별곡선의 기울기는 더 가파른 형태를 띠게 된다.

64 다음 중 자본배분선(CAL)에 대한 설명으로 옳지 않은 것은?

① 자본배분선은 무위험 자산이 포함될 때의 투자기회선을 말한다.
② 자본배분선에서 어떤 수익률과 위험의 조합이 가장 최적인가에 대한 해답은 투자자의 위험성향에 달려있다.
③ 자본배분선의 기울기는 투자자의 위험회피성향과 상관없이 위험보상비율에 따라 달라진다.
④ 자본배분선의 기울기가 작을수록 더 좋은 투자안이다.
⑤ 자본배분선의 기울기가 일정하다는 것은 위험자산과 무위험자산의 투자비중을 어떻게 변경하든지 위험 한 단위에 대한 보상이 항상 일정하다는 의미이다.

65 다음 〈보기〉는 단일지표모형에 의한 포트폴리오에 대한 설명이다. 옳은 내용끼리 짝지어진 것을 고르시오.

─── 〈보 기〉 ───
가. 포트폴리오의 베타는 개별 주식 베타의 가중평균이다.
나. 포트폴리오에 포함되는 주식의 수가 많으면, 체계적 위험에 대한 분산투자 효과도 커진다.
다. 기업 고유의 위험은 서로 독립적이기 때문에 포트폴리오에 포함되는 주식 수를 늘리면 위험의 영향들이 상쇄된다.
라. 포트폴리오의 체계적 위험을 통제하기 위해서는 주식의 수와 베타를 동시에 조정해야 한다.
마. 분산투자하는 투자자에게 위험이란 체계적 위험을 말한다.

① 가, 나, 다 ② 가, 나, 라
③ 가, 다, 마 ④ 나, 다, 마
⑤ 나, 라, 마

66 다음 중 증권시장선(SML)에 대한 설명으로 옳지 않은 것은?

① 증권시장선은 무위험자산과 효율적 포트폴리오의 기대수익률과 위험의 선형관계를 나타낸다.
② 개별 자산의 위험프리미엄은 그 자산이 포트폴리오 위험에 기여하는 정도에 따라 결정된다.
③ 증권시장선은 기대수익률과 체계적 위험과의 관계를 나타내는 선이다.
④ 증권시장선은 개별 증권의 투자성과 평가를 위한 벤치마크로도 이용된다.
⑤ 베타로 측정된 투자위험이 주어진 경우 증권시장선은 투자자에게 보상해주는 요구수익률을 제공한다.

67 다음 중 전략적 자산배분과 전술적 자산배분에 대한 설명으로 옳지 않은 것은?

① 전술적 자산배분은 단기 지속효과가 아닌 중장기 반전효과를 이용한다.
② 기술적 분석은 전술적 자산배분의 실행 근거로, 주가에 내재하는 반복적이고 예측 가능한 패턴을 찾아냄으로써 우월한 투자성과를 얻고자 하는 것이다.
③ 고객이 적극적인 시장예측전략을 선호하는 경우라도 전술적인 변화폭은 작게 설정되는 것이 바람직하다.
④ 전략적 자산배분을 결정할 때는 우선적으로 투자자의 위험회피성향이 반영되어야 한다.
⑤ 전략적 자산배분을 실행할 때는 최초 자산배분 시 실행한 포트폴리오를 목표 기간까지 그대로 유지해야 한다.

68 다음 중 고객의 투자관과 네 가지 투자전략에 대한 설명으로 옳지 않은 것은?

① 제1사분면 투자관을 가진 투자자는 자산관리사의 필요성을 강하게 느끼지 못하며, 자산관리사의 역할에 대한 기대수준이 낮기 때문에 다른 투자자들에 비해 이들의 기대에 부응하기는 상대적으로 수월하다.
② 제2사분면을 선택한 투자자는 단기적으로 어떤 자산군이 가장 좋은 수익률을 줄지는 알 수 없지만, 각 자산군 내에서 가장 좋은 수익을 줄 수 있는 우수한 증권을 선택할 수 있다고 믿는다.
③ 제3사분면을 선택한 투자자는 시장예측과 증권선택의 기술적 능력에 대한 과신으로 수익의 극대화에만 관심이 있으며 위험관리에는 별로 관심이 없다.
④ 자산관리사는 제4사분면을 선택한 투자자들의 기대를 단기적으로는 충족시켜 줄 수 있어도 지속적으로 충족시켜 주기는 불가능하다.
⑤ 투자경험이 많은 투자자들과 펀드매니저 같은 투자 전문가들이 주로 제2사분면 투자관에 해당한다.

69 다음 중 정액분할투자법에 대한 설명으로 옳지 않은 것은?

① 정액분할투자법은 일정한 기간 단위로 정해진 금액을 계속적으로 투자하는 방법이다.
② 정액분할투자법은 자산배분전략의 실행 시점에 대한 선정 부담을 상당부분 완화시켜 준다.
③ 정액분할투자법은 전략적 자산배분 전략에 해당한다.
④ 정액분할투자법은 소액으로도 투자가 가능하며 목돈이 필요하지 않다.
⑤ 정액분할투자법에 의해 위험이 줄어드는 만큼 기대수익 또한 낮아진다.

70 다음 〈보기〉의 자료를 활용하여 젠센지수를 계산한 값으로 옳은 것은?

〈보 기〉
- 펀드 실제수익률 : 15%
- 시장 실제수익률 : 12%
- 펀드의 베타 : 1.2
- 무위험수익률 : 3%

① 0.6% ② 1.2%
③ 1.8% ④ 2.4%
⑤ 3.0%

제2과목 비금융자산 투자설계(30문항)

71 다음 중 부동산의 자연적 특성에 대한 설명으로 옳지 않은 것은?

① 부동성은 토지는 위치와 면적이 고정되어 있으므로 똑같은 토지는 있을 수 없으며, 토지는 대체 불가하다는 것을 의미한다.
② 부증성은 다른 일반 재화처럼 생산비를 투입하여 물리적인 양을 증가시키지 못한다는 의미이다.
③ 영속성은 토지는 장기간에 걸쳐 각종 재화와 용역을 제공할 수 있는 내구성이 있으며, 사용하더라도 소모되거나 마멸되지 않는다는 의미이다.
④ 개별성은 물리적으로 동일한 물건은 하나밖에 없음을 의미한다.
⑤ 연접성은 토지의 이용결과가 다른 토지에 영향을 미치는 외부효과 및 공간적 부조화의 문제가 발생한다는 의미이다.

72 다음 중 지목의 의의에 대한 설명으로 옳지 않은 것은?

① 임야는 산림 및 원야를 이루고 있는 수림지·죽림지·암석지·자갈땅·모래땅·습지 등의 토지를 말한다.
② 전은 물을 상시적으로 직접 이용하여 벼·연·미나리·왕골 등의 식물을 주로 재배하는 토지를 말한다.
③ 대는 영구적인 건축물 중 주거·사무실·점포와 박물관·극장·미술관 등 문화시설과 이에 접속된 정원 및 부속시설물의 부지를 말한다.
④ 하천은 자연의 유수가 있거나 있을 것으로 예상되는 토지를 말한다.
⑤ 공장용지는 제조업을 하고 있는 공장시설물의 부지를 말한다.

73 용도지역 중 주거기능을 위주로 이를 지원하는 일부 상업기능 및 업무기능을 보완하기 위하여 필요한 지역은?

① 제1종 전용주거지역
② 제1종 일반주거지역
③ 제2종 전용주거지역
④ 제2종 일반주거지역
⑤ 준주거지역

74 다가구주택은 지하층을 제외하고 주택으로 사용하는 층수는 몇 층인가?

① 3개층 이하
② 3개층 이상
③ 4개층 이하
④ 4개층 이상
⑤ 5개층 이상

75 건축물이 지하 2층이고 지상 6층이다. 전체 대지면적은 800㎡이고 건축면적 및 각 층의 바닥면적은 200㎡라고 할 때 용적률은 얼마인가?

① 100%
② 125%
③ 150%
④ 175%
⑤ 200%

76 다음 중 담보대출 시 담보물의 가치에 대해 대출 가능한 비율을 의미하는 용어로 옳은 것은?

① DTI
② DSR
③ LTV
④ LCR
⑤ ROA

77 다음 중 등기사항증명서에 대한 설명으로 옳지 않은 것은?

① 등기사항증명서는 표제부, 갑구, 을구로 구성되어 있다.
② 갑구에는 지상권, 지역권, 전세권, 저당권, 임차권 등이 기재되어 있다.
③ 등기사항증명서는 등기한 순서대로 순위번호가 기재된다.
④ 가등기에 의한 본등기 시에는 가등기의 순위에 따라 순위를 보전한다.
⑤ 건축물대장과 등기사항증명서의 면적에 관한 정보가 서로 다를 경우 건축물대장상의 정보가 우선시된다.

78 다음은 상가건물임대차보호법의 차임 증가에 대한 설명이다. 괄호 안에 들어갈 말로 옳은 것은?

> 약정한 차임 또는 보증금이 임차건물에 관한 조세·공과금 기타 부담의 증감이나 경제사정의 변동으로 인해 상당하지 않게 될 때 당사자는 장래에 대해 그 증감을 청구할 수 있다. 그러나 증액의 경우에는 약정한 차임 등의 (   )를 초과하지 못한다.

① 1%
② 2%
③ 3%
④ 4%
⑤ 5%

79 다음은 부동산거래신고제도에 대한 설명이다. 괄호 안에 들어갈 말로 옳은 것은?

> 부동산거래신고는 부동산 또는 부동산을 취득할 수 있는 권리에 대한 매매계약을 체결한 날부터 (　　) 이내에 실제거래가격 등을 시·군·구청에 신고하는 제도이다.

① 30일　　　　　　　　　　　② 60일
③ 90일　　　　　　　　　　　④ 120일
⑤ 150일

80 다음 중 국내 부동산시장 영향요인의 분석에 대한 설명으로 옳지 않은 것은?

① 경제위기 등 불황이 오면 투자가 위축되어 부동산시장도 침체된다.
② 금리가 하락하면 부동산의 매입으로 연결되어 거래활성화로 나타나는 것이 일반적이다.
③ 주택시장에서 자주 활용되는 구매력 지표로는 PIR지수가 있다.
④ 수요와 공급을 부동산시장에 적용할 때는 전국적인 통계치 산정을 활용하여 분석해야 한다.
⑤ 매매가격 대비 전세가격이 상승할 경우 일반적으로 매수로 전환하는 수요가 나타난다.

81 다음 중 금리상승이 부동산시장에 영향을 미치는 내용으로 옳지 않은 것은?

① 금리가 상승하면 부동산시장은 투자수요가 위축된다.
② 금리가 상승하면 자금조달비용이 증가하여 사업에 대한 기대감소가 나타난다.
③ 금리가 상승하면 부동산 매입이 증가하여 부동산 거래가 활성화된다.
④ 금리가 상승하면 시장의 유동성이 금융부문으로 흡수된다.
⑤ 금리가 상승하면 시장상황을 어렵게 하여 부동산가격이 하락한다.

82 다음은 부동산시장 영향요인에 대한 설명이다. 괄호에 들어갈 것으로 옳은 것은?

> 부동산 투자의 목적 중 하나가 (　　) 헤지라고 할 수 있다. 일반적으로 돈의 가치가 떨어지면 실물에 투자하여 가치하락을 보전받고자 한다. 부동산 투자가 그 대안으로 자리 잡은 것은 이미 오래된 일이다.

① 유동성　　　　　　　　　　② 인플레이션
③ 구매력　　　　　　　　　　④ 전세가격
⑤ 세 금

83 다음 중 해외 부동산 투자에 대한 유의사항으로 옳지 않은 것은?

① 해당 지역의 커뮤니티에 주의를 기울여야 한다.
② 부동산을 보유할 경우 우리나라와 세금 체계가 다르다는 것을 이해해야 한다.
③ 대부분의 나라에서는 외국인의 부동산 취득을 제한하는 경우가 많다.
④ 우리나라의 부동산시장 상황과 같은 기준으로 판단하여 투자한다.
⑤ 투자보다는 실수요자 위주의 접근이 유효하다.

84 다음 중 문재인 정부의 2017.8.2. 부동산 대책에 대한 설명으로 옳지 않은 것은?

① 투기과열지구와 투기지역을 지정하였다.
② 재건축 초과이익환수제를 시행하였다.
③ 1세대 1주택 양도세 비과세 요건을 강화하였다.
④ 다주택자에 대해 장기보유특별공제를 적용하였다.
⑤ 투기과열지구 내 재건축 조합원 지위양도 제한을 강화하였다.

85 다음은 투기과열지구 내 재건축 조합원 지위양도 금지 예외를 허용하는 경우이다. 괄호 안에 들어갈 말로 옳게 짝지은 것은?

> 해당 주택을 (㉠) 이상 보유하고 (㉡) 이상 거주한 1주택자라면 조합원 지위양도 제한 시점과 무관하게 언제든지 조합원 지위양도가 가능하다.

① ㉠ : 1년, ㉡ : 3년
② ㉠ : 3년, ㉡ : 1년
③ ㉠ : 5년, ㉡ : 10년
④ ㉠ : 10년, ㉡ : 5년
⑤ ㉠ : 10년, ㉡ : 15년

86 다음 중 문재인 정부가 주택시장 안정화 방안(2019.12.16)으로 실행했던 정책으로 옳지 않은 것은?

① 투기지역·투기과열지구 내 시가 9억원 초과 주택에 대한 주택담보대출비율(LTV)을 강화하였다.
② 고가주택 기준을 공시가격 9억원에서 시가 9억원으로 변경하였다.
③ 무주택자가 9억원 초과 고가주택을 구입하면 180일 내 전입하는 조건으로 주택담보대출이 가능하였다.
④ 서울보증보험 전세대출보증 수준을 공적보증인 9억원 초과로 강화하였다.
⑤ 종합부동산세 세율을 상향조정하였다.

87 다음 중 윤석열 정부의 부동산정책에 대한 설명으로 옳지 않은 것은?

① 일시적 2주택의 양도세, 종부세 특례 처분기한을 3년으로 연장하였다.
② 지방 저가주택(종부세) 및 농어촌주택(양도세) 특례 적용을 확대하였다.
③ 전세사기 피해 방지를 위해 임대인의 미납국세열람의 실효성을 강화하였다.
④ 1주택자 임대소득 과세 고가주택 기준이 기준시가 9억원에서 15억원으로 인상되었다.
⑤ 종부세 개편에서 과세표준 12억원 이하 및 조정대상지역 2주택에 대한 다주택자 중과세율을 폐지하였다.

88 다음 중 국토교통부 관련 정부 발표자료가 아닌 것은?

① 실거래가격
② 주택거래량
③ 미분양주택
④ 지가변동률
⑤ 소비자물가지수

89 다음 중 부동산 투자이론에 대한 설명으로 옳지 않은 것은?

① 투자 수익창출은 투자자의 능력에 의존하는 측면이 크다.
② 부동산은 안전성과 수익성이 비교적 낮은 편이다.
③ 세제상 감가상각, 자본이득에 대한 낮은 세율, 양도소득세 등 절세항목이 많다.
④ 화재, 폭풍우, 홍수 등 천재지변으로 인해 부동산의 가치가 감소할 수 있다.
⑤ 부동산에 저당권을 설정함으로써 자금유동화의 수단이 될 수 있다.

90 다음 중 부동산 투자수익률에 대한 설명으로 옳은 것은?

① 투자에 따라 기대되는 예상수익률을 요구수익률이라 한다.
② 기대수익률에는 시간에 대한 비용과 위험에 대한 비용이 포함된다.
③ 실현수익률은 사후적 수익률, 역사적 수익률이라고 한다.
④ 부동산 투자분석 시 실현수익률은 알 수 있다.
⑤ 요구수익률이 기대수익률보다 클 경우에는 투자채택이 결정된다.

3회 은행FP 자산관리사 2부

91 다음 중 부동산 투자 시 레버리지 활용에 대한 설명으로 옳지 않은 것은?
① 레버리지(leverage)는 낮은 비용의 부채를 이용하여 투자자의 수익을 증대시키는 것을 의미한다.
② 부동산 투자 시 부채(대출금)를 적절하게 활용하면 수익률을 더 높일 수 있다.
③ 대출이자율보다 기대수익률이 높으면 자기자본 대비 투자수익률이 높아진다.
④ 총자본 10억원에서 부채를 4억원 조달했다면 레버리지 비율은 40%이다.
⑤ 레버리지 효과에서 절세 효과는 미미한 편이다.

92 다음 중 부동산의 가치와 가격에 대한 설명으로 옳은 것은?
① 가격은 장래의 기대되는 이익을 현재가치로 환원한 값이다.
② 가격은 부동산에 대한 현재의 값이고, 가치는 과거의 값이다.
③ 주어진 시점에서 부동산의 가치는 하나뿐이다.
④ 가격은 객관적이고 구체적인 개념이지만, 가치는 주관적이고 추상적인 개념이다.
⑤ 가치는 특정 부동산에 대한 교환의 대가이다.

93 다음 중 부동산 포트폴리오 전략 및 투자 의사결정 전략 수립에 대한 설명으로 옳지 않은 것은?
① 체계적 위험은 포트폴리오를 완벽하게 구성하면 피할 수 있는 위험이다.
② 개별 투자안으로부터 생기는 위험은 비체계적 위험이다.
③ 부동산은 비대체성의 성격을 가지므로 다른 부동산과 직접 비교가 어렵다.
④ 부동산 시장은 여러 법적 제약이 많으므로 투자분석이 필요하다.
⑤ 부동산 투자는 장기적인 고려에 의해 결정해야 한다.

94 다음 중 재건축과 재개발 사업에 대한 설명으로 옳지 않은 것은?
① 재개발사업은 강남지역 등 기반시설이 양호한 신시가지 등에서 시행된다.
② 추진위원회는 정비사업 초기에 설립되어 조합설립의 승인을 얻기 전까지 정비사업 전반의 제반 업무를 준비하기 위해 구성되는 단체이다.
③ 시공사와 조합 간의 공사계약 체결방식에는 도급제와 지분제가 있다.
④ 매도청구권은 주택재건축사업을 시행함에 있어 조합설립에 동의하지 않는 자 등에 대해 그 소유 토지 등을 시가에 매도로 청구하는 것이다.
⑤ 개발이익환수는 재건축에는 있지만 재개발에는 없다.

95 다음 중 분양 투자전략에 대한 설명으로 옳지 않은 것은?

① 주택청약 종합저축은 최초 청약 시 국민주택과 민영주택을 선택할 수 있다.
② 청약예금은 예치금을 수도권인 경우 1년, 지방인 경우 6개월을 예치해야 1순위가 된다.
③ 투기과열지구 내의 전용면적 85㎡ 초과하는 민영주택의 경우 가점제 80%, 추첨제 20%로 운영된다.
④ 분양권의 경우 주택공급자 및 수분양자 모두 신고의무가 존재한다.
⑤ 청약통장은 내 집 마련 이외의 투자의 수단으로 활용하는 것은 바람직하지 않다.

96 다음 중 토지거래허가가 필요한 계약은?

① 상속, 유증, 사인증여
② 토지에 대한 근저당권 설정계약
③ 건물에 대한 소유권 이전계약
④ 토지에 대한 임차권 설정계약
⑤ 토지에 대한 양도담보

97 다음 중 상가 투자전략에 대한 설명으로 옳은 것은?

① 상가는 경기와 무관하게 안정적인 수익을 창출하므로 경기침체 여부는 고려할 필요가 없다.
② 금융기관, 대형 프랜차이즈, 기업형슈퍼마켓(SSM) 등의 업종에 속하는 비교적 큰 업체를 세입자로 확보하는 것이 수익 안정성 측면에서 유리하다.
③ 상가 임대 수익은 업종이나 세입자와는 무관하다.
④ 상가 분양을 받은 후에 투자자가 세입자를 찾는 것이 일반적이다.
⑤ 상가건물의 매매가격은 건물 연면적에 따라 결정되며 대지면적은 반영되지 않는다.

98 다음 중 부동산 임대관리 및 시설관리에 대한 설명으로 옳지 않은 것은?

① 부동산 임대수익률 증대방안으로서 임차인 업체의 신용 및 규모는 대·중·소의 비율로 각각 5:3:2 정도로 혼합하는 것이 좋다.
② 연체관리는 매월 고정적인 임대수익을 확보하고 임대운영을 원활히 할 뿐만 아니라 임차인을 체계적으로 관리하기 위해 필요하다.
③ 건물 임대 마케팅은 임대 빌딩에 공실이 발생할 경우 공실기간을 최소화하여 공실률을 낮추는 전략이 가장 중요하다.
④ 임대료 갱신은 임대료 갱신절차를 통한 단계적 합의보다는 일방적인 인상 통보가 효과적인 결과를 가져온다.
⑤ 시설관리는 임차인의 쾌적한 업무환경과 건물에 소요되는 고정지출비용을 줄이기 위해 반드시 필요하다.

99 다음 중 보유 부동산 자산분석에 대한 설명으로 옳지 않은 것은?

① 지역 분석은 부동산 자산의 투자 및 운용에 직접적 영향을 미치는 범위 내의 산업, 교육, 교통 등의 지역경제 수준 등을 분석하는 것이다.
② 시장경쟁 분석은 경쟁 부동산과의 리포지셔닝을 위해 필요한 요소와 운용, 재투자 등에 대한 정보를 얻기 위해 사용한다.
③ 대체방안 분석은 부동산 소유자의 목표를 달성하기 위해 대상 부동산의 개량 혹은 운영 변경을 통해 최대유효 이용 상태가 되도록 하는 부동산 자산가치에 대한 분석이다.
④ 재무적 분석은 각 대체방안을 실행함에 있어 비교 편익 분석방법을 통해 검정하는 단계이다.
⑤ 부동산 개별분석에는 토지와 건물 부동산 자산분석 계획과 재투자에 따른 부동산 자산투자 분석계획이 있다.

100 다음 중 부동산개발금융(PF)에 대한 설명으로 옳지 않은 것은?

① 시행사의 결정 권한이 약화되고, 금융기관의 관여가 상대적으로 강화된다.
② 일종의 대출형 부동산펀드라고 할 수 있다.
③ 토지(개발)신탁은 부동산신탁회사의 신용도로 개발자금이 조성되는 효과가 있다.
④ PF브리지론은 저축은행과 캐피탈사 등이 인허가 및 사업승인 이전에 대출하는 상품이다.
⑤ PFV의 설립을 위해서는 금융기관이 20% 이상의 지분참여를 해야 한다.

은행FP 자산관리사 2부
실제유형 모의고사

정답 및 해설

은행FP 자산관리사 2부
최신출제동형 정답 및 해설

01	02	03	04	05	06	07	08	09	10
③	③	②	③	⑤	④	⑤	④	③	④
11	12	13	14	15	16	17	18	19	20
②	②	⑤	③	①	①	④	⑤	③	②
21	22	23	24	25	26	27	28	29	30
②	⑤	④	②	④	④	②	⑤	①	⑤
31	32	33	34	35	36	37	38	39	40
②	④	⑤	④	④	③	⑤	⑤	②	③
41	42	43	44	45	46	47	48	49	50
②	②	⑤	②	②	①	③	④	②	④
51	52	53	54	55	56	57	58	59	60
①	⑤	②	⑤	⑤	②	⑤	⑤	③	①
61	62	63	64	65	66	67	68	69	70
①	③	③	①	②	①	②	②	④	⑤
71	72	73	74	75	76	77	78	79	80
③	④	①	②	①	④	⑤	④	④	①
81	82	83	84	85	86	87	88	89	90
⑤	⑤	②	②	④	③	⑤	④	①	②
91	92	93	94	95	96	97	98	99	100
①	④	③	⑤	②	④	⑤	⑤	①	③

제1과목 금융자산 투자설계(70문항)

01 정답 ③

표지어음의 발행기간은 30일 이상으로 하되 원어음의 최장 만기일을 초과하여 발행할 수는 없다.

핵심개념 표지어음의 특징

구 분	내 용
가입대상	제한 없음
가입한도	제한 없음
최저 가입금액	금융기간별 상이(통상 500만원 또는 1천만원 이상)
저축기간	최장 원어음의 만기일 범위 내(통상 30일~1년 이내)
이자지급방법	할인식
예금자보호	보 호

02 정답 ③

가입 직전 3개 과세기간 중 1회 이상 금융소득종합과세자에 해당하는 경우에는 이자소득에 대하여 과세된다.

핵심개념 농어가목돈마련저축의 특징

구 분	내 용
가입대상	일정 자격에 해당하는 일반 농어민 및 저소득 농어민
예치기간	3년 또는 5년
가입한도	연간 240만원 범위 내에서 월 5,000원 이상 1,000원 단위로 납입
납입방법	월납, 분기납, 반기납
예금자보호	비보호

03 정답 ②

농어가목돈마련저축은 일정 자격에 부합하는 농어민 및 저소득 농어민을 대상으로 하는 저축상품으로 예금자보호법의 보호를 받지 못한다.

04 정답 ③

만기시점까지 주가지수 최고상승률이 15%로 기준지수 20% 범위 내에서 상승하였으므로 주가지수 상승률에 참여율을 곱한 비율이 만기 지급수익률이 된다. 따라서 만기지급수익률 = 10% × 30% = 3%이다.

핵심개념 상승수익추구형(낙-아웃콜형)의 수익구조

주가지수 하락 시 원금을 보장하면서 주가지수 상승 시에는 참여율을 적용하여 수익률이 정해지지만, 주가지수가 사전에 정해진 일정 지수 이상을 터치할 경우 참여율이 무효화되거나 사전에 정한 소정의 리베이트만을 받게 되는 수익구조이다. 예를 들어, 20% 낙-아웃 상승수익추구형의 경우 주가가 20% 범위 내에서 상승하면 상승에 따른 참여율로 수익률(주가지수 상승률 × 참여율)을 지급받지만, 기간 중 한 번이라도 20% 이상 상승하면 기존의 수익구조가 사라져 약정된 수익을 지급받지 못하거나 사전에 약정한 소정의 리베이트만을 보상받게 된다.

05 정답 ⑤

주택청약종합저축의 가입자 명의변경은 가입자가 사망하여 그 상속인 명의로 변경하는 경우를 제외하고는 변경할 수 없다.

핵심개념 주택청약종합저축의 특징

구 분	내 용
가입자격	실명의 개인(국내에 거주하는 재외동포 및 외국인 거주자 포함)
계약기간	별도의 만기 없음(가입한 날로부터 입주자로 선정된 날까지)
납입방법	• 약정 납입일 : 매월 신규가입일 해당일 • 약정 금액 : 2만원 이상 50만원 범위 내에서 자유납입
적용이율	한국은행이 발표하는 예금은행 정기예금 가중평균 수신금리 등을 고려하여 주택청약종합저축의 가입일부터 해지일까지의 기간에 따라 국토교통부장관이 정하여 고시하는 이자율
지급방법	해지 시 원금과 이자 지급(단, 가입일부터 1개월 이내에 해지하는 경우에는 이자 미지급)
예금자보호	비보호
신규가능여부	가 능
소득공제혜택	연간 납입액(300만원 한도) 40%의 범위 내(무주택자로서 총 급여액이 세법에서 정한 일정 금액 이하인 근로자)

06 정답 ④

의무가입기간은 3년이며, 총 납입한도는 1억원 이하로서 연간 2천만원 한도 중 미납입분에 대한 이월납입이 가능하다.

핵심개념 ISA의 구분

ISA는 자산의 운용방법에 따라 신탁형과 일임형으로 구분됨

구 분	내 용
신탁형	투자자가 직접 종목이나 수량을 지정하여 운용지시하는 형태
일임형	• 투자자에게 투자일임을 받아 전문 운용인력이 자산을 직접 운용하고 그 결과를 투자자에게 귀속시키는 형태 • 사전 투자자의 위험성향별로 모델포트폴리오(MP)*를 구성하여 제시 • 분기 1회 이상 포트폴리오 재배분 실시 • 자산 처분 및 취득 시 투자자에게 사전통지의무를 이행

*모델포트폴리오(MP) : 투자일임업자가 투자일임계약을 체결하기 이전에 투자자에게 제시하는 금융상품의 종류, 비중, 위험도 등의 내용이 포함된 포트폴리오

07 정답 ⑤

투자성 상품은 계약서류를 제공받은 날로부터 7일 이내에 철회가 가능하다.

핵심개념 청약의 철회 및 위법계약의 해지

구 분	내 용
청약의 철회	투자성 상품 중 청약철회가 가능한 대상상품에 대해 계약서류를 제공받은 날과 계약체결일 중 어느 하나에 해당하는 날로부터 7일 내에 서면 등의 방법으로 가능
위법계약의 해지	투자자가 위법계약을 체결하였음을 안 날로부터 1년 이내에(해당 기간은 계약체결일로부터 5년 이내의 범위에 있어야 함) 해당 계약의 해지를 요구할 수 있으며, 회사는 10일 이내에 수락 여부를 통지하여야 함

08 정답 ④

ETF 집합투자증권에 대해 집합투자기구 설립 또는 설정일로부터 30일 이내에 증권 시장에 상장해야 한다.

핵심개념 상장지수 집합투자기구(ETF)의 설정요건

• 거래소, 외국거래소, 금융위가 정하여 고시하는 시장에서 거래되는 종목의 가격 또는 다수의 가격수준을 종합적으로 표시하는 지수
• 지수를 구성하는 종목이 10종목 이상
• 지수가 시장을 통해 투자자에게 적절히 공표될 수 있을 것
• ETF 집합투자증권의 환매가 가능해야 함
• ETF 집합투자증권에 대해 집합투자기구 설립 또는 설정일로부터 30일 이내에 증권 시장에 상장할 것

09 정답 ③

하락수익추구형은 주가지수 상승 시 원본을 보존하면서 하락에 따른 참여율을 적용받는 구조이다.

핵심개념 구조화 상품의 손익구조 구분

구 분	내 용
원금보장형	방향성 수익추구형 : 기초자산 가격 변동폭에 대한 참여율을 적용하면서 일정 베리어를 터치할 경우 낙아웃이 발생하는 구조 • 상승수익추구형 : 주가지수 하락 시 원본 보존, 주가지수 상승 시 참여율 적용 • 하락수익추구형 : 주가지수 상승 시 원본 보존, 주가지수 하락 시 참여율 적용 범위형 : 기초자산 가격이 특정 범위 내에 있을 때는 사전에 정한 일정한 수익률을 지급하지만 기초자산 가격이 특정 범위를 벗어나는 경우에는 원금만 지급하는 구조 디지털형 : 미리 정한 조건에 충족되면 수익을 지급하고, 그렇지 않으면 수익을 지급하지 않는 형태의 수익구조
원금비보장형	원금부분보장형 : 원금보장형에 비하여 원금보장을 위한 채권 등의 투자비중을 낮게 하는 대신, 그만큼 옵션 등의 투자비중을 증가시킴으로써 상품의 수익구조를 원금보장형보다 유리하도록 구성한 ELS 또는 ELF 상품 원금비보장형 : 2가지 주가지수 또는 개별종목을 기초자산으로 하면서 수익상환 조건이 차츰 하락하여(Stepdown) 상환가능성을 높이는 구조의 ELS 상품(2Star) 참고 3Star : 기초자산으로 3종목을 사용하는 경우

10 정답 ④
조기상환 조건 평가가격이 낮을수록, 평가주기는 짧을수록 유리하다.

핵심개념 스텝다운형의 설계 구조
일정 단위의 평가기간마다 기초자산 가격을 평가하여 사전에 정한 상환조건을 만족하는 경우에는 조기상환일에 원금과 수익금을 상환하지만, 조건을 만족하지 못하는 경우에는 다음 평가기간 또는 만기까지 투자기간이 연장되면서 상환조건이 조금씩 낮아지는 구조로 설계된 상품이다.

11 정답 ②
신탁의 수익자는 위탁자가 지정해야 하며, 별도로 지정하지 않은 경우에는 위탁자 본인이 수익자가 된다.

핵심개념 신탁의 관계인
신탁은 위탁자, 수탁자, 수익자의 3면 관계에 의한 계약으로 신탁의 관계인은 신탁 설정행위를 하는 당사자인 위탁자와 수탁자를 포함하여 수익자, 신탁관리인, 신탁재산관리인 등을 말한다.

12 정답 ②
신탁기간은 1달 이내 단기부터 5년 이상 장기까지 모두 가능하다.

13 정답 ⑤
① 포괄근담보, ② 특정근담보, ③ 특정채무담보, ④ 양도담보에 대한 설명이다.

14 정답 ③
외화정기예금은 예치금액에는 제한이 없고, 이자율이 가장 높은 외화예금에 속한다.

핵심개념 전신환매매율
자금의 결제를 전신환을 통하여 실행하는 경우에 적용되는 환율로, 자금의 결제가 1일 이내에 완료되므로 자금결제 기간에 따른 금리요소가 개입되지 않는 환율을 의미한다.

15 정답 ①
외화수표는 추심후 지급을 원칙으로 하며, 외화수표의 추심에 있어서도 외국통화의 매매 시와 같이 미화 2만불 상당액을 초과 시 취득경위 입증서류를 받아야 한다.

16 정답 ①
신용카드의 초기한도란 신용카드 회원 신규 발행 시 최초로 부여되는 한도를 말한다.

핵심개념 신용카드 이용한도의 구분
- 초기한도 : 회원 신규 발행 시 최초로 부여되는 한도
- 심사한도 : 회원의 신용도 또는 결제능력심사기준에 의해 부여할 수 있는 최고한도
- 초과한도 : 잔여한도를 초과하여 물품을 구매하는 경우 1회에 한하여 승인하는 한도
- 특별한도 : 경조사, 자동차구입 등 특별한 사유로 일정 기간 동안 일정 금액을 예외적으로 사용할 수 있도록 인정하는 한도

17 정답 ④
투자로부터 발생되는 이익은 구입한 자산의 가치상승을 통해 발생하는 것으로 기업의 이익창출과는 구별된다.

18 정답 ⑤
㉠, ㉢, ㉣ : 시장 내적 요인
㉡, ㉢, ㉣ : 시장 외적 요인

핵심개념 기업 내적 요인과 외적 요인

내적 요인	외적 요인
양적 요인	시장 내적 요인
• 수익가치 • 자산가치 • 성장성 • 배당성향	• 수급관계 • 기관투자자의 동향 • 시장규제 • 투자자의 심리동향 • 제도적 요인
질적 요인	시장 외적 요인
• 경영자의 자질 • 노사관계 • 연구개발 능력 • 기술수준 • 주주현황	• 경기변동 • 물가와 이자율 • 환 율 • 정치・사회적 변화

19 정답 ③
정부가 발행시장에서 공개시장조작을 통해 통화를 조절함으로써 금리와 물가의 안정을 기할 수 있다.

핵심개념 발행시장과 유통시장의 주요 기능

발행시장	유통시장
• 자금조달 기능 • 자본의 효율성 제고 • 금융정책의 수단 • 투자수단 제공	• 환금성 제공 • 공정가격의 제공 • 가격결정의 지표 • 유가증권 담보력 제고

20 정답 ②
장기적으로 통화량이 증가할 경우 실질소득이 감소하면서 주가 하락요인으로 작용한다.

21 정답 ②
① 코스피지수는 다우존스식* 주가지수 산출방법으로 주가지수를 표현하다가 문제점이 계속 노출되어 시가총액식 주가지수로 전환하여 산출 및 발표한다.
③ 코스타지수는 코스닥 시장에서 상장된 종목 중 선정된 우량종목 30종목을 구성종목으로 한다.
④ 나스닥지수는 기술주와 성장주의 성과를 측정하는 지수로 Non-US 회사들도 포함한다.
⑤ 니케이225지수는 다른 지수와 달리 일본의 통화단위인 엔으로 표시된다.
* 다우존스식 : 주가지수를 구성하는 상장종목 중 일부 우량주만을 선정하여 산출

22 정답 ⑤
계량모형은 경제의 여건이나 구조가 크게 변화하게 되면 결과의 신뢰도가 떨어지는 문제점을 가지고 있다.

23 정답 ④
성숙기에는 제품단위당 이익이 아직 증가하고, 가격경쟁 역시 체감적으로 증가하며, 위험도 점차 증가한다.

핵심개념 제품수명주기별 경영위험 수준

도입기	성장기	성숙기	쇠퇴기
높음	낮음	증가하기 시작	높음

24 정답 ②
안정성 관련 재무비율에는 유동비율, 부채비율, 고정비율, 이자보상비율 등이 있다. 매출채권회수기간은 활동성 관련 재무비율에 해당한다.

핵심개념 재무비율분석의 구분

구분	내용
수익성	• 총자본이익률(ROI) • 자기자본이익률(ROE) • 납입자본이익률 • 매출액순이익률
안정성	• 유동비율 • 부채비율 • 고정비율 • 이자보상비율
활동성	• 총자산회전율 • 고정자산회전율 • 재고자산회전율 • 매출채권회수기간
성장성	• 매출액증가율 • 총자산증가율 • 영업이익증가율
유동성	• 유동비율 • 당좌비율

25 정답 ④
토빈의 q에 대한 설명이다.

핵심개념 시장가치비율

구분	내용
주가수익비율 (PER)	$\frac{주가}{주당순이익}$ → 주당이익의 창출능력에 비해 주가가 높은지 낮은지를 판단하는 기준
주가순자산비율 (PBR)	$\frac{주가}{주당순자산}$ → 시장가치 대 장부가치비율
주가현금흐름비율 (PCR)	$\frac{주가}{주당현금흐름}$ → 기업의 영업성과와 자금조달 능력 측정
주가매출액비율 (PSR)	$\frac{주가}{주당매출액}$ → 영업성과에 대한 객관적인 자료 제공(PER의 단점 보완)
토빈의 q	$\frac{자산의 시장가치}{추정 대체비용}$ → 기업자산의 시장가치와 현시점에서 자산을 재구입할 경우 소요되는 대체원가와의 관계
배당수익률	$\frac{1주당 배당금}{주가}$ → 주식 1주를 보유함으로써 얼마의 현금배당을 받을 수 있는지를 판단

26 정답 ④
정률성장 배당모형에 의하면 요구수익률이 클수록 주가는 하락한다.

핵심개념 정률성장 배당모형의 가정
• 이익과 배당이 매년 일정하게 성장
• 요구수익률, 유보율, 배당성향, 재투자수익률(ROE) 일정
• 요구수익률 > 성장률
• 필요자금은 내부자금만으로 조달

27 정답 ②
정률성장 배당모형에 따른 주식의 이론적 가치

$$P_0 = \frac{D_0(1+g)}{k-g}$$

$$= \frac{1,000(1+0.05)}{0.10-0.05} = \frac{1,050}{0.05} = 21,000원$$

28 정답 ⑤
PER을 구성하는 요소들의 시점이 불일치하기 때문에 회계적 주당이익은 회계처리 방법, 우발적 손익 혹은 경영자의 의도적인 조작 등의 다양한 영향으로 정상적인 수익력이 반영되지 않을 가능성이 크다.

29 정답 ①
트레이너지수는 펀드의 베타계수만을 고려하지만, 샤프지수는 전체 위험을 고려하는 표준편차를 사용하고 최소 1개월 이상의 수익률 데이터를 필요로 한다.

핵심개념 위험이 조정된 성과 척도 공식

구 분	내 용
샤프지수	$\dfrac{\text{포트폴리오수익률} - \text{무위험채권이자율}}{\text{포트폴리오수익률의 표준편차}}$
트레이너지수	$\dfrac{\text{포트폴리오수익률} - \text{무위험채권이자율}}{\text{포트폴리오수익률의 베타계수}}$
젠센지수	(펀드의 실현수익률 − 무위험이자율) − 포트폴리오의 베타(시장수익률 − 무위험이자율)
정보비율	$\dfrac{\text{초과수익률}}{\text{비체계적 위험이 측정된 잔차표준편차}}$

30 정답 ⑤
변동비율법은 주식과 채권으로 포트폴리오를 구성했을 경우 주가가 높으면 향후 주가 하락 가능성을 생각해 주식비율을 낮추고, 주가가 낮을 경우는 주식비율을 높이는 방법이다.

핵심개념 적극적 투자전략과 소극적 투자전략의 구분

적극적 투자전략	소극적 투자전략
• 시장투자적기포착 • 포뮬라 플랜	• 인덱스 펀드 투자전략 • 단순 매수·보유전략 • 평균투자법

31 정답 ②
일반적으로 경기 저성장기나 침체기에는 시장에 대한 불확실성 증대에 따른 위험회피 경향에 따라 가치투자 스타일의 투자전략이 유리하고, 경기 성장기에는 성장투자 스타일이 상대적으로 유리한 경향이 있다.

32 정답 ④
채권에서는 발행 시 최초 결정되어 명시되는 이자율로 액면가에 대한 연간지급률을 표면금리라 부른다.

33 정답 ⑤
물가 상승이 우려될 경우 한국은행은 기준금리를 인상, 시중은행의 지급준비율 인상, 통안채 발행을 증가시켜 시중자금을 흡수한다. 자금을 흡수하는 정책을 실행할 경우 시장금리는 상승 압력을 받게 된다.

핵심개념 시장금리의 변동 요인

상승 요인	하락 요인
• 물가 상승 • 경기 호전 • 시중자금 부족 • 확장 재정정책(국채발행 증가) • 주요 선진국 금리수준 상승 • 채권수급 악화 　(매수자 < 매도자 + 발행자)	• 물가 하락 • 경기 하강 • 시중자금 풍부 • 긴축 재정정책(국채발행 감소) • 주요 선진국 금리수준 하락 • 채권수급 호전 　(매수자 > 매도자 + 발행자)

34 정답 ④
주식의 주요권리에는 경영참가권과 이익배당권 등이 있으며, 채권은 원리금상환청구권이 있다.

35 정답 ④
채권을 발행한 후 어느 시점의 시장상황이 발행자 또는 투자자의 입장에서 그 채권의 존속이 불리해졌을 때 채권의 해지를 강제할 수 있는 권한을 발행자가 가진 채권을 콜옵션부채권이라 하고, 채권의 해지를 강제할 수 있는 권한을 투자자가 가진 채권을 풋옵션부채권이라 한다.

핵심개념 발행조건에 따른 채권의 종류 구분

발행주체	이자지급방식
• 국 채 • 지방채 • 특수채 • 금융채 • 회사채	• 이표채 • 할인채 • 복리채

36 정답 ③
통안채는 2년 이하 만기에 한하여 발행되고 있다.

37 정답 ⑤
주식의 물량부담이 커짐에 따라 주가가 쉽게 상승하기 어렵다는 단점이 있다.

핵심개념 전환사채(CB ; Convertible Bond)의 투자위험 문제점
- 채권을 주식으로 전환할 수 있는 권리와 신주를 인수할 수 있는 권리를 갖는 대신 일반채권에 비해 보장금리가 상당히 낮음
- 주식 청구권을 행사할 경우에 신주가 발행되기 때문에 주식의 물량부담이 커짐에 따라 주가가 쉽게 상승하기 어렵다는 단점이 있음
- 주로 일반적인 회사채시장을 통한 자금조달이 어려운 기업들에 의해 발행되기 때문에 회사의 제반여건을 보다 면밀히 살펴봐야 함

38 정답 ⑤
표면이자율이 낮은 채권이 표면이자율이 높은 채권보다 금리변동에 따른 가격 변동폭이 크다.

핵심개념 말킬의 채권가격정리
- 정리1 : 채권가격은 수익률과 반대방향으로 움직인다.
- 정리2 : 채권의 잔존기간이 길수록 동일한 수익률변동에 대한 가격변동률은 커진다.
- 정리3 : 채권의 잔존기간이 길어짐으로써 발생하는 가격변동률은 체감적으로 증가한다.
- 정리4 : 동일한 크기의 수익률변동이 발생할 때, 수익률 하락 시의 채권가격변동률이 수익률 상승 시의 채권가격변동률보다 크다.
- 정리5 : 표면이율이 높을수록 동일한 크기의 수익률변동에 대한 가격변동률은 작아진다.

39 정답 ②
수정듀레이션 계산공식

$$= \frac{\text{맥컬레이 듀레이션}}{1 + \text{채권수익률}}$$

$$= \frac{2.86}{1 + 0.05}$$

$$= 약 \ 2.72년$$

40 정답 ③
향후 기준금리가 하락할 것으로 예상은 되지만 확신하기는 어렵다고 시장참여자들이 판단할 경우 수익률곡선은 수평형의 모습을 보일 수도 있다.

41 정답 ②
채권투자자에게는 그 채권발행자가 일반기업인지, 금융회사인지 아니면 공기업인지 하는 발행자의 종류보다 채권의 신용등급이 더욱 중요한 투자고려대상이 된다.

42 정답 ②
투자수익률 = 자본손익률 + 이자수익률

- 자본손익률 $= \frac{(\text{매입금리} - \text{매도금리}) \times \text{잔존 듀레이션}}{\text{투자연수}}$

$$= \frac{(5\% - 4\%) \times 1년}{2년} = 0.5\%$$

- 이자수익률 = 5%

따라서 투자수익률 = 0.5% + 5% = 5.5%

43 정답 ⑤
채권기대수익률
= 1년간 채권이자수익률 + 1년간 롤링수익률
= 1년간 채권이자수익률 + (매입금리 − 1년 후 평가금리) × 잔존 듀레이션

따라서,
- LH공사채 2년물 기대수익률 = 5% + (5% − 4%) × 1년 = 6%
- LH공사채 3년물 기대수익률 = 6% + (6% − 5%) × 2년 = 8%

44 정답 ②
전망투자자는 금리상승이 예상되면 보유채권을 매도하거나 잔존만기가 짧은 채권으로 교체하여 듀레이션 수준을 낮춘다.

핵심개념 채권의 주요 위험

구 분	내 용
전망투자전략	경제분석이나 뉴스, 기술적 분석 등을 재료로 투자자의 직관이나 영감에 따라 자산 가격을 전망하고 투자
가치투자전략	• 자산의 가치를 분석하고 측정 • 가치 대비 가격이 낮다고 판단할 경우 매수, 높다고 판단할 경우 매도

45 정답 ②
인덱싱전략은 투자하고 있는 채권들로 최대한 인덱스를 모방하게 하여 성과를 추종하는 전략을 말한다.

핵심개념 채권의 매매형태에 따른 투자전략 분류

구 분	내 용
만기보유전략	채권의 매입 후 그 채권의 만기까지 보유하며 순수하게 그 채권의 이자수익률만을 목적으로 하는 전략
중도매각전략	매입 후 일정 기간 보유 후 어느 시점에서 롤링효과를 누리며 매각하는 전략
교체매매전략	매각 직후 향후 많은 수익이 기대되는 채권을 재매입하는 방식
단기매매전략	단기간의 금리 움직임을 전망하여 자본수익을 얻기 위해 잦은 단기매매를 실행하는 전략

46 정답 ①

매칭전략 중 하나로 전체 현금흐름의 듀레이션 수준을 일치시키는 전략은 면역전략이다.
② 현금흐름 일치전략 : 매칭전략 중 하나로 세세한 미래 현금흐름을 모두 일치시키는 전략
③ 사다리형 만기전략 : 보유채권에서 나오는 이자와 만기금액 등의 현금흐름들을 각 기간별로 분산시켜 유지하는 전략
④ 바벨형 만기전략 : 유동성이 높고 금리위험이 낮아 긴급한 현금흐름이 필요할 때 언제든 부담 없이 매도할 수 있는 단기채와 수익률 수준이 높으며 경제가 좋지 못할 경우 타 자산관의 전체 포트폴리오 성과를 크게 개선시킬 수 있는 장기채의 보유를 병행하는 전략
⑤ 불렛형 만기전략 : 바벨형과는 반대로 중기채 위주로 채권의 보유를 지속하는 전략

※ 투자 자세에 따른 분류

매칭전략, 사다리형 만기전략 등과 같이 채권의 이자율을 중시하는 만기전략들은 전형적인 소극적 투자전략으로 분류되며, 딜링이나 교체매매 등 추가적인 자본수익을 얻기 위해 많은 노력이 동반되는 투자전략은 적극적 투자전략으로 분류된다. 바벨형이나 불렛형 만기전략의 경우 추가적인 자본수익을 위한 투자자의 노력 유무에 따라 소극적 또는 적극적 투자전략으로 나누어질 수 있다.

47 정답 ③

① 장내파생상품 거래는 거래소가 정한 표준화된 계약에 의해 이뤄진다.
② 장내파생상품은 조직화된 거래소에서 자격이 있는 회원의 중개를 통해서 거래된다.
④ 거래소가 운영하는 청산기관이 매수자와 매도자 중간에서 거래상대방의 역할을 맡아 계약이행을 책임지는 역할을 수행하고, 거래소가 결제이행 책임을 부담하므로 투자자는 파생상품 거래 시 상대방의 신용상태를 파악할 필요가 없다.
⑤ 장내파생상품은 표준화된 계약에 의해 공개적이고 투명하게 거래된다.

48 정답 ④

선물의 실물인수도 비율은 매우 낮지만, 선도는 대부분이 실물인수도이다.

핵심개념 선물과 선도의 차이점 구분

구분	선 물	선 도
거래장소	거래소	특정장소 없음
거래방법	공개호가방식 또는 전자결제시스템	거래당사자 간의 계약
거래금액	표준단위	제한 없음
가격형성	시장에서 형성	거래당사자 간의 협의로 형성
신용위험	거래소가 계약이행 보증	계약불이행 위험이 존재
증거금	증거금 납부	• 은행 간 거래 : 증거금 없음 • 대고객 거래 : 필요에 따라 증거금 요구
일일정산	일일정산 이루어짐	일일정산이 없고 만기일에 정산
실물인수도	실물인수도 비율 매우 낮음	NDF를 제외한 대부분이 실물인수도
만기일	특정월의 특정일	거래당사자 간의 협의

49 정답 ②

신용위험과 유동성위험이 배제된 상태에서 자금의 수요와 공급에 의해 결정되는 평균 자금조달비용이다.

50 정답 ④

최종결제일은 최종거래일의 다음 거래일이다.

51 정답 ①

수익률곡선전략 실행 시 3년물과 10년물의 듀레이션 비율로 포지션을 설정하므로,

국채선물 10년물의 계약 수
$= \dfrac{\text{국채선물 3년물의 듀레이션}}{\text{국채선물 10년물의 듀레이션}} \times$ 국채선물 3년물의 계약 수

스티프닝을 예상하는 투자자이므로 단기물인 국채선물 3년물을 100계약 매수하는 경우 장기물인 국채선물 10년물은 $\dfrac{2.5년}{5년} \times 100 = 50$계약을 매도한다.

52 정답 ⑤

해외주식투자에 수반되는 환리스크를 헤지한 이후 원화가치가 지속적으로 상승한다면 환차익이 발생하고, 원화가치가 하락한다면 환차손이 발생하게 된다.

53 정답 ②

강세 풋옵션 스프레드 전략은 강세가 예상되나 확신이 서지 않을 때 이용하는 보수적인 전략이라는 측면에서 강세 콜옵션 스프레드 전략과 유사하지만, 프리미엄이 낮은 풋옵션을 매수하고 프리미엄이 높은 풋옵션을 매도하므로 초기에 프리미엄 순수입이 발생한다.

54　정답 ⑤
플로어의 매도가격이 캡 매수가격의 일부를 상쇄하기 때문에 칼라 매수에 수반되는 비용은 일정한 상한 행사금리를 가진 캡의 매수비용보다 작다.

55　정답 ②
현재 외국통화를 보유하고 있거나 앞으로 외환대금수취 등으로 외국통화를 보유하게 될 경우라면 환율 하락에 대한 리스크를 회피하기 위해 풋옵션을 매수하면 된다. 반대로 앞으로 외환대금결제나 자금상환 등으로 외국통화를 필요로 하는 경우라면 환율 상승에 대한 리스크를 회피하기 위해 콜옵션을 매수하면 된다.

56　정답 ⑤
① 가장 일반적인 형태는 변동금리와 고정금리에 따른 이자지급을 교환하는 것으로 이를 쿠폰스왑이라고 한다.
② 베이시스스왑은 변동금리와 다른 변동금리에 따라 결정되는 이자지급을 교환하는 거래를 의미한다.
③ 통화스왑에 대한 설명이다.
④ 변동금리로 적용받는 기업과 고정금리로 적용받는 기업의 이자를 교환하는 과정에서 양 기업 모두 자금조달비용 감소가 가능하다.

핵심개념 금리스왑의 개념

구 분	내 용
정 의	미래 일정 계약기간 동안 동일통화의 명목원금에 대해 서로 다른 이자기준에 따라 정해지는 이자지급을 주기적으로 교환하는 계약
종 류	• 쿠폰스왑 : 변동금리와 고정금리에 따른 이자지급을 교환 • 베이시스스왑 : 변동금리와 다른 변동금리에 따라 결정되는 이자지급을 교환

57　정답 ②
디지털옵션 구조는 원금보장형 상품에 많이 활용되는 형태 중 하나로, 투자원금에서 원금보장을 위한 자금을 제외한 이자부분을 프리미엄으로 사용하여 주가지수에 대한 디지털 콜옵션을 매수하는 구조이다.

58　정답 ⑤
금리연계상품의 유형별 투자전략

구 분	내 용
역변동금리채권	• 기준금리의 움직임과 반대방향으로 이자지급 조정이 이루어지는 채권 • 기준금리가 하락하면 이자지급액이 증가하는 구조를 가지므로 전반적인 금리하락 또는 경사가 급한 수익률곡선 상황하에서 주로 발행
이중변동금리채권	• 장단기 금리 스프레드에 의해 이표가 결정되는 변동금리채권 • '(장기금리변동 - 단기금리변동) × 승수 + 가산금리'의 형태로 발행
금리상한한 변동금리채권	• 전형적인 변동금리채권에 최대표면금리 조건을 덧붙인 채권 • 발행기업은 금리지급의 상한을 설정받는 대신 변동금리에 추가되는 마진을 지불해야 함
레인지채권	• 매 이표지급 시점 직전 일에 기준 충족 여부에 따라 상이한 이표를 지급하는 것 • 발행채권 기준금리가 사전에 정한 범위 안에 머무르면 높은 이자를 지급하고, 범위를 벗어나면 낮은 이자를 지급하는 것

59　정답 ③
상관계수 계산공식

$$\rho_{AB} = \frac{COV_{AB}}{\sigma_A \times \sigma_B}$$

따라서 주식 A와 B의 상관계수는 $\frac{0.012}{0.12 \times 0.22} = \frac{0.012}{0.0264} = 0.45$

60　정답 ①
1단계에서 재무목표를 설정하면서 유의할 점은 고객이 제시하지 않은 잠재적인 필요까지 감안해야 한다는 것이다.

핵심개념 투자설계 프로세스 6단계
- 1단계 : 고객 기본정보 파악, 재무목표, 투자우선순위, 투자기간 설정
- 2단계 : 고객 재무상황 파악 및 경제·금융환경 분석
- 3단계 : 자산배분전략을 포함한 투자정책서 작성
- 4단계 : 투자 포트폴리오 수립 및 개별상품 선정
- 5단계 : 투자 실행
- 6단계 : 투자성과 평가 및 수정

61 정답 ①
위험회피성향이 클수록 무차별곡선의 기울기는 더 가파른 형태를 띠게 된다.

62 정답 ③
두 자산의 상관관계가 작거나 음(-)이면 수익률의 변동성이 상쇄되어 포트폴리오 위험이 감소한다.

63 정답 ③
위험프리미엄 = 위험자산의 기대수익률 - 무위험수익률
따라서 A회사 주식의 위험프리미엄 = 12% - 2% = 10%

64 정답 ①
자본시장선은 비체계적 위험이 완전히 제거된 포트폴리오이다.

핵심개념 자본시장선의 기울기
- 위험 1단위에 대한 위험보상정도를 나타내는 위험보상비율로 위험의 균형가격 또는 위험의 시장가격이라고도 함
- 균형시장에서 위험보상비율 값은 모든 투자자에게 동일함

$$\frac{[E(R_M) - R_f]}{\sigma_M}$$

- $E(R_M)$: 시장포트폴리오의 기대수익률
- R_f : 무위험수익률
- σ_M : 시장포트폴리오의 표준편차

65 정답 ②
증권시장선(SML)상에서 주식의 기대수익률(또는 요구수익률)은 다음과 같이 예측할 수 있다.

$$E(R_A) = R_f + \beta_A [E(R_M) - R_f]$$

- $E(R_A)$: 개별 증권 A의 기대수익률
- $E(R_M)$: 시장포트폴리오의 기대수익률
- R_f : 무위험수익률
- β_A : 개별 증권 A의 베타계수

따라서 주식 A의 기대수익률 = 2% + 1.0(8% - 2%) = 8%

66 정답 ①
단순매입보유전략을 통해 기업고유위험은 감소시키고 투자자는 시장위험만을 부담하게 된다.

67 정답 ②
차익거래 기회는 동일한 자산에 대해서뿐만 아니라 상대적 가격오류가 존재하는 둘 이상의 자산에 대해서도 적용될 수 있다.

68 정답 ②
매니저가 현재 벤치마크를 구성하는 종목에 대한 경험과 지식이 있어야 한다.

핵심개념 벤치마크의 개념
벤치마크(BM ; Bench Mark)는 성과 평가의 기점이 되는 기준 잣대로, 투자위험과 기대수익의 조합에 따라 자산집단이나 개별 상품별로 정해질 수 있다.

69 정답 ④
트레이너지수는 체계적 위험인 베타 1단위를 부담할 때 초과수익이 얼마인지를 구하는 지표이다.

70 정답 ⑤
젠센의 알파는 다음과 같이 구할 수 있다.

$$R_p - R_f = \alpha_p + \beta_p(R_m - R_f)$$
$$\alpha_p = (R_p - R_f) - \beta_p(R_m - R_f)$$

- R_p : 펀드수익률
- R_f : 무위험수익률
- β_p : 포트폴리오수익률의 베타
- R_m : 시장포트폴리오 수익률

따라서 위 공식에 제시된 자료 값을 대입하여 젠센지수를 계산하면,
(10% - 3%) - 1.5(5% - 3%)
= 7% - 3%
= 4%

제2과목 비금융자산 투자설계(30문항)

71 정답 ③

「국토의 계획 및 이용에 관한 법률」상 도시지역에는 전용주거지역, 일반주거지역, 준주거지역, 상업지역, 공업지역, 녹지지역이 포함된다. 계획관리지역은 관리지역으로 구분된다.

핵심개념 용도지역의 의의와 세분

구 분	내 용
용도지역의 의의	• 토지의 용도에 따라 토지의 이용, 건축물의 용도, 건폐율, 용적률, 높이 등을 제한함으로써 토지를 경제적이고 효율적으로 이용하기 위해 구별하여 지정하는 지역 • 서로 중복되지 않게 도시·군관리계획으로 국토교통부장관, 특·광·도지사가 결정하는 지역 • 용도지역 중 도시지역은 16가지로, 관리지역은 3가지로 세분되어 지정되지만 농림지역과 자연환경보전지역은 세분되지 않음(총 21개 지역으로 세분화)
도시지역과 관리지역의 세분	• 도시지역은 주거지역, 상업지역, 공업지역, 녹지지역으로 세분 • 관리지역은 보전관리지역, 생산관리지역, 계획관리지역으로 세분

72 정답 ④

하나의 건축물에는 단지형 연립주택 또는 단지형 다세대주택과 아파트형 주택을 함께 건축할 수 없다.

73 정답 ①

용적률 = 건축물의 연면적 / 대지면적 × 100
= 400m² / 400m² × 100 = 100%

핵심개념 연면적

하나의 건축물 각 층의 바닥면적의 합계를 말한다. 다만, 용적률을 산정할 때에는 다음에 해당하는 면적은 제외한다.
• 지하층의 면적
• 지상층의 주차용(해당 건축물의 부속용도인 경우만 해당)으로 쓰는 면적
• 초고층 건축물과 준초고층 건축물에 설치하는 피난안전구역의 면적
• 건축물의 경사지붕 아래에 설치하는 대피공간의 면적

74 정답 ②

② 테라스하우스 : 집합주택 중 각 주거단위가 수평으로 연결되어 있고, 각 주거단위에서 각자의 테라스로 직접 나올 수 있게 만든 형식이다. 일반적으로 아래층 세대의 지붕을 위층 세대가 정원으로 활용한다.
① 타운하우스 : 단독주택을 두 채 이상 붙여 나란히 지은 집으로 벽을 공유하는 주택형식이다.
③ 게스트하우스 : 개인 가정의 일부, 특히 침실을 외국인 여행객 등에게 제공하는 '도시형 민박' 형태의 숙박시설이다.
④ 서비스드레지던스 : 호텔식 서비스가 제공되는 오피스텔 개념의 주거시설로 객실마다 세탁실, 주방 등의 편의시설을 구비하고 있다.
⑤ 쉐어하우스 : 다수가 한 집에 살면서 개인 공간인 침실은 따로 사용하지만, 거실·화장실·욕실 등은 공유하는 형태이다.

75 정답 ①

① DSR : 총부채원리금상환비율로, 대출자의 소득 대비 전체 금융부채의 원리금 상환액 비율을 의미한다.
② LTV : 담보인정비율로, 담보대출의 가치인정비율을 의미한다.
③ DTI : 총부채상환비율로, 총소득에서 부채의 연간 원리금 상환액이 차지하는 비율을 의미한다.
④ RTI : 이자상환비율로, 임대사업자의 연간 임대소득을 연간 이자비용으로 나눈 비율을 의미한다.
⑤ ABS : 기업의 부동산을 비롯한 여러 가지 형태의 자산을 담보로 발행된 채권을 의미한다.

76 정답 ④

경매신청은 등기사항증명서 갑구에 포함된다.

핵심개념 등기사항증명서의 주요 기재사항

구 분	내 용
표제부	표시번호, 접수, 소재지번·지목·면적
갑 구	소유권에 관한 사항(변동사항, 압류, 가압류, 경매신청, 가등기, 가처분 등)
을 구	소유권 이외의 권리에 관한 사항(지상권, 지역권, 전세권, 저당권, 임차권)

77 정답 ⑤

토지등급은 토지대장을 통해 확인할 수 있다. 토지이용계획확인서는 해당 토지의 고유한 성격과 관련된 기본적 정보를 확인할 수 있으며, 해당 토지 이용 시 각종 공법상 제한사항이 기재되어 있다.

78 정답 ④

시·군·구에서는 이의 신청기간이 만료된 날부터 30일 이내에 이의신청을 심사하여 그 결과를 신청인에게 서면으로 통지해야 한다.

79 정답 ④

수립대상은 특별시, 광역시, 시, 군이며 광역시 안에 있는 군은 제외된다.

80   정답 ①

주택임대차보호법은 등기, 미등기, 무허가건물, 불법건축물 여부를 불문하고 주거용 건물의 전부 또는 일부의 임대차에 관하여 적용한다.

핵심개념 주택임대차보호법과 상가건물임대차보호법 비교

	주택임대차보호법	상가건물임대차보호법
적용 대상	주거용건물 또는 주거 일부 (무허가, 미등기 건물도 적용)	상가건물로서 사업자등록의 대상이 되는 영업용 건물의 임대차
계약 갱신	임대차기간이 끝나기 6개월 전부터 2개월 전까지 요구 가능	최초 임대차기간 포함 전체기간 10년을 초과하지 않는 한 만료 전 6개월 전부터 1개월까지 요구 가능
차임 증감	차임 또는 보증금의 5% 범위 내	차임 또는 보증금의 5% 범위 내
대항력	계약 + 주택인도 + 전입신고	계약 + 건물인도 + 사업자등록신청
임대차 존속 기간	2년	1년

81   정답 ⑤

유동성은 금융시장과 주식시장, 부동산시장 간 시차에 따라 일정 부분 지분을 공유한다.

핵심개념 부동산시장 영향요인 분석

구 분	내 용
경제상황	• 경제호황기 → 유동성 풍부 → 관련 투자 집중 → 부동산시장 활성화 • 경제불황기 → 관련 투자 위축 → 부동산시장 침체
금 리	• 금리 상승 → 금융부문에 유동성 흡수 → 투자수요 침체 → 부동산가격 하락 • 금리 하락 → 부동산시장에 자금 유입 → 투자수요 활성화 → 부동산가격 상승
구매력	• 수요자 소득 대비 부동산을 매입할 수 있는 여력 • PIR(Price to Income Ratio) 지수를 활용
대출규제	• 부동산시장에서 일정 부분 자금공급원으로서의 역할을 함 • 시장의 유동성 흐름을 좌우하는 변수 • 국회의 동의 없이 시장에 대응할 수 있는 강력한 규제책
수요와 공급	• 주택의 수요와 공급을 분석하는 것은 시장분석의 기본 • 국지성을 통한 분석 필요
전세가격	매매가격 대비 전세가격이 상승할 경우 매수로 전환하는 수요가 나타나는 것이 일반적임
세 금	중과세나 비과세를 통해 시장에 영향을 주고 완급을 조절하는 변수 역할
유동성	시장에 유동성이 풍부해지면 보수적인 투자성향을 가진 경우 부동산시장에 유동성이 머물 가능성이 큼
인플레이션	부동산가격은 물가상승률 이상 상승하여 가치하락을 보전해 줌
부동산정책	가격상승기에 시행되는 규제책이 가격하락기에 시행되는 부양책보다 효과가 더 큼

82   정답 ⑤

① 투자자, 실수요자가 해외 부동산에 투자하는 경우 송금액 제한은 폐지되었다.
② 해외 부동산을 취득하는 경우 지정거래외국환은행의 장에게 신고하여 수리를 받아야 한다.
③ 신고대상 부동산은 주거 이외 목적 부동산과 거주자 또는 거주자의 배우자가 해외에서 2년 이상 체재할 목적의 주거용 주택이다.
④ 분양 계약에 의한 부동산의 취득은 주거 이외 목적에 한한다.

핵심개념 해외 부동산 취득 절차(은행절차와 세무절차)

취득단계	해외 부동산 취득 계약 ▼ 해외 부동산 취득 신고 및 수리 (외국환거래은행 전 영업점) ▼ 취득 대금 송금 후 3개월 이내 취득보고서 제출 (지정거래외국환은행)	취득대금 해외 송금 시마다 납세증명서 제출(지정거래외국환은행 영업점)
보유단계	신고 및 수리 후 일정 시점마다 사후관리 서류 제출 (지정거래외국환은행)	취득대금 해외 송금 시마다 납세증명서 제출(지정거래외국환은행 영업점)
처분단계	해외 부동산 처분(양도) ▼ 해외 부동산 처분 후 3개월 이내에 처분보고서 제출 (지정거래외국환은행)	해외 부동산을 처분(양도)한 달의 말일부터 2개월 이내에 부동산 양도소득세 예정신고 납부(거주지 관할세무서) 해외 부동산을 처분한 연도의 다음 연도 5월까지 부동산 양도소득세 확정신고 및 납부 (거주지 관할세무서)

83   정답 ②

베이비부머 세대가 은퇴 후 주택을 매도하는 대규모 세력으로 등장할 수는 있으나, 주택가격이 하락하기보다는 은퇴 후 현 거주지(도시)를 크게 벗어나지 않고 일부에서 주택의 다운사이징이 나타나는 정도의 변화가 예상되고 있다.

84
정답 ②

저금리는 부동산가격을 상승시키는 역할을 하며, 반대로 고금리는 부동산가격을 하향 조정하는 기능이 있다.

핵심개념 금융정책

구 분	내 용
금리정책	• 중앙은행에서 기준금리를 통한 통화조절 기능 목적으로 활용 • 부동산시장에도 영향을 미치는 중요한 변수(저금리 → 부동산가격 상승, 고금리 → 부동산가격 하락)
대출정책	• 대출의 한도와 금액 및 대출자격을 직접 제한하는 것 • 금리보다 직접적으로 부동산시장에 영향을 줌 • 주택이나 토지정책 등에 비해 효과가 크고 빠름

85
정답 ④

서민들을 위한 보금자리주택 공급을 확대한 정부는 이명박 정부이다.

핵심개념 윤석열 정부의 부동산정책

구 분	내 용
임대차 시장 안정 방안(22.6.21)	• 상생임대인 지원제도 개선(비과세 및 장기보유특별공제 혜택) • 갱신만료 서민 임차인 대상 전세대출 지원 강화 • 월세 세액공제 확대
22년 세제개편(22.7.21)	• 다주택자 중과제도 폐지 및 세율 인하 • 기본공제 금액 상향(6억원 → 9억원) • 일시적 2주택, 상속주택은 1세대 1주택 판정 시 제외(일시적 2주택은 2년 내에서 3년 내로 변경) • 주택임대소득 과세 고가주택 기준 인상(9억원 → 12억원)
국민 주거안정 실현방안(22.8.16)	• 재개발·재건축 사업 정상화 • 신규택지 조성 확대
공공분양 50만호 공급(22.10.26)	• 전용모기지 지원으로 부담 완화 • 민간분양 청약제도 개편(청년층 수요가 높은 중소형 평형 추첨제 확대, 4050 중장년층 수요가 많은 대형 평형 가점 확대)
부동산 시장 현안 대응방안(22.11.10)	• 주택공급 기반 위축 방지 • 실수요자 내 집 마련 관련 규제 정상화
재건축 안전진단 합리화 방안(22.12.8)	• 평가항목 배점의 비중 개선(구조안전성 점수 비중 30% ↓, 주거환경 및 설비노후도 비중 30% ↑) • 조건부 재건축 범위 축소(30점 초과 → 45점 초과)
2022년 세제개편 후속 시행령 개정안(24.1.18)	• 전세사기 피해 방지를 위한 미납국세열람 실효성 강화 • 지방 저가주택(종부세) 및 농어촌주택(양도세) 특례 적용 확대 • 다주택자 취득세 중과 완화 • 종합부동산세 개편(과세표준 12억원 이하 및 조정대상지역 2주택에 대한 중과세율 폐지)
2023년 세법개정 후속 시행령 개정안(24.1.23)	• 소형 신축주택 및 지방 준공 후 미분양주택에 대한 양도세·종부세 중과 배제 • 다주택자 양도세 중과 한시 배제 기한 1년 연장 • 장기주택저당차입금 이자상환액 소득공제 대환 요건 완화
주택시장 안정화 방안(25.3.19)	• 토지거래허가구역 확대 지정 • 조정대상지역, 투기과열지구 지정 검토 • 금융, 가계대출 관리 강화 • 주택시장 거래질서 확립

86
정답 ③

2004년 11월 11일 노무현 정부는 종합부동산세를 신설하였다. 주택·나대지·사업용 토지 등으로 나누어 각각 3단계의 누진세율을 부과하고, 여기에 농어촌특별세가 추가되었다.

핵심개념 노무현 정부의 부동산정책(세금 중과체계 확립)

구 분	내 용
10·29 주택시장안정 종합대책(03.10.29.)	• 투기지역 주택거래신고제 도입 • 1가구 3주택 최고 82.5% 양도세 중과 • 투기지역 2주택 최고 51% 양도세 중과 • 주상복합아파트 전매제한 대상 확대(300가구 이상 → 20가구 이상) • 투기지역 주택담보비율 10%p 인하 • 강북 뉴타운 12~13개 추가지정 • 분양권 전매제한 투기지역 확대 • 집값 급등 지역 아파트 기준시가 재고시 • 무주택자 우선공급 확대(50% → 75%)
종합부동산세 신설(04.11.11.)	• 주택, 나대지, 사업용 토지에서 각각 3단계의 누진세율 부과, 농어촌특별세 추가 • 2005년 4월부터 주택가격공시제도 도입
다주택자 대상 양도세 중과(04.12.13.)	1가구 3주택 이상 보유자에 대한 양도세 중과
8·31 부동산 종합대책 실시(05.8.31.)	• 2주택자 양도세 중과(2007년부터 50%) • 종합부동산세 주택 6억원 초과로 확대, 가구별 합산으로 변경 • 비사업용 토지, 비거주 농지와 임야를 팔 경우 2006년부터 실거래가 기준 과세 • 토지이용의무 위반 적발 시 신고포상제 도입 • 수도권 중대형 아파트 5년간 41만 5천가구 공급 • 송파·거여지구 5만 가구 신도시 건설
실거래가 제도 실시	매매 시 계약체결일부터 30일 이내 시·군·구청에 신고

87
정답 ⑤

계약 갱신 시 증액은 5% 이내로 한다.

88 정답 ④

미분양주택은 국토교통부에서 조사를 통해 매월 말일에 전월기준 자료를 발표한다.

핵심개념 국토교통부 등 정부 발표자료

구 분	내 용
실거래가격	이전 거래사례 금액을 파악함으로써 현재 매매가격과 종전 실거래가의 고저를 비교·분석
주택거래량	시장동향을 나타내는 중요한 지표
미분양주택	미분양주택이 주택시장에 미치는 영향력을 파악하기 위해서는 전국을 대상으로 한 획일적인 해석이 아닌 해당 지역별 수급동향을 중심으로 한 세분화된 분석과 대응이 필요함
지가변동률	해당 지역의 토지시장 추이를 나타내는 지표

89 정답 ①

부동산 투자의 장래 기대수익은 유동적이며, 확정적이지 않다.

핵심개념 부동산 투자의 특징
- 투자가 비교적 장기적이며, 다른 투자대상보다 많은 자본이 소요된다.
- 투자자의 능력에 의존하는 측면이 크다.
- 투자차익인 자본이득과 임대소득인 현금흐름을 기대할 수 있다.
- 감가상각에 의한 절세효과를 기대할 수 있다.
- 장래 기대수익은 유동적이며, 확정적이지 않다.
- 도난·멸실의 위험이 거의 없다.
- 개발이익이 발생할 수 있다.

90 정답 ②

- 투자가치 = $\dfrac{3천만원}{0.2}$ = 1억 5,000만원
- 기대수익률 = $\dfrac{3천만원}{3억원} \times 100\%$ = 10%

91 정답 ①

레버리지는 낮은 비용의 부채를 이용하여 투자자의 수익을 증대시키는 것을 말한다.

핵심개념 레버리지

구 분	내 용
레버리지 정의	낮은 비용의 부채를 이용하여 투자자의 수익을 증대시키는 것
레버리지 비율	총자본에 대한 부채(대출금)의 비율
대출의 활용	• 기대수익률이 대출이자율보다 높을 때 : 자기자본 대비 투자수익률이 높음 • 기대수익률과 대출이자율이 같을 때 : 자기자본만 활용하는 때와 수익률이 같음, 중립적인 관점에서 운용이 필요함 • 기대수익률이 대출이자율보다 낮을 때 : 자기자본 대비 투자수익률이 낮음, 대출상환계획 등을 별도로 수립

92 정답 ④

① 가격은 대상 부동산에 대한 과거의 값이지만 가치는 현재의 값이다.
② 가치는 사람이 느끼는 주관에 중점을 둔 것이다.
③ 가격은 매수인이 매도인에게 지불하는 금액이다.
⑤ 주어진 시점에서 부동산에 대한 가격은 하나밖에 없지만 가치는 무수히 많다.

핵심개념 가격과 가치의 구분

가 격	가 치
• 특정 부동산에 대한 교환의 대가 • 객관적이고 구체적 개념 • 과거의 값 • 주어진 시점에서 하나만 존재	• 장래에 기대되는 이익을 현재가치로 환원한 값 • 주관적이고 추상적 개념 • 현재의 값 • 주어진 시점에서 무수히 많이 존재

93 정답 ③

순현가법에서 미래가치를 현재가치로 환원할 때 사용하는 할인율은 요구수익률이다.

핵심개념 순현가법과 내부수익률법의 비교

구 분	순현가법	내부수익률법
개 념	투자로부터 발생할 미래의 모든 현금흐름을 요구수익률로 할인하여 현가로 나타내는 방법	현금유출의 현가와 미래 현금유입의 현가를 동일하게 만드는 할인율
투자결정	• 서로 독립적인 경우 순현가 ≥ 0 → 투자안 채택 순현가 < 0 → 투자안 기각 • 서로 배타적인 경우 순현가 ≥ 0을 만족시키는 투자안 중 순현가가 가장 큰 투자안 선택	• 서로 독립적인 경우 내부수익률 ≥ 요구수익률 → 투자안 채택 내부수익률 < 요구수익률 → 투자안 기각 • 서로 배타적인 경우 내부수익률 ≥ 요구수익률을 만족시키는 투자안 중 내부수익률이 가장 큰 투자안 선택
할인율	요구수익률	내부수익률
부의 극대화	언제나 달성 가능	달성 불가능
투자판단	언제나 가능	불가능 (복수의 내부수익률 존재)

94 정답 ⑤

자산 수가 많도록 구성하면 비체계적 위험은 줄어들지만 체계적 위험은 줄어들지 않는다.

핵심개념 부동산 포트폴리오의 한계와 위험

구 분	내 용	
부동산 포트폴리오의 한계	• 부동산시장은 불완전시장이기 때문에 시장 포트폴리오 수익률의 계량화가 어려움 • 투자안에 따라 서로 다른 세율이 적용되므로 수익률을 산정하는 것이 어려움(평균적 수익률 도출 어려움) • 부동산 투자는 분할하는 것이 곤란하므로, 그 특성상 불가분성의 특징이 있음 • 장기시장보다는 단기시장에 더 적합한 이론이므로, 부동산시장에 적용하는 데는 한계가 있음	
부동산 포트폴리오의 위험	체계적 위험	비체계적 위험
	• 경기변동, 인플레이션 심화 같은 시장위험으로 어느 누구도 피할 수 없는 위험 • 포트폴리오를 완벽하게 구성해도 피할 수 없음	• 개별 투자안에서 발생하는 위험으로 투자자산을 다양하게 구성함으로써 피할 수 있음 • 개별 투자안에 영향을 주지만 포트폴리오 구성을 다양화하면 감소시킬 수 있음

95 정답 ②

부동산에 대한 수요와 공급은 시장에서 쉽게 조정되지 않는다.

핵심개념 부동산 분석의 필요성
- 부동산은 다른 자산에 비해 유동성이 떨어진다.
- 부동산은 시간의 경과에 따라 감가상각을 한다.
- 부동산은 비대체성으로 인해 다른 부동산과 가격, 소득 등을 직접 비교하기 곤란하다.
- 부동산은 불완전경쟁시장이므로 비동질성, 비이동성, 정보의 부족 등의 어려움이 있다.
- 부동산은 여러 법적 제약이 많으므로 투자 분석이 필요하다.
- 부동산은 수명이 오래가기 때문에 투자를 잘못하면 원상회복이 어렵다.
- 부동산의 수요와 공급은 시장에서 쉽게 조정되지 않는다.

96 정답 ④

주거전용면적 85m²를 초과하는 민영주택의 경우 기본적으로 추첨제 100%가 적용되며, 투기과열지구인 경우 가점제 80%·추첨제 20%, 조정대상지역인 경우 가점제 50%·추첨제 50%가 적용된다.

97 정답 ⑤

독신자나 프리랜서들은 자신들의 업무 및 생활공간을 선호하므로 상업기능과 업무기능이 높은 지역이 오피스텔 투자에 적합하다.

98 정답 ⑤

① 직접관리방식은 전통적 관리방식이다.
② 직접관리방식은 기밀유지 및 보안이 용이하다.
③ 위탁관리방식은 전문적인 관리가 가능하다.
④ 위탁관리방식은 관리요원의 건물·설비에 대한 애착이 낮다.

핵심개념 부동산 자산관리 운영방식 비교

구 분	직접관리방식	위탁관리방식	혼합관리방식
관리방식	소유자 직접 관리방식	전문업자 대행 관리방식	전체는 직접 관리 / 일부만 위탁하는 방식
특 징	전통적 관리방식 (소규모 주택, 건물, 토지에 적합)	현대적 관리방식 (대형빌딩, 공동주택에 적합)	과도기적 관리방식 (대형·고층건물에 적합)
장 점	• 신속한 처리와 종합적 관리 • 기밀유지와 효율적인 관리 • 친절한 서비스 • 소유자의 지시 통제 강함 • 부동산설비에 대한 애착 강함	• 전문적인 관리 • 부동산소유자는 본업에 전념 • 타성화 방지 • 관리비용이 저렴	• 자가관리에서 위탁관리로 이행하는 과도기에 유리 • 일부 업무만을 위탁하여 전문성 확보
단 점	• 전문성 결여, 관리요원의 의욕저하 • 관리업무의 안일화 • 변화에 대한 대응력 부족	• 전문관리회사 신뢰 문제 • 애호정신이 낮음 • 기밀유지 및 보안 불완전	• 자가관리, 위탁관리 단점 노출 위험 • 자가관리요원과 위탁관리요원 간의 원만한 관계유지 곤란 • 책임소재 불분명

99 정답 ①

①은 근린시장 분석에 대한 내용이다. 지역 분석에는 지역경제기반 분석, 인구의 통계와 추세분석, 평균 소득수준과 고용자료 분석, 광역 교통망의 분석 등이 포함된다.

핵심개념 보유 부동산 자산분석

구 분	내 용
지역 분석	국가 경제가 지역에 미치는 영향 및 개발사업이 시장에 미치는 공간적 범위 등을 분석
근린시장 분석	근린 지방경제가 개발대상 부지에 미치는 영향을 분석
대상 부동산 개별 분석	보유 부동산에 대한 분석과 계획
시장경쟁 분석	부동산이 갖는 경쟁 부동산과의 장단점을 평가하기 위한 것
대체방안 분석	부동산 소유자의 목표를 달성하기 위해 최대유효 이용 상태가 되도록 하는 부동산 자산가치에 대한 분석방안
재무적 분석	각 대체방안을 실행하면서 '비교 편익 분석방법'을 통해 검정하는 단계

100
정답 ③

국내 리츠는 미국 리츠와 달리 개발사업·단기매매가 제한되며, 법인세 면제 혜택도 없다.

핵심개념 리츠의 종류

종류	특징	투자대상 유형	관리형태
자기관리형 리츠	• 「상법」상 주식회사 형태로 주주총회, 이사회, 감사 등이 있음 • 자산전문운용사의 임직원을 상근으로 두며 자산의 투자·운용을 직접 수행하는 형태	일반 부동산 및 부동산 관련 유가증권	• 상근임직원 • 직접 관리
위탁관리형 리츠	「신탁업법」을 근거로 자산의 투자·운용을 자산전문관리회사에 위탁하여 수행하는 형태(부동산투자신탁)		위탁관리
구조조정형 리츠	투자자로부터 받은 자금을 바탕으로 Paper Company를 만들어 기업 구조조정용 부동산을 매입한 뒤, 일정 기간 후 매각을 통해 이익을 배분하는 형태	기업구조조정 부동산	

은행FP 자산관리사 2부
제1회 정답 및 해설

01	02	03	04	05	06	07	08	09	10
③	⑤	②	②	③	②	④	③	④	⑤
11	12	13	14	15	16	17	18	19	20
⑤	①	⑤	④	④	①	③	④	①	①
21	22	23	24	25	26	27	28	29	30
④	①	③	②	①	④	④	⑤	③	③
31	32	33	34	35	36	37	38	39	40
⑤	④	①	②	④	②	①	②	④	④
41	42	43	44	45	46	47	48	49	50
⑤	③	①	②	③	②	③	④	②	③
51	52	53	54	55	56	57	58	59	60
④	⑤	④	②	①	④	③	④	②	②
61	62	63	64	65	66	67	68	69	70
③	④	④	⑤	④	②	①	①	④	①
71	72	73	74	75	76	77	78	79	80
⑤	④	④	③	③	③	④	⑤	⑤	④
81	82	83	84	85	86	87	88	89	90
⑤	①	④	②	④	③	①	①	③	②
91	92	93	94	95	96	97	98	99	100
③	②	③	⑤	③	④	④	③	④	③

제1과목 금융자산 투자설계(70문항)

01
정답 ③

정기예탁금은 비과세종합저축과 별도로 조합원에 대해 1인당 3천만원 한도 내에서 별도의 세금 혜택을 부여한다.

핵심개념 정기예탁금의 특징

구 분	내 용
가입대상	조합원(준조합원) 또는 회원
가입한도	제한 없음
저축/예치기간	5년 이내
저축한도	통상 100만원 이상
이자지급방법	• 만기일시지급식 • 연이자지급식 • 월이자지급식 (1인당 3천만원 가입한도 내에서 발생한 이자소득 내에서 우대세율 적용)
예금자보호	비보호(신용협동기구의 별도 기금으로 보호)

02
정답 ⑤

사고신고는 원칙적으로 신고인이 서면으로 접수하여야 하나, 긴급한 사유 등 금융기관이 인정하는 사유에 해당하는 경우에는 전화 등 유선을 통해 사고신고를 접수받을 수 있도록 하고 있다.

핵심개념 자기앞수표의 구분

구 분	내 용
정액자기앞수표	10만원권종, 50만원권종, 100만원권종 등 세 가지 종류
일반자기앞수표	발행 시 임의의 금액을 인쇄하여 발행하는 수표

03
정답 ②

사고신고된 수표가 선의취득자로부터 수표의 지급제시 기간 내에 제시되고 사고신고인이 동 수표와 관련하여 법적절차가 진행 중임을 증명할 수 있는 서류를 사고신고일로부터 5영업일 이내에 제출하지 아니한 경우 수표의 소지인에게 수표대금을 지급할 수 있다.

04
정답 ②

당좌예금을 개설하기 위해서는 금융기관이 정한 신용조사 예외 대상자를 제외하고는 당좌개설을 위한 신용조사를 받아야 하며, 개설 이후에도 연 1회 이상 계속거래를 위한 신용조사를 받아야 한다.

핵심개념 당좌대월

당좌대출이라고도 하며, 당좌예금계정과 신용한도를 연결한 제도로 당좌예금 계정을 가진 고객에게 신용한도를 미리 설정하여 두고 수표가 당좌예금 잔액을 초과하여 발행되더라도 그 설정한도까지는 결제가 가능하도록 하는 제도이다.

05
정답 ③

제시기간 미도래는 수표의 경우는 제외된다.

핵심개념 어음·수표의 부도반환 사유
- 예금부족
- 무거래
- 형식불비
- 분실·도난·피사취·계약불이행 등의 사고신고서접수
- 위조·변조
- 제시기간 경과 또는 미도래(수표의 제시기간 미도래의 경우는 제외)
- 인감서명 상이
- 지급지 상이
- 법적으로 가해진 지급제한

06   정답 ②

① 매월 일정한 금액을 정해진 날짜에 저축하는 정액적립식과 금액과 날짜가 일정하지 않은 자유적립식이 있다.
③ 재형저축은 예금의 경우는 보호되나 펀드는 보호되지 않는다.
④ 농어가목돈마련저축의 경우 농어촌의 계절적 사정을 고려하여 분기 또는 반년 납부도 가능하다.
⑤ 청년도약계좌는 매월 저축금액의 일정비율로 정부기여금을 지급한다.

07   정답 ④

가입일부터 1개월 이내에 해지하는 경우에는 이자를 지급하지 아니한다.

핵심개념 주택청약종합저축의 적용이율 및 지급방법

적용이율은 한국은행이 발표하는 예금은행 정기예금 가중평균 수신금리 등을 고려하여 주택청약종합저축의 가입일부터 해지일까지의 기간에 따라 국토교통부장관이 정하여 고시하는 이자율을 적용하여 산정하며, 해지 시에는 원금과 이자를 지급한다. 단, 가입일부터 1개월 이내에 해지하는 경우에는 이자를 지급하지 아니한다.

08   정답 ③

일임형은 사전 투자자의 위험성향별로 모델포트폴리오를 구성하여 제시해야 하고, 분기 1회 이상 포트폴리오 재배분을 실시해야 한다.

핵심개념 ISA의 구분

ISA는 자산의 운용방법에 따라 신탁형과 일임형으로 구분됨

구 분	내 용
신탁형	투자자가 직접 종목이나 수량을 지정하여 운용지시하는 형태
일임형	• 투자자에게 투자일임을 받아 전문 운용인력이 자산을 직접 운용하고 그 결과를 투자자에게 귀속시키는 형태 • 사전 투자자의 위험성향별로 모델포트폴리오(MP)를 구성하여 제시 • 분기 1회 이상 포트폴리오 재배분 실시 • 자산 처분 및 취득 시 투자자에게 사전통지의무를 이행

09   정답 ④

집합투자는 투자전문가들이 다양한 유가증권에 분산투자하여 투자위험을 최소화하며 재산의 운영과 관련하여 투자자로부터 일상적인 운용지시를 받지 아니하는 독립성을 가진다.

핵심개념 집합투자의 특징
• 공동투자 및 전문가에 의한 대행투자(간접투자)
• 실적배당의 원칙
• 분산투자와 운용의 독립성
• 자산보관 및 관리의 안전성

10   정답 ⑤

① 판매보수의 경우 집합투자재산 연평균가액의 1%를 한도로 하고 있다.
② 판매수수료의 경우 납입금액 또는 환매금액의 2%를 한도로 하고 있다.
③ 판매수수료는 장기투자 시 유리하고, 판매보수는 단기투자 시 유리하다.
④ 판매수수료는 투자자로부터 직접 취득하고, 판매보수는 집합투자기구로부터 취득한다.

핵심개념 판매보수와 판매수수료의 정의

구 분	내 용
판매보수	투자매매업자 또는 투자중개업자가 투자자에게 지속적으로 제공하는 용역의 대가로 집합투자자로부터 받는 금전
판매수수료	투자매매업자 또는 투자중개업자가 집합투자증권 판매의 대가로 투자자로부터 직접 받는 금전

11   정답 ⑤

성장주 펀드는 주로 Top-Down 및 Bottom-Up 방식을 병행하여 투자의사를 결정한다.

핵심개념 가치주 펀드와 성장주 펀드의 차이점

가치주 펀드	성장주 펀드
• 저평가된 주식에 투자 • 저PBR주, 저PER주, ROE대비 저PBR주 • Bottom-Up 방식 • 낮은 변동성과 매매회전율 • 낮은 시장민감도	• 성장가치가 높은 주식에 투자 • 고PBR주, 고PER주, ROE대비 고PBR주 • Top-Down 및 Bottom-Up 방식 병행 • 높은 변동성과 매매회전율 • 높은 시장민감도

12   정답 ①

상승수익추구형은 주가지수 하락 시 원본을 보존하고, 주가지수 상승 시 참여율을 적용하여 수익률이 정해진다.

핵심개념 구조화 상품의 손익구조 구분

구 분	내 용
원금보장형	방향성 수익추구형 : 기초자산 가격 변동폭에 대한 참여율을 적용하면서 일정 베리어를 터치할 경우 낙아웃이 발생하는 구조 • 상승수익추구형 : 주가지수 하락 시 원본 보존, 주가지수 상승 시 참여율 적용 • 하락수익추구형 : 주가지수 상승 시 원본 보존, 주가지수 하락 시 참여율 적용 범위형 : 기초자산 가격이 특정 범위 내에 있을 때는 사전에 정한 일정한 수익률을 지급하지만 기초자산 가격이 특정 범위를 벗어나는 경우에는 원금만 지급하는 구조 디지털형 : 미리 정한 조건에 충족되면 수익을 지급하고, 그렇지 않으면 수익을 지급하지 않는 형태의 수익구조

원금비보장형	**원금부분보장형** : 원금보장형에 비하여 원금보장을 위한 채권 등의 투자비중을 낮게 하는 대신, 그만큼 옵션 등의 투자비중을 증가시킴으로써 상품의 수익구조를 원금보장형보다 유리하도록 구성한 ELS 또는 ELF 상품
	원금비보장형 : 2가지 주가지수 또는 개별종목을 기초자산으로 하면서 수익상황 조건이 차츰 하락하여(Stepdown) 상환가능성을 높이는 구조의 ELS 상품(2Star)
	참고 3Star : 기초자산으로 3종목을 사용하는 경우

13 정답 ⑤
상장지수 펀드는 지수에 투자하는 인덱스 펀드의 특징을 가지고 있으므로 개별 종목에 대한 별도의 분석이 필요치 않다.

14 정답 ④
① 주택담보대출 : 금융기관 담보대출의 가장 대표적인 형태로, 아파트, 다세대주택, 연립주택, 단독주택 등 공부상 주택을 담보로 제공하고 받는 대출이다.
② 보증서담보대출 : 신용보증기금의 신용보증서나 주택금융신용보증서, 금융기관의 지급보증서 또는 서울보증보험의 보증보험서 등을 담보로 하여 취급하는 담보대출이다.
③ 모기지론 : 부동산을 담보로 주택저당증권을 발행하여 10년 이상 장기로 취급하는 주택자금대출의 한 종류를 말한다.
⑤ 신용대출 : 신용을 바탕으로 이루어지는 대출로, 통상 금융기관 신용대출은 개인신용평가시스템을 이용하여 산출된 개인의 신용등급을 기준으로 대출한도 및 금리가 결정된다.

핵심개념 역모기지론의 구조
- 주택 소유자가 한국주택금융공사에 보증을 신청 → 보증서 발급 → 금융기관에서 보증서를 담보로 대출 실행 → 채무자에게 연금으로 지급
- 일반 주택담보대출에 비해 저금리 적용

15 정답 ④
외화당좌예금은 원화당좌예금과 달리 수표·어음은 발행하지 않고, 수표 및 지급청구서에 의하여 지급되며 원칙적으로 이자를 지급하지 않는다.

핵심개념 전신환매매율
자금의 결제를 전신환을 통하여 실행하는 경우에 적용되는 환율로, 자금의 결제가 1일 이내에 완료되므로 자금결제 기간에 따른 금리요소가 개입되지 않는 환율을 의미한다.

16 정답 ①
미성년자의 경우 법정대리인의 동의에 의하여 발급이 가능한데, 이때 법정대리인의 동의서와 미성년자의 소득증빙서류 등을 제출해야 한다.

17 정답 ③
기본적 분석에서는 내재가치가 시장가치에 비해 낮게 형성되어 있으면 매도를, 내재가치가 시장가치에 비해 높게 형성되어 있으면 매수를 고려한다.

18 정답 ④
환율 상승은 주식시장에 긍정적, 환율 하락은 주식시장에 부정적으로 작용하므로 환율이 상승하면 주가가 상승하고, 환율이 하락하면 주가가 하락한다.

19 정답 ①
가격결정의 지표는 유통시장의 주요 기능에 해당한다.

핵심개념 발행시장과 유통시장의 주요 기능

발행시장	유통시장
· 자금조달 기능	· 환금성 제공
· 자본의 효율성 제고	· 공정가격의 제공
· 금융정책의 수단	· 가격결정의 지표
· 투자수단 제공	· 유가증권 담보력 제고

20 정답 ①
경기변동은 확장기와 수축기의 길이가 다르게 나타나는 것이 일반적이다.

21 정답 ④
제품이 비차별적일 때 구매자의 교섭력은 강해진다.

핵심개념 구매자의 교섭력과 공급자의 교섭력

구매자의 교섭력이 강한 경우	공급자의 교섭력이 강한 경우
· 구매자들이 조직화될 때	· 공급자가 소수이거나 조직화될 때
· 제품정보에 대해 많이 알고 있을 때	· 대체품이 거의 없을 때
· 제품이 비차별적일 때	· 공급되는 제품이 중요한 투입요소일 때
· 구매자의 전환비용이 낮을 때	· 공급자를 변경하는 데 소요되는 전환비용이 높을 때
· 구매자들이 낮은 이윤 때문에 가격에 민감할 때	· 공급자가 전방통합할 가능성이 높을 때
· 구매자들이 후방통합을 할 수 있을 때	

22 정답 ①
② 성장기 : 판매촉진이 효과를 보면서 매출이 증가하고 시장규모가 확대되는 단계
③ 성숙기 : 안정적인 시장점유율을 차지하게 되지만, 시장이 포화상태에 이르러 매출성장이 둔화되는 단계

④ 쇠퇴기 : 신제품 또는 신기술의 등장으로 기존 산업의 수요가 지속적으로 감소하고 규모가 정체되거나 쇠퇴하는 단계

23 정답 ③
기업분석은 내재가치 평가모형의 다양성으로 인해 시장가격에 주관성이 개입할 여지가 크며, 주가는 이성적 요인뿐만 아니라 심리적 요인에 의해 결정되는 측면이 크다는 단점이 있다.

24 정답 ②
ROE = $\dfrac{순이익}{자기자본}$

자기자본 = 총자산 × 자기자본비율 = 500억원 × 0.6 = 300억원

따라서 ROE = $\dfrac{순이익}{자기자본}$ = $\dfrac{30억원}{300억원}$ × 100 = 10%

핵심개념 ROA와 ROE 공식
- ROA = $\dfrac{순이익}{총자산}$
- ROE = $\dfrac{ROA}{자기자본비율}$

25 정답 ①
주가는 시장에서 가치가 결정되고 주당순자산은 재무상태표에 나와 있는 순자산을 발행주식수로 나누어서 계산한 것이기 때문에 주가순자산비율은 다른 말로 시장가치 대 장부가치비율이라고도 한다. 따라서 주가순자산비율은 분모는 장부가치를, 분자는 시장가치를 사용하여 계산한다.

핵심개념 시장가치비율

구 분	내 용
주가수익비율(PER)	$\dfrac{주가}{주당순이익}$ → 주당이익의 창출능력에 비해 주가가 높은지 낮은지를 판단하는 기준
주가순자산비율(PBR)	$\dfrac{주가}{주당순자산}$ → 시장가치 대 장부가치비율
주가현금흐름비율(PCR)	$\dfrac{주가}{주당현금흐름}$ → 기업의 영업성과와 자금조달 능력 측정
주가매출액비율(PSR)	$\dfrac{주가}{주당매출액}$ → 영업성과에 대한 객관적인 자료 제공(PER의 단점 보완)

토빈의 q	$\dfrac{자산의 시장가치}{추정 대체비용}$ → 기업자산의 시장가치와 현시점에서 자산을 재구입할 경우 소요되는 대체원가와의 관계
배당수익률	$\dfrac{1주당 배당금}{주가}$ → 주식 1주를 보유함으로써 얼마의 현금배당을 받을 수 있는지를 판단

26 정답 ④
정률성장 배당모형은 미래 배당흐름이 매년 일정하게 증가한다고 가정한 모형으로, 필요자금은 내부자금으로만 조달된다는 것을 전제로 한다.

핵심개념 정률성장 배당모형의 가정
- 이익과 배당이 매년 일정하게 성장
- 요구수익률, 유보율, 배당성향, 재투자수익률(ROE) 일정
- 요구수익률 > 성장률
- 필요자금은 내부자금만으로 조달

27 정답 ④
정률성장 배당모형을 이용하여 주식의 이론적 가치를 나타낸 식은 다음과 같다.

$P_0 = \dfrac{D_1}{k-g} = \dfrac{D_0(1+g)}{k-g}$

k(요구수익률) = 무위험이자율 + β(시장포트폴리오의 기대수익률 − 무위험이자율)
= 2% + 0.8(12% − 2%) = 10%

따라서 $P_0 = \dfrac{D_0(1+g)}{k-g} = \dfrac{1,000(1+0.08)}{0.10-0.08} = \dfrac{1,080}{0.02}$ = 54,000원

28 정답 ⑤
정상적 PER = $\dfrac{1-f}{k-g} = \dfrac{1-f}{k-f \cdot r}$

- $1-f$: 기대되는 배당성향
- f : 사내유보율
- r : 재투자수익률(ROE)
- k : 요구수익률

따라서 정상적 PER = $\dfrac{1-f}{k-f \cdot r} = \dfrac{1-f}{0.10-f \cdot 0.10}$
= $\dfrac{1-f}{0.10(1-f)} = \dfrac{1}{0.10}$ = 10

29 정답 ③

EV/EBITDA는 기업가치가 순수한 영업활동을 통한 이익의 몇 배인가를 알려주는 지표로, EV/EBITDA 비율이 낮다면 회사의 주가가 기업가치에 비해 저평가되었다고 평가할 수 있다. 예를 들어 EV/EBITDA가 3배라는 의미는 그 기업을 시장가격으로 매수하였을 때 그 기업이 벌어들인 이익으로 3년 만에 투자원금을 회수할 수 있다는 것이다.

핵심개념 EV/EBITDA 비율 공식

$$\frac{EV}{EBITDA} = \frac{기업가치}{이자 \cdot 세금 \cdot 감가상각비\ 차감전\ 이익}$$

30 정답 ③

트레이너지수는 시장 민감도를 나타내는 베타지수로 초과수익률을 나눈 것이다. 샤프지수는 펀드수익률에서 무위험채권 이자율을 뺀 값을 펀드수익률의 표준편차로 나누어 계산한다. 트레이너지수가 펀드의 베타계수만을 고려하는 반면, 샤프지수는 전체 위험을 고려하는 표준편차를 사용하고 최소 1개월 이상의 수익률 데이터를 필요로 한다.

31 정답 ⑤

일반적으로 경기 저상장기나 침체기에는 시장에 대한 불확실성 증대에 따른 위험회피 경향에 따라 가치투자 스타일의 투자전략이 유리하고, 경기 성장기에는 성장투자 스타일이 상대적으로 유리한 경향이 있다.

32 정답 ④

실제 정확한 기준으로 평가하여 부담하게 되는 금리를 실효금리라 하고, 단순히 겉으로 표기되어 드러난 금리를 표면금리라고 한다.

33 정답 ①

② 정책금리 : 각국 중앙은행에서 인위적으로 결정하는 모든 금리의 기준이 될 수 있는 초단기금리를 말한다.
③ 명목이자율 : 물가상승률이 반영되지 않은 이자율이다.
④ 실효금리 : 실제 정확한 기준으로 평가되어 부담하게 되는 금리로, 다양한 현금흐름의 금리상품들도 연단위의 복리이자율로 환산한 실효수익률은 수많은 종류의 금융상품들의 수익률 또는 금리를 동일조건으로 기준화하여 정확히 비교할 수 있게 하므로 올바른 투자판단지표가 될 수 있다.
⑤ 표면금리 : 단순히 겉으로 표기되어 드러난 금리로, 일부 금융상품의 경우 수익률을 과시하기 위해 단리 등의 표면금리로 표시하기도 하는데 투자자는 이를 실효수익률로 재산출하여 인식하고 타 수익률과 비교해야 상품의 올바른 가치를 측정할 수 있다.

34 정답 ②

①·③·④·⑤는 시장금리의 상승 요인에 해당한다.

핵심개념 시장금리의 변동 요인

상승 요인	하락 요인
• 물가 상승	• 물가 하락
• 경기 호전	• 경기 하강
• 시중자금 부족	• 시중자금 풍부
• 확장 재정정책(국채발행 증가)	• 긴축 재정정책(국채발행 감소)
• 주요 선진국 금리수준 상승	• 주요 선진국 금리수준 하락
• 채권수급 악화(매수자 < 매도자 + 발행자)	• 채권수급 호전(매수자 > 매도자 + 발행자)

35 정답 ③

주식의 자본형태는 자기자본, 채권의 자본형태는 타인자본이다.

36 정답 ②

이표채는 이자지급방식에 따른 채권의 종류에 해당한다.

핵심개념 발행조건에 따른 채권의 종류 구분

발행주체	이자지급방식
• 국 채	• 이표채
• 지방채	• 할인채
• 특수채	• 복리채
• 금융채	
• 회사채	

37 정답 ①

통안채(통안증권 또는 통화안정화증권)에 대한 설명이다. 시중의 유동성을 흡수하기 위해서는 통안채 발행량을 만기량보다 많게 하고 시중에 유동성을 공급하기 위해서는 통안채 발행량을 만기량보다 적게 한다.

38 정답 ②

① 회사채 : 상법상의 주식회사가 발행하는 채권으로 회사의 채무이행 능력에 따라 AAA부터 D까지의 다양한 신용등급을 부여받는다.
③ 복리채 : 이자가 자동으로 발행이율만큼 복리로 재투자된 후 만기일에 원금과 재투자된 이자를 함께 상환받는 채권이다.
④ 고정금리부채권 : 만기까지의 수익률이 확정되어 있는 채권을 말한다.
⑤ 공모발행채권 : 50인 이상의 불특정 다수 투자자들을 대상으로 하는 채권을 말한다.

39 정답 ④

$10,000 \div (1 + 0.05)^2 = $ 약 9,070원

40 정답 ④

전환사채는 주가가 하락한다 하더라도 회사가 부도나지 않는다면 보유한 채권의 원리금을 상환받을 수 있다.

핵심개념 전환사채(CB ; Convertible Bond)의 투자위험 문제점
- 채권을 주식으로 전환할 수 있는 권리와 신주를 인수할 수 있는 권리를 갖는 대신 일반채권에 비해 보장금리가 상당히 낮음
- 주식 청구권을 행사할 경우에 신주가 발행되기 때문에 주식의 물량부담이 커짐에 따라 주가가 쉽게 상승하기 어렵다는 단점이 있음
- 주로 일반적인 회사채시장을 통한 자금조달이 어려운 기업들에 의해 발행되기 때문에 회사의 제반여건을 보다 면밀히 살펴봐야 함

41 정답 ⑤

표면이자율이 낮은 채권이 표면이자율이 높은 채권보다 금리변동에 따른 가격 변동폭이 크다.

42 정답 ③

$$\text{수정듀레이션} = \frac{\text{맥컬레이듀레이션}}{1 + \text{채권수익률}}$$

$$= \frac{8.16}{1 + \frac{0.10}{4}} = 약 \ 7.96$$

43 정답 ①

불 플래트닝은 장기금리가 단기금리보다 하락해 커브가 평평해지는 현상으로, 장단기 스프레드가 축소되는 것을 말한다.

핵심개념 채권 수익률곡선(일드커브)의 플래트닝과 스티프닝 구분

플래트닝과 스티프닝에서 강세(Bull)와 약세(Bear)를 나누는 기준은 국채임
- 국채시장 강세(Bull) → 국채수요 증가 → 국채가격 상승 → 국채수익률 하락
- 국채시장 약세(Bear) → 국채수요 감소 → 국채가격 하락 → 국채수익률 상승

불 플래트닝	불 스티프닝
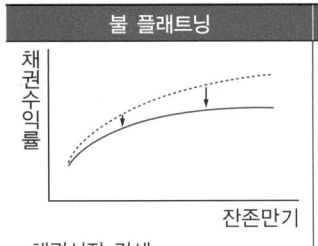	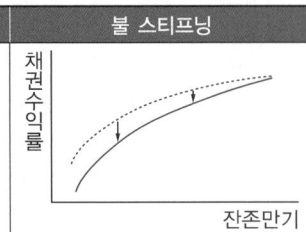
• 채권시장 강세 • 장단기 스프레드 축소 • 장기금리가 단기금리보다 빠르게 하락하여 수익률곡선이 평평해짐	• 채권시장 강세 • 장단기 스프레드 확대 • 단기금리가 장기금리보다 빠르게 하락하여 수익률곡선이 가팔라짐

베어 플래트닝	베어 스티프닝
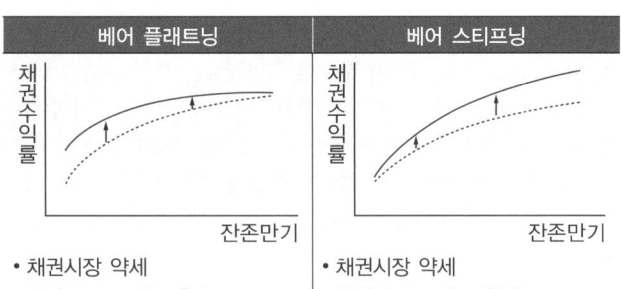	
• 채권시장 약세 • 장단기 스프레드 축소 • 단기금리가 장기금리보다 빠르게 상승하여 수익률곡선이 평평해짐	• 채권시장 약세 • 장단기 스프레드 확대 • 단기금리보다 장기금리가 빠르게 상승하여 수익률곡선이 가팔라짐

44 정답 ②

① A : 원리금 지급능력이 우수하나, 장래의 경제여건 및 환경변화에 영향을 받을 수 있음
③ BB : 원리금 지급능력에 당면 문제가 없지만, 장래 안전을 단언하기 어려움
④ B : 원리금 지급능력이 부족하여 투기적임
⑤ CCC : 원리금 지급이 현재에도 불확실하며 채무 불이행 위험이 큼

45 정답 ③

채권 투자수익률 = 자본손익률 + 이자수익률

$$= \frac{(10{,}500 - 10{,}000) + 400}{10{,}000} = 0.09 = 9\%$$

46 정답 ②

거래소가 결제이행 책임을 부담하므로 투자자는 파생상품거래 시 상대방의 신용상태를 파악할 필요가 없다.

47 정답 ③

옵션형 파생상품에 대한 내용이다. 옵션형 파생상품은 옵션행사권리가 내재되어 있어 손익구조가 중간에 꺾이는 특성을 갖는다. 옵션은 미래의 일정 시점 또는 일정 기간 동안에 일정한 가격(행사가격)으로 기초자산을 매수 또는 매도할 권리를 말한다. 이때 매수할 권리를 콜옵션, 매도할 권리를 풋옵션이라 한다. 캡/플로어는 단일기간 콜옵션 또는 풋옵션을 결합한 옵션형 장외파생상품을 말한다.

핵심개념 파생상품의 유형

구 분	내 용
선도형	선도, 선물, 스왑
옵션형	콜옵션, 풋옵션, 캡, 플로어, 이색옵션
합성형	선물옵션, 스왑션

은행FP 자산관리사 2부 (1회)

48 정답 ④
주가지수선물의 경우 약세 스프레드전략은 스프레드가 확대될 것으로 예상하는 경우 원월물을 매수하고 근월물을 매도한다.

핵심개념 강세 스프레드전략과 약세 스프레드전략

구 분	내 용
강세 스프레드전략	근월물 가격이 원월물에 비해 상대적으로 더 많이 상승하거나 더 적게 하락할 것으로 예상하는 경우 (스프레드 축소 예상) → 근월물 매수, 원월물 매도
약세 스프레드전략	원월물 가격이 근월물에 비해 상대적으로 더 많이 상승하거나 더 적게 하락할 것으로 예상하는 경우 (스프레드 확대 예상) → 원월물 매수, 근월물 매도

49 정답 ②
지수선물을 이용하여 주식 포트폴리오의 시장리스크, 즉 베타를 조정할 때 매도 또는 매수해야 할 지수선물 계약 수는 다음과 같이 계산된다.

$$N = (\beta_T - \beta_P) \times \frac{P}{F}$$

- β_T : 주식 포트폴리오의 목표 베타
- β_P : 주식 포트폴리오의 시장인덱스에 대한 베타
- F : 주가지수선물 한 계약의 현재가치
- P : 주식 포트폴리오의 현재가치
- N : 주가지수선물 계약 수

따라서 $N = (1.5 - 0.9) \times \dfrac{100억원}{400포인트 \times 25만원}$
$= 0.6 \times 100 = 60계약$

N이 양(+)이면 매수포지션을 취해야 할 지수선물 계약 수를 나타내고, N이 음(-)이면 매도포지션을 취해야 할 지수선물 계약 수를 나타내므로, KOSPI200 선물 60계약을 매수한다.

50 정답 ③
투자자는 주가지수선물을 활용하여 주식시장 전체의 움직임에 대한 베팅 성격의 거래를 할 수 있다. 예를 들어, 시장의 강세를 예상하는 투자자는 주가지수선물을 매수하고, 시장의 약세를 예상하는 투자자는 주가지수선물을 매도한다.

51 정답 ④
환율 하락으로 인한 손실을 피하기 위해 6개월 원-달러 선물환을 달러당 1,100원(선물환율)에 $1,000,000만큼 매도하는 헤지전략이 필요하다. 따라서 매도헤지 결과 B기업은 6개월 후의 환율변동에 관계없이 11억원(= 1,000,000 × 1,100)을 확보할 수 있게 된다.

52 정답 ⑤
A기업은 3개월 후 달러자금 수취 시 달러가치 하락, 즉 원-달러 환율 하락 위험에 노출되어 있다. 한국거래소에 상장된 미국 달러선물의 거래단위는 $10,000이므로 원-달러 환율 하락으로 인한 손실을 피하기 위해서는 미국 달러선물 500(= $5,000,000 / $10,000)계약을 매도하여야 한다.

핵심개념 선물환을 이용한 환리스크 관리

구 분	내 용
매수헤지	• 장래 매수해야 할 통화의 가치가 상승하여 손실이 생길 가능성에 대비하여 선물환 또는 통화선물을 매수하는 거래 • 해당 통화로 수입대금을 결제해야 하는 수입업자, 차입금을 갚아야 하는 차입자 등이 활용
매도헤지	• 미래에 매도해야 할 통화의 가치가 하락할 것을 우려하여 선물환 또는 통화선물을 매도하는 거래 • 해당 통화로 수출대금을 결제받을 수출업자, 투자금 또는 대출금을 받게 되는 투자자 등이 활용

53 정답 ④
주가와 환율이 반대방향으로 움직이는 경우에는 주가와 환율 간의 공분산이 음(-)이 되어 포트폴리오의 리스크가 감소한다.

54 정답 ②
미국형 옵션은 만기일 이전에도 행사가 가능한 반면, 유럽형 옵션은 만기일에만 행사가 가능하다.

55 정답 ①
풋옵션은 팔 수 있는 권리이므로 행사가격보다 기초자산가격(KOSPI200 지수)이 낮을 때 가치를 가진다. 문제의 풋옵션은 행사가격(250)보다 만기 시 KOSPI200지수(252)가 더 높아서 풋옵션 매수자는 권리행사를 포기한다. 따라서 매수한 풋옵션 프리미엄만큼의 손실을 보게 된다. KOSPI200지수옵션은 1포인트에 25만원이므로 -1.5p × 25만원 = -37.5만원의 손실을 본다.

56 정답 ②
콜옵션과 풋옵션 매수의 감마는 모두 양(+)이다.

57 정답 ③
환율이 1,200원 이하로 하락하는 경우에도 현물에서의 손실이 풋옵션에서의 이익과 상쇄되어 전체 손실은 10원으로 고정된다.

핵심개념 풋옵션 매수헤지 그래프

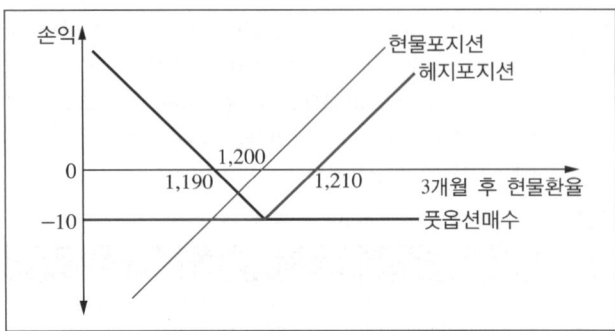

58 정답 ④

K기업은 현재 120억원을 원화자산에 투자하고 있는 반면에 1,000만달러의 달러부채를 동시에 보유하고 있다. 따라서 환율변동 위험을 관리하기 위해서는 지급하는 달러 현금흐름과 수취하는 원화 현금흐름을 상쇄시키는 통화스왑 거래가 필요하다. 즉 통화스왑 거래 만기 시 달러 원금을 수취하여 달러 차관을 상환할 수 있어야 한다. 그러므로 K기업은 만기에 원화 원금을 지급하고, 달러 원금을 수취하는 통화스왑 거래를 하여야 한다. 즉, 만기에 원화로 투자한 자산에서 나오는 원금을 받아서 통화스왑 상대방에게 지급하고, 상대방으로부터 달러 원금을 수취하여 달러부채를 상환하면 환율변동 리스크를 관리할 수 있다.

59 정답 ②

옵션의 가격(프리미엄)에 직접적 영향을 끼치는 변수에는 기초자산 가격(Underlying price, S), 행사가격(Strike price, K), 잔존만기(Time to expiration, T), 변동성(Volatility, σ) 등이 있다.

60 정답 ②

산술평균은 각 기간별 수익률을 단순 평균한 것으로 복리계산을 무시하기 때문에 기하평균보다 높다.

61 정답 ③

기대수익률 = 0.4 × 0.6 + 0.2 × 0.1 + 0.4 × (−0.4) = 0.1
분산 σ_A^2 = Σ(예상수익률 − 기대수익률)² × 확률
= (0.6 − 0.1)² × 0.4 + (0.1 − 0.1)² × 0.2 + (−0.4 − 0.1)² × 0.4
= 0.1 + 0 + 0.1 = 0.2 = 20%
따라서 표준편차 = $\sqrt{\sigma_A^2}$ = $\sqrt{0.2}$ = 0.4472 = 44.72%

62 정답 ④

A와 B 두 자산의 공분산을 각 자산의 수익률의 표준편차로 나누어 다음과 같이 상관계수를 계산할 수 있다.

$$\rho_{AB} = \frac{COV_{AB}}{\sigma_A \times \sigma_B}$$

따라서 주식 A와 B의 상관계수는 $\frac{0.014}{0.2 \times 0.1} = \frac{0.014}{0.02} = 0.7$

핵심개념 상관계수의 범위

$$-1 \leq \rho_{AB} \leq 1$$

- +1일 때 : 두 개의 자산은 완전한 양의 상관관계
- 0일 때 : 두 개의 자산은 아무런 관계가 없음
- −1일 때 : 두 개의 자산은 완전한 음의 상관관계로 정반대로 움직인다는 의미

63 정답 ④

위험회피자라고 해서 모두 동일한 무차별곡선을 갖는 것은 아니다. 투자자들이 위험을 싫어하는 정도에 따라 위험에 대해 요구하는 보상의 정도가 달라지기 때문에 투자자들의 무차별곡선은 서로 다른 모양을 갖게 된다. 즉, 위험회피성향이 클수록 동일한 위험 증가에 대해 더 큰 보상을 요구할 것이므로 무차별곡선의 기울기는 더 가파른 형태를 띠게 된다.

64 정답 ⑤

위험회피적인 투자자일수록 최소분산 포트폴리오에 근접하게 된다.

핵심개념 위험자산 간의 효율적 프런티어

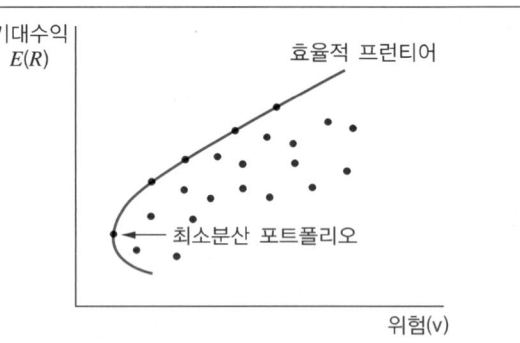

→ 좌측으로 갈수록 위험은 작아지고 위로 갈수록 수익률이 높아지기 때문에 위험회피적인 투자자일수록 최소분산 포트폴리오에 근접하게 된다.

65 정답 ④

증권시장선(SML)상에서 주식의 기대수익률(또는 요구수익률)은 다음과 같이 예측할 수 있다.

$$E(R_A) = R_f + \beta_A[E(R_M) - R_f]$$

- $E(R_A)$: 개별 증권 A의 기대수익률
- $E(R_M)$: 시장포트폴리오의 기대수익률
- R_f : 무위험수익률
- β_A : 개별 증권 A의 베타계수

따라서 주식 A의 기대수익률 = 4% + 1.5(10% − 4%) = 13%

66 정답 ②

제2사분면을 선택한 투자자는 시장예측을 통한 선제적인 자산배분 활동이 성공하기는 어렵지만, 각 자산군 내에서 상대적으로 우수한 증권을 선택하여 시장 평균을 초과하는 수익을 내는 것은 가능하다고 믿는 투자자이다.

핵심개념 투자전략 매트릭스에 따른 투자관 구분

제4사분면	제2사분면
• 성공적인 시장 예측이 가능한가? 예	• 성공적인 시장 예측이 가능한가? 아니오
• 우수한 증권선택이 가능한가? 예	• 우수한 증권선택이 가능한가? 예
제3사분면	제1사분면
• 성공적인 시장 예측이 가능한가? 예	• 성공적인 시장 예측이 가능한가? 아니오
• 우수한 증권선택이 가능한가? 아니오	• 우수한 증권선택이 가능한가? 아니오

67 정답 ①

벤치마크는 평가기간이 시작되기 전에 미리 정해져야 한다.

핵심개념 벤치마크의 개념

벤치마크(BM ; Bench Mark)는 성과 평가의 기점이 되는 기준 잣대로, 투자위험과 기대수익의 조합에 따라 자산집단이나 개별 상품별로 정해질 수 있다.

68 정답 ①

젠센의 알파는 다음과 같이 구할 수 있다.

$$R_p - R_f = \alpha_p + \beta_p(R_m - R_f)$$
$$\alpha_p = (R_p - R_f) - \beta_p(R_m - R_f)$$

- R_p : 펀드수익률
- R_f : 무위험수익률
- β_p : 포트폴리오수익률의 베타
- R_m : 시장포트폴리오 수익률

각 펀드의 젠센의 알파 값을 위 공식에 대입하여 구하면,
$\alpha_A = (0.09 - 0.03) - 0.4(0.05 - 0.03) = 0.052 = 5.2\%$
$\alpha_B = (0.10 - 0.03) - 1(0.05 - 0.03) = 0.05 = 5\%$
$\alpha_C = (0.11 - 0.03) - 1.5(0.05 - 0.03) = 0.05 = 5\%$
$\alpha_D = (0.12 - 0.03) - 2.0(0.05 - 0.03) = 0.05 = 5\%$
$\alpha_E = (0.13 - 0.03) - 2.5(0.05 - 0.03) = 0.05 = 5\%$

따라서 젠센의 알파 값이 가장 큰 펀드는 A이다.

69 정답 ④

- 샤프지수 = $\dfrac{R_p - R_f}{\sigma_p} = \dfrac{12\% - 4\%}{8\%} = 1.0$
- 트레이너지수 = $\dfrac{R_p - R_f}{\beta_p} = \dfrac{12\% - 4\%}{2.0\%} = 4.0$

따라서 샤프지수는 총위험 한 단위당 1단위의 초과수익을, 트레이너지수는 체계적위험(β) 한 단위당 4단위의 초과수익을 올리고 있음을 의미한다(트레이너지수 계산 시 β값은 %단위로 간주).

70 정답 ①

전략적 자산배분은 자산군별 배분비율을 수시로 변경해서는 안 되지만, 최초 가정했던 경제변수나 고객의 재정 상황, 투자 제약 요소, 위험 감내도 등이 크게 변한 경우에 한해서는 신중하게 변경해야 한다.

1회 은행FP 자산관리사 2부

제2과목 비금융자산 투자설계(30문항)

71 정답 ⑤

부동산은 질권을 설정할 수 없으나, 동산은 질권을 설정할 수 있다.

핵심개념 부동산과 동산의 법률적 차이

구분	부동산	동산
공시방법	등기	점유
권리변동	등기	인도(점유의 이전)
공신력	불인정	인정(선의취득)
제한물권의 범위	• 담보물권 : 저당권(○), 유치권(○), 질권(×) • 용익물권 : 지상권(○), 지역권(○), 전세권(○)	• 담보물권 : 저당권(×), 유치권(○), 질권(○) • 용익물권 : 지상권(×), 지역권(×), 전세권(×)
취득시효	20년(등기 : 10년)	10년(선의취득 : 5년)
무주물 귀속	국유	선점자

72 정답 ④

용도지역은 토지의 이용, 건축물의 용도, 건폐율, 용적률, 높이 등을 제한함으로써 토지를 경제적·효율적으로 이용하고 공공복리의 증진을 도모하기 위해 서로 중복되지 않게 도시·군관리계획으로 국토교통부장관, 특·광·도지사가 결정하는 지역이다.

핵심개념 용도지역의 의의와 세분

구분	내용
용도지역의 의의	• 토지의 용도에 따라 토지의 이용, 건축물의 용도, 건폐율, 용적률, 높이 등을 제한함으로써 토지를 경제적이고 효율적으로 이용하기 위해 구별하여 지정하는 지역 • 서로 중복되지 않게 도시·군관리계획으로 국토교통부장관, 특·광·도지사가 결정하는 지역 • 용도지역 중 도시지역은 16가지로, 관리지역은 3가지로 세분되어 지정되지만 농림지역과 자연환경보전지역은 세분되지 않음(총 21개 지역으로 세분화)
도시지역과 관리지역의 세분	• 도시지역은 주거지역, 상업지역, 공업지역, 녹지지역으로 세분 • 관리지역은 보전관리지역, 생산관리지역, 계획관리지역으로 세분

73 정답 ④

단독주택에는 단독주택, 다중주택, 다가구주택, 공관이 있으며, 공동주택에는 아파트, 연립주택, 다세대주택, 기숙사가 있다.

74 정답 ③

재축이란 건축물이 천재지변이나 그 밖의 재해로 멸실된 경우 그 대지에 종전과 같은 규모의 범위에서 다시 축조하는 것을 말한다. 기존 건축물의 전부 또는 일부를 철거하고 그 대지에 종전과 같은 규모의 범위에서 건축을 다시 축조하는 것은 개축이다.

핵심개념 부동산 관련 용어

구분	내용
필지	등기법상 등기단위로서 토지소유자의 권리를 구분하기 위한 법적 개념
획지	인위적·자연적·행정적 조건에 따라 다른 토지와 구별되는 가격수준이 비슷한 토지(경제적·부동산학적 개념)
건축	건축법에 따라 신축·증축·개축·이전하는 것
신축	기존 건축물이 철거되거나 멸실된 대지 등 건축물이 없는 대지에 새로 건축물을 축조하는 것
증축	기존 건축물이 있는 대지에서 건축물의 건축면적, 연면적, 층수 또는 높이의 규모를 늘리는 것
개축	기존 건축물의 전부 또는 일부를 철거하고, 그 대지 안에 종전과 동일한 규모의 범위 안에서 건축물을 다시 짓는 것
재축	건축물이 천재지변이나 그 밖의 재해로 멸실된 경우 그 대지에 종전과 같은 규모의 범위에서 다시 축조하는 것
대수선	건축물의 기둥, 보, 내력벽 등 그 구조나 외부형태를 수선·변경 또는 증설하는 것
대지	공간정보의 구축 및 관리 등에 관한 법률에 따라 필지로 구획된 토지
건축선	건축법에 의해 도로와 접한 부분에서 건축행위를 하는 경우 도로와 건축물을 건축할 수 있는 경계선
건폐율	대지면적에 대한 건축면적의 비율
용적률	대지면적에 대한 건축물의 연면적 비율

75 정답 ③

DSR은 총부채원리금 상환비율로서, 대출자의 소득 대비 원리금 상환액의 비율을 말한다. 주택담보대출 원리금 상환액은 물론 신용대출, 자동차할부금, 신용카드 미결제액 등 다른 부채의 원리금 상환액을 모두 합한 금액을 연간소득으로 나눈 비율이다.

핵심개념 LTV, DTI, DSR, RTI의 이해

구분	내용
LTV (Loan To Value)	• 담보인정비율 • 담보대출의 가치인정비율을 의미
DTI (Dept To Income)	• 총부채상환비율 • 총소득에서 부채의 연간 원리금 상환액이 차지하는 비율
DSR (Dept Service Ratio)	• 총부채원리금상환비율 • 대출자의 소득 대비 전체 금융부채의 원리금 상환액 비율
RTI (Rent To Interest)	• 이자상환비율 • 임대사업자의 연간 임대소득을 연간 이자비용으로 나눈 비율

76   정답 ③

저당권은 등기사항증명서의 을구에 포함되는 사항이다.

핵심개념 등기사항증명서의 주요 기재사항

구 분	내 용
표제부	표시번호, 접수, 소재지번·지목·면적
갑 구	소유권에 관한 사항(변동사항, 압류, 가압류, 경매신청, 가등기, 가처분 등)
을 구	소유권 이외의 권리에 관한 사항(지상권, 지역권, 전세권, 저당권, 임차권)

77   정답 ④

공동주택공시가격은 집합건축물대장의 전유부에서 확인할 수 있다. 집합건축물대장의 표제부에 기재되어 있는 사항으로는 해당 건축물의 면적, 용도지역/지구/구역, 주용도, 건폐율/용적률, 건축물의 층별 용도 및 면적, 건축 세부부속물에 대한 정보, 주요 변경내역 및 위반사항 등이 있다. 전유부에는 각 호 소유와 관련되는 사항이 기재되어 있는데 각 호의 전유면적, 층, 소유자 정보, 공동주택공시가격 등이 기재되어 있다.

핵심개념 건축물대장의 구성

구 분	내 용
총괄표제부	• 건물이 등록된 대표 필지에 여러 동의 건물이 있는 경우 발급 • 전체 개요와 각 건물에 대한 기본적 내용이 기재
일반건축물	• 일반건축물인 경우 독립된 동마다 발급 • 독립된 건물 전체 개요와 층별 개요가 기재
표제부	• 집합건축물인 경우 독립된 한 동마다 발급 • 독립된 건물 전체 개요와 층별 개요가 기재
전유부	• 집합건축물인 경우 독립된 소유권에 따라 발급 • 건물 전체에 대한 해당 소유권의 전용면적과 공용면적이 구분

78   정답 ⑤

임대인이 임대차기간 만료 전 6월부터 2월까지 임차인에게 갱신거절의 통지를 하지 않은 경우에는 이전과 동일한 조건의 계약이 2년을 기간으로 하여 갱신된 것으로 본다.

핵심개념 주택임대차보호법의 이해

구 분	내 용
적용범위	주거용 건물의 일부 또는 전부 (공장 등을 주거용으로 용도 변경한 건물, 가건물(비닐하우스 제외), 무허가·미등기 건물도 적용)
보증금범위	제한 없음
대항력	계약 + 주택인도 + 전입신고 → 익일부터 발생
우선변제권	대항력 + 확정일자
최우선변제권	소액임차인이 대항력을 갖추면 확정일자를 받지 않아도 발생(보호받을 수 있는 소액임차보증금액의 합계액은 경매낙찰대금의 1/2 이내)
임대차 존속기간	2년
계약갱신 (묵시의 갱신)	• 임대인이 기간 만료 전 6월부터 2월까지 갱신거절 통지를 하지 않은 경우 • 임차인이 기간 만료 전 2월까지 갱신거절의 통지를 하지 않은 경우
계약갱신 불인정	2기 차임 연체 or 현저한 의무위반
차임증감	보증금의 5% 이내

79   정답 ⑤

임대인에게 손해배상을 청구할 권리는 임대차가 종료한 날부터 3년 이내에 행사하지 아니하면 시효의 완성으로 소멸한다.

핵심개념 상가건물임대차보호법의 이해

구 분	내 용
적용범위	사업자등록 대상 건물 (동창회 사무실, 종교단체, 자선단체 등 비영리단체의 건물은 미적용)
보증금범위	• 서울 : 9억원 • 수도권 과밀억제권역 및 부산 : 6억 9천만원 • 광역시(과밀억제권역, 군지역, 부산 제외), 세종, 파주, 화성, 안산, 용인, 김포, 광주 : 5억 4천만원 • 그 밖의 지역 : 3억 7천만원
대항력	계약 + 건물인도 + 사업자등록신청 → 익일부터 발생
우선변제권	대항력 + 확정일자
최우선변제권	소액임차인이 대항력을 갖추면 확정일자를 받지 않아도 발생(보호받을 수 있는 소액임차보증금의 합계액은 경매낙찰대금의 1/2 이내)
임대차 존속기간	1년
계약갱신 (갱신요구권)	• 임대인은 임차인의 총 임대기간이 10년을 초과하지 않는 한 정당한 사유 없이 갱신거절 금지 • 임차인 갱신요구 가능 기간 : 기간 만료 전 6월~1월까지
계약갱신 불인정	3기 차임 연체 or 현저한 의무위반
차임증감	보증금의 5% 이내

80   정답 ④

시장에 유동성이 풍부해지면 보수적인 투자성향을 가진 경우 부동산시장에 유동성이 머물 가능성이 크다.

핵심개념 부동산시장 영향요인 분석

구 분	내 용
경제상황	• 경제호황기 → 유동성 풍부 → 관련 투자 집중 → 부동산시장 활성화 • 경제불황기 → 관련 투자 위축 → 부동산시장 침체
금 리	• 금리 상승 → 금융부문에 유동성 흡수 → 투자수요 침체 → 부동산가격 하락 • 금리 하락 → 부동산시장에 자금 유입 → 투자수요 활성화 → 부동산가격 상승

구매력	• 수요자 소득 대비 부동산을 매입할 수 있는 여력 • PIR(Price to Income Ratio) 지수를 활용
대출규제	• 부동산시장에서 일정 부분 자금공급원으로서의 역할을 함 • 시장의 유동성 흐름을 좌우하는 변수 • 국회의 동의 없이 시장에 대응할 수 있는 강력한 규제책
수요와 공급	• 주택의 수요와 공급을 분석하는 것은 시장분석의 기본 • 국지성을 통한 분석 필요
전세가격	매매가격 대비 전세가격이 상승할 경우 매수로 전환하는 수요가 나타나는 것이 일반적임
세금	중과세나 비과세를 통해 시장에 영향을 주고 완급을 조절하는 변수 역할
유동성	시장에 유동성이 풍부해지면 보수적인 투자성향을 가진 경우 부동산시장에 유동성이 머물 가능성이 큼
인플레이션	부동산가격은 물가상승률 이상 상승하여 가치하락을 보전해 줌
부동산정책	가격상승기에 시행되는 규제책이 가격하락기에 시행되는 부양책보다 효과가 더 큼

81 정답 ⑤

신고대상 부동산은 거주자 본인 또는 거주자의 배우자가 해외에서 2년 이상 체재할 목적의 주거용 주택이다.

핵심개념 해외 부동산 취득 절차(은행절차와 세무절차)

	해외 부동산 취득 계약	
취득단계	▼	
	해외 부동산 취득 신고 및 수리 (외국환거래은행 전 영업점)	취득대금 해외 송금 시마다 납세증명서 제출(지정거래외국환은행 영업점)
	▼	
	취득 대금 송금 후 3개월 이내 취득보고서 제출 (지정거래외국환은행)	
보유단계	신고 및 수리 후 일정 시점마다 사후관리 서류 제출 (지정거래외국환은행)	취득대금 해외 송금 시마다 납세증명서 제출(지정거래외국환은행 영업점)
처분단계	해외 부동산 처분(양도)	해외 부동산을 처분(양도)한 달의 말일부터 2개월 이내에 부동산 양도소득세 예정신고 납부(거주지 관할세무서)
	▼	
	해외 부동산 처분 후 3개월 이내에 처분보고서 제출 (지정거래외국환은행)	해외 부동산을 처분한 연도의 다음 연도 5월까지 부동산 양도소득세 확정신고 및 납부 (거주지 관할세무서)

82 정답 ①

인구의 감소가 단기적으로 부동산시장에 미치는 영향력은 제한적이다. 인구가 감소하는 것은 가구원 수의 감소에만 영향을 미치기 때문이다.

83 정답 ④

부동산정책의 필요성을 설명하는 이론에는 경제적 논리, 정치적 논리, 최유효이용론, 강력한 복지론이 있다. 최유효이용론이란 사회적 관점에서 부동산을 가장 바람직하게 이용할 수 있도록 합리적으로 유도하기 위해서는 공적 개입이 필요하다는 논리이다.

핵심개념 부동산정책의 필요성

구분	내용
경제적 논리	규모의 경제, 외부효과, 공공재의 존재, 정보의 불균형 등으로 인한 시장실패를 해소
정치적 논리	부동산은 국가성립의 기본요소이므로, 부동산정책은 적극적 국가의 정부개입 가운데 적지 않은 비중을 차지
강력한 복지론	부동산은 복지사회건설을 위한 유효자원이며, 형평성 도모를 위해 공적 개입을 통해 조정되어 가야 한다는 논리
최유효이용론	사회적 관점에서 부동산을 가장 바람직하게 이용할 수 있도록 합리적으로 유도하기 위해서는 공적 개입이 필요

84 정답 ②

취득세는 국가의 재정수입차원에서는 큰 의미를 부여하기 어렵지만 지방자치단체 등에서 차지하는 비중이 크다.

85 정답 ④

④는 정부의 부동산 정책 중 대출정책에 대한 설명이다. 대출정책은 부동산 대출의 한도와 금액, 대출자격을 직접 제한하여 부동산시장에 영향을 주는 정책으로, 즉시 발효되어 시행되기 때문에 일반적으로 효과가 크고 빠르다. 아울러 저소득층의 자금조달을 어렵게 하고 부유층의 자금출처 증빙을 차단함으로써 구매력을 줄이는 역할을 한다.

86 정답 ③

주택거래신고제는 주택시장 안정화 방안의 일환으로, 투기과열지구 내에서 주택거래를 했을 때 자금조달계획 및 입주계획을 신고해야 하는 규정을 말한다. 2004년 노무현 정부 시기에 처음 시행된 후 2015년에 폐지되었다가 2017년 「8.2 주택시장 안정화 방안」에 따라 재개되었다.

핵심개념 노무현 정부의 부동산정책(세금 중과체계 확립)

구 분	내 용
10·29 주택시장안정 종합대책(03.10.29.)	• 투기지역 주택거래신고제 도입 • 1가구 3주택 최고 82.5% 양도세 중과 • 투기지역 2주택 최고 51% 양도세 중과 • 주상복합아파트 전매제한 대상 확대(300가구 이상 → 20가구 이상) • 투기지역 주택담보비율 10%p 인하 • 강북 뉴타운 12~13개 추가지정 • 분양권 전매제한 투기지역 확대 • 집값 급등 지역 아파트 기준시가 재고시 • 무주택 우선공급 확대(50% → 75%)
종합부동산세 신설 (04.11.11.)	• 주택, 나대지, 사업용 토지에서 각각 3단계의 누진세율 부과, 농어촌특별세 추가 • 2005년 4월부터 주택가격공시제도 도입
다주택자 대상 양도세 중과(04.12.13.)	1가구 3주택 이상 보유자에 대한 양도세 중과
8·31 부동산 종합대책 실시(05.8.31.)	• 2주택자 양도세 중과(2007년부터 50%) • 종합부동산세 주택 6억원 초과로 확대, 가구별 합산으로 변경 • 비사업용 토지, 비거주 농지와 임야를 팔 경우 2006년부터 실거래가 기준 과세 • 토지이용의무 위반 적발 시 신고포상제 도입 • 수도권 중대형 아파트 5년간 41만 5천가구 공급 • 송파·거여지구 5만가구 신도시 건설
실거래가 제도 실시	매매 시 계약체결일부터 30일 이내 시·군·구청에 신고

87
정답 ③

다주택자 양도세 중과 폐지는 박근혜 정부의 정책이다.

핵심개념 박근혜 정부의 부동산정책(부동산시장의 정상화)

구 분	내 용
서민 주거안정을 위한 주택시장 정상화 종합대책 (13.04.01)	• 주택시장 정상화 방안 • 하우스푸어 및 렌트푸어 지원방안 • 서민 주거복지 강화방안
정부의 4·1 대책 점검 및 후속 조치방안 (13.07.24)	• 수도권 공공주택개발사업 조정 • 민간 주택공급 조절 및 분양주택의 임대주택 전환 촉진 • 임대주택 공급확대 등 임대시장 안정화
전월세시장 안정을 위한 대응방안 (13.08.28)	• 주택시장 정상화로 전세수요의 매매전환 유도 • 임대주택 공급 확대 • 서민·중산층 전월세부담 완화
2014년 부동산정책 실시	• 다주택자 양도세 중과 폐지 • 취득세 영구인하 • 비사업용 토지 양도세 중과 유지 • 재건축 등 조합원에게 기존주택 전용면적 범위 내에서 2주택 허용 • 수직증축 리모델링 허용

주택시장 회복 및 서민 주거안정 강화방안 (14.09.01)	주택시장 회복
	• 재정비 규제 합리화 • 청약제도 개편 • 국민 및 기업의 과도한 부담완화 • 주택 공급방식 개편
	서민 주거안정 강화
	• 임대주택 단기공급 확대 • 임대시장 민간참여 활성화 • 무주택 서민 주거비 부담완화
서민·중산층 주거안정 강화방안 (15.09.02)	주거취약계층 지원강화
	• 리모델링 임대 도입 및 전세임대 공급 확대 • 가을 이사철 매입·전세임대 조기공급 • 공공실버주택 공급 • 행복주택·행복기숙사 공급 활성화 • 주거취약계층 주거비 지원 강화
	뉴스테이 활성화
	• 금년 시범사업 성과 가시화로 연내 1.4만호 인가 • 다양한 부지활용, 16년에 뉴스테이 2만호 공급 • 활성화를 위해 재무적 투자자 적극 참여유도 및 관계법령 정비
	정비사업 규제 합리화 및 투명성 제고
	• 정비사업 규제 합리화 • 정비사업 투명성 제고

88
정답 ①

실거래가격은 거래를 하는 데 중요한 선행자료가 된다.

핵심개념 국토교통부 등 정부 발표자료

구 분	내 용
실거래가격	이전 거래사례 금액을 파악함으로써 현재 매매가격과 종전 실거래가의 고저를 비교·분석
주택거래량	시장동향을 나타내는 중요한 지표
미분양주택	미분양주택이 주택시장에 미치는 영향력을 파악하기 위해서는 전국을 대상으로 한 획일적인 해석이 아닌 해당 지역별 수급동향을 중심으로 한 세분화된 분석과 대응이 필요함
지가변동률	해당 지역의 토지시장 추이를 나타내는 지표

89
정답 ③

일반적인 투자수단에 비해 비교적 많은 자본을 필요로 한다.

핵심개념 부동산 투자의 특징과 장단점

(1) 부동산 투자의 특징
- 투자가 비교적 장기적이며, 다른 투자대상보다 많은 자본이 소요된다.
- 투자자의 능력에 의존하는 측면이 크다.
- 투자차익인 자본이득과 임대소득인 현금흐름을 기대할 수 있다.
- 감가상각에 의한 절세효과를 기대할 수 있다.
- 장래기대수익은 유동적이며, 확정적이지 않다.
- 도난·멸실의 위험이 거의 없다.
- 개발이익이 발생할 수 있다.

(2) 부동산 투자의 장단점

장 점	단 점
• 안전성과 수익성이 비교적 높음 • 자본이득의 발생 가능성이 있음 • 부동산에 저당권을 설정하여 자금을 융통하는 등의 방법으로 자금 유동화의 수단이 될 수 있음 • 세제상 감가상각과 자본이득에 대한 낮은 세율 등 절세가 가능	• 자본손실의 발생 가능성이 있음 • 시설의 개 · 보수 등의 수익적 지출과 자본적 지출이 발생함 • 시간의 경과 · 자연재해 등으로 인한 건물과 토지의 가치 감소로 재산적 손실이 발생 가능 • 환금성이 낮으며 특히 경기침체 시 거래량의 부족으로 환금성이 더욱 낮아짐

90 정답 ②

• 기대수익률(%) = $\frac{기대수익 - 투자비용}{투자비용} \times 100(\%)$

= $\frac{12억 - 10억}{10억} \times 100(\%) = 20\%$

• 실현수익률(%) = $\frac{처분가 - 투자비용}{투자비용} \times 100(\%)$

= $\frac{13억 - 10억}{10억} \times 100(\%) = 30\%$

91 정답 ③

① 원가방식은 원가비용 측면에서 접근하여 평가하는 방식으로서, 과거의 가격을 참고하여 파악하는 방식이다.
② 원가방식에는 가격을 구하는 원가법과 부동산의 임료를 구하는 적산법이 있다.
④ 비교방식은 시장성 측면에서 접근하는 평가방식으로, 현재의 가격을 참고하여 파악하는 평가기법이다.
⑤ 수익방식 접근방법에는 직접환원법과 할인현금흐름분석법이 있다.

핵심개념 부동산 가치평가를 위한 3방식 6방법

3방식	접 근	참고 가격	6방법
원가방식	비용성	과거의 가격 (적산/복성)	원가법, 적산법
비교방식	시장성	현재의 가격 (비준/유추)	거래사례비교법, 임대사례비교법
수익방식	수익성	미래의 가격 (수익)	직접환원법, 할인현금흐름분석법

92 정답 ②

순현가법에서 미래가치를 현재가치로 환원할 때 사용하는 수익률은 요구수익률이다.

핵심개념 순현가법과 내부수익률법의 비교

구 분	순현가법	내부수익률법
개 념	투자로부터 발생할 미래의 모든 현금흐름을 요구수익률로 할인하여 현가로 나타내는 방법	현금유출의 현가와 미래 현금유입의 현가를 동일하게 만드는 할인율
투자결정	• 서로 독립적인 경우 순현가 ≥ 0 → 투자안 채택 순현가 < 0 → 투자안 기각 • 서로 배타적인 경우 순현가 ≥ 0을 만족시키는 투자안 중 순현가가 가장 큰 투자안 선택	• 서로 독립적인 경우 내부수익률 ≥ 요구수익률 → 투자안 채택 내부수익률 < 요구수익률 → 투자안 기각 • 서로 배타적인 경우 내부수익률 ≥ 요구수익률을 만족시키는 투자안 중 내부수익률이 가장 큰 투자안 선택
할인율	요구수익률	내부수익률
부의 극대화	언제나 달성 가능	달성 불가능
투자판단	언제나 가능	불가능 (복수의 내부수익률 존재)

93 정답 ③

주택가격 상승에 대한 한계가 나타나면서 자연적인 가치를 통한 휴식과 운동 등 건강에 도움이 되는 지역의 거주 선호도가 높아지고 있다.

94 정답 ⑤

분양권의 경우 분양계약일로부터 30일 이내에 신고해야 하며, 주택공급자 및 수분양자 모두 신고의무가 존재한다.

95 정답 ③

도시형생활주택은 부대 복리시설의 설치 의무가 없다. 이 외에도 도시형생활주택은 기반시설이 부족하여 개발이 어려운 비도시지역에는 건설이 불가하고, 분양가 상한제의 적용을 받지 않으며, 일반 주택에 비해 주차장 설치 기준이 낮다.

은행FP 자산관리사 2부 — 1회

핵심개념 단독주택, 도시형생활주택, 전원주택의 투자전략

구 분	특 징
단독주택	• 고급 단독주택은 전통적인 부자들의 상징적인 주거유형임(성북동, 한남동, 평창동, 삼성동) • 개발이 쉽지 않아 향후 미래가치에 한계가 있음 • 최근에는 다가구주택의 선호도가 높아지고 있음
도시형생활주택	• 기반시설이 부족하여 난개발이 우려되는 비도시 지역에서는 건설이 불가 • 분양가 상한제 적용을 받지 않음 • 부대 복리시설의 설치 의무가 없음 • 일반 주택에 비해 주차장 설치 기준이 낮음
전원주택	• 투자대상보다는 실수요자 중심의 접근 필요 • 도시에서의 접근성이 좋아야 함 • 개발 시에는 가급적 계곡 등을 바로 접할 수 있는 지역이 좋음 • 소규모 면적으로 개발 • 주변의 편의시설 등이 취약

96 정답 ④

개발행위허가제도에 대한 내용이다. 연접제한개발제도란 녹지, 관리, 농림, 자연환경보전지역에서 자연환경이나 농지 및 산림을 보전하고 무분별한 난개발을 방지하기 위해 연접해서 개발하는 경우에 개발행위면적을 제한하는 것을 말한다.

97 정답 ④

경매는 전 낙찰자의 재입찰 참여가 불가하며, 공매는 재입찰 참여가 가능하다.

핵심개념 경매와 공매의 차이점

구 분	경 매	공 매
명도 실현 수단	인도명령제도에 따른 보호	명도소송 (인도명령제도 없음)
입찰방법	법원에서 현장 입찰	온비드에서 온라인(전자) 입찰
대금 미납의 효과	재입찰 참여 불가	재입찰 참여 가능
추가기간에 잔금납부	연체이자 있음	연체이자 없음
적용원칙	채권자 평등원칙	국세 우선의 원칙
저당권부 채권의 상계 여부	상계 가능 (저당권자, 임차인)	상계 불허
잔금 납부기간 경과 후 대금 납부 가능 여부	가 능 (단, 재경매일 3일 이전까지만)	가 능 (잔금납부기일 경과로부터 10일간만)

98 정답 ③

과거에는 부동산이 소유투자 목적이었다면, 현재는 거주이용 목적이다.

핵심개념 부동산 자산시장의 트렌드 변화

구 분	과 거	현 재
부동산시장의 변화	• 부동산 PF시장의 침체 • 부동산금융의 고정화 • 부동산 직접투자 경향 • 양도차익 목적 • 부동산 공급자 중심시장 • 소유투자 목적(주거수요 단순화)	• 부동산 리츠 시장의 확대 • 부동산금융의 유동화 • 부동산 간접투자 경향 • 이용운영수익 목적 • 부동산 수요자 중심시장 • 거주이용 목적(주거수요 다양화)
부동산관리시장으로의 변화	• 부동산 유지보존관리 • 시설관리(FM, 시설·청소·경비·주차) • 자가관리(개별적·영세적·수동적 관리) • 인적건물관리회사(FMC)	• 부동산 수익운영관리 • 자산관리(PM, 임대차관리·시설관리) • 전문위탁관리(글로벌·시스템화·전문적 관리) • 전문자산관리회사(PMC)
부동산관리 대상의 복잡화	• 관리건축물의 저층화·단층화 • 개별적 로컬 설비시스템 • 비수익형 대형 부동산관리	• 관리건축물의 다양화·고층화 • 패키지 빌트인 시스템 • 인터넷 통합관리시스템 • 수익형 소형 부동산관리

99 정답 ④

주택금융은 장기대출, 저리대출, 개인대상, 채무불이행의 위험의 특성이 있다.

핵심개념 부동산금융과 주택금융

(1) 부동산금융

구 분	내 용
개 념	• 부동산 개발, 투자, 취득을 위해 부동산을 운용대상으로 하여 자기자본과 더불어 투자자본을 조달하기 위한 금융 • 모기지 기능이 있으며, 감가상각 및 차입금 이자에 대한 세금감면 혜택이 있음
기 능	• 부동산 공급 확대 기능 • 주택구입 능력 제고 기능 • 저당채권 유동화 기능

(2) 주택금융

구 분	내 용
개 념	주택의 구입이나 건설, 개량, 보수를 위해 금융기관에서 자금을 차입하는 것
특 징	• 장기대출 • 저리대출 • 개인(가계) 대상 • 채무불이행 위험

100 정답 ③

엄격한 대출채권 담보장치를 확보한 대출형부동산펀드의 대출이자는 상대적으로 낮고, 완화된 대출채권 담보장치를 확보한 대출형부동산펀드의 대출이자는 상대적으로 높다.

핵심개념 부동산개발금융(PF)

구분	내용
개념	• 법적으로 독립된 프로젝트로부터 발생하는 미래현금흐름을 상환재원으로 하여 자금을 조달하는 방법 • 차주에 대한 상환청구권이 아닌, 프로젝트 관련 자산 및 미래현금흐름의 원리금 회수에 대부분 의존 • 일종의 대출형부동산펀드라고 할 수 있음
특징	• 시행사로부터 대출채권 담보장치 요구 가능 • 자본시장법은 대출형부동산펀드가 시행사에게 대출 시 '담보권 설정과 시공사의 지급 보증' 등 대출금 회수를 위한 적절한 수단을 확보할 것을 규정 – 엄격한 대출채권 담보장치 확보 → 대출이자가 상대적으로 낮음 – 완화된 대출채권 담보장치 확보 → 대출이자가 상대적으로 높음
주요 점검사항	• 시행사의 사업부지 확보 관련 점검 • 시공사의 신용평가등급 및 건설도급순위 점검 • 시행사의 인허가 관련 점검 • 부동산개발사업의 사업성 관련 점검

은행FP 자산관리사 2부
제2회 정답 및 해설

01	02	03	04	05	06	07	08	09	10
②	④	①	③	②	③	①	④	③	①
11	12	13	14	15	16	17	18	19	20
③	②	⑤	③	③	①	②	③	①	①
21	22	23	24	25	26	27	28	29	30
②	③	④	⑤	②	④	②	①	⑤	⑤
31	32	33	34	35	36	37	38	39	40
①	④	①	③	③	③	③	④	④	③
41	42	43	44	45	46	47	48	49	50
④	③	⑤	④	⑤	①	④	④	③	③
51	52	53	54	55	56	57	58	59	60
③	②	②	②	⑤	③	①	③	③	④
61	62	63	64	65	66	67	68	69	70
③	③	④	④	③	②	①	③	②	①
71	72	73	74	75	76	77	78	79	80
④	④	③	③	③	③	⑤	⑤	⑤	④
81	82	83	84	85	86	87	88	89	90
②	⑤	③	③	①	⑤	③	④	④	④
91	92	93	94	95	96	97	98	99	100
②	③	①	①	②	④	③	⑤	③	⑤

제1과목 금융자산 투자설계(70문항)

01 정답 ②
수익성이 높으면 안전성이 떨어지고, 안전성이 높으면 수익성이 떨어지는 등 투자의 3요소는 서로 상반되는 관계에 있다.

핵심개념 투자의 3요소

구 분	내 용
안전성	금융상품의 원금 또는 원리금이 보호·보전될 수 있는 정도
수익성	• 확정금리형 : 높은 이자(금리) 수익을 지급받을 수 있는 정도 • 실적배당형 : 높은 가격상승(수익률) 수익을 기대할 수 있는 정도
유동성	보유한 금융상품을 필요시 언제든지 별다른 손해 없이 현금화할 수 있는 정도

02 정답 ④
MMDA는 시장 실세금리를 적용하는 단기 고금리 예금상품으로 기간별 예치금액에 따라 차등금리가 적용되며, 3개월마다 이자를 계산하여 원금에 가산한다.

핵심개념 MMDA(Money Market Deposit Account)의 특징

구 분	내 용
가입대상	• 실명의 개인 • 국가, 지방자치단체, 납세번호를 부여받은 임의단체, 법인 및 사업자등록증을 소지한 개인
저축기간	제한 없음
최고 가입한도	제한 없음
최저 가입금액	보통 5백만원 이상(통장 신규 개설 시에만 입금액에 제한이 있음)
이자지급방법	3개월 단위로 이자를 원금에 가산하는 방식
예금자보호	보 호

03 정답 ①
• 제권판결에 의한 수표대금 지급 시 제권판결을 선언한 날로부터 (1)개월이 경과한 경우에 수표대금을 지급한다.
• 사고신고된 수표가 선의취득자로부터 수표의 지급제시 기간 내에 제시되고 사고신고인이 동 수표와 관련하여 법적절차가 진행 중임을 증명할 수 있는 서류를 사고신고일로부터 (5)영업일 이내에 제출하지 아니한 경우 수표의 소지인에게 수표대금을 지급할 수 있다.

04 정답 ③
환매조건부채권은 시장 실세금리를 반영하는 금융상품으로 우량채권을 대상으로 하기 때문에 안전성이 매우 높으나, 예금자보호법에 의하여 보호되지 않는 금융상품이다.

핵심개념 환매조건부채권의 특징

구 분	내 용
가입대상	제한 없음
가입한도	제한 없음
최저 저축한도	금융기간별 상이(통상 500만원 또는 1천만원 이상)
저축기간	최저 15일 이상
이자지급방법	만기이자지급방식
예금자보호	비보호

구분	내용
기 타	• 중도해지, 담보대출, 잔액증명서 발급, 증서재발행 가능 • 설명의무 이행 : 판매 시 자본시장법에서 정한 일반 투자자의 투자정보 확인서를 징구하여 투자자 정보를 파악한 후 설명의무를 이행해야 함

05 정답 ②

종합금융회사의 CMA는 예금자보호법에 의해 보호받을 수 있지만, 증권회사의 CMA는 예금자보호법에 의해 보호받지 못한다.

핵심개념 어음관리구좌(CMA)의 특징

구 분	내 용
가입대상	제한 없음
최고 가입한도	제한 없음
최저 가입금액	금융기관별 상이(통상 1백만원 이상)
예탁기간	1년 이내
이자지급방법	• 인출 시 원금과 이자 지급 • 만기 후 미인출 시 예탁기간 연장(원리금이 자동 재예탁되는 방식)
예금자보호	• 종합금융회사의 CMA : 보호 • 증권회사의 CMA : 비보호
운용형태	• RP형 : 입금 시 해당 금융기관에서 고시한 고시금리를 지급하는 형태 • MMW* 또는 MMF형 : 실적배당형 상품

* MMW : 일임형 랩(Wrap) 계약 형태로 운영되는 CMA

06 정답 ③

가입자가 다른 주택건설지역으로 주소지를 이전함에 따라 그 예치금액의 차액을 추가로 예치할 경우 그 차액의 예치는 반드시 주택공급 신청 전에 해야 한다.

핵심개념 주택청약종합저축의 특징

구 분	내 용
가입자격	실명의 개인(국내에 거주하는 재외동포 및 외국인 거주자 포함)
계약기간	별도의 만기 없음(가입한 날로부터 입주자로 선정된 날까지)
납입방법	• 약정 납입일 : 매월 신규가입일 해당일 • 약정 금액 : 2만원 이상 50만원 범위 내에서 자유납입
적용이율	한국은행이 발표하는 예금은행 정기예금 가중평균 수신금리 등을 고려하여 주택청약종합저축의 가입일부터 해지일까지의 기간에 따라 국토교통부장관이 정하여 고시하는 이자율
지급방법	해지 시 원금과 이자 지급(단, 가입일부터 1개월 이내에 해지하는 경우에는 이자 미지급)
예금자보호	비보호
신규가능여부	가 능
소득공제혜택	연간 납입액(300만원 한도) 40%의 범위 내(무주택자로서 총 급여액이 세법에서 정한 일정 금액 이하인 근로자)

07 정답 ①

환매금지형 펀드는 집합투자증권을 최초로 발행한 날부터 90일 이내에 집합투자증권을 거래소시장에 상장해야 한다.

08 정답 ④

기업의 내재가치에 주목하여 저평가된 주식에 투자하는 주식형 펀드를 가치주 펀드라고 한다.

핵심개념 가치주 펀드와 성장주 펀드의 차이점

가치주 펀드	성장주 펀드
• 저평가된 주식에 투자 • 저PBR주, 저PER주, ROE대비 저PBR주 • Bottom-Up 방식 • 낮은 변동성과 매매회전율 • 낮은 시장민감도	• 성장가치가 높은 주식에 투자 • 고PBR주, 고PER주, ROE대비 고PBR주 • Top-Down 및 Bottom-Up 방식 병행 • 높은 변동성과 매매회전율 • 높은 시장민감도

09 정답 ③

특정 클래스에서 다른 클래스로의 전환이 허용된다.

핵심개념 종류형 집합투자기구의 운용기준

- 각 클래스별 판매보수 및 판매수수료 체계가 달라야 함
- 각 클래스별 자산의 운용 및 평가방법을 다르게 할 수 없음
- 각 클래스별 운용보수, 수탁보수, 일반사무관리 보수율은 차별화할 수 없음(판매보수, 판매수수료, 환매수수료 제외)
- 각 클래스별 환매수수료 차별 가능
- 각 클래스별 펀드의 기준가격 산정 공고
- 클래스의 수에 제한 없음
- 특정 클래스에서 다른 클래스로의 전환 허용
- 기존 펀드도 약관변경을 통해 클래스 펀드로의 전환 가능
- 전체 수익자 총회와 클래스별 수익자 총회로 구분 운용
- 투자설명서에 클래스별 세부내용 기술

10 정답 ①

연금 수령요건은 최소 납입기간이 5년 이상 경과하고, 만 55세 이상이면서, 수령기간은 10년 이상 연 단위로 수령 가능하다.

11 정답 ③

주가연계신탁(ELT)은 증권사에서 발행한 ELS를 기초자산으로 편입하여 판매하는 특정금전신탁으로, 형식적으로는 은행에서 판매하는 신탁상품이지만 실질적인 측면에서 보면 은행이 별도로 신탁상품을 구조화하거나 운용하는 것이 아니라 단순히 증권사가 발행하는 파생결합증권을 신탁의 기초자산으로 편입하여 판매하는 것에 불과하므로 투자자 입장에서 위험요인이나 상품의 특성은 사실상 ELS와 동일한 상품이라고 할 수 있다.

은행FP 자산관리사 2부 [2회]

12 정답 ②
조기상환 조건 평가가격이 낮을수록, 평가주기는 짧을수록 유리하다.

핵심개념 스텝다운형의 설계 구조
일정 단위의 평가기간마다 기초자산 가격을 평가하여 사전에 정한 상환조건을 만족하는 경우에는 조기상환일에 원금과 수익금을 상환하지만, 조건을 만족하지 못하는 경우에는 다음 평가기간 또는 만기까지 투자기간이 연장되면서 상환조건이 조금씩 낮아지는 구조로 설계된 상품이다.

13 정답 ⑤
보기에 제시된 것은 레인지형(범위형) 수익구조로, 기초자산 가격이 특정 범위 내에 있을 때는 사전에 정한 일정한 수익률을 지급하지만, 기초자산 가격이 특정 범위를 벗어나는 경우에는 원금만 지급하는 구조이다. 따라서 만기수익률 결정일에 기초자산인 KOSPI200의 지수가 최초기준지수와 동일한 경우 원금은 보장받고 수익률은 6.5%이다.

핵심개념 구조화 상품의 손익구조 구분

구 분	내 용
원금보장형	방향성 수익추구형 : 기초자산 가격 변동폭에 대한 참여율을 적용하면서 일정 베리어를 터치할 경우 낙아웃이 발생하는 구조 • 상승수익추구형 : 주가지수 하락 시 원본 보존, 주가지수 상승 시 참여율 적용 • 하락수익추구형 : 주가지수 상승 시 원본 보존, 주가지수 하락 시 참여율 적용 범위형 : 기초자산 가격이 특정 범위 내에 있을 때는 사전에 정한 일정한 수익률을 지급하지만 기초자산 가격이 특정 범위를 벗어나는 경우에는 원금만 지급하는 구조 디지털형 : 미리 정한 조건에 충족되면 수익을 지급하고, 그렇지 않으면 수익을 지급하지 않는 형태의 수익구조
원금비보장형	원금부분보장형 : 원금보장형에 비하여 원금보장을 위한 채권 등의 투자비중을 낮게 하는 대신, 그만큼 옵션 등의 투자비중을 증가시킴으로써 상품의 수익구조를 원금보장형보다 유리하도록 구성한 ELS 또는 ELF 상품 원금비보장형 : 2가지 주가지수 또는 개별종목을 기초자산으로 하면서 수익상환 조건이 차츰 하락하여(Stepdown) 상환가능성을 높이는 구조의 ELS 상품(2Star) 참고 3Star : 기초자산으로 3종목을 사용하는 경우

14 정답 ③
면책적 채무인수 방법에 의해 채무인수를 한 경우에는 채무의 동일성이 유지되는 기한연장은 가능하나, 기존 담보권을 이용한 재대출이나 대환대출 등은 취급이 불가능하다.

15 정답 ③
전신환매도율은 당발송금환의 취결과 타발추심의 결제, 외화예금의 입금 등에 사용되고, 전신환매입률은 타발송금, 수출환어음의 매입, 외화수표의 매입, 외화예금의 지급 등에 사용된다.

16 정답 ①
비밀번호 누설로 인하여 발생한 손해는 보상하지 않는 부정사용대금에 해당하지만, 신변위협에 의한 누설의 경우는 제외된다.

17 정답 ②
회사의 가치는 건물, 기계장비, 상품 등 가시적인 것뿐만 아니라 브랜드가치, 영업력이나 CEO의 능력 등 무형의 가치도 포함되기 때문에 회사가치가 주식이 갖는 가치와 반드시 일치하는 것은 아니다.

18 정답 ③
투자자는 발행시장에서 모집 또는 매출에 응해 최종적으로 유가증권을 취득함으로써 발행자에게 자금을 공급하는 역할을 한다.

핵심개념 발행시장과 유통시장의 주요 기능

발행시장	유통시장
• 자금조달 기능 • 자본의 효율성 제고 • 금융정책의 수단 • 투자수단 제공	• 환금성 제공 • 공정가격의 제공 • 가격결정의 지표 • 유가증권 담보력 제고

19 정답 ①
일반적으로 이자율과 주가는 역의 상관관계를 갖는다.

핵심개념 이자율과 주가
이자율 상승 → 요구수익률 상승 → 자산가치 감소 → 기업의 금융비용 증가 → 기업의 수익 감소 → 주가 하락

20 정답 ①
진입하려는 신규 기업에게 매력적인 시장은 보다 진입이 쉬운 시장이지만, 이미 진출해 있는 기존 기업들의 입장에서 가장 매력적인 산업이란 진입장벽이 높고, 철수장벽이 낮은 시장이다.

2회 은행FP 자산관리사 2부

핵심개념 구매자의 교섭력과 공급자의 교섭력

구매자의 교섭력이 강한 경우	공급자의 교섭력이 강한 경우
• 구매자들이 조직화될 때 • 제품정보에 대해 많이 알고 있을 때 • 제품이 비차별일 때 • 구매자의 전환비용이 낮을 때 • 구매자들이 낮은 이윤 때문에 가격에 민감할 때 • 구매자들이 후방통합을 할 수 있을 때	• 공급자가 소수이거나 조직화될 때 • 대체품이 거의 없을 때 • 공급되는 제품이 중요한 투입요소일 때 • 공급자를 변경하는 데 소요되는 전환비용이 높을 때 • 공급자가 전방통합할 가능성이 높을 때

21 정답 ②

① 성장성 – 매출액증가율
③ 유동성 – 당좌비율
④ 수익성 – 자기자본이익률
⑤ 활동성 – 고정자산회전율

핵심개념 재무비율분석의 구분

구 분	내 용
수익성	• 총자본이익률(ROI) • 자기자본이익률(ROE) • 납입자본이익률 • 매출액순이익률
안정성	• 유동비율 • 부채비율 • 고정비율 • 이자보상비율
활동성	• 총자산회전율 • 고정자산회전율 • 재고자산회전율 • 매출채권회수기간
성장성	• 매출액증가율 • 총자산증가율 • 영업이익증가율
유동성	• 유동비율 • 당좌비율

22 정답 ③

① 도입기 : 광고 등 판매촉진비와 생산비가 크기 때문에 손실이 발생하고, 수익성은 낮은 반면 위험이 상대적으로 큰 시기
② 성장기 : 판매촉진이 효과를 보면서 매출이 증가하고 시장규모가 확대되는 단계
④ 쇠퇴기 : 신제품 또는 신기술의 등장으로 기존 산업의 수요가 지속적으로 감소하고 규모가 정체되거나 쇠퇴하는 단계

23 정답 ④

실제 PER에 비해 적정 PER이 더 낮을 경우에 주가가 고평가되어 있다고 할 수 있다. 따라서 A기업의 실제 PER은 100,000원/5,000원 = 20배이므로 A기업의 주가는 고평가되어 있다고 할 수 있다.

핵심개념 주가수익비율(PER)

구 분	내 용
의 미	주가를 주당순이익으로 나눈 것으로, 이 비율은 주당이익의 창출능력에 비해 주가가 높은지 낮은지를 판단하는 기준
해 석	기업의 PER이 동종업종 대비 또는 과거평균 대비 낮을 때 저평가된 것으로 판단할 수 있으나 효율적 시장에서는 그만큼 성장성이 낮은 것으로 해석

24 정답 ⑤

① 총자산증가율 = $\dfrac{(당기말총자산 - 전기말총자산)}{전기말총자산}$

② 총자산회전율 = $\dfrac{매출액}{총자산}$

③ 고정비율 = $\dfrac{고정자산}{자기자본}$

④ 재고자산회전율 = $\dfrac{매출액}{재고자산}$

25 정답 ②

정률성장 배당모형은 요구수익률이 일정하고, 성장률은 요구수익률보다 작다는 것을 전제로 한다.

핵심개념 정률성장 배당모형의 가정
• 이익과 배당이 매년 일정하게 성장
• 요구수익률, 유보율, 배당성향, 재투자수익률(ROE) 일정
• 요구수익률 > 성장률
• 필요자금은 내부자금만으로 조달

26 정답 ④

$ROE = \dfrac{당기순이익}{자기자본} = \dfrac{200억원}{1,000억원} = \dfrac{1}{5} \times 100 = 20\%$

$PBR = ROE \times PER$

$= ROE \times \dfrac{주가}{주당순이익(EPS)}$

$= ROE \times \dfrac{주가}{\dfrac{당기순이익}{주식수}}$

$= \dfrac{1}{5} \times \dfrac{120,000원}{\dfrac{200억원}{100만주}} = \dfrac{1}{5} \times 6 = 1.2배$

은행FP 자산관리사 2부 [2회]

27 정답 ②
트레이너지수는 포트폴리오수익률에서 무위험이자율을 차감한 후에 펀드수익률의 민감성, 즉 베타로 나누어 산출한 것으로 특히 포트폴리오가 잘 분산되어 있는 펀드를 평가할 때 적합하며, 통상적으로 트레이너지수가 높을수록 펀드 성과가 좋은 것으로 평가한다.

핵심개념 위험이 조정된 성과 척도 공식

구 분	내 용
샤프지수	$\dfrac{\text{포트폴리오수익률} - \text{무위험채권이자율}}{\text{포트폴리오수익률의 표준편차}}$
트레이너지수	$\dfrac{\text{포트폴리오수익률} - \text{무위험채권이자율}}{\text{포트폴리오수익률의 베타계수}}$
젠센지수	(펀드의 실현수익률 − 무위험이자율) − 포트폴리오의 베타(시장수익률 − 무위험이자율)
정보비율	$\dfrac{\text{초과수익률}}{\text{비체계적 위험이 측정된 잔차표준편차}}$

28 정답 ①
트레이너지수가 펀드의 베타계수만을 고려하는 반면, 샤프지수는 전체 위험을 고려하는 표준편차를 사용하고 분산투자가 잘 되어 있지 않은 펀드를 평가할 때 유용한 방법이다.

29 정답 ⑤
PBR 평가모형은 미래의 수익발생능력을 반영하지는 못하기 때문에 계속기업을 전제로 한 평가기준이 되지 못하는 결점을 지닌다.

핵심개념 PBR 평가모형의 문제점
- 미래의 수익발생능력을 반영하지 못해, 계속기업을 전제로 한 평가기준이 되지는 못함
- 개별 자산의 단순한 합계에 불과하기 때문에 기업의 원천적 수익력을 평가할 수 없음
- 주당순자산 추정에서 인적 자본과 같은 항목이 제외되고, 역사적 취득원가 기준의 회계처리로 인해 시장가치와 장부가치의 괴리가 클 가능성이 있음

30 정답 ⑤
적극적인 투자운용 방법의 특징 중 하나는 여러 종목에 분산투자하는 소극적인 방법과 달리 소수 정예종목에 집중 투자하는 경향이 있다는 것인데, 이는 소수 정예종목을 선택하기 위해 시장을 조사하고 종목을 분석해야 하기 때문에 정보비용이 많이 드는 단점이 있다.

핵심개념 적극적 투자전략과 소극적 투자전략의 구분

적극적 투자전략	소극적 투자전략
• 시장투자적기포착 • 포뮬라 플랜	• 인덱스 펀드 투자전략 • 단순 매수·보유전략 • 평균투자법

31 정답 ①
가치투자 스타일에 의한 투자전략에서는 해당 종목의 미래 성장성보다는 현재의 시장가치를 중요하게 생각한다.

32 정답 ④
현재에 투자되는 금액을 기준으로 한 경우의 금리를 수익률이라 표현하고, 미래에 지급되는 금액을 기준으로 한 경우의 금리를 할인율이라 표현한다.

33 정답 ①
ⓒ·ⓔ 주식의 특성

34 정답 ③
채권을 주식으로 전환할 수 있는 권리와 신주를 인수할 수 있는 권리를 갖는 대신 일반채권에 비해 보장금리가 상당히 낮다는 단점이 있다.

핵심개념 전환사채(CB ; Convertible Bond)의 투자위험 문제점
- 채권을 주식으로 전환할 수 있는 권리와 신주를 인수할 수 있는 권리를 갖는 대신 일반채권에 비해 보장금리가 상당히 낮음
- 주식 청구권을 행사할 경우에 신주가 발행되기 때문에 주식의 물량부담이 커짐에 따라 주가가 쉽게 상승하기 어렵다는 단점이 있음
- 주로 일반적인 회사채시장을 통한 자금조달이 어려운 기업들에 의해 발행되기 때문에 회사의 제반여건을 보다 면밀히 살펴봐야 함

35 정답 ③
할인채는 만기일의 이자를 미리 할인한 금액으로 발행하여 발행가격이 액면가격보다 낮은 채권을 말하며, 복리채는 이자가 자동으로 발행이율만큼 복리로 재투자된 후 만기일에 원금과 함께 상환받는 채권을 말한다.

36 정답 ③
만기가 긴 채권일수록 금리변동에 대한 가격 변동폭이 크다.

37 정답 ③
① AAA
② AA
④ BBB
⑤ BB

38 정답 ④

채권가격의 변동률 = $\left[(-) \times \dfrac{듀레이션}{1+r} \times \Delta r\right] + \left[\dfrac{1}{2} \times 컨벡시티 \times (\Delta r)^2\right]$

수정듀레이션 = $\dfrac{듀레이션}{1+채권수익률}$ = 3이므로

채권가격의 변동률 = $[(-) \times 3 \times 0.01] + \left[\dfrac{1}{2} \times 60 \times (0.01)^2\right]$
= $(-)0.03 + 0.003$
= $(-)0.027$

따라서 채권가격은 2.7% 하락한다.

39 정답 ④

기업어음 A3등급은 회사채 BBB등급 수준에 상응한다.

핵심개념 기업어음의 신용등급에 상응하는 회사채 등급 구분

기업어음 등급	회사채 등급
A1(원리금 상환능력 최상)	AAA 및 AA등급 수준
A2(원리금 상환능력 우수)	A등급 수준
A3(원리금 상환능력 양호)	BBB등급 수준
B(상환능력은 있으나 단기적 여건변화에 따라 안정성에 불안요인 존재)	BB 및 B등급 수준
C(상환능력에 문제가 있음)	CCC~C등급 수준
D(상환 불능상태)	D등급 수준

40 정답 ③

특수채는 국채·지방채와는 달리 법인의 신용도에 따라 신용등급을 평가받는데, 대부분 특수채의 경우 국가의 보증 또는 신용보강을 수반하고 있기 때문에 최고 등급인 AAA를 부여받는다.

핵심개념 발행주체에 따른 채권의 종류

구 분	내 용
국 채	정부가 원리금 지급을 보장하기에 신용도가 가장 높은 무위험채권으로 간주되며, 가장 거래가 활발하고 실세금리를 민감하게 반영하는 등 채권시장에서 차지하는 비중이 높아 채권시장을 대표하는 지표채권으로서의 역할을 함
지방채	지방 공공기관인 특별시·광역시·군 등에서 지방재정법, 도시철도법 등의 규정에 의거 특수목적의 자금을 조달하기 위해 발행하는 채권
특수채	예금보험공사, 주택공사, 토지공사, 한전, 도로공사 등 특별법에 의해 설립된 법인들이 발행하는 채권
금융채	은행, 카드·캐피탈사 등 특별법에 의해 설립된 금융기관들이 발행하는 채권
회사채	상법상의 주식회사가 발행하는 채권으로 회사의 채무이행 능력에 따라 AAA부터 D까지의 다양한 신용등급을 부여받음

41 정답 ④

신용스프레드가 가장 작은 (라)가 가장 호경기, 신용스프레드가 가장 큰 (가)가 가장 불황기라고 할 수 있다.
가. 9.0% − 4.0% = 5.0%
나. 8.0% − 3.8% = 4.2%
다. 7.5% − 3.5% = 4.0%
라. 7.0% − 3.3% = 3.7%

핵심개념 신용스프레드의 개념

시장에서는 신용등급을 부여받는 채권들을 보통 '크레딧물' 또는 '신용물'이라고 표현하며, 이 크레딧물과 무위험채권인 지표채권과의 금리 차이를 '크레딧스프레드' 또는 '신용스프레드'라고 한다.

예 국채 3년물의 금리가 3%, AA등급 회사채의 금리가 3.5%라면 AA등급 회사채의 신용스프레드는 50bp가 된다(채권시장에서는 흔히 0.01%의 금리단위를 1bp라고 함).

42 정답 ③

자본손익률 = $\dfrac{(매입금리 - 매도금리) \times 잔존듀레이션}{투자연수}$

= $\dfrac{(5\% - 3\%) \times 3년}{2년}$ = 3%

핵심개념 자본손익

자본손익은 채권을 보유하는 기간 동안 금리의 등락으로 발생한 평가손익 또는 매각손익이다.
• 매입금리 > 평가금리 또는 매도금리 : 자본이익 발생
• 매입금리 < 평가금리 또는 매도금리 : 자본손실 발생

43 정답 ⑤

통상 콜옵션부채권은 만기일 도래 전 시장금리가 급락하면 발행자가 이자부담을 줄이기 위해서 중도상환을 강제한다. 시장금리가 낮아진 상황에서 상환된 자금으로의 재투자금리가 상당부분 낮아져 있기 때문이다.

핵심개념 채권의 주요 위험

구 분	내 용
듀레이션위험	투자기간 동안 시장금리의 변동으로 인하여 투자수익률이 하락할 가능성
신용위험	채권발행자의 신용도 하락으로 채권의 가격이 절대적 또는 상대적으로 하락할 가능성 • 부도위험 : 채권발행자가 이미 정해진 원리금을 지급하지 않을 위험 • 신용등급하락위험 : 채권발행자 신용등급의 하락 또는 하락가능성으로 채권가격이 하락할 수 있는 위험 • 신용스프레드위험 : 시장의 수급이나 경기전망의 영향으로 회사채 등 크레딧채권의 가격이 국채의 가격에 비해 상대적으로 더 약세를 보이는 위험
유동성위험	현금이 필요해져 채권을 중도 매각하려 할 때 시장에서 적절한 매수자가 나타나지 않아 적정가격으로 매도하지 못하는 위험
중도상환위험	콜옵션부채권의 보유 도중 발행자가 중도상환을 강제함으로써 원래 기대했던 수익률을 얻지 못하는 경우

은행FP 자산관리사 2부 [2회]

44   정답 ④
㉠, ㉡ : 소극적 투자전략
㉢, ㉣ : 적극적 투자전략

핵심개념 투자전략의 분류
- 소극적 투자전략
  - 사다리형 만기전략 : 보유채권에서 나오는 이자와 만기금액 등의 현금흐름을 각 기간별로 분산시켜 유지하는 전략
  - 매칭전략 : 필요한 현금흐름의 스케줄에 맞추어 채권 만기나 듀레이션을 결정, 투자기간 동안 금리변동으로 인한 손실의 가능성을 제거하여 투자하는 전략
- 적극적 투자전략
  - 딜링전략 : 단기간의 금리 움직임을 전망하며 자본수익을 얻기 위해 단기매매를 실행하는 단기매매전략
  - 교체매매전략 : 매각 직후 향후 많은 수익이 기대되는 채권을 재매입

45   정답 ⑤
불렛형 만기전략은 중기채 위주로 채권의 보유를 지속하는 전략으로, 기대수익률이 우수한 특정 만기구간에 집중하여 투자하는 경우에 많이 사용된다.

핵심개념 바벨형 만기전략과 불렛형 만기전략

구 분	내 용
바벨형 만기전략	유동성이 높고 금리위험이 낮아 긴급한 현금흐름이 필요할 때 언제든 부담 없이 매도할 수 있는 단기채와 수익률 수준이 높으며 경제가 좋지 못할 경우 타 자산과의 전체 포트폴리오 성과를 크게 개선시킬 수 있는 장기채의 보유를 병행하는 투자전략
불렛형 만기전략	바벨형과는 반대로 중기채 위주로 채권의 보유를 지속하는 전략으로, 기대수익률이 우수한 특정 만기구간에 집중하여 투자하는 경우에 많이 사용

46   정답 ①
스프레드가 확대될 것으로 예상할 때에는 비싼 국채를 매수하고, 싼 회사채를 매도하는 전략을 취한다.

핵심개념 이종채권 간 전략

스프레드 확대 예상 시 (스프레드 매수 전략 = Long Spread)	스프레드 축소 예상 시 (스프레드 매도 전략 = Short Spread)
(비싼) 국채 매수, (싼) 회사채 매도	(비싼) 국채 매도, (싼) 회사채 매수

47   정답 ④
일일 정산 결과 계좌의 잔액이 유지증거금 수준 이하로 떨어져 선물회사가 마진콜을 통보하면, 고객은 다음 날 12시까지 선물회사에 추가증거금을 현금으로 납부해야 한다.

핵심개념 증거금제도
- 개시증거금 : 최초 계약체결 시 1계약당 선물회사에 납부하는 증거금
- 유지증거금 : 계약체결 후 계좌에서 유지해야 되는 잔액(일반적으로 개시증거금의 약 70% 수준)
- 마진콜 : 일일정산 결과 계좌의 잔액이 유지증거금 수준 이하로 떨어지면 선물회사가 마진콜 통보
- 반대매매 : 마진콜 통보 시 고객이 다음 날 12시까지 추가증거금을 납입하지 못하면 선물회사는 고객의 미결제약정에 대해 즉시 반대매매 이행

48   정답 ④
선물은 거래소가 계약이행을 보증하지만, 선도는 계약불이행 위험이 존재한다.

49   정답 ③
옵션스프레드거래는 만기는 같으나 행사가격이 다른 콜옵션 또는 풋옵션을 동시에 매수·매도하는 전략이다.

50   정답 ③
선물의 이론가격 = $200 + 200(0.04 - 0.02) \times \frac{3}{12} = 201$

선물의 시장가격 203이 이론가격 201에 비해 고평가되어 있으므로 거래비용이 없다면 고평가되어 있는 선물을 매도하고, 동시에 저평가되어 있는 현물을 매수하는 현물보유전략, 즉 매수차익거래로 무위험 수익을 얻을 수 있다.

51   정답 ③
시장베이시스 = 선물의 시장가격 - 현물가격
         = 410.95 - 410.35 = 0.60
순보유비용(= 이론베이시스) = 선물의 이론가격 - 현물가격
         = 411.35 - 410.35 = 1.0
따라서 시장베이시스 + 순보유비용 = 0.60 + 1.0 = 1.60

52   정답 ②
매수가격보다 매도가격(청산가격)이 하락하였으므로 손실이 발생하는 거래이다. 선물매수는 상승 시 이익이 발생하지만, 매수가격보다 하락할 때 청산하면 손실이 발생한다. 거래의 손익은 항상 매도가격에서 매수가격을 차감하여 계산하고, 코스피200 지수선물에서 1포인트의 가격은 25만원이므로 매매손익은 다음과 같이 계산할 수 있다.
(청산가격 - 매수가격) × 20계약 × 25만원
= (201.10 - 207.05) × 20계약 × 25만원
= -2,975만원
따라서 2,975만원 손실이 발생한다.

53 정답 ②

주식 포트폴리오 보유자는 가치하락에 대비하여 주가지수선물을 매도하는 매도헤지가 필요하며, 이때 매도해야 할 지수선물의 계약 수(N)는 다음과 같이 구한다.

$$N = \frac{주식\ 포트폴리오의\ 가치}{선물\ 1계약의\ 가치}$$

$$= \frac{주식\ 포트폴리오의\ 가치}{선물지수 \times 거래승수}$$

$$= \frac{625억원}{250 \times 25만원} = 1,000$$

따라서 매도해야 할 지수선물의 계약 수는 1,000계약이다.

54 정답 ②

약세 콜옵션 스프레드전략은 초기에 프리미엄 순수입이 발생하며, 강세 콜옵션 스프레드전략은 프리미엄이 높은 콜옵션을 매수하고 프리미엄이 낮은 콜옵션을 매도하므로 초기에 프리미엄 순지출이 발생한다.

핵심개념 옵션스프레드전략

구 분		내 용
강세 스프레드 전략	강세 콜옵션 스프레드전략	• 강세가 예상되나 확신이 서지 않을 때 이용하는 보수적인 투자전략(행사가격이 낮은 콜옵션 매수, 행사가격이 높은 콜옵션 매도) • 프리미엄이 높은 콜옵션을 매수하고 프리미엄이 낮은 콜옵션을 매도하므로 초기에 프리미엄 순지출 발생
	강세 풋옵션 스프레드전략	• 강세가 예상되나 확신이 서지 않을 때 이용하는 보수적인 투자전략이란 측면에서 강세 콜옵션 스프레드전략과 유사하나, 콜옵션 대신 풋옵션을 활용한다는 점이 다름(행사가격이 낮은 풋옵션 매수, 행사가격이 높은 풋옵션 매도) • 프리미엄이 낮은 풋옵션을 매수하고 프리미엄이 높은 풋옵션을 매도하므로 초기에 프리미엄 순수입 발생
약세 스프레드 전략	약세 콜옵션 스프레드전략	• 약세가 예상되나 확신이 서지 않을 때 이용하는 보수적인 투자전략(행사가격이 낮은 콜옵션 매도, 행사가격이 높은 콜옵션 매수) • 초기에 프리미엄 순수입 발생
	약세 풋옵션 스프레드전략	• 약세가 예상되나 확신이 서지 않을 때 이용하는 보수적인 투자전략이란 측면에서 약세 콜옵션 스프레드전략과 유사하나, 콜옵션 대신 풋옵션을 활용한다는 점이 다름(행사가격이 낮은 풋옵션 매도, 행사가격이 높은 풋옵션 매수) • 프리미엄이 낮은 풋옵션을 매도하고 프리미엄이 높은 풋옵션을 매수하므로 초기에 프리미엄 순지출 발생

55 정답 ⑤

기초자산(선물)의 델타는 1이면 매수는 (+)로, 매도는 (-)로 표시한다. 따라서 전체 포지션의 델타 = 1 × (+2) + 0.4 × (-5) + (-0.5) × (+6) = -3이 된다. 전체 포지션의 델타가 -3이라는 것은 기초자산의 가격이 1단위 하락할 때마다 3배의 이익이 생기는 포지션, 또는 기초자산의 가격이 1단위 상승할 때마다 3배의 손실이 생기는 포지션이라는 의미이다.

56 정답 ③

스왑을 할 때 교환하는 원금은 같은 자산일 수도 있고, 다른 자산일 수도 있다.

57 정답 ②

시장상황에 따라 시장수익률보다 높은 수익률을 얻을 수 있다. 즉, 주가·금리의 방향성, 수익률곡선의 변화, 수익률 스프레드의 변화 등 주식 및 채권시장에 관한 투자자의 견해를 구조화 상품에 반영할 수 있다.

58 정답 ①

역변동금리채권은 전반적인 금리하락기 또는 경사가 급한 수익률곡선 상황하에서 주로 발행된다.

핵심개념 금리연계상품의 유형별 투자전략

구 분	내 용
역변동금리채권	• 기준금리의 움직임과 반대방향으로 이자지급 조정이 이루어지는 채권 • 기준금리가 하락하면 이자지급액이 증가하는 구조를 가지므로 전반적인 금리하락 또는 경사가 급한 수익률곡선 상황하에서 주로 발행
이중변동금리채권	• 장단기 금리 스프레드에 의해 이표가 결정되는 변동금리채권 • '(장기금리변동 - 단기금리변동) × 승수 + 가산금리'의 형태로 발행
금리상하한 변동금리채권	• 전형적인 변동금리채권에 최대표면금리조건을 덧붙인 채권 • 발행기업은 금리지급의 상한을 설정받는 대신 변동금리에 추가되는 마진을 지불해야 함
레인지 채권	• 매 이표지급 시점 직전 일에 기준 충족 여부에 따라 상이한 이표를 지급하는 것 • 발행채권 기준금리가 사전에 정한 범위 안에 머무르면 높은 이자를 지급하고, 범위를 벗어나면 낮은 이자를 지급하는 것

59 정답 ③

상관계수가 0이면 두 개의 자산은 아무런 관계가 없다는 뜻이며, 상관계수가 −1이면 완전 음의 상관관계로 두 개의 자산은 정반대로 움직인다는 의미이다.

핵심개념 상관계수의 범위

$$-1 \leq \rho_{AB} \leq 1$$

- +1일 때 : 두 개의 자산은 완전한 양의 상관관계
- 0일 때 : 두 개의 자산은 아무런 관계가 없음
- −1일 때 : 두 개의 자산은 완전한 음의 상관관계로 정반대로 움직인다는 의미

60 정답 ④

- 산술평균수익률 = $\dfrac{10\% + 4.9\%}{2}$ = 7.45%
- 기하평균수익률 = $\sqrt[2]{(1+0.1)(1+0.049)} - 1$
  = 0.07419 ≒ 0.0742 = 7.42%

핵심개념 산술평균수익률과 기하평균수익률

- 항상 산술평균이 기하평균보다 더 높게 나타남
- 시간의 연속성이 있는 경우(투자수익률, 물가상승률 등)의 데이터는 기하평균이 합리적이고, 시계열성이 없는 경우(시험점수)의 데이터는 산술평균이 더 적합함

61 정답 ③

효율적 프런티어와 무차별곡선이 접하는 점 E에서 투자자의 효용이 최대가 된다.

62 정답 ③

분산투자를 하면 개별 자산의 기대수익률은 포트폴리오 수익률에 그대로 반영되는 반면, 위험은 개별 자산의 가중평균보다 작아진다.

63 정답 ④

포트폴리오의 체계적 위험을 통제하고자 하는 경우 주식 수는 상관없으며, 베타를 조정해야 한다.

핵심개념 단일지표모형에서의 체계적 위험과 기업고유위험

구 분	내 용
체계적 위험	• 각 주식의 체계적 위험은 시장요인에 의해서만 결정되므로 포트폴리오에 포함되는 주식 수가 아무리 많아지더라도 체계적 위험에 대한 분산투자 효과가 없음 • 포트폴리오의 체계적 위험을 통제하고자 하는 경우 주식 수는 상관없으며, 베타를 조정해야 함
기업고유위험	• 기업고유위험은 서로 독립적이기 때문에 포트폴리오에 포함되는 주식 수를 늘리면 위험의 영향들이 상쇄됨 • 기업고유위험은 포트폴리오에 포함된 주식 수를 충분히 늘림으로써 사실상 제거 가능

64 정답 ④

균형시장에서 자본시장선의 위험보상비율 값은 모든 투자자에게 동일하다.

핵심개념 자본시장선의 기울기

- 위험 1단위에 대한 위험보상정도를 나타내는 위험보상비율로 위험의 균형가격 또는 위험의 시장가격이라고도 함
- 균형시장에서 위험보상비율 값은 모든 투자자에게 동일함

$$\dfrac{[E(R_M) - R_f]}{\sigma_M}$$

- $E(R_M)$: 시장포트폴리오의 기대수익률
- R_f : 무위험수익률
- σ_M : 시장포트폴리오의 표준편차

65 정답 ③

증권시장선(SML)상에서 주식의 기대수익률(또는 요구수익률)은 다음과 같이 예측할 수 있다.

$$E(R_i) = R_f + \beta_i[E(R_M) - R_f]$$

- $E(R_i)$: 개별 증권 i의 기대수익률
- $E(R_M)$: 시장포트폴리오의 기대수익률
- R_f : 무위험수익률
- β_i : 개별 증권 i의 베타계수

따라서 주식 i의 기대수익률 = 4% + 1.2(8% − 4%) = 8.8%

2회 은행FP 자산관리사 2부

66 정답 ②

인덱스 펀드를 매입하면 특정 종목을 선택하기 위한 분석이 필요 없고, 상대적으로 저렴한 비용으로 투자할 수 있다는 장점이 있다.

67 정답 ①

동일한 유형의 펀드 간에 샤프지수를 비교해야 한다. 예를 들어 한국 주식형 펀드와 글로벌 고수익 채권 펀드는 자산집단이 다르기 때문에 이들 간에 샤프지수를 비교하는 것은 적합하지 않다.

핵심개념 샤프지수 활용 시 유의점
- 한국 주식형 펀드와 글로벌 고수익 채권 펀드는 자산집단이 다르기 때문에 동일한 유형의 펀드 간의 샤프지수를 비교해야 함
  예 코스피200을 비교 지수로 하는 한국 주식형 펀드를 대상으로 각각의 샤프척도 비교
- 운용기간에 따라 수익률과 위험이 달라지므로 동일한 운용기간을 대상으로 샤프지수를 비교해야 함

68 정답 ③

㉠·㉡ 소극적 전략
㉢·㉣ 적극적 전략

69 정답 ②

시장의 중단기적인 변화에 따라 고객들의 투자성향이 바뀌는 경향이 있는데, 전략적 자산배분에서는 시장 상황 변화에 따른 일시적인 위험회피 성향 변화는 반영하지 않는다.

70 정답 ①

- 샤프지수 = $\dfrac{\text{펀드 연평균수익률} - \text{연평균 무위험수익률}}{\text{펀드의 표준편차}}$

  $= \dfrac{16\% - 1\%}{5\%} = 3$

- 트레이너지수 = $\dfrac{\text{펀드 연평균수익률} - \text{연평균 무위험수익률}}{\text{펀드의 베타계수}}$

  $= \dfrac{16\% - 1\%}{0.8} = 18.75$

제2과목 비금융자산 투자설계(30문항)

71 정답 ④

준부동산은 감정평가의 대상이 되며, 저당권의 목적이 될 수 있다.

핵심개념 부동산의 개념

법률적 측면	
광의의 부동산 = 협의의 부동산 + 준부동산	
협의의 부동산 (민법상의 부동산)	좁은 의미의 부동산이란 토지 및 그 정착물을 의미(민법 제99조 제1항~제2항)
준부동산 (의제부동산)	• 동산과 부동산의 결합물 또는 등기나 등록을 통해 물권변동을 공시하는 동산 • 감정평가의 대상이 되고, 저당권의 목적이 됨 • 공장재단, 광업재단, 어업권, 입목, 선박, 자동차, 항공기, 건설기계 등이 포함

72 정답 ④

임시적이고 일시적인 다른 용도에 사용되는 경우에는 지목을 변경해서는 안 된다.
② 1필 1목 원칙
③·④ 영속성의 원칙
⑤ 사용목적 추정의 원칙

73 정답 ⑤

재축이란 건축물이 천재지변이나 그 밖의 재해로 멸실된 경우 그 대지에 종전과 같은 규모의 범위에서 다시 축조하는 것을 말한다. 기존 건축물이 있는 대지에서 건축물의 건축면적, 연면적, 층수 또는 높이의 규모를 늘리는 것은 증축에 해당한다.

핵심개념 부동산 관련 용어

구분	내용
필지	등기법상 등기단위로서 토지소유자의 권리를 구분하기 위한 법적 개념
획지	인위적·자연적·행정적 조건에 따라 다른 토지와 구별되는 가격수준이 비슷한 토지(경제적·부동산학적 개념)
건축	건축법에 따라 신축·증축·개축·이전하는 것
신축	건축물이 없는 대지에 새로 건축물을 축조하는 것
증축	기존 건축물이 있는 대지에서 건축물의 건축면적, 연면적, 층수 또는 높이의 규모를 늘리는 것
개축	기존 건축물의 전부 또는 일부를 철거하고, 그 대지 안에 종전과 동일한 규모의 범위에서 건축물을 다시 짓는 것
재축	건축물이 천재지변이나 그 밖의 재해로 멸실된 경우 그 대지에 종전과 같은 규모의 범위에서 다시 축조하는 것
대수선	건축물의 기둥, 보, 내력벽 등 그 구조나 외부형태를 수선·변경 또는 증설하는 것
대지	공간정보의 구축 및 관리 등에 관한 법률에 따라 필지로 구획된 토지

건축선	건축법에 의해 도로와 접한 부분에서 건축행위를 하는 경우 도로와 건축물을 건축할 수 있는 경계선
건폐율	대지면적에 대한 건축면적의 비율
용적률	대지면적에 대한 건축물의 연면적 비율

74 정답 ⑤

총면적은 계약면적(전용면적 + 주거공용면적 + 기타공용면적)에 서비스면적을 합한 면적이다.

핵심개념 공동주택 등의 면적

구 분	내 용
전용면적	주거전용면적으로 순수한 자기소유의 공간
공급면적	전용면적 + 주거공용면적
계약면적	전용면적 + 주거공용면적 + 기타공용면적
총면적	계약면적 + 서비스면적(발코니 등)
주거공용면적	주거하는 동에서 다른 세대와 공동으로 사용하는 복도, 계단, 엘리베이터 등 지상층에 있는 공용면적
기타공용면적	주거공용면적을 제외한 단지 내 세대원 전체가 사용하는 지하주차장, 관리사무소, 노인정 등 그 밖의 공용면적

75 정답 ③

토지대장이란 토지의 현황을 명확히 하기 위하여 토지의 소재지·지번·지목·면적, 소유자의 주소·주민등록번호·성명, 기타 행정자치부령으로 정하는 사항 등을 기재한 것이다.

76 정답 ④

토지이용계획확인서란 토지에 대한 공법상의 규제 상태를 확인할 수 있는 기본적인 공적 장부이다. 용도지역·지구·지역, 도시·군계획시설, 지구단위계획구역, 개발행위제한, 건축행위제한, 토지거래 등 각각의 사항에 대한 해당 여부 및 관련 법규명이 기재되어 있다.

77 정답 ③

개별공시지가확인서를 통해 가격변동 추이를 확인할 수 있지만 공시지가를 통해 확인되는 가격이 실제거래가능금액과는 차이가 있으므로, 가격변동의 추이정보로만 활용하는 것이 바람직하다.

핵심개념 개별공시지가확인서

구 분	내 용
개 념	표준지공시지가를 바탕으로 각 시장·군수·구청장이 개별토지의 단위면적(m^2)당 적정가격인 개별공시지가를 결정한 내용이 기재된 공적장부
활 용	• 해당 토지의 가격변동 추이 확인 가능 • 공시지가가격과 실제거래가능금액과는 차이가 있음 • 개별공시지가는 매년 1월 1일 가격을 기준으로 동년 5월 31일에 공시

78 정답 ⑤

주택임대차보호법은 공부상의 표시만을 기준으로 하지 않고 실질 용도에 따라 판단한다. 주택임대차보호법은 미등기·무허가·불법 등의 건축물, 가건물(비닐하우스 제외), 상가와 공장 등을 주거용으로 용도 변경한 건물에 적용될 수 있다.

핵심개념 주택임대차보호법의 이해

구 분	내 용
적용범위	주거용 건물의 일부 또는 전부 (공장 등을 주거용으로 용도 변경한 건물, 가건물(비닐하우스 제외), 무허가·미등기 건물도 적용)
보증금범위	제한 없음
대항력	계약 + 주택인도 + 전입신고 → 익일부터 발생
우선변제권	대항력 + 확정일자
최우선변제권	소액임차인이 대항력을 갖추면 확정일자를 받지 않아도 발생(보호받을 수 있는 소액임차보증금액의 합계액은 경매낙찰대금의 1/2 이내)
임대차 존속기간	2년
계약갱신 (묵시의 갱신)	• 임대인이 기간 만료 전 6월부터 2월까지 갱신거절 통지를 하지 않은 경우 • 임차인이 기간 만료 전 2월까지 갱신거절의 통지를 하지 않은 경우
계약갱신 불인정	2기 차임 연체 or 현저한 의무위반
차임증감	보증금의 5% 이내

79 정답 ⑤

대항력, 우선변제권, 최우선변제권, 임대차기간, 계약의 갱신은 주택임대차보호법과 상가건물임대차보호법에서 모두 보호되지만, 권리금의 회수기회 보호는 상가건물임대차보호법에서만 적용된다.

핵심개념 권리금의 회수기회 보호

임대인은 임대차기간이 끝나기 6개월 전부터 임대차 종료 시까지 정당한 사유 없이, 권리금 계약에 따라 임차인이 주선한 신규 임차인이 되려는 자로부터 권리금을 지급받는 것을 방해해서는 아니 된다.
• 임차인이 주선한 신규 임차인이 되려는 자에게 권리금을 요구하거나 임차인이 주선한 신규 임차인이 되려는 자로부터 권리금을 수수하는 행위
• 임차인이 주선한 신규 임차인이 되려는 자로 하여금 임차인에게 권리금을 지급하지 못하게 하는 행위
• 임차인이 주선한 신규 임차인이 되려는 자에게 상가건물에 관한 조세, 공과금, 주변 상가건물의 차임 및 보증금, 그 밖의 부담에 따른 금액에 비추어 현저히 고액의 차임과 보증금을 요구하는 행위
• 그 밖에 정당한 사유 없이 임대인이 임차인이 주선한 신규 임차인이 되려는 자와 임대차계약의 체결을 거절하는 행위

80 정답 ④

우리나라 부동산정책은 부동산시장에 큰 영향을 미친다. 가격상승기에 시행되는 규제책이 가격하락기에 시행되는 부양책보다 효과가 더 크다.

핵심개념 부동산시장 영향요인 분석

구 분	내 용
경제상황	• 경제호황기 → 유동성 풍부 → 관련 투자 집중 → 부동산시장 활성화 • 경제불황기 → 관련 투자 위축 → 부동산시장 침체
금 리	• 금리 상승 → 금융부문에 유동성 흡수 → 투자수요 침체 → 부동산가격 하락 • 금리 하락 → 부동산시장에 자금 유입 → 투자수요 활성화 → 부동산가격 상승
구매력	• 수요자 소득 대비 부동산을 매입할 수 있는 여력 • PIR(Price to Income Ratio) 지수를 활용
대출규제	• 부동산시장에서 일정 부분 자금공급원으로서의 역할을 함 • 시장의 유동성 흐름을 좌우하는 변수 • 국회의 동의 없이 시장에 대응할 수 있는 강력한 규제책
수요와 공급	• 주택의 수요와 공급을 분석하는 것은 시장분석의 기본 • 국지성을 통한 분석 필요
전세가격	매매가격 대비 전세가격이 상승할 경우 매수로 전환하는 수요가 나타나는 것이 일반적
세 금	중과세나 비과세를 통해 시장에 영향을 주고 완급을 조절하는 변수 역할
유동성	시장에 유동성이 풍부해지면 보수적인 투자성향을 가진 경우 부동산시장에 유동성이 머물 가능성이 큼
인플레이션	부동산가격은 물가상승률 이상 상승하여 가치하락을 보전해 줌
부동산정책	가격상승기에 시행되는 규제책이 가격하락기에 시행되는 부양책보다 효과가 더 큼

81 정답 ②

금리가 상승하면 부동산시장은 상대적으로 투자수요의 침체가 나타날 수 있다.

82 정답 ⑤

강력한 복지론은 부동산은 공공성이 강한 재화로 소유권의 자유를 방임하게 되면 반복지적 재화로 전락하기 때문에 정부는 형평성의 도모를 위해 공적 개입한다는 논리이다.

핵심개념 부동산정책의 필요성

구 분	내 용
경제적 논리	규모의 경제, 외부효과, 공공재의 존재, 정보의 불균형 등으로 인한 시장실패를 해소
정치적 논리	부동산은 국가성립의 기본요소이므로, 부동산정책은 적극적 국가의 정부개입 가운데 적지 않은 비중을 차지
강력한 복지론	부동산은 복지사회건설을 위한 유효자원이며, 형평성 도모를 위해 공적 개입을 통해 조정되어 가야 한다는 논리
최유효이용론	사회적 관점에서 부동산을 가장 바람직하게 이용할 수 있도록 합리적으로 유도하기 위해서는 공적 개입이 필요

83 정답 ③

③ 1~2인 가구의 비중 확대와 가구원 수의 감소로 중소형주택의 선호가 증가하면서, 주택의 다운사이징 현상은 지속되고 있다.
① 베이비부머가 은퇴해서 대규모로 주택을 매도하고 이사하기보다는 약 70~80% 정도는 현재의 거주지에서 살 가능성이 높다.
② 베이비부머는 농촌보다는 도시를 선호하기 때문에 고향이나 전원주택 등으로 귀농하는 경우는 극히 드물다.
④ 2023년 기준 1~2인 가구가 이미 66%를 넘는 비중을 차지함에 따라 주택수요는 여전히 유효하다.
⑤ 베이비부머 세대는 은퇴 후 노후준비가 미비한 편이다.

84 정답 ③

공공실버주택 공급은 박근혜 정부의 부동산정책으로 2015년에 실시되었다.

핵심개념 박근혜 정부의 부동산정책(부동산시장의 정상화)

구 분	내 용
서민 주거안정을 위한 주택시장 정상화 종합대책(13.04.01)	• 주택시장 정상화 방안 • 하우스푸어 및 렌트푸어 지원방안 • 서민 주거복지 강화방안
정부의 4·1 대책 점검 및 후속 조치방안 (13.07.24)	• 수도권 공공주택개발사업 조정 • 민간 주택공급 조절 및 분양주택의 임대주택 전환 촉진 • 임대주택 공급확대 등 임대시장 안정화
전월세시장 안정을 위한 대응방안(13.08.28)	• 주택시장 정상화로 전세수요의 매매전환 유도 • 임대주택 공급 확대 • 서민·중산층 전월세부담 완화
2014년 부동산정책 실시	• 다주택자 양도세 중과 폐지 • 취득세 영구인하 • 비사업용 토지 양도세 중과 유지 • 재건축 등 조합원에게 기존주택 전용면적 범위 내에서 2주택 허용 • 수직증축 리모델링 허용
주택시장 회복 및 서민 주거안정 강화방안(14.09.01)	**주택시장 회복** • 재정비 규제 합리화 • 청약제도 개편 • 국민 및 기업의 과도한 부담완화 • 주택 공급방식 개편 **서민 주거안정 강화** • 임대주택 단기공급 확대 • 임대시장 민간참여 활성화 • 무주택 서민 주거비 부담완화

	주거취약계층 지원강화
서민·중산층 주거안정 강화방안(15.09.02)	• 리모델링 임대 도입 및 전세임대 공급 확대 • 가을 이사철 매입·전세임대 조기공급 • 공공실버주택 공급 • 행복주택·행복기숙사 공급 활성화 • 주거취약계층 주거비 지원 강화
	뉴스테이 활성화
	• 금년 시범사업 성과 가시화로 연내 1.4만호 인가 • 다양한 부지활용, 16년에 뉴스테이 2만호 공급 • 활성화를 위해 재무적 투자자 적극 참여유도 및 관계법령 정비
	정비사업 규제 합리화 및 투명성 제고
	• 정비사업 규제 합리화 • 정비사업 투명성 제고

85 정답 ①
김영삼 정부는 1993년 금융기관 거래 시 본인의 실명으로 거래하는 제도인 금융실명제를 시행하였고, 이어 1995년에는 부동산실명제를 도입하였다.

86 정답 ⑤
재건축 안전진단 결과 56점 이상일 경우 유지 보수, 31점~55점일 경우 조건부 재건축, 30점 이하일 경우 재건축에 해당한다.

핵심개념 재건축 안전진단 기준 강화

	안전진단 절차
재건축 안전진단 기준 정상화 (18.02.20.)	• 주민요청 → 현지조사 → 안전진단 의뢰 → 안전진단 → 판정 • 현지조사에 공공기관 참여, 전문성 및 객관성 확보 등 사전검증 필요 • 안전진단 종합판정 항목별 가중치 조정, 구조안전성 강화 – 구조안전성 20% → 구조안전성 50% – 주거환경 40% → 주거환경 15% – 시설노후도 30% → 시설노후도 25% – 비용분석 10% → 비용분석 10% • 주거환경 E등급(20점 이하) 시 다른 평가 없이 재건축 가능
	안전진단 결과
	재건축(30점 이하), 조건부 재건축(31~55점), 유지보수(56점 이상)

87 정답 ④
2018년 3월에 실시되었던 재건축 안전진단 기준 강화에서는 안전진단 평가항목별 가중치 중 구조안전성 비중을 현행 20%에서 50%로 상향 조정했다.

88 정답 ④
임대인(임대인의 직계가족 포함)이 목적 주택에 실제 거주하려는 경우 전세계약갱신청구권을 거부할 수 있다.

89 정답 ④
부동산은 매도를 원하는 시기에 적합한 매수자를 찾기 어려우므로 즉시 현금화가 어려운 단점을 가지고 있다.

핵심개념 부동산 투자의 특징과 장단점

(1) 부동산 투자의 특징
- 투자가 비교적 장기적이며, 다른 투자대상보다 많은 자본이 소요된다.
- 투자자의 능력에 의존하는 측면이 크다.
- 투자차익인 자본이득과 임대소득인 현금흐름을 기대할 수 있다.
- 감가상각에 의한 절세효과를 기대할 수 있다.
- 장래기대수익은 유동적이며, 확정적이지 않다.
- 도난·멸실의 위험이 거의 없다.
- 개발이익이 발생할 수 있다.

(2) 부동산 투자의 장단점

장 점	단 점
• 안전성과 수익성이 비교적 높음 • 자본이득의 발생 가능성이 있음 • 부동산에 저당권을 설정하여 자금을 융통하는 등의 방법으로 자금 유동화의 수단이 될 수 있음 • 세제상 감가상각과 자본이득에 대한 낮은 세율 등 절세가 가능	• 자본손실의 발생 가능성이 있음 • 시설의 개·보수 등의 수익적 지출과 자본적 지출이 발생함 • 시간의 경과·자연재해 등으로 인한 건물과 토지의 가치 감소로 재산적 손실이 발생 가능 • 환금성이 낮으며 특히 경기침체 시 거래량의 부족으로 환금성이 더욱 낮아짐

90 정답 ④
기대수익률(%) = (기대수익 − 투자비용) / 투자비용 × 100(%)
= (4억 8천만원 − 4억원) / 4억원 × 100(%)
= 8천만원 / 4억원 × 100(%)
= 1/5 × 100(%)
= 20%

※ 주어진 정보만으로는 요구수익률을 알 수 없다. 또한 실현수익률은 투자 이후 현실적으로 달성된 수익률을 말하므로 투자안 고려 시에는 실현수익률을 계산할 수 없다.

91 정답 ②
① 가격은 특정 부동산에 대한 교환의 대가로 매수인이 매도인에게 지불하는 금액이다.
③ 투자가치를 구할 때는 할인율로 요구수익률을 사용한다.
④ 원가방식에는 가격을 구하는 원가법과 부동산의 임료를 구하는 적산법이 있다.
⑤ 비교방식에는 가격을 구하는 거래사례비교법과 임료를 구하는 임대사례비교법이 있다.

핵심개념 가격과 가치의 구분

가 격	가 치
• 특정 부동산에 대한 교환의 대가 • 객관적이고 구체적 개념 • 과거의 값 • 주어진 시점에서 하나만 존재	• 장래에 기대되는 이익을 현재가치로 환원한 값 • 주관적이고 추상적 개념 • 현재의 값 • 주어진 시점에서 무수히 많이 존재

92
정답 ③

내부수익률 ≥ 요구수익률일 때 투자가 채택된다.

핵심개념 순현가법과 내부수익률법의 비교

구 분	순현가법	내부수익률법
개 념	투자로부터 발생할 미래의 모든 현금흐름을 요구수익률로 할인하여 현가로 나타내는 방법	현금유출의 현가와 미래 현금유입의 현가를 동일하게 만드는 할인율
투자결정	• 서로 독립적인 경우 순현가 ≥ 0 → 투자안 채택 순현가 < 0 → 투자안 기각 • 서로 배타적인 경우 순현가 ≥ 0을 만족시키는 투자안 중 순현가가 가장 큰 투자안 선택	• 서로 독립적인 경우 내부수익률 ≥ 요구수익률 → 투자안 채택 내부수익률 < 요구수익률 → 투자안 기각 • 서로 배타적인 경우 내부수익률 ≥ 요구수익률을 만족시키는 투자안 중 내부수익률이 가장 큰 투자안 선택
할인율	요구수익률	내부수익률
부의 극대화	언제나 달성 가능	달성 불가능
투자판단	언제나 가능	불가능 (복수의 내부수익률 존재)

93
정답 ①

포트폴리오 이론은 장기시장보다는 단기시장에 적합한 이론으로 장기시장인 부동산 시장에 적용하는 데는 한계가 있다.

핵심개념 부동산 포트폴리오의 한계와 위험

구 분	내 용
부동산 포트폴리오의 한계	• 부동산시장은 불완전시장이기 때문에 시장 포트폴리오 수익률의 계량화가 어려움 • 투자안에 따라 서로 다른 세율이 적용되므로 수익률을 산정하는 것이 어려움(평균적 수익률 도출 어려움) • 부동산 투자는 분할하는 것이 곤란하므로, 그 특성상 불가분성의 특징이 있음 • 장기시장보다는 단기시장에 더 적합한 이론이므로, 부동산시장에 적용하는 데는 한계가 있음
부동산 포트폴리오의 위험	체계적 위험 / 비체계적 위험

	체계적 위험	비체계적 위험
부동산 포트폴리오의 위험	• 경기변동, 인플레이션 심화 같은 시장위험으로 어느 누구도 피할 수 없는 위험 • 포트폴리오를 완벽하게 구성해도 피할 수 없음	• 개별 투자안에서 발생하는 위험으로 투자자산을 다양하게 구성함으로써 피할 수 있음 • 개별 투자안에 영향을 주지만 포트폴리오 구성을 다양화하면 감소시킬 수 있음

94
정답 ①

부동산의 수요와 공급은 시장에서 쉽게 조정되지 않는다. 부동산은 착공에서 완공까지 물리적 시간이 필요하기 때문에 수급의 불균형이 장기간 유지된다.

핵심개념 부동산 분석의 필요성
• 부동산은 다른 자산에 비해 유동성이 떨어진다.
• 부동산은 시간의 경과에 따라 감가상각을 한다.
• 부동산은 비대체성으로 인해 다른 부동산과 가격, 소득 등을 직접 비교하기 곤란하다.
• 부동산은 불완전경쟁시장이므로 비동질성, 비이동성, 정보의 부족 등의 어려움이 있다.
• 부동산은 여러 법적 제약이 많으므로 투자 분석이 필요하다.
• 부동산은 수명이 오래가기 때문에 투자를 잘못하면 원상회복이 어렵다.
• 부동산의 수요와 공급은 시장에서 쉽게 조정되지 않는다.

95
정답 ②

근린상가는 주거지가 중심이 되는 근린생활권에 입지한 빌딩으로 대체적으로 5층 미만이다.

핵심개념 수익형부동산 투자전략

구 분	내 용
상 가	• 경기침체 시 상가의 수익성 하락 가능성 있음 • 세입자의 월세 지불능력 중요함 • 프랜차이즈 등 비교적 큰 업체가 세입자일 경우 유리함 • 상가건물 매매가격은 대지면적 × 평당가격으로 산정함 • 리모델링을 통한 수익성 개선이 가능한지 사전 검토해야 함 • 상가건물 개발 가능성을 사전 검토해야 함
오피스텔	• 시세차익보다는 임대를 통해 투자수익을 창출함 • 상업기능과 업무기능이 높은 지역이 적합함
오피스 빌딩	• 안정적 투자상품으로, 경기에 대한 민감도가 높지 않음 • 오피스 빌딩 매매가격은 건물 연면적 × 단위 면적당 금액으로 계산함
테마상가	• 상권의 범위가 상대적으로 좁다는 단점이 있음 • 대형 할인매장, 백화점과 경쟁관계에 있는 테마쇼핑몰은 지양해야 함 • 위탁관리운영사의 관리운영에 대한 검증이 필요함 • 계약 시 점포 위치를 확정한 후 날인을 받아야 함 • 유명한 대형시설과 연계하여 분양받을 시 입점 취소의 경우, 계약해지에 관련된 특약사항을 점검해야 함

96 정답 ④
제3자에게 임대해줄 수 없다.

97 정답 ③
재경매에 대한 내용이다. 신경매란 매각기일에 입찰부동산에 대하여 매수신고인이 없거나 낙찰을 불허한 경우 매각기일을 새로이 지정해서 경매를 진행하는 것을 말한다.

핵심개념 경매 관련 용어

구 분	내 용
강제경매	확정된 이행판결문, 가집행선고부 판결, 확정된 지급명령 등의 채무명의를 보유한 채권자가 채무자 소유의 부동산이나 동산을 압류한 후 경매를 진행시켜 매각 대금에서 금전채권의 만족을 얻는 것
임의경매	담보권자가 전세권, 질권, 유치권, 저당권 등의 담보권 실행을 위해 담보물의 경매를 진행하여 매각 대금으로 피담보채권을 변제받는 것
재경매	경락인이 경락 후 경락대금을 지급하지 않는 경우에 재차 실시하는 경매
신경매	입찰을 실시했지만 낙찰자가 결정되지 않아 다시 기일을 지정하여 실시하는 경매
명도소송	대상 부동산을 점유할 권원이 없는 자에 대해 대상 부동산의 점유를 이전할 것을 청구하는 소송
인도명령	낙찰자가 낙찰대금을 완납했음에도 채무자가 낙찰부동산을 임의로 인도하지 않는 경우 대금완납 후 6월 이내에 집행법원의 집행관에게 낙찰부동산을 강제로 낙찰자에게 인도하게 하는 내용의 인도명령을 신청할 수 있음

98 정답 ⑤
부동산산업 측면에서 단순 중개업이 한계에 봉착하고 있어 자산가치 증대를 위한 새로운 사업영역의 구축이 필요하게 되었다. 전반적으로 개발에서 관리로의 변화가 진행되고 있다.

99 정답 ③
위탁관리방식은 관리비용이 저렴하고 안정적인 것이 장점이다.

핵심개념 부동산 자산관리 운영방식 비교

구 분	직접관리방식	위탁관리방식	혼합관리방식
관리방식	소유자 직접 관리방식	전문업자 대행 관리방식	전체는 직접 관리 / 일부만 위탁하는 방식
특 징	전통적 관리방식 (소규모 주택, 건물, 토지에 적합)	현대적 관리방식 (대형빌딩, 공동주택에 적합)	과도기적 관리방식 (대형·고층건물에 적합)
장 점	• 신속한 처리와 종합적 관리 • 기밀유지와 효율적인 관리 • 친절한 서비스 • 소유자의 지시 통제 강함 • 부동산설비에 대한 애착 강함	• 전문적인 관리 • 부동산소유자는 본업에 전념 • 타성화 방지 • 관리비용이 저렴	• 자가관리에서 위탁관리로 이행하는 과도기에 유리 • 일부 업무만을 위탁하여 전문성 확보
단 점	• 전문성 결여, 관리요원의 의욕저하 • 관리업무의 안일화 • 변화에 대한 대응력 부족	• 전문관리회사 신뢰 문제 • 애호정신이 낮음 • 기밀유지 및 보안 불완전	• 자가관리, 위탁관리 단점 노출 위험 • 자가관리요원과 위탁관리요원 간의 원만한 관계유지 곤란 • 책임소재 불분명

100 정답 ⑤
부동산 자산시장의 트렌드는 과거의 직접투자 중심에서 최근에는 간접투자 중심으로 변화하고 있다.

핵심개념 부동산 간접투자와 직접투자

구 분	부동산 간접투자	부동산 직접투자
전문성	전문가가 투자결정 및 자산 운용	비전문가인 투자자 개인의 판단
세제혜택	• 취득세 감면 • 양도소득세 비과세	취득세, 재산세, 양도소득세 세금 부담
안정성	• 지역별, 투자유형별 분산투자 가능 • 소액투자자도 대형부동산 투자 가능 • 전문운용인력에 의한 리스크 관리	• 개인에 의한 투자로 안정성 ↓ 투자위험 ↑ • 거액의 투자 필요

은행FP 자산관리사 2부

제3회 정답 및 해설

01	02	03	04	05	06	07	08	09	10
④	⑤	④	①	①	②	②	⑤	⑤	③
11	12	13	14	15	16	17	18	19	20
①	④	②	④	③	⑤	①	⑤	④	②
21	22	23	24	25	26	27	28	29	30
⑤	③	⑤	④	⑤	②	③	①	②	①
31	32	33	34	35	36	37	38	39	40
⑤	①	①	④	④	①	①	①	①	⑤
41	42	43	44	45	46	47	48	49	50
③	③	③	④	④	②	⑤	①	②	③
51	52	53	54	55	56	57	58	59	60
⑤	①	⑤	④	③	③	②	⑤	③	③
61	62	63	64	65	66	67	68	69	70
②	⑤	③	④	③	①	⑤	③	③	②
71	72	73	74	75	76	77	78	79	80
①	②	⑤	④	③	②	⑤	①	③	④
81	82	83	84	85	86	87	88	89	90
③	②	④	④	④	③	④	⑤	②	③
91	92	93	94	95	96	97	98	99	100
⑤	④	①	①	⑤	⑤	②	④	①	⑤

제1과목 금융자산 투자설계(70문항)

01 정답 ④
일반적인 금융상품의 특징을 보면 수익성이 높으면 안전성이 떨어지고, 안전성이 높으면 수익성이 떨어지는 등 투자 3요소가 서로 상반되는 관계를 가진다.

핵심개념 투자의 3요소

구 분	내 용
안전성	금융상품의 원금 또는 원리금이 보호·보전될 수 있는 정도
수익성	• 확정금리형 : 높은 이자(금리) 수익을 지급받을 수 있는 정도 • 실적배당형 : 높은 가격상승(수익률) 수익을 기대할 수 있는 정도
유동성	보유한 금융상품을 필요시 언제든지 별다른 손해 없이 현금화할 수 있는 정도

02 정답 ⑤
표지어음은 중도해지는 불가능하지만 어음의 특성상 배서에 의한 양도는 가능하고, 비과세종합저축으로 가입할 수 없다는 점에 유의해야 한다.

핵심개념 표지어음의 특징

구 분	내 용
가입대상	제한 없음
가입한도	제한 없음
최저 가입금액	금융기간별 상이(통상 500만원 또는 1천만원 이상)
저축기간	최장 원 어음의 만기일 범위 내(통상 30일~1년 이내)
이자지급방법	할인식
예금자보호	보 호

03 정답 ④
양도성예금증서는 정기예금과 달리 중도해지 및 비과세종합저축으로 가입이 불가능한 예금상품이다.

핵심개념 양도성예금증서(CD)의 특징

구 분	내 용
발행대상	제한 없음
예치기간	30일 이상 제한 없음
최고 가입한도	제한 없음
최저 가입금액	금융기관별 상이(통상 500만원 또는 1천만원 이상)
이자지급방법	할인식
예금자보호	비보호
기 타	CD등록발행제도 : 통장식으로 발행된 CD의 경우에는 해당 금융기관에서 담보대출의 취급 가능

04 정답 ①
30% 낙-아웃 상승수익추구형의 경우 주가가 30% 범위 내에서 상승하면 상승에 따른 참여율로 수익률을 지급받지만, 기간 중 한 번이라도 30% 이상 상승하면 기존의 수익구조가 사라져 약정된 수익을 지급받지 못하거나 사전에 약정한 소정의 리베이트만을 지급받게 된다. 〈보기〉에서 가입 기간 중 최고 상승폭은 100pt로 5% 상승하였으나, 만기 시 주가지수는 50pt 하락하였으므로 만기시점의 주가지수가 기준지수보다 낮은 경우이다. 따라서 수익률은 원금보장인 0%가 된다.

핵심개념 30% 낙아웃(Knock-Out)형의 수익구조
- 만기시점의 주가지수가 기준지수보다 낮을 경우 : 0%
- 만기시점까지 주가지수가 기준지수보다 30% 이상 상승한 적이 없는 경우 : 주가지수상승률 × 참여율
- 만기까지 한 번이라도 30% 이상 상승한 적이 있을 경우 : 1%(리베이트)

05 정답 ①

가입자가 다른 주택건설지역으로 주소지를 이전함에 따라 그 예치금액의 차액을 추가로 예치할 경우 그 차액의 예치는 반드시 주택공급 신청 전에 해야 한다.

핵심개념 주택청약종합저축의 특징

구 분	내 용
가입자격	실명의 개인(국내에 거주하는 재외동포 및 외국인 거주자 포함)
계약기간	별도의 만기 없음(가입한 날로부터 입주자로 선정된 날까지)
납입방법	• 약정 납입일 : 매월 신규가입일 해당일 • 약정 금액 : 2만원 이상 50만원 범위 내에서 자유납입
적용이율	한국은행이 발표하는 예금은행 정기예금 가중평균 수신금리 등을 고려하여 주택청약종합저축의 가입일부터 해지일까지의 기간에 따라 국토교통부장관이 정하여 고시하는 이자율
지급방법	해지 시 원금과 이자 지급(단, 가입일부터 1개월 이내에 해지하는 경우에는 이자 미지급)
예금자보호	비보호
신규가능여부	가 능
소득공제혜택	연간 납입액(300만원 한도) 40%의 범위 내(무주택자로서 총 급여액이 세법에서 정한 일정 금액 이하인 근로자)

06 정답 ②

금융투자업자는 투자자 유형에 적합한 2개 이상의 포트폴리오를 제시해야 하며, 펀드와 마찬가지로 투자자에게 고객의 투자 성향보다 높은 위험등급의 모델포트폴리오를 제시하는 것은 불가하다.

핵심개념 ISA의 구분
ISA는 자산의 운용방법에 따라 신탁형과 일임형으로 구분됨

구 분	내 용
신탁형	투자자가 직접 종목이나 수량을 지정하여 운용지시하는 형태
일임형	• 투자자에게 투자일임을 받아 전문 운용인력이 자산을 직접 운용하고 그 결과를 투자자에게 귀속시키는 형태 • 사전 투자자의 위험성향별로 모델포트폴리오(MP)*를 구성하여 제시 • 분기 1회 이상 포트폴리오 재배분 실시 • 자산 처분 및 취득 시 투자자에게 사전통지의무를 이행

* 모델포트폴리오(MP) : 투자일임업자가 투자일임계약을 체결하기 이전에 투자자에게 제시하는 금융상품의 종류, 비중, 위험도 등의 내용이 포함된 포트폴리오

07 정답 ②

기존 금융산업과 관련된 법률에서는 금융회사별로 각각 규율하는 법률이 상이하고 금융업 간 겸영을 엄격하게 제한하였지만, 자본시장법은 6개의 금융투자업 상호 간 겸영을 허용하고 있다.

08 정답 ⑤

혼합형 펀드는 수익성 측면에서 보면 일반적으로 주식형 펀드보다는 낮고 채권형 펀드에 비해서는 높으며, 투자위험 측면에서 보면 일반적으로 채권형 펀드보다는 높고 주식형 펀드에 비하여는 낮은 관계에 있다고 할 수 있다.

핵심개념 증권집합투자기구의 분류

구 분	내 용
주식형 펀드	집합투자규약상 집합투자재산의 60% 이상을 주식 및 주식관련파생상품에 투자하는 증권 펀드
채권형 펀드	집합투자규약상 집합투자재산의 60% 이상을 채권 및 채권관련파생상품에 투자하면서 주식을 편입하지 않는 펀드
혼합형 펀드	주식 및 채권 등에 적절히 배분하여 투자하는 상품으로 집합투자규약상 주식의 최고편입비율이 50% 이상인 주식혼합형 상품과 주식의 최고편입비율이 50% 이하인 채권혼합형 상품으로 구분
파생상품 펀드	각 집합투자기구 집합투자재산의 10%를 초과하여 위험회피 이외의 목적으로 장내외파생상품 등에 투자하는 파생형 펀드(자본시장법에서는 파생상품 집합투자기구를 별도의 집합투자기구로서 분류하고 있지 않음)

09 정답 ⑤

실무적으로는 대부분의 펀드가 한 가지 방식을 사용하기보다는 Top-Down 방식과 Bottom-Up 방식을 병행하여 사용하는 것이 일반적이다.

10 정답 ③

가·나·마 : 적극적 전략

핵심개념 채권형 펀드의 자산배분 운용전략에 따른 구분

소극적 전략	중립적 전략	적극적 전략
• 만기보유전략 • 사다리형전략 • 바벨형전략 • 인덱스전략	• 채권면역전략 • 현금흐름일치전략	• 금리예측전략 • 스프레드운용전략 • 수익률곡선타기전략

11 정답 ①

MMF의 특징에는 장부가평가, 안정성 강화, 유동성 강화 등 세 가지가 있다. 장부가평가란 채권의 취득원가와 만기 액면가액의 차이를 상환기간에 걸쳐 유효이자율법에 의해 상각하는 방법이다.

12 정답 ④

주가연계파생결합사채(ELB)는 원금이 보장되는 구조로 설계되지만 예금자보호법에 의하여 보호받을 수 없다는 특징을 가지고 있다. ELB의 경우 원금이 보장되는 구조로 설계되기 때문에 손익구조 측면에서 보면 은행에서 판매하는 주가연계정기예금(ELD)과 유사하다고 할 수 있지만, 은행의 ELD는 정기예금이기 때문에 예금자보호법에 의하여 보호받을 수 있는 반면, ELB는 채권상품이기 때문에 예금자보호법에 의하여 보호받을 수 없다.

13 정답 ②

기초자산 가격이 특정 범위 내에 있을 때는 사전에 정한 일정한 수익률을 지급하지만 기초자산 가격이 특정 범위를 벗어나는 경우에는 원금만 지급하는 구조인 범위형(레인지형)의 수익구조이다.

핵심개념 구조화 상품의 손익구조 구분

구 분	내 용
원금보장형	방향성 수익추구형 : 기초자산 가격 변동폭에 대한 참여율을 적용하면서 일정 베리어를 터치할 경우 낙아웃이 발생하는 구조 • 상승수익추구형 : 주가지수 하락 시 원본 보존, 주가지수 상승 시 참여율 적용 • 하락수익추구형 : 주가지수 상승 시 원본 보존, 주가지수 하락 시 참여율 적용
	범위형 : 기초자산 가격이 특정 범위 내에 있을 때는 사전에 정한 일정한 수익률을 지급하지만 기초자산 가격이 특정 범위를 벗어나는 경우에는 원금만 지급하는 구조
	디지털형 : 미리 정한 조건에 충족되면 수익을 지급하고, 그렇지 않으면 수익을 지급하지 않는 형태의 수익구조
원금비보장형	원금부분보장형 : 원금보장형에 비하여 원금보장을 위한 채권 등의 투자비중을 낮게 하는 대신, 그만큼 옵션 등의 투자비중을 증가시킴으로써 상품의 수익구조를 원금보장형보다 유리하도록 구성한 ELS 또는 ELF 상품
	원금비보장형 : 2가지 주가지수 또는 개별종목을 기초자산으로 하면서 수익상환 조건이 차츰 하락하여 (Stepdown) 상환가능성을 높이는 구조의 ELS 상품 (2Star) **참고** 3Star : 기초자산으로 3종목을 사용하는 경우

14 정답 ④

나・다・마 : 재산신탁

15 정답 ③

①・④ 포괄근담보
② 특정채무담보
⑤ 한정근담보

16 정답 ⑤

전신환매매율은 자금의 결제가 1일 이내에 완료되기 때문에 자금 결제 기간에 따른 금리요소가 개입되지 않는다.

17 정답 ①

②・③・④・⑤ 기업 외적 요인

핵심개념 기업 내적 요인과 외적 요인

내적 요인	외적 요인
양적 요인	시장 내적 요인
• 수익가치 • 자산가치 • 성장성 • 배당성향	• 수급관계 • 기관투자가의 동향 • 시장규제 • 투자자의 심리동향 • 제도적 요인
질적 요인	시장 외적 요인
• 경영자의 자질 • 노사관계 • 연구개발 능력 • 기술수준 • 주주현황	• 경기변동 • 물가와 이자율 • 환 율 • 정치・사회적 변화

18 정답 ⑤

기술적 분석은 기업의 수익성 등을 포함하는 내재가치보다는 과거의 주가 등 시장자료를 나타내는 차트에 의존한다. 기술적 분석에서 오랜 기간 동안의 차트를 통해 얻고자 하는 것은 패턴과 추세로, 이를 분석하여 매매시점을 포착한다.

19 정답 ④

정부가 발행시장에서 공개시장조작을 통해 통화를 조절함으로써 금리와 물가의 안정을 기할 수 있다.

은행FP 자산관리사 2부   3회

핵심개념 발행시장과 유통시장의 주요 기능

발행시장	유통시장
• 자금조달 기능	• 환금성 제공
• 자본의 효율성 제고	• 공정가격의 제공
• 금융정책의 수단	• 가격결정의 지표
• 투자수단 제공	• 유가증권 담보력 제고

20 정답 ②
각 순환과정의 주기와 진폭이 서로 다르게 나타나고, 한 주기 내에서도 확장기와 수축기의 길이가 다르게 나타나는 것이 일반적이다.

21 정답 ⑤
경영위험이 낮은 시기는 성장기이다. 도입기에는 경영위험이 높다.

핵심개념 제품수명주기별 경영위험 수준

도입기	성장기	성숙기	쇠퇴기
높음	낮음	증가하기 시작	높음

22 정답 ③
- 유사기업의 EV/EBITDA × 상장기업의 EBITDA = 상장기업의 EV
  → 따라서 18 × 10,000,000 = 180,000,000
  즉 EV = 180,000,000원
- 시가총액 = EV − 채권자가치(순차입금)
  → 따라서 180,000,000 − 100,000,000 = 80,000,000원
- 시가총액/발행주식수 = 주당가치
  → 따라서 80,000,000/100,000 = 800원
  즉, 주당가치는 800원이다.

23 정답 ⑤
$PER = \dfrac{주가}{EPS}$

적정주가 = EPS × PER

따라서 내년도 적정주가 = 내년도 예상 EPS × 업종평균 PER
EPS는 당기순이익을 발행주식수로 나눈 주당순이익이므로

$\dfrac{100억원}{50만주} \times 15배$

= 2만원 × 15배
= 30만원

24 정답 ④
ROA = 매출액순이익률 × 총자산회전율
10% = 매출액순이익률 × 0.5회
따라서 매출액순이익률 = 20%

핵심개념 총자본이익률(ROA 또는 ROI)

$$ROA \text{ 또는 } ROI = \dfrac{당기순이익}{매출액} \times \dfrac{매출액}{총자본}$$
$$= 매출액순이익률 \times 총자본회전율^*$$

* 총자본회전율은 매출액을 총자본으로 나눈 것으로 총자산회전율이라고도 한다.

25 정답 ⑤
$P_0 = \dfrac{D_0(1+g)}{k-g} = \dfrac{1,000(1+0.05)}{0.10-0.05} = \dfrac{1,050}{0.05} = 21,000원$

핵심개념 정률성장 배당모형을 이용한 주식의 이론적 가치 계산 공식

$$P_0 = \dfrac{D_1}{k-g} = \dfrac{D_0(1+g)}{k-g}$$

- k : 요구수익률
- g : 배당성장률

26 정답 ③
사후적인 포트폴리오 수정과 투자성과 평정에 대한 내용도 투자계획서에 포함되어야 할 사항이다.

27 정답 ③
하향식 접근 시 섹터가 너무 포괄적이거나 세부적이지 않아야 최종적인 종목선정 과정이 수월해진다.

28 정답 ①
- 샤프지수 = $\dfrac{R_p - R_f}{\sigma_p} = \dfrac{12\% - 2\%}{20\%} = 0.50$
- 정보비율 = $\dfrac{젠센의 알파^*}{잔차위험} = \dfrac{2\%}{4\%} = 0.50$

* 정보비율은 기준지표가 없을 경우 젠센의 알파를 잔차위험으로 나누어 계산한다.

29 정답 ②
인덱스 펀드 투자전략에서 정보비용과 거래비용을 최소화하는 방법은 인덱스 펀드와 국공채펀드의 투자비율을 고정시키는 것이다. 투자목표 달성을 위해 주식시장의 전망과 이자율 등 기대수익률을 예측함에 따라 인덱스 펀드와 국공채펀드의 비중을 조절하면 정보비용과 거래비용이 증가하게 된다.

30 정답 ①
정보비율은 펀드매니저의 능력을 측정할 수 있는 지표로, 높은 정보비율은 펀드매니저의 투자기법이 탁월하다는 것으로 해석되지만 어느 정도의 값이 높은 수준인지에 대해서는 이론적 근거가 없다.

31 정답 ⑤
가·나·라 : 소극적 투자전략

핵심개념 적극적 투자전략과 소극적 투자전략의 구분

적극적 투자전략	소극적 투자전략
• 시장투자적기포착 • 포뮬라 플랜	• 인덱스 펀드 투자전략 • 단순 매수·보유전략 • 평균투자법

32 정답 ①
시중금리수준이 상승하면 일정 수익률을 내는 자산들의 수익가치는 하락한다.

33 정답 ①
채권은 정해진 만기일 전에는 상환받을 수 없으며, 1년 이상 만기물의 발행이 대부분이다.

34 정답 ④
발행시장에서는 복수의 증권사가 발행기관으로 참여하여 주간사, 인수사, 판매사 역할을 분담하거나 공동으로 수행한다.

35 정답 ④
금융채는 한국은행에서 발행하여 국채와 마찬가지의 신용도를 지니는 통안채 외에는 회사채와 마찬가지로 금융기업의 신용도에 따라 신용등급을 부여받는다.

핵심개념 발행조건에 따른 채권의 종류 구분

발행주체	이자지급방식
• 국 채 • 지방채 • 특수채 • 금융채 • 회사채	• 이표채 • 할인채 • 복리채

36 정답 ①
$S = 10,000 \times (1 + 0.08)^3 = 12,597$원

핵심개념 복리채 계산방법

연단위 복리채	3개월 단위 복리채
$S = F \times (1 + CR)^N$	$S = F \times \left(1 + \dfrac{CR}{m}\right)^{N \times m}$

S : 만기상환금, F : 액면금액, CR : 표면금리, N : 만기연수, m : 연간 복리횟수

37 정답 ①
말킬의 채권가격정리
- 정리1 : 채권가격은 수익률과 반대방향으로 움직인다.
- 정리2 : 채권의 잔존기간이 길수록 동일한 수익률변동에 대한 가격변동률은 커진다.
- 정리3 : 채권의 잔존기간이 길어짐으로써 발생하는 가격변동률은 체감적으로 증가한다.
- 정리4 : 동일한 크기의 수익률변동이 발생할 때, 수익률 하락 시의 채권가격변동률이 수익률 상승 시의 채권가격변동률보다 크다.
- 정리5 : 표면이율이 높을수록 동일한 크기의 수익률변동에 대한 가격변동률은 작아진다.

38 정답 ①
이자지급횟수가 많아진다는 것은 표면이자율이 높아진다는 것과 동일한 개념이다.

핵심개념 듀레이션의 개념
채권이론에서는 금리의 변화와 가격변동폭을 보다 정확히 측정하기 위해 듀레이션이라는 개념을 사용하는데, 채권의 듀레이션을 직역하면 채권지속기간이 된다.

39 정답 ①
채권가격변동률 = $(-) \times \dfrac{2.78}{(1 + 0.1)} \times (-)2\% = 5.05\%$

따라서 5.05% 상승한다.

은행FP 자산관리사 2부 (3회)

핵심개념 듀레이션으로 측정하는 가격변동률

$$\frac{\Delta P}{P} = (-) \times \frac{Duration}{1+r} \times \Delta r$$

- $\frac{Duration}{1+r}$: 수정듀레이션
- Δr : 만기수익률의 변동폭

40 정답 ⑤

장단기 스프레드가 축소되는 것을 '불 플래트닝(Bull Flattening)', 장단기 스프레드가 확대되는 것을 '불 스티프닝(Bull Steepening)' 이라고 표현한다.

핵심개념 불 플래트닝(Bull Flattening)과 불 스티프닝(Bull Steepening)

불 플래트닝	불 스티프닝
• 채권시장 강세	• 채권시장 강세
• 장단기 스프레드 축소	• 장단기 스프레드 확대
• 장기금리가 단기금리보다 빠르게 하락하여 수익률곡선이 평평해짐	• 단기금리가 장기금리보다 빠르게 하락하여 수익률곡선이 가팔라짐

41 정답 ③

정부에서 발행한 국채, 한국은행에서 발행한 통안채, 지방행정기관들에서 발행한 지방채의 경우에는 무위험채권으로 간주되어 신용평가사들로부터 신용등급을 부여받지 않는다.

42 정답 ③

채권기대수익률
= 1년간 채권이자수익률 + 1년간 롤링수익률
= 1년간 채권이자수익률 + (매입금리 − 1년 후 평가금리) × 잔존듀레이션
= 4.5 + (4.5 − 4) × 1년
= 5.0%

43 정답 ③

기업어음의 신용등급에 상응하는 회사채 등급 구분

기업어음 등급	회사채 등급
A1(원리금 상환능력 최상)	AAA 및 AA등급 수준
A2(원리금 상환능력 우수)	A등급 수준
A3(원리금 상환능력 양호)	BBB등급 수준
B(상환능력은 있으나 단기적 여건변화에 따라 안정성에 불안요인 존재)	BB 및 B등급 수준
C(상환능력에 문제가 있음)	CCC~C등급 수준
D(상환 불능상태)	D등급 수준

44 정답 ④

유동성위험은 현금이 필요해져 중도매각하려 할 때 시장에서 적절한 매수자가 나타나지 않아 적정가격으로 매도하지 못하는 위험으로, 주로 신용등급이 낮을수록, 장기물일수록 유동성이 떨어지는 경향이 있다.

핵심개념 채권의 주요 위험

구분	내용
듀레이션위험	투자기간 동안 시장금리의 변동으로 인하여 투자수익률이 하락할 가능성
신용위험	채권발행자의 신용도 하락으로 채권의 가격이 절대적 또는 상대적으로 하락할 가능성 • 부도위험 : 채권발행자가 이미 정해진 원리금을 지급하지 않을 위험 • 신용등급하락위험 : 채권발행자 신용등급의 하락 또는 하락가능성으로 채권가격이 하락할 수 있는 위험 • 신용스프레드 위험 : 시장의 수급이나 경기전망의 영향으로 회사채 등 크레딧채권의 가격이 국채의 가격에 비해 상대적으로 더 약세를 보이는 위험
유동성위험	현금이 필요해져 채권을 중도 매각하려 할 때 시장에서 적절한 매수자가 나타나지 않아 적정가격으로 매도하지 못하는 위험
중도상환위험	콜옵션부채권의 보유 도중 발행자가 중도상환을 강제함으로써 원래 기대했던 수익률을 얻지 못하는 경우

45 정답 ④

- 자본손익률 = $\frac{(매입금리 - 매도금리) \times 잔존듀레이션}{투자연수}$

  = $\frac{(5\% - 4\%) \times 2년}{1}$ = 2%

- 이자수익률 = 5%

따라서 채권투자수익률 = 자본손익률 + 이자수익률 = 7%

46 정답 ②

투자 자세에 따른 채권투자전략의 분류에서 (매칭전략, 사다리형 만기전략) 등과 같이 채권의 이자율을 중시하는 전략은 전형적인 소극적 투자전략으로 분류되고, (딜링, 교체매매) 등 추가적인 자본수익을 얻기 위해 많은 노력이 동반되는 전략은 적극적 투자전략으로 분류된다.

47 정답 ⑤

주가워런트증권(ELW)은 증권으로 분류된다.

48 정답 ①

선물거래의 가격은 매일 형성되며 성립된 거래를 만기 또는 결제 전에 매매할 수 있지만, 선도거래는 동일거래에 대한 가격이 단 한 번 형성된다.

핵심개념 선물과 선도의 차이점 구분

구 분	선 물	선 도
거래장소	거래소	특정장소 없음
거래방법	공개호가방식 또는 전자결제시스템	거래당사자 간의 계약
거래금액	표준단위	제한 없음
가격형성	시장에서 형성	거래당사자 간의 협의로 형성
신용위험	거래소가 계약이행 보증	계약불이행 위험이 존재
증거금	증거금 납부	• 은행 간 거래 : 증거금 없음 • 대고객 거래 : 필요에 따라 증거금 요구
일일정산	일일정산 이루어짐	일일정산이 없고 만기일에 정산
실물인수도	실물인수도 비율 매우 낮음	NDF를 제외한 대부분이 실물인수도
만기일	특정 월의 특정일	거래당사자 간의 협의

49 정답 ②

최소호가단위는 0.05포인트이다(25만원 × 0.05 = 12,500원).

핵심개념 KOSPI200 지수선물의 특징

구 분	내 용
최소호가단위	0.05포인트(25만원[*1] × 0.05 = 12,500원)
결제월	3, 6, 9, 12월
최종거래일	각 결제월의 두 번째 목요일(공휴일인 경우 순차적으로 앞당김)
최종결제일	최종거래일의 다음 거래일
결제방법	현금결제방식
시장안정화장치	서킷브레이커즈(Circuit Breakers)[*2]

[*1] 거래승수
[*2] 가격제한폭과 프로그램매매호가를 일시적으로 중단

50 정답 ②

이자율이 배당수익률보다 높은 경우에는 보유비용이 양(+)이므로 선물가격이 현물가격보다 높고, 원월물 선물가격이 근월물 선물가격보다 높다. 이런 상황에서 스프레드가 확대되는 경우는 원월물 선물가격이 근월물 선물가격보다 더 많이 상승하거나 더 적게 하락하는 경우이다. 따라서 스프레드 확대가 예상될 때 근월물을 매도하고 원월물을 매수하는 스프레드 매수전략(약세 스프레드전략)을 취해야 한다.

51 정답 ⑤

수익률이 2% 상승하였으므로 채권가치는 하락한다. 따라서 채권가치의 변동폭을 계산하면 다음과 같다.
채권가치의 변동폭 = (−2.5 × 2%) × 100 = −5

핵심개념 듀레이션에 의한 채권가격의 변화율 계산

$$\frac{dP}{P} = -D_m \times dy \rightarrow dP = (-D_m \times dy) \times P$$

- $\frac{dP}{P}$: 채권가격변화율
- dP : 채권가격변동분
- D_m : 수정듀레이션
- dy : 금리변동폭

52 정답 ①

채권의 경우는 매입 후 만기까지 보유할 경우 발행인의 지급불능 상황이 발생하지 않는 한 이자지급 시와 만기 시 받는 현금흐름이 고정되어 있기 때문에 향후 받게 될 현금흐름에 대해 환리스크 헤지가 어렵지 않다. 반면, 주식과 같이 그 가치가 항상 변하는 자산에 투자할 경우 미래의 주식가치를 예측할 수 없고, 펀드를 통해 고객자산을 운용하는 경우 고객의 환매시기와 액수를 미리 알 수 없기 때문에 환리스크 헤지가 어려워진다.

53 정답 ⑤

기초자산을 매수한 포지션의 델타는 +1이기 때문에 델타를 중립(0)으로 만들기 위해서는 −1의 델타를 가지는 포지션을 추가해주면 된다. 따라서 델타가 −0.5인 풋옵션 2계약을 매수하면 '−0.5 × (+2) = −1'의 델타를 만들 수 있으므로 전체 포지션은 델타중립이 된다.

핵심개념 델타중립

포지션 전체의 델타를 0으로 만들어 기초자산의 변동과 무관한 포지션을 만드는 것

54 정답 ④

강세 풋옵션 스프레드전략과 약세 콜옵션 스프레드전략은 초기에 프리미엄 순수입이 발생하는 손익구조를 가진다. 초기에 프리미엄 순지출이 발생하는 전략은 강세 콜옵션 스프레드전략과 약세 풋옵션 스프레드전략이다.

핵심개념 옵션스프레드전략

구 분		내 용
강세 스프레드 전략	강세 콜옵션 스프레드 전략	• 강세가 예상되나 확신이 서지 않을 때 이용하는 보수적인 투자전략(행사가격이 낮은 콜옵션 매수, 행사가격이 높은 콜옵션 매도) • 프리미엄이 높은 콜옵션을 매수하고 프리미엄이 낮은 콜옵션을 매도하므로 초기에 프리미엄 순지출 발생
	강세 풋옵션 스프레드 전략	• 강세가 예상되나 확신이 서지 않을 때 이용하는 보수적인 투자전략이란 측면에서 강세 콜옵션 스프레드전략과 유사하나, 콜옵션 대신 풋옵션을 활용한다는 점이 다름(행사가격이 낮은 풋옵션 매수, 행사가격이 높은 풋옵션 매도) • 프리미엄이 낮은 풋옵션을 매수하고 프리미엄이 높은 풋옵션을 매도하므로 초기에 프리미엄 순수입 발생
약세 스프레드 전략	약세 콜옵션 스프레드 전략	• 약세가 예상되나 확신이 서지 않을 때 이용하는 보수적인 투자전략(행사가격이 낮은 콜옵션 매도, 행사가격이 높은 콜옵션 매수) • 초기에 프리미엄 순수입 발생
	약세 풋옵션 스프레드 전략	• 약세가 예상되나 확신이 서지 않을 때 이용하는 보수적인 투자전략이란 측면에서 약세 콜옵션 스프레드전략과 유사하나, 콜옵션 대신 풋옵션을 활용한다는 점이 다름(행사가격이 낮은 풋옵션 매도, 행사가격이 높은 풋옵션 매수) • 프리미엄이 낮은 풋옵션을 매도하고 프리미엄이 높은 풋옵션을 매수하므로 초기에 프리미엄 순지출 발생

55 정답 ③

스트래들 매수와 스트랭글 매수전략은 포지션을 장기적으로 보유할수록 시간가치소멸효과가 커서 손실이 발생하며, 스트래들 매도와 스트랭글 매도전략은 포지션을 장기적으로 보유할수록 이익이 발생한다.

56 정답 ③

칼라는 캡과 플로어가 결합된 형태로 캡의 행사금리를 플로어의 행사금리보다 더 높게 책정하므로 캡금리 이상으로 금리가 상승하여 손실이 발생할 불리한 리스크를 제거하고, 플로어 금리 이하로 금리가 하락하는 유리한 리스크를 포기한다.

57 정답 ②

만기 원금교환의 적용환율은 만기환율과 관계없이 최초 거래 시점의 현물환율이 동일하게 적용된다. 즉 거래초기에 교환한 원금액수 그대로 반대방향으로 재교환하는 것이다. 다만, 만기시점의 환율에 따라 각 당사자들의 실제 손익은 달라지게 된다.

핵심개념 통화스왑의 개념

구 분	내 용
정 의	• 이종통화 간에 원금과 이자를 교환하는 계약 • 환율 변동위험과 이자율 변동위험을 동시에 관리 가능
원금교환	• 거래 시작 시 : 원금교환 생략 가능 • 만기 시 : 초기의 원금교환과 반대방향으로 원금교환이 이루어짐 • 거래초기와 만기의 원금교환 시 적용환율 : 모두 거래초기의 현물환율 적용
이자교환	• 수취한 통화의 원금에 대한 이자를 지급하고, 지급한 통화의 원금에 대해서는 이자를 수취 • 한쪽은 고정금리이고 다른 한쪽은 변동금리이거나, 양쪽 다 고정금리 혹은 양쪽 다 변동금리일 수도 있음

58 정답 ⑤

낙아웃 목표 선물환 매도거래는 환율이 낙아웃 기준환율 이상에서 변동하는 한 일반 선물환 거래에 비해 유리한 가격으로 외화를 매도할 수 있지만, 그 이하가 되면 계약 자체가 소멸되므로 헤지 거래를 실행하지 않은 것과 같다.

59 정답 ③

투자 포트폴리오의 수익률은 개별 자산의 보유기간별 수익률에 총 포트폴리오에서 차지하는 개별 자산의 비율을 곱하여 가중하여 합한 값인 가중평균수익률을 사용한다. 해당 포트폴리오의 가중평균 수익률을 계산하면 다음과 같다.

$\{0.1 \times (-0.04)\} + (0.4 \times 0.02) + (0.5 \times 0.04)$
$= 0.024 = 2.4\%$

60 정답 ③

상관계수는 두 자산의 공분산을 각 자산의 수익률의 표준편차로 나누어 계산할 수 있다.

핵심개념 상관계수의 계산공식과 범위

A와 B 두 자산의 공분산을 각 자산의 수익률의 표준편차로 나누어 다음과 같이 상관계수를 계산할 수 있다.

$$\rho_{AB} = \frac{COV_{AB}}{\sigma_A \times \sigma_B}$$

$-1 \leq \rho_{AB} \leq 1$

- +1일 때 : 두 개의 자산은 완전한 양의 상관관계
- 0일 때 : 두 개의 자산은 아무런 관계가 없음
- −1일 때 : 두 개의 자산은 완전한 음의 상관관계로 정반대로 움직인 다는 의미

61 정답 ②

투자설계 2단계에서 고객의 위험에 대한 감내도는 지속적으로 변하기 때문에 FP는 고객 스스로 채택한 투자성향을 기준으로 투자 포트폴리오를 제시해야 하는 것이 원칙이지만, 최근 금융시장의 급변에 따라 발생하는 잘못된 투자성향의 오류를 잘 걸러내고 고객이 위험에 대해 감정에 치우치지 않고 합리적으로 판단할 수 있도록 지속적으로 알려주는 것이 중요하다.

핵심개념 투자설계 프로세스 6단계

- 1단계 : 고객 기본정보 파악, 재무목표, 투자우선순위, 투자기간 설정
- 2단계 : 고객 재무상황 파악 및 경제・금융환경 분석
- 3단계 : 자산배분전략을 포함한 투자정책서 작성
- 4단계 : 투자 포트폴리오 수립 및 개별상품 선정
- 5단계 : 투자 실행
- 6단계 : 투자성과 평가 및 수정

62 정답 ⑤

대부분의 보험상품은 수수료가 선공제되기 때문에 아무리 좋은 보험도 환금성에 제약이 있다는 사실을 염두에 두어야 한다.

63 정답 ③

한계효용체감의 법칙에 따라 위험회피형 투자자들의 효용은 수익이 증가함에 따라 커지지만, 수익의 한 단위 증가에 따른 효용의 증가폭은 수익이 증가할수록 점차 감소한다.

64 정답 ④

자본배분선의 기울기가 클수록 더 좋은 투자안이다.

65 정답 ③

나. 포트폴리오에 포함되는 주식의 수가 아무리 많아지더라도 체계적 위험에 대한 분산투자 효과는 없다.
라. 포트폴리오의 체계적 위험을 통제하기 위해서는 주식의 수는 상관없고, 베타를 조정해야 한다.

핵심개념 단일지표모형 공식

$$R_i = \beta_i R_M + \alpha_i + e_i$$

- R_i : 주식 i의 수익률
- R_M : 시장지수의 수익률
- β_i : 시장수익률에 대한 주식 i 수익률의 민감도
- α_i : 주식 i의 알파계수
- e_i : 잔차

(1) 주식수익률(R_i)과 시장수익률(R_M)은 일정한 비례관계(β_i)
(2) 베타(β_i) : 시장수익률 변동에 대한 주식수익률의 반응으로 시장수익률에 대한 주식수익률의 상대적 민감도를 나타냄
(3) 베타가 클수록 주식수익률이 시장수익률에 대해 민감하게 반응
(4) 베타가 1보다 큰 주식은 경기민감주, 베타가 1보다 작은 주식은 방어주
(5) $\beta_i R_M$: 시장수익률의 변동에 따른 주식 i 수익률의 변동폭을 나타내는 것으로, 주식 i가 갖는 체계적 위험을 의미
(6) 알파(α_i) : 시장수익률이 0인 경우 얻을 수 있는 그 주식의 초과수익률
 → 양(+)의 알파는 주식이 적정가치보다 낮은 가격(저평가), 음(−)의 알파는 주식이 적정가치보다 비싼 가격(고평가)
(7) 잔차(e_i) : 기업고유위험

66 정답 ①

자본시장선(CML)은 무위험자산과 완전히 분산투자된 시장 포트폴리오를 이용한 효율적 포트폴리오의 기대수익률과 위험과의 선형관계를 나타낸 것으로 비효율적인 포트폴리오나 개별 자산의 기대수익률과 위험의 관계까지는 설명하지 못한다. 반면, 증권시장선은 비효율적인 포트폴리오나 개별 자산까지 포함한 모든 투자자산의 기대수익률과 위험의 관계를 설명할 수 있다.

67 정답 ⑤

전략적 자산배분을 실행할 때는 최초 자산배분 시 실행한 포트폴리오를 목표 기간까지 그대로 유지하는 것이 아니라, 편입 자산의 가격변화에 따른 투자비중에 변화를 반영하여 주기적으로 자산배분 비중을 조정해주어야 한다.

68 정답 ③

제3사분면을 선택한 투자자는 인덱스 펀드를 활용함으로써 증권선택에 따르는 비체계적 위험을 제거하고, 증권선택과 관련된 노력과 비용을 절감하고자 한다.

은행FP 자산관리사 2부 [3회]

핵심개념 투자전략 매트릭스에 따른 투자관 구분

제4사분면	제2사분면
• 성공적인 시장 예측이 가능한가? 예 • 우수한 증권선택이 가능한가? 예	• 성공적인 시장 예측이 가능한가? 아니오 • 우수한 증권선택이 가능한가? 예
제3사분면	제1사분면
• 성공적인 시장 예측이 가능한가? 예 • 우수한 증권선택이 가능한가? 아니오	• 성공적인 시장 예측이 가능한가? 아니오 • 우수한 증권선택이 가능한가? 아니오

69 정답 ③

정액분할투자법은 전략적 자산배분이나 전술적 자산배분과 다른 별개의 전략이라기보다는 전략적·전술적 자산배분의 실행상 문제점을 보완해주는 전략이라고 할 수 있다.

핵심개념 정액분할투자법의 장·단점

장 점	단 점
• 소액으로 투자 가능 • 자금의 일시 투자에 따른 마켓타이밍 위험 감소 • 자산의 평균매입단가를 낮추는 효과 • 비이성적인 투자 방지	• 투자를 회수하는 시점의 가격하락 위험은 줄여주지 못함 • 적정 투자기간에 대한 기준은 제시하지 못함 • 자산가격의 적정성에 대한 기준을 제공하지 못함 • 전술적 자산배분과 상충되는 상황 발생 • 위험이 줄어드는 만큼 기대수익이 낮아짐

70 정답 ②

젠센의 알파는 다음과 같이 구할 수 있다.

$$R_p - R_f = \alpha_p + \beta_p(R_m - R_f)$$
$$\alpha_p = (R_p - R_f) - \beta_p(R_m - R_f)$$

- R_p : 펀드수익률
- R_f : 무위험수익률
- β_p : 포트폴리오수익률의 베타
- R_m : 시장포트폴리오 수익률

따라서 위 공식에 보기의 자료 값을 대입하여 젠센지수를 계산하면,
$(15\% - 3\%) - 1.2(12\% - 3\%)$
$= 12\% - 10.8\%$
$= 1.2\%$

제2과목 비금융자산 투자설계(30문항)

71 정답 ①

위치의 고정성(부동성)이란 위치를 이동시킬 수 없다는 것을 의미하며, 다른 지점의 토지와는 최소한 그 위치에 따른 속성이 다르다는 것을 의미한다. 토지의 비대체성이라는 특성은 개별성에 속한다.

핵심개념 토지의 자연적 특성

구 분	내 용
부동성	토지는 인위적으로 그 위치를 이동시킬 수 없음
개별성	• 물리적으로 완전히 동일한 토지는 없음 • 물리적인 면에서 대체가 불가능함
인접성	토지는 물리적으로 연결되어 접해 있음
부증성	토지는 생산비를 투입해도 물리적 절대량을 늘릴 수 없음
영속성	토지는 일반재화와는 달리 시간의 흐름이나 사용에 의해 소모되거나 마멸되지 않음

72 정답 ②

②는 답에 대한 내용이다. 전은 물을 상시적으로 이용하지 않고, 곡물·원예작물·약초·뽕나무 등의 식물을 주로 재배하는 토지와 식용을 위하여 죽순을 재배하는 토지이다.

핵심개념 지목의 종류와 그 의미

구 분	내 용
답	물을 상시적으로 직접 이용하여 벼·연·미나리 등의 식물을 주로 재배하는 토지
전	물을 상시적으로 이용하지 아니하고 곡물·원예작물·약초 등의 식물을 주로 재배하는 토지와 식용을 위해 죽순을 재배하는 토지
대	영구적인 건축물 중 주거·사무실·점포와 박물관·극장·미술관 등 문화시설과 이에 접속된 정원 및 부속시설물의 부지
임 야	산림 및 원야를 이루고 있는 수림지·죽림지·암석지·자갈땅·모래땅·습지 등의 토지
하 천	자연의 유수가 있거나 있을 것으로 예상되는 토지
잡종지	변전소, 도축장, 자동차운전학원, 쓰레기 및 오물처리장 등의 부지
공장용지	제조업을 하고 있는 공장시설물 부지와 같은 구역에 있는 의료시설 등 부속시설물의 부지
구 거	용수 또는 배수를 위해 일정한 형태를 갖춘 인공적인 수로·둑·그 부속시설물의 부지와 자연의 유수가 있거나 있을 것으로 예상되는 소규모 수로부지
유 지	물이 고이거나 상시적으로 물을 저장하고 있는 댐·저수지·연목 등의 토지와 연·왕골 등이 자생하는 배수가 잘 되지 아니하는 토지

73 정답 ⑤
준주거지역에 대한 설명이다.

핵심개념 주거지역의 종류

구 분	특 징
전용주거지역	양호한 주거환경을 보호하기 위해 필요한 지역 • 제1종 전용주거지역 : 단독주택 중심 • 제2종 전용주거지역 : 공동주택 중심
일반주거지역	편리한 주거환경을 조성하기 위해 필요한 지역 • 제1종 일반주거지역 : 저층주택 중심 • 제2종 일반주거지역 : 중층주택 중심 • 제3종 일반주거지역 : 중고층주택 중심
준주거지역	주거기능 위주로 이를 지원하는 일부 상업기능 및 업무기능을 보완하기 위해 필요한 지역

74 정답 ①
다가구주택은 지하층을 제외하고 주택으로 쓰는 층수가 3개층 이하이고, 1개 동의 주택용도 바닥면적의 합계가 660m² 이하이며, 19세대 이하가 거주해야 한다.

핵심개념 단독주택과 공동주택의 비교

구 분	주택명	특 징
단독주택	다중주택	• 주택사용 층수가 3개층 이하 • 바닥면적 합계 330m² 이하
	다가구주택	• 주택사용 층수가 3개층 이하 • 1개 동의 주택으로 쓰이는 바닥면적 660m² 이하 • 세대수 19세대 이하 거주
공동주택	아파트	• 주택사용 층수가 5개층 이상
	연립주택	• 주택사용 층수가 4개층 이하 • 1개 동의 주택으로 쓰이는 바닥면적 660m² 초과
	다세대주택	• 주택사용 층수가 4개층 이하 • 1개 동의 주택으로 쓰이는 바닥면적 660m² 이하

75 정답 ③
용적률 = 건축물의 연면적 / 대지면적 × 100
     = 1200m² / 800m² × 100 = 150%

핵심개념 연면적

하나의 건축물 각 층의 바닥면적의 합계를 말한다. 다만, 용적률을 산정할 때에는 다음에 해당하는 면적은 제외한다.
• 지하층의 면적
• 지상층의 주차용(해당 건축물의 부속용도인 경우만 해당)으로 쓰는 면적
• 초고층 건축물과 준초고층 건축물에 설치하는 피난안전구역의 면적
• 건축물의 경사지붕 아래에 설치하는 대피공간의 면적

76 정답 ③
• LTV(Loan To Value) : 담보인정비율로, 담보대출의 가치인정 비율을 의미한다.
• DTI(Dept To Income) : 총부채상환비율로, 총소득에서 부채의 연간 원리금 상환액이 차지하는 비율을 의미한다.
• DSR(Dept Service Ratio) : 총부채원리금상환비율로, 대출자의 소득 대비 전체 금융부채의 원리금 상환액 비율을 의미한다.

77 정답 ②
갑구에는 소유권에 관한 사항(변동 및 변경사항, 경매신청, 압류, 가압류, 가등기, 가처분, 환매등기 등의 사항)이 기재되며, 을구에는 소유권 이외의 권리에 관한 사항(지상권, 지역권, 전세권, 저당권, 임차권)이 기재된다.

핵심개념 등기사항증명서의 우선순위 결정

등기한 순서대로 순위번호가 기재되므로, 동일한 구 안에서는 등기의 순위번호에 따라 우선순위가 결정된다.
• 주등기와 부등기의 관계 : 주등기의 순위에 따라 부등기의 순위가 결정된다.
• 가등기와 본등기의 관계 : 가등기상의 순위는 보전되는 효력이 있으므로 가등기에 기하여 본등기를 하는 경우에는 가등기의 순서대로 순위가 결정된다.

78 정답 ⑤
약정한 차임 또는 보증금이 임차건물에 관한 조세·공과금 기타 부담의 증감이나 경제사정의 변동으로 인해 상당하지 않게 된 때 당사자는 장래에 대해 그 증감을 청구할 수 있다. 그러나 증액의 경우에는 약정한 차임 등의 (5%)를 초과하지 못한다.

핵심개념 상가건물임대차보호법의 이해

구 분	내 용
적용범위	사업자등록 대상 건물 (동창회 사무실, 종교단체, 자선단체 등 비영리단체의 건물은 미적용)
보증금범위	• 서울 : 9억원 • 수도권 과밀억제권역 및 부산 : 6억 9천만원 • 광역시(과밀억제권역, 군지역, 부산 제외), 세종, 파주, 화성, 안산, 용인, 김포, 광주 : 5억 4천만원 • 그 밖의 지역 : 3억 7천만원
대항력	계약 + 건물인도 + 사업자등록신청 → 익일부터 발생
우선변제권	대항력 + 확정일자
최우선변제권	소액임차인이 대항력을 갖추면 확정일자를 받지 않아도 발생(보호받을 수 있는 소액임차보증금의 합계액은 경매낙찰대금의 1/2 이내)
임대차 존속기간	1년

계약갱신 (갱신요구권)	• 임대인은 임차인의 총 임대기간이 10년을 초과하지 않는 한 정당한 사유 없이 갱신거절 금지 • 임차인 갱신요구 가능 기간 : 기간 만료 전 6월~1월까지
계약갱신 불인정	3기 차임 연체 or 현저한 의무위반
차임증감	보증금의 5% 이내

79 정답 ①

2020년 2월 21일 이후부터 체결된 부동산 거래 계약은 반드시 계약일로부터 (30일) 이내에 신고해야 한다. 만일 신고기한 내 신고하지 아니하면 최대 500만원의 과태료가 부과된다.

80 정답 ④

수요와 공급을 부동산시장에 적용할 때는 부동산의 특성인 국지성을 통해 분석해야 한다. 부동산은 지역 간 대체가 어려우므로, 수요와 공급 문제는 세부적인 범위 내에서 구체적으로 분석하고 대응해야 시장의 문제점을 해결할 수 있다.

핵심개념 부동산시장 영향요인 분석

구 분	내 용
경제상황	• 경제호황기 → 유동성 풍부 → 관련 투자 집중 → 부동산시장 활성화 • 경제불황기 → 관련 투자 위축 → 부동산시장 침체
금 리	• 금리 상승 → 금융부문에 유동성 흡수 → 투자수요 침체 → 부동산가격 하락 • 금리 하락 → 부동산시장에 자금 유입 → 투자수요 활성화 → 부동산가격 상승
구매력	• 수요자 소득 대비 부동산을 매입할 수 있는 여력 • PIR(Price to Income Ratio) 지수를 활용
대출규제	• 부동산시장에서 일정 부분 자금공급원으로서의 역할을 함 • 시장의 유동성 흐름을 좌우하는 변수 • 국회의 동의 없이 시장에 대응할 수 있는 강력한 규제책
수요와 공급	• 주택의 수요와 공급을 분석하는 것은 시장분석의 기본 • 국지성을 통한 분석 필요
전세가격	매매가격 대비 전세가격이 상승할 경우 매수로 전환하는 수요가 나타나는 것이 일반적
세 금	중과세나 비과세를 통해 시장에 영향을 주고 완급을 조절하는 변수 역할
유동성	시장에 유동성이 풍부해지면 보수적인 투자성향을 가진 경우 부동산시장에 유동성이 머물 가능성이 큼
인플레이션	부동산가격은 물가상승률 이상 상승하여 가치하락을 보전해 줌
부동산정책	가격상승기에 시행되는 규제책이 가격하락기에 시행되는 부양책보다 효과가 더 큼

81 정답 ③

금리가 상승하면 부동산 매입이 감소하여 부동산 거래가 침체된다.

82 정답 ②

② 인플레이션 헤지 : 부동산 투자의 목적 중 하나로, 인플레이션으로 하락한 돈의 가치를 실물에 투자하여 그 가치하락을 보전받을 수 있다.
① 유동성 : 부동산시장에 지속적인 영향을 미치는 변수로, 경제호황기에는 유동성이 풍부하여 투자가 집중된다.
③ 구매력 : 수요자 소득 대비 부동산을 매입할 수 있는 여력을 나타내며, 주택시장에서 자주 활용하는 지표로는 PIR(Price to Income Ratio)지수가 있다.
④ 전세가격 : 매매가격 대비 전세가격이 상승할 경우 수요는 매수로 돌아서는 경향이 있다.
⑤ 세금 : 중과세나 비과세를 통하여 시장의 완급을 조절하고 시장에 영향을 미친다.

83 정답 ④

부동산은 국지적 성향이 강하기 때문에 그 지역의 특수성이 많이 반영된 시장이다. 그러므로 우리나라의 부동산시장 상황과 같은 기준으로 투자판단을 해서는 안 된다.

84 정답 ④

문재인 정부는 2017.8.2. 부동산 대책을 통해 실수요 중심의 주택수요 관리를 강화하였다. 대표적으로 다주택자의 양도소득세를 중과하고, 장기보유특별공제를 배제하였다.

85 정답 ④

투기과열지구 내 재건축 조합원 지위양도 금지 예외 사유로는 1주택자로서 장기 소유자(10년 보유, 5년 거주)인 경우, 상속·이혼으로 인한 양도·양수, 근무상·생업상 사정이나 질병치료·취업·결혼·세대원 해외이주로 세대원 모두 이전하는 경우, 공공 및 금융기관에 채무불이행에 따른 경매·공매 등이다.

86 정답 ③

무주택자가 9억원 초과 고가주택을 구입하면 1년 내 전입하는 조건으로 주택담보대출이 가능하였다.

87 정답 ④

1주택자 임대소득 과세 고가주택 기준이 기준시가 9억원에서 12억원으로 인상되었다.

핵심개념 윤석열 정부의 부동산정책

구 분	내 용
임대차 시장 안정 방안(22.6.21)	• 상생임대인 지원제도 개선(비과세 및 장기보유특별공제 혜택) • 갱신만료 서민 임차인 대상 전세대출 지원 강화 • 월세 세액공제 확대
22년 세제개편(22.7.21)	• 다주택자 중과제도 폐지 및 세율 인하 • 기본공제 금액 상향(6억원 → 9억원) • 일시적 2주택, 상속주택은 1세대 1주택 판정 시 제외(일시적 2주택은 2년 내에서 3년 내로 변경) • 주택임대소득 과세 고가주택 기준 인상(9억원 → 12억원)
국민 주거안정 실현방안(22.8.16)	• 재개발・재건축 사업 정상화 • 신규택지 조성 확대
공공분양 50만호 공급(22.10.26)	• 전용모기지 지원으로 부담 완화 • 민간분양 청약제도 개편(청년층 수요가 높은 중소형 평형 추첨제 확대, 4050 중장년층 수요가 많은 대형 평형 가점 확대)
부동산 시장 현안 대응방안(22.11.10)	• 주택공급 기반 위축 방지 • 실수요자 내 집 마련 관련 규제 정상화
재건축 안전진단 합리화 방안(22.12.8)	• 평가항목 배점의 비중 개선(구조안전성 점수 비중 30% ↓, 주거환경 및 설비노후도 비중 30% ↑) • 조건부 재건축 범위 축소(30점 초과 → 45점 초과)
2022년 세제개편 후속 시행령 개정안(24.1.18)	• 전세사기 피해 방지를 위한 미납국세열람 실효성 강화 • 지방 저가주택(종부세) 및 농어촌주택(양도세) 특례 적용 확대 • 다주택자 취득세 중과 완화 • 종합부동산세 개편(과세표준 12억원 이하 및 조정대상지역 2주택에 대한 중과세율 폐지)
2023년 세법개정 후속 시행령 개정안(24.1.23)	• 소형 신축주택 및 지방 준공 후 미분양주택에 대한 양도세・종부세 중과 배제 • 다주택자 양도세 중과 한시 배제 기한 1년 연장 • 장기주택저당차입금 이자상환액 소득공제 대환 요건 완화
주택시장 안정화 방안 (25.3.19)	• 토지거래허가구역 확대 지정 • 조정대상지역, 투기과열지구 지정 검토 • 금융, 가계대출 관리 강화 • 주택시장 거래질서 확립

88 정답 ⑤

국토교통부 등 정부 발표자료에는 실거래가격, 주택거래량, 미분양주택, 지가변동률 및 토지거래량이 있다.

핵심개념 국토교통부 등 정부 발표자료 및 확인방법

- 실거래가격 : 국토교통부 홈페이지에서 확인할 수 있다.
- 주택거래량 : 국토교통부 홈페이지에서 '국토교통부뉴스 > 보도자료 > 주택토지' 항목으로 가면 확인할 수 있다.
- 미분양주택 : 국토교통부에서 매월 28일 전후에 전월기준 자료를 발표한다.
- 지가변동률 : 국토교통부에서 매월 25일 전후로 전월기준 자료를 발표하며, 전반적인 지역별 토지시장을 분석하는 자료로 활용할 수 있다.

89 정답 ②

부동산은 다른 투자대상물 가운데 안전성과 수익성이 비교적 높은 편이다.

90 정답 ③

③ 실현수익률이란 투자가 이루어진 후 현실적으로 달성된 수익률을 의미하며, 사후적 수익률, 역사적 수익률이라고도 한다.
① 투자에 따라 기대되는 예상수익률을 기대수익률 또는 내부수익률이라 한다.
② 요구수익률에는 시간에 대한 비용과 위험에 대한 비용이 포함된다.
④ 부동산 투자분석 시 실현수익률을 알 수는 없다.
⑤ 요구수익률이 기대수익률보다 클 경우에는 투자기각이 결정된다.

91 정답 ⑤

레버리지 효과는 수익률과 이자율뿐만 아니라 절세 효과도 있다. 일반적으로 상가를 매입할 경우 대출이자는 소득세 납부 시 지급이자로 처리되어 경비로 공제받을 수 있기 때문에 절세 효과가 발생한다.

핵심개념 레버리지

구 분	내 용
레버리지 정의	낮은 비용의 부채를 이용하여 투자자의 수익을 증대시키는 것
레버리지 비율	총자본에 대한 부채(대출금)의 비율
대출의 활용	• 기대수익률이 대출이자율보다 높을 때 : 자기자본 대비 투자수익률이 높음 • 기대수익률과 대출이자율이 같을 때 : 자기자본만 활용하는 때와 수익률이 같음, 중립적인 관점에서 운용이 필요함 • 기대수익률이 대출이자율보다 낮을 때 : 자기자본 대비 투자수익률이 낮음, 대출상환계획 등을 별도로 수립

92 정답 ④
① 가치는 장래의 기대되는 이익을 현재가치로 환원한 값이다.
② 가격은 부동산에 대한 과거의 값이고, 가치는 현재의 값이다.
③ 주어진 시점에서 부동산에 대한 가격은 하나뿐이지만 가치는 무수히 많다.
⑤ 가격은 특정 부동산에 대한 교환의 대가이다.

핵심개념 가격과 가치의 구분
부동산에서는 가격과 가치를 엄격하게 구별한다.

가 격	가 치
• 특정 부동산에 대한 교환의 대가 • 객관적이고 구체적 개념 • 과거의 값 • 주어진 시점에서 하나만 존재	• 장래에 기대되는 이익을 현재가치로 환원한 값 • 주관적이고 추상적 개념 • 현재의 값 • 주어진 시점에서 무수히 많이 존재

93 정답 ①
체계적 위험은 포트폴리오를 완벽하게 구성해도 피할 수 없는 위험이다.

94 정답 ①
재건축사업은 강남지역 등 기반시설이 양호한 신시가지 등에서 시행되고, 재개발사업은 강북지역 등 기반시설이 부족한 기성시가지 등에서 시행된다.

95 정답 ⑤
청약통장은 내 집 마련뿐만 아니라 투자의 수단도 되므로 가입하여 활용하는 것이 유리하다.

96 정답 ⑤
토지에 대한 양도담보는 토지거래허가를 필요로 하는 계약이다.

핵심개념 토지거래허가 대상 기준

구 분	내 용
토지거래허가가 필요한 계약	• 토지에 대한 대물변제 계약 • 토지에 대한 대물변제 예약 • 토지에 대한 양도담보 • 토지에 대한 매도담보 • 토지에 대한 유저당계약 • 토지에 대한 가등기담보 • 부담부 증여
토지거래허가가 필요하지 않은 계약	• 건물에 대한 소유권 이전계약 • 토지에 대한 전세권·임차권·저당권(근저당 포함) 설정계약 등 • 증여·사용대차 등의 무상계약 • 상속, 유증, 사인증여 등

97 정답 ②
② 금융기관이나 대형 프랜차이즈, 기업형 슈퍼마켓(SSM)과 같은 임차인은 경기상황에 상대적으로 민감하지 않아 안정적인 임대료 수입을 보장하고 관리 차원에서도 수월하다.
① 상가는 수익형부동산의 대표 상품으로 경기상황과 접점에 있다.
③ 불경기에서는 월세를 인하해달라는 요구를 하며 연체를 할 수도 있어 세입자가 어떤 종목을 영위하고 있으며 영업활동을 제대로 할 수 있는지가 중요하다.
④ 분양사업 시행자가 임차인을 맞춰놓은 상태에서 분양을 받아야 분양 후 장기간 공실에 대한 리스크를 줄일 수 있다.
⑤ 일반적으로 상가건물의 매매가격은 대지면적에 평당가격을 곱하여 산정한다.

98 정답 ④
임대료를 갱신하기 위해 충분히 사전조사를 한 후 무작정 인상한다는 통보를 하는 것이 아니라, 단계별 임대료 갱신절차를 통해 임차인에게 고지하고 합의하는 결정을 해야 한다.

99 정답 ①
지역 분석은 국가 경제가 지역에 미치는 영향과 대상 개발사업이 시장에 미칠 수 있는 공간적 범위 등을 분석하는 것이다. 근린시장 분석은 근린 지방경제가 개발대상 부지에 미치는 영향을 분석하는 것이다. 따라서 부동산 자산의 투자 및 운용에 직접적 영향을 미치는 범위 내의 산업, 교육, 교통 등의 지역경제 수준을 분석한다.

핵심개념 보유 부동산 자산분석

구 분	내 용
지역 분석	국가 경제가 지역에 미치는 영향 및 개발사업이 시장에 미치는 공간적 범위 등 분석
근린시장 분석	근린 지방경제가 개발대상 부지에 미치는 영향을 분석
대상 부동산 개별 분석	보유 부동산에 대한 분석과 계획
시장경쟁 분석	부동산이 갖는 경쟁 부동산과의 장단점을 평가하기 위한 것
대체방안 분석	부동산 소유자의 목표를 달성하기 위해 최대유효 이용상태가 되도록 하는 부동산 자산가치에 대한 분석방안
재무석 분석	각 대체방안을 실행하면서 '비교 편익 분석방법'을 통해 검정하는 단계

100 정답 ⑤
PFV의 설립을 위해서는 설립자본금 50억원 이상, 금융기관의 지분참여는 5% 이상이어야 한다.

남에게 이기는 방법의 하나는 예의범절로 이기는 것이다.

– 조쉬 빌링스 –

2025~2026 은행FP 자산관리사 2부 [최신출제동형 100문항 + 모의고사 3회분 + 특별부록] PASSCODE

개정3판1쇄 발행	2025년 07월 25일 (인쇄 2025년 07월 08일)
초 판 발 행	2023년 01월 05일 (인쇄 2022년 10월 07일)
발 행 인	박영일
책 임 편 집	이해욱
편 저	시대금융자격연구소
편 집 진 행	김준일·남민우·류채윤
표지디자인	하연주
편집디자인	최미림·하한우
발 행 처	(주)시대고시기획
출 판 등 록	제10-1521호
주 소	서울시 마포구 큰우물로 75 [도화동 538 성지 B/D] 9F
전 화	1600-3600
팩 스	02-701-8823
홈 페 이 지	www.sdedu.co.kr
I S B N	979-11-383-9518-2 (14320)
	979-11-383-9516-8 (세트)
정 가	17,000원

※ 이 책은 저작권법의 보호를 받는 저작물이므로 동영상 제작 및 무단전재와 배포를 금합니다.
※ 잘못된 책은 구입하신 서점에서 바꾸어 드립니다.

특별부록

핵심포인트
파이널체크 O/X 퀴즈

은행FP 자산관리사 2부 제1과목 70문항 대비

금융자산 투자설계

제1장 금융상품(16문항 대비)

01 투자의 3요소에는 (   ), (   ), (   )이 있다.

02 ⓞⓧ 투자의 3요소는 상호 보완관계에 있다.

03 보통예금은 입·출금이 자유롭고 가입대상이나 예치금액에 제한을 두지 않는 가장 전통적인 (   )으로 적용 금리가 매우 (낮다 / 높다)는 특징을 가지고 있다.

04 저축예금이 일반 보통예금에 비하여 (낮은 / 높은) 금리가 적용되지만, 동일한 요구불성예금인 MMDA(시장금리부 우대저축예금)에 비해서는 (낮은 / 높은) 금리가 적용된다.

05 ⓞⓧ MMDA는 통장 신규개설 시에만 입금액의 제한을 두고 있으며, 계좌 개설 이후에는 금액에 제한 없이 거래가 가능하다.

06 ⓞⓧ 당좌예금의 지급은 통장으로 입·출금이 불가능하다.

정답
01 안전성, 수익성, 유동성
02 ✕ ▶ 수익성이 높으면 안전성이 떨어지고, 안전성이 높으면 수익성이 떨어지는 등 투자의 3요소는 서로 상반되는 관계에 있다.
03 요구불예금, 낮다 ▶ 최근에는 동일한 용도이면서 고금리를 받을 수 있는 저축예금, 자유저축예금, MMDA 등이 새롭게 출시됨에 따라 특별한 경우를 제외하고 거의 거래가 없는 요구불예금상품이다.
04 높은, 낮은
05 ◯ ▶ 최저 가입금액은 보통 5백만원이다.
06 ✕ ▶ 당좌예금의 지급은 원칙적으로 예금주가 발행한 어음이나 수표를 결제하는 방식으로 처리되지만 당좌거래 통장으로도 입·출금이 가능하다.

은행FP 자산관리사 2부 　　　　　부록

07 당좌예금의 임의해지사유란 당좌거래가 (　　) 이상 중지되거나 당좌거래처의 당좌거래약관 위배, 거래불량 등으로 인하여 수표·어음의 유통질서를 해칠 우려가 있다고 인정되는 경우에는 금융기관에서 임의로 당좌거래를 해지하는 것을 말한다.

08 (　　　)이란 당좌예금계정과 신용한도를 연결한 제도로, 당좌예금계정을 가진 고객에게 신용한도를 미리 설정해두고 수표가 당좌예금 잔액을 초과하여 발행되더라도 그 설정한도까지는 결제가 가능하도록 하는 제도이다.

09 일반적으로 별단예금의 대부분을 차지하는 것은 (　　　　　)이라고 할 수 있다.

10 사고신고된 수표가 선의취득자로부터 수표의 지급제시 기간 내에 제시되고 사고신고인이 동 수표와 관련하여 법적 절차가 진행 중임을 증명할 수 있는 서류를 사고신고일로부터 (　　　) 이내에 제출하지 아니한 경우 수표의 소지인에게 수표대금을 지급할 수 있다.

11 제권판결에 의한 수표대금 지급 시 제권판결을 선언한 날로부터 (　　)이 경과한 경우에 수표대금을 지급하며, 제권판결이 있는 경우라고 하더라도 사고수표의 소지인이 선의취득자로서 그 권리를 다투고자 할 경우에는 수표대금의 지급을 보류한다.

12 ○/× 증권회사의 CMA는 예금자보호법에 의해 보호받을 수 있으나 종합금융회사의 CMA는 보호받지 못한다.

13 ○/× 정기적금은 비과세종합저축으로 가입이 가능하다.

14 상호부금은 대출을 목적으로 납입한다는 것 이외에는 일반 정기적금과 큰 차이가 없는 적립식 상품으로, 통상 대출을 받기 위해 예금주가 의무적으로 납부해야 하는 월부금의 회차는 총 납입회차의 (　　) 또는 (　　) 기간이 되며, 예금주가 이에 해당하는 월부금을 정상적으로 납입한 경우 금융기관은 사전에 약정한 대출금을 예금주에게 급부해야 할 의무가 있다.

정답 07 6개월
08 당좌대월
09 자기앞수표 발행대전
10 5영업일
11 1개월
12 × ▶ 종합금융회사의 CMA는 예금자보호법에 의해 보호받을 수 있으나 증권회사의 CMA는 보호받지 못한다.
13 ○
14 1/4, 1/3

부록 — 은행FP 자산관리사 2부

15 ☐O☒X 신용부금은 일정회차를 납입하지 않더라도 신규가입 즉시 계약금액 범위 내에서 대출을 받을 수 있다.

16 ☐O☒X 2015년 말 기준으로 재형저축의 신규가입이 가능하다.

17 재형저축의 가입자격은 가입일 현재 소득세법상 거주자로서 다음 중 하나에 해당하는 자이다.
① 총 급여액이 (　　　) 이하인 자로서 직전 과세기간에 근로소득만 있거나 근로소득 및 종합소득과세표준에 합산되지 않는 종합소득이 있는 경우
② 직전 과세기간 종합소득과세표준에 합산되는 종합소득금액이 (　　　) 이하인 자

18 재형저축은 총 급여액 (　　　) 이하 또는 종합소득금액 (　　　) 이하인 거주자이거나 대통령령으로 정하는 중소기업에 근무하는 청년근로자에 해당하는 경우에는 (　　)년 이상이면 비과세혜택이 가능하다.

19 ☐O☒X 농어가목돈마련저축은 예금자보호법에 의한 보호대상이다.

20 ☐O☒X 정기예금은 가입원금의 일정범위 내에서 예금담보대출은 가능하지만, 비과세종합저축으로의 가입은 불가능하다.

21 (낙-아웃콜형 / 낙-아웃풋형)은 주가지수 하락 시 원금을 보장하면서 주가지수 상승 시 참여율을 적용하여 수익률이 정해지지만 주가지수가 사전에 정해진 일정지수 이상을 터치할 경우 옵션의 효력이 무효화되거나 사전에 정한 소정의 리베이트만을 받게 되는 수익구조이다.

22 ☐O☒X 신용협동기구는 예금자보호법에 의해 보호받을 수 있다.

정답
15 O
16 X ▶ 2015년 말 기준으로 비과세 재형저축의 일몰시한이 도래함에 따라 기존 가입자의 추가납입은 가능하지만 신규가입은 불가하다.
17 5,000만원, 3,500만원
18 2,500만원, 1,600만원, 3
19 X ▶ 농어가목돈마련저축은 예금자보호법에 의해 보호받지 못한다.
20 X ▶ 정기예금은 가입원금의 일정범위 내에서 예금담보대출이 가능할 뿐만 아니라 비과세종합저축으로도 가입이 가능하다.
21 낙-아웃콜형
22 X ▶ 신용협동기구는 예금자보호법에 의한 예금보호 대상 금융기관에 속하지 않으므로 신용협동기구에서 취급하는 모든 예탁금은 예금자보호법에 의해 보호받을 수 없다.

23 ☐○☐× 양도성예금증서를 실물로 발행하는 경우에는 증서인도만으로 양도가 가능하여 양도가 자유롭다.

24 환매조건부채권의 대상채권들은 안전성이 매우 (낮다 / 높다).

25 표지어음의 발행기간은 (   ) 이상으로 하되 원어음의 최장 만기일을 초과하여 발행할 수는 없으며, 중도해지는 (가능 / 불가능)하지만 어음의 특성상 배서에 의한 양도는 (가능 / 불가능)하고 비과세종합저축으로 가입할 수 (있다 / 없다).

26 ☐○☐× 기업어음은 원칙적으로 매출 금융기관에서 원리금상환에 대한 책임을 지지 않는다는 것에 유의해야 한다.

27 주택청약종합저축은 무주택세대주로서 총 급여액이 세법에서 정한 일정 금액 이하인 근로자의 경우 연간 납입액 300만원 한도의 (   ) 범위 내에서 소득공제가 가능하다.

28 주택청약종합저축은 청약순위 산정에 있어서 적립금의 연체 또는 선납이 있는 경우 연체 총일수에서 선납 총일수를 차감하는 방법으로 산식에 따라 회차별 납입인정일을 산정하게 되는데, 이때 (   ) 미만은 산입하지 아니한다.

29 주택청약종합저축은 해지 시에 원금과 이자를 지급하나, 가입일부터 (   ) 이내에 해지하는 경우에는 이자를 지급하지 아니한다.

30 개인종합자산관리계좌(ISA)는 자산의 운용방법에 따라 크게 (   )과 (   )으로 구분된다.

정답
23 ○
24 높다 ▶ 환매조건부채권의 대상채권들은 대부분 국채, 지방채, 금융채 등 우량 채권을 대상으로 하므로 안전성이 매우 높다.
25 30일, 불가능, 가능, 없다
26 ○
27 40%
28 1일
29 1개월
30 신탁형, 일임형

부록 — 은행FP 자산관리사 2부

31 ISA의 일임형은 사전 투자자의 위험성향별로 (　　　)를 구성하여 제시하여야 하고, 분기 (　　)이상 포트폴리오 재배분을 실시해야 한다.

32 ISA의 총납입한도는 1억원 이하로서 연간 (　　　) 한도 중 미납입분에 대한 이월납입이 가능하다.

33 자본시장법에서는 금융투자상품을 투자성이 있는 모든 금융상품이라는 추상적인 개념으로 정의하는 (　　　)방식을 채택하고 있다.

34 (　　　)를 제외한 모든 집합투자기구는 증권, 파생상품, 부동산, 실물자산, 특별자산 등에 투자할 수 있도록 하고 있다.

35 자본시장법 및 동법 시행령에서는 판매보수의 경우 집합투자재산 연평균가액의 (　　)를 한도로 하고 있다.

36 자본시장법 및 동법 시행령에서는 판매수수료의 경우 납입금액 또는 환매금액의 (　　)를 한도로 하고 있다.

37 증권집합투자기구란 집합투자재산의 100분의 (　　)을 초과하여 증권에 투자하는 집합투자기구로 증권펀드라고도 한다.

38 (액티브 / 패시브)형 펀드는 펀드의 운용성과에 있어서 펀드매니저의 능력에 대한 의존도가 높고 보수가 높은 편이며, (액티브 / 패시브)형 펀드는 펀드의 의존도와 매매회전율이 낮고 각종 비용이 저렴하다.

정답
31 모델포트폴리오, 1회
32 2천만원
33 포괄주의
34 단기금융집합투자기구(MMF)
35 1%
36 2%
37 50
38 액티브, 패시브

39 (Top-Down / Bottom-Up) 방식이란 거시경제분석 - 경기분석 - 산업분석 - 개별기업 가치분석 순으로 종목을 선정하는 방식이고, (Top-Down / Bottom-Up) 방식이란 개별기업 가치분석 - 산업분석 - 경기분석 - 거시경제분석의 순으로 종목을 선정하는 방식을 말한다.

40 ○× 가치주 펀드는 성장주 펀드에 비해 상대적으로 높은 변동성과 매매회전율 및 높은 시장민감도를 특징으로 한다.

41 채권의 잔존기간이 길면 수익률이 (상승 / 하락)한다.

42 채무불이행 위험이 커지면 당해 채권의 수익률이 (상승 / 하락)한다.

43 MMF는 증권을 대여하거나 차입하는 방법으로 운용하지 아니할 것을 요건으로 하면서 남은 만기가 (   ) 이상인 국채증권에 집합투자재산의 (   ) 이내에서 금융위원회가 고시하는 범위에서 운용해야 한다.

44 ○× 종류형 집합투자기구는 각 클래스별로 판매보수 및 판매수수료 체계가 달라야 한다.

45 ○× 종류형 집합투자기구는 각 클래스별로 자산의 운용 및 평가방법을 다르게 할 수 있다.

46 ○× 모펀드에 투자할 수 있는 투자자는 자펀드에 한한다.

47 판매회사에서 투자자에게 판매하는 펀드는 (모펀드 / 자펀드)이다.

정답
39 Top-Down, Bottom-Up
40 × ▶성장주 펀드는 가치주 펀드에 비해 상대적으로 높은 변동성과 매매회전율 및 높은 시장민감도를 특징으로 한다.
41 상승
42 상승
43 1년, 100분의 5
44 ○
45 × ▶종류형 집합투자기구는 각 클래스별로 자산의 운용 및 평가방법을 다르게 할 수 없다.
46 ○
47 자펀드

48 상장지수펀드(ETF) 집합투자증권의 환매는 허용되어야 하고, 상장지수펀드(ETF) 집합투자증권에 대하여 집합투자기구 설립 또는 설정일로부터 (　　) 이내에 증권(거래소)시장에 상장하도록 하고 있다.

49 (　　) 구조화 상품은 기초자산 가격이 특정 범위 내에 있을 때는 사전에 정한 일정한 수익률을 지급하지만, 기초자산 가격이 특정 범위를 벗어나는 경우에는 원금만 지급하는 구조이다.

50 (　　)란 특정한 재산권을 수탁자에게 위탁하는 자로서 신탁의 설정자를 의미한다.

51 (　　)란 위탁자로부터 특정한 재산권의 운용 및 처분에 관한 권리를 인수하는 자를 의미한다.

52 (　　)는 신탁행위의 당사자가 아니므로 신탁 설정행위 당시에 반드시 특정하거나 존재할 필요는 없다.

53 ○× 신탁재산의 운용실적에 의한 총손익은 수탁자의 고유재산 또는 다른 신탁재산과 구별하여 관리하도록 하고 있다.

54 연금은 최소 납입기간인 (　　) 이상 경과하고 만 (　　) 이상이면서 수령기간 (　　) 이상 연 단위로 수령 가능하다.

55 (　　)란 금융기관에서 가장 우량한 고객에게 적용하는 최우대금리로 보통 '대출우대금리' 또는 '기본금리'라고도 한다.

정답
48 30일
49 범위형
50 위탁자
51 수탁자
52 수익자
53 ○
54 5년, 55세, 10년
55 프라임레이트

56 (　　　)란 담보 약정 시 지정된 대출종류에 대하여 현재부터 미래에 완납할 때까지 지속적으로 책임을 부담하는 담보권의 종류로 기한연장이나 재대출 등이 가능하다.

57 (　　　)은 주택을 소유하고 있으나 다른 소득이 없는 고령자의 노후생활안정자금을 지원하고자 하는 공적 목적의 대출로 국내에서는 한국주택금융공사에서 공적보증을 제공하여 '주택연금'이라는 명칭으로 취급하고 있다.

58 자국통화표시법에서 환율의 상승은 자국 통화가치의 (상승 / 하락)을 의미하고, 환율의 하락은 자국 통화가치의 (상승 / 하락)을 의미한다.

59 우리나라의 환율은 외환의 수요와 공급에 의해 결정되는 (　　　)가 적용된다.

60 신용카드의 본인회원은 만 (　　) 이상으로서 결제능력 심사기준에 의하여 결제능력이 있는 실명의 개인을 말한다.

61 ○× 신용카드는 미성년자의 경우 법정대리인의 동의에 의하여 발급이 가능한데, 이때 법정대리인의 동의서와 미성년자의 소득증빙서류 등을 제출해야 한다.

62 신용카드의 사고사유가 분실 및 도난인 경우 회원의 신고 시점 이후에 발생한 사용대금 및 신고 전 (　　) 이내에 발생된 카드사용에 대해서는 전액 카드사로부터 보상을 받을 수 있다.

정답
- **56** 한정근담보
- **57** 역모기지론
- **58** 하락, 상승
- **59** 시장평균환율제도
- **60** 18세
- **61** ○
- **62** 60일

부록 은행FP 자산관리사 2부

제2장 주식투자(15문항 대비)

01 (기본적 / 기술적) 분석은 과거의 증권가격 및 거래량의 추세와 변동 패턴에 관한 역사적 정보를 이용하여 미래 증권가격의 움직임을 예측하는 분석기법이고, (기본적 / 기술적) 분석은 해당 기업의 주가가 장기적으로 기업의 내재가치를 반영한다고 전제하고 그 기업의 내재가치를 분석하는 방법이다.

02 (   )이란 이미 발행된 증권에 대한 거래가 진행되는 곳이므로 2차 시장이라고도 칭한다.

03 ○× 정부는 유통시장에서 공개시장조작을 통해 통화를 조절함으로써 금리와 물가의 안정을 기할 수 있다.

04 ○× 유통시장에서 형성된 가격은 향후 발행될 증권가격을 결정하는 기준을 제공한다.

05 주가수익비율(PER)은 주가를 (   )으로 나눈 개념이다.

06 이자율이 상승하면 주가가 (상승 / 하락)하고, 이자율이 하락하면 주가는 (상승 / 하락)한다.

07 단기적으로 통화량이 증가할 경우 주가가 (상승 / 하락)할 가능성이 높아진다.

08 포터는 특정 산업의 경쟁강도 및 그 산업에서의 궁극적인 이윤잠재력이 진입장벽, (   ), 기존 경쟁업체 간의 경쟁구도, (   ), (   ) 등 다섯 가지 요인에 의해 결정된다고 보았다.

정답
01 기술적, 기본적
02 유통시장
03 × ▶ 정부는 발행시장에서 공개시장조작을 통해 통화를 조절함으로써 금리와 물가의 안정을 기할 수 있다.
04 ○
05 주당순이익
06 하락, 상승 ▶ 일반적으로 이자율과 주가는 역의 상관관계를 갖는다.
07 상승 ▶ 단기적으로 통화량이 증가할 경우 명목금리 하락에 따른 자산대체 효과로 대체자산인 주식에 대한 수요가 증가하고, 기업의 조달비용 하락 등 금융비용 절감으로 수익성 개선이 이루어지며 주가가 상승할 가능성이 높아진다.
08 대체가능성, 구매자의 교섭력, 공급자의 교섭력

09 기존 기업들의 입장에서 가장 매력적인 산업이란 진입장벽이 (높고 / 낮고), 철수장벽이 (높은 / 낮은) 시장이다.

10 제품수명주기 중 (   )는 기업들이 안정적인 시장점유율을 차지하게 되나, 시장이 포화상태에 이르러 매출성장이 둔화되는 시기이다.

11 제품수명주기에서 도입기에는 경영위험이 (높고 / 낮고) 성장기에는 경영위험이 (높다 / 낮다).

12 $ROI = \dfrac{당기순이익}{(\quad)}$

13 $ROE = \dfrac{당기순이익}{(\quad)}$

14 유동비율, 부채비율, 고정비율, 이자보상비율은 (   ) 관련 재무비율에 해당된다.

15 ○× 매출액증가율, 총자산증가율, 영업이익증가율은 활동성 관련 재무비율에 해당한다.

16 ○× PBR은 주가를 1주당 순자산으로 나누어 계산한다.

17 PSR은 (   )의 단점을 보완해주는 역할을 한다.

정답
09 높고, 낮은
10 성숙기
11 높고, 낮다
12 총자본 ▶ 총자본이익률(ROI)은 기업의 생산활동에 투입된 자본이 효율적으로 운영되고 있는가를 측정하는 것이다.
13 자기자본 ▶ 자기자본이익률(ROE)은 주주지분의 수익성을 나타내는 것으로, 타인자본을 제외한 순수한 자기자본의 효율적 운영측면을 알아보고자 함이 목적이다.
14 안정성
15 × ▶ 성장성 관련 비율이다.
16 ○ ▶ PBR(주가순자산비율)은 다른 말로 시장가치 대 장부가치비율이라고도 하는데, 그 이유는 주가는 시장에서 가치가 결정되고 주당순자산은 재무상태표에 나와 있는 순자산을 발행주식수로 나누어 계산한 것이어서 분모는 장부가치를, 분자는 시장가치를 사용하기 때문이다.
17 PER ▶ 주가매출액비율(PSR)은 영업성과에 대한 객관적인 자료를 제공하기 때문에 주가수익비율(PER)의 단점을 보완해주는 역할을 한다.

부록

은행FP 자산관리사 2부

18 토빈의 q가 1보다 (크면 / 작으면) 기업의 투자자들로부터 조달된 자본을 잘 운영하여 기업가치가 증가한다고 해석할 수 있고, 1보다 (크면 / 작으면) 자산의 시장가치가 대체비용에 비해 저렴하게 평가되어 있으므로 M&A의 대상이 되기도 한다.

19 정률성장 배당모형에 의하면 다음과 같은 세 가지 사실을 알 수 있다.
① 배당이 클수록 주가는 (상승 / 하락)한다.
② 요구수익률이 클수록 주가는 (상승 / 하락)한다.
③ 배당성장률이 클수록 주가는 (상승 / 하락)한다.

20 ☐☒ 제로성장 배당모형은 배당평가모형에서 가장 단순한 모형으로 기업이 성장 없이 현상유지만 하는 경우이다.

21 ☐☒ 정률성장 배당모형은 요구수익률이 일정하고, 성장률이 요구수익률보다 크다는 것을 전제로 한다.

22 ☐☒ PBR 계산을 위한 회계정보는 재무상태표상에서 쉽게 구할 수 있고, 부(-)의 EPS기업에도 적용 가능하다는 장점이 있다.

23 (   ) 비율은 해당 업체의 내재가치와 기업가치를 비교하는 투자지표로 사용된다.

24 (상향식 / 하향식) 접근은 종목선정보다 섹터, 산업, 테마의 선정을 강조하는 방법이다.

25 (샤프지수 / 트레이너지수)가 펀드의 베타계수만을 고려하는 반면, (샤프지수 / 트레이너지수)는 전체 위험을 고려하는 표준편차를 사용하고 최소 1개월 이상의 수익률 데이터를 필요로 한다.

정답
18 크면, 작으면 ▶ 토빈의 q는 기업자산의 시장가치와 현시점에서 자산을 재구입할 경우 소요되는 대체원가와의 관계를 나타낸다.
19 상승, 하락, 상승
20 ○
21 × ▶ 정률성장 배당모형은 요구수익률이 일정하고, 요구수익률이 성장률보다 크다는 것을 전제로 한다.
22 ○
23 EV/EBITDA
24 하향식
25 트레이너지수, 샤프지수

은행FP 자산관리사 2부

26 샤프지수는 (   )에서 (   )을 뺀 값을 (   )로 나누어 계산한다.

27 통상적으로 트레이너지수가 (낮을수록 / 높을수록) 펀드성과가 좋은 것으로 평가한다.

28 젠센지수 = {(   ) - 무위험이자율} - 포트폴리오의 베타 × {(   ) - 무위험이자율}

29 젠센지수 값이 (낮을수록 / 높을수록) 펀드의 성과가 우수함을 나타내고, (   )를 나타내면 시장수익률보다 못함을, (   )을 나타내면 특정 펀드에 대한 정확한 분석이 이루어졌음을 의미한다.

30 실무적으로 미국에서는 정보비율이 (   ) 이상인 경우에는 '우수', (   ) 이상인 경우에는 '매우 우수', (   ) 이상인 경우에는 '탁월'로 평가한다.

31 인덱스 펀드 투자전략은 (소극적 / 적극적) 투자전략이다.

32 시장투자적기포착은 (소극적 / 적극적) 투자전략이다.

33 ○|× 평균투자법은 적극적 투자전략이다.

34 ○|× 포뮬라 플랜은 소극적 투자전략이다.

35 강세시장에서는 베타계수가 (높은 / 낮은) 종목군을 선정하고, 약세시장에서는 베타계수가 (높은 / 낮은) 종목군을 포트폴리오에 포함시킴으로써 시장에 대응한다.

정답
26 펀드수익률, 무위험채권 이자율, 펀드수익률의 표준편차
27 높을수록
28 펀드의 실현수익률, 시장수익률
29 높을수록, 마이너스, 0
30 0.5, 0.75, 1.0
31 소극적
32 적극적
33 × ▶ 소극적 투자전략이다.
34 × ▶ 적극적 투자전략이다.
35 높은, 낮은

제3장 채권투자(15문항 대비)

01 물가상승률을 고려한 이자율을 (명목 / 실질)이자율이라고 한다.

02 현재에 투자되는 금액을 기준으로 한 경우의 금리를 (할인율 / 수익률)이라 표현하고, 미래에 지급되는 금액을 기준으로 한 경우의 금리를 (할인율 / 수익률)이라 표현한다.

03 (단리 / 복리)는 일정 기간이 지나는 동안 원금에 대해서만 일정비율만큼 수익이 더해지는 방식임에 반해 (단리 / 복리)는 일정 기간 경과하여 발생한 이자가 원금과 함께 재투자되어 추가적인 수익이 창출되는 방식이다.

04 단순히 겉으로 표기되어 드러난 금리를 (　　　)라고 하는 반면 실제 정확한 기준으로 평가되어 부담하게 되는 금리를 (　　　)라고 한다.

05 자금시장에서 자금의 수요와 공급에 따라 결정되는 금리를 (　　　)라고 한다.

06 ○× 정부에서 국채발행을 증가시켜 확장 재정정책을 시행하면 시장금리는 하락한다.

07 주식은 의결권이 (있다 / 없다).

08 ○× 채권은 정해진 만기 시 상환한다.

정답　01　실 질
　　　　02　수익률, 할인율
　　　　03　단리, 복리
　　　　04　표면금리, 실효금리
　　　　05　시장금리
　　　　06　× ▶ 정부에서 국채발행을 증가시켜 확장 재정정책을 시행하면 시장금리는 상승하고, 국채발행을 감소시켜 축소 재정정책을 시행하면 시장금리는 하락한다.
　　　　07　있 다
　　　　08　○

09 (　　　)에 따른 채권의 종류에는 국채, 지방채, 특수채, 금융채, 회사채 등이 있다.

10 (　　　)는 예금보험공사, 주택공사, 토지공사, 한전, 도로공사 등 특별법에 의해 설립된 법인들이 발행하는 채권이며 대부분이 공사에서 발행하기 때문에 공사채라고도 한다.

11 (　　　)란 한국은행이 시중의 통화량을 조절하기 위해 발행하는 채권이다.

12 시중의 유동성을 흡수하기 위해서는 통안채 발행량을 만기량보다 (적게 / 많게) 하고, 시중에 유동성을 공급하기 위해서는 통안채 발행량을 만기량보다 (적게 / 많게) 한다.

13 ○☒ 통안채도 은행채이므로 금융채에 포함되어 신용등급이 부여된다.

14 (　　　)방식에 따른 채권의 종류에는 이표채, 할인채, 복리채 등이 있다.

15 발행이율이 7%인 4년 만기 연복리채 10,000원의 경우 4년 후 만기일에 원금과 복리로 재투자된 이자가 합산된 (　　　)을 지급받게 될 것이다.

16 회사채로 발행되어 소정의 이자가 지급되고, 발행 시 정해진 일정 기간이 지난 후에 투자자가 청구할 경우 주식으로 전환할 수 있는 채권을 (　　　)라고 한다.

17 ○☒ 채권수익률과 채권가격은 반대로 움직인다.

정답
09 발행주체
10 특수채
11 통안채
12 많게, 적게
13 ☒ ▶ 통안채도 은행채이므로 금융채에 포함되지만 국채와 함께 신용등급이 부여되지 않는 무위험채권으로 분류된다.
14 이자지급
15 13,107원 ▶ 10,000원 × $(1 + 0.07)^4$ = 13,107원
16 전환사채(CB)
17 ○

18 채권은 금리가 하락할 때의 가격상승폭이 금리가 상승할 때의 가격하락폭보다 (크다 / 작다).

19 ☐☒ 표면이자율이 낮은 채권이 표면이자율이 높은 채권보다 금리변동에 따른 가격 변동폭이 작다.

20 ☐☒ 채권의 만기가 길어질수록, 채권의 수익률이 높아질수록 듀레이션이 증가한다.

21 채권시장이 전반적으로 강세를 보이는 국면을 (베어리쉬 / 불리쉬)하다고 표현하며, 채권시장이 전반적으로 약세를 보이는 국면을 (베어리쉬 / 불리쉬)하다고 표현한다.

22 장단기 스프레드가 확대되면 일드커브 (스티프닝 / 플래트닝)으로, 장단기 스프레드가 축소되면 일드커브 (스티프닝 / 플래트닝)으로 표현한다.

23 일반적으로 (   ) 등급 이상을 투자등급 채권이라 하고, 그 미만을 투기등급 채권이라고 한다.

24 원리금 지급능력이 우수하나 경제여건 및 환경변화에 영향을 받을 수 있는 신용등급은 (   )등급이다.

25 기업어음의 신용등급 A2에 상응하는 회사채 등급은 (   )등급이다.

26 우상향하는 정상적인 수익률곡선하에서 채권 보유기간이 경과하면 자동적으로 금리수준이 하향하여 자본이익이 발생하는데 이를 (   )이라고 한다.

정답
18 크 다
19 × ▶ 표면이자율이 낮은 채권이 표면이자율이 높은 채권보다 금리변동에 따른 가격 변동폭이 크다.
20 × ▶ 채권의 만기가 길어질수록 듀레이션이 증가하고, 채권의 수익률이 높아질수록 듀레이션이 감소한다.
21 불리쉬, 베어리쉬
22 스티프닝, 플래트닝 ▶ 장단기 스프레드가 확대되면 기울기가 가팔라지므로 일드커브 스티프닝으로, 장단기 스프레드가 축소되면 기울기가 평평해지므로 일드커브 플래트닝으로 표현한다.
23 BBB⁻
24 A
25 A
26 롤링수익

27 채권투자수익률 = (　　　)수익률 + (　　　)손익률

28 채권 시가평가액 = 채권 (　　　　) ± 채권 (　　　　)

29 보유하는 채권의 듀레이션이 길면 길수록, 보유하는 채권의 금액이 많으면 많을수록 듀레이션 위험은 (증가 / 감소)한다.

30 (　　　)위험은 현금이 필요해져 채권을 중도매각하려 할 때 시장에서 적절한 매수자가 나타나지 않아 적정가격으로 매도하지 못하는 위험이다.

31 (　　　　)은 보유채권에서 나오는 이자와 만기금액 등의 현금흐름들을 각 기간별로 분산시켜 유지하는 전략을 말한다.

32 O X 불렛형 만기전략은 단기채와 장기채의 보유를 병행하는 투자전략이다.

정답
- **27** 이자, 자본
- **28** 장부가평가액, 평가손익
- **29** 증가
- **30** 유동성
- **31** 사다리형 만기전략
- **32** X ▶ 불렛형 만기전략은 중기채 위주로 채권의 보유를 지속하는 전략이고, 바벨형 만기전략은 단기채와 장기채의 보유를 병행하는 투자전략이다.

제4장 파생금융상품투자(12문항 대비)

01 (   )은 거래당사자가 결제를 이행하지 않을 경우 결제당사자가 결제대금으로 사용할 수 있도록 파생상품 거래자가 증권회사나 선물회사에 예치한 담보금을 의미한다.

02 유지증거금의 잔액은 일반적으로 개시증거금의 약 (   )% 수준을 유지해야 한다.

03 일일정산 결과 계좌의 잔액이 (   ) 수준 이하로 떨어지면 선물회사는 마진콜을 통보한다.

04 마진콜 통보 시 고객은 다음 날 (   )시까지 추가증거금을 (   )으로 납입해야 한다.

05 ○× 선물의 가격은 거래 당사자 간의 협의로 형성되지만, 선도의 가격은 시장에서 형성된다.

06 ○× 선물의 거래금액은 표준단위이지만, 선도의 거래금액에는 제한이 없다.

07 ○× 선물의 실물인수도 비율은 매우 낮지만, 선도는 대부분이 실물인수도이다.

08 (선물 / 선도)(은/는) 거래소에서 거래되지만, (선물 / 선도)(은/는) 거래되는 특정한 장소가 없다.

09 ○× KOSPI200 지수선물의 최종결제일은 최종거래일의 다음 거래일이며, 결제방법은 현금결제방식을 택하고 있다.

정답
01 증거금
02 70
03 유지증거금
04 12, 현금
05 × ▶선도의 가격은 거래 당사자 간의 협의로 형성되지만, 선물의 가격은 시장에서 형성된다.
06 ○
07 ○
08 선물, 선도
09 ○

은행FP 자산관리사 2부

10 KOSPI200 계약금액은 KOSPI200 선물가격에 거래승수 (   )을 곱하여 산출한다.

11 스프레드가 확대될 것으로 예상하는 경우 (원월물 / 근월물)을 매수하고 (원월물 / 근월물)을 매도한다.

12 스프레드가 축소될 것으로 예상하는 경우 (원월물 / 근월물)을 매수하고 (원월물 / 근월물)을 매도한다.

13 베타를 조정할 때 매도 또는 매수해야 할 지수선물 계약 수는 다음과 같이 결정된다.

$$N = \{(\quad) - (\quad)\} \times \frac{\text{주식 포트폴리오의 현재가치}}{\text{주가지수선물 한 계약의 현재가치}}$$

14 지수선물 계약 수(N)가 음(−)이면 (매수 / 매도) 포지션을 취해야 할 지수선물 계약 수를 의미하고, 지수선물 계약 수(N)가 양(+)이면 (매수 / 매도) 포지션을 취해야 할 지수선물 계약 수를 의미한다.

15 채권운용자는 금리하락이 예상되면 듀레이션을 (감소 / 증가)시키기 위해 단기채권을 장기채권으로 대체함으로써 포트폴리오 또는 자산의 구성을 변화시킬 수 있다.

16 수익률곡선 스티프닝 전략은 장기물의 수익률 상승폭이 단기물의 수익률 상승폭보다 커서 수익률곡선이 스티프닝해질 것으로 예상하는 경우 (단기물 / 장기물)을 매도하고 (단기물 / 장기물)을 매수한다.

17 수익률곡선 플래트닝 전략은 단기물의 수익률 상승폭이 장기물의 수익률 상승폭보다 커서 수익률곡선이 플래트닝해질 것으로 예상하는 경우 (단기물 / 장기물)을 매도하고 (단기물 / 장기물)을 매수한다.

정답
- **10** 25만원
- **11** 원월물, 근월물
- **12** 근월물, 원월물
- **13** β_T, β_P ▸ β_T는 포트폴리오의 목표베타, β_P는 주식 포트폴리오의 시장 인덱스에 대한 베타이다.
- **14** 매도, 매수
- **15** 증가
- **16** 장기물, 단기물
- **17** 단기물, 장기물

18 ⓞⓧ 글로벌 투자 시 주식투자에서 환리스크 헤지비율이 채권투자에서 환리스크 헤지비율보다 상대적으로 높은 것이 일반적이다.

19 주가와 환율이 반대방향으로 움직이는 경우에는 주가와 환율 간의 공분산이 (양 / 음)이 되어 포트폴리오의 리스크가 (증가 / 감소)된다.

20 해외주식투자에 수반되는 환리스크를 헤지한 이후 원화가치가 지속적으로 상승한다면 (환차익 / 환차손)을, 원화가치가 하락한다면 (환차익 / 환차손)이 발생하게 된다.

21 기초자산을 매수할 수 있는 권리를 (콜옵션 / 풋옵션), 매도할 수 있는 권리를 (콜옵션 / 풋옵션)이라고 한다.

22 (미국형 / 유럽형) 옵션은 만기일 전에도 행사가 가능한 반면, (미국형 / 유럽형) 옵션은 만기일에만 행사가 가능하다.

23 주가가 강세일 것으로 예상하고 가격변동성도 증가할 것으로 예상하는 경우 (콜옵션 / 풋옵션)을 매수하는 전략이 바람직하다.

24 주가가 약세일 것으로 예상하고 가격변동성도 증가할 것으로 예상하는 경우 (콜옵션 / 풋옵션)을 매수하는 전략이 바람직하다.

25 강세 콜옵션 스프레드전략은 만기가 같은 콜옵션 중에서 행사가격이 낮은 콜옵션을 (매수 / 매도)하고, 행사가격이 높은 콜옵션을 (매수 / 매도)한다.

정답
- **18** ✕ ▶ 글로벌 투자 시 주식투자에서 환리스크 헤지비율이 채권투자에서 환리스크 헤지비율보다 상대적으로 낮은 것이 일반적이다.
- **19** 음(−), 감소
- **20** 환차익, 환차손
- **21** 콜옵션, 풋옵션
- **22** 미국형, 유럽형
- **23** 콜옵션
- **24** 풋옵션
- **25** 매수, 매도

은행FP 자산관리사 2부

부록

26 약세 콜옵션 스프레드전략은 만기가 같은 콜옵션 중에서 행사가격이 낮은 콜옵션을 (매수 / 매도)하고, 행사가격이 높은 콜옵션을 (매수 / 매도)한다.

27 ○× 강세 풋옵션 스프레드전략은 프리미엄이 낮은 풋옵션을 매수하고, 프리미엄이 높은 풋옵션을 매도하므로 초기에 프리미엄 순수입이 발생한다.

28 ○× 약세 풋옵션 스프레드전략은 프리미엄이 낮은 풋옵션을 매도하고, 프리미엄이 높은 풋옵션을 매수하므로 초기에 프리미엄 순지출이 발생한다.

29 (양 / 음)의 델타는 기초자산 가격이 상승할 경우 이익이 발생함을 의미하고, (양 / 음)의 델타는 기초자산 가격이 하락할 경우 이익이 발생함을 의미한다.

30 쎄타는 시간가치감소를 측정하는 것으로, 콜옵션 또는 풋옵션의 매수는 (양 / 음)의 쎄타를 가지며 시간이 지남에 따라 가치가 소멸된다.

31 옵션포지션의 델타가 (양 / 음)이면 기초자산을 매도함으로써, 옵션포지션의 델타가 (양 / 음)이면 기초자산을 매수함으로써 델타중립으로 만든다.

32 ○× 버터플라이 매도는 주가가 당분간 안정적일 것으로 예상하지만 이익과 손실을 제한시키고자 하는 전략이다.

33 ○× 캡(Cap)이란 계약상의 최저금리 이하로 기준금리가 하락하면 캡 매도자가 캡 매수자에게 차액만큼 지급하기로 하는 계약이다.

정답
26 매도, 매수
27 ○
28 ○
29 양(+), 음(−)
30 음(−)
31 양(+), 음(−)
32 × ▶ 버터플라이 매수는 주가가 당분간 안정적일 것으로 예상하지만 이익과 손실을 제한시키고자 하는 전략이고, 버터플라이 매도는 주가의 변동성이 커질 가능성이 높지만 이익과 손실을 제한시키고자 하는 전략이다.
33 × ▶ 캡(Cap)이란 계약상의 최고금리 이상으로 기준금리가 상승하면 캡 매도자가 캡 매수자에게 차액만큼 지급하기로 하는 계약이고, 플로어(Floor)란 계약상의 최저금리 이하로 기준금리가 하락하면 플로어 매도자가 플로어 매수자에게 차액만큼을 지급하기로 하는 계약이다.

34 (콜옵션 / 풋옵션)을 매수하는 경우에는 환율의 하한선을 설정하는 효과를 가져오며, (콜옵션 / 풋옵션)을 매수하는 경우라면 환율의 상한선을 설정하는 효과를 가져온다.

35 ☐× 콜옵션을 이용한 매수헤지는 최대손실을 일정한 범위 내에서 통제하는 환리스크 관리기법이라고 할 수 있다.

36 ☐× 스왑을 할 때 교환하는 원금은 같은 자산이어야 한다.

37 변동금리와 고정금리에 따른 이자지급을 교환하는 이자스왑의 형태를 (베이시스 / 쿠폰)스왑이라 하고, 한 변동금리와 다른 변동금리에 따라 결정되는 이자지급을 교환하는 이자스왑의 형태를 (베이시스 / 쿠폰)스왑이라 한다.

38 ☐× 자산스왑은 금융회사들이 고정금리자산을 변동금리자산으로 전환하기 위한 수단으로 활용하고 있다.

39 ☐× 전형적인 통화스왑의 거래구조에서 원금교환 시 적용환율은 스왑계약 시점의 현물환율을 사용한다.

40 ☐× 국내기업의 경우 외화(U$)표시 부채를 가지고 있을 때, 외화의 강세가 예상되고 자국통화의 금리하락이 예상되는 경우, 외국통화의 변동금리 지급자로 통화스왑을 하면 환위험을 회피하고 차입비용의 감소를 기대할 수 있다.

41 ☐× 외화(U$)표시의 자산을 가지고 있는 국내 투자자가 외화의 약세가 예상되고 자국통화의 금리하락이 예상되는 경우, 원화의 변동금리 수취자로 통화스왑을 하면 환위험을 회피하고 투자수익의 감소를 예방할 수 있다.

42 투자자들이 옵션 스프레드 전략을 택하는 이유는 (　　　　)가 없어 옵션 포지션의 장기보유가 가능하기 때문이다.

정답
- **34** 풋옵션, 콜옵션
- **35** ○
- **36** × ▸ 스왑을 할 때 교환하는 원금은 같은 자산일 수도 있고, 다른 자산일 수도 있다.
- **37** 쿠폰, 베이시스
- **38** ○
- **39** ○
- **40** × ▸ 국내기업의 경우 외화(U$)표시 부채를 가지고 있을 때, 외화의 강세가 예상되고 자국통화의 금리하락이 예상되는 경우, 자국통화의 변동금리 지급자로 통화스왑을 하면 환위험을 회피하고 차입비용의 감소를 기대할 수 있다.
- **41** × ▸ 외화(U$)표시의 자산을 가지고 있는 국내 투자자가 외화의 약세가 예상되고 자국통화의 금리하락이 예상되는 경우, 원화의 고정금리 수취자로 통화스왑을 하면 환위험을 회피하고 투자수익의 감소를 예방할 수 있다.
- **42** 시간가치소멸효과

43 (　　　　)은 기준금리의 움직임과 반대방향으로 이자지급 조정이 이루어지는 채권을 의미한다.

44 (　　　　)은 장단기 금리 스프레드에 의해 이표가 결정되는 채권이다.

45 ○※ 레인지채권은 발행채권의 기준금리가 사전에 정한 범위 안에 머무르면 낮은 이자를 지급하고, 범위를 벗어나면 높은 이자를 지급하는 것이다.

46 ○※ 레인지 선물환은 콜옵션과 풋옵션의 행사가격이 상이한 구조로 설계된다.

47 ○※ 목표 선물환은 일반 선물환가격 대비 가격 개선효과는 큰 편이지만 환율이 큰 폭으로 상승할 경우 시장 환율에 비해 낮은 가격으로 두 배에 해당하는 거래를 이행해야 하는 리스크를 부담하게 된다.

정답
43 역변동금리채권
44 이중변동금리채권
45 × ▶ 레인지채권은 발행채권의 기준금리가 사전에 정한 범위 안에 머무르면 높은 이자를 지급하고, 범위를 벗어나면 낮은 이자를 지급하는 것이다.
46 ○
47 ○

제5장 금융상품 투자설계 프로세스(12문항 대비)

01 일반적으로 산술평균은 기하평균보다 (낮다 / 높다).

02 투자 포트폴리오의 수익률은 개별 자산의 보유기간별 수익률에 총 포트폴리오에서 차지하는 개별 자산의 비율을 곱하여 가중하여 합한 값인 (   )을 사용한다.

03 (   )이란 어떤 사건이 발생할 확률에 그 사건이 발생할 경우의 수익률을 곱한 기댓값으로 산출한다.

04 (   )는 각 상황별 수익률이 기대수익률의 평균에서 벗어난 편차를 제곱한 값들의 기댓값의 제곱근으로 정의된다.

05 (   )은 미래의 확률변수가 주어져 있다면 각 상황별 자산의 수익률과 해당 자산의 수익률 평균과의 차이를 확률 값에 곱하여 이를 전체 합산하여 구한다.

06 A, B 두 자산의 상관계수는 두 자산의 공분산을 각 자산의 수익률의 (   )로 나누어 계산할 수 있다.

07 ☐※ 상관계수는 0에서 +1의 범위를 가진다.

08 두 자산의 상관계수가 (   )인 경우는 두 개의 자산이 아무런 관계가 없다는 뜻이다.

09 두 자산의 상관계수가 (   )보다 작은 경우라면 투자 포트폴리오를 구성하여 투자위험을 줄일 수 있다.

정답
01 높다 ▶ 산술평균은 각 기간별 수익률을 단순 평균한 것으로, 복리계산을 무시하기 때문에 일반적으로 산술평균은 기하평균보다 높다.
02 가중평균수익률
03 기대수익률
04 표준편차
05 공분산
06 표준편차
07 × ▶ 상관계수는 −1에서 +1의 범위를 가진다.
08 0
09 1

은행FP 자산관리사 2부

10 ☐○☐× 고객의 위험에 대한 감내도는 지속적으로 변한다.

11 ☐○☐× 동일한 무차별곡선상에 있는 모든 기대수익과 위험의 조합은 투자자에게 동일한 만족을 준다.

12 ☐○☐× 위험회피자는 모두 동일한 무차별곡선을 갖는다.

13 ( )란 위험이 동일한 투자대상들 중에는 기대수익이 높은 것을 선택하고, 기대수익이 동일한 투자대상들 중에는 위험이 가장 작은 것을 선택하는 것을 말한다.

14 분산투자를 하면 개별 자산의 기대수익률은 포트폴리오 수익률에 그대로 반영되는 반면, 위험은 개별 자산의 가중평균보다 (커진다 / 작아진다).

15 ☐○☐× 효율적 프런티어의 아래에 위치한 포트폴리오들은 효율적 프런티어에 의해 지배되므로 선택할 수 없다.

16 ☐○☐× 효율적 프런티어와 무차별곡선이 접하는 점에서 투자자의 효용이 최대가 된다.

17 무위험자산이 포함될 때의 투자기회선을 ( )이라고 한다.

18 ☐○☐× 투자자의 위험회피성향과 상관없이 자본배분선의 기울기가 일정하다는 것은 위험자산과 무위험자산의 투자비중을 어떻게 변경하든지 위험 한 단위에 대한 보상은 항상 일정하다는 의미이다.

정답
10 ○
11 ○
12 × ▶ 투자자들이 위험을 싫어하는 정도에 따라 위험에 대해 요구하는 보상의 정도가 달라지기 때문에 위험회피자라고 해서 모두 동일한 무차별곡선을 갖는 것은 아니다.
13 지배원리
14 작아진다
15 ○
16 ○
17 자본배분선(CAL)
18 ○

19 자본배분선의 기울기가 (작을수록 / **클수록**) 더 좋은 투자안이라고 할 수 있다.

20 ☐O☐X 포트폴리오의 체계적 위험을 통제하고자 하는 경우 베타는 상관없으며 주식 수를 조정해야 한다.

21 ☐O☐X 기업고유위험은 포트폴리오에 포함된 주식 수를 충분히 늘림으로써 사실상 제거할 수 있다.

22 (　　　　)은 시장 포트폴리오를 위험자산으로 사용한 자본배분선을 말한다.

23 ☐O☐X 자본시장선은 비효율적인 포트폴리오나 개별 자산까지 포함한 모든 투자자산의 기대수익률과 위험과의 관계를 설명할 수 있다.

24 ☐O☐X 자본자산가격결정모형(CAPM)이 성립하는 경우 시장균형 상태에서 모든 증권은 SML상에 위치해야 한다.

25 시장균형하에서 완전히 분산된 시장 포트폴리오에 투자함으로써 얻게 되는 최적 포트폴리오는 (**CML** / SML) 상에 표시되며, 이러한 시장 포트폴리오를 편입한 최적 포트폴리오는 (체계적 / **비체계적**) 위험이 완전히 제거되고 (**체계적** / 비체계적) 위험만 남아 CML과 SML이 동일하다.

26 (　　　　)란 동일한 자산이 서로 다른 가격으로 거래될 경우 싼 것을 매입하고 비싼 것을 공매함으로써 투자자금과 위험부담 없이 수익을 얻는 것을 말한다.

27 ☐O☐X CAPM과 APT는 상호 배타적인 모형이다.

정답
19 클수록
20 X ▸ 포트폴리오의 체계적 위험을 통제하고자 하는 경우 주식 수는 상관이 없으며, 베타를 조정해야 한다.
21 O
22 자본시장선(CML)
23 X ▸ 자본시장선은 비효율적 포트폴리오나 개별 자산의 기대수익률과 위험과의 관계는 설명하지 못하지만 증권시장선은 비효율적인 포트폴리오나 개별 자산까지 포함한 모든 투자자산의 기대수익률과 위험과의 관계를 설명할 수 있다.
24 O
25 CML, 비체계적, 체계적
26 차익거래
27 X ▸ 자본자산가격결정모형(CAPM)과 차익거래가격결정이론(APT)은 상호 배타적인 모형이 아니다. CAPM은 설명 요인이 하나인 모형이고 APT는 설명 요인이 다수인 모형이라는 점에서는 차이가 있지만, 자산의 기대수익률은 공통요인에 대한 체계적 위험과 선형관계를 갖는다는 점에서 동일한 결론에 도달한다.

은행FP 자산관리사 2부

28 ☐○☐× 시장예측전략과 증권선택전략은 적극적 전략에 해당한다.

29 ☐○☐× 제2사분면을 선택한 투자자는 시장예측을 통해 선제적으로 자산을 재배분하거나 적절한 매수·매도시점을 선택하는 데는 성공할 수 있지만, 우월한 증권을 통해 지속적으로 초과수익을 얻는 것은 어렵다고 생각한다.

30 제(　　)사분면 투자관은 단기적으로 어떤 자산군이 가장 좋은 수익률을 줄지는 알 수 없지만, 각 자산군 내에서 가장 좋은 수익을 줄 수 있는 우수한 증권은 선택할 수 있다고 믿는다.

31 (전략적 / 전술적) 자산배분은 고객의 재무목표를 달성하기 위해 이루어진 장기적 관점에서의 최적 자산배분을 말한다.

32 (전략적 / 전술적) 자산배분은 시장의 변화를 예측하여 사전적으로 자산구성을 변동시켜 나간다는 점에서 시장예측전략과 유사한 점이 있다.

33 (　　　)방법은 일정한 기간 단위로 정해진 금액을 계속적으로 투자하는 방법을 말한다.

34 ☐○☐× 정액분할투자법은 전략적 및 전술적 자산배분의 실행상 문제점을 보완해주는 전략이다.

35 정액분할투자법은 자산의 평균매입단가를 (낮추는 / 높이는) 효과가 있다.

36 ☐○☐× 정액분할투자법은 소액으로도 투자가 가능하여 목돈이 필요하지 않다.

정답
28　○
29　×　▶ 제3사분면 투자관에 대한 설명이다.
30　2
31　전략적
32　전술적
33　정액분할투자
34　○
35　낮추는
36　○

은행FP 자산관리사 2부

37 ☐○ ☒× 정액분할투자법은 자산가격의 적정성에 대한 기준을 제공한다.

38 ☐○ ☒× 벤치마크는 투자설계의 이후 단계에서 사용된다.

39 ☐○ ☒× 내부수익률법은 시간 가중 수익률이 된다.

40 (금액 가중 / 시간 가중) 수익률은 현금의 유출입이 매일 발생하는 펀드 등 간접투자상품에 적용되는 가장 정확한 수익률 계산방법이다.

41 ☐○ ☒× 샤프지수는 동일한 운용기간을 대상으로 비교해야 한다.

42 (샤프 / 트레이너)지수는 체계적 위험인 베타 1단위를 부담할 때 초과수익이 얼마인지 구하는 지표이다.

43 (   )는 투자 포트폴리오의 수익률이 균형 상태에서의 수익률보다 얼마나 높은지를 나타내는 지표이다.

정답
- **37** × ▶ 정액분할투자법은 자산가격의 적정성에 대한 기준을 제공하지 않는다.
- **38** × ▶ 벤치마크는 투자설계의 전 단계에서 사용된다.
- **39** × ▶ 투자기간 중 현금유입에서 현금유출을 차감한 순현금흐름을 할인하여 0으로 만드는 내부수익률은 금액 가중 수익률이 된다.
- **40** 시간 가중
- **41** ○
- **42** 트레이너
- **43** 젠센의 알파

비금융자산 투자설계

은행FP 자산관리사 2부 제2과목 30문항 대비

제1장 부동산 상담 사전 준비(9문항 대비)

01 ⊙⊠ 민법 제99조에서 부동산은 '토지 및 그 정착물'로 정의한다.

02 ⊙⊠ 준부동산은 감정평가의 대상이 되며, 저당권의 목적이 될 수 있다.

03 ⊙⊠ 부동산은 점유를 통해 공시의 효과를 가지나, 동산은 등기를 통해 공시의 효과를 가진다.

04 ⊙⊠ 부동산은 용익물권 모두 설정할 수 있다.

05 ⊙⊠ 부동산은 선의취득에 한해 공신력이 인정된다.

06 토지의 자연적 특성 중 (   )으로 인해 토지는 다른 토지로 대체될 수 없다는 비대체성을 갖게 된다.

07 지목의 설정원칙 중 (   )은 1필지에서 토지의 일부가 주된 사용목적과 다른 용도로 사용되거나 주된 사용목적과 종속관계에 있을 때에는 주된 사용목적에 따른 지목을 설정해야 한다는 원칙이다.

정답
- 01 ○
- 02 ○
- 03 × ▸ 부동산은 등기, 동산은 점유를 통해 공시의 효과를 가진다.
- 04 ○
- 05 × ▸ 부동산은 공신력이 인정되지 않는 반면, 동산은 선의취득에 한해 공신력이 인정된다.
- 06 개별성
- 07 주지목 추종의 원칙

| 부록 | 은행FP 자산관리사 2부 |

08 지목의 종류 중 ( )은 물을 상시적으로 이용하지 아니하고 곡물·원예작물·약초 등의 식물을 주로 재배하는 토지와 식용을 위해 죽순을 재배하는 토지를 말한다.

09 지목의 종류 중 ( )은 물을 상시적으로 직접 이용하여 벼·연·미나리 등의 식물을 주로 재배하는 토지를 말한다.

10 용도지역은 ( ), ( ), ( ), ( )으로 크게 나뉜다.

11 ○× 용도지역은 토지의 이용, 건축물의 용도, 건폐율, 용적률, 높이 등을 제한한다.

12 도시지역 내 주거지역 중 ( )은 주거기능을 위주로 이를 지원하는 일부 상업기능 및 업무기능을 보완하기 위해 필요한 지역을 말한다.

13 다가구주택은 주택으로 쓰는 층수가 ( ) 이하여야 한다.

14 ○× 오피스텔은 준주택에 포함한다.

15 ( )는 인위적·자연적·행정적 조건에 따라 가격수준이 비슷한 토지로, 경제적·부동산학적 단위개념이다.

16 ○× 재축은 기존 건축물이 있는 대지에서 건축물의 건축면적, 연면적, 층수 또는 높이를 늘리는 것을 말한다.

정답 **08** 전
 09 답
 10 도시지역, 관리지역, 농림지역, 자연환경보전지역
 11 ○
 12 준주거지역
 13 3개층
 14 ○
 15 획지
 16 × ▶증축에 대한 설명이다. 재축이란 건축물이 천재지변이나 그 밖의 재해로 멸실된 경우 그 대지에 종전과 같은 규모의 범위에서 다시 축조하는 것을 말한다.

은행FP 자산관리사 2부

부록

17 ( )은 대지면적에 대한 건축물의 연면적 비율로 주로 건축물의 높이 및 층 규모를 규제하기 위한 수단으로 사용된다.

18 ○× DSR은 담보대출의 가치인정 비율을 의미하며, 담보인정비율이라고 한다.

19 ( )는 시장·군수·구청장이 매년 결정·공시하는 개별토지의 단위면적당 가격으로, 토지 관련 국세 등의 세금과 각종 부담금 부과를 위한 지가산정에 활용된다.

20 ○× 등기사항증명서 갑구에는 압류, 가압류, 경매신청, 가등기 등의 사항이 기재된다.

21 ( )는 용도지역·지구·지역, 도시·군계획시설, 지구단위계획구역, 개발행위제한, 건축행위제한, 군사시설, 농지, 산림, 자연공원, 토지거래 등 각각의 사항에 대한 해당 여부 및 관련 법규명이 기재되어 있다.

22 ○× 주택임대차보호법에서 상가, 공장 등을 주거용으로 용도 변경한 경우에는 주거용으로 인정되지 않는다.

23 ○× 주택임대차보호법상 주택의 인도와 전입신고만 있으면 등기가 없더라도 그 다음 날부터 대항력이 발생한다.

24 임차인은 계약갱신청구권을 ( ) 행사할 수 있으며, 갱신되는 임대차 존속기간은 ( )으로 본다.

25 주택임대차보호법상 계약 갱신 시 증액은 ( ) 이내로 한다.

정답
17 용적률
18 × ▶ LTV(Loan To Value)에 대한 설명이다. DSR(Dept Service Ratio)은 총부채원리금상환비율로 대출자의 소득 대비 전체 금융부채의 원리금 상환액 비율을 의미한다.
19 개별공시지가
20 ○
21 토지이용계획확인서
22 × ▶ 상가, 공장 등을 주거용으로 용도 변경한 경우 주거용으로 인정된다.
23 ○
24 1회, 2년
25 5%

26 ☐× 상가건물임대차보호법상 대항력이 성립하려면 임차인이 임차 대상 건물을 인도받아 점유해야 하고, 상가건물을 주소지로 하는 사업자등록을 구비해야 한다.

27 주택은 임대차 존속기간이 (   )인 데 반해, 상가는 (   )이다.

28 ☐× 상가건물임대차보호법상 최우선변제권을 인정받기 위해서는 대항력만 있으면 된다.

29 ☐× 주택임대차보호법과 상가건물임대차보호법 모두 최우선적으로 보호되는 소액임차보증금액의 합계액이 경매 낙찰대금의 2분의 1을 초과할 수 없도록 규정하고 있다.

30 부동산거래신고에 관한 법률상 거래당사자는 부동산 등의 매매계약을 체결한 경우 거래계약체결일로부터 (   ) 이내에 그 실제 매매가격 등을 부동산 소재지의 관할 시장·군수·구청장에게 공동으로 신고해야 한다.

정답 26 ○
　　　27 2년, 1년
　　　28 × ▸ 최우선변제권을 인정받기 위해서는 대항력을 갖춰야 하고, 보증금이 지역별 소액임차보증금 이하여야 한다.
　　　29 ○
　　　30 30일

제2장 부동산시장 및 정책분석(9문항 대비)

01 ○× 금리 상승 시 예금금리 상승으로 인해 시장의 유동성이 금융부문에 흡수됨에 따라 부동산시장이 침체된다.

02 ○× 주택시장에서 구매력을 분석할 때에는 PIR지수보다 구매력지수(PPP)가 더 자주 사용된다.

03 ○× 주택보급률을 계산할 때 국지성을 적용하면 전국적인 통계 산정은 큰 의미가 없다.

04 부동산 투자의 목적 중 하나는 (   ) 헤지이다.

05 ○× 매매가격 대비 전세가격이 상승할 경우 매수로 전환하는 수요가 나타나는 것이 일반적이다.

06 해외 부동산은 취득 후 (   ) 이내에 지정거래외국환은행에 취득보고서를 제출해야 한다.

07 ○× 해외 부동산 투자에서 신고 대상 부동산은 주거 이외의 목적 부동산과 거주자 또는 거주자의 배우자가 해외에서 3년 이상 체재할 목적의 주거용 주택이다.

08 ○× 투자자가 해외 부동산에 투자하는 경우에는 송금액이 1억원 이하여야 한다.

09 ○× 우리나라는 2018년을 정점으로 인구가 감소하면서 주택시장의 수요 감소로 인한 주택시장의 가격 하락을 예상하였지만 주택시장의 수요 감소는 실제로 나타나지 않았다.

정답
01 ○
02 × ▶ 주택시장에서 구매력을 분석할 때에는 구매력지수(PPP)보다 PIR지수가 더 자주 사용된다.
03 ○
04 인플레이션
05 ○
06 3개월
07 × ▶ 해외에서 2년 이상 체재할 목적의 주거용 주택이다.
08 × ▶ 실수요자뿐만 아니라 국내 거주자가 해외에 투자하는 투자금액·송금액 제한이 폐지되었다.
09 ○

10 ☐☒ 인구구조 변화로 인해 중소형주택의 선호 추세가 지속될 것으로 전망된다.

11 부동산 정책의 필요성 중 (   )은 부동산 이용에 있어 가장 바람직한 이용을 달성하도록 하는 것이 최선의 가치이며, 정부가 사회적 관점에서 (   )을 합리적으로 유도하기 위해 공적 개입이 필요하다는 논리이다.

12 ☐☒ 대출의 한도와 금액, 대출자격을 직접 제한하는 것은 금리보다 간접적으로 부동산시장에 영향을 주는 정책이다.

13 ☐☒ 김영삼 정부는 1993년 금융기관 거래 시 본인의 실명으로 거래해야 하는 제도인 (   )를 시행하였다.

14 ☐☒ 김대중 정부는 주택건설촉진법상 분양권 전매제한제도를 폐지하였다.

15 ☐☒ 노무현 정부는 종합부동산세를 신설하고, 다주택자 대상 양도세를 감면하였다.

16 ☐☒ 노무현 정부는 매매계약체결일로부터 3개월 이내에 시·군·구청에 실거래가를 신고하는 실거래가 제도를 시행하였다.

17 ☐☒ 노무현 정부는 공동주택의 수직증축 리모델링을 허용하고, 주택바우처를 도입하였다.

18 ☐☒ 이명박 정부는 보금자리주택과 도시형생활주택 관련 정책을 도입하였다.

정답
10 O
11 최유효이용론, 최유효이용
12 X ▸ 대출정책이 금리보다 직접적으로 부동산시장에 영향을 준다.
13 금융실명제
14 O
15 X ▸ 노무현 정부는 다주택자 대상 양도세를 중과하였다.
16 X ▸ 노무현 정부는 매매계약체결일로부터 30일 이내에 시·군·구청에 실거래가를 신고하는 실거래가 제도를 시행하였다.
17 X ▸ 박근혜 정부의 부동산정책에 해당한다.
18 O

은행FP 자산관리사 2부

19 ☐○☒× 이명박 정부는 주택담보대출 리스크 강화 방안으로 수도권 전 지역에 LTV를 강화하였다.

20 ☐○☒× 이명박 정부는 주택거래 촉진을 위해 미분양주택 양도세를 감면하였다.

21 ☐○☒× 문재인 정부는 하우스푸어 및 렌트푸어 지원방안을 발표하였다.

22 ☐○☒× 문재인 정부는 주택담보대출규제를 강화하고, 3기 신도시 정책을 실시하였다.

23 2018년 3월 국토교통부는 재건축 안전진단 기준 강화를 발표하였는데, 변경된 구조안정성 비율은 ( )이다.

24 투기과열지구 내 재건축 조합원 지위양도 금지 예외 사항으로 해당 주택을 ( ) 이상 보유하고 ( ) 이상 거주한 1주택자라면 조합원 지위양도 제한 시점과 무관하게 언제든지 조합원 지위양도가 가능하다.

25 ☐○☒× 문재인 정부는 2017.8.2. 부동산대책에서 투기과열지구 내 재건축 조합원 지위양도 제한을 강화하였다.

26 ☐○☒× 윤석열 정부는 2023년부터 주택분 종합부동산세 기본공제 금액을 6억원에서 9억원(1세대 1주택자는 11억원에서 12억원)으로 상향 조정하였다.

27 ☐○☒× 윤석열 정부는 일시적 2주택 양도세 및 종부세 특례 처분기한을 4년으로 연장하였다.

정답
- 19 ○ ▸ LTV 담보비율을 60% 이내에서 50% 이내로 변경하였다.
- 20 ○
- 21 × ▸ 박근혜 정부는 하우스푸어 및 렌트푸어 지원방안을 발표하였다.
- 22 ○
- 23 50% ▸ 구조안정성 비율은 윤석열 정부의 재건축 안전진단 합리화 방안(22.12.8)에서 30%로 하향되었다.
- 24 10년, 5년
- 25 ○
- 26 ○
- 27 × ▸ 윤석열 정부는 일시적 2주택 양도세 및 종부세 특례 처분기한을 3년으로 연장하였다.

부록 은행FP 자산관리사 2부

28 ⓞⓧ 윤석열 정부는 종부세 개편에서 과세표준 12억원 이하 및 조정대상지역 2주택에 대한 중과세율을 폐지하였다.

29 국토부 등 정부 발표자료에는 (　　　), (　　　), (　　　), (　　　) 등이 있다.

30 (　　　)은 종전 거래사례 금액을 파악함으로써 현재 매매가격이 종전 거래가격에 비해 어떤 수준인지 파악할 수 있게 한다.

31 (　　　)은 시장동향을 나타내는 중요한 지표이다.

32 (　　　)의 주택시장에 대한 영향력은 전국을 대상으로 한 획일적인 해석보다는, 해당지역별 수급동향을 중심으로 하여 세분화된 분석과 대응이 필요하다.

정답
28 ◯
29 실거래가격, 주택거래량, 미분양주택, 지가변동률
30 실거래가격
31 주택거래량
32 미분양주택

제3장 부동산 투자전략(9문항 대비)

01 ⓞⓧ 부동산 투자는 다른 투자수단에 비해 투자기간이 비교적 장기이다.

02 ⓞⓧ 부동산 투자는 일반적인 투자수단에 비해 비교적 적은 자본을 필요로 한다.

03 부동산 투자는 투자차익인 (　　　)과 정기적인 현금흐름인 (　　　)을 기대할 수 있다.

04 ⓞⓧ 부동산 투자는 여러 투자대상 중에서 안전성과 수익성이 비교적 낮다.

05 ⓞⓧ 부동산은 매도를 원하는 시기에 적합한 매수자를 찾기 어려워 즉시 현금화가 어려운 단점이 있다.

06 투자에 따라 기대되는 예상수익률을 (　　　) 또는 (　　　)이라고 한다.

07 (　　　)은 투자가 이루어진 후에 현실적으로 달성된 수익률을 말한다.

08 ⓞⓧ 기대수익률 ≥ 요구수익률일 경우 투자기각이 결정된다.

09 (　　　)이란 총자본에 대한 부채의 비율이다.

10 ⓞⓧ 기대수익률보다 대출이자율이 높으면 자기자본 대비 투자수익률이 낮아진다.

정답
01 O
02 X ▶ 부동산 투자는 일반적인 투자수단에 비해 비교적 많은 자본을 필요로 한다.
03 자본이득, 임대수익
04 X ▶ 안전성과 수익성이 비교적 높다.
05 O
06 기대수익률, 내부적 수익률
07 실현수익률
08 X ▶ 기대수익률 ≥ 요구수익률일 경우 투자채택이 결정된다.
09 레버리지 비율
10 O

부록 — 은행FP 자산관리사 2부

11 (　　)(은/는) 대상 부동산에 대한 과거의 값이지만, (　　)(은/는) 현재의 값이다.

12 부동산 가치평가방식에는 (　　), (　　), (　　) 세 가지 방식이 있다.

13 ○× 원가방식은 수요와 공급을 반영할 수 있다는 장점이 있다.

14 ○× 수익방식에는 부동산의 가격을 구하는 수익환원법과 임료를 구하는 수익분석법이 있다.

15 (　　)이란 미래에 일정금액을 만들기 위해 매 기간 납입해야 할 금액을 말한다.

16 미래가치를 현재가치로 전환할 때 사용하는 이자율을 (　　)이라고 한다.

17 연금의 미래가치는 연금에 연금의 (　　)를 곱하여 계산한다.

18 ○× 투자안들이 상호배타적인 경우, 순현가법에 따르면 순현가 ≥ 0의 투자안 중 순현가가 가장 큰 투자안을, 내부수익률법에 따르면 내부수익률 ≥ 요구수익률의 투자안 중 내부수익률이 가장 큰 투자안을 선택한다.

19 (순현가법 / 내부수익률법)은 현금유출의 현가와 미래 현금유입의 현가를 동일하게 만드는 할인율이다.

20 순현가법은 할인율로 (　　)수익률을 사용하고, 내부수익률법은 할인율로 (　　)수익률을 사용한다.

21 ○× 포트폴리오 이론은 장기시장보다는 단기시장에 적합하므로 부동산시장에 적합하다.

정답
11 가격, 가치
12 원가방식, 비교방식, 수익방식
13 × ▸ 원가방식은 수요와 공급을 반영하지 못한다는 한계가 있다.
14 ○
15 감채기금
16 할인율
17 내가계수
18 ○
19 내부수익률법
20 요구, 내부
21 × ▸ 포트폴리오 이론은 단기시장에 적합한 이론으로, 비교적 장기시장인 부동산시장에 적용하기에는 한계가 있다.

은행FP 자산관리사 2부

22 (체계적 위험 / 비체계적 위험)이란 인플레이션 심화, 경기변동, 이자율의 변동 같은 시장위험으로 어느 누구도 피할 수 없는 위험이다.

23 부동산은 (   )으로 인해 다른 부동산과 가격, 소득 등을 직접 비교하기 곤란하다.

24 O X 주택청약종합저축의 경우 매월 50만원까지 납입할 수 있지만, 국민주택에 청약하는 경우에는 월납입액을 20만원까지만 인정한다.

25 청약예금(부금)에 가입하면 (   )주택에만 청약할 수 있으며, 청약저축에 가입하는 경우에는 (   )주택에만 청약할 수 있다.

26 투기과열지구 및 조정대상지역의 1순위 자격을 취득하기 위해서는 청약통장 가입 후 (   )이 경과해야 하고 납입 횟수 (   )를 충족해야 한다.

27 (   )란 무주택기간, 부양가족 수, 청약통장 가입기간에 따라 가중치를 부여하여 종합점수를 산정함으로써, 동일 순위 내의 경쟁자들 간의 순서를 결정하여 청약당첨자를 결정하는 제도이다.

28 (주택재개발사업 / 주택재건축사업)은 정비기반시설은 양호하나 노후불량건축물이 밀집한 지역에서 주거환경개선을 위해 시행하는 사업이다.

29 O X 도시형생활주택은 일반 주택에 비해 주차장 설치 기준이 높다.

30 O X 전원주택은 환금성이 낮으므로 투자대상보다는 실수요자 중심의 접근이 필요하다.

정답
22 체계적 위험
23 비대체성
24 X ▶ 국민주택을 청약하는 경우에는 월납입액을 25만원까지만 인정한다.
25 민영, 국민
26 2년, 24회
27 청약가점제
28 주택재건축사업
29 X ▶ 도시형생활주택은 일반 주택에 비해 주차장 설치 기준이 낮다.
30 O

부록 — 은행FP 자산관리사 2부

31 (　　　)(은/는) 2012년 주택법 개정으로 준주택으로 분류되어, 주택임대사업자로의 등록이 가능하다.

32 농업인은 농업경영을 통한 농산물의 연간 판매액이 (　　) 이상인 자를 말한다.

33 (　　　)(은/는) 녹지, 농림, 자연환경보전지역에서 자연환경이나 농지 및 산림을 보전하고 무분별한 난개발을 방지하기 위한 것이다.

34 ○/× 토지에 대한 저당권을 설정할 때에는 토지거래허가를 받지 않는다.

35 ○/× 건물의 소유권 이전계약을 할 때에는 토지거래허가를 받지 않는다.

36 ○/× 경매에는 국세 우선의 원칙이 적용되고, 공매에는 채권자 평등원칙이 적용된다.

37 (재경매 / 신경매)란 입찰을 실시했지만 낙찰자가 결정되지 않아 다시 기일을 지정하여 실시하는 경매이다.

38 낙찰자가 대금을 완납하였음에도 채무자가 낙찰부동산을 임의로 인도하지 않는 경우 낙찰자가 인도명령을 신청할 수 있는 기간은 대금완납 후 (　　) 이내이다.

39 경매는 1회 유찰 시마다 다음 회차 진행 시 감정평가액의 (　　)씩 낮게 조정된다.

40 (　　)이란 금융권의 무수익여신, 미회수채권, 부실채권을 말한다.

정답
31 오피스텔
32 120만원
33 연접개발제한제도
34 ○
35 ○
36 × ▶ 경매에는 채권자 평등원칙이, 공매에는 국세 우선의 원칙이 적용된다.
37 신경매
38 6개월
39 20%
40 NPL

제4장 부동산 자산관리 전략(3문항 대비)

01 ⃞O⃞X⃞ 적극적 의미의 자산관리는 전체자산의 운영과 총괄적인 포트폴리오를 포함한 전문적이고 종합적인 자산관리이다.

02 ⃞O⃞X⃞ 부동산시장은 부동산 수요자 중심에서 공급자 중심으로 변화되었다.

03 부동산 자산관리는 크게 부동산 (   ), 부동산 (   ), 부동산 (   )로 구분된다.

04 직접관리방식은 (   ) 관리방식이며, 위탁관리방식은 (   ) 관리방식이다.

05 (   )방식은 과도기적 관리방식으로 대형·고층건물에 적합하다.

06 ⃞O⃞X⃞ 임대수익률을 증대하기 위한 임대관리 전략으로서, 임차인 선정 시 공실관리 측면에서 대규모 임차업체 위주로만 구성하는 것이 바람직하다.

07 ⃞O⃞X⃞ 부동산금융은 일반금융과는 다르게 모기지 기능이 있다.

08 ⃞O⃞X⃞ 주택금융은 단기의 저리대출을 전제조건으로 한다.

09 ⃞O⃞X⃞ 주택금융은 채무불이행의 위험이 크다.

10 ⃞O⃞X⃞ 부동산 직접투자의 경우 취득세와 양도소득세의 감면 등 세제혜택이 있다.

정답
01 O
02 X ▶ 부동산시장은 부동산 공급자 중심에서 수요자 중심으로 변화되었다.
03 자산관리, 재산관리, 시설관리
04 전통적, 현대적
05 혼합관리
06 X ▶ 공실관리를 위해 업체의 신용 및 규모를 대·중·소의 비율로 5:3:2 정도로 혼합하면 안정적으로 유치가 가능하다.
07 O
08 X ▶ 주택금융은 장기의 저리대출을 전제조건으로 한다.
09 O
10 X ▶ 부동산의 간접투자의 경우 취득세와 양도소득세의 감면 등 세제혜택이 있다.

부록 | 은행FP 자산관리사 2부

11 ⃞○⃞× 부동산 간접투자는 소액으로 안정적이고 검증된 대형 부동산 투자가 가능하다.

12 ⃞○⃞× 부동산펀드는 부동산 관련 증권에는 투자할 수 있지만 파생상품에는 투자가 불가능하다.

13 ⃞○⃞× 자기관리형 리츠는 상법상 주식회사형태로 상근임직원을 두어야 한다.

14 ⃞○⃞× 구조조정형 리츠는 한시적인 Paper Company를 만들어 활용한다.

15 ⃞○⃞× 국내 리츠는 미국 리츠처럼 개발사업이나 단기매매 등의 제한이 없으며, 법인세가 면제된다.

16 ⃞○⃞× 부동산개발금융(PF)은 부동산개발사업주체의 신용이나 일반재산이 대출 채무의 담보가 된다.

17 (   )(은/는) 건축자금이나 전문지식이 없는 부동산 소유자가 부동산의 소유권을 부동산신탁회사에 이전하고 부동산신탁회사는 소유자의 의견에 자사의 자금과 지식을 결합하여 신탁재산을 효과적으로 개발하여 이익을 올려주는 사업이다.

18 (   )(은/는) 저축은행과 캐피탈사를 통해 단기적으로 대출을 받고 인허가 후 은행권의 대출을 받아 상환하는 대출이다.

19 PFV를 설립하기 위해서는 설립자본금 (   ) 이상, 금융기관의 참여지분이 (   ) 이상 되어야 한다.

20 ⃞○⃞× 부동산개발금융(PF)은 프로젝트 수행에서 금융기관의 관여가 상대적으로 강화되고, 시행사의 결정권한은 약화된다.

정답
11 ○
12 × ▶ 부동산펀드는 부동산을 기초자산으로 한 파생상품에 투자할 수 있다.
13 ○
14 ○
15 × ▶ 국내 리츠는 개발사업이나 단기매매 등을 제한하며, 법인세 면제혜택이 없다는 점에서 미국 리츠와 차이가 있다.
16 × ▶ 부동산개발금융(PF)은 프로젝트의 사업성 자체가 대출 채무의 담보가 된다.
17 토지(개발)신탁
18 PF브리지론
19 50억원, 5%
20 ○

합격의 공식 시대에듀

배우기만 하고 생각하지 않으면 얻는 것이 없고,
생각만 하고 배우지 않으면 위태롭다.

-공자-

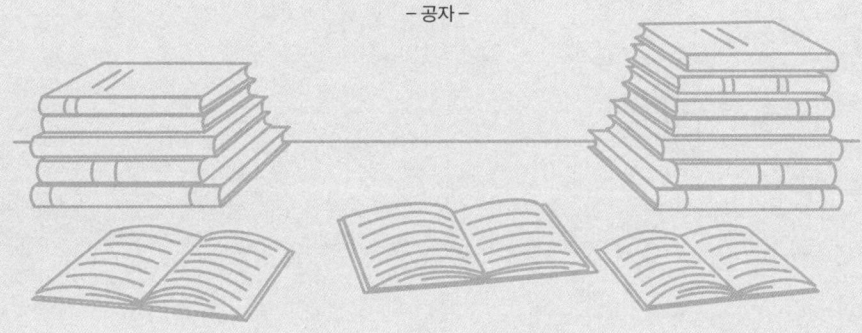

최신출제동형 100문항 OMR 답안지

제1회 모의고사 OMR 답안지

제2회 모의고사 OMR 답안지

제3회 모의고사 OMR 답안지

최신출제동형
100문항

문항 및 시험시간

평가영역	문항 수	시험시간	비 고
자산관리사(FP) 1부	100문항	100분	

※ 이 자료는 저작권법에 의해 보호를 받는 저작물이므로 동영상 제작 및 무단전재와 복제를 금합니다.

은행FP 자산관리사 1부

최신출제동형 100문항

제1과목 자산관리 기본지식(40문항)

01 다음 중 개인 재무설계의 의미에 대한 설명으로 옳지 않은 것은?
★★☆
① 재무설계는 개인적 상황의 변화, 경제환경의 변화, 생애 주기상의 변화 등을 고려하여 평생에 걸쳐 지속해서 이루어져야 한다.
② 개인의 재무적 복지를 증진시킨다는 점에서 재무설계와 재무상담은 상호 관련이 깊다.
③ 재무상담이 고객의 문제평가에서 시작한다면 재무설계는 고객의 목표로부터 시작한다.
④ 개인이나 가계의 현재 재정상태를 검토하고 개인이나 가계가 설정한 재무목표를 달성하기 위해 재무적 및 비재무적 자원을 적절하게 관리하는 과정이다.
⑤ 개인 재무설계는 재무상담을 통한 단기적인 목표달성만을 포함한다.

02 다음 〈보기〉에서 개인 재무설계의 필요성 중 사회 경제적 배경을 모두 고른 것은?
★★★

〈보 기〉
㉠ 금융시장의 개방 및 국제화
㉡ 자산 및 부채의 증가
㉢ 저출산 및 고령화
㉣ 재무설계의 중요성 인식
㉤ 금융 관련 법규 강화

① ㉠, ㉡, ㉢
② ㉠, ㉢
③ ㉢, ㉣
④ ㉡, ㉢, ㉣
⑤ ㉠, ㉡, ㉤

03 다음 중 노년부양비와 노령화지수를 구하는 공식으로 옳게 짝지어진 것은?

① 노년부양비 : $\dfrac{노년인구}{생산가능인구} \times 100$, 노령화지수 : $\dfrac{노년인구}{유년인구} \times 100$

② 노년부양비 : $\dfrac{노년인구}{생산가능인구} \times 100$, 노령화지수 : $\dfrac{유년인구}{노년인구} \times 100$

③ 노년부양비 : $\dfrac{노년인구}{유년인구} \times 100$, 노령화지수 : $\dfrac{노년인구}{생산가능인구} \times 100$

④ 노년부양비 : $\dfrac{노년인구}{유년인구} \times 100$, 노령화지수 : $\dfrac{노년인구}{경제활동인구} \times 100$

⑤ 노년부양비 : $\dfrac{노년인구}{경제활동인구} \times 100$, 노령화지수 : $\dfrac{유년인구}{노년인구} \times 100$

04 고객과 접촉하는 채널에 대한 설명으로 옳은 것은?

① DM은 많은 사람에게 동시에 발송해야 하므로 일관된 메시지가 효과적이다.
② TA는 상품판매 목적으로 활용하는 것이 좋다.
③ SMS는 심리적 부담이 크다는 단점이 있다.
④ DM은 시간을 효율적으로 관리할 수 있다는 장점이 있다.
⑤ TA는 유망고객과의 만남이 쉽다는 장점이 있다.

05 다음 중 시사 질문으로 옳은 것은?

① 100세 시대에 준비 없는 노후를 맞이하면 고객님의 노후 모습은 어떨까요?
② 어떤 상황에서도 가족들의 생활자금이 안전하게 제공될 수 있다면 어떠세요?
③ 자녀분의 대학 학자금은 준비되어 있으신가요?
④ 저금리 시대에 이자소득이 전액 비과세되고 복리 이자를 받을 수 있는 상품이 있다면 가입하실 만하다고 생각되지 않으십니까?
⑤ 금융상품은 주로 어떤 상품을 가입하십니까?

06 다음 중 고객 정보의 유형이 다른 것은?

① 고객의 예상수명
② 고객의 소득 및 지출 관련 자료
③ 고객의 관심사와 취미생활 및 생활방식
④ 고객의 위험 수용 성향
⑤ 개인 재무설계 관련 경험 및 지식

07 다음 중 고객 정보수집 방법별 장점의 연결로 옳지 않은 것은?

① 인터넷 - 고객과의 재무설계 업무 진행과정의 쌍방향 의사소통을 극대화할 수 있어 고객과의 깊은 신뢰감을 쌓을 수 있다.
② 전화 - 이미 수집된 정보 중 간단한 질문이 필요하거나 답변에 대한 확인이 필요한 경우 효과적이다.
③ 설문서 - 면담 전 설문서를 이용하는 방법은 자료수집 과정을 빠르게 진행할 수 있고, 고객 생각의 반영도가 높다.
④ 직접면담 - 고객의 재무적·비재무적 정보 등 많은 자료를 수집할 수 있다.
⑤ 설문서 - 면담을 진행하면서 설문서를 이용하는 방법은 고객의 정보를 정확하게 점검하면서 받을 수 있어 자산관리사들이 많이 사용하는 방법이다.

08 고객에게 자산부채상태표를 설명하는 예시로 옳지 않은 것은?

① 고객님께서는 현금성 자산으로 통장 잔고와 예금 등 5,000만원을 보유하고 계십니다.
② 부동산 자산으로는 현재 거주 중이신 아파트의 시가가 약 7억원 정도로 평가됩니다.
③ 주택담보대출이 현재 2억원 남아 있고, 신용대출이 3,000만원 있어 총 부채는 2억 3,000만원입니다.
④ 고객님의 순자산은 부동산이 약 74%, 금융자산이 약 26% 정도 차지하고 있습니다.
⑤ 고객님의 월급여는 400만원, 주식 배당·이자 등은 월 평균 20만원으로 총 월수입은 약 420만원입니다.

09 다음 중 재무설계 4단계 제안서 작성 및 대안 수립 제시 단계에서 제안서 작성 시 유의할 점에 대한 설명으로 옳지 않은 것은?

① 고객의 선택범위를 넓히기 위해 최대한 많은 대안을 나열한다.
② 고객의 상황 변화를 고려한 유연성 있는 대안을 제시한다.
③ 자신의 의견이 주관적이므로 다른 자산관리사에 의해 내용이 달라질 수 있음을 고려한다.
④ 고객의 가치관이나 생활방식을 고려한 대안을 제시한다.
⑤ 고객의 재무목표에 적당한 가장 최선의 대안부터 제시한다.

10 다음 중 재무설계의 정기점검 및 사후관리 단계에 대한 설명으로 옳지 않은 것은?

① 자산관리사는 반드시 고객에게 실행 중인 대안들을 정기적으로 점검하고 있다는 것을 알려주어야 한다.
② 생애주기에 따른 고객의 재무목표를 계획하고 실행하는 재무설계가 효과를 거두려면 정기점검은 필수적 요소이다.
③ 자산관리사는 고객의 자신감을 강화시켜 주는 긍정적 피드백과 개선을 요하는 발전적 피드백을 고객의 상황에 맞게 시의적절하게 해 주어야 한다.
④ 고객에 관한 사항으로는 고객의 신상 변화, 건강상태 및 고객의 수입원 변화 등을 점검하나 사생활 보호를 위해 가족의 신상 변화에 대한 정보는 점검 사항에 포함하지 않는다.
⑤ 투자 관련 점검 사항에는 투자상품의 수익률 및 세금 문제, 중도 해지할 경우 수수료, 새로운 투자상품의 특징 및 수익률, 회사별 수수료, 경제상황 및 금융환경 점검 등이 있다.

11 단기 거시경제 분석에 대한 설명으로 옳은 것은?

① 단기 거시경제에서는 가격과 임금이 신축적으로 나타나고 완전고용이 달성된다.
② 단기 거시경제의 주 분석 대상은 총공급의 증가요인이다.
③ 물적·인적자본에 대한 투자와 기술개발·혁신 등의 요인들을 분석한다.
④ 적절한 재정정책과 통화정책이 단기 거시경제 분석에 영향을 미치는 중요한 요소다.
⑤ 현재의 총생산 능력보다는 잠재적 총생산 능력을 증가시키는 요인을 분석한다.

12 대부자금 공급곡선을 우측으로 이동시키는 요인으로 옳은 것은?

① 가계와 기업의 정치·사회·경제에 대한 낙관적 기대
② 정부의 재정적자 운영
③ 국내 물가 상승 기대
④ 중앙은행의 지급준비율 인상
⑤ 국내 실질GDP 증가

13 다음 중 총수요의 증가 요인으로 옳지 않은 것은?

① 실질소득의 증가
② 기술의 발전
③ 실질이자율 상승
④ 정부지출 증가
⑤ 환율 상승

14 다음 중 예기치 못한 인플레이션의 문제점에 대한 설명으로 옳지 않은 것은?

① 가격기구의 기능을 저하시켜 효율적 자원배분을 어렵게 한다.
② 조세체계를 변화시켜 투자에 관한 의사결정을 왜곡시킨다.
③ 현금보유에 따른 기회비용을 줄이기 위한 비용을 발생시킨다.
④ 노동자로부터 기업가에게, 채무자로부터 채권자에게 부가 재분배된다.
⑤ 자국의 상대적 인플레이션율의 증가와 같은 크기의 환율 상승으로 상쇄되지 않을 경우 국제경쟁력을 약화시킬 수 있다.

15 다음 제시된 인구지표를 바탕으로 실업률을 계산한 것으로 옳은 것은?

- 전체인구 : 5,000만명
- 비노동가능인구 : 1,000만명
- 비경제활동인구 : 500만명
- 취업자 : 2,800만명

① 10% ② 15%
③ 20% ④ 25%
⑤ 44%

16 다음 중 구축효과에 대한 설명으로 옳은 것은?

① 재정흑자가 발생하면 정부는 여유자금을 대부자금 시장에 공급할 수 있게 되어 이자율이 하락하고 가계 소비와 기업의 투자가 증가하여 총수요가 증가하는 것
② 국채를 공개시장에서 매각하여 자금을 조달할 경우 대부자금시장에서 이자율이 상승하여 민간부문의 소비지출과 투자지출이 감소하는 것
③ 재정지출 확대의 재원을 조세를 통해 조달할 경우 가계의 가처분소득이 감소하여 소비가 감소하는 것
④ 국채를 중앙은행이 인수하여 통화공급이 증가하는 것
⑤ 경기확장기에 소득 증가에 따른 세수 증가를 통해 총수요를 억제하는 것

17 다음 중 금융기관유동성(L_f)에 해당하지 않는 것은?

① 2년 이상 장기금융상품
② 시장형금융상품
③ 지방채
④ 정기예·적금
⑤ 요구불예금

18 다음 중 통화공급을 감소시키기 위한 중앙은행의 정책으로 옳지 않은 것은?

① 지급준비율을 올린다.
② 중앙은행이 보유하고 있는 증권을 매도한다.
③ 통화안정증권을 발행한다.
④ 중앙은행이 금융기관에 빌려주는 자금의 금리를 높인다.
⑤ 외환시장에서 외환을 매입한다.

19 다음 중 환율 하락이 경제에 미치는 영향으로 옳지 않은 것은?

① 수출이 감소한다.
② 수입물가가 하락한다.
③ 외화표시부채의 원리금상환 부담이 줄어든다.
④ 국내물가를 안정시킬 수 있다.
⑤ 수출채산성이 호전된다.

20 국제수지표에 대한 설명으로 옳지 않은 것은?

① 일정기간 동안 한 나라의 거주자와 비거주자 사이에 일어난 모든 경제적 거래를 체계적으로 기록·정리한 표이다.
② 국제수지표는 복식부기의 원리에 의해 국제적으로 통일된 기준에 의해 작성된다.
③ 국제수지 작성의 기본원칙에 따르면 대차 양변의 합계는 일치하지 않아야 한다.
④ 국제수지표의 차변 항목에는 재화와 용역의 수입, 거주자의 해외투자 등이 해당한다.
⑤ 국제수지표상의 자금의 원천과 사용은 외환시장에서의 외환에 대한 수요 공급과 일치하지 않는다.

21 다음 중 경기변동에 대한 설명으로 옳지 않은 것은?

① 총체적인 국민경제의 활동수준이 장기추세선을 따라 상하로 반복적·규칙적·체계적으로 변동하는 것을 의미한다.
② 경기변동은 확장국면, 정점, 수축국면, 저점의 4단계로 구분된다.
③ 정점에서 정점까지 또는 저점에서 저점까지를 주기라고 한다.
④ 정점에서 저점까지를 진폭, 정점과 저점을 경기전환점이라고 한다.
⑤ 경기순환의 전환점이 발생한 구체적인 시점을 기준순환일이라고 한다.

22 다음 중 경기변동의 일반적 특징에 대한 설명으로 옳지 않은 것은?

① 경기변동은 총생산, 이익, 고용, 물가 등 총체적 변수에 의해 파급되며 이 변수들은 같은 시기에 동일한 방향으로 움직이지만 변동의 크기는 각기 다르다.
② 내구재 산업의 생산과 고용의 진폭은 작고 상대적으로 가격변화는 크다.
③ GDP와 가계 및 정부의 소비지출에 비해 기업투자와 국제교역의 변동성이 크다.
④ 생산성의 변동성은 GDP 변동성과 비슷하며 경기변동에 선행하는 경향이 있다.
⑤ 실업률의 변동성은 GDP 변동성보다 작고 경기변동에 후행한다.

23 다음 〈보기〉에서 경기순응적 지표를 모두 고른 것은?

〈보 기〉
- ㉠ 정부이전지출
- ㉡ 실질이자율
- ㉢ 본원통화
- ㉣ 생산자물가지수
- ㉤ 실질임금

① ㉠, ㉡, ㉤
② ㉠, ㉢
③ ㉡, ㉣, ㉤
④ ㉢, ㉣, ㉤
⑤ ㉡, ㉢, ㉣, ㉤

24 다음의 경기종합지수 중 선행종합지수에 해당하지 않는 것은?

① 수출입물가비율
② 경제심리지수
③ 제조업 재고순환지표
④ 코스피
⑤ 소비재수입액

25 100개의 기업 중 긍정적 응답을 한 기업은 70개, 부정적 응답을 한 기업은 30개라고 할 때, 기업실사지수를 계산한 값으로 옳은 것은?

① 80
② 100
③ 120
④ 140
⑤ 160

26 다음 중 용익물권에 해당하지 않는 것은?

① 통행지역권
② 지상권
③ 저당권
④ 용수지역권
⑤ 전세권

27 경개에 대한 설명으로 옳은 것은?

① 채무자가 채무의 목적물에 갈음하여 다른 물건으로 채무를 소멸시키는 변제당사자 사이의 계약이다.
② 채무자 또는 제3자가 채무의 내용인 급부를 실현하는 것을 말한다.
③ 채권자와 채무자가 서로 같은 종류를 목적으로 하는 채권·채무를 가지고 있는 경우에 그 채무들을 대등액에서 소멸하게 하는 단독행위이다.
④ 채무의 중요한 부분을 변경함으로써 신채무를 성립시키는 동시에 구채무를 소멸시키는 계약이다.
⑤ 채권자가 일방적인 의사표시로 채무자의 채무를 대가 없이 면해 주는 것이다.

28 다음 〈보기〉에서 설명하는 담보물권으로 옳은 것은?

─〈보 기〉─
일정한 범위에 속하는 불특정의 채권을 일정한 최고액을 한도로 담보하기 위해 설정된다.

① 저당권
② 근저당권
③ 재단저당
④ 동산저당
⑤ 채권담보권

29 주주총회의 의결요건에 대한 설명으로 옳지 않은 것은?

① 주주총회는 상법 또는 정관이 정하는 사항에 한해서만 의결할 수 있다.
② 주주의 의결권은 1주식마다 1개만 부여되는 것이 원칙이다.
③ 주주는 주주명부상의 명의개서만으로 주권의 제시 없이 의결권을 행사할 수 없다.
④ 보통결의는 출석한 주주의 의결권의 과반수와 발행주식총수의 4분의 1 이상의 수로써 하는 결의이다.
⑤ 특별결의는 출석한 주주의 의결권의 3분의 2 이상이며, 발행주식총수의 3분의 1 이상인 수로써 하는 결의이다.

30 다음 중 대출계약의 성립시기로 옳은 것은?

① 은행의 융자통지가 결정된 때
② 거래처의 소비대차약정서 및 근저당권설정계약서가 작성되어 제출된 때
③ 차주가 금전소비대차약정서를 작성하여 제출하고 은행이 이를 이의 없이 수리한 때
④ 근저당권설정등기가 완료된 때
⑤ 대출금이 지급된 때

31 약관의 해석원칙 중 약관의 뜻이 명백하지 아니하여 둘 이상의 해석이 가능한 경우에는 고객에게 유리하게, 은행에게는 불리하게 해석되어야 한다는 원칙으로 옳은 것은?

① 엄격해석의 원칙
② 작성자 불이익의 원칙
③ 객관적 해석의 원칙
④ 신의성실의 원칙
⑤ 개별약정우선의 원칙

32 다음 중 신탁재산에 대한 설명으로 옳지 않은 것은?

① 신탁이 성립하기 위해서는 신탁재산이 위탁자로부터 수탁자에게 이전되어야 하므로 신탁재산은 이전 가능한 것이어야 한다.
② 신탁재산은 수탁자의 명의로 소유되고 관리되지만 법률상·형식상으로만 수탁자에게 귀속되는 것이고 경제적·실질적으로는 수익자에게 귀속하는 재산이다.
③ 수탁자가 사망하는 경우 신탁재산은 명의인인 수탁자의 상속재산에 귀속된다.
④ 수탁자는 자신의 고유재산과 신탁재산을 구분하여 관리하여야 한다.
⑤ 신탁재산에서 손실이 발생한 경우에도 이는 모두 수익자에게 귀속하며, 수탁자는 이것을 보전해 주지 않는다.

33 다음 중 소규모 주식회사에 대한 설명으로 옳은 것은?

① 자본금 5억원 미만의 주식회사를 말한다.
② 이사 1인만으로도 회사를 운영할 수 있다.
③ 이사회를 반드시 설치해야 한다.
④ 소규모 회사인 경우에도 감사를 선임해야 한다.
⑤ 주주총회 소집 시 주주총회일 2주 전에 각 주주에게 서면 통지를 발송하거나, 각 주주의 동의를 받아 전자문서로 통지를 발송하여야 한다.

34 다음 중 누구의 명의로 하든지 타인의 계산으로 금융투자상품의 매도·매수, 그 청약의 권유, 청약, 청약의 승낙 또는 증권의 발행·인수에 대한 청약의 권유, 청약, 청약의 승낙을 영업으로 하는 금융투자업의 종류로 옳은 것은?

① 투자매매업
② 투자중개업
③ 집합투자업
④ 투자자문업
⑤ 투자일임업

35 다음 중 신용카드에 대한 설명으로 옳지 않은 것은? (단, 일반적인 통설에 따른다.)

① 신용카드는 권리 또는 재산권을 표창하는 증권이다.
② 신용카드는 본인의 신청에 의해서만 발급된다.
③ 신용카드의 길거리 모집은 금지된다.
④ 가맹점 모집을 위해서는 신용카드사가 실사업장을 방문하여 개별적인 가맹점계약을 체결해야 한다.
⑤ 가맹점은 신용카드 가맹점수수료를 신용카드회원에게 전가할 수 없다.

36 배우자 B 씨와 자녀 C 씨가 있는 A 씨가 전 재산을 자녀 C 씨에게 물려준다고 유언하고 사망했을 때, 다음 중 배우자 B 씨의 유류분율로 옳은 것은?

① 1/2
② 1/3
③ 1/4
④ 3/5
⑤ 3/10

37 주식회사의 합병에 대한 설명으로 옳지 않은 것은?

① 둘 이상의 회사가 경제적·법률적으로 하나의 회사로 통합되는 것이다.
② 합병 절차의 시작은 이사회의 결의로 시작된다.
③ 합병의 유형에는 흡수합병과 신설합병이 있다.
④ 합병에 의해서 소멸회사 주주의 지위는 원칙적으로 존속회사 또는 신설회사 주주의 지위로 이전된다.
⑤ 합병을 미승인한 채권자는 합병등기일로부터 3월 내에 합병무효의 소를 주장할 수 있다.

38 다음 중 개인회생제도에 대한 설명으로 옳지 않은 것은?

① 채무자에게 일정한 수입이 있는 것을 전제로 채무자가 원칙적으로 3년 이내에 원금의 일부를 변제하면 나머지를 면책받을 수 있게 하는 제도이다.
② 파산의 원인이 있거나 그러한 사실이 생길 염려가 있는 자가 신청할 수 있다.
③ 개인회생절차는 채무자만 신청할 수 있고, 채무자 중에서도 법인이 아닌 자연인 개인만이 신청할 수 있다.
④ 무담보채무는 20억원, 담보채무는 25억원 이하인 경우에만 개인회생을 신청할 수 있다.
⑤ 법원은 신청일부터 1월 이내에 개인회생절차의 개시 여부를 결정하여야 한다.

39 다음 중 고객확인제도에 대한 설명으로 옳지 않은 것은?

① 금융회사 입장에서 자신의 고객이 누구인지 정확하게 알고 범죄자에게는 금융서비스를 제공하지 않도록 하는 정책이다.
② 전신송금의 경우 15백만원 또는 그에 상당하는 다른 통화로 표시된 금액 이상의 일회성금융거래이면 고객확인대상이 된다.
③ 실제 소유자 확인 대상은 계좌 신규개설, 일회성 금융거래, 자금세탁 등이 의심되는 고객이며, 실제 소유자 확인방법은 개인과 법인으로 구분된다.
④ 금융기관 등은 당해 금융거래가 완료되기 전까지 고객확인의무를 이행하여야 한다.
⑤ 금융기관 등은 고객확인 및 검증을 위한 고객의 정보와 이를 검증하기 위한 문서, 자료 등이 필요하다는 것을 고객에게 공지해야 한다.

40 다음 중 신용정보법에 따른 개인식별정보에 해당하지 않는 것은?

① 주소
② 성별
③ 국적
④ 외국인등록번호
⑤ 범죄경력자료

제2과목 세무설계(40문항)

41 다음 중 소득세법상 납세의무자에 대한 설명으로 옳지 않은 것은?

① 거주자는 국내원천소득과 국외원천소득 모두에 대해 납세의무가 있다.
② 비거주자는 국내원천소득에 대해 납세의무가 있다.
③ 거주자는 종합소득에 대해 원칙적으로 종합과세를 한다.
④ 비거주자는 종합소득에 대해 원칙적으로 종합과세를 한다.
⑤ 비거주자는 본인에 대한 기본공제만 인정된다.

42 다음 중 소득세법상 분류과세되는 소득으로 옳은 것은?

① 이자소득, 배당소득
② 퇴직소득, 양도소득
③ 근로소득, 사업소득, 기타소득
④ 연금소득, 퇴직소득
⑤ 기타소득, 부동산 임대소득

43 거주자이자 세대주인 A 씨는 2025년 12월 31일 기준 미혼으로 장애인인 70세 어머니(2025년 연간 종합소득 90만원)를 부양하며 거주하고 있다. A 씨의 종합소득세 인적공제 금액으로 옳은 것은?

① 300만원
② 400만원
③ 500만원
④ 600만원
⑤ 650만원

44 다음 중 신용카드 등 사용금액에 대한 소득공제에 대한 내용으로 옳지 않은 것은?

① 신용카드 등 사용금액에는 현금영수증 사용금액도 포함된다.
② 외국에서 사용한 금액은 제외한다.
③ 공과금을 신용카드로 납부한 경우도 공제대상이다.
④ 대학교 등록금을 신용카드로 납부한 경우 공제대상이 아니다.
⑤ 소득이 없는 직계존비속이 사용한 신용카드 사용금액도 공제대상이다.

은행FP 자산관리사 1부

45 다음 중 종합소득세 신고와 납부에 대한 설명으로 옳지 않은 것은?

① 해당 과세기간의 종합소득금액이 있는 거주자는 종합소득 과세표준과 세액을 과세기간의 다음 연도 5월 1일부터 5월 31일까지 관할 세무서장에게 신고하고 납부하여야 한다.
② 거주자가 사망한 경우 상속 개시일이 속하는 달의 말일부터 6개월이 되는 날까지 사망일이 속하는 과세기간에 대한 거주자의 과세표준을 신고하여야 한다.
③ 거주자가 출국하는 경우 출국일이 속하는 과세기간의 과세표준을 출국일 전날까지 신고하여야 한다.
④ 납부할 세액이 1천만원을 초과하는 경우에는 납부할 세액의 일부를 납부기한이 지난 후 3개월 이내에 분할납부할 수 있다.
⑤ 납세지 관할 세무서장은 종합소득이 있는 거주자에 대하여 1월 1일부터 6월 30일까지의 기간을 중간예납기간으로 하여 직전 과세기간의 종합소득에 대한 소득세로서 납부하였거나 납부하여야 할 세액의 50%에 해당하는 금액을 11월 30일까지 징수하여야 한다.

46 다음 중 퇴직소득과 퇴직소득의 과세방법에 대한 설명으로 옳지 않은 것은?

① 공적연금 관련법에 따라 받는 일시금은 퇴직소득이다.
② 사용자부담금을 기초로 하여 현실적인 퇴직을 원인으로 수령하는 소득은 퇴직소득이다.
③ 종업원이 임원이 된 경우 퇴직급여를 실제로 받지 않더라도 현실적인 퇴직으로 보아 퇴직소득으로 과세한다.
④ 실제로 퇴직급여를 받지 않았다면 직·간접으로 출자관계에 있는 법인으로의 전출이 이루어진 경우에도 퇴직으로 보지 않는다.
⑤ 퇴직소득 과세표준은 퇴직소득금액에서 근속연수에 따른 공제와 환산급여에 따른 공제를 한 금액으로 한다.

47 다음 중 종합소득세 절세방안으로 옳지 않은 것은?

① 맞벌이 부부인 경우 소득이 적은 쪽이 인적공제를 받도록 한다.
② 직계존속의 경우 함께 살지 않아도 인적공제를 받을 수 있다.
③ 퇴직금을 일시수령하지 않고 연금수령한다.
④ 연말정산 때 소득공제를 받지 못한 경우 확정신고기간에 신고하여 공제를 받을 수 있다.
⑤ 소규모사업자인 경우 간편장부를 비치하고 복식부기에 따라 기장하면 기장세액공제를 받을 수 있다.

48 다음 중 비영업대금 이익의 소득귀속자에 대한 원천징수세율로 옳은 것은?

	개인	법인
①	15%	15%
②	15%	25%
③	25%	25%
④	25%	15%
⑤	30%	25%

49 다음 중 괄호 안에 들어갈 말로 옳은 것은?

> ( )은 배당소득 중 주식의 소각·감자로 주주가 받은 대가가 해당 주식의 취득가액보다 큰 경우 그 차액을 말한다.

① 영업대금의 이익
② 환매조건부 매매차익
③ 집합투자기구로부터의 이익
④ 의제배당
⑤ 출자공동사업자의 배당

50 다음 중 배당소득의 그로스업 금액으로 옳은 것은?

> • 정기예금이자 : 2,000만원
> • 집합투자기구로부터의 이익 : 1,000만원
> • 국내 상장기업으로부터의 배당금 : 2,000만원

① 1,000,000원
② 1,500,000원
③ 2,000,000원
④ 3,000,000원
⑤ 5,000,000원

51 다음 중 금융소득의 수입시기와 원천징수시기에 대한 설명으로 옳지 않은 것은?

① 원천징수시기는 소득지급자가 원천징수를 해야 하는 시기를 의미한다.
② 수입시기는 소득수령자가 소득세 신고를 해야 하는 연도를 결정하는 시기를 의미한다.
③ 원천징수시기와 수입시기는 항상 일치한다.
④ 기명의 공채 또는 사채의 이자와 할인액의 수입시기는 약정에 의한 이자지급개시일이다.
⑤ 법인의 해산으로 인한 의제배당의 수입시기는 잔여재산가액 확정일이다.

52 다음 중 괄호 안에 들어갈 세율은 몇 %인가?

> 비금융회사가 지급하는 비실명자의 채권이자에 대한 원천징수세율은 ( )이다.

① 6%
② 14%
③ 20%
④ 45%
⑤ 90%

53 다음 중 임의단체에 대한 과세방법으로 옳지 않은 것은?

① 법인으로 보는 단체의 경우 법인세 납세의무가 있다.
② 개인으로 보는 단체가 국내에 주사무소를 둔 경우 1거주자로 본다.
③ 개인으로 보는 단체가 국내에 사업의 실질적 관리장소를 둔 경우 1거주자로 본다.
④ 법인으로 보는 단체 외의 단체 중 수익을 구성원에게 배분하지 않는 단체로서 단체명을 표기하여 금융거래를 하는 단체가 금융회사 등으로부터 받는 금융소득은 금액에 상관없이 종합과세한다.
⑤ 공동사업자로 보는 단체의 경우 구성원별 이익 분배비율에 따라 소득세를 과세한다.

54 다음 중 양도소득세 과세대상인 것은?

① 건설기계의 양도로 발생하는 소득
② 사업용 고정자산과 별개로 양도하는 영업권의 양도로 발생하는 소득
③ 골동품을 박물관에 양도함으로써 발생하는 소득
④ 조림기간 5년 이상인 임지의 임목만을 양도하여 발생하는 소득
⑤ 아파트 분양권

55 다음 중 조정대상지역과 다주택자의 양도소득세 중과에 대한 설명으로 옳지 않은 것은?

① 주택 수를 계산할 때 2021년 1월 1일 이후 취득한 분양권도 포함한다.
② 원칙적으로 2021년 6월 1일 이후 조정대상지역에 있는 주택을 양도하는 경우 양도소득세 중과 대상이 된다.
③ 서울특별시 전역은 조정대상지역이다.
④ 1세대 2주택자보다 1세대 3주택자에게 더 중과한다.
⑤ 조정대상지역 내 주택을 2년 이상 보유한 다주택자의 양도세 중과는 2026년 5월 9일까지 한시적으로 배제된다.

56 다음 중 부동산의 양도 또는 취득시기에 대한 설명으로 옳지 않은 것은?

① 아파트 분양권의 취득시기는 분양권 계약일이다.
② 원칙적인 양도 또는 취득시기는 잔금 청산일이다.
③ 자기가 건설하여 취득한 건축물의 취득시기는 사용승인서 교부일이다.
④ 1984년 12월 31일 이전에 취득한 부동산의 취득시기는 1985년 1월 1일이다.
⑤ 잔금 청산일이 불분명한 경우 양도 또는 취득시기는 등기부·등록부·명부 등에 기재된 등기·등록 접수일 또는 명의개서일로 한다.

57 다음 중 일시적인 2주택에 해당하여 양도소득세가 비과세되는 경우가 아닌 것은?

① 종전의 주택을 취득한 날부터 1년이 지난 후 신규 주택을 취득하고 신규 주택을 취득한 날부터 5년 이내에 종전의 주택을 양도하는 경우
② 국내에 상속받은 주택과 일반주택을 각각 1개씩 소유하고 있는 1세대가 일반주택을 양도하는 경우
③ 1주택을 보유하고 있는 60세 이상의 직계존속을 동거봉양하는 무주택자가 1주택을 보유하는 자와 혼인함으로써 1세대 2주택이 되는 경우 그 혼인한 날로부터 10년 이내에 먼저 양도하는 주택
④ 1주택을 보유하고 있는 60세 이상의 직계존속을 동거봉양하기 위해 세대를 합침으로써 1세대가 2주택을 보유하게 되는 경우 합친 날부터 10년 이내에 먼저 양도하는 주택
⑤ 국내에 농어촌주택과 일반주택을 각각 1개씩 소유하고 있는 1세대가 일반주택을 양도하는 경우

58 다음 중 장기보유 특별공제에 대한 설명으로 옳지 않은 것은?

① 보유기간이 3년 이상인 토지, 건물, 조합원입주권에 대하여 적용이 가능하다.
② 미등기양도자산은 장기보유 특별공제를 적용받을 수 없다.
③ 1세대 1주택이 아닌 자산에 대해서는 보유기간에 대한 공제율만 적용한다.
④ 1세대 1주택인 자산에 대해서는 보유기간에 대한 공제율과 거주기간에 대한 공제율을 모두 적용한다.
⑤ 장기보유 특별공제를 적용할 때 보유기간은 그 자산의 취득일이 속하는 과세기간의 시작일부터 양도일이 속하는 과세기간의 종료일까지로 한다.

59 다음 중 양도소득세의 세액감면 대상이 아닌 것은?

① 고향주택 취득자에 대한 양도소득세
② 개발제한구역 내 토지 양도로 인한 양도소득세
③ 공익사업용 토지 등에 대한 양도소득세
④ 농어촌주택등 취득자에 대한 양도소득세
⑤ 미등기양도자산에 대한 양도소득세

60 다음 괄호 안에 들어갈 기간으로 옳은 것은?

> 거주자가 양도일부터 소급하여 ( ) 이내에 배우자 또는 직계존비속으로부터 증여받은 부동산, 부동산을 취득할 수 있는 권리 등을 양도하는 경우 양도차익을 계산할 때 취득가액은 당해 배우자 등의 최초 취득 당시의 가액으로 한다.

① 5년
② 10년
③ 15년
④ 20년
⑤ 30년

61 다음 중 상속 및 증여에 대한 설명으로 옳지 않은 것은?

① 민법상 상속은 피상속인의 사망으로 인하여 피상속인의 주소지에서 개시된다.
② 피상속인의 유언에 의하여 유산의 전부 또는 일부를 무상으로 타인에게 주는 행위를 유증이라고 한다.
③ 민법상 증여는 당사자 일방이 무상으로 재산을 상대방에게 수여하는 의사를 표시하고 상대방이 이를 승낙함으로써 그 효력이 생기는 계약을 말한다.
④ 민법상 증여의 개념이 상속세 및 증여세법상 증여의 개념보다 더 폭넓게 규정되어 있다.
⑤ 상속세 및 증여세는 동일한 세율을 적용한다.

62 다음 〈보기〉가 설명하는 상속세 및 증여세의 용어는?

〈보 기〉
> 이것은 상속재산의 한도 내에서 피상속인의 채무와 유증을 변제할 것을 조건으로 상속하는 것을 말한다.

① 단순승인
② 한정승인
③ 상속의 포기
④ 유류분
⑤ 대습상속

63 다음과 같은 경우 상속세 과세가액은 모두 얼마인가? (단, 피상속인은 거주자이다.)

- 피상속인이 위탁하고 공익법인이 수익자인 공익신탁 : 5,000만원
- 피상속인 명의만 빌려준 것이 명확한 차명예금(계모임 통장) : 500만원
- 피상속인의 사망으로 상속인에게 지급되는 피상속인의 공로금 : 1,000만원
- 장례에 직접 소요된 장례비용으로 지출된 금액 : 500만원

① 6,500만원
② 6,000만원
③ 5,500만원
④ 1,000만원
⑤ 500만원

64 상속개시일 전에 처분한 재산의 금액 중 그 용도가 불분명한 금액이 다음과 같을 경우 상속으로 추정되어 상속세 과세가액에 합산되는 금액은?

처분시점	구 분	금 액	용도불분명 금액
상속개시 전 1년 이내	토지 처분	5억원	2억원
	예금 인출	1억원	1억원
상속개시 전 1년 초과 ~ 2년 이내	주식 양도	1억원	1억원
	예금 인출	2억원	1억원

① 없 음
② 1억원
③ 2억원
④ 4억원
⑤ 5억원

65 다음 중 가업상속공제에 대한 설명으로 옳지 않은 것은?

① 가업상속공제란 거주자인 피상속인이 세법에서 정하는 가업의 범위에 속하는 기업을 상속할 경우, 피상속인의 요건과 상속인의 요건을 모두 충족한다면 가업상속 재산가액을 상속세 과세가액에서 공제해 주는 제도이다.
② 가업상속공제에서 가업은 피상속인이 10년 이상 계속 경영한 중소기업 또는 중견기업(직전 3년 평균매출액 5천억원 이상인 기업 제외)을 말한다.
③ 가업상속공제의 최대 공제액은 600억원으로 모든 상속공제 요건을 충족하면서 피상속이 해당 가업을 30년 이상 경영한 경우에 적용된다.
④ 상속인이 상속개시일 현재 18세 이상이어야 가업상속공제를 받을 수 있다.
⑤ 가업상속공제를 받은 후 공제받은 부분에 대한 별도의 세액 추징은 이루어지지 않는다.

66 다음 중 금융재산 상속공제 대상으로 옳지 않은 것은? (모두 금융회사에서 취급한다고 가정한다.)

① 수익증권
② 금전신탁재산
③ 출자지분
④ 자기앞수표
⑤ 공제금

67 피상속인이 거주자이면서 재산상황 및 가족관계가 다음과 같은 경우 받을 수 있는 상속공제 최대액은 얼마인가? (단, 공과금·채무·장례비용 등 언급이 없는 사항들은 고려하지 않는다.)

• 재산상황

구 분	금 액	비 고
순금융재산가액	5억원	5억원 전액 금융재산상속공제 대상에 부합함
주 택	6억원	해당 주택은 동거주택 상속공제 요건에 모두 부합함

• 가족관계

피상속인과의 관계	인 원	비 고
아 들	1명	상속개시일 현재 성년자로 말기암 투병 중
며느리	1명	상속개시일 현재 피상속인의 아들과 법률혼 관계 유지
손 자	1명	상속개시일 현재 10세로 피상속인과 10년째 동거 중

※ 상속개시일 현재 피상속인의 배우자는 사망한 상태이다.

• 특이사항
피상속인은 자녀의 암투병으로 인하여 본인의 재산이 단기재상속될 것을 걱정하여 자신의 모든 재산을 손자에게 유증하였으며, 법적 상속인인 자녀도 이에 동의하여 유류분 청구를 하지 않았다.

① 없 음
② 2억원
③ 5억원
④ 7억원
⑤ 11억원

68 다음 중 상속세 세액공제 및 징수유예세액에 대한 설명으로 옳지 않은 것은?

① 증여세액공제 : 상속세 과세가액에 가산한 증여재산 중 그 증여재산에 대하여 이미 증여세가 과세된 경우 그 증여세액을 상속세액에서 공제한다. 단, 부과제척기간의 만료로 인하여 증여세가 부과되지 않는 경우와 상속세 과세가액이 5억원 이하인 경우에는 적용하지 않는다.

② 외국납부세액공제 : 피상속인이 거주자인 경우에 그 피상속인의 외국상속재산에 대하여 재산 소재지국과 거주지국에서 각각 상속세를 과세하여 이중과세가 발생하므로 이를 조정하기 위하여 법에서 정하는 금액만큼 상속세액에서 공제한다.

③ 단기재상속세액공제 : 상속개시 후 10년 이내에 상속인 또는 수유자의 사망으로 다시 상속이 개시되는 경우에는 전에 상속세가 부과된 상속재산 중 재상속분에 대한 전의 상속세 상당액을 산출세액에서 공제한다.

④ 신고세액공제 : 상속세 신고기한 이내에 과세표준신고를 하는 경우에는 산출세액의 3%를 공제한다. 단, 신고만 하고 세금납부를 하지 아니한 경우에는 적용하지 않는다.

⑤ 피상속인의 상속재산 중 문화재자료·박물관자료·국가지정문화재 등이 포함되어 있는 경우에는 상속세액 중 그 재산가액에 상당하는 상속세액의 징수를 유예한다.

69 상속인이 피상속인의 자녀를 제외한 직계비속이면서, 미성년자인 경우 세대생략 할증과세율은 얼마인가? (단, 해당상속인이 받을 상속재산가액은 10억원이며, 대습상속에 해당하지 않는다.)

① 10%
② 20%
③ 30%
④ 40%
⑤ 50%

은행FP 자산관리사 1부

70 김시대 씨는 결혼 20주년을 기념하여 본인 소유의 토지 중 일부를 아내에게 증여(관련 채무액 포함)하였다. 증여한 토지가 다음과 같을 경우 수증자인 아내에 대한 증여세 과세가액은 모두 얼마인가?

- 증여 토지 정보

시 가	취득가액	관련 채무액	보유기간
5억원	3억원	1억원	10년

※ 관련 채무액은 전액 해당 토지 취득 시 은행으로부터 차입한 금액이며, 객관적인 서류를 통해 수증자가 채무까지 인수한 것을 입증하였다.

① 5억원
② 4억원
③ 3억원
④ 2억원
⑤ 1억원

71 김시대 씨가 보유하고 있던 토지를 아들에게 아래와 같이 양도한 경우 증여세 대상이 되는 금액은 얼마인가?

- 토지 거래 정보

시 가	대 가	거래인 간 관계	보유기간
5억원	3억원	부자지간	10년

※ 해당 거래는 공증된 계약서를 통해 진행되었으며 등기이전까지 완료하였다.

① 5억원
② 2억원
③ 1억원
④ 5천만원
⑤ 없 음

72 2025년 3월 12일 부친이 자녀에게 재산을 증여하였을 때, 당초 증여가 비과세되기 위해서는 언제까지 해당 증여재산을 반환해야 하는가?

① 3월 30일
② 4월 12일
③ 6월 12일
④ 6월 30일
⑤ 9월 30일

73 다음 중 혼인 및 출산 시 최대 증여재산공제 금액은?

① 1억원
② 2억원
③ 3억원
④ 4억원
⑤ 5억원

74 다음은 피상속인 김시대 씨의 상속재산 중 토지 1곳에 대한 평가액이다. 해당 토지의 시가는 얼마인가?

구 분	금 액	비 고
해당 토지의 매매가	3억원	상속개시일 3개월 후 특수관계인과의 거래
해당 토지의 감정가	30억원	상속개시일 6개월 전 감정기관 1곳의 감정가
해당 토지의 개별공시지가	25억원	상속개시일이 속한 연도의 개별공시지가
유사한 토지의 매매가	35억원	상속개시일 6개월 전 유사한 재산의 매매사례가액

① 3억원
② 25억원
③ 30억원
④ 35억원
⑤ 추정 불가

75 다음은 상속세 및 증여세법상 코스닥 상장주식을 포함한 상장주식의 평가에 대한 설명이다. 괄호 안에 들어갈 말로 옳은 것은?

> 유가증권시장 및 코스닥시장에서 거래되는 상장법인의 주식 및 출자지분은 평가기준일(평가기준일이 공휴일 등인 경우 그 전일) 이전·이후 각 2개월 동안 공표된 매일의 한국거래소 (   )의 평균액으로 하며 거래실적 유무는 따지지 아니한다.

① 최저시세가액
② 최고시세가액
③ 평균시세가액
④ 최초시세가액
⑤ 최종시세가액

76 다음 중 상속 및 증여설계 시 고려해야 할 사항에 대한 설명으로 옳지 않은 것은?

① 보유기간이 오래된 부동산은 처분하지 않고 상속재산으로 남겨두는 것이 좋다.
② 상대적으로 저평가된 자산을 미리 증여하는 것이 좋다.
③ 할증과세액을 부담하더라도 세대를 건너뛰어 상속하는 것이 유리한 경우도 있다.
④ 일반적으로 양도소득세가 증여세보다 부담이 크기 때문에 부담부증여는 피하는 것이 좋다.
⑤ 배우자 증여공제액을 활용하면 증여세뿐만 아니라 양도소득세도 절세 가능하다.

77 취득세 과세물건을 취득한 후 취득세를 신고하지 아니하고 그 과세물건을 매각한 경우 미납부한 취득세의 몇 %를 가산한 금액을 징수하게 되는가?

① 50%
② 60%
③ 70%
④ 80%
⑤ 90%

78 다음 중 재산세에 대한 설명으로 옳지 않은 것은?

① 재산세의 과세기준일은 매년 6월 1일이다.
② 재산세 과세대상은 토지, 건축물, 주택, 항공기 및 선박이다.
③ 재산세 납세의무자는 과세기준일 현재 재산세 과세대상을 사실상 소유하고 있는 자이다.
④ 재산세는 납세의무자의 주소지를 관할하는 지방자치단체에서 부과한다.
⑤ 재산세는 동일 재산에 대한 재산세액이 일정 비율을 초과하여 증가하지 않도록 세부담 상한선을 설정하고 있다.

79 다음 중 종합부동산세에 대한 설명으로 옳지 않은 것은?

① 과세기준일 현재 주택분 재산세 납세의무자로서 주택의 공시가격을 합한 금액이 9억원을 초과하는 자는 납세의무자가 된다.
② 재산세 과세대상 중 분리 과세대상 토지와 건축물은 종합부동산세 과세대상에 해당하지 않는다.
③ 종합부동산세를 신고납부방식으로 납부하고자 하는 납세의무자는 종합부동산세의 과세표준과 세액을 당해 연도 12월 1일부터 12월 15일까지 관할 세무서장에게 신고하고 납부하여야 한다.
④ 주택분 세부담 상한액은 200%이며, 납세의무자가 법인인 경우에는 세부담 상한선을 적용하지 않는다.
⑤ 납부해야 할 세액이 250만원을 초과하는 경우 관할 세무서장은 그 세액의 일부를 납부기한 경과 후 6개월 이내에 분납하게 할 수 있다.

80 과세기준일 현재 단독명의 1세대 1주택자인 주택분 종합부동산세 납세의무자가 70세 이상의 고령자이면서 해당 주택을 15년 이상 보유한 경우 받을 수 있는 주택분 종합부동산세 세액공제율은 최대 몇 %인가?

① 50%
② 60%
③ 70%
④ 80%
⑤ 90%

제3과목 보험 및 은퇴설계(20문항)

81 위험의 구분 중 치명적 위험에 해당하지 않는 것은?

① 조기사망
② 장기생존
③ 실업
④ 배상책임위험
⑤ 주택의 화재

82 다음 중 보험료의 구성 원리에 대한 설명으로 옳은 것은?

① 순보험료에는 위험보험료와 부가보험료가 있다.
② 부가보험료는 예정위험률과 예정이율을 기초로 계산된 보험료이다.
③ 보험기간이 짧을수록, 납입기간이 길수록 보험료 변동폭이 크다.
④ 순수보장형이 만기환급형보다 보험료 변동폭이 크다.
⑤ 예정사업비율이 낮아지면 보험료는 낮아지게 된다.

83 다음 중 보험상품 분류에 대한 설명으로 옳지 않은 것은?

① 특별계정보험에는 연금저축, 퇴직보험, 퇴직연금, 변액보험 등이 포함된다.
② 단체보험은 개인보험보다 보험료가 비교적 저렴하다.
③ 저축성보험은 생존 시 지급되는 보험금의 합계액이 이미 납입한 보험료를 초과하여 지급되지 않는다.
④ 생존보험은 보험 기간 중에 피보험자가 사망한 경우에는 보험금이 지급되지 않고 납입한 보험료도 환급되지 않는다.
⑤ 단생보험은 피보험자가 1인이고, 연생보험은 피보험자가 2인 이상이다.

84 다음 중 일반보험과 변액보험의 비교 내용으로 옳지 않은 것은?

	구 분	일반보험상품	변액보험상품
①	보험금	보험가입금액	투자실적에 따라 변동
②	예금자보호	예금자보호법 적용대상	최저보증만 적용
③	투자위험부담	보험계약자	보험회사
④	자산운용	일반계정	특별계정
⑤	적용이율	공시이율(예정이율)	실적배당률

85 생명보험, 손해보험, 제3보험의 특징에 대한 설명으로 옳지 않은 것은?

① 생명보험 상품은 대수의 법칙과 수지상등의 원칙 등을 기초로 하여 개발 및 판매되고 있다.
② 제3보험은 생명보험, 손해보험 고유영역을 포함한 상해보험, 질병보험, 간병보험으로 구분할 수 있다.
③ 손해보험은 생명보험과 달리 대수의 법칙이 적용되기 어려운 분야도 있다.
④ 손해보험의 효용성은 그가 입은 손해만큼의 보상을 받는 것이지 그 이상을 받을 수는 없다는 것이다.
⑤ 제3보험은 생명보험의 정액보상적 특성과 손해보험의 실손보상적 특성을 동시에 가지는 보험이다.

86 다음 중 상해보험의 상해사고 요건과 주요내용에 대한 설명으로 옳은 것은?

① 우연성이란 신체 상해의 원인에서 결과에 이르는 과정이 외부적 요인에 기인하는 것으로, 자해행위로 인한 상해는 보험사고가 아니다.
② 외래성이란 원인 또는 결과의 발생이 예견되지 않는 상태를 말한다.
③ 급격성은 결과의 발생을 피할 수 없을 정도의 급박한 상태를 의미하므로, 신체허약이나 질병도 상해에 포함된다.
④ 손해보험은 주보험에 일반사망을 부가할 수 없고, 특약을 통해서만 질병사망을 보장할 수 있다.
⑤ 생명보험에서는 상해의 개념을 '재해'로 표현하며, 포괄주의 방식을 적용한다.

87 다음 중 화재보험에서 보상하는 손해로 옳지 않은 것은?

① 화재에 의한 직접손해
② 벼락으로 인한 충격손해
③ 폭발 또는 파열로 인한 직접손해
④ 전기 기기로부터의 파급손해
⑤ 소방손해

88 다음 제시문에서 설명하는 제도의 이름과 괄호 안에 들어갈 기간으로 옳은 것은?

> 고령이나 치매·중풍의 노인성 질환 등으로 ( ) 이상 혼자서 일상생활을 영위하기 어려운 대상자에게 요양시설이나 재가 장기요양기관을 통해 신체활동 또는 가사지원 등의 서비스를 제공하는 제도이다.

① 성년후견제도, 3개월
② 성년후견제도, 6개월
③ 노인장기요양보험, 3개월
④ 노인장기요양보험, 6개월
⑤ 노인장기요양보험, 1년

89 다음 중 자동차손해배상보장법에 대한 설명으로 옳지 않은 것은?

① 배상책임의 주체를 운행자(자기를 위하여 자동차를 운행하는 자)로 규정한다.
② 운행자는 면책 요건을 입증해야 하고, 이를 입증하지 못하면 배상책임을 면하지 못한다.
③ 피해자는 피보험자의 도움 없이 보험회사에 책임보험금을 직접 청구할 수 있다.
④ 운전자에게 과실이 없으면 손해배상청구권이 인정되지 않는다.
⑤ 자동차를 운행하고자 하는 자는 의무보험에 강제가입하도록 되어 있다.

90 다음 〈보기〉에서 설명하는 계약체결기법은?

〈보 기〉

고객님께서 가입하지 않는 경우는 세 가지밖에 없습니다. 하나는 가족을 보호하는 것에 관심이 없을 때인데, 물론 그러한 일은 없을 것입니다. 두 번째로는 고객님에게 경제적인 여유가 없기 때문인데, 그것도 맞지 않습니다. 세 번째는 건강에 문제가 있어 보험에 가입할 자격이 없을 경우인데 그것은 건강진단을 받아보시면 곧 확인하실 수 있습니다.

① 승낙추정법
② 양자택일법
③ 행동유도법
④ 요점화법
⑤ 투사화법

91 다음 중 은퇴설계의 비재무적 요소에 대한 설명으로 옳지 않은 것은?

① 은퇴 이후에도 부부는 과거의 역할 분담을 유지하는 것이 좋다.
② 노후의 주거지는 본인의 사회활동을 고려해서 선택해야 한다.
③ 금융과 보험업을 제외하고, 5인 이상이 모이면 다양한 분야에서 협동조합을 설립할 수 있다.
④ 개인별로 맞춤형 여가 설계를 하는 것도 은퇴설계의 한 부분이다.
⑤ 인간으로서 품위를 지키며 행복하게 죽는 웰다잉에 대해 생각해보는 것이 좋다.

92 다음 노인빈곤율과 관련하여 괄호 안에 들어갈 말로 옳은 것은?

> 노인빈곤율은 2023년 기준 38.2%에 달하며 OECD 국가 중 상당히 높은 수준에 달한다. 노인빈곤율은 소득이 중위소득의 (　　) 미만에 해당하는 노인가구의 비율을 말한다. 이러한 높은 노인빈곤율은 고령층의 높은 자살률로 이어지고 있다.

① 30%
② 40%
③ 50%
④ 60%
⑤ 70%

93 다음 중 은퇴자금 설계의 주요 포인트에 대한 설명으로 옳지 않은 것은?
① 이벤트 순서대로 재무목표를 정해 하나씩 해결하는 것이 바람직하다.
② 노후자금 준비를 위해서는 연령에 관계없이 빨리 시작하는 것이 중요하다.
③ 인출 시기는 최대한 늦추어 장수 리스크에 대비해야 한다.
④ 부동산을 노후자금으로 활용하기 위해서는 여러 가지 리스크에 대비해야 한다.
⑤ 은퇴 크레바스란 은퇴 후 연금을 받기 전까지 생기는 소득 공백기간을 말한다.

94 다음 중 60대 이상의 은퇴설계에 대한 설명으로 옳은 것은?
① 퇴직연금이나 개인연금을 이용해 노후자금을 만들 때는 투자형 상품을 활용하는 것이 좋다.
② 노후자금 준비와 자녀의 교육자금 등 다른 재무 목표를 동시에 추구하는 것이 효율적이다.
③ 장기 간병에 대한 준비는 예측이 어려우므로 사전에 계획할 필요는 없다.
④ 편리한 노후생활을 위해 넓고 고급스러운 주택을 구입하는 것이 바람직하다.
⑤ 기존 자산을 노후자금으로 활용할 때는 금융자산과 부동산자산으로 나누어 생각한다.

95 다음 중 국민연금 가입 대상과 가입자 유형에 대한 설명으로 옳지 않은 것은?

① 만 18세 이상 만 60세 미만 국민이 가입대상이다.
② 최소 가입기간은 10년이다.
③ 사업장 가입자는 국민연금에 가입한 사업장의 사용자와 근로자이다.
④ 임의가입자는 사업장 가입자와 지역 가입자가 될 수 없는 사람 중에 60세 이전에 본인 희망에 따라 가입신청을 한 자이다.
⑤ 국내에 거주하는 외국인은 지역가입자가 될 수 없다.

96 공무원연금 급여 중 10년 이상 재직 후 퇴직한 공무원이 10년을 초과하는 재직기간 중 일부기간을 일시금으로 지급받고자 할 때 받는 연금 급여는?

① 퇴직연금
② 퇴직연금일시금
③ 퇴직연금공제일시금
④ 퇴직일시금
⑤ 퇴직수당

97 퇴직연금 중 확정급여형(DB형)에 대한 설명으로 옳은 것은?

① 기업이 부담할 기여금 수준을 노사가 사전에 확정한다.
② 근로자가 적립금 운용방법을 결정한다.
③ 근로자는 일정연령에 도달하면 운용결과에 따라 퇴직급여를 수령한다.
④ 직장이동이 빈번한 근로자에게 유리하다.
⑤ 퇴직연금사업자는 기업의 부담금이 최소수준을 상회하는지 매년 재정건전성 검증을 실시해야 한다.

98 다음 중 주택연금에 대한 설명으로 옳지 않은 것은?

① 부부 중 한 명이 사망해도 연금 감액 없이 동일 금액을 배우자에게 지급한다.
② 부부가 모두 사망 후 주택을 처분하여 정산했을 시 연금수령액이 집값을 초과하면 상속인에게 초과분을 청구한다.
③ 부부가 모두 사망 후 주택을 처분하여 정산했을 시 잔금이 있으면 상속인에게 돌아간다.
④ 부부 중 한 명이라도 만 55세 이상이면 가입이 가능하다.
⑤ 다주택 보유자의 경우 보유주택 합산 공시가격이 12억원 이하이면 가입이 가능하다.

99 다음 중 라이프 이벤트 표에 대한 설명으로 옳지 않은 것은?

① 라이프 이벤트 표를 통해 고객은 자신과 가족의 장래 이벤트를 재확인할 수 있고, 현재부터 은퇴 이후까지를 한눈에 파악할 수 있다.
② 라이프 이벤트 표에 들어가는 내용은 연도, 경과 연수, 가족 이름, 연령, 이벤트, 현재가치로 생각한 예산 혹은 필요 자금 등이다.
③ 상대적으로 가까운 미래인 3~5년 이내의 것은 상세하게 기록하고, 먼 미래에 대해서는 예상 가능한 범위 내에서 기록한다.
④ 라이프 이벤트별로 필요한 금액은 현재가치로 기입한다.
⑤ 라이프 이벤트 표에 보험 만기금, 퇴직금 등 일시적인 수입에 대해서는 기입할 필요가 없다.

100 다음 중 연금저축계좌에 대한 설명으로 옳지 않은 것은?

① 가입 대상의 제한이 없다.
② 연금저축신탁은 2017년까지 가입한 경우에 원금이 보장된다.
③ 연금저축펀드는 원금이 보장되지 않는다.
④ 연금저축보험은 예금자보호를 받을 수 있다.
⑤ 연금저축보험의 연금 수령기간은 손보사의 경우 종신지급이 가능하다.

제1회
은행FP 자산관리사 1부
실제유형 모의고사

문항 및 시험시간

평가영역	문항 수	시험시간	비 고
자산관리사(FP) 1부	100문항	100분	

※ 이 자료는 저작권법에 의해 보호를 받는 저작물이므로 동영상 제작 및 무단전재와 복제를 금합니다.

은행FP 자산관리사 1부

제1회 실제유형 모의고사

문 항 수 : 100문항
응시시간 : 100분

제1과목 자산관리 기본지식(40문항)

01 다음 〈보기〉에서 개인 재무설계의 필요성 중 소비자의식 변화에 해당하는 내용을 모두 고른 것은?

〈보 기〉
㉠ 저출산 및 고령화
㉡ 개인주의적 사고방식
㉢ 자산 및 부채의 증가
㉣ 비재무적 요구의 증가
㉤ 재무설계의 중요성 인식

① ㉠, ㉡, ㉢
② ㉡, ㉢, ㉣
③ ㉢, ㉣, ㉤
④ ㉠, ㉣, ㉤
⑤ ㉡, ㉣, ㉤

02 고객 접촉 채널 중 하나인 SMS의 장점으로 옳지 않은 것은?

① 심리적 부담을 줄여준다.
② 많은 고객의 효과적인 면담이 가능하다.
③ 통화가 되지 않아도 가능하다.
④ 상대적으로 비용이 저렴하다.
⑤ 동시에 많은 사람을 접촉할 수 있다.

03 다음 중 유망고객의 조건에 해당하지 않는 것은?

① 만남이 가능한 고객
② 금융상품에 가입할 경제적 능력이 있는 고객
③ 실행력이 있는 고객
④ 가족 구성원이 많은 고객
⑤ 재무목표가 있는 고객

은행FP 자산관리사 1부

1회

04 다음 중 시사 질문으로 옳은 것은?
① 노후에 대한 특별한 준비가 없다고 하셨는데, 노후에 대해 불안하지는 않으신지요?
② 저금리 시대에 저축으로만 노후자금을 마련하시면 고객님이 필요한 노후자금 준비가 가능할까요?
③ 금융상품은 주로 어떤 상품을 가입하십니까?
④ 어떤 상황에서도 가족들의 생활자금이 안전하게 제공될 수 있다면 어떠세요?
⑤ 사랑하는 자녀를 위해 필요한 교육비는 얼마 정도라고 생각하십니까?

05 다음 〈보기〉에 제시된 재무관심사에 해당하는 생애주기로 옳은 것은?

〈보 기〉
자녀들의 교육자금 마련, 주택자금 마련

① 가족형성기   ② 자녀양육기
③ 자녀성장기   ④ 가족축소기
⑤ 은퇴 및 노후기

06 다음 중 자산부채상태표와 현금흐름표에 대한 설명으로 옳지 않은 것은?
① 자산부채상태표는 특정 시점에서 고객의 자산, 부채, 순자산 등을 한눈에 보여준다.
② 자산부채상태표는 재무상태 변동의 원인을 표시하고, 현금흐름표는 재무상태 변동의 결과를 표시한다.
③ 전형적인 현금성자산에는 보통예금, 수시 입·출금 예금, 단기간 저축을 위한 CMA, MMF, MMDA 등이 있다.
④ 현금흐름표에서는 총소득과 총지출의 규모를 통해 저축 및 투자금액을 알 수 있다.
⑤ 금융투자자산은 금융자산 중에서 투자 목적이 6개월 이상인 금융상품의 잔액, 주식, 채권, 뮤추얼 펀드 등을 지칭하는 것으로, 대표적으로는 ELS, ELD, ELF 등이 있다.

07 다음 〈보기〉에서 변동지출을 모두 고른 것은?

〈보 기〉
㉠ 사교육비
㉡ 공교육비
㉢ 외식비
㉣ 건강의료비
㉤ 대출금 상환금
㉥ 교통통신비

① ㉠, ㉢, ㉣, ㉥   ② ㉠, ㉢, ㉤, ㉥
③ ㉡, ㉢, ㉣, ㉥   ④ ㉡, ㉣, ㉤, ㉥
⑤ ㉠, ㉢, ㉣, ㉤, ㉥

08 다음 중 재무설계 6단계 절차를 순서대로 올바르게 나열한 것은?

> ㉠ 고객 정보수집 및 재무목표 설정
> ㉡ 고객의 재무상태 분석 및 평가
> ㉢ 고객과의 관계 정립
> ㉣ 재무설계 실행
> ㉤ 재무설계 제안
> ㉥ 정기점검 및 사후관리

① ㉠ - ㉡ - ㉢ - ㉤ - ㉣ - ㉥
② ㉠ - ㉢ - ㉤ - ㉣ - ㉡ - ㉥
③ ㉡ - ㉠ - ㉢ - ㉤ - ㉣ - ㉥
④ ㉢ - ㉠ - ㉡ - ㉤ - ㉣ - ㉥
⑤ ㉢ - ㉡ - ㉠ - ㉣ - ㉥ - ㉤

09 다음 중 효과적인 가입제안 및 체결의 자세에 대한 설명으로 옳지 않은 것은?
① 상품가입 시 고객이 알아야 할 사항에 대해 정확히 안내할 것
② 감성을 자극하는 스토리텔링은 자제할 것
③ 자산관리사가 금융상품 가입을 강요하는 사람이 아니라 고객의 재무목표 달성에 도움을 주는 전문가라는 신뢰감을 줄 것
④ 무형상품인 금융상품의 특성을 고려하여 가입을 미루거나 거절하는 고객을 설득할 수 있는 거절 처리 기법으로 무장할 것
⑤ 고객의 이익에 반하는 결정을 하지 않을 것

10 다음 중 생산물시장에 재화와 용역을 공급하고 요소시장에서 생산요소를 수요하는 거시경제주체로 옳은 것은?
① 가계부문
② 기업부문
③ 정부부문
④ 해외부문
⑤ 중앙은행

11 다음 중 단기 총공급곡선의 우측 이동 요인으로 옳지 않은 것은?
① 총수요 증가 예상
② 경제활동인구의 증가
③ 환율 상승에 따른 생산요소가격 상승
④ 긍정적 공급충격
⑤ 투자를 통한 자본량 증가

12 다음 중 총수요곡선의 이동 요인으로 옳지 않은 것은?

① 소비지출 변동
② 재정지출 변동
③ 순수출 변동
④ 물가 변동
⑤ 총투자지출 변동

13 다음 중 인플레이션에 대한 설명으로 옳지 않은 것은?

① 일회적 물가의 상승은 인플레이션이라고 하지 않는다.
② 통화량 증가 속도보다 잠재GDP의 성장 속도가 빠를 때 인플레이션이 발생한다.
③ 수요견인 인플레이션은 총수요의 증가에 의해 발생하는 인플레이션이다.
④ 예기치 못한 인플레이션이 일어날 경우 채권자로부터 채무자에게 또는 노동자로부터 기업가에게 부가 재분배된다.
⑤ 비용인상 인플레이션은 총공급의 감소에 의해 발생하는 인플레이션이다.

14 전체인구가 1,000만명이고, 비노동가능인구 300만명, 비경제활동인구 200만명, 취업자는 400만명이라면 다음 중 실업률을 계산한 값으로 옳은 것은?

① 5%
② 10%
③ 15%
④ 20%
⑤ 25%

15 다음 중 자연실업률과 잠재GDP에 대한 설명으로 옳지 않은 것은?

① 자연실업률 수준에서는 계절적 실업이나 경기적 실업 없이 마찰적 실업과 구조적 실업만 존재한다.
② 잠재GDP의 평균값은 실제GDP와 같다.
③ 자연실업률 이하로 실업률을 감소시키기 위한 정부의 정책은 단기적으로 유효할 수 있으나 장기적으로는 무용하다.
④ 실제GDP가 잠재GDP보다 크면 확장국면, 실제GDP가 잠재GDP보다 작으면 수축국면으로 판단한다.
⑤ 장기필립스곡선은 인플레이션율과 실업률의 평면에서 자연실업률 수준에서 수직의 형태를 갖는다.

16 다음 중 L_f(금융기관유동성)에 해당하지 않는 것은?

① 정기예·적금
② 실적배당형금융상품
③ 회사채·CP
④ 2년 이상 장기금융상품
⑤ 생명보험계약준비금

17 다음 중 통화승수에 대한 설명으로 옳지 않은 것은?

① 본원통화에 대해 증가한 통화량의 비율을 의미한다.
② 지급준비율의 역수이다.
③ 현금보유비율이 상승하면 통화승수는 감소한다.
④ 초과지급준비율이 상승하면 통화승수는 감소한다.
⑤ 준통화비율과 통화승수는 음(-)의 관계이다.

18 다음 중 환율에 대한 설명으로 옳지 않은 것은?

① 환율이란 자국통화로 표시한 다른 나라 통화의 가격을 의미한다.
② 미 달러 1단위를 기준으로 하여 외국통화의 교환비율을 표시하는 방법을 European Terms라고 한다.
③ 현물환율은 거래일로부터 2영업일 이내에 결제가 이루어지는 외환거래에 적용되는 환율이고, 선도환율은 2영업일을 초과하여 결제가 이루어지는 거래에 적용되는 환율이다.
④ 교차환율은 자국통화가 개입된 외국통화 간의 환율을 말한다.
⑤ 실질환율은 명목환율을 자국의 상대물가지수로 나눈 환율로, 두 나라 간의 물가변동을 고려하여 구매력을 반영한 환율이다.

19 다음 중 환율 상승이 경제에 미치는 영향에 대한 설명으로 옳지 않은 것은?

① 수출 증가
② 수입상품가격 하락
③ 물가 상승
④ 수출채산성 호전
⑤ 외화표시외채 원리금상환 부담 증가

20 다음 중 재정지출 감소 정책의 효과에 대한 설명으로 옳지 않은 것은?

① 국내 통화량 감소
② 실질GDP 감소
③ 소비 활성화
④ 실업률 증가
⑤ 물가상승 억제

21. 다음 중 확장적 통화정책에 따른 거시경제 변수의 변동에 대한 설명으로 옳지 않은 것은?

① 명목임금과 실질임금이 상승하지만 실질임금상승률은 물가상승률보다 낮다.
② 대부자금시장에서 대부자금 공급이 증가하여 실질이자율이 하락한다.
③ 국가 간 자본이동성과 관계없이 균형 명목환율은 하락한다.
④ 국내 민간총투자는 증가한다.
⑤ 경상수지는 순증가한다.

22. 다음 중 선행종합지수에 해당하는 것은?

① 취업지수
② 내수출하지수
③ 경제심리지수
④ 소비재수입액
⑤ 건설기성액

23. 다음 중 경기종합지수를 이용한 경기예측의 특징에 대한 설명으로 옳지 않은 것은?

① 경기변동의 단기예측이 가능하다.
② 월간의 미세한 변동까지는 파악이 불가능하다.
③ 경기종합지수의 증감률 크기에 의해 경기변동의 진폭까지도 알 수 있다.
④ 경기변동의 방향, 경기국면 및 경기전환점뿐만 아니라 그 속도까지도 분석할 수 있다.
⑤ 비교적 정확한 경기상태를 반영한다.

24. 다음 중 경제지표를 이용한 경기예측의 문제점에 대한 설명으로 옳지 않은 것은?

① 서로 다른 경제지표들이 경기에 대해 서로 다르거나 상반된 신호를 나타낼 수 있다.
② 경제지표의 증감은 실제 발생한 경기변동의 진폭과는 관련성이 낮다.
③ 경제지표가 경기전환을 예측한 시점부터 실제로 경기전환이 발생하는 시점까지의 기간이 일정하지 않다.
④ 지표가 1개월 하락하였다고 해서 경기전환점이 가까워졌다고 해석하기에는 무리가 있다.
⑤ 경제구조가 빠르게 변화할 경우에는 구성지표나 합성방법 등의 적절한 변경시기를 파악하기 어려워 경제지표 개편을 보류해야 한다.

25. 전체 100개의 기업 중 20개 기업은 긍정적 응답을, 80개 기업은 부정적 응답을 하였다면, 기업실사지수를 계산한 값으로 다음 중 옳은 것은?

① 40
② 80
③ 100
④ 140
⑤ 160

26 다음 중 계량모형을 이용한 경기예측에 대한 설명으로 옳지 않은 것은?

① 시계열모형은 종속변수를 예측하기 위해 특정한 설명변수를 사용하지 않고 예측하는 모형이다.
② 시계열모형은 과거 행태가 반복되고 경제의 외부충격이 없는 경우 단기예측에 유용한 예측 방법이다.
③ 거시계량경제모형은 이론적 근거가 취약하기 때문에 정책효과를 정교하게 측정하는 데는 제약이 있다.
④ 거시계량경제모형은 현실경제에 작용하는 모든 요인을 변수화할 수 없으므로 오차발생은 필연적이다.
⑤ 거시계량경제모형은 모형의 작성 및 유지에 막대한 시간과 노력이 소요된다.

27 다음 중 용익물권에 대한 설명으로 옳지 않은 것은?

① 용익물권에는 지상권, 지역권, 전세권이 있다.
② 용익물권은 다른 사람의 물권을 일정한 범위 안에서 사용·수익할 수 있는 권리이다.
③ 지상권은 소유를 목적으로 하지 않는다.
④ 전세금을 지급하지 않거나 지급하지 않는다고 특약을 하면 전세권은 성립하지 않는다.
⑤ 전세권설정자가 전세금의 반환을 지체할 경우, 전세권자는 목적부동산의 경매를 청구할 수 있고 후순위권리자, 기타 채권자보다 전세금의 우선변제를 받을 수 있다.

28 다음 중 지명채권 양도 시 채무자 대항요건으로 옳은 것은?

① 법원의 명령
② 양도인의 채무자에 대한 통지
③ 양도인의 승낙
④ 증권에 배서
⑤ 증서의 교부

29 다음 중 현금입금의 경우 예금계약의 성립시기로 옳은 것은?

① 예금자의 예금표시가 된 때
② 예금원장에 입금의 기록이 된 때
③ 지급제시기간 안에 사고신고가 없으면 결제될 것이 틀림없음을 은행이 확인하고 예금원장에 입금기장을 마친 때
④ 예금자의 예금표시와 함께 제공한 금전을 은행직원이 예금자가 청약한 금액과 일치함을 확인한 때
⑤ 거래 지시된 금액의 정보에 대하여 수취인의 계좌가 개설되어 있는 금융회사의 계좌원장에 입금기록이 끝난 때

30 다음 〈보기〉에서 설명하는 채권의 소멸원인으로 옳은 것은?

〈보 기〉
채무의 중요한 부분을 변경함으로써 신채무를 성립시키는 동시에 구채무를 소멸시키는 계약이다.

① 경 개
② 상 계
③ 면 제
④ 변 제
⑤ 혼 동

31 다음 중 신탁에 대한 설명으로 옳지 않은 것은?
① 신탁계약은 계약당사자인 위탁자와 수탁자뿐만 아니라 신탁계약에 의해 수익자로 지정된 자에게까지도 신탁계약의 효력이 미친다는 점에서 다른 계약과 차이가 있다.
② 수탁자는 신탁재산의 명의인이 됨과 동시에 신탁재산에 관하여 관리 또는 처분할 수 있는 권한이 있다.
③ 수탁자가 사망하는 경우 신탁재산은 명의인인 수탁자의 상속재산에 귀속된다.
④ 신탁재산에 속하는 채권과 신탁재산에 속하지 아니하는 채무와는 상계하지 못한다.
⑤ 수탁자는 자신의 고유한 재산과 신탁재산을 구분하여 관리하여야 한다.

32 다음 〈보기〉에서 설명하는 부동산신탁의 종류로 옳은 것은?

〈보 기〉
부동산의 소유자가 자신 또는 타인의 채무이행을 담보하기 위하여 자기소유의 부동산을 부동산신탁회사에게 이전하는 것

① 부동산투자신탁
② 부동산관리신탁
③ 부동산처분신탁
④ 부동산담보신탁
⑤ 토지신탁

33 다음 〈보기〉에서 설명하는 금융소비자보호법상 6대 판매원칙으로 옳은 것은?

〈보 기〉
금융소비자가 자발적으로 구매하려는 상품이 해당 소비자의 재산상황 등에 비추어 적정하지 않을 경우 고지 의무

① 적합성 원칙
② 적정성 원칙
③ 설명의무
④ 불공정영업행위금지
⑤ 부당권유금지

34 다음 중 금융소비자보호법의 주요내용에 대한 설명으로 옳지 않은 것은?

① 금융소비자보호법은 금융상품을 보장성 상품, 투자성 상품, 예금성 상품, 대출성 상품의 4가지로 분류한다.
② 과징금은 금융상품직접판매업자 및 금융상품자문업자를 대상으로 금전적 제재의 필요성이 있는 규제위반에 대해 해당 위반행위로 인해 발생한 수입의 30% 범위에서 부과된다.
③ 적합성의 원칙은 보장성 상품, 투자성 상품, 대출성 상품을 대상으로 적용되지만, 설명의무는 보장성 상품, 투자성 상품, 예금성 상품, 대출성 상품 모두를 대상으로 이행해야 한다.
④ 금융회사가 5대 판매규제를 위반한 경우, 금융소비자는 금융상품 계약을 체결한 날부터 최대 5년 이내, 위법사실을 안 날로부터 1년 이내에 계약해지를 요구할 수 있다.
⑤ 금융소비자가 자발적으로 구매하려는 금융상품이 소비자의 재산 등에 비추어 부적절할 경우 이를 고지하고 확인을 받는 것은 적정성의 원칙이다.

35 다음 중 신용카드에 대한 설명으로 옳지 않은 것은? (단, 일반적인 통설에 따른다.)

① 신용카드는 길거리 모집은 금지되고, 본인의 신청에 의해서만 발급된다.
② 가맹점 모집을 위해서는 신용카드사가 실사업장을 방문하여 개별적인 가맹점계약을 체결해야 한다.
③ 가맹점은 신용카드를 이용한 대금결제를 이유로 물품의 판매 또는 용역의 제공을 거절하거나 차별할 수 없다.
④ 가맹점은 신용카드 가맹점수수료를 신용카드회원에게 전가할 수 없다.
⑤ 신용카드업자는 위조·변조된 신용카드 사용으로 인한 책임은 지지 않는다.

36 다음 중 질병·장애·노령·그 밖의 사유로 인한 정신적 제약으로 사무를 처리할 능력이 부족한 때에 활용할 수 있는 제도로 옳은 것은?

① 미성년후견
② 특정후견
③ 한정후견
④ 임의후견
⑤ 성년후견

37 다음 중 상속의 제1순위로 옳은 것은?

① 피상속인의 형
② 피상속인의 여동생
③ 피상속인의 딸
④ 피상속인의 손자
⑤ 피상속인의 아버지

38 다음 중 회사분할의 효력이 발생하는 요건으로 옳은 것은?

① 이사회 결의
② 분할계획서 공시
③ 분할계약서 승인 결의
④ 보고총회
⑤ 등 기

39 다음 중 개인회생제도에 대한 설명으로 옳지 않은 것은?

① 개인회생절차는 채무자만 신청할 수 있고 채무자 중에서도 법인이 아닌 개인소득자 또는 영업소득자만이 신청할 수 있다.
② 파산의 원인이 있거나 그러한 사실이 생길 염려가 있는 자가 신청할 수 있다.
③ 유치권·질권·저당권·양도담보권·가등기담보권·전세권 또는 우선특권으로 담보된 개인회생채권은 15억, 그 밖의 무담보 개인회생채권은 10억원 이하여야 한다.
④ 법원은 신청일로부터 1월 이내에 개인회생절차의 개시 여부를 결정해야 한다.
⑤ 변제계획안은 채무자만이 신청할 수 있고, 개인회생절차 개시신청일로부터 7일 이내에 제출하여야 한다.

40 다음 중 고객확인제도에 대한 설명으로 옳지 않은 것은?

① 일회성 금융거래는 금융기관 등에 개설된 계좌에 의하지 아니하는 금융거래로서, 기준금액은 단일거래뿐만 아니라 연결된 거래를 포함한 금액을 기준으로 산정한다.
② 실제 소유자 확인방법으로는 개인과 법인으로 구분되는데, 법인의 경우에는 의결권 있는 발행주식 총수익 25% 이상을 소유한 최대주주, 실질적으로 지배하는 자, 대표자로 파악한다.
③ 금융기관 등은 당해 금융거래가 완료되기 전까지 고객확인의무를 이행해야 한다.
④ 강화된 고객확인제도를 통해 금융회사는 고객과 거래유형에 따른 자금세탁 위험도를 평가하고, 위험도에 따라 차등화된 고객확인을 실시할 수 있다.
⑤ 전신송금의 경우 15백만원 이상 또는 그에 상당하는 다른 통화로 표시된 금액 이상은 고객확인대상이 되는 일회성금융거래에 해당한다.

제2과목 세무설계(40문항)

41 다음 중 소득세법상 종합소득에 해당하지 않는 것은?

① 사업소득
② 연금소득
③ 기타소득
④ 퇴직소득
⑤ 근로소득

42 다음 괄호 안에 들어갈 금액으로 옳게 짝지은 것은?

거주자인 개인사업자 남편의 소득금액 합계액이 2억 5,000만원일 때 배우자공제를 받기 위한 배우자의 해당 과세기간의 소득금액 합계액은 (㉠) 이하, 근로소득만 있는 경우 총급여액 (㉡) 이하여야 한다.

	㉠	㉡
①	50만원	100만원
②	100만원	500만원
③	150만원	300만원
④	200만원	600만원
⑤	250만원	900만원

43 다음 괄호 안에 들어갈 세율로 옳게 짝지은 것은?

종합소득세의 세율은 최저 (㉠)에서 최고 (㉡)의 8단계 초과누진세율 구조로 되어 있다.

	㉠	㉡
①	4%	42%
②	5%	43%
③	6%	45%
④	7%	47%
⑤	8%	48%

44 다음 중 연금소득의 과세와 원천징수에 대한 설명으로 옳지 않은 것은?

① 납입단계와 운용단계에서는 과세하지 않고 수령단계에서 과세한다.
② 공적연금 관련법에 따라 받는 연금소득 중 유족연금 등은 비과세된다.
③ 연금소득공제액이 900만원을 초과하는 경우 900만원을 한도로 공제한다.
④ 퇴직소득을 연금수령하는 연금소득의 연금 실제 수령연차가 10년 이하인 경우 원천징수세율은 60%이다.
⑤ 종신연금의 원천징수세율은 4%이다.

45. 다음 중 금융소득종합과세에 대한 설명으로 옳지 않은 것은?

① 금융소득종합과세 대상이 되는 것은 이자소득과 배당소득이다.
② 금융소득 합계액이 2천만원 이하인 경우 원천징수로 납세의무가 종결된다.
③ 부부의 금융소득은 합산하지 않고 별도로 계산한다.
④ 비과세저축과 분리과세저축의 금융소득은 2천만원 초과여부를 따질 때에 포함한다.
⑤ 원천징수당한 세액은 종합소득 신고 시 기납부세액으로 공제한다.

46. 다음 자료에 의하여 종합과세 대상 금융소득을 구한 것으로 옳은 것은?

| • 은행예금 이자 | 30,000,000원 | • 회사채 이자 | 30,000,000원 |
| • 직장공제회 초과반환금 | 5,000,000원 | • 상품매입에누리액 | 5,000,000원 |

① 25,000,000원
② 30,000,000원
③ 35,000,000원
④ 60,000,000원
⑤ 65,000,000원

47. 다음 중 이자소득이 아닌 것은?

① 채권 또는 증권의 환매조건부 매매차익
② 저축성보험의 보험차익
③ 직장공제회 초과반환금
④ 비영업대금의 이익
⑤ 집합투자기구로부터의 이익

48. 다음 자료에 의하여 그로스업 금액을 구한 것으로 옳은 것은?

| • 은행예금 이자 | 20,000,000원 | • 비영업대금 이익 | 10,000,000원 |
| • 비상장내국법인 배당 | 30,000,000원 | • 사업소득금액 | 50,000,000원 |

① 2,700,000원
② 3,000,000원
③ 3,300,000원
④ 4,000,000원
⑤ 6,000,000원

49 다음 중 개인종합자산관리계좌에 대한 설명으로 옳지 않은 것은?

① 가입일 기준 15세 이상인 자가 가입일이 속하는 과세기간의 직전 과세기간에 비과세소득만 있는 경우는 가입이 불가능하다.
② 과세특례를 적용받기 위해서는 1명당 1개의 계좌만 보유하고 계약기간이 3년 이상이어야 한다.
③ 직전 과세기간의 종합소득금액이 3,800만원을 초과하는 농어민은 개인종합자산관리계좌에서 발생하는 이자·배당소득에 대해서 200만원까지 비과세된다.
④ 비과세 한도금액을 초과하는 금액에 대해서는 11%의 세율로 원천징수한다.
⑤ 총 납입한도는 1억원이다.

50 다음 중 채권이자소득 과세에 대한 설명으로 옳지 않은 것은?

① 채권의 만기상환 전에 중도매매가 있는 경우에는 발생이자를 각각의 중도보유자별로 보유기간에 비례하여 안분계산한 금액을 각자의 이자소득으로 귀속시키도록 하고 있다.
② 소득세가 면제된 채권도 중도매매하는 경우 보유기간 이자상당액을 계산하여 보유자의 소득으로 귀속시킨다.
③ 채권을 중도매매하는 경우 원천징수의무자는 중도매수 또는 중도매도하는 법인이다.
④ 채권 거래 시 원천징수세율은 14%이며 실지명의가 확인되지 않은 자에게 금융회사가 지급하는 경우 원천징수세율은 90%이다.
⑤ 채권을 금융회사에 개설된 계좌에 의하여 거래하는 경우 보유기간은 해당 금융회사의 전산처리체계 또는 통장원장으로 확인한다.

51 다음 중 금융소득의 원천징수에 대한 설명으로 옳지 않은 것은?

① 원칙적으로 금융소득을 지급하는 자가 원천징수를 한다.
② 당사자 간의 합의에 의하여 원래의 원천징수의무자로부터 원천징수에 관한 사항을 대리 또는 위임받는 제3자가 원천징수의무자가 될 수 있다.
③ 비영업대금의 이익의 수령자가 법인인 경우와 거주자인 경우의 원천징수세율은 다르다.
④ 원천징수시기와 수입시기가 일치하지 않는 경우 수입시기를 기준으로 종합과세 기준금액 초과여부를 판단한다.
⑤ 집합투자기구로부터의 이익 중 투자신탁의 이익에 대하여는 배당소득이라도 원천징수한다.

52 다음 중 금융소득종합과세 절세전략으로 옳지 않은 것은?

① 금융자산을 부부간에 증여하면 증여세가 추가로 발생하므로 분산을 고려하지 않는다.
② 중도해지 이자소득 감액분에 대한 처리는 세부담이 적은 방법을 선택한다.
③ 타익신탁을 활용하여 금융소득을 분산시킨다.
④ 장기간 자금을 투자할 여유가 있는 경우 장기저축성보험 상품에 가입한다.
⑤ 거래목적에 맞는 주거래 은행을 선정한다.

53. 다음 중 양도소득세 과세대상이 아닌 것은?

① 부동산을 취득할 수 있는 권리의 양도로 발생하는 소득
② 지상권의 양도로 발생하는 소득
③ 전세권과 등기된 부동산임차권의 양도로 발생하는 소득
④ 골프 회원권의 양도로 발생하는 소득
⑤ 농지의 교환 또는 분합으로 발생하는 소득

54. 다음 중 부동산의 양도 또는 취득시기에 대한 설명으로 옳지 않은 것은?

① 원칙적인 경우 : 해당 자산의 양도대금을 청산한 날
② 대금 청산일이 불분명한 경우 : 등기·등록접수일 또는 명의개서일
③ 대금 청산 전에 등기 등을 한 경우 : 등기부·등록부 또는 명부 등에 기재된 등기 등의 접수일
④ 건축허가를 받지 않고 자기가 건축하는 건축물의 경우 : 임시사용승인일
⑤ 상속·증여의 경우 : 상속은 상속개시일, 증여는 자산을 증여받은 날

55. 다음 중 미등기양도자산이 받는 불이익으로 옳지 않은 것은?

① 필요경비 불인정
② 양도소득 기본공제 적용 배제
③ 장기보유 특별공제 적용 배제
④ 양도소득세율 70% 적용
⑤ 각종 비과세 및 감면제도 적용 배제

56. 다음 자료를 참고하여 계산한 양도차익으로 옳은 것은?

- 1년 2개월 전 3억원에 취득한 상가건물을 4억원에 양도하였다.
- 양도 시 상가건물에 엘리베이터 설치비용으로 1,000만원을 별도로 지급하였다.
- 양도 시 공증비용 200만원을 별도로 지급하였다.
- 양도소득 기본공제는 250만원이다.

① 85,500,000원
② 88,000,000원
③ 90,000,000원
④ 98,000,000원
⑤ 100,000,000원

1회 은행FP 자산관리사 1부

57 금번 양도하는 상가건물의 취득계약서를 분실하여 실지거래가액을 확인할 수 없게 되어 취득가액을 환산하고자 한다. 다음 자료를 참고하여 환산취득가액을 구한 것으로 옳은 것은?

- 실지양도가액   390,000,000원
- 양도 당시 기준시가   130,000,000원
- 취득 당시 기준시가   80,000,000원

① 130,000,000원
② 210,000,000원
③ 240,000,000원
④ 260,000,000원
⑤ 310,000,000원

58 다음 중 양도소득세 신고납부 시 경우에 따른 가산세로 옳게 짝지은 것은?

① 과세표준 신고를 하지 않은 경우로서 부정행위인 경우 : 납부할 세액 × 20%
② 과세표준 신고를 하지 않은 경우로서 부정행위가 아닌 경우 : 납부할 세액 × 10%
③ 과소신고한 경우로서 부정행위가 아닌 경우 : 과소신고납부세액 × 10%
④ 납부를 하지 않은 경우 : 미납세액 × 40%
⑤ 초과환급받은 경우 : 초과환급받은 세액 × 20%

59 1세대 1주택에 해당하는 고가주택을 양도할 경우 다음 자료를 참고하여 계산한 고가주택의 양도차익으로 옳은 것은?

- 취득 당시 실지거래가액   6억원
- 기타의 필요경비   2억원
- 양도일   2024.1.1
- 양도 당시 실지거래가액 15억원
- 취득일   2019.12.31
- 거주기간   3년

① 1억 4,000만원
② 2억 2,500만원
③ 7억원
④ 9억원
⑤ 11억원

60 다음 괄호 안에 들어갈 기간으로 옳은 것은?

농지소재지에 거주하면서 (   ) 이상 자경한 농지를 양도하는 경우에는 양도소득세를 감면받을 수 있다.

① 5년
② 6년
③ 7년
④ 8년
⑤ 9년

61 다음 중 상속세에 대한 설명으로 옳지 않은 것은?

① 상속의 개시일은 피상속인이 사망한 날을 말한다. 단, 피상속인의 실종선고로 인하여 상속이 개시되는 경우에는 실종선고일을 말한다.
② 상속의 순위에서 동순위의 상속인이 수인인 때에는 최근친을 선순위로 하고 동친 등의 상속인이 수인인 때에는 공동상속인이 된다.
③ 피상속인의 배우자는 피상속인의 직계비속 또는 직계존속이 상속인으로 있는 경우 그 상속인과 동순위 공동상속인이 되고 직계비속 또는 직계존속이 없는 때에는 단독상속인이 된다.
④ 상속인이 될 직계비속 또는 형제·자매가 상속개시일 전에 사망하거나 결격자가 된 경우에는 그 직계비속이 사망하거나 결격된 자의 순위에 갈음하여 상속인이 된다.
⑤ 태아는 상속순위에 관하여는 존재하지 않는 것으로 본다.

62 다음 괄호 안에 들어갈 기간으로 옳게 짝지은 것은?

> 상속개시일 전 (㉠) 이내에 피상속인이 상속인에게 증여한 재산가액과 상속개시일 전 (㉡) 이내에 피상속인이 상속인이 아닌 자에게 증여한 재산가액은 상속세 과세가액에 합산한다.

	㉠	㉡
①	10년	10년
②	10년	5년
③	5년	10년
④	5년	5년
⑤	5년	3년

63 피상속인인 김시대 씨의 가족관계는 다음과 같다. 김시대 씨의 상속재산이 15억원인 경우 김이남 씨에게 해당되는 법적 상속분은 얼마인가? (단, 김시대 씨의 배우자는 상속개시일 현재 없다.)

성 명	피상속인과의 관계	비 고
김일남	아 들	해당 상속개시일 2년 전에 사망한 상태이다.
김이남	아 들	김시대 씨를 사망 전까지 10년 넘게 봉양하며 살았다.
김일녀	딸	상속개시일 현재 결혼한 상태이다.
박사랑	며느리	사망한 김일남의 처로 김기쁨을 홀로 키우고 있다.
김기쁨	손 자	사망한 김일남 씨의 아들로 미성년자이다.

① 15억원
② 10억원
③ 5억원
④ 3억원
⑤ 2억원

64 다음 중 상속공제에 대한 설명으로 옳지 않은 것은?

① 배우자상속공제는 최대 30억원까지 적용된다.
② 배우자가 실제 상속받은 금액이 없거나 상속받은 금액이 5억원 미만이면 5억원을 배우자상속공제한다.
③ 자녀공제는 태아를 포함한 자녀 1인당 5천만원이며, 법률상 입양된 자녀는 친생자가 아니므로 제외된다.
④ 배우자는 연로자공제와 미성년자공제 대상자에서 제외된다.
⑤ 피상속인이 비거주자인 경우에는 상속세 과세가액에서 기초공제 2억원만 공제된다.

65 피상속인 나사망 씨의 상속재산 중 금융재산이 다음과 같은 경우 금융재산상속공제액은 얼마인가? (단, 나사망 씨는 거주자이며 보유 주식에 대해 최대주주가 아니다.)

- 은행예금   1억원
- 은행차입금   5천만원
- 자기앞수표   2천만원
- 주 식   2천만원

① 2천만원
② 3천만원
③ 5천만원
④ 7천만원
⑤ 1억원

66 다음 중 상속인이 비거주자인 경우 받을 수 있는 상속공제는?

① 기초공제
② 배우자상속공제
③ 일괄공제
④ 재해손실공제
⑤ 장애인공제

67 상속세 납부의무가 있는 상속인은 언제까지 상속세의 과세가액 및 과세표준을 신고하여야 하는가? (단, 피상속인 및 상속인 모두 국내에 주소를 두고 있다.)

① 상속개시일로부터 6개월 이내
② 상속개시일로부터 3개월 이내
③ 상속개시일이 속하는 달의 말일까지
④ 상속개시일이 속하는 달의 말일부터 6개월 이내
⑤ 상속개시일이 속하는 달의 말일부터 3개월 이내

68 다음 중 상속세 분납에 대한 설명으로 옳지 않은 것은?

① 납부할 세액이 1천만원을 초과하는 경우에 신청할 수 있다.
② 신고납부기한이 지난 후 2개월 이내에 그 세액을 분할하여 납부할 수 있다.
③ 납부세액이 2천만원 이하인 경우에는 1천만원을 초과하는 금액을 분할하여 납부할 수 있다.
④ 납부세액이 2천만원을 초과하는 경우에는 그 세액의 50% 이하의 금액을 분할하여 납부할 수 있다.
⑤ 분납과 연부연납은 동시에 적용할 수 있다.

69 다음 중 증여에 대한 설명으로 옳지 않은 것은?

① 증여는 당사자 일방이 무상으로 재산을 상대방에게 수여하는 의사를 표시하면 상대방의 동의가 없더라도 그 효력이 생긴다.
② 증여의 의사가 서면으로 표시되지 아니한 경우에는 각 당사자는 이를 해제할 수 있다.
③ 수증자가 증여자 또는 그 배우자나 직계혈족에 대한 범죄행위가 있는 때에는 증여자는 그 증여를 해제할 수 있다.
④ 수증자가 증여자에 대하여 부양의무가 있는 경우에 이를 이행하지 아니하는 때에는 증여자는 그 증여를 해제할 수 있다.
⑤ 증여계약 후에 증여자의 재산상태가 현저히 변경되고 그 이행으로 인하여 생계에 중대한 영향을 미칠 경우에는 증여자는 증여를 해제할 수 있다.

70 증여자의 사망으로 인하여 효력이 생기는 증여로 증여자가 생전에 체결한 증여계약을 무엇이라 하는가?

① 사인증여
② 재차증여
③ 합산배제
④ 부담부증여
⑤ 증여의제

71 다음과 같이 어머니 B 씨의 사망으로 아들 C 씨가 보험금을 수령한 경우 해당 보험금을 옳게 인식한 것은?

- 생명보험 계약 정보

보험금	보험료	보험계약자	피보험자	보험수익자
10억원	1억원	아버지 A 씨	어머니 B 씨	아들 C 씨

- 추가 정보
  보험료 1억원은 전액 아버지 A 씨가 납입하였으며, 보험금 10억원은 어머니 B 씨의 사망으로 아들 C 씨에게 지급되었다.

① 어머니 사망으로 인한 금액이므로 10억원 전액 상속재산가액으로 인식한다.
② 보험금은 전액 보험료 불입자인 아버지의 소득으로 인식한다.
③ 아버지가 수증인인 증여로 보아 증여재산가액 10억원으로 인식한다.
④ 아들이 수증인인 증여로 보아 증여재산가액 10억원으로 인식한다.
⑤ 아버지와 아들이 각각 5억원씩 증여받은 것으로 인식한다.

72 다음은 이시대 씨의 증여 관련 내역이다. 이시대 씨의 증여세 과세가액은 얼마인가? (단, 그 외의 증여는 존재하지 않는다.)

- 할머니로부터 현금 3백만원을 10년 전에 증여받았다.
- 아버지로부터 현금 5백만원을 7년 전에 증여받았다.
- 할아버지의 사망으로 현금 2천만원을 3년 전에 사인증여받았다.
- 어머니로부터 1천만원 상당의 토지를 올해 증여받았다.

① 3,800만원
② 3,500만원
③ 3,000만원
④ 2,000만원
⑤ 1,500만원

73 아버지로부터 시가 15억원(취득가 10억원)의 토지를 5억원에 양수한 경우 증여재산가액은 얼마인가?

① 15억원
② 10억원
③ 7억원
④ 5억 5천만원
⑤ 5억원

74 다음은 우회양도 시 증여추정에 대한 설명이다. 괄호 안에 들어갈 기간으로 옳은 것은?

특수관계인에게 양도한 재산을 그 특수관계인이 양수일부터 (   )에 당초 양도자의 배우자 등에게 다시 양도한 경우에는 양수자가 그 재산을 양도한 당시의 재산가액을 그 배우자 등이 증여받은 것으로 추정하여 이를 배우자 등의 증여재산가액으로 한다.

① 1년 이내
② 2년 이내
③ 3년 이내
④ 4년 이내
⑤ 5년 이내

75 다음 중 각 상황별 증여재산 공제한도로 옳지 않은 것은?

① 배우자로부터 증여를 받은 경우 : 6억원
② 성년자가 직계존속으로부터 증여를 받은 경우 : 5천만원
③ 미성년자가 직계존속으로부터 증여를 받은 경우 : 2천만원
④ 성년자가 직계비속으로부터 증여를 받은 경우 : 5천만원
⑤ 미성년자가 직계비속으로부터 증여를 받은 경우 : 2천만원

76 다음 중 상속 및 증여재산의 보충적 평가방법으로 옳게 짝지어지지 않은 것은?

① 토지 – 개별공시지가
② 공동주택 – 공동주택가격
③ 단독주택 – 개별주택가격
④ 판매용이 아닌 서화·공동품 – 2 이상의 감정가액의 평균액과 감정평가심의회의 감정가액 중 큰 금액
⑤ 상장주식 – 평가기준일 전후 2개월간 공표된 매일의 한국거래소 최고시세가액의 평균액

77 다음 중 취득세 과세대상에 속하지 않는 것은?

① 토 지
② 차 량
③ 건축물
④ 광업권
⑤ 공사현장사무소

78 다음은 재산세 세부담 상한선에 대한 설명이다. 괄호 안에 들어갈 것으로 옳은 것은?

> 해당 재산에 대한 재산세 산출세액 중 직전연도 해당 재산에 대한 재산세액의 최대 (   )까지의 금액을 해당 연도에 징수할 세액으로 한다. 다만, 주택의 경우에는 적용하지 아니한다.

① 110%
② 120%
③ 130%
④ 150%
⑤ 200%

79 종합부동산세의 과세기준일은 언제인가?

① 1월 1일
② 4월 1일
③ 6월 1일
④ 9월 1일
⑤ 12월 1일

80 다음은 종합부동산세의 분납에 대한 내용이다. 괄호 안에 들어갈 것으로 옳게 짝지은 것은?

> 관할세무서장은 종합부동산세로 납부하여야 할 세액이 (㉠)을 초과하는 경우에는 그 세액의 일부를 납부기한이 지난 날부터 (㉡) 이내에 분납하게 할 수 있다.

	㉠	㉡
①	200만원	3개월
②	200만원	6개월
③	250만원	6개월
④	500만원	3개월
⑤	500만원	6개월

제3과목 보험 및 은퇴설계(20문항)

81 위험관리기법 선택 시 위험이 자주 발생하지는 않지만 발생 시 치명적 위험이 나타는 경우의 위험관리에 대한 설명으로 옳은 것은?

① 위험 그 자체를 회피하는 위험회피기법이 바람직하다.
② 발생빈도를 낮추거나 손해강도를 낮추는 손해통제기법이 바람직하다.
③ 자체조달보다는 외부조달이 바람직하다.
④ 경상비를 활용하여 손해를 복구하는 것이 바람직하다.
⑤ 위험을 보유하는 위험보유기법이 가장 바람직하다.

82 다음 중 보험계약의 요소에 대한 설명으로 옳지 않은 것은?

① 보험자는 보험계약을 인수하는 자로서 금융위원회의 허가를 받아야 한다.
② 생명보험의 경우에는 피보험자가 보험의 목적이 된다.
③ 위험을 측정하여 보험료를 산출하는 기초가 되는 단위기간을 보험료기간이라고 한다.
④ 보험계약은 의사표시의 합치와 함께 보험료 선지급이 있어야 성립한다.
⑤ 보험약관의 문구가 애매하여 판단하기 어려운 경우에는 보험자에게 불이익하게 해석되어야 한다.

83 다음 〈보기〉의 경우로 인해 계약자가 보험계약을 취소하고자 할 때 그 내용으로 옳은 것은?

〈보 기〉
- 약관 및 계약자 보관용 청약서를 계약자에게 전달하지 않았을 때
- 약관의 중요한 내용을 설명하지 않은 때
- 계약자가 청약서에 자필서명을 하지 않은 때

① 계약성립일로부터 6개월 이내에 계약을 취소할 수 있으며, 보험회사는 이미 납부한 보험료와 보험료를 받은 기간에 대해 보험계약대출이율을 연단위 복리로 계산한 금액을 가산하여 지급한다.
② 계약성립일로부터 3개월 이내에 계약을 취소할 수 있으며, 보험회사는 이미 납부한 보험료와 보험료를 받은 기간에 대해 보험계약대출이율을 연단위 복리로 계산한 금액을 가산하여 지급한다.
③ 계약성립일로부터 6개월 이내에 계약을 취소할 수 있으며, 보험회사는 이미 납부한 보험료와 보험료를 받은 기간에 대해 평균공시이율+1%를 연단위 복리로 계산한 금액을 가산하여 지급한다.
④ 계약성립일로부터 3개월 이내에 계약을 취소할 수 있으며, 보험회사는 이미 납부한 보험료와 보험료를 받은 기간에 대해 평균공시이율+1%를 연단위 복리로 계산한 금액을 가산하여 지급한다.
⑤ 계약성립일로부터 1개월 이내에 계약을 취소할 수 있으며, 보험회사는 이미 납부한 보험료와 보험료를 받은 기간에 대해 보험계약대출이율을 연단위 복리로 계산한 금액을 가산하여 지급한다.

84 다음 중 유니버설보험의 장점으로 옳지 않은 것은?

① 인플레이션에 대응이 가능하므로 보험금의 미래가치를 높일 수 있다.
② 보험계약자가 마음대로 보험금액을 증액하거나 감액할 수 있다.
③ 보험료를 자유롭게 추가로 내거나 줄여서 낼 수 있다.
④ 보험료의 자유납입으로 경제사정이 좋지 않을 경우 보험해약률이 낮아진다.
⑤ 적립금액을 중도인출할 수 있으며, 부분 해지가 가능하다.

85 다음 중 간병보험에 대한 설명으로 옳지 않은 것은?

① 보험기간은 대부분 종신형이다.
② 수발필요상태(90일 또는 180일)의 정의에 따라 보험료 차이가 발생한다.
③ 위험률 산출을 위한 경험적 자료가 충분하지 않아 위험률 변동제도를 채택하기도 한다.
④ 일상생활장해상태에 대한 보장개시일은 180일이다.
⑤ 치매상태에 대한 보장개시일은 2년의 면책기간이 설정되어 있다.

86 다음 중 주택화재보험에서 사고현장의 보험목적물 제거를 위한 비용 등으로 보험가입금액의 범위 내에서 재산손해액의 10%를 한도로 보상하는 비용은 무엇인가?

① 손해방지 비용
② 대위권 보전비용
③ 잔존물 보전비용
④ 잔존물 제거비용
⑤ 기타 협력비용

87 다음 중 가족운전자 한정특약 범위에 대한 설명으로 옳지 않은 것은?

① 기명피보험자의 사실혼관계 배우자는 가족운전자 한정특약의 대상이 된다.
② 기명피보험자의 사실혼관계에서 출생한 자녀는 가족운전자 한정특약의 대상이 된다.
③ 기명피보험자의 법률상 배우자는 가족운전자 한정특약의 대상이 된다.
④ 기명피보험자의 형제는 가족운전자 한정특약의 대상이 된다.
⑤ 기명피보험자의 부모는 가족운전자 한정특약의 대상이 된다.

88 다음 중 산업재해보상 보험급여에 대한 설명으로 옳지 않은 것은?

① 산업재해보상 보험급여는 원칙적으로 사업주가 전액 부담한다.
② 휴업급여의 1일당 지급액은 평균임금의 70%에 상당하는 금액이다.
③ 요양급여는 현물급여가 원칙이다.
④ 유족급여는 연금지급이 원칙이다.
⑤ 장의비로서 지급되는 금액은 평균임금의 90일분에 상당하는 금액이다.

89 만기보험금 보험차익에 대한 과세 내용이다. 괄호 안에 공통으로 들어갈 기간으로 옳은 것은?

> 만기 ( ) 이상인 저축성보험은 이자소득세를 비과세한다. 이 경우 ( ) 이내에 원금의 일부를 중도인출하더라도 원 계약이 ( ) 이상 유지되면 이자소득세는 비과세된다.

① 3년
② 5년
③ 7년
④ 10년
⑤ 15년

90 다음 중 보험금의 증여에 대한 설명으로 옳지 않은 것은?

① 보험사고 발생일에 증여한 것으로 본다.
② 보험사고 발생일은 저축성보험에서는 사망일이다.
③ 중도해지는 보험사고의 발생으로 볼 수 없다.
④ 보험금수령인(수익자)과 보험료납부자(계약자)가 다른 경우 보험금 상당액을 보험금 수령인의 증여재산가액으로 한다.
⑤ 보험사고 발생일 현재 계약자와 수익자가 다르면 계약자가 수익자에게 보험금을 증여한 것으로 간주하여 증여세를 과세한다.

91 다음 중 은퇴설계의 필요성에 대한 설명으로 옳지 않은 것은?

① 기대수명의 급속한 증가
② 개인의 의식과 노후준비 정도의 부족
③ 짧은 연금제도의 역사로 적은 연금 수급자의 수와 낮은 연금수령액
④ 과거 비재무적 부분에서 현재 재무적 요소로의 치중
⑤ 급속한 고령화에 대한 사회경제시스템의 불완전 대응

92 다음 괄호 안에 들어갈 말로 옳게 짝지은 것은?

(㉠)은 성별·연령별 사망률이 현재 수준으로 유지된다고 가정했을 때 0세 출생자가 향후 몇 년을 더 생존할 것인가를 통계적으로 추정한 기대치를 말한다. (㉡)은 현재 특정 연령에 있는 사람이 향후 얼마나 더 생존할 것인가 기대되는 연수를 말한다.

	㉠	㉡
①	기대수명	기대여명
②	기대수명	건강수명
③	기대여명	기대수명
④	기대여명	건강수명
⑤	건강수명	기대수명

93 다음 중 기초연금제도에 대한 설명으로 옳지 않은 것은?

① 한국 국적을 갖고 국내에 거주하는 만 65세 이상 고령자가 대상이 된다.
② 소득과 재산을 합한 금액이 해당 연도 선정기준액 이하여야 한다.
③ 부부가 모두 기초연금을 받을 경우에는 각각 산정된 기초연금액의 20%를 감액한다.
④ 소득인정액을 계산할 때 금융재산은 2,000만원이 공제된다.
⑤ 소득인정액을 계산할 때 재산의 소득환산율은 연 2%로 적용된다.

94 다음 중 장애나 연령 등에 관계없이 제품이나 서비스 등을 편리하고 안전하게 이용할 수 있도록 하는 설계기법은 무엇인가?

① 유니버설 디자인
② 배리어 프리
③ 웰다잉
④ 리모델링
⑤ 액티브 에이징

95 부부의 월수입이 다음 자료와 같을 때 기초연금 소득인정액 산정 시 부부의 월 소득평가액은?

> 본인은 매달 232만원의 근로소득이 있고 국민연금 30만원을 수급하고 있다. 배우자는 매달 152만원의 근로소득이 있다.

① 112만원
② 122만원
③ 132만원
④ 142만원
⑤ 152만원

96 다음은 퇴직연금에 대한 설명이다. 괄호 안에 들어갈 금액으로 옳게 짝지은 것은?

> DC형과 IRP의 경우 연간 (㉠)까지 추가납입이 가능하며, 연금저축과 합산하여 최대 (㉡)까지 세액공제를 받을 수 있다.

	㉠	㉡
①	1,500만원	400만원
②	1,500만원	900만원
③	1,800만원	400만원
④	1,800만원	900만원
⑤	1,800만원	300만원

97 공무원연금에서 장기급여 중 퇴직급여에 속하지 않는 것은?

① 퇴직연금
② 퇴직수당
③ 퇴직연금일시금
④ 퇴직연금공제일시금
⑤ 퇴직일시금

98. 다음 중 주택연금의 신청 자격에 충족되지 않는 경우는?

① 다주택자의 보유주택 합산 공시가격이 12억원 이하이다.
② 공시가격이 12억원을 초과하는 2주택자가 3년 이내에 1주택을 팔 예정이다.
③ 주상복합건물에서 등기사항 증명서상 주택이 차지하는 면적이 1/3 이상이다.
④ 노인복지법상의 노인복지주택에 거주하고 있다.
⑤ 보증금 없이 주택의 일부를 월세 50만원에 주고 있으면서 부부 중 한 명이 그 건물에 거주하고 있다.

99. 고객 현황 분석 중 은퇴 이후 어떤 리스크가 예측되며 현재 어느 정도의 보장을 보험으로 커버하고 있는지 검토하는 것은 무엇인가?

① 현금흐름표 분석
② 가계 대차대조표 분석
③ 보장 분석
④ 금융자산의 포트폴리오 분석
⑤ 세금 분석

100. 은퇴설계 프로세스 3단계 실행 지원 및 사후 관리에 대한 설명으로 옳지 않은 것은?

① 자산관리사는 필요하면 고객에게 세무사나 변호사 등 전문가를 소개해 줄 수 있다.
② 자산관리사는 고객에게 상품을 추천할 때 고객의 이익을 최우선으로 해야 한다.
③ 자산관리사는 직접 보험상품이나 연금상품을 선택해 고객이 가입하는 것을 도울 수 있다.
④ 자산관리사는 부동산 매각 및 구입 등의 계약을 대행해 줄 수 있다.
⑤ 은퇴설계 제안서는 중장기적 지표가 되므로 한 번 작성하면 수정하지 않도록 한다.

이 출판물의 무단복제, 복사, 전재 행위는 저작권법에 저촉됩니다.
파본은 구입처에서 교환하실 수 있습니다.

제2회
은행FP 자산관리사 1부
실제유형 모의고사

문항 및 시험시간

평가영역	문항 수	시험시간	비 고
자산관리사(FP) 1부	100문항	100분	

※ 이 자료는 저작권법에 의해 보호를 받는 저작물이므로 동영상 제작 및 무단전재와 복제를 금합니다.

은행FP 자산관리사 1부

제2회 실제유형 모의고사

문 항 수 : 100문항
응시시간 : 100분

제1과목 자산관리 기본지식(40문항)

01 다음 중 개인 재무설계의 의미에 대한 설명으로 옳지 않은 것은?

① 개인이나 가계의 현재 재정상태를 검토하고 개인이나 가계가 설정한 재무목표를 달성하기 위해 개인 및 가계의 재무적·비재무적 자원을 적절하게 관리하는 과정이다.
② 개인의 재무적 복지를 증진시킨다는 점에서 재무설계와 재무상담은 상호 관련성이 깊다.
③ 재무설계는 고객의 문제평가에서 시작한다면, 재무상담은 고객의 목표로부터 시작한다.
④ 개인 재무설계는 재무상담을 통한 단기적 문제해결 능력을 포함한 중장기적 목표달성을 포함한다.
⑤ 재무설계는 개인적 상황의 변화, 경제환경의 변화, 생애 주기상의 변화 등을 고려하여 평생에 걸쳐 지속해서 이루어져야 한다.

02 개인 재무설계의 필요성 중 사회 경제적 배경으로 옳지 않은 것은?

① 금융시장 개방 및 국제화
② 금융상품 다양화
③ 금융 관련 법규 강화
④ 자산 및 부채의 증가
⑤ 비재무적 요구의 증가

03 다음 〈보기〉에서 개인 재무설계의 필요성 중 인구 통계적 배경을 모두 고른 것은?

〈보 기〉
㉠ 1인 가구의 증가
㉡ 저출산 및 고령화
㉢ 개인주의적 사고방식과 개별성 추구
㉣ 재무설계의 중요성 인식
㉤ 노동환경의 변화

① ㉠, ㉡, ㉢
② ㉠, ㉢, ㉣
③ ㉠, ㉡, ㉤
④ ㉡, ㉢, ㉣
⑤ ㉡, ㉣, ㉤

04 다음 중 좋은 유망고객의 조건으로 옳지 않은 것은?

① 금융상품에 가입할 경제적 능력이 있는 사람
② 본인 및 가족에 대한 강한 책임감 및 재무목표가 있는 사람
③ 실행력이 있는 사람
④ 자발적인 참여가 낮은 사람
⑤ 만남이 가능한 사람

05 다음 중 DM의 장점으로 옳지 않은 것은?

① 일반적 DM발송을 통해 비용을 절약할 수 있다.
② 심리적 부담을 줄여준다.
③ 고객과의 친밀한 관계를 만들 수 있다.
④ 면담을 매끄럽게 진행 가능하게 해준다.
⑤ 동시에 많은 사람을 접촉할 수 있다.

06 다음 중 문제 인식 질문으로 옳지 않은 것은?

① 거래하는 자산관리사가 있으신가요?
② 고객님은 어떤 노후를 보내고 싶으신가요?
③ 자녀분의 대학 학자금은 준비되어 있습니까?
④ 사랑하는 자녀를 위해 필요한 교육비는 얼마 정도라고 생각하십니까?
⑤ 노후에 대한 특별한 준비가 없다고 말씀하셨는데 노후에 대해 불안하지는 않으신지요?

07 다음 〈보기〉에서 문제 해결 질문에 해당하는 것을 모두 고르면?

―― 〈보 기〉 ――
㉠ 100세 시대에 준비 없는 노후를 맞이하면 고객님의 노후 모습은 어떨까요?
㉡ 노후에도 월급처럼 생활비가 지급되는 상품이 있다면 가입하시겠습니까?
㉢ 가족 보장 및 필요할 때마다 자금을 찾는 기능이 부가된 상품이면 어떨까요?
㉣ 사장님에게 무슨 일이 닥치면 회사의 종업원과 가족들은 어떻게 될까요?
㉤ 금융상품은 주로 어떤 상품을 가입하십니까?

① ㉠, ㉡
② ㉠, ㉡, ㉢
③ ㉡, ㉢
④ ㉡, ㉢, ㉣
⑤ ㉠, ㉣, ㉤

2회 은행FP 자산관리사 1부

08 다음 중 자산관리사가 최초 면담 시 고객에게 설명해야 할 사항으로 옳지 않은 것은?

① 정보수집의 중요성을 설명한다.
② 자산관리사의 생각과 의견에 대해 설명한다.
③ 재무설계의 개념 및 절차에 대해 설명한다.
④ 자산관리사의 서비스 분야에 대해 설명한다.
⑤ 자산관리사의 경력에 대해 설명한다.

09 다음 중 고객 정보수집 방법에 대한 설명으로 옳지 않은 것은?

① 직접면담은 많은 자료를 수집할 수 있어 고객을 잘 이해할 수 있다.
② 인터넷은 고객과의 재무설계 업무 진행과정의 쌍방향 의사소통을 극대화할 수 있는 장점이 있다.
③ 전화로 정보를 수집하는 방법은 간단한 질문 또는 일부 답변의 확인이 필요한 경우 유용하게 사용할 수 있다.
④ 인터넷을 통해 정보를 수집하는 방법은 시간과 비용이 절약된다.
⑤ 설문서는 빠른 정보수집이 가능하므로 시간이 절약되지만 고객의 생각이 잘 반영되지 못한다는 단점이 있다.

10 다음 중 자산부채상태표에 대한 설명으로 옳지 않은 것은?

① 자산부채상태표는 특정시점을 기준으로 개인 또는 가족 단위의 자산, 부채, 순자산의 현황을 보여주는 표이다.
② 금융투자자산은 금융자산 중에서 투자 목적이 6개월 이상인 금융상품의 잔액, 주식, 채권, 뮤추얼펀드 등을 지칭하는 것이다.
③ 현금성자산은 현금으로 전환가능성이 높아 유동성이 큰 자산을 말한다.
④ 부동산자산은 투자 목적의 부동산을 제외한 거주 목적의 부동산만을 포함한다.
⑤ 자산관리사는 자산부채상태표를 통해 개인 자산의 구성, 부채의 규모, 유동성 등을 파악할 수 있다.

11 다음 〈보기〉에 제시된 내용에 해당하는 계약 체결 기법으로 옳은 것은?

〈보 기〉
○○기업 김 과장님도 지난달에 이 상품에 가입하셨습니다.

① 예화법
② 묵시적 동의법
③ 양자택일법
④ 손해암시법
⑤ 거절방지법

12 다음 중 거시경제에서의 장·단기 가정에 대한 설명으로 옳지 않은 것은?

① 가격과 임금의 경직성이 단기 경기변동을 설명하는 데 중요한 요소이다.
② 최장기에는 경제성장이 주요 연구대상이다.
③ 장기에는 완전고용이 달성된다.
④ 단기에는 생산요소가 불완전 고용될 수 있다.
⑤ 장기에는 기술의 변화가 없고 생산요소 총량은 가변적이다.

13 다음 중 거시경제의 4시장에 대한 설명으로 옳지 않은 것은?

① 개방경제하의 거시경제 모형은 생산물시장, 요소시장, 대부자금시장, 외환시장 등 4개의 시장으로 구성되어 있다.
② 외환시장에서 균형 환율과 외환거래량이 결정된다.
③ 요소시장에서 기업가에 대해서는 이윤 또는 손실의 형태로 요소소득이 분배된다.
④ 생산물시장에서 균형 실질임금과 고용량이 결정된다.
⑤ 대부자금시장에서 한 나라의 균형 이자율과 대부자금거래량이 결정된다.

14 다음 중 개방경제하에서 거시경제 모형의 가정에 대한 설명으로 옳지 않은 것은?

① 다르게 정의하지 않는 한 환율은 가격표시방법으로 표시한다.
② 물가변동을 고려할 경우 명목변수와 실질변수를 구별한다.
③ 모형의 구성요소들은 모형에서 언급되지 않을 때에는 없다고 가정하며, 모형을 확대하면서 새로운 변수나 구성요소가 추가될 때에만 그 변수나 구성요소를 모형에서 고려한다.
④ 거시경제 변수와 변수의 관계를 설명할 때 설명되는 변수 이외의 다른 변수 등은 일정한 것으로 가정한다.
⑤ 단기에 실물과 화폐의 교환비율은 1:1이라고 가정하고, 실물의 흐름과 동일방향으로 동액의 화폐흐름이 있다.

15 다음 중 단기 총공급곡선의 좌측 이동 요인으로 옳은 것은?

① 총수요 증가 예상
② 생산요소가격 하락
③ 기술 향상
④ 환율 상승
⑤ 투자를 통한 자본량 증가

16 다음 중 총수요 증가 요인으로 옳은 것은?

① 실질소득의 증가
② 상대물가의 상승
③ 실질이자율 상승
④ 가계의 부채 증가
⑤ 조세부담 증가 기대

17 다음 중 총수요곡선에서 물가가 하락하면 총수요량이 증가하는 이유(총수요곡선이 우하향하는 이유)로 옳지 않은 것은?

① 실질소득 증가
② 실질통화 공급 증가
③ 실질이자율 상승
④ 부의 실질구매력 증가
⑤ 순수출 효과

18 다음 중 자연실업률에 대한 설명으로 옳지 않은 것은?

① 자연실업률 수준에서는 정부의 총수요관리정책 등 어떤 정책적 시도도 물가상승만을 가져오게 된다.
② 노동시장의 신축성과 효율성의 개선을 가져오는 구조적 정책에 의해서만 변화될 수 있는 실업률이다.
③ 자연실업률 수준에서는 계절적 실업이나 경기적 실업이 없이 마찰적 실업과 구조적 실업만 존재한다.
④ 완전고용하에서의 실업률이다.
⑤ 단기필립스곡선은 인플레이션율과 실업률의 평면에서 자연실업률 수준에서 수직의 형태를 갖는다.

19 전체인구 100만명, 비노동가능인구 20만명, 비경제활동인구 30만명, 취업자는 40만명이라면 경제활동참가율과 실업률은 각각 얼마인가?

	경제활동참가율	실업률
①	50%	10%
②	52.5%	10%
③	62.5%	20%
④	65%	20%
⑤	65%	25%

20 다음 〈보기〉의 괄호 안에 들어갈 말로 옳은 것은?

〈보 기〉

정부가 재정적자 발생 시 국채를 공개시장에서 매각하여 자금을 조달할 경우 대부자금시장에서 이자율이 상승하여 민간부문의 소비지출과 투자지출이 감소하는 (   )가 발생한다.

① 구축효과
② 소비의 평활화
③ 재정흑자
④ 피드백효과
⑤ 자동안정화장치

21 다음 중 재정지출 확대를 위한 재원조달에 대한 설명으로 옳지 않은 것은?

① 재정지출 확대의 재원을 조세를 통해 조달할 경우 가계의 가처분소득이 감소하므로 소비가 감소하게 된다.
② 공개시장에서 정부가 자금을 조달할 경우 이자율이 상승하고 그에 따라 민간지출이 감소하게 된다.
③ 국채의 만기가 도래할 경우 원금과 이자를 지급해야 하므로 민간 경제주체들은 미래에 조세부담이 증가할 것을 예상하여 현재 소비를 줄이고 저축을 늘리게 된다.
④ 국채를 중앙은행이 인수할 경우에는 통화공급에 변동이 없다.
⑤ 조세는 일부 소비감소를 통하여 그리고 일부는 저축감소를 통하여 납부하게 되기 때문에 소비감소는 재정지출 확대 효과를 완전히 상쇄하지 않는다.

22 다음 중 재정정책의 시차에 대한 설명으로 옳지 않은 것은?

① 재정정책의 시차는 길 뿐만 아니라 시차 길이의 변동성도 크다.
② 첫 번째 시차는 재정정책 담당자가 경제의 기조가 변동했다는 것을 인식하는 데 걸리는 시간을 말한다.
③ 두 번째 시차는 경제 기조 변동에 반응해서 재정정책을 변경하는 데 소요되는 시간을 말하는데, 이 시차는 통화정책에 비해 긴 편이다.
④ 세 번째 시차는 재정정책이 변경되어 그 효과가 완전하게 나타나는 데 걸리는 시간을 말한다.
⑤ 첫 번째 시차와 두 번째 시차를 합하여 내부시차라 하고, 세 번째 시차를 외부시차라 하는데, 통상 재정정책의 내부시차는 짧은 편이나 외부시차는 긴 편이다.

23 다음 중 한 나라의 경제가 침체국면에 있고, 국가 간 자본이동성은 매우 높은 편이라고 가정하였을 때 현재 경제상태를 분석한 설명으로 옳지 않은 것은?

① 생산물시장에서는 가용 유휴 생산요소가 많은 편이므로 총공급의 물가에 대한 탄력성이 큰 편이다.
② 노동시장에서 노동공급곡선은 비교적 가파른 기울기를 가지고 있어 기업은 실질임금 상승 압력 없이 고용량을 늘릴 수 있다.
③ 국가 간의 자본이동성이 매우 높아서 실질이자율 변동에 대해 해외부문으로부터의 자금이동이 민감하게 반응하므로 대부자금시장에서 대부자금 공급은 실질이자율 변동에 대해 탄력적이다.
④ 실업률이 높고 설비이용률은 낮으며, 실질GDP 성장률이 낮다.
⑤ 총수요가 증가할 경우 실질GDP 증가율이 물가상승률보다 크다.

24 다음 중 경기 선행종합지수에 속하는 것은?

① 건설수주액
② 건설기성액
③ 소매판매액지수
④ 취업자수
⑤ 소비자물가지수변화율

25 다음 중 경상수지에 해당하는 것이 아닌 것은?

① 상품수지
② 자본수지
③ 서비스수지
④ 본원소득수지
⑤ 이전소득수지

26 다음 중 시계열모형을 이용한 경기예측에 대한 설명으로 옳지 않은 것은?

① 시계열모형은 종속변수를 예측하기 위해 특정한 설명변수를 사용하지 않고 시간변수나 당해 시계열의 과거 행태를 이용한다.
② 경제이론보다는 자기시차 또는 일부 관심 경제변수 간의 상관관계에 바탕을 두고 작성된다.
③ 비교적 간단하고 시간과 노력 측면에서 비용이 적게 든다.
④ 과거 행태가 반복되고 경제의 외부충격이 없는 경우 장기예측에 유용한 예측방법이다.
⑤ 지표에 영향을 미치는 경제 환경의 영향은 설명할 수 없다는 단점이 있다.

27 다음 〈보기〉에서 설명하는 근대민법의 기본원리로 옳은 것은?

〈보 기〉
개인이 법질서의 한계 내에서 자기의 의사에 기하여 법률관계를 형성할 수 있는 원칙으로, 그 내용으로는 계약의 자유, 단체 결성의 자유, 유언의 자유, 권리행사의 자유 등이 있다.

① 사유재산권 존중의 원칙
② 사적자치의 원칙
③ 과실책임의 원칙
④ 신의성실의 원칙
⑤ 권리남용금지의 원칙

28 다음 중 담보물권으로 옳지 않은 것은?

① 유치권
② 전세권
③ 질 권
④ 저당권
⑤ 근저당권

29 다음 괄호 안에 들어갈 것으로 옳게 짝지은 것은?

> 특별결의는 출석한 주주의 의결권의 (㉠) 이상이며, 발행주식총수의 (㉡) 이상인 수로써 하는 결의이다.

	㉠	㉡
①	2분의 1	3분의 1
②	3분의 1	2분의 1
③	3분의 1	3분의 2
④	3분의 2	3분의 1
⑤	3분의 2	2분의 1

30 다음 중 예금계약의 성립시기에 대한 설명으로 옳지 않은 것은?

① 현금입금에 의한 예금계약은 예금자가 예금의 의사표시와 함께 제공한 금전을 은행직원이 예금자가 청약한 금액과 일치함을 확인한 때 성립한다.
② 유가증권으로 입금하거나 계좌송금한 경우는 은행이 그 증권을 교환에 돌려 부도반환시한이 지나고 결제를 확인한 때 예금계약이 성립한다.
③ 전자자금이체를 통한 지급의 효력 발생시기는 거래 지시된 금액의 정보에 대하여 수취인의 계좌가 개설되어 있는 금융회사의 계좌원장에 입금기록이 끝난 때이다.
④ 현금으로 계좌송금하거나 계좌이체하는 경우에는 예금원장에 입금의 기록이 된 때에 예금계약이 성립한다.
⑤ 수취은행은 원칙적으로 수취인의 계좌에 입금된 금원이 송금의뢰인의 착오로 자금이체의 원인관계 없이 입금된 것인지 여부에 관하여 조사할 의무가 있다.

31 다음 중 대출계약의 성립시기로 옳은 것은?

① 거래처의 차입신청서를 제출한 때
② 은행이 융자결정 통지를 한 때
③ 거래처의 소비대차약정서 및 근저당권설정계약서를 작성하여 제출한 때
④ 근저당권설정등기를 한 때
⑤ 차주가 금전소비대차약정서를 작성하여 은행에 제출하고 은행이 이를 이의 없이 수리한 때

32 다음 중 상계의 요건으로 옳지 않은 것은?

① 동종의 채권이 서로 대립하고 있지 않을 것
② 채권의 성질상 상계가 허용될 것
③ 최소한 자동채권은 변제기에 있을 것
④ 서면에 의한 상계 통지를 할 것
⑤ 자동채권과 수동채권 모두 변제기에 있을 것

33 다음 중 약관의 계약편입에 대한 설명으로 옳지 않은 것은?

① 약관의 편입합의 시 고객의 승낙은 묵시적인 승낙도 무방하며, 고객이 승낙한 이상 그 약관내용을 자세히 살펴보지 아니하거나 약관내용을 알지 못하더라도 편입합의는 인정된다.
② 은행은 고객이 요구할 때에는 당해 약관의 사본을 고객에게 교부하여 이를 알 수 있도록 하여야 하며, 보험약관의 경우는 교부의무가 다른 약관에 비해 완화되어 있다.
③ 은행이 약관내용 명시의무 및 사본교부의무에 위반하여 계약을 체결한 때에는 당해 약관을 계약의 내용으로 주장할 수 없다.
④ 은행은 약관에 정해져 있는 중요한 내용을 고객이 이해할 수 있도록 직접 구두로 설명하는 것이 원칙이나, 부득이하게 약관 외에 별도의 설명문에 의해 성실하고 정확하게 고객에게 설명한 경우에는 설명의무를 다한 것으로 볼 수 있다.
⑤ 약관의 모든 내용을 설명해야 하는 것은 아니고, 중요한 내용만을 설명하면 된다.

34 다음 중 신탁재산에 대한 설명으로 옳지 않은 것은?

① 신탁재산은 수탁자로의 이전 및 수탁자의 관리, 처분 등의 집행을 위해 반드시 특정되어야 한다.
② 신탁이 성립하기 위해서는 신탁재산이 위탁자로부터 수탁자에게 이전되어야 하므로 신탁재산은 이전 가능한 것이어야 한다.
③ 신탁법은 수탁자에게 소송행위를 시키는 것을 주된 목적으로 하여 신탁을 설정하는 것을 금지한다.
④ 신탁재산에서 손실이 발생한 경우 이는 모두 수익자에게 귀속되며 수탁자는 이것을 보전해 주어야 한다.
⑤ 신탁재산에 법인격은 없지만 실질적으로는 수탁자를 관리기관으로 하는 독립된 재산의 성격을 가진다.

35 다음 중 금융소비자보호법에서 규정한 6대 판매원칙에 해당하지 않는 것은?

① 적합성 원칙
② 적정성 원칙
③ 보장성 원칙
④ 광고규제
⑤ 설명의무

36 다음 중 신용카드에 대한 설명으로 옳지 않은 것은?

① 신용카드는 이를 제시함으로써 반복하여 신용카드가맹점에서 물품의 구입 또는 용역의 제공을 받을 수 있는 증표로서 신용카드업자가 발행한 것을 말한다.
② 신용카드는 본인의 신청에 의해서만 발급되며 길거리 모집은 금지된다.
③ 가맹점은 신용카드 가맹점수수료를 신용카드회원에게 전가할 수 없다.
④ 신용카드는 권리 또는 재산권을 표창하는 유가증권이다.
⑤ 분실·도난된 신용카드의 부정사용에 대하여 여신전문금융업법은 분실·도난의 통지를 받은 날부터 60일 전까지 발생한 신용카드의 사용에 대해서도 신용카드업자가 책임을 지도록 한다.

37 다음 중 혼인 및 재산의 귀속·관리에 대한 설명으로 옳지 않은 것은?

① 민법은 부부재산의 귀속에 관하여 별산제를 채용하고 있다.
② 부인이 상속 또는 증여받은 재산, 의족이나 장신구는 부인의 특유재산으로 된다.
③ 부부 중 누구에게 속하는 것인지 분명하지 않은 재산은 부부의 공유로 추정한다.
④ 혼인은 민법상 계약에 해당하므로 혼인이 성립하기 위해서는 당사자의 합의와 가족관계의 등록 등에 관한 법률에 정한 바에 의하여 신고하여야 한다.
⑤ 부부의 일방이 일상의 가사에 관하여 제3자와 법률행위를 한 때에는 다른 일방은 이로 인한 채무에 대하여 연대책임이 없다.

38 다음 중 합병의 효력이 발생하는 시기로 옳은 것은?

① 이사회가 합병결의를 한 때
② 합병대차대조표가 공시된 때
③ 주주총회에서 합병승인을 결의한 때
④ 합병계약서를 작성한 때
⑤ 합병등기를 한 때

39 다음 중 자금세탁방지제도에 대한 설명으로 옳지 않은 것은?

① 금융회사가 금융거래의 상대방과 공모하여 의심거래보고를 하지 않거나 허위보고를 하면 6개월의 범위 내에서 영업정지처분이 가능하다.
② 의심거래보고를 허위로 하는 경우에는 1년 이하의 징역 또는 1천만원 이하의 벌금에 처할 수 있다.
③ 의심거래보고를 하지 않는 경우에는 3년 이하의 징역 또는 3천만원 이하의 벌금에 처할 수 있다.
④ 1일 거래일 동안 1천만원 이상의 현금을 입금하거나 출금한 경우 거래자의 신원과 거래일시, 거래금액 등 객관적 사실을 전산으로 자동 보고하도록 하고 있다.
⑤ 금융회사는 금융거래의 상대방이 자금세탁행위나 공중협박자금조달행위를 하고 있다고 의심되는 합당한 근거가 있는 경우에는 금융거래의 금액에 상관없이 의심거래보고를 해야 한다.

40 다음 중 정보주체의 동의 없이 수집이 가능한 정보로 옳지 않은 것은?

① 계좌이체거래를 위해 수신자의 계좌번호를 수집하는 경우
② 보험계약체결을 위해 고객의 성명·연락처 등 개인정보를 수집하는 경우
③ 계약의 특성상 거래상대방의 신용도를 판단하는 경우
④ 계약의 특성상 거래상대방의 신용거래능력 등 판단이 필요한 금융거래의 경우
⑤ 당초 수집 목적 외로 이용하는 경우

제2과목 세무설계(40문항)

41 다음 중 소득세법상 거주자와 거주자에 대한 과세방법에 대한 설명으로 옳지 않은 것은?

① 거주자 판단기준과 국적은 아무 관계가 없다.
② 국내에 본사를 둔 직장을 가진 경우 국내에 주소를 가진 것으로 본다.
③ 거주자는 국외에서 발생한 소득에 대해서도 납세의무가 있다.
④ 거주자가 종합과세하는 경우 거주자 본인의 소득에 대한 모든 소득공제가 가능하다.
⑤ 거주자가 사망하는 경우 1월 1일부터 사망한 날까지의 소득금액에 대하여 과세한다.

42 2025년 귀속 종합소득세 신고 시 종합소득금액으로 옳은 것은?

- 근로소득 : 5,000만원
- 상가양도소득 : 3,000만원
- 상가임대소득 : 4,000만원

① 3,000만원　　　　　　　　　② 4,000만원
③ 8,000만원　　　　　　　　　④ 9,000만원
⑤ 1억 2,000만원

43 다음 중 소득세법상 기타소득에 해당하지 않는 것은?

① 원고료, 인세
② 계약의 위약 또는 해약으로 받는 위약금·해약금
③ 고용관계 없이 다수인에게 강연을 하고 받는 강연료
④ 변호사·공인회계사·세무사 등이 일시적으로 전문적 지식을 제공하고 받는 대가
⑤ 퇴직 전 부여받은 주식매수선택권을 해당 법인에서 근무기간 중 행사함으로써 얻은 이익

44 소득세법상 인적공제 중 기본공제에 대한 설명으로 옳지 않은 것은?

① 배우자의 연간 소득금액이 100만원을 초과하는 경우 공제대상에서 제외된다.
② 연간 소득금액에는 일시적으로 발생한 퇴직소득 및 양도소득도 포함된다.
③ 부양가족이 장애인인 경우에는 연간 소득금액에 대한 제한이 없다.
④ 기본공제 대상임을 증명하는 서류를 제출하지 않는 경우에도 기본공제 중 거주자 본인에 대한 분은 공제가 가능하다.
⑤ 기본공제 대상인 부양가족에는 배우자의 직계존속이 포함된다.

45 다음 중 금융소득종합과세에 대한 설명으로 옳지 않은 것은?

① 2천만원 이하의 금융소득은 14%의 세율로 원천징수된다.
② 배당소득이 2천만원을 초과하여 종합과세되면 이중과세된다.
③ 비과세·분리과세 금융소득은 종합과세 기준금액을 따질 때에 제외된다.
④ 금융소득은 이자소득과 배당소득을 말하며 필요경비가 인정되지 않는다.
⑤ 법원에 납부한 보증금 및 경락대금에서 발생하는 이자소득은 14%의 세율로 원천징수된다.

46 다음 괄호 안에 들어갈 세율을 옳게 짝지은 것은?

법인에게 이자소득을 지급하는 경우의 원천징수세율은 다음과 같다.	
구 분	세 율
비영업대금의 이익	(㉠)
기타 이자소득	(㉡)

	㉠	㉡
①	25%	14%
②	25%	25%
③	14%	14%
④	14%	25%
⑤	45%	14%

47 A 씨의 연간 소득이 다음과 같을 때 종합과세하는 경우 그로스업 금액은 얼마인가?

• 근로소득	2억원
• 정기예금 이자소득	1천만원
• 그로스업 대상 배당소득	1천만원
• 그로스업 대상이 아닌 배당소득	5백만원

① 50만원
② 100만원
③ 200만원
④ 500만원
⑤ 1,000만원

48 이자소득과 배당소득이 혼재한 경우 그로스업 대상 금액 산정 시 다음 중 가장 먼저 종합과세 기준금액에 합산해야 하는 것은?

① 분리과세 이자소득
② 이자소득
③ 분리과세 배당소득
④ 그로스업 대상 배당소득
⑤ 그로스업 대상이 아닌 배당소득

49 다음 중 분리과세되는 금융소득이 아닌 것은?

① 법원에 납부한 보증금 및 경락대금에서 발생하는 이자소득
② 금융회사가 실지명의가 확인되지 않은 자에게 지급하는 금융소득
③ 비금융회사가 실지명의가 확인되지 않은 자에게 지급하는 금융소득
④ 연금계좌 세액공제를 받은 연금계좌 납입액을 연금외수령한 소득
⑤ 직장공제회 초과반환금

50 다음 중 비거주자에 대한 과세방법으로 옳지 않은 것은?

① 국내사업장이 있는 비거주자의 금융소득이 해당 국내사업장과 실질적으로 관련되는 경우 2천만원을 초과하지 않더라도 종합과세한다.
② 부동산소득이 있는 비거주자의 금융소득이 해당 부동산에 귀속되는 경우 2천만원을 초과하지 않더라도 종합과세한다.
③ 국내사업장과 부동산소득이 없는 비거주자의 금융소득은 원천징수로 납세의무가 종결된다.
④ 국내사업장이 있거나 부동산소득이 있는 비거주자의 금융소득도 해당 국내사업장이나 부동산에 관련되지 않거나 귀속되지 않는 경우에는 원천징수로 납세의무가 종결된다.
⑤ 국내사업장 또는 부동산소득과 관련 없는 금융소득이 분리과세되는 경우 14%의 세율로 원천징수된다.

51 다음 중 금융소득종합과세 절세방안으로 옳지 않은 것은?

① 거래 목적에 맞는 주거래 금융회사를 정해두고 전문가에 의한 서비스를 제공받는다.
② 비과세저축과 분리과세저축은 종합과세 기준금액 초과 여부를 따질 때에 포함되지 않으므로 최대한 활용한다.
③ 이자수령조건을 조절하여 연간 금융소득을 평준화한다.
④ 증권회사 등의 주식형펀드에 가입한 경우 펀드의 수익 중 주식매매차익 및 장내파생상품의 이익 등은 과세되지 않으므로 관련 상품을 활용한다.
⑤ 채권은 보유기간 이자상당액을 해당 기간의 보유자에게 과세하므로 절세방안으로 활용할 수 없다.

52 다음 저축성 보험의 비과세 요건에 대한 설명 중 괄호 안에 들어갈 것으로 옳게 짝지은 것은?

- 최초납입일부터 만기일·중도해지일까지의 기간이 (㉠) 이상인 일시납보험
- 보험료 납입 계약기간 만료 후 (㉡) 이후부터 연금을 받는 종신형 연금보험

	㉠	㉡
①	10년	55세
②	10년	60세
③	20년	55세
④	20년	60세
⑤	30년	60세

53 다음 중 양도소득세 과세대상이 아닌 것은?

① 부동산에 관한 권리의 양도로 발생하는 소득
② 대주주가 양도하는 주권상장법인의 주식
③ 소액주주가 장외매매거래에 의하여 양도하는 주권상장법인의 주식
④ 소액주주가 장외매매거래에 의하여 양도하는 중소기업인 주권비상장법인의 주식
⑤ 외국법인이 발행하였거나 외국에 있는 시장에 상장된 주식

54 보유기간이 2년 이상인 상가를 양도하는 경우의 원천징수세율은 몇 %인가?

① 기본세율
② 10%
③ 20%
④ 40%
⑤ 50%

55 다음 중 양도소득 기본공제에 대한 설명으로 옳지 않은 것은?

① 양도소득 과세표준은 양도소득금액에서 양도소득 기본공제를 한 금액으로 한다.
② 미등기양도자산은 양도소득 기본공제 적용에서 배제한다.
③ 양도소득이 있는 거주자에 대해서는 해당 과세기간의 양도금액에서 각각 연 250만원을 공제한다.
④ 1세대 1주택에 해당하는 고가주택의 양도로 발생하는 소득은 양도소득 기본공제 적용에서 배제한다.
⑤ 양도소득금액에 소득세법이나 그 밖의 법률에 따른 감면소득금액이 있는 경우에는 그 감면소득금액 외의 양도소득금액에서 먼저 공제한다.

56 다음은 양도소득세의 예정신고납부기한에 대한 설명이다. 괄호 안에 들어갈 기간으로 옳게 짝지은 것은?

구 분	예정신고 및 납부기한
일반적인 양도자산	양도일이 속하는 달의 말일부터 (㉠) 이내
부담부증여	수증일이 속하는 달의 말일부터 (㉡) 이내

	㉠	㉡
①	1개월	2개월
②	1개월	3개월
③	2개월	3개월
④	3개월	3개월
⑤	5개월	6개월

57 피상속인이 상속개시 당시 2 이상의 주택을 소유한 경우 1세대 1주택의 특례에 해당하여 양도소득세가 비과세되는 가장 우선순위의 주택은?

① 피상속인이 사망 당시 거주한 1주택
② 피상속인이 소유한 기간이 가장 긴 1주택
③ 피상속인이 거주한 기간이 가장 긴 1주택
④ 피상속인이 상속개시 당시 거주한 1주택
⑤ 실지거래가액이 가장 높은 1주택

58 다음은 자경농지의 양도소득세 감면에 관한 설명이다. 괄호 안에 들어갈 것으로 옳게 짝지은 것은?

> 자경이라 함은 농작업에 상시 종사하거나 농작업의 (㉠) 이상을 자기의 노동력에 의해 경작 또는 재배하는 것을 말한다. 사업소득금액과 총급여액 합계액이 (㉡) 이상인 과세기간은 자경기간에서 제외한다.

	㉠	㉡
①	1/2	3,000만원
②	1/2	3,700만원
③	1/3	3,300만원
④	1/3	3,700만원
⑤	1/4	3,800만원

59 다음 중 양도소득세 절세방안이 될 수 없는 것은?

① 7월~8월 정부에서 발표하는 세법의 개정초안을 확인한 후 유리한 양도시기를 판단한다.
② 두 건의 부동산 양도 중 한 건이 손실이 예상된다면 해를 넘겨 분산 양도한다.
③ 부동산을 증여할 때 그 부동산에 딸린 부채를 함께 증여하는 경우 부채 상당액 만큼은 증여로 보지 않으므로 증여세 절세가 가능하다.
④ 재건축·재개발주택의 조합원입주권의 양도를 활용한다.
⑤ 오래 보유한 부동산은 배우자 우회양도를 고려하여 양도한다.

60 다음 괄호 안에 공통으로 들어갈 것으로 옳은 것은?

> 양도 또는 취득의 시기는 당해 자산의 양도대금을 (   )한 날로 한다. 여기에서 (   )일은 매매계약서상 기재된 잔금 (   )약정일이 아니라, 실지로 잔금을 수수한 날을 말한다. 따라서 매매계약서 등에 기재된 잔금 (   )약정일보다 잔금을 앞당기거나 늦추는 경우에는 실지로 대금을 수수한 날이 잔금 (   )일이 된다.

① 청 산   ② 인 도
③ 접 수   ④ 증 여
⑤ 상 속

61 다음 중 상속세에 대한 설명으로 옳지 않은 것은?

① 상속인이 되는 피상속인의 배우자는 법적인 배우자만을 말하므로, 사실혼 관계 또는 이혼한 배우자는 상속인이 될 수 없다.
② 법정상속분의 경우 모든 상속인 간에 균등하게 나누어진다.
③ 피상속인이 지정상속을 통해 상속인 외의 자에게 전 재산을 유증했다고 하더라도 상속인은 유류분 제도를 통해 일정비율까지는 재산을 승계받을 수 있다.
④ 상속인은 상속에 대하여 단순승인, 한정승인 또는 상속포기를 할 수 있다.
⑤ 민법이 정하는 유언의 방식에는 자필증서, 녹음, 공정증서, 비밀증서, 구수증서가 있다.

62 다음 중 상속세 과세가액에 포함되지 않는 경우는?

① 피상속인이 사망 10년 이내에 상속인에게 증여한 재산
② 피상속인이 부담하고 피상속인의 사망으로 인하여 받는 생명보험의 보험금
③ 피상속인에게 지급되어야 하나 피상속인의 사망으로 상속인에게 지급되는 피상속인의 퇴직금
④ 피상속인이 위탁한 신탁재산
⑤ 상속개시 2년 전에 피상속인이 은행에서 인출하였으나 그 용도가 객관적으로 명백하지 않은 예금 3억원

63 피상속인 김고시 씨의 상속개시일 현재 재산상황 등이 다음과 같은 경우 상속세 과세가액은 얼마인가? (단, 상속인과 피상속인 모두 거주자이다.)

- 재산상황
  - 토지 : 6억원(대출금 등 토지 관련 채무 없음)
  - 생명보험금 : 2억원(생명보험료의 50%만 김고시 씨가 납부)
  - 신탁재산 : 1억원(1억원 전액 신탁법에 규정한 공익신탁을 통해 공익법인에 출연함)
- 추가사항
  김고시 씨는 사망 6개월 전에 보유하고 있던 예금 1억원을 인출하였으며, 상속개시일 현재까지 그 용도는 불분명하다.

① 10억원
② 9억원
③ 8억원
④ 7억원
⑤ 6억원

64 다음 중 상속세 과세표준이 얼마 미만이면 상속세를 부과하지 않는가?

① 10만원
② 20만원
③ 30만원
④ 40만원
⑤ 50만원

65 피상속인인 나사망 씨의 사망일 현재 가족관계 및 재산상황은 다음과 같다. 나사망 씨가 비거주자인 경우 받을 수 있는 상속공제액은 얼마인가?

- 가족현황

이 름	관 계	나 이	비 고
이시대	친 모	75세	나사망 씨와 함께 거주하고 있다.
김후회	전 처	45세	2년 전 나사망 씨와 이혼하였다.
나백수	아 들	20세	5년 전 입양하였다.
나막내	아 들	18세	

- 재산상황
  - 토지 : 10억원
  - 순금융재산가액 : 1천만원

① 2억원
② 3억 6천만원
③ 3억 7천만원
④ 5억원
⑤ 5억 1천만원

66 김대박 군은 할아버지의 사망으로 상속인이 되었다. 김대박 군의 상황이 다음과 같은 경우 김대박 군에게 적용되는 세대생략 할증과세율은 몇 %인가? (단, 피상속인의 아들이자 김대박 군의 친부는 3년 전 사망하였다.)

- 성명 : 김대박
- 나이 : 10세
- 피상속인과의 관계 : 조손
- 상속재산가액 : 30억원

① 40%
② 30%
③ 20%
④ 10%
⑤ 할증과세 미적용

67 다음 중 상속세에 대한 설명으로 가장 옳지 않은 것은?

① 상속개시 전 10년 이내에 상속인에게 증여한 재산은 상속세 과세가액에 가산하지만 해당 증여재산에 대한 증여세가 과세되었으므로 이중과세를 방지하기 위하여 상속세액에서 해당 증여세액을 공제한다.
② 피상속인의 상속재산에 문화재자료, 박물관자료, 미술관자료 등이 포함된 경우에는 상속세액 중 해당 재산가액에 상당하는 상속세액의 징수를 유예한다.
③ 거주자인 피상속인의 외국에 있는 상속재산에 대하여 외국의 법령에 따라 상속세를 부과받은 경우에는 그 부과받은 상속세에 상당하는 금액을 상속세 산출세액에서 공제한다.
④ 상속개시 후 3년 이내에 상속인이나 수유자의 사망으로 다시 상속이 개시되는 경우에는 전(前)의 상속세가 부과된 상속재산 중 재상속되는 상속재산에 대한 전의 상속세 상당액을 상속세 산출세액에서 공제한다.
⑤ 상속세 과세표준을 신고기한까지 신고한 경우에는 적법하게 신고된 산출세액에서 공제세액 등을 차감한 금액에 3%를 곱하여 계산한 금액을 공제한다.

68 다음 중 상속세의 과세표준 신고기한으로 옳은 것은? (단, 상속인 모두 외국에 주소를 두고 있다.)

① 상속개시일로부터 9개월 이내
② 상속개시일로부터 6개월 이내
③ 상속개시일로부터 3개월 이내
④ 상속개시일이 속하는 달의 말일부터 9개월 이내
⑤ 상속개시일이 속하는 달의 말일부터 3개월 이내

69 수증자가 증여를 받음과 동시에 증여자 또는 제3자에게 어떠한 급부를 부담으로 하는 부관(附款)을 갖는 증여는 무엇이라 하는가?

① 사인증여
② 재차증여
③ 합산배제
④ 부담부증여
⑤ 증여의제

70 다음 중 증여세 납부의무에 대한 설명으로 옳지 않은 것은? (단, 법인은 모두 본점이 국내에 위치한다.)

① 수증자가 거주자인 경우 증여세 과세대상이 되는 모든 증여재산에 대하여 증여세를 납부할 의무가 있다.
② 수증자가 비영리법인인 경우 증여세 과세대상이 되는 모든 증여재산에 대하여 증여세를 납부할 의무가 있다.
③ 수증자가 비거주자인 경우 증여세 과세대상이 되는 국내에 있는 모든 증여재산에 대하여 증여세를 납부할 의무가 있다.
④ 영리법인이 증여받은 재산 또는 이익에 대하여 법인세가 부과되는 경우 특별한 경우를 제외하고 증여세를 부과하지 아니한다.
⑤ 거주자가 비거주자에게 국외에 있는 재산을 증여하는 경우 증여세는 부과하지 않는다.

은행FP 자산관리사 1부

71 다음 중 타인의 기여에 의하여 재산가치가 증가한 경우와 그 증여재산의 취득시기가 옳게 짝지어지지 않은 것은?

① 개발사업의 시행 : 개발구역으로 지정되어 고시된 날
② 형질변경 : 해당 형질변경허가일
③ 공유물(共有物)의 분할 : 공유물 분할등기일
④ 사업의 인가·허가 또는 지하수개발·이용의 허가 등 : 해당 인가·허가일
⑤ 생명보험 또는 손해보험의 보험금 지급 : 실제 보험금이 지급된 날

72 이시대 씨의 증여 관련 내역이 다음과 같을 경우 증여세 과세가액은 얼마인가? (단, 그 외의 증여는 존재하지 않는다.)

- 최대주주인 할머니로부터 비상장주식 3백만원을 10년 전에 증여받았다.
- 아버지로부터 현금 5백만원을 7년 전에 증여받았다.
- 어머니로부터 1천만원 상당의 토지를 올해 증여받았다.
※ 할머니로부터 증여받은 주식이 상장되어 올해 5천만원이 되었다.

① 6,800만원
② 3,500만원
③ 3,000만원
④ 1,800만원
⑤ 1,500만원

73 다음은 특수관계가 없는 자 간의 저가양수·고가양도 시의 증여에 대한 설명이다. 괄호 안에 들어갈 것으로 옳게 짝지은 것은?

특수관계인이 아닌 자 간에 거래의 관행상 정당한 사유 없이 재산을 시가보다 현저히 낮은 가액으로 양수하거나 시가보다 현저히 높은 가액으로 양도한 경우로서 그 대가와 시가의 차액이 양도 또는 양수한 재산의 (㉠)에 상당하는 가액 이상인 경우에는 해당 재산의 양수일 또는 양도일을 증여일로 하여 그 대가와 시가의 차액에서 (㉡)을 뺀 금액을 그 이익을 얻은 자의 증여재산가액으로 한다.

	㉠	㉡
①	대가의 30%	3억원
②	대가의 30%	5억원
③	시가의 30%	3억원
④	시가의 30%	5억원
⑤	취득가의 30%	5억원

74 다음 중 비과세되는 증여재산이 아닌 것은 무엇인가?

① 국가나 지방자치단체로부터 증여받은 재산의 가액
② 사내근로복지기금 등이 증여받은 재산의 가액
③ 사회통념상 인정되는 이재구호금품, 치료비, 피부양자의 생활비, 교육비 등
④ 특수관계자의 상가를 무상으로 사용하여 그 경제적 이익이 1억원 이상인 경우
⑤ 장애인을 보험금 수령인으로 하는 보험금(연간 4천만원 한도)

75 할아버지에게 5년 전에 2천만원을 증여받고 올해 아버지에게 6천만원을 증여받은 경우 아버지에게 받은 증여액 중 직계존속공제를 받을 수 있는 금액은 얼마인가? (단, 수증자는 올해 만 30세 성년자이다.)

① 6천만원
② 5천만원
③ 4천만원
④ 3천만원
⑤ 2천만원

76 증여세 납부의무가 있는 자가 증여받은 날이 속하는 달의 말일부터 3개월 이내에 증여세의 과세가액 및 과세표준을 납세지 관할 세무서장에게 신고한 경우 받을 수 있는 신고세액공제는 증여세 산출세액의 몇 %인가?

① 1%
② 2%
③ 3%
④ 4%
⑤ 5%

77 다음 중 취득세에 대한 설명으로 옳지 않은 것은?

① 취득세의 납세의무자는 취득세 과세대상 재산의 취득자이다.
② 국가 또는 지방자치단체 등의 취득에 대해서는 취득세를 부과하지 아니한다.
③ 취득세의 과세표준은 취득 당시의 가액으로 하는 것이 원칙이나 연부로 취득하는 경우에는 연부금액으로 한다.
④ 일반적으로 과세물건의 취득일이 속한 달의 말일부터 60일 이내에 취득세를 신고·납부하여야 한다.
⑤ 생애 최초로 주택을 취득한 경우 300만원 한도에서 취득세 감면 혜택을 받을 수 있다.

78 다음 중 재산세 과세대상에 해당하지 않는 것은?

① 토 지
② 건축물
③ 주 택
④ 항공기
⑤ 자동차

79 재산세의 과세기준일은 언제인가?

① 1월 1일
② 4월 1일
③ 6월 1일
④ 9월 1일
⑤ 12월 1일

80 주택의 재산세 부과세액이 얼마 이하인 경우에 재산세를 한꺼번에 부과·징수할 수 있는가?

① 10만원
② 20만원
③ 30만원
④ 50만원
⑤ 주택에 대한 재산세는 그 부과세액의 크기와 상관없이 모두 한꺼번에 부과·징수한다.

제3과목 보험 및 은퇴설계(20문항)

81 보험의 원리 중 손해의 보상에 목적이 있으므로 피보험자가 자신이 입은 손해만큼 보상받는 원칙은 무엇인가?

① 수지상등의 원칙
② 순보험료의 원칙
③ 대수의 법칙
④ 실손보상의 원칙
⑤ 급부반대급부 균등의 원칙

82 다음 중 예정기초율 변화에 따른 보험료 변동에 대한 설명으로 옳지 않은 것은?

① 예정사망률이 낮아지면 생존보험료는 높아진다.
② 예정이율이 낮아지면 보험료는 높아진다.
③ 보험기간이 길수록, 납입기간이 짧을수록 보험료 변동폭이 크다.
④ 예정사업비율이 낮아지면 보험료는 높아진다.
⑤ 예정이율에서 순수보장형보다 만기환급형의 보험료 변동폭이 크다.

83 다음 〈보기〉의 사례를 바탕으로 보험금 청구권에 대한 설명으로 옳은 것은?

〈보 기〉

K씨는 2018년에 보험계약자와 피보험자를 본인으로, 보험수익자를 아내로 하여 보험에 가입하였다. 2020년 K씨는 운전 중에 사고가 나서 병원에 입원, 수술 및 치료를 받았으나 회사 일로 바빠서 1년 동안 보험료를 청구하지 못했다. K씨는 시간이 많이 경과되어 보험료를 받을 수 있을지 걱정이 되었다.

① K씨는 사고 발생일을 기준으로 2년 안에 보험료를 청구할 수 있다.
② K씨의 아내는 사고 발생일을 기준으로 2년 안에 보험료를 청구할 수 있다.
③ K씨는 사고 발생일을 기준으로 3년 안에 보험료를 청구할 수 있다.
④ K씨의 아내는 사고 발생일을 기준으로 3년 안에 보험료를 청구할 수 있다.
⑤ K씨는 입원일을 기준으로 3년 안에 보험료를 청구할 수 있다.

84 다음 중 생명보험상품에 대한 설명으로 옳지 않은 것은?

① 변액보험은 대표적인 실적배당형보험이다.
② 연생보험은 피보험자가 2인 이상인 보험이다.
③ 배당보험은 주로 주식회사에서, 무배당보험은 상호회사에서 판매된다.
④ 확정금리형보험은 최초 가입 시 정한 이율로 만기까지 이자를 적립하는 보험이다.
⑤ 자산연계형보험은 특정자산의 운용실적에 연계하여 투자성과가 지급되는 보험이다.

85 다음 중 제3보험에 대한 설명으로 옳은 것은?

① 우리나라 보험업법은 보험업을 생명보험업과 손해보험업으로 구분하고 있다.
② 생명보험, 손해보험의 고유영역을 포함한 상해보험, 질병보험, 간병보험으로 구분할 수 있다.
③ 생명보험의 실손보상적 특성과 손해보험의 정액보상적 특성을 동시에 가진다.
④ 제3보험업을 영위하기 위해서는 별도로 독립된 제3보험회사를 설립하여 운영하거나, 생명보험회사 및 손해보험회사로서 해당 보험업의 모든 보험종목에 대해 허가를 받아야 한다.
⑤ 제3보험업에 대해서도 겸영은 금지된다.

86 다음 중 주택화재보험에서 보상하지 않는 손해로 옳게 짝지은 것은?

ㄱ. 윗집의 화재사고로 주택 내 가재도구가 불에 타서 파손되었다.
ㄴ. 갑작스러운 추위로 수도관이 파열되어 가재도구가 침수되었다.
ㄷ. 피보험자의 채무자가 악의를 품고 방화하여 건물의 일부가 소실되었다.
ㄹ. 벼락으로 인해 냉장고가 파손되었다.
ㅁ. 화재가 나서 가재도구를 집 앞에 내놓았으나 밤중에 도난을 당했다.

① ㄱ, ㄴ　　　　② ㄱ, ㄹ
③ ㄴ, ㄷ　　　　④ ㄴ, ㅁ
⑤ ㄷ, ㄹ

87 다음 중 국민건강보험제도에 대한 설명으로 옳지 않은 것은?

① 일정한 자격이 충족되면 본인의 의사와 상관없이 강제로 가입된다.
② 소득수준 등 보험료 부담능력에 따라 차등적으로 부담한다.
③ 보험료 부담수준과 관계없이 관계법령에 의해 균등하게 보험급여가 이루어진다.
④ 국외체류 시, 현역병, 교도소 수감자는 건강보험료가 면제된다.
⑤ 직장가입자 보수월액보험료는 가입자의 소득월액에 보험료율을 곱하여 보험료를 산정한 후, 경감률 등을 적용하여 가입자 단위로 부과한다.

88 다음 중 장기손해보험의 특징에 대한 설명으로 옳지 않은 것은?

① 보험기간은 15년 이내로 하되 보장성보험의 경우에는 15년 이상으로 할 수 있다.
② 보장기능과 저축기능을 겸하는 장점을 지니고 있다.
③ 분할지급, 거치지급 등 만기환급금의 지급방법을 다양화하고 있다.
④ 납입최고기간 안에 발생한 사고는 보상을 받을 수 없다.
⑤ 1회의 사고로 지급되는 보험금이 보험가입금액의 80% 미만이면 몇 번의 사고가 발생하더라도 보험가입금액은 감액되지 않는다.

89 보험상담 프로세스 3단계 정보수집 및 분석법에 대한 내용이다. 다음 〈보기〉는 어떤 질문에 의한 정보수집인가?

―〈보 기〉―
거울처럼 감정의 개입 없이 느낀 그대로를 상대에게 표출하는 것이다. 이는 의견에 대한 동의 혹은 거절을 요구하는 것이 아니라 상대가 느끼는 감정을 읽고 알아차렸다는 것을 확인하는 말이다. 이를 통해 대화 중에 느끼는 혼란, 실망, 당혹감 등의 불편한 감정을 드러내고 제거할 수 있다.

① 개방형 질문
② 공감화법
③ 현상파악 질문
④ 투사화법
⑤ 요점화법

90 보험상담 프로세스 중 계약체결 시 고객의 저항심리 및 고객의 거절을 대하는 자세로 옳지 않은 것은?

① 고객의 거절에는 더 많은 정보를 얻거나 한 번 더 확인하려는 의도가 있다.
② 거절의 이유를 알기 위해서 고객의 의도를 정확히 파악하는 것이 중요하다.
③ 고객은 일반적으로 의사결정을 미루려 하는 경향이 있다.
④ 고객의 질문에 모르는 것은 솔직하게 시인하고 최대한 빠른 시간 내에 응대해야 한다.
⑤ 고객이 거절에 대한 이유를 말할 때 지나친 공감은 고객의 마음을 얻는 데 도움이 된다.

91 다음 중 기초연금에 대한 설명으로 옳지 않은 것은?

① 한국 국적을 가지고 국내에 거주하는 만 65세 이상 고령자 중 가구의 소득인정액이 선정기준액 이하인 자에게 지급된다.
② 부부가 모두 기초연금을 받는 경우에는 각각에 대하여 산정된 기초연금액의 20%를 감액한다.
③ 기초연금 수급자격 평가에서 자녀의 소득과 재산이 일정 기준 이상일 경우 부모의 소득인정액에 영향을 미친다.
④ 공무원연금, 사립학교 교직원연금, 군인연금, 별정우체국 연금 수급권자와 그 배우자는 원칙적으로 기초연금 수급대상에서 제외된다.
⑤ 기초연금은 보험료를 납부하지 않기 때문에 중앙정부와 지방자치단체가 각각 재원을 분담한다.

92 다음 중 은퇴환경 변화와 은퇴설계에 대한 설명으로 옳지 않은 것은?

① 행복한 노후를 위해 재무적인 요소와 비재무적인 요소의 균형이 중요하다.
② 자신의 수명보다 돈의 수명을 더 짧게 설계해야 한다.
③ 은퇴설계의 3가지 기본 축은 경제, 건강, 삶의 보람이다.
④ 은퇴설계는 특정 시점이 아닌 전 생애에 걸쳐 이루어진다고 볼 수 있다.
⑤ 기대여명이란 현재 특정 연령에 있는 사람이 향후 얼마나 더 생존할 것인가 기대되는 연수이다.

93 다음 중 국민연금에 대한 설명으로 옳지 않은 것은?

① 수급권자에게 지급된 급여가 월 185만원 이하인 경우 압류가 불가능하다.
② 국민연금은 사적연금과 달리 중도해지가 불가능하다.
③ 매년 물가변동액을 반영하여 연금액을 지급받는다.
④ 국내에 거주하는 외국인도 국민연금에 가입할 수 있다.
⑤ 연금보험료 추후 납부제도에서 보험료 납부에 적용되는 기준소득월액은 과거 소득 기준이다.

94 공무원연금의 유족급여 중 퇴직연금수급권자가 퇴직 후 3년 이내에 사망한 때 받는 연금은?

① 퇴직연금일시금
② 퇴직연금공제일시금
③ 유족연금
④ 유족연금부가금
⑤ 유족연금특별부가금

95 다음 중 공적연금 연계제도에 대한 설명으로 옳지 않은 것은?

① 국민연금 또는 특수직역연금의 어느 한쪽이나 또는 양쪽 모두 수급권자가 아니면서 합산한 가입기간이 25년 이상일 경우 연계연금을 신청할 수 있다.
② 국민연금과 특수직역연금 모두 최소 가입기간을 넘어 각각 수급권을 갖고 있다면 연계연금을 신청할 수 없다.
③ 연계제도 신청은 강제사항은 아니며 본인이 희망할 경우 각 연금관리기간에 신청하여 연계연금을 받을 수 있다.
④ 연계신청을 하고 난 후 국민연금 수급개시연령이 되면 본인이 납부한 국민연금에 대해서는 국민연금공단에서, 공무원연금에 대해서는 공무원연금공단에서 각각 지급받는다.
⑤ 연계제도를 통해 지급되는 급여는 연계노령연금, 연계퇴직연금, 연계노령유족연금, 연계퇴직유족연금의 4종류가 있다.

96 퇴직연금 중 확정기여형(DC형)에 대한 설명으로 옳은 것은?

① 퇴직 시 지급할 급여의 수준을 노사합의를 통해 사전에 확정한다.
② 사용자가 적립금을 운용한다.
③ 기업부담금은 가입자 연간 임금총액의 1/12에 해당하는 금액 이상이다.
④ 근로자 퇴직 시 사용자는 사전에 약정된 퇴직급여를 지급한다.
⑤ 퇴직연금사업자는 매년 재정건전성 검증을 실시해야 한다.

97 다음 중 연금저축계좌에 대한 설명으로 옳지 않은 것은?

① 납입기간은 5년 이상이어야 한다.
② 보험료 납입은 IRP와 합산해 연간 1,800만원까지 가능하다.
③ 세액공제한도는 연간 600만원이다.
④ 연금은 만 60세 이후 수령가능하다.
⑤ 연간 연금수령액이 1,500만원 초과하는 경우 연금소득세 16.5%의 분리과세와 종합과세 중 선택할 수 있다.

98 다음 중 주택연금제도에 대한 설명으로 옳은 것은?

① 부부 중 1명이 만 60세 이상이어야 가입이 가능하다.
② 다주택 보유자일 경우 신청이 불가하다.
③ 부부 중 한 명이 사망해도 배우자가 동일한 금액을 그대로 받는다.
④ 부부 두 사람 모두가 사망했을 때 연금 수령액이 집값을 초과하면 상속인에게 초과분을 추가로 청구한다.
⑤ 부부 두 사람 모두가 사망했을 때 집값이 연금 수령액을 초과하여 잔금이 있으면 국가에 귀속된다.

99 다음 중 성년후견인제도에 대한 설명으로 옳은 것은?

① 특정후견의 경우 본인의 정신상태에 대한 의사의 감정이 필요하다.
② 특정후견의 경우 후견인은 법원이 정한 범위에서 대리권을 행사할 수 있다.
③ 한정후견의 경우 감정 대신 의사나 전문지식이 있는 사람의 의견을 들어야 한다.
④ 성년후견의 경우 본인이 정신적 제약으로 사무처리능력이 부족한 경우 가능하다.
⑤ 후견인은 1인만 가능하다.

100 다음 중 고객의 니즈를 정확히 파악하기 위해 주의해야 할 점으로 옳지 않은 것은?

① 고객의 문제나 희망사항 등을 진지하게 경청하는 것이 필요하다.
② 다양한 질문을 통해 문제를 정리하고 명확히 해야 한다.
③ 고객 중에는 이미 자기 스스로 마음속에 답을 가지고 있는 경우가 있다.
④ 일반적으로 고객은 처음부터 문제의 핵심을 말하고 싶어 한다.
⑤ 고객의 말이나 표정, 행동 등을 통해 느끼는 것도 중요하므로 잘 관찰한다.

이 출판물의 무단복제, 복사, 전재 행위는 저작권법에 저촉됩니다.
파본은 구입처에서 교환하실 수 있습니다.

제3회
은행FP 자산관리사 1부
실제유형 모의고사

문항 및 시험시간

평가영역	문항 수	시험시간	비 고
자산관리사(FP) 1부	100문항	100분	

※ 이 자료는 저작권법에 의해 보호를 받는 저작물이므로 동영상 제작 및 무단전재와 복제를 금합니다.

은행FP 자산관리사 1부

제3회 실제유형 모의고사

문 항 수 : 100문항
응시시간 : 100분

제1과목 자산관리 기본지식(40문항)

01 다음 중 개인 재무설계의 의미에 대한 설명으로 옳지 않은 것은?

① 재무설계는 개인적 상황의 변화, 경제환경의 변화, 생애주기상의 변화 등을 고려하여 평생에 걸쳐 지속해서 이루어져야 한다.
② 개인 재무설계는 개인 및 가계의 재무적 및 비재무적 자원을 적절하게 관리하는 과정이다.
③ 재무설계와 재무상담은 개인의 재무적 복지를 증진시킨다는 점에서는 상호관련성이 깊다.
④ 개인 재무설계는 단기적 문제해결 능력을 제외한 중장기적 목표달성을 포함한다.
⑤ 재무상담이 고객의 문제 평가에서 시작한다면 재무설계는 고객의 목표로부터 시작한다.

02 개인 재무설계의 필요성에 대한 설명 중 인구 통계적 배경에 해당하는 것은?

① 가계부채의 위험성에 대한 우려가 고조되고 있다.
② 노년부양비와 노령화지수가 지속해서 증가하여 사회적 부담 증대가 예상된다.
③ 개인고객 비중이 확대되고 있다.
④ 개인의 개성과 가치를 중시하면서 다양성을 추구하는 성향이 강해지고 있다.
⑤ 시장이 공급자 중심에서 소비자 중심으로 전환되고 있다.

03 다음 중 유망고객의 조건으로 가장 옳지 않은 것은?

① 만남이 가능한 사람
② 금융상품에 가입할 경제적 능력이 있는 사람
③ 친분이 있는 사람
④ 재무목표가 있는 사람
⑤ 실행력이 있는 사람

04 다음 중 생애주기별 재무관심사가 옳게 연결된 것은?

① 청년기 – 자녀들의 교육자금 마련
② 가족형성기 – 주택확장자금 마련
③ 자녀양육기 – 주택자금 마련
④ 자녀성장기 – 노후자금 마련
⑤ 가족축소기 – 자녀들의 결혼자금 마련

05 다음 중 재무설계 2단계에서 고객 정보수집에 대한 설명으로 가장 옳지 않은 것은?

① 고객정보를 수집하기 위해서는 정보 프로파일에 의해 수집하는 것이 효율적이다.
② 면담을 진행하면서 설문서를 이용하여 고객의 정보를 받는 방법은 고객의 정보를 정확하게 점검하면서 받을 수 있어 자산관리사들이 많이 사용하는 방법이다.
③ 자산관리사는 취득한 고객정보에 대해서는 비밀유지를 철저하게 이행할 것을 고객에게 약속해야 한다.
④ 전화로 정보를 수집하는 방법은 자료수집 과정을 빠르게 진행할 수 있고 고객의 생각 반영도가 높다는 장점이 있다.
⑤ 고객과의 직접면담을 통해 고객의 재무적 정보뿐만 아니라 비재무적 정보를 수집하면서 고객을 더 잘 이해할 수 있다.

06 다음 〈보기〉에서 정량적 정보를 모두 고른 것은?

〈보 기〉
㉠ 예상수명
㉡ 위험수용성향
㉢ 지출자료
㉣ 사회적 지지
㉤ 세금 관련 자료
㉥ 소득자료

① ㉠, ㉡, ㉣, ㉤
② ㉡, ㉢, ㉤, ㉥
③ ㉢, ㉤, ㉥
④ ㉠, ㉡, ㉣
⑤ ㉠, ㉡, ㉢, ㉤, ㉥

07 다음 중 재무설계 5단계에서 효과적인 가입제안 및 체결의 자세에 대한 설명으로 가장 옳지 않은 것은?

① 무형상품인 금융상품의 특성을 고려하여 가입을 미루거나 거절하는 고객은 무리하게 설득하지 말 것
② 상품 가입 시 고객이 알아야 할 사항에 대해 정확히 안내할 것
③ 고객이 가입해야 하는 이유에 대해 논리적으로 설명하되 감성을 자극하는 스토리텔링을 제공할 것
④ 자산관리사가 고객의 재무목표 달성에 도움을 주는 전문가라는 신뢰감을 줄 것
⑤ 고객의 이익에 반하는 결정을 하지 않을 것

08 다음 〈보기〉에서 설명하는 기능에 해당하는 거시경제의 주체로 옳은 것은?

―――――― 〈보 기〉 ――――――
- 생산물시장에서 기업이 생산하거나 해외에서 수입한 재화와 용역의 수요
- 요소시장에서 생산요소를 공급
- 대부자금시장에서 대부자금의 공급

① 가 계
② 기 업
③ 정 부
④ 해 외
⑤ 중앙은행

09 다음 중 총공급과 총공급곡선에 대한 설명으로 옳지 않은 것은?
① 총공급은 노동시장에서 결정되는 고용량과 자본스톡, 생산기술에 의해 그 크기가 결정된다.
② 단기에 물가가 상승할 경우 실질임금이 하락하여 고용량이 증가한다.
③ 경기침체기에 단기 총공급곡선은 물가와 실질GDP 평면에서 가파른 형태로 물가 변동에 대해 단기 총공급이 민감하게 변동하지 않는다.
④ 장기 총공급곡선은 잠재GDP에 상응하는 총공급곡선으로 노동과 자본 등의 생산요소를 완전히 고용하여 달성할 수 있는 최대GDP를 말한다.
⑤ 장기에는 명목임금이 탄력적이기 때문에 물가가 상승하면 명목임금도 물가상승률과 비례적으로 상승하여 실질임금은 변동이 없게 된다.

10 다음 중 단기 총공급곡선이 오른쪽으로 이동하는 요인으로 옳지 않은 것은?
① 기대 인플레이션 상승에 따른 임금 상승
② 기술향상에 의한 요소생산성 향상
③ 경제활동인구의 증가
④ 투자를 통한 자본량의 증가
⑤ 신기술 개발

11 다음 중 노동시장에 대한 설명으로 옳지 않은 것은?
① 단기에 노동 고용량을 증가시킬 경우 노동의 한계생산량이 체감하므로 총생산량은 체감적으로 증가한다.
② 낮은 임금수준에서는 노동공급곡선이 완만한 형태를 갖고, 임금이 높아질수록 점차 수직에 가까워진다.
③ 실질임금이 변동하면 각각의 실질임금 수준에서 노동공급이 변동하여 노동공급곡선이 움직이게 된다.
④ 노동수요곡선은 고용량과 실질임금의 평면에서 우하향하는 형태를 갖는다.
⑤ 노동시장에서 완전고용이 달성되어 생산하는 총생산을 잠재GDP라 한다.

12 다음 중 인플레이션의 문제점에 대한 설명으로 옳지 않은 것은?

① 예기치 못한 인플레이션의 경우 채권자로부터 채무자에게 또는 노동자로부터 기업가에게 부가 재분배된다.
② 현금외자산 보유에 따른 기회비용을 줄이기 위한 비용을 발생시킨다.
③ 조세체계를 변화시켜 근로의욕과 저축 그리고 투자에 관한 의사결정을 왜곡시킨다.
④ 수요와 공급에 관한 정보를 전달해 주는 가격기구의 기능을 저하시켜 효율적 자원배분을 어렵게 한다.
⑤ 자국의 상대적 인플레이션율의 증가와 같은 크기의 환율상승으로 상쇄되지 않을 경우 국제경쟁력을 약화시킬 수 있다.

13 다음 〈보기〉에 제시된 수치를 통해 실업률을 계산한 값으로 옳은 것은?

〈보 기〉
- 전체인구   100만명
- 노동가능인구 60만명
- 비경제활동인구 10만명
- 취업자   45만명

① 5%   ② 10%
③ 15% ④ 20%
⑤ 25%

14 다음 중 재정정책에 대한 설명으로 옳지 않은 것은?

① 재정정책은 경제안정화, 소득재분배, 시장가격기구에 의한 자원배분의 결점을 보완하는 자원배분 기능을 한다.
② 재정흑자가 발생하면 가계 소비와 기업 투자가 증가하여 총수요가 증가하는 피드백효과로 인해 전체적인 총수요도 증가한다.
③ 재정적자 발생 시 국채를 중앙은행이 인수하는 방법을 통해 자금을 조달할 경우 구축효과는 발생하지 않으나 통화공급이 증가하여 인플레이션을 유발할 수 있다.
④ 재정지출 확대의 재원을 조세를 통해 조달할 경우 소비가 감소하게 된다.
⑤ 재정정책의 시차는 길고, 시차 길이의 변동성도 크기 때문에 재량적 재정정책의 유효성에 대해서는 부정적인 견해가 존재한다.

15 다음 중 중앙은행의 본원통화 감소정책으로 옳지 않은 것은?

① 재화와 용역의 매도
② 국채의 매도
③ 주식의 매도
④ 외환의 매도
⑤ 은행 등 금융기관에 대한 대출

16 다음 중 통화정책에 대한 설명으로 옳지 않은 것은?

① 지급준비율을 올리면 은행의 대출여력이 증가하여 통화량이 증가하고, 지급준비율을 낮추면 통화량이 감소한다.
② 중앙은행이 본원통화를 공급하면 예금은행은 예금과 대출과정을 통해 예금통화를 창조하여 통화량이 증가한다.
③ 예금자의 현금보유비율이 높아지면 통화공급이 감소한다.
④ 통상 통화정책은 내부시차는 짧은 편이나, 외부시차는 길고 그 길이의 변화도 큰 편이다.
⑤ 한국은행의 경우 설정된 물가안정목표를 달성하기 위해 단기금리인 RP 금리를 운용목표로 하고 있다.

17 다음 중 대부자금에 대한 실질이자율의 결정에 대한 설명으로 옳지 않은 것은?

① 실질이자율이 상승하면 대부자금 공급량이 대부자금 공급곡선을 따라 증가한다.
② 가계의 저축이 증가하면 대부자금 공급이 증가한다.
③ 정치·사회·경제에 대한 미래 기대가 낙관적이거나 물가가 상승할 것으로 기대되는 경우 기업의 대부자금 공급은 감소한다.
④ 실질GDP가 증가할 경우 정부의 대부자금 수요는 증가한다.
⑤ 국내의 물가와 이자율 상승 또는 매출수익 및 이익 증가가 기대될 경우 해외부문으로부터 국내 대부자금에 대한 수요가 증가한다.

18 다음 중 환율이 상승하는 요인으로 옳은 것은?

① 국내물가 하락
② 국내 실질이자율 상승
③ 민간수지 흑자
④ 국내 생산성 증가
⑤ 중앙은행의 외환 매입

19 원화를 엔화로 환전할 경우 다음 자료에 제시된 교차환율을 이용하여 계산한 엔화 환전금액으로 옳은 것은?

- 원달러 환율 1,200원
- 엔달러 환율 150엔
- 환전금액 100만원

① 110,000엔
② 115,000엔
③ 120,000엔
④ 125,000엔
⑤ 130,000엔

20 다음 중 경기수축국면에 나타나는 현상으로 옳지 않은 것은?

① 실업 증가
② 재고 누증
③ 물가상승 둔화
④ 총수요 감소
⑤ 소득분배 불균형 확대

21 다음 중 경기변동의 일반적 특징에 대한 설명으로 옳지 않은 것은?

① 경기변동은 반복적으로 나타나지만 그 주기는 일정하지 않다.
② 경기변동 변수들은 같은 시기에 다른 방향으로 움직이고, 변동의 크기도 각기 다르며 불규칙한 시차를 두고 변동한다.
③ 내구재 산업의 생산과 고용의 진폭은 크고 상대적으로 가격변화는 작으며, 비내구재 산업의 생산과 고용의 진폭은 작은 편이나 상대적으로 가격변화가 크다.
④ 생산성의 변동성은 GDP 변동성과 비슷하며 경기변동에 선행하는 경향이 있다.
⑤ 실업률의 변동성은 GDP 변동성보다 작고 경기역행적이며 경기변동에 후행한다.

22 다음 중 경제지표를 이용한 경기예측에 대한 설명으로 옳지 않은 것은?

① 경제지표를 활용하는 방법은 경기변동의 원인-결과 관계에서 원인에 해당하는 요소를 찾아 결과를 예측하고자 하는 것이다.
② 개별경제지표를 이용하는 방법은 부문별 경기동향을 파악하는 데는 유용하나 전체 경기의 움직임을 포괄적으로 파악하기는 어렵다.
③ 종합경기지표를 이용하는 방법 중 대표적인 경기종합지수는 경기변동에 민감하여 경제의 각 부문의 경기를 나타내는 대표적인 경기지수를 선정하여 이들의 움직임을 지수형태로 나타낸 것이다.
④ 경기종합지수의 구성지표는 예측하고자 하는 경제변수와의 관계가 일정해야 하며, 발표된 지표는 차후에 크게 수정되거나 변경되지 않아야 한다.
⑤ 경제지표의 증감은 실제 발생한 경기변동의 진폭과 관련성이 높다는 장점이 있다.

23 전체 100개의 업체 중 긍정적 응답을 한 업체 수는 70개, 부정적 응답을 한 업체 수는 30개라고 할 때, 기업실사지수(BSI)를 산출한 값으로 옳은 것은?

① 80
② 100
③ 120
④ 140
⑤ 160

24 다음 중 시계열모형을 이용한 경기예측에 대한 설명으로 옳지 않은 것은?

① 시계열모형은 관심 경제변수 간의 상관관계보다는 경제이론에 바탕을 두고 작성된다.
② 비교적 간단하고 시간과 노력 측면에서 비용이 적게 든다.
③ 지표에 영향을 미치는 경제 환경의 영향을 설명할 수 없다.
④ 종속변수를 예측하기 위해 특정한 설명변수를 사용하지 않는다.
⑤ 과거 행태가 반복되고 경제의 외부충격이 없는 경우 단기예측에 유용한 예측 방법이다.

25 다음 중 부동산물권과 동산물권의 공시방법을 옳게 짝지은 것은?

① 부동산 - 등기, 동산 - 등기
② 부동산 - 등기, 동산 - 점유
③ 부동산 - 점유, 동산 - 등기
④ 부동산 - 점유, 동산 - 점유
⑤ 부동산 - 소유, 동산 - 점유

26 다음 중 물권의 소멸에 대한 설명으로 옳지 않은 것은?

① 채권 및 소유권 이외의 재산권은 10년간 행사하지 아니하면 소멸시효가 완성된다.
② 소멸시효의 대상이 되는 물권은 지상권, 지역권, 전세권뿐이다.
③ 물권의 포기는 물권자가 자기의 물권을 포기한다는 의사표시를 하는 물권적 단독행위이다.
④ 부동산물권의 포기는 등기를 하여야 효력이 발생한다.
⑤ 후순위저당권이 있는 상태에서 선순위저당권자가 소유권을 취득한 경우에는 혼동으로 저당권이 소멸하지 않는다.

27 다음 괄호 안에 들어갈 말로 옳게 짝지은 것은?

> (㉠)란 채권자와 채무자가 서로 같은 종류를 목적으로 하는 채권·채무를 가지고 있는 경우에 그 채무들을 대등액에서 소멸하게 하는 단독행위이고, (㉡)란 채무의 중요한 부분을 변경함으로써 신채무를 성립시키는 동시에 구채무를 소멸시키는 계약이다.

	㉠	㉡
①	변제	면제
②	상계	경개
③	경개	면제
④	상계	변제
⑤	경개	상계

28 상법상 회사채무에 대해 무한·직접·연대책임을 부담하며, 회사의 업무집행권과 대표권을 가지는 무한책임사원으로 구성된 회사형태는?

① 합자회사
② 유한책임회사
③ 합명회사
④ 유한회사
⑤ 주식회사

29 다음 중 주식회사의 설립에 대한 설명으로 옳지 않은 것은?

① 설립 중의 회사는 권리능력 없는 사단이며, 그 성립시기는 정관이 작성되고 발기인이 1주 이상의 주식을 인수한 때이다.
② 주식회사의 정관은 1인 이상의 발기인이 작성해야 하며, 원시정관은 공증인의 인증을 효력발생요건으로 하고 있다.
③ 발기인이 금전출자를 하는 경우, 발기인은 주식총수를 인수하고 지체 없이 각 주식에 대하여 그 인수가액의 전액을 은행, 기타 금융기관에 납입하여야 한다.
④ 모집설립의 경우에는 출자이행절차가 완료된 때, 발기인은 창립총회를 소집하여 출석한 주식인수인의 의결권의 3분의 2 이상이며, 인수된 주식 총수의 과반수에 해당하는 다수로 이사와 감사를 선임한다.
⑤ 발기설립의 경우 주식회사의 설립등기는 검사인에 의한 변태설립사항의 조사보고 후 또는 법원의 변태설립사항의 변경처분 후 1주간 내에 하여야 한다.

30 다음 중 주식회사의 자본조달방법에 대한 설명으로 옳지 않은 것은?

① 신주발행은 상환주식이 아닌 자기자본이므로 일정 기간이 지나면 상환하여야 하는 부담이 없다.
② 신주인수권은 의무이므로 신주인수권자가 반드시 신주인수권을 행사하여 출자해야 한다.
③ 신주의 인수인은 납기기일에 그 인수가액의 전액을 납입하고, 현물출자를 하는 자는 납입기일에 지체 없이 목적재산을 인도 및 등기·등록에 필요한 서류를 교부하여야 한다.
④ 정관에서 신주발행을 주주총회의 권한사항으로 정하지 않는 한 이사회의 권한사항이므로 이사회의 결정만으로 자본을 증가시킬 수 있다.
⑤ 신주가 발행되면 발행주식총수 및 주식의 종류와 수의 변경이 생기고 자본의 총액이 증가하므로 변경등기를 하여야 한다.

31 다음 중 대출금 채권을 회수하는 방법인 변제와 상계에 대한 설명으로 옳지 않은 것은?

① 연대보증인, 신용보증서 등으로 담보되는 대출을 채무자가 변제한 후 변제를 취소할 경우에는 반드시 연대보증인 또는 신용보증기금의 동의를 받아야 한다.
② 채권의 압류나 가압류 등과 같은 지급금지명령을 받은 후에 취득한 대출채권으로는 압류채권자인 제3자에게 대항할 수 없다.
③ 상계란 채권자와 채무자가 서로 같은 종류를 목적으로 하는 채권·채무를 가지고 있는 경우에 그 채무들을 대등액에서 소멸하게 하는 단독행위이다.
④ 은행여신거래기본약관은 은행이 상계를 실행하는 경우에 채권·채무의 이자 등과 자연배상금의 계산기간은 은행의 상계통지가 채무자에게 도달한 다음 날로 하도록 규정하고 있다.
⑤ 유효한 상계가 있으면 자동채권과 수동채권은 그 상계적상 서로 소급하여 대등액에 관하여 소멸한다.

32 다음 중 약관의 해석원칙에 대한 설명으로 옳지 않은 것은?

① 약관과 개별약정이 충돌할 때에는 충돌부분에 대해서는 약관이 우선한다.
② 약관은 대중을 상대로 한 대량거래에 이용되는 것이므로 그 해석에 있어서는 직접적인 당사자들의 이해관계 외에 공공이익도 고려되어야 한다.
③ 약관은 고객에 따라 다르게 해석되어서는 안 되며 모든 고객에게 통일적으로 해석되어야 한다.
④ 약관의 뜻이 명백하지 아니하여 둘 이상의 해석이 가능한 경우에는 고객에게 유리하게, 은행에게 불리하게 해석되어야 한다.
⑤ 고객의 법률상의 지위에 중대한 영향을 미치는 약관 조항은 더욱 엄격하게 해석하여야 한다.

33 다음 중 신탁에 대한 설명으로 옳지 않은 것은?

① 수탁자란 위탁자로부터 재산권의 이전, 기타 처분을 받아 특정의 목적에 따라 그 재산의 관리 또는 처분을 하는 자를 말한다.
② 수탁자가 신탁행위로 인하여 수익자에게 부담하는 채무는 신탁재산의 한도로 제한된다.
③ 신탁행위에 의하여 수익자로 지정된 자는 별도의 수익의 의사표시가 있어야 수익권이 발생된 시점에 수익권을 취득할 수 있다.
④ 신탁법은 수익증권을 발행하는 수탁자의 자격에 관하여 아무런 제한을 두고 있지 않다.
⑤ 신탁은 수탁자가 수익자를 위하여 신탁재산을 관리·운용할 뿐 신탁을 통해 발생하는 이익을 보장하여 주거나 원금을 보장하여 주지 않는다.

34 다음 괄호 안에 들어갈 수치로 옳게 짝지은 것은?

> 은행법에 따라 산업자본은 은행의 의결권 있는 주식의 (㉠)를 초과 소유할 수 없으며, 의결권이 없는 경우에도 (㉡)를 초과하여 은행의 주식을 소유할 수 없다.

	㉠	㉡
①	2%	4%
②	2%	10%
③	4%	10%
④	10%	20%
⑤	10%	25%

35 다음 중 금융투자업과 투자권유의 규제에 대한 설명으로 옳지 않은 것은?

① 금융투자업은 이익을 얻을 목적으로 영업활동을 하는 경우에 한하여 인정된다.
② 자본시장법에서는 금융투자업 간의 겸영을 허용하고 있어 이러한 겸영을 통해 투자은행 업무에 필요한 모든 업무를 동일회사 내에서 수행하여 시너지 효과를 창출할 수 있다.
③ 금융투자업자는 투자권유를 함에 있어서 금융투자업자의 임직원이 준수해야 할 구체적인 기준 및 절차를 정하여야 한다.
④ 파생상품 등에 대해서는 일반투자자의 투자목적, 재산상황 및 투자경험 등을 고려하여 투자자 등급별로 차등화된 투자권유준칙을 마련해야 한다.
⑤ 금융투자업자는 금융소비자보호법에서 규정하고 있는 설명의무를 위반함에 따라 발생한 일반투자자의 손해는 배상할 책임이 없다.

36 다음 중 신용카드업에 대한 설명으로 옳지 않은 것은?

① 신용카드사는 매 분기 말 대환매출채권을 제외한 현금대출채권의 분기평균잔액이 신용판매채권의 분기평균잔액을 초과할 수 없도록 부대업무의 비중이 제한된다.
② 도난·분실된 신용카드의 부정사용으로 인해 발생한 손해는 분실·도난 등의 통지를 받은 날로부터 30일 전까지 발생한 신용카드의 사용에 대해서도 신용카드업자가 책임을 지도록 하고 있다.
③ 가맹점은 신용카드 가맹점수수료를 신용카드회원에게 전가할 수 없다.
④ 신용카드는 본인의 신청에 의해서만 발급되며 길거리 모집은 금지된다.
⑤ 가맹점 모집을 위해서는 신용카드사가 실사업장을 방문하여 개별적인 가맹점계약을 체결해야 한다.

37 다음 중 합병의 효과가 발생하는 시기로 옳은 것은?
① 합병등기를 한 때
② 이사회결의를 한 때
③ 합병계약서를 작성한 때
④ 합병대차대조표를 공시한 때
⑤ 채권자보호절차를 진행한 때

38 다음 중 자금세탁방지제도에 대한 설명으로 옳지 않은 것은?
① 1일 거래일 동안 1천만원 이상의 현금을 입금하거나 출금한 경우 거래자의 신원과 거래일시, 거래금액 등 객관적 사실을 전산으로 자동 보고하도록 하고 있다.
② 의심거래보고제도는 금융거래와 관련하여 수수한 재산이 불법재산이라고 의심되는 합당한 근거가 있는 경우 이를 금융감독원장에게 보고하도록 한 제도이다.
③ 금융기관 등은 당해 금융거래가 완료되기 전까지 고객확인의무를 이행하여야 한다.
④ 실제 소유자 확인방법으로는 개인과 법인으로 구분되는데, 법인의 경우에는 의결권 있는 발행주식 총수익 25% 이상을 소유한 최대주주, 실질적으로 지배하는 자, 대표자로 파악한다.
⑤ 금융기관 등은 고객확인 및 검증을 위한 고객의 정보와 이를 검증하기 위한 문서, 자료 등이 필요하다는 것을 고객에게 공지하여야 한다.

39 다음 중 투자권유 시 금지사항에 대한 설명으로 옳지 않은 것은?
① 투자권유를 받은 투자자가 이를 거부하는 취지의 의사표시를 한 후 1개월이 지난 후에 다시 투자권유를 하는 행위
② 불확실한 사항에 대하여 단정적 판단을 제공하거나 확실하다고 오인하게 할 소지가 있는 내용을 알리는 행위
③ 거짓의 내용을 알리는 행위
④ 투자자로부터 금전의 대여나 그 중개·주선 또는 대리를 요청받지 아니하고 이를 조건으로 투자를 권유하는 행위
⑤ 관계법령 및 회사가 정한 절차에 따르지 아니하고 금전·물품·편익 등의 재산상의 이익을 제공하거나 제공받는 행위

40 다음 중 민감정보에 해당하지 않는 것은?
① 범죄경력자료
② 정치적 견해
③ 유전정보
④ 국 적
⑤ 사상·신념

제2과목 세무설계(40문항)

41 다음은 거주자에 대한 설명이다. 괄호 안에 공통으로 들어갈 기간으로 옳은 것은?

> 국내에 주소를 두거나 (　　) 이상 거소를 둔 개인을 거주자라 한다. 세법상 거주자는 국적의 유무와는 관계가 없다. 비록 외국인이라고 하더라도 국내에 주소를 두거나 (　　) 이상 거소를 두면 거주자가 된다.

① 30일
② 60일
③ 73일
④ 120일
⑤ 183일

42 다음 중 근로소득이 있는 거주자가 적용받는 소득공제가 아닌 것은?

① 신용카드 등 사용금액 공제
② 주택마련저축 납입액 공제
③ 주택임차자금차입금의 원리금 상환액 공제
④ 장기주택저당차입금의 이자 상환액 공제
⑤ 주택담보노후연금 이자비용 공제

43 다음 중 종합소득이 있는 거주자의 중간예납에 대한 설명이다. 괄호 안에 들어갈 날짜로 옳은 것은?

> 종합소득이 있는 거주자는 1월 1일부터 6월 30일까지의 기간을 중간예납기간으로 하여 전년도의 종합소득에 대한 소득세의 1/2에 해당하는 금액을 (　　　)까지 납부하여야 한다.

① 6월 30일
② 7월 31일
③ 8월 31일
④ 9월 30일
⑤ 11월 30일

44 다음 중 연금소득과 연금소득의 과세방법에 대한 설명으로 옳지 않은 것은?

① 연금소득은 공적연금과 사적연금으로 구분된다.
② 연금소득금액은 총연금액에서 연금소득공제액을 제외한 금액으로 한다.
③ 공적연금소득은 10% 세율로 원천징수한다.
④ 사적연금 중 종신연금은 4%의 세율로 원천징수한다.
⑤ 연금소득공제는 900만원을 한도로 한다.

45 다음 중 금융소득종합과세에 대한 설명으로 옳지 않은 것은?

① 금융소득종합과세는 가구별 금융소득 합계액이 2천만원을 초과하는 경우 그 초과금액을 다른 종합소득과 합산하여 누진세율로 과세하는 제도이다.
② 종합소득 신고 시 당초 원천징수당한 세액은 기납부세액으로 공제하기 때문에 이중과세가 되지 않는다.
③ 채권이자의 경우 보유기간별 이자상당액을 계산하여 과세한다.
④ 이자소득과 배당소득은 총수입금액이 바로 소득금액이 된다.
⑤ 금융소득의 원천징수시기는 원천징수의무자가 금융소득을 지급할 때를 원칙으로 한다.

46 다음 중 배당소득이 아닌 것은?

① 외국법인으로부터 받는 이익이나 잉여금의 배당
② 상장법인으로부터 받는 이익이나 잉여금의 배당
③ 비상장법인으로부터 받는 이익이나 잉여금의 배당
④ 출자공동사업자의 손익분배비율에 해당하는 금액
⑤ 채권 또는 증권의 환매조건부 매매차익

47 다음 중 그로스업 대상 배당소득에 대한 가산율로 옳은 것은?

① 7%
② 9%
③ 10%
④ 11%
⑤ 14%

48 거주자 A 씨가 거래은행으로부터 예금이자 1,000만원을 수령하였을 때 그 외 다른 금융소득이 없을 경우 적용되는 세율은?

① 6%
② 8%
③ 11%
④ 13%
⑤ 14%

49 다음은 수입시기에 대한 설명이다. 괄호 안에 들어갈 말로 옳은 것은?

> 수입시기란 이자·배당소득의 (   )(을)를 결정하는 시기를 말한다. 소득세는 1년 단위 과세를 하기 때문에 같은 연도의 수입시기에 속하는 것들을 모아서 소득세 신고를 하는 것이다. 따라서 수입시기가 언제인가를 따지는 것은 당해 연도의 소득금액과 세액을 결정짓는 역할을 하기 때문에 매우 중요하다.

① 지급시기
② 귀속연도
③ 납부시기
④ 원천징수시기
⑤ 공급시기

50 거주자인 A 씨는 2021년 7월 1일 3년 만기 정기적금에 가입하여 2024년 6월 30일 이자 4,000만원을 수령하였다. 해당 이자소득의 귀속연도와 과세방법에 대한 설명으로 옳은 것은?

① 해당 이자소득은 2021년 귀속이다.
② 해당 이자소득은 2022년 귀속이다.
③ 해당 이자소득은 2023년 귀속이다.
④ 해당 이자소득은 2024년 귀속이다.
⑤ 다른 종합소득과 분리하여 14%의 세율로 원천징수한다.

51 비거주자인 B 씨는 국내에서 부동산임대업과 관련하여 받은 임대보증금을 국내은행에 예금하여 금융소득 1,500만원이 발생하였다. 해당 금융소득에 대한 과세방법으로 옳은 것은?

① 부동산임대업과 관련하여 발생한 금융소득이므로 금액의 크기에 관계없이 종합과세한다.
② 부동산임대업과 관련하여 발생한 금융소득이므로 금액의 크기에 관계없이 분리과세한다.
③ 원천징수로 납세의무가 종결된다.
④ B씨가 조세조약 체결국가의 거주자라면 제한세율을 적용한다.
⑤ B씨가 조세조약 비체결국가의 거주자라면 20%를 적용한다.

52 다음은 보험차익이 비과세되는 장기저축성보험의 요건에 대한 설명이다. 괄호 안에 들어갈 금액으로 옳은 것은?

> 계약자 1명당 납입할 보험료 합계액이 (   ) 이하인 일시납 보험으로서 최초납입일부터 만기일 또는 중도해지일까지의 기간이 10년 이상인 것

① 1억원
② 2억원
③ 3억원
④ 4억원
⑤ 5억원

53 2024년 2월 1일 부담부증여를 하였을 경우 양도소득세 예정신고기한으로 옳은 것은?

① 2024년 2월 28일
② 2024년 3월 31일
③ 2024년 4월 30일
④ 2024년 5월 31일
⑤ 2024년 6월 30일

54 1980년 10월 1일 취득한 토지를 2020년 11월 1일에 양도하였을 경우 토지의 취득시기로 옳은 것은?

① 1981년 1월 1일
② 1982년 1월 1일
③ 1983년 1월 1일
④ 1984년 1월 1일
⑤ 1985년 1월 1일

55 다음은 양도차익 산정에 관한 내용이다. 괄호 안에 들어갈 말로 옳은 것은?

> 아들이 아버지로부터 증여받은 상가를 10년 이내에 양도하는 경우 취득가액은 아버지의 (   ) 실지거래가액, 매매사례가액, 감정가액, 환산취득가액을 순차적으로 적용한 금액으로 한다.
> ※ 이월과세 적용 대상 자산이 아닌 것으로 가정

① 상속 당시
② 증여 당시
③ 등기접수일 당시
④ 취득 당시
⑤ 양도 당시

56 다음은 A 씨의 2023년과 2024년의 부동산 양도 내역이다. 모든 내역에 대하여 예정신고를 적절히 하였을 경우 2024년 양도소득 과세표준 확정신고 시 양도소득금액은?

> • 2023년 2월 14일 : 양도차익 2억원
> • 2023년 5월 15일 : 양도차손 1억 2천만원
> • 2024년 1월 25일 : 양도차익 4억원
> • 2024년 4월 13일 : 양도차손 3억 5천만원
> ※ 장기보유 특별공제액은 없다고 가정

① 5천만원
② 8천만원
③ 1억 3천만원
④ 2억원
⑤ 6억원

57 다음 중 양도소득세 과세대상이 아닌 것은?

① 조합원입주권의 양도로 발생하는 소득
② 분양권의 양도로 발생하는 소득
③ 건설기계의 양도로 발생하는 소득
④ 지상권의 양도로 발생하는 소득
⑤ 전세권의 양도로 발생하는 소득

58 다음 중 양도소득세 절세방안에 관한 설명으로 옳지 않은 것은?

① 보유기간에 따라 과세 및 공제방법이 다르게 적용되므로 양도부동산의 보유기간을 잘 따져 봐야 한다.
② 양도차익이 발생한 두 건의 부동산을 같은 연도에 중복양도하면 공제를 많이 받을 수 있어 유리하다.
③ 보유주택 중 양도차익이 큰 고가주택에 대해서 1세대 1주택 양도세 비과세혜택을 받을 수 있도록 맨 마지막에 양도한다.
④ 부동산은 장기보유할수록 공제 혜택이 커진다.
⑤ 오래 보유한 부동산은 배우자 우회양도를 이용하면 양도세 절세가 가능하다.

59 다음은 양도소득세가 비과세되는 1세대 1주택에 대한 설명이다. 괄호 안에 들어갈 금액으로 옳은 것은?

> 다음 어느 하나에 해당하는 주택과 이에 딸린 토지로서 건물이 정착된 면적에 지역별로 대통령령으로 정하는 배율을 곱하여 산정한 면적 이내의 토지의 양도로 발생하는 소득. 단, 주택과 이에 딸린 토지의 양도 당시 실지거래가액의 합계액이 (　　)을 초과하는 고가주택은 제외
> • 1세대가 1주택을 보유하는 경우로서 대통령령으로 정하는 요건을 충족하는 주택
> • 1세대가 1주택을 양도하기 전에 다른 주택을 대체취득하거나 상속, 동거봉양, 혼인 등으로 인하여 2주택 이상을 보유하는 경우로서 대통령령으로 정하는 주택

① 9억원
② 10억원
③ 11억원
④ 12억원
⑤ 15억원

60 다음 중 자경농지에 대한 양도소득세 감면에 대한 설명으로 옳지 않은 것은?

① 매 5년간 2억원, 과세기간별 1억원을 한도로 감면받을 수 있다.
② 8년 이상 자경하는 경우 적용받을 수 있다.
③ 농지로부터 직선거리 50km 이내의 지역에 8년 이상 거주해야 적용받을 수 있다.
④ 농작업에 상시 종사하거나 농작업의 1/2 이상을 자기의 노동력에 의해 경작 또는 재배하는 경우 자경에 해당한다.
⑤ 피상속인 또는 거주자의 사업소득금액과 총급여액의 합계액이 3,700만원 이상인 과세기간이 있는 경우 그 기간은 경작한 기간에서 제외한다.

61 다음 〈보기〉가 설명하고 있는 제도의 명칭으로 옳은 것은?

― 〈보 기〉 ―
상속인이 될 직계비속 또는 형제·자매가 상속개시 전에 사망하거나 결격자가 된 경우에 그 직계비속이 있는 때에는 그 직계비속이 사망하거나 결격된 자의 순위에 갈음하여 상속인이 된다.

① 사인증여
② 유증
③ 유류분
④ 대습상속
⑤ 한정승인

62 다음 중 상속세의 과세가액에 차감하는 금액에 대한 설명으로 옳지 않은 것은? (단, 피상속인은 거주자이다.)

① 피상속인의 사망일로부터 장례일까지 장례에 직접 소요된 일반장례비용에 대하여 최소 500만원에서 최대 1천만원까지 과세가액에서 차감한다.
② 일반장례비용과 별도로 봉안시설 또는 자연장지의 사용에 소요된 금액에 대하여 500만원 한도로 과세가액에서 차감한다.
③ 상속개시일 현재 피상속인이 납부할 의무가 있는 것으로서 상속인에게 승계된 조세, 공공요금, 기타 이와 유사한 공과금은 과세가액에서 차감한다.
④ 상속개시일 이후 상속인의 귀책사유로 납부하였거나 납부할 가산세, 가산금, 강제징수비, 벌금, 과료, 과태료 등은 과세가액 차감금액에 속하지 아니한다.
⑤ 상속개시일 전 10년 이내에 피상속인이 상속인에게 진 증여채무와 상속개시일 전 5년 이내에 피상속인이 상속인이 아닌 자에게 진 증여채무는 과세가액에서 차감한다.

63 거주자인 피상속인의 재산상황 등이 다음과 같을 경우 상속세 과세가액은 얼마인가? (단, 모든 금액은 증빙 등에 의하여 그 사실이 확인되었다.)

> - 상속재산가액
>   - 토지 : 5억원
> - 장례비용
>   - 일반장례 비용 : 1천 5백만원
>   - 봉안시설 비용 : 1천만원
> - 채 무
>   - 은행차입금(토지 담보) : 3억원
>   - 차입금에 대한 미납이자 : 5백만원
> ※ 상속개시일 이후 상속인의 귀책사유로 인한 강제징수비 2천만원이 발생하였다.

① 1억 5천만원
② 1억 6천만원
③ 1억 7천만원
④ 1억 8천만원
⑤ 2억원

64 다음 상속공제 중 일괄공제에 대한 설명이다. 괄호 안에 들어갈 금액으로 옳은 것은? (단, 피상속인은 거주자이다.)

> 배우자 단독상속인 아닌 경우 상속인은 기초공제와 기타인적공제에 따른 공제액을 합친 금액과 (　　) 중 큰 금액으로 공제받을 수 있다.

① 1억원
② 2억원
③ 3억원
④ 4억원
⑤ 5억원

65 거주자인 나사망 씨가 사망하면서 재산(5억원)의 전부를 1년 전 재혼한 김미녀 씨에게 유증한 경우 나사망 씨의 유일한 직계비속인 나혼자 씨가 청구하여 받을 수 있는 유류분 금액은 얼마인가?

① 5억원
② 2억 5천원
③ 2억원
④ 1억원
⑤ 없 음

66 다음 중 상속세 및 증여세의 세율에 대한 설명으로 옳지 않은 것은?

① 최저세율은 10%로 동일하다.
② 최고세율은 50%로 동일하다.
③ 역진세율 구조로 동일하다.
④ 5단계 구조로 동일하다.
⑤ 상속세 및 증여세의 과세표준에 세율을 적용한다.

67 다음은 상속세의 연부연납에 대한 설명이다. 괄호 안에 들어갈 금액으로 옳은 것은?

> 납세지 관할세무서장은 상속세 납부세액이 (   )을 초과하는 경우에는 납세의무자의 신청을 받아 연부연납을 허가할 수 있다. 이 경우 납세의무자는 담보를 제공하여야 하며, 국세징수법의 규정에 따른 납세담보를 제공하여 연부연납 허가를 신청하는 경우에는 그 신청일에 연부연납을 허가받은 것으로 본다.

① 1천만원
② 2천만원
③ 3천만원
④ 4천만원
⑤ 5천만원

68 피상속인 김시대 씨의 총상속재산가액 100억원 중 70억원을 배우자인 이미인 씨가 실제 상속받은 경우 배우자상속공제액은 최대 얼마인가? (단, 피상속인과 상속인 모두 거주자이며, 상속인은 배우자인 이미인 씨와 자녀 김백수 씨로 총 2인이다.)

① 100억원
② 70억원
③ 60억원
④ 30억원
⑤ 5억원

69 김시대 씨가 사망 1년 전에 본인 소유의 토지를 15억원에 처분하였고 토지 처분액 중 5억원의 사용처는 명백히 소명되었다. 이 경우 토지 처분액 중 상속세 과세가액에 합산되는 금액은 얼마인가?

① 10억원
② 9억원
③ 8억원
④ 7억원
⑤ 5억원

70 증여세법상 장애인이 증여받은 재산으로 자익신탁하거나, 타인이 장애인을 위하여 타익신탁을 하는 경우 증여세 신고기한 이내에 일정 요건을 갖추면 자익신탁한 증여받은 재산가액 및 타익신탁한 원본가액을 증여세 과세가액에 산입하지 않는데 그 과세가액 불산입 한도액은 얼마인가? (단, 신탁재산은 금전, 유가증권, 부동산으로 한정함)

① 5억원
② 4억원
③ 3억원
④ 2억원
⑤ 1억원

71 다음 중 합산배제 증여재산에 속하지 않는 것은?

① 재산 취득 후 자산가치 증가에 따른 이익
② 주식 등의 상장 등에 따른 이익
③ 합병에 따른 상장 등 이익
④ 명의신탁재산의 증여의제
⑤ 특수관계자의 금전무상대부에 따른 이익

72 아버지가 아들에게 시가 10억원(취득가액 5억원)의 토지를 증여하고자 한다. 해당 토지를 담보한 은행차입금이 4억원이 존재하는 경우 아들의 증여세과세가액은 얼마인가? (단, 아들이 해당 토지 및 그 은행차입금 전부를 인수한 것으로 본다.)

① 10억원
② 6억원
③ 5억원
④ 1억원
⑤ 해당 금액 없음

73 이시대 씨가 소유한 상가(시가 30억원)를 친구인 김대박 씨에게 25억원에 매도한 경우 발생하는 증여재산가액은 얼마인가? (단, 김대박 씨의 지급사실은 모두 입증하였다.)

① 30억원
② 27억원
③ 25억원
④ 10억원
⑤ 해당 금액 없음

74 다음은 재산취득자금의 증여추정에 대한 설명이다. 괄호 안에 들어갈 것으로 옳게 짝지은 것은?

> 재산 취득자의 직업·연령·소득 및 재산상태 등으로 보아 자력으로 취득하였다고 인정하기 어려운 경우 재산 취득액 중 자금출처가 입증되지 않은 금액을 증여로 추정한다. 단, 입증되지 않은 금액이 Min(㉠, ㉡)에 미달하는 경우에는 제외한다.

	㉠	㉡
①	취득재산가액의 20%	2억원
②	취득재산가액의 20%	3억원
③	취득재산가액의 30%	2억원
④	취득재산가액의 30%	3억원
⑤	취득재산가액의 30%	3억원

75 다음 중 상속재산 및 증여재산의 평가에 대한 설명으로 옳지 않은 것은?
① 원칙적으로 상속재산의 평가는 상속개시일 현재의 시가로 평가한다.
② 원칙적으로 증여재산의 평가는 증여일 현재의 시가로 평가한다.
③ 상속재산에 가산하는 증여재산의 평가는 평가기준일인 상속개시일 현재의 시가이다.
④ 상속재산의 경우 상속개시일 전후 6개월 이내의 기간 중 매매·감정·수용·경매 또는 공매가 있는 경우 확인되는 가액을 시가로 한다.
⑤ 증여재산의 경우 증여일 전 6개월부터 증여일 후 3개월까지의 기간 중 매매·감정·수용·경매 또는 공매가 있는 경우 확인되는 가액을 시가로 한다.

76 다음 상속세 및 증여세 부담을 완화하기 위한 설명 중 옳지 않은 것은?
① 상속세의 경우 배우자가 있고 상속재산이 10억원 이하이면 사전증여하지 않는 것이 좋다.
② 증여세는 수증자별, 증여자별로 과세되는 것을 충분히 활용하는 것이 좋다.
③ 고평가된 재산을 증여하는 것이 좋다.
④ 취득가액이 작아서 양도차익이 크게 산정된 경우가 아니라면 부담부증여를 고려하는 것이 좋다.
⑤ 전문가의 검증을 받는 것이 좋다.

77 취득가액이 얼마 이하인 경우에 취득세를 부과하지 않는가?

① 100만원
② 80만원
③ 60만원
④ 50만원
⑤ 30만원

78 다음 중 재산세 납부기간으로 옳지 않은 것은?

① 토지 : 매년 9월 16일부터 9월 30일까지
② 건축물 : 매년 7월 16일부터 7월 31일까지
③ 주택 : 매년 9월 16일부터 9월 30일까지
④ 선박 : 매년 7월 16일부터 7월 31일까지
⑤ 항공기 : 매년 7월 16일부터 7월 31일까지

79 종합부동산세에 대하여 관할세무서장은 납부하여야 할 종합부동산세의 세액을 결정하여 해당 연도의 언제부터 언제까지 부과 및 징수하여야 하는가?

① 1월 1일부터 1월 15일까지
② 3월 1일부터 3월 15일까지
③ 6월 1일부터 6월 15일까지
④ 9월 1일부터 9월 15일까지
⑤ 12월 1일부터 12월 15일까지

80 다음 중 재산세, 취득세, 종합부동산세에 대한 설명으로 옳지 않은 것은?

① 재산세와 종합부동산세의 과세기준일은 6월 1일로 동일하다.
② 취득세 과세표준은 취득자가 신고한 취득 당시의 가액이다.
③ 과세기준일 현재 토지분 재산세의 납세의무자는 종합부동산세를 납부할 의무가 없다.
④ 재산세와 종합부동산세는 납부세액이 250만원을 초과하는 경우 분할납부할 수 있다.
⑤ 취득세는 면세점이 존재하고 재산세와 종합부동산세는 세부담 상한선이 존재한다.

제3과목 보험 및 은퇴설계(20문항)

81 다음 중 위험관리기법에 대한 설명으로 옳지 않은 것은?

① 보험가입은 외부조달체계에 속하며, 보험에 가입하면 손해복구자금을 신속하게 조달할 수 있다.
② 고빈도·고강도 위험은 개인과 기업의 생존을 위협할 수 있기 때문에 위험 그 자체를 회피하는 위험회피기법이 제일 바람직하다.
③ 고빈도·저강도 위험에 대비한 손해복구자금의 경우에는 자체조달보다는 외부조달이 바람직하다.
④ 저빈도·고강도 위험은 위험이 자주 발생하지는 않지만 발생할 경우 치명적이기 때문에 자체조달보다는 외부조달이 효과적이다.
⑤ 저빈도·저강도 위험은 경상비 등을 활용하여 자체적으로 손해복구가 가능하다.

82 보험의 원리 중 다음 〈보기〉가 설명하는 것은?

〈보 기〉
보험계약자는 연령이나 병력 등 개별 계약자의 위험을 측정한 후 개별 위험에 상응하는 보험료를 납부해야 한다.

① 수지상등의 원칙
② 급부반대급부 균등의 원칙
③ 대수의 법칙
④ 실손보상의 법칙
⑤ 근인주의 원칙

83 다음 중 보험계약법에 대한 설명으로 옳지 않은 것은?

① 보험계약법은 독립된 법으로 존재하는 것이 아니라 상법의 일부를 이루고 있다.
② 보험계약법상 보험은 크게 손해보험과 인보험으로 나누어진다.
③ 보험계약자 등의 불이익변경금지 원칙이란 보험계약자 또는 피보험자나 보험수익자에게 보험약관을 불리하게 변경하지 못하게 하는 것이다.
④ 보험계약자에게 불리하게 변경한 보험약관이 있을 경우 계약 자체가 무효가 된다.
⑤ 보험계약법의 상대적 강행법성은 가계보험에만 적용되는 것으로, 기업보험에는 적용되지 않는다.

84 다음 중 보험계약의 특성에 대한 설명으로 옳지 않은 것은?

① 보험계약은 쌍무계약이자 유상계약이다.
② 보험료의 선지급이 없어도 보험계약은 유효하게 성립한다.
③ 보험료의 최초 납입이 없어도 보험자의 책임의무가 개시된다.
④ 보험계약은 당사자 쌍방의 의사표시 합치만으로도 성립한다.
⑤ 사행계약의 특성을 지닌 보험계약은 우연성을 전제로 한다.

85 다음 〈보기〉가 설명하는 보험은?

─〈보 기〉─
피보험자의 사망 이후 지급될 사망보험금을 중대한 질병에 걸리거나 중대한 수술을 하게 되는 경우 50~80%를 선지급하고, 사망 시에는 잔여보험금을 지급한다.

① CI보험
② 유니버설보험
③ 종신보험
④ 연금보험
⑤ 변액보험

86 다음 중 제3보험에 대한 설명으로 옳지 않은 것은?

① 제3보험은 상법상 인보험 영역에 해당한다.
② 상해보험, 질병보험, 간병보험으로 구분할 수 있다.
③ 상해사고는 우연성, 외래성, 급격성의 특징을 지닌다.
④ 암보험은 보험계약일로부터 60일이 지난날의 다음날부터 보장을 받을 수 있다.
⑤ 간병보험은 종신형이다.

87 주택화재보험을 다음 자료와 같이 가입했다. 손해가 발생한 경우 지급보험금은?

보험가입금액	4,000만원
보험가액	1억원
손해액	1억원

① 1,000만원
② 2,000만원
③ 3,000만원
④ 4,000만원
⑤ 8,000만원

88 다음 중 산업재해보상 보험급여에 대한 설명으로 옳은 것은?

① 유족급여는 일시금 지급이 원칙이다.
② 휴업급여의 1일 지급액은 평균임금의 60%에 상당하는 금액으로 한다.
③ 장해급여는 장해등급 제1급부터 제3급까지는 일시금과 연금 중에 선택할 수 있다.
④ 간병급여는 요양급여를 받은 자 중 치유 후 의학적으로 상시 또는 수시로 간병이 필요하여 실제로 간병을 받는 자에게 지급한다.
⑤ 근로자가 업무상의 사유로 사망한 경우, 평균임금의 90일분에 상당하는 금액을 장제를 지낸 유족에게 지급한다.

89 다음은 수익자가 장애인인 보험금에 대한 설명이다. 괄호 안에 들어갈 금액으로 옳은 것은?

> 장애인이나 상이자를 수익자로 하는 장애인 전용 보험금에 대해 연간 (　　　) 한도로 증여세를 비과세한다.

① 1,000만원
② 2,000만원
③ 3,000만원
④ 4,000만원
⑤ 5,000만원

90 다음 중 보험 계약체결 시 고객의 저항심리와 거절을 대하는 자세로 옳지 않은 것은?

① 고객은 손쉬운 결정을 하고 싶어 하기 때문에 "예"가 아닌 "아니오"로 말한다.
② 고객의 질문에 모르는 것은 최대한 시간을 끌어서 응대해야 한다.
③ 고객은 아무 이유 없이 보험가입을 회피하거나 반대하는 경우가 있다.
④ 충분히 가입 여력이 있다고 여기고 고객의 입장을 지나치게 고려할 필요는 없다.
⑤ 고객의 의도를 정확하게 파악해야 계약체결이 쉬워진다.

91 다음 중 은퇴환경의 변화에 대한 설명으로 옳지 않은 것은?

① 노인빈곤율이란 소득이 중위소득의 50% 미만에 해당하는 노인가구의 비율을 말하며, 우리나라는 OECD 국가 중 상당히 높은 수준에 달한다.
② 최빈 사망연령이 90대가 되는 시점을 100세 시대라 한다.
③ 건강수명이란 성별·연령별 사망률이 현재 수준으로 유지된다고 가정했을 때 0세 출생자가 향후 몇 년을 더 생존할 것인가를 통계적으로 추정한 기대치이다.
④ 선진국에서는 기대수명보다 건강수명이 훨씬 더 중요하게 활용되고 있다.
⑤ 기대여명이란 특정 연령의 사람이 앞으로 얼마나 더 살 것인지 기대되는 생존연수이며, 은퇴설계 시 중요한 참고지표가 된다.

92 다음 중 노후에 대한 인식 변화에 대한 설명으로 옳지 않은 것은?

① 액티브 에이징은 활동적인 노화를 의미하는 것으로, 인구고령화 문제의 해법으로 제시되었다.
② 제3기 인생이란 건강이 나빠져 다른 사람의 도움을 받게 되는 약 10년 정도의 '의존의 시기'를 의미한다.
③ 제3기 인생을 어떻게 보내느냐가 행복한 노후의 갈림길이 될 수 있다.
④ 앙코르 커리어란 은퇴 후 자아실현을 할 수 있는 인생 후반기의 일자리를 의미한다.
⑤ 종활의 영역에서 가장 대표적으로 주목받는 것이 엔딩노트의 작성이다.

93 다음 중 은퇴자금 설계 시 고려해야 할 주요 포인트로 옳지 않은 것은?

① 은퇴 크레바스란 은퇴 후 연금을 받기 전까지 생기는 소득 공백 기간을 말한다.
② 노후자금 준비를 하는 적립 단계에서는 목적별로 계좌를 만들어 계획적으로 자금을 관리해야 효과가 극대화된다.
③ 퇴직연금, 개인연금 등 사적 연금상품은 최대한 인출시기를 앞당기는 것이 유리하다.
④ 부동산을 활용해 노후자금을 준비할 때 가장 큰 것이 유동성 리스크이다.
⑤ 은퇴설계를 할 때 남편이 사망한 후 홀로 사는 아내를 위한 비용 준비도 해야 한다.

94 다음 중 노후 준비에서의 고령자 주거지 선택에 대한 설명으로 옳지 않은 것은?

① 병원과의 접근성이 좋은 지역을 선택해야 한다.
② 대중교통을 이용하기 편리한 역세권이나 노인복지관 등 공공시설 접근성이 좋은 주거지를 선택해야 한다.
③ 본인의 사회활동보다는 부부만의 조용한 시간을 위해 전원주택을 선택한다.
④ 유니버설 디자인(Universal Design)은 고령자가 거주 공간에서 다치지 않고 오랫동안 건강하게 생활할 수 있도록 도와준다.
⑤ 배리어 프리는 거동이 불편한 고령자나 장애인들이 편하게 살 수 있도록 주택이나 건물, 도시의 물리적·제도적 장벽을 제거하는 것이다.

95 다음 중 노후소득보장 제도의 도입 순서로 옳은 것은?

(ㄱ) 개인연금제도
(ㄴ) 퇴직연금제도
(ㄷ) 국민연금제도
(ㄹ) 기초연금제도
(ㅁ) 개인형 퇴직연금제도(IRP)

① (ㄴ) → (ㄱ) → (ㄷ) → (ㄹ) → (ㅁ)
② (ㄴ) → (ㄱ) → (ㄹ) → (ㄷ) → (ㅁ)
③ (ㄷ) → (ㄱ) → (ㄴ) → (ㄹ) → (ㅁ)
④ (ㄷ) → (ㄱ) → (ㄴ) → (ㅁ) → (ㄹ)
⑤ (ㄹ) → (ㄷ) → (ㄱ) → (ㄴ) → (ㅁ)

96 다음 중 개인형퇴직연금(IRP)에 대한 설명으로 옳지 않은 것은?

① 퇴직 시 수령한 퇴직금과 본인이 추가로 납입한 금액을 운용하는 퇴직연금제도이다.
② 퇴직금 외에 개인적인 추가 납입은 연간 1,800만원까지이며, 최대 900만원까지 세액공제 받을 수 있다.
③ 퇴직금과 운용기간 중 발생한 수익에 대해서는 과세이연 혜택이 있어 절세효과가 있다.
④ 사용자가 적립금 운용방법을 결정한다.
⑤ 만 55세 이상인 경우 연금 수령이 가능하며, 연금 수령기간은 DB·DC형과 같이 5년 이상이다.

3회 은행FP 자산관리사 1부

97 퇴직연금 중 DC형과 IRP의 중도인출 조건이 아닌 것은?
① 무주택자인 가입자가 본인의 명의로 주택을 구입하는 경우
② 무주택자인 가입자가 주거 목적인 전세나 임차보증금을 상환하는 경우
③ 근로자 또는 근로자의 배우자 그리고 부양가족이 질병 또는 부상으로 1년 이상의 요양을 필요로 하고 근로자가 요양비용을 부담하는 경우
④ 과거 5년 이내에 근로자가 파산선고 또는 개인회생절차개시 결정을 받은 경우
⑤ 천재지변 등으로 피해를 입는 등 고용노동부 장관이 정하는 사유에 해당하는 경우

98 은퇴설계 프로세스 중 첫 만남 시 고려해야 할 사항이 아닌 것은?
① 몸가짐, 매너, 언행 등이 전문가다워야 한다.
② 고객 의견에 공감하는 자세를 가져야 한다.
③ 상담장소는 사람이 많은 오픈된 곳이어야 하고, 밝고 청결해야 한다.
④ 수수료 등의 제반 비용에 대해 구체적으로 공개해야 한다.
⑤ 상담 시에는 핸드폰을 끄고 고객에게 집중하는 모습을 보여야 한다.

99 은퇴설계 프로세스 중 가계 대차대조표 분석에 대한 설명으로 옳지 않은 것은?
① 모든 금융자산을 예적금만으로 운용하면 인플레이션에 대비할 수 없다.
② 노후 준비를 위한 연금상품에 가입하고 있는지 검토해야 한다.
③ 높은 수익률을 얻기 위해 주식이나 주식형 펀드에 집중해서 투자해야 한다.
④ 노후에는 부동산 비중을 줄이고 연금자산을 늘려야 한다.
⑤ 고령자일 경우에는 상속이나 증여를 감안하여 자산을 구성해야 한다.

100 다음 중 은퇴설계 제안서 작성 시 옳지 않은 것은?
① 전문용어는 최대한 많이 사용하는 것이 좋다.
② 긴 문장은 최대한 짧게 만든다.
③ 중요한 부분이나 결론은 밑줄이나 색깔로 강조한다.
④ 표나 데이터는 반드시 제목을 붙인다.
⑤ 제안서 본문에는 중요한 부분을 간결하게 기입하는 것이 중요하다.

이 출판물의 무단복제, 복사, 전재 행위는 저작권법에 저촉됩니다.
파본은 구입처에서 교환하실 수 있습니다.

은행FP 자산관리사 1부
실제유형 모의고사

정답 및 해설

은행FP 자산관리사 1부

최신출제동형 정답 및 해설

01	02	03	04	05	06	07	08	09	10
⑤	⑤	①	⑤	①	②	①	⑤	①	④
11	12	13	14	15	16	17	18	19	20
④	⑤	③	④	③	②	③	⑤	⑤	③
21	22	23	24	25	26	27	28	29	30
①	②	④	⑤	④	②	②	③	③	③
31	32	33	34	35	36	37	38	39	40
②	③	②	②	①	⑤	⑤	④	②	⑤
41	42	43	44	45	46	47	48	49	50
④	②	④	③	④	③	①	③	④	③
51	52	53	54	55	56	57	58	59	60
③	④	④	⑤	③	①	⑤	⑤	⑤	②
61	62	63	64	65	66	67	68	69	70
④	②	⑤	②	⑤	④	①	④	③	②
71	72	73	74	75	76	77	78	79	80
④	②	①	④	⑤	④	④	④	④	④
81	82	83	84	85	86	87	88	89	90
③	⑤	③	③	②	⑤	③	④	④	③
91	92	93	94	95	96	97	98	99	100
①	③	①	⑤	⑤	③	⑤	②	⑤	⑤

제1과목 자산관리 기본지식(40문항)

01 정답 ⑤
개인 재무설계는 재무상담을 통한 단기적 문제해결 능력을 포함한 중장기적 목표달성을 포함한다.

02 정답 ⑤
ⓒ은 인구 통계적 배경, ⓔ은 소비자의식 변화에 해당한다.

핵심개념 개인 재무설계의 필요성

구 분	내 용
사회 경제적 배경	• 자산 및 부채의 증가 • 금융시장 개방 및 국제화 • 금융상품 다양화 및 금융 관련 법규 강화
인구 통계적 배경	• 1인 가구의 증가 • 저출산 및 고령화 • 노동환경의 변화
소비자의식 변화	• 개인주의적 사고방식 • 개별성 추구 • 비재무적 요구의 증가 • 재무설계의 중요성 인식

03 정답 ①

- 노년부양비 = $\dfrac{\text{노년인구}}{\text{생산가능인구}} \times 100$

- 노령화지수 = $\dfrac{\text{노년인구}}{\text{유년인구}} \times 100$

04 정답 ⑤
① DM은 고객에게 맞춤화하여 제작 발송해야 한다.
② TA는 방문 약속을 잡기 위한 목적으로 활용해야 한다.
③ SMS는 심리적 부담을 줄여준다는 장점이 있다.
④ 시간을 효율적으로 관리할 수 있는 장점이 있는 것은 TA이다.

핵심개념 고객의 접촉채널별 장점 및 유의사항

구 분	DM	TA	SMS
장 점	• 심리적 부담 완화 • 면담 진행이 수월 • 고객과 친밀한 관계 형성	• 효과적인 고객면담 • 유망고객과의 접촉 용이 • 시간관리의 효율화	• 심리적 부담 완화 • 다른 채널에 비해 비용이 저렴
유의점	표준화된 DM이 아닌 고객별로 맞춤화된 DM 발송	상품판매 목적이 아닌 방문약속 잡기를 위한 목적으로 활용	새벽이나 늦은 밤에 발송하지 않아야 함

05 정답 ①
② 해결 질문
③ 문제 인식 질문
④ 해결 질문
⑤ 상황 파악 질문

핵심개념 최초 면담 시 자산관리사가 활용할 수 있는 유용한 질문의 유형

구 분	내 용
상황 파악 질문	고객이 현재 처해 있는 상황에 대한 정보를 수집하기 위한 질문
문제 인식 질문	고객이 현재 갖고 있는 문제 및 어려움에 대해 고객 스스로 인식하도록 하기 위한 질문

시사 질문	고객이 갖고 있는 문제로 인해 발생되는 결과에 대한 심각성을 고객 스스로 인지하도록 하는 질문
해결 질문	고객이 스스로 해결책에 의한 효용 및 이득을 느끼게 하여 자산관리사의 해결안에 동의를 구하는 질문

06 정답 ②

고객의 소득·지출과 관련된 자료는 재무적(정량적) 정보에 해당한다.

핵심개념 정량적 정보와 정성적 정보의 구분

정량적 정보는 수치로 표현 또는 파악이 가능한 정보이고, 정성적 정보는 어떤 수치나 치수로 측정하거나 표현할 수 없는 정보를 의미한다.

정량적 정보	정성적 정보
• 소득자료 • 지출자료 • 자산 및 부채 자료 • 세금 관련 자료 • 은퇴 관련 자료 • 보험 관련 자료 • 종업원복지 관련 자료 • 개인사업 관련 자료 • 증여·상속 관련 자료	• 가치관 • 꿈 • 생활방식 • 관심과 취미생활 • 사회적지지 • 예상수명 • 개인 재무설계 관련 경험 및 지식 • 위험수용성향

07 정답 ①

고객과의 깊은 신뢰감을 쌓을 수 있는 방법은 직접면담이다. 직접면담은 고객의 인생관이나 성향·경험 등에 대해 파악할 기회를 가지게 되어 고객을 잘 이해할 수 있고, 이런 과정을 통해 자산관리사와 고객은 더욱 깊은 신뢰감을 쌓을 수 있다.

핵심개념 고객 정보수집 방법별 특징

구 분	내 용
직접면담	• 재무적·비재무적 정보 등 많은 자료 수집 가능 • 고객의 인생관이나 성향, 경험 등에 대한 파악을 통해 고객을 잘 이해할 수 있음 • 고객과의 신뢰 증대
설문서	• 빠른 정보수집이 가능하여 시간 절약 • 고객의 생각이 잘 반영됨 • 고객의 정보를 정확하게 점검 가능
인터넷	• 시간과 비용 절약 • 고객과의 쌍방향 의사소통 극대화 • 상담업무의 효율성 증대
전 화	• 이미 수집한 정보 중 간단한 질문이 필요할 경우 사용 • 답변에 대한 확인이 필요한 경우 유용함

08 정답 ⑤

월급여나 배당·이자 등 기타 수입과 고정지출·변동지출처럼 일정기간 가계의 현금유입과 현금유출을 파악할 수 있는 것은 현금흐름표이다.

핵심개념 자산부채상태표와 현금흐름표의 비교

구 분	자산부채상태표	현금흐름표
구 성	자산 = 부채 + 순자산	현금유입 = 현금유출
개 념	일정 시점 가계의 자산, 부채, 순자산의 상태를 나타냄	일정 기간 동안 개인 및 가계의 현금유입과 현금유출의 현황을 보여줌
내 용	• 재무상태 변동의 결과를 표시 • 자산 및 부채의 전체 규모 표시	• 재무상태 변동의 원인을 표시 • 총소득과 총지출의 규모를 통해 저축 및 투자금액을 알 수 있음

09 정답 ①

너무 많은 대안을 나열하지 말아야 한다.

핵심개념 재무설계 절차 6단계

• 1단계 : 고객과의 관계 정립
• 2단계 : 고객 정보수집 및 재무목표 설정
• 3단계 : 고객의 재무상태 분석 및 진단
• 4단계 : 제안서 작성 및 대안 수립 제시
• 5단계 : 재무설계안에 대한 실행
• 6단계 : 정기점검 및 사후관리

10 정답 ④

고객에 관한 사항으로는 고객의 신상 변화뿐만 아니라 가족의 신상 변화(사망, 출생, 결혼, 이혼 등), 고객의 건강상태 및 수입원 변화 등을 점검한다.

11 정답 ④

④ 단기 거시경제의 집중 분석 대상은 총수요의 변동이며, 적절한 재정정책과 통화정책이 총수요에 영향을 미치는 중요한 요인이 될 수 있다.
① 단기 거시경제에서는 가격과 임금이 경직적이며, 생산요소(자본, 노동)가 불완전 고용될 수 있다.
② 단기 거시경제의 주 분석 대상은 총수요의 증가요인이다.
③ 물적·인적자본에 대한 투자와 기술개발·혁신 등의 요인들을 분석하는 것은 장기 거시경제 분석이다.
⑤ 장기 거시경제 분석에서는 현재의 총생산 능력보다는 잠재적 총생산 능력을 증가시키는 요인을 분석한다.

12 정답 ⑤

대부자금 공급이 증가하면 대부자금 공급곡선은 우측으로 이동하게 된다.

핵심개념 대부자금 공급곡선의 이동

경제주체	증가요인	감소요인
가계 및 기업	실질GDP의 증가, 가계의 실질 부의 감소에 따라 노후 대비 등을 위한 저축 증가, 가계 부채 증가, 조세 부담 감소 → 대부자금 공급 증가	정치·사회·경제에 대한 미래의 기대가 낙관적, 물가 상승 기대 → 대부자금 공급 감소
정부	재정흑자(재량적인 조세징수 증가 or 재량적인 재정지출 감소) → 대부자금 공급 증가	–
해외부문	국내 실질GDP 증가, 국내 정치·경제·사회에 대한 미래의 기대가 낙관적 → 해외부문으로부터 국내에 대부자금 유입 → 대부자금 공급 증가	국내 물가 상승 기대, 국가위험 증가 → 해외로부터 자금유입 감소 or 자금유출 발생 → 대부자금 공급 감소
중앙은행 등	공개시장운영정책을 통해 국채 등 매입, 외환시장에서 외환 매입, 중앙은행 대출제도에 적용되는 이자율 인하 → 본원통화 공급 증가 → 대부자금 공급 증가	지급준비율 인상 or 예금자와 은행의 현금보유비율과 초과지급준비율 상승, 준통화비율 하락 → 통화승수가 작아져 통화(M₂) 공급 감소 → 대부자금 공급 감소

13 정답 ③

실질이자율이 상승하면 소비지출이 감소하여 총수요가 감소하기 때문에 총수요곡선이 좌측으로 이동한다.

핵심개념 총수요에 영향을 미치는 요인(총수요곡선의 이동)

구분		내용
총수요 증가 요인 (총수요곡선 우측이동)	소비지출	• 가계의 부, 실질소득의 증가 • 물가상승 기대 • 실질소득 증가 기대 • 실질이자율 상승 기대
	국내총투자	• 기술의 발전 • 실질소득의 증가 • 물가상승 기대 • 실질소득 증가 기대 • 실질이자율 상승 기대
	재정지출	• 재정지출 증가
	순수출	• 환율 상승 • 상대국 실질국민소득의 상대적 증가 • 자국의 관세 등 실효적 무역장벽 강화
총수요 감소 요인 (총수요곡선 좌측이동)	소비지출	• 가계의 부채 증가 • 실질이자율 상승 • 소득세 등 조세부담 증가
	국내총투자	• 실질이자율 상승 • 기업에 대한 조세부담 증가 • 조세부담 증가 기대
	재정지출	• 재정지출 감소
	순수출	• 상대물가의 상승 • 자국의 실질이자율 상승

14 정답 ④

채권자로부터 채무자에게 부가 재분배된다.

15 정답 ③

• 노동가능인구 4,000만명 = 전체인구 5,000만명 − 비노동가능인구 1,000만명
• 경제활동인구 = 노동가능인구 4,000만명 − 비경제활동인구 500만명 = 3,500만명
• 실업자 = 경제활동인구 3,500만명 − 취업자 2,800만명 = 700만명

→ 실업률 = $\dfrac{700만명}{3,500만명} \times 100 = 20\%$

※ 고용률 공식

$$고용률 = \dfrac{취업자}{노동가능인구} \times 100$$

16 정답 ②

국채를 공개시장에서 매각하여 자금을 조달할 경우 대부자금시장에서 이자율이 상승하여 민간부문의 소비지출과 투자지출이 감소하는 것을 구축효과라고 한다. 국채를 중앙은행이 인수할 경우에는 구축효과가 발생하지 않으나, 통화공급이 증가하여 인플레이션을 유발할 수 있다.

17 정답 ③
통화지표의 구성
- M_1(협의통화) = 현금통화 + 요구불예금 + 수시입출금식예금
- M_2(광의통화) = M_1 + 정기예·적금 + 시장형금융상품 + 실적배당형금융상품 + 기타 예금 및 금융채
- L_f(금융기관유동성) = M_2 + 2년 이상 장기금융상품 + 생명보험계약준비금 및 증권금융예수금
- $L = L_f$ + 기타 금융기관 상품 + 국채·지방채 + 회사채·CP

18 정답 ⑤
외환시장에서 외환을 매입하면 본원통화가 증가하여 통화공급이 증가한다.

19 정답 ⑤
환율이 하락하면 수출채산성이 악화된다.

핵심개념 환율변동의 영향 비교

환율 하락	환율 상승
• 수출채산성 악화	• 수출채산성 호전
• 수출 감소	• 수출 증가
• 수입상품가격 하락	• 수입상품가격 상승
• 수입 증가	• 수입 감소
• 수입원자재가격 하락	• 수입원자재가격 상승
• 물가 안정	• 물가 상승
• 외화표시외채 원리금상환 부담 감소	• 외화표시외채 원리금상환 부담 증가

20 정답 ③
국제수지표는 복식부기 원리에 의해 국제적으로 통일된 기준에 의해 작성되므로, 결과적으로 대차 양변의 합계가 항상 일치한다.

핵심개념 국제수지표의 정의
- 일정기간 동안 한 나라의 거주자와 비거주자 사이에 일어난 모든 경제적 거래를 체계적으로 기록·정리한 표
- 복식부기 원리에 의해 국제적으로 통일된 기준에 의해 작성 → 결과적으로 대차 양변의 합계가 항상 일치
- 대가를 지급하지 않는 이전거래 등과 같은 일방적인 거래도 별도의 항목을 설정하여 작성

21 정답 ①
총체적인 국민경제의 활동수준이 장기추세선을 따라 상하로 반복적·불규칙적·비체계적으로 변동하는 것을 의미한다.

22 정답 ②
내구재 산업의 생산과 고용의 진폭은 크고 상대적으로 가격변화는 작다. 반면 비내구재 산업의 생산과 고용의 진폭은 작은 편이나 상대적으로 가격변화가 크다.

23 정답 ④
ㄱ·ㄴ 경기역행적 지수
ㄷ·ㄹ·ㅁ 경기순응적 지수

핵심개념 경기순응적 지수와 경기역행적 지수

경기순응적 지수	• 총수요 : 가계소비, 기업투자, 조세, 수입 • 물가 : 소비자물가지수, 생산자물가지수, GDP디플레이터 • 노동 : 고용률, 노동생산성, 실질임금 • 통화지표 : 본원통화, 통화공급, 신용, 통화유통속도 • 이자율 : 단기이자율, 장기이자율
경기역행적 지수	• 총수요 : 재고, 정부이전지출 • 노동 : 실업률 • 기업 : 기업도산율, 어음 등 부도율 • 이자율 : 실질이자율

24 정답 ⑤
소비재수입액은 후행지수에 해당한다.

핵심개념 경기종합지수의 구성지표

구 분	내 용
선행종합지수	재고순환지표(제조업), 경제심리지수, 기계류내수출하지수, 건설수주액, 코스피, 장단기금리차, 수출입물가비율
동행종합지수	비농림어업취업자수, 건설기성액, 서비스업생산지수, 소매판매액지수, 내수출하지수, 수입액
후행종합지수	취업자수, 생산자제품재고지수, 소비자물가지수변화율, 소비재수입액, CP유통수익률

25 정답 ④
기업실사지수(BSI)
$$= \frac{(긍정적\ 응답업체\ 수 - 부정적\ 응답업체\ 수)}{전체\ 응답업체\ 수} \times 100 + 100$$
$$= \frac{(70-30)}{100} \times 100 + 100$$
$$= 140$$

26 정답 ③

저당권은 담보물권에 해당한다.

핵심개념 용익물권의 종류

구 분	내 용
지상권	건물, 기타의 공작물이나 수목을 소유하기 위해 타인의 토지를 사용할 수 있는 물권
지역권	자기 토지의 가치를 증대시키기 위해 다른 사람의 토지를 이용하는 용익물권(예 통행지역권, 용수지역권, 전선로 부설을 위한 지역권, 조망·일조지역권 등)
전세권	전세금을 지급하고 다른 사람의 부동산을 점유하여 그 부동산의 용도에 따라 사용·수익하고, 전세권이 소멸하면 목적부동산으로부터 우선변제를 받을 수 있는 물권

27 정답 ④

경개란 채무의 중요한 부분을 변경함으로써 신채무를 성립시키는 동시에 구채무를 소멸시키는 계약이다. 기존 채무는 소멸하며 두 채무가 병존하지 않는다. 반드시 당사자의 합의가 필요하며, 제3자 채무로의 경개도 가능하다. 기존 채무의 담보는 원칙적으로 소멸하며 특별약정이 있을 때에만 유지가 가능하다.

핵심개념 채권의 소멸
- 변제 : 채무자(or 제3자)가 채무의 내용인 급부를 실현하는 것
- 대물변제 : 채무자가 채무의 목적물에 갈음하여 다른 물건으로 채무를 소멸시키는 변제당사자 사이의 계약 → 변제와 같은 효력 인정
- 공탁 : 금전·유가증권, 기타 물건을 공탁소에 임치하는 것
- 상계 : 채권자와 채무자가 서로 같은 종류를 목적으로 하는 채권·채무를 가지고 있는 경우 그 채무들을 대등액에서 소멸하게 하는 단독행위
- 경개 : 채무의 중요한 부분을 변경함으로써 신채무를 성립시키는 동시에 구채무를 소멸시키는 계약
- 면제 : 채권자가 일방적인 의사표시로 채무자의 채무를 대가 없이 면해주는 것
- 혼동 : 채권과 채무가 동일인에게 귀속하는 사실

28 정답 ②

저당권과 근저당권은 성립과 소멸에 있어서 차이가 있다. 성립에 있어서 저당권은 특정의 채권을 담보하는 것을 목적으로 설정되며, 근저당권은 일정한 범위에 속하는 불특정의 채권을 일정한 최고액을 한도로 담보하기 위해 설정된다. 소멸에 있어서 저당권은 설정할 때 정한 피담보채권이 변제 등에 의하여 소멸되면 그 저당권도 소멸하게 되지만, 근저당권은 개개의 채권이 변제 등에 의하여 소멸하더라도 근저당권 자체는 소멸하지 않고 피담보채권의 범위에 속하는 채권을 새롭게 발생하면 계속하여 근저당권에 의해 담보된다.

29 정답 ③

주주는 주주명부상의 명의개서만으로 주권의 제시 없이 의결권을 행사할 수 있다.

30 정답 ③

대출실행 과정은 '거래처의 차입신청서 제출 → 은행의 융자결정 통지 → 거래처의 소비대차약정서 및 근저당권설정계약서 작성제출 → 근저당권설정등기 → 대출금의 지급' 순서로 진행되며, 대출계약은 차주가 금전소비대차약정서를 작성하여 은행에 제출하고 은행이 이를 이의 없이 수리한 때 성립한다.

31 정답 ②

① 엄격해석의 원칙 : 고객의 법률상의 지위에 중대한 영향을 미치는 약관 조항은 더욱 엄격하게 해석하여야 한다는 원칙이다.
③ 객관적 해석의 원칙 : 약관은 고객에 따라 다르게 해석되어서는 안 되며, 모든 고객에게 통일적으로 해석되어야 한다는 원칙이다.
④ 신의성실의 원칙 : 약관은 신의성실의 원칙에 따라 공정하게 해석되어야 한다는 원칙이다.
⑤ 개별약정우선의 원칙 : 약관과 개별약정이 충돌할 경우에는 충돌부분에 대하여 개별약정이 우선한다는 원칙이다.

32 정답 ③

수탁자가 사망하는 경우 신탁재산은 명의인인 수탁자의 상속재산에 귀속되지 않는다.

33 정답 ②

② 소규모 주식회사의 경우 이사를 1명 또는 2명만 두는 것이 가능하다.
① 자본금 10억원 미만의 주식회사를 말한다.
③ 이사회 설치 의무에서 제외된다.
④ 자본금 10억원 미만의 소규모 회사는 감사를 선임하지 않을 수 있다.
⑤ 주주총회일 2주 전에 각 주주에게 서면 소집 통지를 발송하거나 각 주주의 동의를 받아 전자문서로 통지를 발송하여야 하는 일반 주식회사와 달리, 소규모 주식회사는 10일 전에 발송할 수 있다.

34 정답 ②

① 투자매매업 : 누구의 명의로 하든지 투자매매업자의 계산으로 금융투자상품의 매도·매수, 증권의 발행·인수 또는 그 청약의 권유, 청약, 청약의 승낙을 영업으로 하는 것을 말한다.
③ 집합투자업 : 집합투자를 영업으로 하는 것으로, 자산운용업이나 투자신탁업 등이 해당된다.
④ 투자자문업 : 금융투자상품의 가치 또는 금융투자상품에 대한 투자판단에 관한 자문에 응하는 것을 영업으로 하는 것을 말한다.
⑤ 투자일임업 : 투자자로부터 금융투자상품에 대한 투자판단의 전부 또는 일부를 일임받아 투자자별로 구분하여 금융투자상품을 취득·처분, 그 밖의 방법으로 운용하는 것을 영업으로 하는 것을 말한다.

35 정답 ①

신용카드는 권리 또는 재산권을 표창하는 증권은 아니고, 다만 회원자격을 증명하는 증거증권에 불과하다고 보는 것이 통설이다.

36 정답 ⑤

제1순위 상속인은 피상속인의 직계비속과 배우자이므로 배우자 B 씨와 자녀 C 씨는 공동상속인이 된다. 같은 순위의 상속인의 상속분은 균분, 배우자의 상속분은 5할 가산한다. 또한 피상속인의 직계비속과 배우자의 유류분은 그의 법정상속분의 1/2이므로
- 배우자 B 씨의 법정상속분 : 1.5/2.5 = 3/5
- 배우자 B 씨의 유류분 : 법정상속분 × 1/2 = 3/5 × 1/2 = 3/10 이 된다.

핵심개념 유류분

피상속인과의 관계	유류분
배우자	법정상속분의 1/2
직계비속	법정상속분의 1/2
직계존속	법정상속분의 1/3

37 정답 ⑤

각 회사의 주주·이사·감사·청산인·파산관재인 또는 합병 미승인 채권자에 한해 합병등기일로부터 6월 내에 소송으로 주장 가능하다.

핵심개념 합병의 절차
이사회 결의 → 합병계약서 작성 → 합병대차대조표 공시 → 주주총회 합병승인결의 → 반대주주의 주식매수청구(주주총회 결의일로부터 20일 이내) → 채권자 보호절차 → 소멸회사 주주의 주권제출 → 보고총회 또는 창립총회 → 등기 → 합병무효의 소

38 정답 ④

무담보채무는 10억원, 담보채무는 15억원 이하인 경우에만 개인회생을 신청할 수 있다.

39 정답 ②

전신송금의 경우 1백만원 또는 그에 상당하는 다른 통화로 표시된 금액 이상의 일회성금융거래이면 고객확인대상이 된다.

40 정답 ⑤

범죄경력자료는 개인정보보호법에 따른 민감정보에 해당한다.

핵심개념 신용정보법에 따른 개인식별정보
개인의 성명, 주소, 주민등록번호, 외국인등록번호, 국내거소신고번호, 여권번호, 성별, 국적 등

제2과목 세무설계(40문항)

41 정답 ④

비거주자는 종합소득에 대해 원칙적으로 분리과세를 한다.

핵심개념 거주자와 비거주자의 구분의 실익

구 분	거주자	비거주자
개 념	국내에 주소를 두거나 183일 이상 거소를 둔 개인	거주자가 아닌 개인
과세대상 소득	국내외에서 발생한 모든 소득(전 세계 소득)	국내에서 발생한 소득(국내원천소득)
과세방법	• 원칙 : 종합과세 • 예외 : 분리과세	• 원칙 : 분리과세 • 예외 : 종합과세
소득공제 (종합과세되는 경우)	모든 소득공제 가능	• 기본공제는 본인공제만 인정 • 특별소득공제는 인정 안 됨

42 정답 ②

소득세법상 이자소득, 배당소득, 사업소득, 근로소득, 연금소득, 기타소득은 각 원천별 소득들을 합산하여 종합소득으로 종합과세하며, 퇴직소득과 양도소득은 종합소득과 별도로 각각 분류하여 과세(분류과세)한다. 부동산 임대소득은 사업소득에 해당한다.

43 정답 ④

60세 이상, 연간소득금액 100만원 이하(근로소득만 있는 경우에는 총급여 500만원 이하)의 직계존속은 기본공제 대상이 된다.
- 기본공제 : 2명 × 1인당 연 150만원 = 300만원
- 추가공제 : 100만원(경로우대공제) + 200만원(장애인 공제) = 300만원
- 인적공제 : 기본공제 300만원 + 추가공제 300만원 = 600만원

핵심개념 추가공제

구 분	추가공제 요건	소득공제액
경로우대 공제	기본공제에 해당하는 자가 70세 이상인 경우	인당 100만원
장애인공제	기본공제에 해당하는 자가 장애인인 경우	인당 200만원
부녀자공제 (여성만)	종합소득금액이 3,000만원 이하이면서 • 배우자가 없는 여성으로서 기본공제대상인 부양가족이 있는 세대주 or • 배우자가 있는 여성인 경우	50만원
한부모공제	배우자가 없는 자로서 기본공제대상자인 직계비속 or 입양자가 있는 경우	100만원

44 정답 ③

국세, 지방세, 전기료, 수도료, 가스료 등 공과금을 신용카드로 납부한 경우는 공제대상에서 제외된다.

핵심개념 신용카드 등 사용금액 중 공제대상이 아닌 것

구 분	내 용
사업 관련 비용	사업소득 관련 또는 법인의 비용
비정상적 사용액	가공거래ㆍ위장거래 관련
자동차 구입 비용	중고자동차인 경우만 일부 공제
자동차 리스료	대여료를 포함한 리스료
보험료ㆍ공제료	법이나 계약에 따른 보험료ㆍ공제료
교육비	수업료, 입학금, 보육비용, 공납금
공과금	국세, 지방세, 전기료, 수도료 등
유가증권 구입	상품권 등
자산의 구입비용	취득세, 등록면허세 부과 자산
금융용역 관련 수수료	금융ㆍ보험용역 관련 비용
정치자금기부금	기부금세액공제 적용분
월세액	월세세액공제 적용분
기 타	일반기부금, 해외사용분 등

45 정답 ④

납부할 세액이 1천만원을 초과하는 경우에는 납부할 세액의 일부를 납부기한이 지난 후 2개월 이내에 분할납부할 수 있다.

핵심개념 분할납부

납부할 세액	분납할 수 있는 세액
1천만원 초과 2천만원 이하	1천만원을 초과하는 금액
2천만원 초과	세액의 50% 이하의 금액

46 정답 ③

종업원이 임원이 되더라도 퇴직급여를 실제로 받지 않은 경우 퇴직으로 보지 않는다.

핵심개념 퇴직판정의 특례

1. 퇴직으로 보지 않는 경우(실제로 퇴직급여 받지 않음)
   (1) 종업원이 임원이 된 경우
   (2) 합병ㆍ분할 등 조직변경, 사업양도, 직ㆍ간접으로 출자관계에 있는 법인으로의 전출 또는 동일한 사업자가 경영하는 다른 사업장으로의 전출이 이루어진 경우
   (3) 법인의 상근임원이 비상근임원이 된 경우
   (4) 비정규직 근로자가 정규직 근로자로 전환된 경우
2. 퇴직으로 보는 경우
   (1) 퇴직금의 중간정산 사유에 해당하여 퇴직급여를 미리 지급받은 경우
   (2) 퇴직연금제도가 폐지되어 퇴직급여를 미리 지급받은 경우

47 정답 ①

종합소득세는 누진세율로 소득이 높을수록 세율도 높기 때문에 소득이 많은 쪽이 인적공제를 받아야 감면되는 세액이 더 크다.

48 정답 ③

비영업대금의 이익은 그 소득귀속자가 개인이든 법인이든 원천징수세율이 25%라는 점에서 다른 이자소득과 차이가 있다.

핵심개념 영업대금의 이익과 비영업대금의 이익의 구분

구 분	소득구분	원천징수	필요경비공제
비영업대금의 이익	이자소득	25% 세율 적용	공제없음
영업대금의 이익	사업소득	원천징수하지 않음	공제가능

49 정답 ④

의제배당에 대한 설명으로 형식적으로는 실지배당과 같이 총회의 결의에 의하여 이익이나 잉여금을 배당하는 방법을 취하지는 않았지만, 실질적으로는 주주ㆍ사원ㆍ출자자 등에게 배당을 한 것과 동일한 경제적 이익을 주는 경우 그 경제적 이익을 배당으로 간주하는 것을 말한다.

50 정답 ③

종합과세 기준금액(2천만원)을 초과하는 금액 중 집합투자기구로부터의 이익은 그로스업 대상이 아니므로, 그로스업 대상 배당소득 = 2,000만원

∴ 그로스업 금액 = 국내 상장기업으로부터의 배당금 2,000만원 × 10% = 2백만원

핵심개념 배당소득의 그로스업

당초 배당소득에 부과되었던 법인세를 합산하여 배당소득금액으로 하고, 그 법인세를 납부할 소득세에서 공제해 주는 것을 말한다. 이를 통해 이중과세를 조정할 수 있다.

• 그로스업 적용요건

요 건	내 용
종합과세되는 배당소득	배당소득이 다른 금융소득과 합산하여 2천만원을 초과하여야 함
법인세가 과세된 소득*	법인세가 과세된 소득을 재원으로 하는 배당소득이어야 함
내국법인으로부터 받는 배당소득	외국법인으로부터 받은 배당은 법인세가 외국정부에 귀속되어 정책적으로 그로스업 대상에서 배제함

* ① 집합투자기구로부터의 이익, ② 유동화전문회사의 배당, ③ 자기주식소각을 2년 내에 자본전입하는 경우 및 시가가 취득가액을 초과하는 경우의 의제배당, ④ 토지의 재평가차액을 자본전입한 의제배당, ⑤ 법인이 자기지분상당액무상주를 다른 주주에게 배정받게 하는 경우의 의제배당은 대상이 되지 않는다.

51 정답 ③

원천징수시기는 수입시기와 대부분 일치하지만 경우에 따라 원천징수시기와 수입시기가 일치하지 않기도 한다. 이때에는 비록 원천징수 당하지 않았더라도 수입시기를 기준으로 당해연도의 금융소득을 합산하여 2천만원 초과여부를 판단하여야 한다는 점에 유의할 필요가 있다.

52 정답 ④

비실명금융자산에서 발생하는 금융소득

• 금융회사가 지급하는 경우 : 90%의 원천징수세율을 적용하고 분리과세
• 비금융회사가 지급하는 경우 : 45%의 원천징수세율을 적용하고 분리과세

53 정답 ④

법인으로 보는 단체 외의 단체 중 수익을 구성원에게 배분하지 않는 단체로서 단체명을 표기하여 금융거래를 하는 단체가 금융회사 등으로부터 받는 금융소득은 14%의 원천징수세율로 분리과세한다.

핵심개념 임의단체에 대한 과세방법

구 분		
법인 아닌 단체	법인으로 보는 단체	당연히 법인으로 보는 단체
		신청에 의하여 법인으로 보는 단체
	개인으로 보는 단체	하나의 거주자로 보는 단체
		공동사업자로 보는 단체

• 하나의 거주자로 보는 단체
하나의 거주자로 보는 단체의 금융소득은 해당 단체의 대표자나 관리인의 다른 금융소득과 합산하지 않고 해당 단체만의 금융소득에 대해서만 과세한다.

• 공동사업자로 보는 단체
공동사업자로 보는 단체의 경우 구성원별 이익 분배비율에 따라 각각 소득세 납세의무가 있다. 분배비율이 확인되지 않는 부분에 대해서는 해당 단체를 1거주자 또는 1비거주자로 보아 소득세에 대한 납세의무를 부담한다.

54 정답 ⑤

①은 사업소득, ②·③은 기타소득에 해당하며, ④는 사업성이 있는 경우 사업소득, 사업성이 없는 경우 기타소득에 해당한다.

55 정답 ③

2023년 1월 5일 기준으로 서초구, 강남구, 송파구, 용산구를 제외한 나머지 지역은 조정대상지역에서 해제되었다.

핵심개념 조정대상지역

시·도	조정대상지역
서 울	서초구, 강남구, 송파구, 용산구
경 기	없 음

56 정답 ①

아파트 분양권의 취득시기는 아파트를 취득할 수 있는 권리가 확정된 분양권 당첨일이다.

57 정답 ①

종전의 주택을 취득한 날부터 1년 이상이 지난 후 신규 주택을 취득하고 신규 주택을 취득한 날부터 3년 이내에 종전의 주택을 양도하는 경우 1세대 1주택 특례 규정에 해당하여 양도소득세가 비과세된다.

58 정답 ⑤

장기보유 특별공제를 적용할 때 보유기간은 그 자산의 취득일부터 양도일까지로 하며 양도자가 양도일로부터 소급하여 10년 이내 배우자 또는 직계존비속으로부터 증여받은 자산을 양도하는 경우의 보유기간 계산은 당초 증여자가 당해 자산을 취득한 날부터 기산한다.

핵심개념 장기보유 특별공제의 적용배제
- 미등기양도자산
- 1세대 2주택 이상의 다주택자가 조정대상지역 내에 있는 주택을 양도하는 경우

59 정답 ⑤

미등기양도자산은 양도소득세 감면에서 배제된다.

핵심개념 미등기양도자산이 받는 불이익
- 양도소득 기본공제에서 제외
- 장기보유 특별공제에서 제외
- 비과세 양도소득에서 제외
- 양도소득세율 70% 적용

60 정답 ②

거주자가 양도일부터 소급하여 (10년) 이내에 배우자 또는 직계존비속으로부터 증여받은 부동산, 부동산을 취득할 수 있는 권리, 시설물 이용권을 양도하는 경우 양도차익을 계산할 때 취득가액은 증여자의 취득 당시 실지거래가액으로 한다.

61 정답 ④

상속세 및 증여세법상 증여의 개념이 더 폭넓게 규정되어 있다.

핵심개념 증여의 개념
- 민법상 증여 : 당사자 일방이 무상으로 재산을 상대방에게 수여하는 의사를 표시하고 상대방이 이를 승낙함으로써 그 효력이 생기는 것
- 세법상 증여 : 그 행위 또는 거래의 명칭·형식·목적 등과 관계없이 직접 또는 간접적인 방법으로 타인에게 무상으로 유형·무형의 재산 또는 이익을 이전(현저히 낮은 대가를 받고 이전하는 경우를 포함)하거나 타인의 재산가치를 증가시키는 것

62 정답 ②

한정승인에 대한 설명이다.

핵심개념 상속의 승인과 포기
- 단순승인 : 피상속인의 권리·의무를 무제한·무조건적으로 승계하는 형태의 상속
- 한정승인 : 상속재산의 한도 내에서 피상속인의 채무와 유증을 변제할 것을 조건으로 하는 상속
- 상속의 포기 : 피상속인의 재산에 대한 모든 권리·의무의 승계를 부인하고 상속개시 당시부터 상속인이 아니었던 효력으로 발생하게 하는 의사 표시

63 정답 ⑤

상속세 과세가액 = 공로금 1,000만원 − 장례비용 500만원 = 500만원

※ 공익신탁과 명의만 빌려준 차명예금은 과세가액에 불산입한다.

※ 장례비용 과세가액 공제액

장례비용	공제금액
500만원 미만	500만원
500만원 이상 1,000만원 이하	지출이 확인된 금액
1,000만원 초과	1,000만원

64 정답 ②

- 처분 또는 인출한 피상속인의 재산 중 그 용도가 불분명한 재산에 대하여 각 종류별로 상속개시일 전 1년 이내 2억원 또는 2년 이내 5억원에 해당하는 경우 상속으로 추정한다.
- 부동산 처분 금액은 1년 이내 2억원을 초과하므로 상속추정 요건에 부합한다.
- 현금·예금 및 유가증권에 대한 금액은 1년 이내 2억원 미만, 2년 이내 5억원 미만이므로 요건에 부합하지 않는다.
- ∴ 상속추정액(부동산) = 처분재산가액 5억원 − 사용처소명액 3억원 − Min(2억원, 처분액 5억원 × 20%) = 1억원

65 정답 ⑤

가업상속공제를 받은 상속인이 상속개시일부터 5년 이내에 정당한 사유 없이 아래에 해당하는 경우 공제받은 세액을 추징받을 수 있다.
- 가업용 자산의 40%를 처분하는 경우
- 해당 상속인이 가업에 종사를 하지 않는 경우
- 주식 등을 상속받은 상속인의 지분이 감소하는 경우
- 법에서 정하는 고용요건을 충족하지 못하는 경우

66 정답 ④

자기앞수표는 공제대상 금융재산이 아니다.

※ **금융재산 상속공제**

금융재산이란 금융실명법상 예금, 적금, 부금, 계금, 출자금, 신탁재산, 보험금, 공제금, 주식, 채권, 수익증권, 출자지분, 어음 등의 금전 및 유가증권을 말하며 최대주주가 보유하고 있는 주식은 제외된다. 자기앞수표는 공제대상 금융재산이 아니다.

67 정답 ①
상속재산을 상속인이 아닌 자에게 전액 유증한 경우로 상속공제액 종합한도가 0원이 되어 상속공제를 적용받을 수 없다.

핵심개념 상속공제액 종합한도

> 상속공제액 종합한도 = 상속세 과세가액 − ① 선순위인 상속인이 아닌 자에게 유증 또는 사인증여한 재산가액 − ② 선순위인 상속인의 상속포기로 그 다음 순위의 상속인이 상속받은 재산가액 − ③ 사전 증여재산가액(증여재산공제 및 재해손실공제액 차감한 금액)

68 정답 ④
상속세 신고기한에 신고만 하고 납부는 하지 않은 경우라도 그 신고는 정당한 것으로 인정되어 신고세액공제를 받을 수 있다.

69 정답 ③
세대생략 할증과세는 30%(단, 상속인이 피상속인의 자녀를 제외한 미성년 직계비속이면서 20억원을 초과하여 상속재산의 가액을 받는 경우에는 40%)이다.

70 정답 ②
채무까지 인수한 것을 입증하였으므로 시가에서 채무액을 제외한 4억원을 수증자의 증여세 과세가액으로 본다.

핵심개념 배우자 또는 직계존비속 간의 부담부증여

배우자 또는 직계존비속 간의 부담부증여는 채무를 인수하지 아니한 것으로 우선 추정하며, 계약서, 이자지급 증빙 등 객관적인 서류에 의하여 채무사실이 입증되는 경우에 채무를 인수한 것으로 본다.

71 정답 ④
특수관계인 간의 거래에서 시가와 대가의 차액이 3억원 이상이거나 시가의 30% 이상인 경우 그 차액 중 일부를 증여로 본다.
∴ 증여재산가액 = (시가 5억원 − 대가 3억원) − Min[시가 5억원 × 30%, 3억원] = 5천만원

핵심개념 특수관계인 간의 저가양수, 고가양도

| 저가양수 | 증여재산가액 = (시가 − 대가) − Min[시가 × 30%, 3억원] |
| 고가양도 | 증여재산가액 = (대가 − 시가) − Min[시가 × 30%, 3억원] |

※ 증여재산가액이 '0' 이하인 경우 증여로 보지 않는다.

72 정답 ④
증여를 받은 후 그 증여받은 재산(금전 제외)을 당사자 사이의 합의에 의하여 증여세과세표준 신고기한 내에 반환하는 경우 처음부터 증여가 없었던 것으로 본다.

증여세 신고납부기한은 증여받은 날이 속하는 달의 말일로부터 3개월 이내이므로 6월 30일까지 증여재산을 반환하는 경우 당초증여가 비과세된다.

핵심개념 증여재산의 반환(금전 제외)

구 분	당초증여	증여재산반환
신고기한 내 반환	비과세	비과세
신고기한 경과 후 3월 내 반환	과 세	비과세
신고기한 3월 경과 후 반환	과 세	과 세

73 정답 ①
혼인증여공제는 혼인신고일 이전 2년부터 이후 2년까지 1억원을 한도로 적용받을 수 있으며, 출산증여공제는 자녀의 출생일로부터 2년 이내에 1억원을 한도로 적용받을 수 있다. 단, 혼인공제와 출산공제를 합하여 공제한도는 1억원이다.

74 정답 ④
시가의 적용순위는 다음과 같다.

적용순위	시 가
1순위	당해 재산의 매매·감정·수용·경매·공매가액
2순위	유사매매사례가액(단, 평가기준일 전 6개월부터 각 신고기한까지의 가액만 인정)
3순위	보충적 평가가액

④ 시가로 보는 유사사례가액은 당해 재산과 면적·위치 및 용도 등이 동일하거나 유사한 다른 재산에 대한 감정 또는 매매사례가액 등이 있는 경우로 그 시점이 평가기준일 전 6개월부터 평가기간 이내의 신고일까지인 가액만을 시가로 인정한다.
① 특수관계인과의 거래 등으로 그 거래가액이 객관적으로 부당하다고 인정되는 경우는 시가로 인정되지 않는다.
② 당해 재산에 대하여 2 이상의 공신력 있는 감정기관이 평가한 감정가액이 있는 경우에 그 감정가액의 평균액이 시가로 인정된다.
③ 보충적 평가가액은 현실적으로 시가를 산정하기 어려운 경우에 적용할 수 있는 대체적 평가방법이다.

75 정답 ⑤
유가증권시장 및 코스닥시장에서 거래되는 상장법인의 주식 및 출자지분은 평가기준일(평가기준일이 공휴일 등인 경우 그 전일) 이전·이후 각 2개월 동안 공표된 매일의 한국거래소(최종시세가액)의 평균액으로 하며 거래실적 유무는 따지지 아니한다.

76 정답 ④
일반적으로 증여세는 재산가액 전체가 증여세 과세표준을 이루지만, 양도소득세는 양도가액에서 취득가액을 차감한 양도차익에 과세표준을 구성하므로 양도소득세보다는 증여세가 세부담이 크다. 따라서 취득가액이 매우 적은 경우가 아니라면 채무가 딸려있는 부동산을 채무와 함께 증여하는 것이 유리하다.

77 정답 ④
취득세의 중가산세(80%)에 대한 문제이다.

78 정답 ④
재산세는 다음의 각 과세대상별 납세지를 관할하는 지방자치단체에서 부과한다.

과세대상	납세지
토 지	토지의 소재지
건축물	건축물의 소재지
주 택	주택의 소재지
선 박	선적항의 소재지
항공기	정치장의 소재지

79 정답 ④
주택분 종합부동산세 납세의무자가 해당 연도에 납부하여야 할 주택분 재산세액 상당액과 종합부동산세 상당액의 합계액이 해당 납세의무자에게 직전 연도에 해당 주택에 부과된 합계액의 150%를 초과하는 경우 그 초과하는 세액은 없는 것으로 한다. 다만, 납세의무자가 법인인 경우에는 세부담 상한선을 적용하지 않는다.

80 정답 ④
주택분 종합부동산세 납세의무자 중 과세기준일 현재 단독명의 1세대 1주택자에 해당하는 경우 고령자 세액공제와 장기보유 세액공제를 각각 다음과 같이 적용하며, 공제율 합계 80% 범위 내에서 중복 적용도 가능하다.

연령별 공제율	
60세 이상 ~ 65세 미만인 경우	20%
65세 이상 ~ 70세 미만인 경우	30%
70세 이상인 경우	40%

보유기간별 공제율	
5년 이상 ~ 10년 미만인 경우	20%
10년 이상 ~ 15년 미만인 경우	40%
15년 이상인 경우	50%

제3과목 보험 및 은퇴설계(20문항)

81 정답 ③
실업은 중요한 위험에 속한다.

핵심개념 위험의 구분

구 분	개 념
치명적 위험	개인이 파산에 이를 수 있는 위험 예 조기사망, 장기생존, 주택의 화재, 배상책임위험 등
중요한 위험	손실을 회복하기 위해서는 외부의 자금을 차입해야 하는 위험 예 실업, 별장의 화재, 자동차의 파손 등
일반적 위험	현재의 소득이나 자산으로 보전할 수 있는 손실의 노출 예 휴대폰의 분실, 유리창의 파손, 가벼운 상해 등

82 정답 ⑤
① 순보험료에는 위험보험료와 저축보험료가 있으며, 부가보험료에는 신계약비, 유지비, 수금비가 있다.
② 순보험료는 예정위험률과 예정이율을 기초로, 부가보험료는 예정사업비율을 기초로 계산된 보험료이다.
③ 보험기간이 길수록, 납입기간이 짧을수록 보험료 변동폭이 크다.
④ 순수보장형보다 만기환급형의 보험료 변동폭이 크다.

핵심개념 보험료의 구성 원리

구 분	내 용
보험료 계산의 기초	• 예정위험률(예정사망률) 　- 한 개인이 사망하거나 질병에 걸리는 등의 일정한 보험사고가 발생할 확률을 대수의 법칙에 의해 예측한 것 　- 예정위험률이 낮아지면 사망보험료는 낮아지고, 생존보험의 보험료는 높아짐 • 예정이율 　- 보험회사가 고객에게 받은 보험료를 가지고 보험금 지급 때까지의 운용을 통해 거둘 수 있는 예상수익률 　- 예정이율이 낮아지면 보험료가 높아지고, 예정이율이 높아지면 보험료가 낮아짐 • 예정사업비율 　- 보험회사가 보험계약을 유지 및 관리하는 데 드는 여러 가지 비용을 미리 예상하고 보험료에 포함시키는 경비의 구성비율 　- 예정사업비율이 낮아지면 보험료는 낮아짐
영업보험료의 구성	• 순보험료 　- 장래 보험금 지급의 재원이 되는 보험료로서, 위험보험료와 저축보험료로 구성 • 부가보험료 　- 생명보험회사가 보험계약을 체결·유지·관리하기 위한 경비에 해당하는 보험료

83 정답 ③
저축성보험은 목돈 마련이나 노후생활에 대비하기 위해 가입하는 보험으로, 생존 시 지급되는 보험금의 합계액이 이미 납입한 보험료를 초과한다. 보장성보험은 사망, 상해, 입원 등 생명과 관련된 사고가 발생했을 때 약속된 보험금을 지급하는 보험으로, 생존 시 지급되는 보험금의 합계액이 이미 납입한 보험료를 초과하지 않는다.

84 정답 ③
투자위험은 일반보험상품의 경우 보험회사가, 변액보험상품의 경우 보험계약자가 부담한다.

핵심개념 일반보험상품과 변액보험상품의 비교

구 분	일반보험상품	변액보험상품
보험금	보험가입금액	투자실적에 따라 변동
예금자보호	예금자보호법 적용대상	최저보증만 적용
투자위험부담	보험회사	보험계약자
자산운용	일반계정	특별계정
적용이율	공시이율(예정이율)	실적배당률

85 정답 ②
제3보험은 생명보험, 손해보험 고유영역을 제외한 상해보험, 질병보험, 간병보험으로 구분할 수 있다.

핵심개념 보험종류의 구분

구 분	생명보험	제3보험	손해보험
보험사고	사람의 생존 또는 사망	신체의 상해, 질병, 간병	재산상의 손해
피보험이익	없 음	원칙적으로 없으나 일부 인정	존 재
중복보험	없 음	실손보상급부에는 존재	존 재
보상방법	정액보상	정액보상, 실손보상	실손보상
피보험자	보험사고의 대상	생명보험과 동일	손해의 보상을 받을 권리가 있는 자
보험기간	장 기	장 기	단 기

86 정답 ⑤
① 외래성이란 신체 상해의 원인에서 결과에 이르는 과정이 외부적 요인에 기인하는 것으로, 자해행위로 인한 상해는 보험사고가 아니다.
② 우연성이란 원인 또는 결과의 발생이 예견되지 않는 상태를 말한다.
③ 급격성은 결과의 발생을 피할 수 없을 정도의 급박한 상태를 의미하므로, 신체허약이나 질병은 상해에 포함되지 않는다.
④ 상해보험은 주보험에 일반사망을 부가할 수 없고, 특약을 통해서만 질병사망을 보장할 수 있다.

핵심개념 상해사고의 요건

구 분	내 용
우연성	보험사고의 핵심적인 요건으로 원인 또는 결과의 발생이 예견되지 않은 상태
외래성	• 신체 상해의 원인과 결과가 외부적 요인에 기인 • 자해행위, 자살, 싸움으로 인한 상해는 배제
급격성	• 결과의 발생을 피할 수 없을 정도로 급박한 상태 • 신체허약, 질병은 상해에서 배제

87 정답 ③
화재보험에서는 폭발 또는 파열에 따른 직접손해는 보상불가하다.

88 정답 ④
노인장기요양보험은 고령이나 치매·중풍의 노인성 질환 등으로 (6개월) 이상 혼자 일상생활을 영위하기 어려운 대상자에게 요양시설이나 재가 장기요양기관을 통해 신체활동 또는 가사지원 등의 서비스를 제공하는 제도이다.

89 정답 ④
자동차손해배상보장법에서는 조건부 무과실책임주의를 채택함으로써 운전자에게 과실이 없는 경우에도 피해자는 그 운행자에게 손해배상청구를 할 수 있다.

핵심개념 민법과 자배법의 비교

구 분	민 법	자배법
배상책임의 주체	운전자, 사용자 등	운행자
배상책임 발생요건	구체적·제한적	객관적·추상적
과실책임	과실책임주의	조건부 무과실책임주의
입증책임	피해자	가해자(운행자)
손해배상보장제도	없 음	강제보험, 직접청구권, 정부보장사업
적용사고	대인·대물사고	대인·대물사고

90 정답 ③
고객에게 니즈가 있고 보험료 납입 능력도 있는 경우 고객이 가입하기 쉽도록 행동을 유도하는 방법이다.

핵심개념 계약체결기법

구 분	내 용
승낙추정법	고객이 이미 의사결정을 내렸다고 전제하고 마무리를 짓는 방법
양자택일법	상담자가 고객에게 2개의 작은 선택 중 한 개를 선택하도록 만드는 방법
행동유도법	고객에게 니즈가 있고 보험료 납입 능력도 있는 경우, 고객이 가입하기 쉽도록 행동을 유도하는 방법

91 정답 ①
은퇴 이후에는 부부가 상의하여 새로운 역할 분담을 해야 하며 과거의 역할 분담을 고집한다면 원활한 부부관계를 유지하기 어렵다.

92 정답 ③
노인빈곤율은 소득이 중위소득의 (50%) 미만에 해당하는 노인가구의 비율을 말한다.

93 정답 ①
이벤트 순서대로 재무목표를 정해 하나씩 해결할 경우 노후자금 준비를 할 수 있는 여력과 기간이 줄어들기 때문에 노후자금 준비는 적은 금액이라도 빨리 시작하는 것이 중요하다.

핵심개념 은퇴자금 설계 시 주요 포인트

구 분	내 용
은퇴 크레바스	• 은퇴 후 연금을 받기 전까지 생기는 소득 공백기간 • 재취업이나 사적연금을 활용하여 극복
적립과 인출	• 적립 : 목적별로 계좌를 만들어 따로 관리, 연령에 관계없이 빨리 시작하는 것이 중요 • 인출 : 최대한 인출시기를 늦춰 장수 리스크에 대응하는 전략 필요
부동산과 은퇴설계	• 부동산 리스크 : 부동산을 팔고자 할 때 팔리지 않는 유동성 리스크와 부동산 가격하락 리스크로 현금 확보에 어려움이 있음 • 부동산 규모를 줄여 노후자금을 확보하거나 주택연금을 고려할 필요가 있음
부부 중심의 은퇴설계	• 개인연금, 부부형 연금은 부부 중 누군가가 사망해도 남은 배우자가 계속해서 연금을 받을 수 있도록 설계 • 배우자를 피보험자로 하는 종신보험 활용
노후 필수 자금	노후생활비, 의료비, 장기 간병비용

94 정답 ⑤
60대 이상 은퇴설계 시 기존 자산을 노후자금으로 활용할 때는 금융자산과 부동산자산으로 나누어 생각할 수 있다. 금융자산은 길어진 노후를 감안해 인출과 함께 자산운용도 추구해야 한다. 또한 부동산 자산에 대해서는 주택 다운사이징이나 주택연금을 활용해 부동산을 현금화하는 방안을 생각해야 한다.
① 20~30대 은퇴설계에 대한 설명이다.
② 40대 은퇴설계에 대한 설명이다.
③ 70대 이후의 장기 간병에 대한 준비가 필요하다.

95 정답 ⑤
만 18세 이상 만 60세 미만의 외국인이 국민연금에 가입된 사업장에 근무하면 사업장 가입자가 되고, 그 외의 외국인은 지역가입자가 된다.

핵심개념 국민연금제도

구 분	내 용
가입대상	• 만 18세 이상 ~ 만 60세 미만 국민 • 최소 가입기간은 10년임
국민연금보험료	• 가입자의 기준소득월액에 연금보험료율을 곱해서 결정 • 연금보험료율 - 사업장가입자의 경우 : 본인 4.5%, 사용자 4.5% - 지역가입자의 경우 : 본인 9%
급여의 종류와 산정방법	• 연금 급여 - 노령연금 : 국민연금의 가장 기초가 되는 급여, 매월 지급 - 장애연금 : 장애가 발생했을 때 지급 - 유족연금 : 가입자 사망 시 유족에게 지급 • 일시금 급여 - 반환일시금 급여 : 더 이상 가입할 수 없는 경우 지급 - 사망일시금 급여 : 유족연금이나 반환일시금을 받지 못할 경우 지급

96 정답 ③
퇴직연금공제일시금에 대한 내용이다.
① 퇴직연금 : 공무원이 10년 이상 재직하고 퇴직한 때
② 퇴직연금일시금 : 10년 이상 재직 후 퇴직한 공무원이 퇴직연금에 갈음하여 일시금으로 지급받고자 할 때
④ 퇴직일시금 : 공무원이 10년 미만 재직하고 퇴직한 때
⑤ 퇴직수당 : 공무원이 1년 이상 재직하고 퇴직 또는 사망한 때

97 정답 ⑤

①·②·③·④는 확정기여형(DC형)에 대한 내용이다.

핵심개념 확정급여형(DB) VS 확정기여형(DC)

구 분	확정급여형(DB)	확정기여형(DC)
개 념	• 퇴직 시 지급할 급여의 수준을 노사합의를 통해 사전에 확정 • 근로자 퇴직 시 사용자는 사전에 약정된 퇴직급여를 지급	• 기업이 부담할 부담금 수준을 노사가 사전에 확정 • 근로자 퇴직 시 적립금 운용실적에 따라 퇴직급여 수령
운용 주체	기업	근로자
기업부담금	적립금 운용실적에 따라 기업의 부담금 변동	가입자 연간 임금총액의 1/12에 해당하는 금액 이상
제도 간 이전	어려움, 퇴직 시 IRP로 이전	직장이동 시 이전 용이
퇴직급여 수령	55세 이상, 가입기간 10년 이상, 수령기간 5년 이상	55세 이상, 가입기간 10년 이상, 수령기간 5년 이상
중도인출	불 가	사유충족 시 가능
적합한 근로자	• 장기근속이 가능하고 임금상승률이 높으며 도산위험이 적은 기업 • 자산운용에 자신이 없는 근로자	• 연봉제 도입기업 • 체불위험이 있는 기업 • 이직과 전직이 잦은 근로자 • 자산운용에 자신이 있는 근로자

98 정답 ②

부부가 모두 사망 후 주택을 처분하여 정산했을 시 연금수령액이 집값을 초과하여도 상속인에게 초과분을 청구하지 않는다.

핵심개념 주택연금제도

구 분	내 용
개 념	집을 소유하고 있지만 소득이 부족한 고령자가 평생 또는 일정기간 집을 담보로 맡긴 후 국가가 보증하는 연금을 수령하는 대출상품
가입조건	• 부부 중 1명이 대한민국 국민 • 부부 중 1명이 만 55세 이상 • 부부기준 공시가격 등이 12억원 이하인 주택소유자 • 다주택자인 경우 합산 공시가격 12억원 이하 • 12억원 초과 2주택자는 3년 이내에 1주택 팔면 가입 가능 • 주택연금 가입주택에 가입자 또는 배우자가 실제 거주해야 함
특 징	• 가입자 및 배우자 모두 거주 평생 보장되면서 부부 중 한 명이 사망해도 동일한 금액으로 연금지급이 보장 • 부부 두 사람 모두가 사망하여 주택을 처분 정산했을 때 연금수령액이 집값을 초과해도 상속인에게 별도의 청구를 하지 않음(반대로 정산 후 잔금이 있으면 상속인에게 돌아감) • 물가상승률이 반영되지 않아 처음 가입 시보다 주택가격이 상승해도 연금액은 동일

99 정답 ⑤

라이프 이벤트 표에 보험 만기금, 퇴직금 등 일시적인 수입에 대해서도 기입해야 한다.

100 정답 ⑤

연금저축보험의 연금 수령기간은 생보사의 경우 종신지급이나 확정기간 둘 다 가능하며 손보사는 확정기간 지급만 가능하다.

핵심개념 연금저축계좌 상품별 특성

상품구분	연금저축신탁	연금저축펀드	연금저축보험
주요 판매사	은 행	증권사, 은행, 보험사	증권사, 은행, 보험사
납입 방식	자유적립식	자유적립식	정기납입
적용 금리	실적배당	실적배당	공시이율
연금수령 방식	확정기간형	확정기간형	확정기간형, 종신형(생보만)
원금보장	비보장	비보장	보 장
예금자보호	보 호	비보호	보 호

은행FP 자산관리사 1부
제1회 정답 및 해설

01	02	03	04	05	06	07	08	09	10
⑤	②	④	②	②	②	①	④	②	②
11	12	13	14	15	16	17	18	19	20
③	④	②	④	②	③	⑤	④	②	③
21	22	23	24	25	26	27	28	29	30
③	③	②	⑤	①	③	③	②	④	①
31	32	33	34	35	36	37	38	39	40
③	④	②	②	⑤	③	③	⑤	⑤	⑤
41	42	43	44	45	46	47	48	49	50
④	②	③	④	④	④	⑤	②	④	②
51	52	53	54	55	56	57	58	59	60
③	①	⑤	④	①	②	③	③	①	④
61	62	63	64	65	66	67	68	69	70
⑤	②	③	③	①	①	④	⑤	①	①
71	72	73	74	75	76	77	78	79	80
④	⑤	③	③	⑤	⑤	⑤	④	③	③
81	82	83	84	85	86	87	88	89	90
③	④	②	④	④	④	⑤	④	④	③
91	92	93	94	95	96	97	98	99	100
④	①	⑤	①	④	④	②	③	③	⑤

제1과목 자산관리 기본지식(40문항)

01   정답 ⑤
㉠은 인구 통계적 배경, ㉢은 사회 경제적 배경에 해당하는 내용이다.

핵심개념 개인 재무설계의 필요성

구 분	내 용
사회 경제적 배경	• 자산 및 부채의 증가 • 금융시장 개방 및 국제화 • 금융상품 다양화 및 금융 관련 법규 강화
인구 통계적 배경	• 1인 가구의 증가 • 저출산 및 고령화 • 노동환경의 변화
소비자의식 변화	• 개인주의적 사고방식 • 개별성 추구 • 비재무적 요구의 증가 • 재무설계의 중요성 인식

02   정답 ②
효과적인 고객면담이 가능한 접촉 채널은 TA이다.

핵심개념 TA의 장점과 유의점

구 분	내 용
장 점	• 시간을 효율적으로 관리 가능 • 유망고객과의 만남을 용이하게 함 • 효과적인 고객면담이 가능
유의점	상품판매 목적으로 활용하는 것은 금지되며, 방문약속을 잡기 위한 목적으로 활용해야 함

03   정답 ④
유망고객의 4가지 조건
• 재무목표가 있는 사람
• 금융상품에 가입할 경제적 능력이 있는 사람
• 만남이 가능한 사람
• 실행력이 있는 사람

04   정답 ②
①·⑤ 문제 인식 질문
③ 상황 파악 질문
④ 해결 질문

핵심개념 최초 면담 시 자산관리사가 활용할 수 있는 유용한 질문의 유형

구 분	내 용
상황 파악 질문	고객이 현재 처해 있는 상황에 대한 정보를 수집하기 위한 질문
문제 인식 질문	고객이 현재 갖고 있는 문제 및 어려움에 대해 고객 스스로 인식하도록 하기 위한 질문
시사 질문	고객이 갖고 있는 문제로 인해 발생되는 결과에 대한 심각성을 고객 스스로 인지하도록 하는 질문
해결 질문	고객이 스스로 해결책에 의한 효용 및 이득을 느끼게 하여 자산관리사의 해결안에 동의를 구하는 질문

은행FP 자산관리사 1부 | 1회

05　　　　　　　　　　　　　　　　　　　정답 ②
① 가족형성기 : 첫 자녀 출생 준비자금 마련, 자동차 구매자금 마련
③ 자녀성장기 : 자녀들의 교육자금 및 결혼자금 마련, 주택확장자금 마련
④ 가족축소기 : 노후자금 마련, 기타 목적자금 마련
⑤ 은퇴 및 노후기 : 노후생활자금 운용, 상속 및 증여에 대한 계획

핵심개념 생애주기 단계
청년기 → 가족형성기 → 자녀양육기 → 자녀성장기 → 가족축소기 → 은퇴 및 노후기

06　　　　　　　　　　　　　　　　　　　정답 ②
자산부채상태표는 재무상태 변동의 결과를 표시하고, 현금흐름표는 재무상태 변동의 원인을 표시한다.

핵심개념 자산부채상태표와 현금흐름표의 비교

구 분	자산부채상태표	현금흐름표
구 성	자산 = 부채 + 순자산	현금유입 = 현금유출
개 념	일정 시점 가계의 자산, 부채, 순자산의 상태를 나타냄	일정 기간 동안 개인 및 가계의 현금유입과 현금유출의 현황을 보여줌
내 용	• 재무상태 변동의 결과를 표시 • 자산 및 부채의 전체 규모 표시	• 재무상태 변동의 원인을 표시 • 총소득과 총지출의 규모를 통해 저축 및 투자금액을 알 수 있음

07　　　　　　　　　　　　　　　　　　　정답 ①
㉠·㉢·㉣·㉥ : 변동지출
㉡·㉤ : 고정지출

핵심개념 고정지출과 변동지출
• 고정지출 : 공교육비, 주택관리비, 세금, 대출금 상환금 등
• 변동지출 : 사교육비, 건강의료비, 교통통신비, 교양오락비, 외식비 등

08　　　　　　　　　　　　　　　　　　　정답 ④
재무설계는 '고객과의 관계 정립 → 고객 정보수집 및 재무목표 설정 → 고객의 재무상태 분석 및 평가 → 재무설계 제안 → 재무설계 실행 → 정기점검 및 사후관리' 순서로 이루어진다.

09　　　　　　　　　　　　　　　　　　　정답 ②
고객이 가입해야 하는 이유에 대해 논리적으로 설명하되 감성을 자극하는 스토리텔링을 제공해야 한다.

10　　　　　　　　　　　　　　　　　　　정답 ②
기업부문의 기능
• 생산물시장 : 재화와 용역의 공급, 자본재의 수요(투자)
• 요소시장 : 생산요소의 수요
• 대부자금시장 : 대부자금의 수요

핵심개념 거시경제의 주체별 기능

구 분	내 용
가계부문	• 생산물시장 : 재화와 용역의 수요 • 요소시장 : 생산요소의 공급 • 대부자금시장 : 대부자금의 공급 • 정부부문 : 조세의 납부
기업부문	• 생산물시장 : 재화와 용역의 공급, 자본재의 수요(투자) • 요소시장 : 생산요소의 수요 • 대부자금시장 : 대부자금의 수요
정부부문	• 생산물시장 : 공공재의 공급, 재정지출을 통한 재화와 용역의 수요 • 가계부문 : 조세의 징수
해외부문	• 생산물시장과 외환시장 　- 수출 : 국내에서 생산된 재화와 용역에 대한 수요 　- 수입 : 해외에서 생산된 재화와 용역의 공급 • 외환시장과 대부자금시장 : 대부자금의 공급과 수요
중앙은행	대부자금시장과 외환시장 : 통화량과 이자율의 조절

11　　　　　　　　　　　　　　　　　　　정답 ③
환율 상승에 따라 수입원자재 등 생산요소가격이 상승하면 총공급이 감소하여 단기 총공급곡선은 좌측으로 이동한다.

핵심개념 단기 총공급곡선의 이동 요인

구 분	내 용
우측 이동 요인	• 경제활동인구의 증가 • 투자를 통한 자본량의 증가 • 기술향상에 의한 요소생산성 향상 • 임금 등 생산요소가격 하락 • 총수요 증가 예상 • 신기술 개발 등의 긍정적 공급충격
좌측 이동 요인	• 기대 인플레이션 상승에 따른 임금 상승 • 환율 상승에 따른 수입원자재 등 생산요소가격 상승 • 자연재해 등 부정적 공급충격

12　　　　　　　　　　　　　　　　　　　정답 ④
물가가 변동하면 총수요량이 변화하여 총수요곡선상의 이동이 발생하고, 물가 이외의 요인이 변동하면 총수요가 변동하여 총수요곡선의 이동이 발생한다.

13 정답 ②
잠재GDP의 성장 속도보다 통화량 증가 속도가 빠를 때 인플레이션이 발생한다.

14 정답 ④
- 전체인구 1,000만명 = 비노동가능인구 300만명 + 노동가능인구
- 노동가능인구 700만명 = 비경제활동인구 200만명 + 경제활동인구
- 경제활동인구 500만명 = 실업자 + 취업자 400만명
따라서 실업자 = 100만명이므로,
- 실업률 = $\dfrac{\text{실업자}}{\text{경제활동인구}} \times 100 = \dfrac{100\text{만명}}{500\text{만명}} \times 100 = 20\%$

핵심개념 경제활동참가율과 고용률 공식

- 경제활동참가율 = $\dfrac{\text{경제활동인구}}{\text{노동가능인구}} \times 100$
- 고용률 = $\dfrac{\text{취업자}}{\text{노동가능인구}} \times 100$

15 정답 ②
실제GDP는 잠재GDP를 중심으로 상하 변동하게 되는데, 이는 실제GDP의 평균값은 잠재GDP와 같다는 것을 의미한다.

16 정답 ③
회사채·CP는 L(광의유동성)에 해당한다.

핵심개념 통화지표의 구성

- M_1(협의통화) = 현금통화 + 요구불예금 + 수시입출금식예금
- M_2(광의통화) = M_1 + 정기예·적금 + 시장형금융상품 + 실적배당형금융상품 + 기타 예금 및 금융채
- L_f(금융기관유동성) = M_2 + 2년 이상 장기금융상품 + 생명보험계약준비금 및 증권금융예수금
- $L = L_f$ + 기타 금융기관 상품 + 국채·지방채 + 회사채·CP

17 정답 ⑤
준통화는 유동성이 높아 현금으로 전환이 쉬운 예금으로, 준통화비율과 통화승수는 정(+)의 관계이다(준통화비율이 상승하면 통화승수는 증가).

18 정답 ④
교차환율은 자국통화가 개입되지 않은 외국통화 간의 환율을 말한다.

핵심개념 재정환율

한 국가의 통화와 다른 국가의 통화 간의 환율을 기준환율로 정하고, 그 기준이 되는 한 국가의 통화와 또 다른 국가의 통화 간의 교차환율과 기준환율과의 관계로부터 도출되는 환율이다.

19 정답 ②
환율이 상승하면 수입상품가격이 상승하여 수입이 감소한다.

20 정답 ③
정부가 재정지출을 감소시켜 긴축재정정책을 시행하면 소비가 감소하고 저축이 증가한다.

21 정답 ③
국가 간 자본이동성과 관계없이 균형 명목환율은 상승한다.

22 정답 ③
①·④ 후행종합지수
②·⑤ 동행종합지수

핵심개념 경기종합지수의 구성지표

구 분	내 용
선행종합지수	재고순환지표(제조업), 경제심리지수, 기계류내수출하지수, 건설수주액, 코스피, 장단기금리차, 수출입물가비율
동행종합지수	비농림어업취업자수, 건설기성액, 서비스업생산지수, 소매판매액지수, 내수출하지수, 수입액
후행종합지수	취업자수, 생산자제품재고지수, 소비자물가지수변화율, 소비재수입액, CP유통수익률

23 정답 ②
구성지수의 변동을 전월과 대비할 뿐 아니라 동 증감률 자체를 가지고 경기방향 및 변동폭을 판단하기 때문에 월간의 미세한 변동까지 파악이 가능하다.

24 정답 ⑤
경제구조가 빠르게 변화할 경우 경제지표의 경기대응성이 저하될 가능성이 크므로 적절한 시기에 구성지표나 합성방법 등의 변경을 통해 경제지표를 개편해야 한다.

25 정답 ①

기업실사지수

$= \dfrac{(긍정적\ 응답업체\ 수\ -\ 부정적\ 응답업체\ 수)}{전체\ 응답업체\ 수} \times 100 + 100$

$= \dfrac{(20 - 80)}{100} \times 100 + 100$

$= 40$

따라서 기업실사지수는 40이다.

26 정답 ③

시계열모형은 이론적 근거가 취약하기 때문에 정책효과를 정교하게 측정하는 데는 제약이 있지만, 거시계량경제모형은 경제구조 전체를 파악함에 있어 일관성과 동시성을 유지할 수 있고 정립된 이론적 근거를 가지며, 오차에 대한 통계학적 관리가 가능하다.

27 정답 ③

지상권은 부동산을 독점적으로 사용하는 용익물권이라는 점에서는 지역권 및 전세권과 같지만, 건물·기타 공작물이나 수목을 소유하기 위하여 타인이 토지를 이용한다는 점에서 소유를 목적으로 하지 않는 지역권이나 전세권과 다르다.

28 정답 ②

지명채권은 양도인의 채무자에 대한 통지 또는 채무자의 승낙이 없으면 채무자에게 채권양도를 가지고 대항하지 못한다. 또한 채무자 이외의 제3자에게 대항하기 위해서는 이 통지 또는 승낙이 확정일자 있는 증서(내용증명우편 등)에 의할 것이 요구된다.

29 정답 ④

② 현금으로 계좌송금하거나 계좌이체하는 경우의 예금계약 성립시기
③ 자기앞수표의 예금계약 성립시기
⑤ 전자자금이체를 통한 지급의 효력 발생시기

30 정답 ①

② 상계 : 채권자와 채무자가 서로 같은 종류를 목적으로 하는 채권, 채무를 가지고 있는 경우에 그 채무들을 대등액에서 소멸하게 하는 단독행위이다.
③ 면제 : 채권자가 일방적인 의사표시로 채무자의 채무를 대가 없이 면하여 주는 것이다.
④ 변제 : 채무자가 채무의 내용인 급부를 실현하는 것, 즉 은행의 채무자가 대출을 상환하는 것을 의미한다.
⑤ 혼동 : 채무자가 채권을 양수한 경우로, 채권과 채무가 동일인에게 귀속하는 사실을 말한다.

31 정답 ③

수탁자가 사망하는 경우 신탁재산은 명의인인 수탁자의 상속재산에 귀속되지 않는다.

핵심개념 신탁재산의 독립성

구 분	내 용
수탁자 사망 시	신탁재산은 명의인인 수탁자의 상속재산에 귀속되지 않음
수탁자 파산 시	신탁재산은 수탁자의 파산재단에 속하지 않음
상계여부	신탁재산에 속하는 채권과 신탁재산에 속하지 아니하는 채무와는 상계하지 못함
강제집행 또는 경매 여부	원칙적으로 신탁재산에 대해서는 강제집행 또는 경매를 할 수 없음

32 정답 ④

① 부동산투자신탁 : 다수의 소액투자가로부터 공모에 의하여 자금을 조달하여 부동산의 구입·운용·개발 등 부동산에 대한 투자를 행하고, 그 운용수익을 투자자에게 배분하는 것
② 부동산관리신탁 : 부동산의 관리·보전을 목적으로 하는 신탁으로, 수탁자는 단순히 부동산을 유지·관리하는 것이 아니라 부동산의 소유명의자이자 권리자로서 포괄적인 업무를 담당
③ 부동산처분신탁 : 부동산의 처분을 목적으로 하는 신탁으로, 처분신탁의 수탁자는 처분가격의 결정, 매수인과의 교섭, 처분대금의 운용 등 모든 권한을 가짐
⑤ 토지신탁 : 부동산신탁회사가 수탁자로서 신탁된 토지상의 건물을 신축하는 등 개발행위를 하고, 토지 및 지상건물을 일체로 분양 또는 임대하여 그 수입으로 신탁회사의 투입비를 회수하고 수익을 교부하는 것

33 정답 ②

① 적합성 원칙 : 금융소비자 재산상황 등에 비추어 부적합한 상품의 구매권유 금지
③ 설명의무 : 금융소비자가 반드시 알아야 할 상품의 주요 내용을 설명
④ 불공정영업행위금지 : 소비자의 의사에 반하여 다른 상품의 계약 강요, 부당한 담보 요구, 부당한 편익 요구 등 금지
⑤ 부당권유금지 : 단정적 판단 또는 허위사실 제공 등 금지

34 정답 ②

과징금은 금융상품직접판매업자 및 금융상품자문업자를 대상으로 금전적 제재의 필요성이 있는 규제위반에 대해 해당 위반행위로 인해 발생한 수입의 50% 범위에서 부과된다.

핵심개념 과징금과 과태료

구 분	내 용
과징금	금융상품직접판매업자 및 금융상품자문업자를 대상으로 금전적 제재의 필요성이 있는 규제위반(설명의무·부당권유행위금지·불공정영업행위·광고규제 위반)에 대해 해당 위반행위로 인해 발생한 수입의 50% 범위에서 부과
과태료	• 부과 대상 : 6대 판매원칙 위반, 내부통제기준 미수립, 계약서류 제공의무 위반 등 • 과태료 부과대상을 '위반한 자'로 규정하여 관리책임이 있는 대리중개업자, 직접판매업자에 대한 과태료 부과 가능 • 부과대상 행위별로 1억원·3천만원·1천만원 범위 이내에서 부과 가능

35 정답 ⑤

신용카드업자는 신용카드회원에 대하여 위조 또는 변조된 신용카드의 사용으로 인한 책임을 진다. 신용카드 등의 위조 또는 변조에 대하여 그 신용카드회원의 고의 또는 중대한 과실을 입증하는 경우 그 책임의 전부 또는 일부를 신용카드회원의 부담으로 할 수 있다는 취지의 계약을 체결한 때에 한하여 당해 신용카드회원에 대하여 그 계약내용에 따른 책임을 부담시킬 수 있다.

36 정답 ③

① 미성년후견 : 친권자가 없는 경우와 친권자가 법률행위의 대리권과 재산관리권을 행사할 수 없는 경우에 활용할 수 있는 제도
② 특정후견 : 질병·장애·노령·그 밖의 사유로 인한 정신적 제약으로 일시적 후원 또는 특정한 사무에 관한 후원이 필요한 경우에 활용할 수 있는 제도
④ 임의후견 : 질병·장애·노령·그 밖의 사유로 인한 정신적 제약으로 사무를 처리할 능력이 부족한 상황에 있거나 부족하게 될 상황에 대비하여 자신의 재산관리 및 신상보호에 관한 사무의 전부 또는 일부를 다른 자에게 위탁하고, 그 위탁사무에 관하여 대리권을 수여하는 것을 내용으로 하는 계약
⑤ 성년후견 : 장애·질병·노령 등으로 인해 사무처리 능력이 지속적으로 결여된 성인에게 가정법원의 결정을 통해 선임된 후견인이 재산관리·일상생활 등과 관련된 신상보호를 지원하도록 하는 제도

37 정답 ③

피상속인의 직계비속, 즉 피상속인의 자녀 외에 손자녀, 증손자녀 등이 제1순위에 포함되지만 직계비속이 여럿 있는 경우에는 최근친이 선순위가 된다. 최근친인 직계비속이 여럿 있으면 공동상속인이 되므로 피상속인의 자녀·손자녀가 있는 경우에는 자녀만이 상속하고, 자녀가 여럿 있으면 그들이 공동으로 상속한다.

핵심개념 상속인의 순위

구 분	내 용
제1순위	직계비속 및 배우자 • 아들, 딸, 손자, 증손 등 • 피상속인의 자녀·손자녀가 있는 경우 : 자녀만이 상속 • 자녀가 여럿 있는 경우 : 공동으로 상속
제2순위	직계존속 및 배우자 • 혈족, 부모, 조부모 등 • 직계존속이 여럿 있는 경우 : 최근친이 선순위 • 최근친인 직계존속이 여럿 있는 경우 : 공동으로 상속
제3순위	형제자매 • 형제자매가 여럿 있는 경우 : 동순위로 상속
제4순위	4촌 이내의 방계혈족 • 4촌 이내의 방계혈족이 여럿 있는 경우 : 최근친자가 선순위 • 선순위인 자가 여럿 있는 경우 : 공동상속인

38 정답 ⑤

회사의 분할은 등기를 함으로써 효력이 발생한다.

39 정답 ⑤

변제계획안은 채무자만이 신청할 수 있고, 개인회생절차 개시신청일로부터 14일 이내에 제출하여야 한다.

40 정답 ⑤

전신송금의 경우 1백만원 또는 그에 상당하는 다른 통화로 표시된 금액 이상, 외국통화로 표시된 외국환거래의 경우 1만 미합중국달러 상당액 이상, 전신송금과 외국통화로 표시된 외국환거래 외의 금융거래의 경우에는 15백만원 이상이 고객확인대상이 되는 일회성금융거래에 해당한다.

제2과목 세무설계(40문항)

41 정답 ④

우리나라 소득세법상 종합소득은 이자소득, 배당소득, 사업소득(부동산 임대소득 포함), 근로소득, 연금소득, 기타소득 6가지로 구분한다.

핵심개념 소득의 종류별 과세방법

구 분	내 용	과세방법
종합소득	소득세법상 열거된 이자소득, 배당소득, 사업소득, 근로소득, 연금소득, 기타소득	• 종합과세 당해 연도 발생소득을 합산하여 기본세율(6% ~ 45%) 적용 • 분리과세 2천만원 이하의 금융소득, 300만원 이하의 기타소득금액 등
퇴직소득	퇴직 시 수령하는 일시금	• 연분연승법 적용 • 기본세율 적용
양도소득	소득세법상 열거된 자본이득	• 일반적인 경우 : 기본세율 적용 • 단기보유, 다주택자 등 : 차등세율 적용

42 정답 ②

배우자공제는 거주자의 소득금액과는 상관없이 배우자의 해당 과세기간의 소득금액 합계액이 100만원 이하, 근로소득만 있는 경우 총급여액 500만원 이하이면 150만원을 공제한다.

핵심개념 기본공제

구 분	요 건
본인공제	거주자 본인
배우자공제	해당 과세기간의 소득금액 합계액 100만원 이하*
부양가족공제	해당 과세기간의 소득금액 합계액 100만원 이하*이며 거주자와 생계를 같이하는 다음 어느 하나에 해당하는 사람 • 직계존속으로서 60세 이상인 사람 • 직계비속 또는 입양자로서 20세 이하인 사람 • 거주자의 형제자매로서 20세 이하 또는 60세 이상인 사람 • 국민기초생활 보장법에 따른 수급자 • 아동복지법에 따른 위탁아동 ※ 부양가족이 장애인인 경우 나이의 제한 없음

*근로소득만 있는 경우 총급여액 500만원 이하

43 정답 ③

종합소득세의 세율은 최저 (6%)에서 최고 (45%)의 8단계 초과누진세율 구조로 되어 있다.

핵심개념 종합소득세 기본세율

종합소득 과세표준	세 율
1,400만원 이하	6%
1,400만원 초과 5,000만원 이하	84만원 + 1,400만원을 초과하는 금액의 15%
5,000만원 초과 8,800만원 이하	624만원 + 5,000만원을 초과하는 금액의 24%
8,800만원 초과 1억 5천만원 이하	1,536만원 + 8,800만원을 초과하는 금액의 35%
1억 5천만원 초과 3억원 이하	3,706만원 + 1억 5천만원을 초과하는 금액의 38%
3억원 초과 5억원 이하	9,406만원 + 3억원을 초과하는 금액의 40%
5억원 초과 10억원 이하	1억 7,406만원 + 5억원을 초과하는 금액의 42%
10억원 초과	3억 8,406만원 + 10억원을 초과하는 금액의 45%

44 정답 ④

퇴직소득을 연금수령하는 연금소득의 연금 실제 수령연차가 10년 이하인 경우의 원천징수세율은 연금외수령 원천징수세율의 70%이다.

핵심개념 연금소득 원천징수세율

구 분		원천징수세율
공적연금		기본세율
사적연금	연금소득자의 나이에 따른 세율	70세 미만 : 5% 70세 이상 ~ 80세 미만 : 4% 80세 이상 : 3%
	퇴직소득의 연금수령	연금 실제 수령연차 10년 이하 : 연금외수령 원천징수세율의 70% 연금 실제 수령연차 10년 이상 : 연금외수령 원천징수세율의 60%
	종신연금	4%

45 정답 ④

금융소득종합과세란 금융소득의 합계액이 2천만원을 초과하는 경우 그 초과금액을 다른 종합소득과 합산하여 과세하는 제도를 말한다. 금융소득종합과세 대상 여부를 판정하는 금액을 기준금액이라 하는데 현재 기준금액은 2천만원이다. 기준금액 초과여부를 따질 때에 비과세·분리과세 금융소득은 제외한다.

1회 은행FP 자산관리사 1부

핵심개념 금융소득종합과세 주요내용

구 분	내 용
금융소득의 범위	이자소득과 배당소득
기준금액	• 2천만원까지는 14%의 원천징수세율로 분리과세 • 2천만원을 초과하는 금융소득은 종합과세
Gross-up 제도	종합과세되는 배당소득에 대하여 이중과세 방지
채권이자 과세	보유기간별 이자상당액을 보유자에게 귀속
비과세·분리과세 금융소득	비과세·분리과세 금융소득은 기준금액 초과여부를 따질 때 제외
원천징수세액	종합과세 대상이 되면 원천징수당한 세액은 기납부세액으로 공제
부부 별도 과세	부부의 금융소득은 합산하지 않음

46 정답 ④

직장공제회 초과반환금은 기본세율(6~45%의 초과누진세율)로 분리과세한다.

∴ 은행예금 이자 30,000,000원 + 회사채 이자 30,000,000원
= 60,000,000원

핵심개념 분리과세저축

(1) 임의단체의 금융소득 : 임의단체(법인으로 보는 단체 외의 단체) 중 수익을 구성원에게 배분하지 않는 단체로서 단체명을 표기하여 금융거래를 하는 단체가 금융실명법에 의한 금융회사로부터 받는 이자소득 및 배당소득. 원천징수로 납세의무 종결
(2) 비실명금융자산에서 발생하는 금융소득
  • 금융회사가 지급하는 경우 : 90%의 원천징수세율을 적용하고 분리과세
  • 비금융회사가 지급하는 경우 : 45%의 원천징수세율을 적용하고 분리과세
(3) 직장공제회 초과반환금 : 기본세율(6~45%의 초과누진세율)로 분리과세
(4) 부동산 경매입찰을 위한 법원보증금 등의 이자소득 : 14%로 분리과세

47 정답 ⑤

집합투자기구로부터의 이익은 배당소득에 해당한다.

핵심개념 헷갈리기 쉬운 이자소득과 배당소득

종 류	소득 구분
신용계 또는 신용부금으로 인한 이익	이자소득
채권·증권의 환매조건부 매매차익	이자소득
저축성보험의 보험차익	이자소득
직장공제회 초과반환금	이자소득
비영업대금의 이익	이자소득
집합투자기구로부터의 이익	배당소득
파생결합증권·사채로부터의 이익	배당소득
출자공동사업자의 손익분배비율에 해당하는 금액	배당소득

48 정답 ②

비상장법인 배당 30,000,000원 × 10% = 3,000,000원

핵심개념 그로스업 금액 계산방법

이자소득과 배당소득이 혼재한 경우 이자소득, 그로스업 대상이 아닌 배당소득, 그로스업 대상 배당소득 순서대로 종합과세 기준금액에 합산하고, 종합과세 기준금액을 초과하는 그로스업 대상 배당소득에 10%를 곱하여 계산한다.

49 정답 ④

비과세 한도금액을 초과하는 금액에 대해서는 9%의 세율로 분리과세한다.

핵심개념 개인종합자산관리계좌에 대한 과세특례

구 분	내 용
가입대상	• 가입·연장일 기준 19세 이상인 자 • 가입·연장일 기준 15세 이상인 자로서 가입·연장일이 속하는 과세기간 직전 과세기간에 근로소득이 있는 자
과세특례	• 개인종합자산관리계좌에 가입하거나 계약기간을 연장하는 경우 발생하는 이자·배당소득의 합계액에 대해서는 비과세 한도금액까지는 소득세를 부과하지 아니한다. • 비과세 한도금액을 초과하는 금액에 대해서는 100분의 9의 세율을 적용하고 종합소득 과세표준에 합산하지 아니한다.
비과세 한도금액	• 400만원 - 직전 과세기간의 총급여액이 5천만원 이하인 거주자 - 직전 과세기간의 종합소득 과세표준에 합산되는 종합소득금액이 3천 8백만원 이하인 거주자 - 농어민(직전 과세기간의 종합소득 과세표준에 합산되는 종합소득금액이 3천 8백만원을 초과하는 자 제외) • 200만원 - 한도금액 400만원에 해당하지 않는 자
계약기간	3년 이상
총 납입한도	1억원
연간 납입한도	2천만원 × (1 + 가입 후 경과한 연수*) - 누적 납입금액 * 경과한 연수가 4년 이상인 경우 4년

50   정답 ②

소득세가 면제된 채권은 보유기간별 이자상당액을 보유자에게 귀속시키는 채권의 범위에 포함하지 않는다.

핵심개념 채권이자 과세제도

구 분	내 용
개 요	거주자가 채권의 발행법인으로부터 해당 채권에서 발생하는 이자를 지급받거나 해당 채권을 매도하는 경우, 그 보유기간별로 귀속되는 이자를 해당 거주자의 이자소득으로 보아 소득금액을 계산
채권의 범위	• 국가, 지방자치단체, 내국·외국법인이 발행한 채권 • 이자·할인액을 발생시키는 다음 어느 하나에 해당하는 증권(소득세가 면제된 채권 제외) – 금융회사 등이 발행한 예금증서 및 이와 유사한 증서(금융회사 등이 해당 증서의 발행일부터 만기까지 계속하여 보유하는 예금증서 제외, 양도성예금증서 포함) – 어음(금융회사 등이 발행·매출 또는 중개하는 어음을 포함, 상업어음 제외)
원천징수 의무자	• 만기상환 또는 이자 지급 시 : 채권의 발행기관 또는 이자를 지급하는 자 • 중도매매 시 : 매수·매도하는 법인
원천징수세율	• 원칙 : 14% • 비거주자에게 지급하는 경우 – 조세조약을 체결한 국가의 거주자 : 제한세율 – 조세조약을 체결하지 않은 국가의 거주자 : 20% • 실지명의가 확인되지 않은 자에게 지급하는 경우 – 금융회사가 지급하는 경우 : 90% – 비금융회사가 지급하는 경우 : 45%
이자율	• 채권을 공개시장에서 통합발행하는 경우 : 표면이자율 • 그 외의 경우 : 표면이자율 ± 발행 시 할인율 또는 할증률
보유기간	보유기간 일수 : 매수일의 다음 날부터 매도일 또는 이자의 지급일까지 • 매수일 : 채권의 발행일 또는 직전 원천징수일 • 매도일 : 채권의 매도일 또는 이자 지급일(법인에게 매도를 위탁·중개·알선시킨 경우 실제 매도된 날)
보유기간 입증방법	• 채권을 금융회사 등에 개설된 계좌에 의하여 거래하는 경우 – 해당 금융회사 등의 전산처리체계 또는 통장원장 • 그 외의 경우 – 법인으로부터 매수한 경우 : 채권등매출확인서 – 개인으로부터 매수한 경우 : 공증인이 작성한 공정증서
원천징수세액 공제	원천징수당한 채권이자는 종합소득 신고 시 기납부세액으로 공제

51   정답 ③

비영업대금의 이익의 원천징수세율은 소득수령자가 거주자인지 법인인지와 상관없이 25%로 동일하다.

핵심개념 소득수령자별 금융소득에 대한 원천징수세율

구 분			원천징수세율
개 인 (거주자*)	이자소득	비영업대금의 이익	25%
		직장공제회 초과반환금	기본세율
	배당소득	출자공동사업자의 배당소득	45%
		금융회사가 지급하는 비실명금융소득	90%
		비금융회사가 지급하는 비실명금융소득	25%
		그 밖의 금융소득	14%
법 인	이자소득	비영업대금의 이익	25%
		그 밖의 이자소득	14%
	배당소득	투자신탁의 이익	14%

*비거주자인 경우에는 조세협약 체결의 거주자인 경우 그 협약에 따른 제한세율이 적용되고 비체결국의 거주자인 경우 20%(채권이자 14%)의 금융소득에 대한 원천징수세율이 적용된다.

52   정답 ①

금융소득은 개인별로 과세하며 부부인 경우에도 합산하지 않기 때문에 금융자산의 규모가 커서 금융소득이 많이 발생한다면 금융자산을 가족에게 증여하여 분산시키는 것을 고려할 필요가 있다.

핵심개념 금융소득종합과세 절세전략
- 주거래 금융회사 선정
- 비과세·분리과세 금융소득 활용
- 연간 금융소득 평준화
- 중도해지 이자소득 감액분에 대해 세부담이 적은 방법 선택
- 타익신탁 활용
- 주식형 펀드상품 활용
- 장기저축성보험 활용
- 채권의 양도

53   정답 ⑤

농지의 교환 또는 분합으로 발생하는 소득은 비과세 양도소득에 해당한다.

핵심개념 비과세 양도소득의 종류
- 파산선고에 의한 처분으로 발생하는 소득
- 농지의 교환 또는 분합으로 발생하는 소득
- 1세대 1주택[1,2]과 이에 부수되는 토지의 양도로 발생하는 소득
- 1세대 1조합원입주권[2] 양도에 따라 발생하는 소득
- 경계의 확정으로 지적공부상의 면적이 감소되어 지급받는 조정금

[1] 1세대 1주택 특례 규정에 해당하는 경우도 포함
[2] 양도 당시 실지거래가액이 12억원을 초과하는 경우는 제외

54 정답 ④

자기가 건설한 건축물 중 건축허가를 받지 않고 건축하는 건축물은 사실상의 사용일을 양도 또는 취득시기로 본다.

핵심개념 양도 또는 취득시기

구 분	시 기
원칙적인 경우	해당 자산의 양도대금을 청산한 날
대금 청산일이 불분명한 경우	등기·등록접수일 또는 명의개서일
대금 청산 전에 등기한 경우	등기접수일
장기할부조건 양도의 경우	등기접수일, 인도일, 사용수익일 중 빠른 날
자기가 건설한 건축물의 경우	사용승인서 교부일(단, 사용승인서 교부일 전에 사실상 사용하거나 임시사용승인을 받은 경우에는 그 사실상의 사용일 또는 임시사용승인을 받은 날 중 빠른 날로 하고 건축허가를 받지 아니하고 건축하는 건축물에 있어서는 그 사실상의 사용일)
상속 또는 증여의 경우	상속개시일 또는 증여받은 날

55 정답 ①

양도차익을 계산할 때 양도가액에서 공제할 필요경비는 미등기양도자산이더라도 공제가 가능하다.

핵심개념 미등기양도자산에서 제외되는 자산

- 장기할부조건으로 취득한 자산으로서 계약조건에 의하여 양도 당시 그 자산의 취득에 관한 등기가 불가능한 자산
- 법률의 규정 또는 법원의 결정에 의하여 양도 당시 그 자산의 취득에 관한 등기가 불가능한 자산
- 농지의 교환 또는 분합, 자경농지, 농지대토에 해당하는 토지
- 비과세 양도소득에 해당하는 1세대 1주택으로 건축허가를 받지 않아 등기가 불가능한 자산
- 도시개발사업이 종료되지 아니하여 토지 취득등기를 하지 아니하고 양도하는 토지
- 건설사업자가 공사용역 대가로 취득한 체비지를 토지구획환지처분공고 전에 양도하는 토지

56 정답 ②

양도차익 = 양도가액 4억원 − 취득가액 3억원 − 기타의 필요경비 1,200만원 = 8,800만원

핵심개념 양도소득금액의 계산

- 양도가액 = 양도 당시 실지거래가액
- 취득가액 = 취득 당시 실지거래가액
- 기타의 필요경비 = 취득부대비용 + 자본적 지출액 + 양도비
- 양도차익 = 양도가액 − 취득가액 − 기타의 필요경비
- 양도소득금액 = 양도차익 − 장기보유특별공제

57 정답 ③

실지양도가액 390,000,000원 × $\frac{\text{취득 당시 기준시가 } 80,000,000원}{\text{양도 당시 기준시가 } 130,000,000원}$
= 240,000,000원

핵심개념 환산취득가액의 계산

양도차익을 계산할 때 취득가액은 그 자산 취득 당시 실지거래가액에 따르며 실지거래가액을 확인할 수 없는 경우 매매사례가액, 감정가액, 환산취득가액을 순차적으로 적용한다.

환산취득가액 = 양도 당시 실지양도가액 × $\frac{\text{취득 당시 기준시가}}{\text{양도 당시 기준시가}}$

58 정답 ③

아래 핵심개념 참조

핵심개념 양도소득세의 가산세

- 무신고가산세

구 분	내 용
정 의	법정신고기한까지 과세표준신고를 하지 아니한 경우

가산세	• 부정행위인 무신고의 경우
	  − 납부할 세액 × 40%(역외거래에서 발생한 경우 60%)
	• 부정행위가 아닌 무신고의 경우
	  − 납부할 세액 × 20%

- 과소신고·초과환급신고가산세

구 분	내 용
정 의	법정신고기한까지 신고를 한 경우로서 다음 어느 하나에 해당하는 경우 • 납부할 세액을 신고하여야 할 세액보다 적게 신고한 경우(과소신고) • 환급받을 세액을 신고하여야 할 금액보다 많이 신고한 경우(초과신고)

가산세	• 부정행위인 과소신고·초과신고의 경우 : ㉠ + ㉡
	  ㉠ 부정행위인 과소신고납부세액등* × 40%(역외거래에서 발생한 경우 60%)
	  ㉡ (과소신고납부세액등 − 부정행위로 인한 과소신고납부세액등) × 10%
	  *과소신고납부세액 + 초과신고환급세액
	• 부정행위가 아닌 과소신고·초과신고의 경우
	  − 과소신고납부세액등 × 10%

- 납부지연가산세

구 분	내 용
정 의	• 법정납부기한까지 납부를 하지 않은 경우 • 납부하여야 할 세액보다 적게 납부한 경우(과소납부) • 환급받아야 할 세액보다 많이 환급받은 경우(초과환급)
가산세	㉠ + ㉡ + ㉢ ㉠ 납부하지 않았거나 과소납부한 세액 × 법정납부기한 다음 날부터 납부일까지의 기간 × $\frac{22}{100,000}$ ㉡ 초과환급받은 세액 × 법정납부기한 다음 날부터 납부일까지의 기간 × $\frac{22}{100,000}$ ㉢ 납부고지서에 따른 납부기한까지 납부하지 않았거나 과소납부한 세액 × 3%

59 정답 ①

실지거래가액에 의한 양도차익 7억원 × $\frac{(양도가액\ 15억원\ -\ 12억원)}{양도가액\ 15억원}$

= 1억 4천만원

핵심개념 고가주택에 대한 양도차익

1세대 1주택의 양도는 양도소득세가 비과세되는 것이나, 해당 주택이 소득세법상 고가주택인 경우에는 1세대 1주택의 요건을 갖춘 경우라 하더라도 양도가액 중 12억원을 초과하는 부분에 대해서는 양도소득세를 과세한다.

실지거래가액에 의한 양도차익 × $\frac{(양도가액\ -\ 12억원)}{양도가액}$

60 정답 ④

농지소재지에 거주하면서 (8년) 이상 자경한 농지를 양도하는 경우에는 양도소득세를 감면받을 수 있다.

핵심개념 자경농지에 대한 양도소득세의 감면

농지소재지에 거주하면서 자경한 농지를 양도하는 경우에는 다음 세 가지 요건을 모두 갖춘 경우 양도로 인한 양도소득세 중 매 5년간 2억원(매 과세기간별 1억원)을 한도로 100% 감면한다.

- 농지요건
  농지란 전, 답, 과수원으로서 지적공부상의 지목에 관계없이 실지로 경작에 사용되는 토지이며, 농지경영에 직접 필요한 농막, 퇴비사, 양수장, 지소, 농도, 수로 등을 포함한다.
- 거주요건
  농지소재지에 거주한다 함은 8년 이상의 기간 동안 다음 어느 하나에 해당하는 지역에 거주하는 것을 말한다.
  - 농지가 소재하는 시, 군, 구 안의 지역
  - 농지가 소재하는 시, 군, 구 안의 지역과 연접한 시, 군, 구 안의 지역
  - 해당 농지로부터 직선거리 30km 이내의 지역
- 8년 이상 자경요건
  자경이라 함은 농작업에 상시 종사하거나 농작업의 1/2 이상을 자기의 노동력에 의해 경작 또는 재배하는 것을 말한다. 취득일로부터 양도일까지의 기간이 8년 이상이어야 하며, 농지소재지에 거주하면서 자경한 기간도 8년 이상이어야 한다. 상속받은 농지의 경작기간에 있어서 상속인이 상속받은 농지를 1년 이상 계속하여 경작하는 경우 피상속인이 경작한 기간도 상속인이 경작한 기간으로 본다. 사업소득금액과 총급여액 합계액이 3천 700만원 이상인 과세기간이 있는 경우 그 기간은 해당 피상속인 또는 거주자가 경작한 기간에서 제외한다.

61 정답 ⑤

태아는 민법상 상속순위에 관하여는 이미 출생한 것으로 본다.

핵심개념 상속인의 순위

순위	피상속인과의 관계	상속인 해당 여부
1순위	직계비속과 배우자	항상 상속인
2순위	직계존속과 배우자	직계비속이 없는 경우 상속인
3순위	형제·자매	1·2순위가 없는 경우 상속인
4순위	4촌 이내의 방계혈족	1·2·3순위가 없는 경우 상속인

62 정답 ②

상속개시일 전 (10년) 이내에 피상속인이 상속인에게 증여한 재산가액과 상속개시일 전 (5년) 이내에 피상속인이 상속인이 아닌 자에게 증여한 재산가액은 상속세 과세가액에 합산한다.

63 정답 ③

김이남에게 주어질 법적 상속분은 전체 상속분의 1/3인 5억원이다 (김일남의 상속분은 그 직계비속과 배우자에게 대습상속된다).

핵심개념 세부 법적상속분

성 명	피상속인과의 관계	법적상속분
김이남	아 들	15억원 ÷ 3 = 5억원
김일녀	딸	15억원 ÷ 3 = 5억원
박사랑	며느리	(15억원 ÷ 3) ÷ 1.5/2.5 = 3억원
김기쁨	손 자	(15억원 ÷ 3) ÷ 1/2.5 = 2억원

※ 김일남의 상속분 5억원은 대습상속되어 박사랑과 김기쁨에게 돌아가는데, 박사랑은 김일남의 배우자이므로 김기쁨보다 5할 가산된 금액을 받게 된다.

64 정답 ③

자녀공제는 1인당 5천만원이며 친생자뿐만 아니라 법률상 입양된 자녀 및 태아도 포함된다.

핵심개념 입양의 효력(민법 제882조의2)

제1항 양자는 입양된 때부터 양부모의 친생자와 같은 지위를 가진다.
제2항 양자의 입양 전의 친족관계는 존속한다.

※ 양자는 친생부모와 양부모 쌍방의 상속인이 될 수 있으며, 반대로 양자가 직계비속 없이 사망한 경우에는 친생부모와 양부모가 모두 공동상속인이 될 수 있다.

65 정답 ①

- 최대주주가 보유하는 주식 또는 출자자가 보유하고 있는 출자지분은 제외된다.
- 자기앞수표는 공제대상 금융재산이 아니다.
- 순금융재산가액 = 은행예금 1억원 - 은행차입금 5천만원 + 주식 2천만원 = 7천만원

순금융재산가액	금융재산상속공제액
2천만원 이하	순금융재산가액 전액
2천만원 초과 ~ 1억원 이하	2천만원
1억원 초과 ~ 10억원 이하	순금융재산가액 × 20%
10억원 초과	2억원

∴ 순금융재산가액이 2천만원 초과 1억원 이하이므로 금융재산상속공제액은 2천만원이다.

66 정답 ①
비거주자는 기초공제 이외의 다른 상속공제가 허용되지 않는다.

67 정답 ④
원칙적으로 상속세 납부의무가 있는 상속인 또는 수유자는 상속개시일이 속하는 달의 말일부터 6개월 이내에 상속세의 과세가액 및 과세표준을 납세지 관할세무서장에게 신고하여야 한다.

핵심개념 피상속인이나 상속인이 외국에 주소를 둔 경우
예외적으로 피상속인이나 상속인이 외국에 주소를 둔 경우, 상속세 납부의무가 있는 상속인 또는 수유자는 상속개시일이 속하는 달의 말일부터 9개월 이내에 상속세의 과세가액 및 과세표준을 납세지 관할세무서장에게 신고하여야 한다.

68 정답 ⑤
연부연납을 허가받은 경우에는 분납이 허용되지 않는다.

69 정답 ①
증여는 당사자 일방이 무상으로 재산을 상대방에게 수여하는 의사를 표시하고 상대방이 이를 승낙함으로써 그 효력이 생긴다.

70 정답 ①
사인증여에 대한 설명이다.

핵심개념 사인증여(死因贈與)
증여자의 사망으로 인하여 효력이 생긴 증여를 말하며, 상속개시일 전 10년 이내에 피상속인이 상속인에게 진 증여채무 및 상속개시일 전 5년 이내에 피상속인이 상속인이 아닌 자에게 진 증여채무의 이행 중에 증여자가 사망한 경우의 그 증여를 포함한다.

71 정답 ④
보험료 납입자와 보험금 수령인이 다른 경우 그 보험금가액을 증여재산가액으로 본다.

핵심개념 상증법상 보험금의 과세유형

피보험자	계약자	보험료 납입자	보험금 수익자	세법상 처리
피상속인	A	A	A	• 상속재산 아님 • 증여에 해당되지 않음
피상속인	A	A	B	• 상속재산 아님 • A가 B에게 보험금 증여
피상속인	불문	피상속인	불문	• 수익자가 상속인이면 상속세 과세 • 수익자가 상속인 이외이면 유증으로 상속세 과세

72 정답 ⑤
- 동일인으로부터 재차증여를 받는 경우 10년간 합산하여 1천만원 이상인 경우 합산과세한다(증여자의 직계존속이 증여하는 경우 그 배우자도 동일인으로 간주한다).
- 할아버지의 사인증여는 상속세가 과세되므로 증여로 보지 않는다.
∴ 증여세 과세가액 = 아버지 증여액 500만원 + 어머니 증여액 1,000만원 = 1,500만원

73 정답 ③
특수관계인 간 저가양수 시 증여재산가액 = (15억원 − 5억원) − Min(15억원 × 30%, 3억원) = 7억원

핵심개념 특수관계인 간 저가양수 · 고가양도
- 특수관계인 간 저가양수 시 증여재산가액 = (시가 − 대가) − Min(시가 × 30%, 3억원)
- 특수관계인 간 고가양도 시 증여재산가액 = (대가 − 시가) − Min(시가 × 30%, 3억원)

74 정답 ③
특수관계인에게 양도한 재산을 그 특수관계인이 양수일부터 (3년 이내)에 당초 양도자의 배우자 등에게 다시 양도한 경우에는 양수자가 그 재산을 양도한 당시의 재산가액을 그 배우자 등이 증여받은 것으로 추정하여 이를 배우자 등의 증여재산가액으로 한다. 다만, 당초 양도자 및 양수자가 부담한 소득세법에 따른 결정세액을 합친 금액이 양수자가 그 재산을 양도한 당시의 재산가액을 당초 그 배우자 등이 증여받은 것으로 추정할 경우의 증여세액보다 큰 경우에는 그러하지 아니하다.

75 정답 ⑤
직계비속으로부터 증여를 받은 경우는 성년자 · 미성년자 구분 없이 5천만원 한도로 공제한다.

76 정답 ⑤
상장주식에 대한 평가는 평가기준일 전후 2개월간 공표된 매일의 한국거래소 최종시세가액의 평균액으로 한다.

77 정답 ⑤
임시흥행장, 공사현장사무소 등 임시건축물의 취득에 대하여는 취득세를 부과하지 아니한다. 다만, 존속기간이 1년을 초과하는 경우에는 취득세를 부과한다.

핵심개념 취득세 납세의무자
취득세는 부동산, 차량, 기계장비, 항공기, 선박, 입목, 광업권, 어업권, 양식업권, 골프회원권, 승마회원권, 콘도미니엄 회원권, 종합체육시설 이용회원권 또는 요트회원권을 취득한 자에게 부과한다.

78 정답 ④
주택을 제외한 재산세 과세대상의 세부담 상한선은 직전연도 재산세액의 최대 (150%)이다.

79 정답 ③
종합부동산세의 과세기준일은 매년 6월 1일이다.

80 정답 ③
관할세무서장은 종합부동산세로 납부하여야 할 세액이 (250만원)을 초과하는 경우에는 그 세액의 일부를 납부기한이 지난날부터 (6개월) 이내에 분납하게 할 수 있다.

제3과목 보험 및 은퇴설계(20문항)

81 정답 ③
위험이 자주 발생하지 않지만 발생할 경우 치명적인 위험은 저빈도·고강도 위험에 속한다. 저빈도·고강도 위험은 경상비를 활용하여 손해를 복구하는 것은 불가능하기 때문에 자체조달보다는 외부조달이 효과적이다. 이 경우 효과성 및 효율성 측면에서 보험이 가장 바람직하다.

핵심개념 손실빈도와 손실규모에 따른 위험관리기법의 선택
- 손실빈도가 높고 손실규모가 큰 경우 : 위험회피
- 손실빈도가 높고 손실규모가 작은 경우 : 손실통제
- 손실빈도가 낮고 손실규모가 큰 경우 : 위험전가(보험가입)
- 손실빈도가 낮고 손실규모가 작은 경우 : 위험보유

82 정답 ④
보험계약은 의사표시의 합치만으로 성립하고 의사표시에 특별한 방식이 필요 없는 불요식 낙성계약이다. 따라서 보험료의 선지급이 없어도 보험계약은 유효하게 성립한다. 다만 최초 보험료의 납입 없이는 보험자의 책임이 개시되지 않는다.

핵심개념 보험료의 구성 원리

구 분	내 용
보험료 계산의 기초	• 예정위험률(예정사망률) – 한 개인이 사망하거나 질병에 걸리는 등의 일정한 보험사고가 발생할 확률을 대수의 법칙에 의해 예측한 것 – 예정위험률이 낮아지면 사망보험료는 낮아지고, 생존보험의 보험료는 높아짐 • 예정이율 – 보험회사가 고객에게 받은 보험료를 가지고 보험금 지급 때까지의 운용을 통해 거둘 수 있는 예상수익률 – 예정이율이 낮아지면 보험료가 높아지고, 예정이율이 높아지면 보험료가 낮아짐 • 예정사업비율 – 보험회사가 보험계약을 유지 및 관리하는 데 드는 여러 가지 비용을 미리 예상하고 보험료에 포함시키는 경비의 구성비율 – 예정사업비율이 낮아지면 보험료는 낮아짐
영업보험료의 구성	• 순보험료 – 장래 보험금 지급의 재원이 되는 보험료로서, 위험보험료와 저축보험료로 구성 • 부가보험료 – 생명보험회사가 보험계약을 체결·유지·관리하기 위한 경비에 해당하는 보험료

83 정답 ②
보험회사가 약관 및 청약서를 전달하지 않았거나, 약관의 중요한 내용을 설명하지 않은 경우 또는 계약자가 청약서에 자필서명을 하지 않은 경우에 계약자는 계약성립일로부터 3개월 이내에 계약을 취소할 수 있으며, 계약이 취소된 경우 보험회사는 이미 납부한 보험료와 보험료를 받은 기간에 대해 보험계약대출이율을 연단위 복리로 계산한 금액을 가산하여 지급한다.

84 정답 ④
유니버설보험은 보험료의 자유납입이 가능함에 따라 경제사정이 좋지 않을 경우 보험해약률이 높아진다.

핵심개념 유니버설보험

구 분	내 용
장 점	• 인플레이션에 대응할 수 있게 되므로 보험금의 미래가치를 높일 수 있음 • 보험계약자가 마음대로 보험금액을 증액하거나 감액할 수 있음 • 보험료를 자유롭게 추가하거나 줄여서 낼 수 있음 • 적립금액을 중도인출할 수 있으며, 부분 해지가 가능함
단 점	• 저금리시대에는 수익률이 낮아질 수 있음 • 보험료의 자유납입이 가능함에 따라 경제사정이 좋지 않을 경우 보험해약률이 높아질 수 있음

85 정답 ④

간병보험은 일상생활장해상태에 대한 보장개시일이 90일이다.

핵심개념 제3보험의 특징과 상품

제3보험은 생명보험의 정액보상적 특성과 손해보험의 실손보상적 특성을 동시에 가지는 보험을 말하며, 생명·손해보험 고유영역을 제외한 상해·질병·간병보험으로 구분할 수 있다.

구 분	내 용
상해보험	우연하고 급격한 외래 사고로 소요되는 비용 및 사망 등을 보장하는 보험
질병보험	• 질병은 원인이 신체에 내재하여 상해와 달리 외래성은 인정되지 않음 • 암보험 – 암진단·치료·수술 등과 관련된 비용을 보장하는 상품 – 면책기간 설정 : 보험계약일로부터 90일이 지난날의 다음 날부터 보장을 받을 수 있음(보험가입 후 1년 내 사고 발생 시 보험금 삭감 지급)
간병보험	• 신체적·정신적 장애로 활동에 제한이 있거나 인식불명 상태가 원인이 되어 장기적인 의료서비스가 필요한 상태를 보장하는 보험 • 일반적으로 위험률 변동제도를 채택하기도 하며, 보험기간은 대부분 종신형 • 수발필요상태(90일 혹은 180일)의 정의에 따라 보험료 차이가 발생 • 일상생활장해상태에 대한 보장개시일은 90일, 치매상태에 대한 보장개시일은 2년의 면책기간 설정

86 정답 ④

사고현장의 보험목적물 제거를 위한 비용(해체비용, 청소비용), 상차비용(폐기물 처리비용 제외)으로 보험증권에 기재된 보험가입금액의 범위 내에서 재산손해액의 10%를 한도로 보상하는 것을 잔존물 제거비용이라고 한다.

핵심개념 비용손해

구 분	내 용
잔존물 제거비용	사고현장의 보험목적물 제거를 위한 비용, 상차비용으로 보험증권에 기재된 보험가입금액 범위 내에서 손해액의 10%를 한도로 보상
손해방지 비용	손해방지 또는 경감을 위해 지출한 필요 또는 유익한 비용
대위권 보전비용	제3자로부터 손해배상을 받을 수 있는 경우 그 권리의 보전 또는 행사를 위해 지출한 필요 또는 유익한 비용
잔존물 보전비용	보험회사가 잔존물을 보전하기 위해 지출한 필요 또는 유익한 비용
기타 협력비용	보험회사의 요구에 따르기 위해 지출한 필요 또는 유익한 비용

87 정답 ④

가족한정특약에서 정하고 있는 가족의 범위는 기명피보험자, 기명피보험자의 부모와 양부모, 기명피보험자의 배우자의 부모 또는 양부모, 기명피보험자의 법률상 배우자 또는 사실혼관계의 배우자, 법률상의 혼인관계에서 출생한 자녀, 사실혼관계에서 출생한 자녀, 양자 또는 양녀, 기명피보험자의 며느리와 사위 등이 포함된다. 단, 형제와 자매는 가족의 범위에서 배제된다.

88 정답 ⑤

근로자가 업무상의 사유로 사망한 경우 평균임금의 120일분에 해당하는 금액을 유족에게 지급한다.

핵심개념 산업재해보상 보험급여

구 분	내 용
요양급여	• 현물급여가 원칙이나 부득이 할 경우 현금으로도 지급 가능 • 진료비는 공단이 의료기관에 직접 지급하나, 비급여 항목은 산재환자 본인이 부담 • 업무상 부상 또는 질병이 3일 이내의 요양으로 치유될 수 있으면 요양급여를 지급하지 않음
휴업급여	• 산재근로자가 요양으로 인해 취업하지 못한 기간에 대해 평균임금의 70%를 휴업급여로 지급 • 취업하지 못한 기간이 3일 이내인 근로자에게는 지급하지 않음
간병급여	치유 후 의학적으로 상시 또는 수시 간병이 필요한 경우 지급
장해급여	장해등급에 따른 지급(등급 : 제1급~제14급) • 제1급~제3급 장해 : 연금으로만 보상(노동력을 완전히 상실한 등급) • 제4급~제7급 장해 : 연금과 일시금 중 선택이 가능 • 제8급~제14급 장해 : 일시금으로만 지급
유족급여	• 연금지급이 원칙이나 연금 수급권자가 일시금으로 원할 경우 유족일시금의 50%를 일시금으로 지급하고, 유족보상연금은 50%를 감액하여 지급 • 유족연금 수급권의 순위 : 배우자, 자녀, 부모, 손자녀, 조부모 및 형제자매 순
장애(유족) 특별급여	• 사업주의 고의 또는 과실로 업무상 재해가 발생하여 근로자가 장해등급 제1급~제3급을 입거나 사망 시 수급권자가 민법에 의한 손해배상청구 대신 장해(유족)특별급여를 청구하면 장해급여, 진폐보상연금 또는 유족연금 외에 장해(유족)특별급여를 지급할 수 있음 • 수급권자가 장애특별급여를 받으면 사업주에게 손해배상을 청구할 수 없음
상병보상연금	요양급여를 받는 근로자가 병원에서 치료를 시작한 지 2년이 경과된 날 이후에도 치유되지 아니하고 그 부상 또는 질병에 의한 폐질의 정도가 제1급에서 제3급에 해당하는 경우에는 휴업급여 대신 상병보상연금을 지급
장의비	근로자가 업무상 이유로 사망 시, 평균임금의 120일분에 상당하는 금액을 장제를 지낸 유족에게 지급
직업재활급여	직업훈련 비용 및 수당, 직장복귀 지원금, 적응 훈련비 및 재활운동비

89 정답 ④
만기 (10년) 이상인 저축성보험은 이자소득세를 비과세한다. 이 경우 (10년) 이내에 원금의 일부를 중도인출하더라도 원 계약이 (10년) 이상 유지되면 이자소득세는 비과세된다.

90 정답 ②
보험사고 발생일이란 저축성보험은 만기일을, 종신보험은 사망일을 의미한다.

핵심개념 보험금의 증여

구 분	내 용
과세원칙	보험금수령인과 보험료납부자가 다른 경우 보험금 상당액을 보험금수령인의 증여재산가액으로 함
증여시기	• 보험사고 발생일에 증여한 것으로 봄 • 보험사고 발생일이란 저축성보험은 만기일을, 종신보험은 사망일을 의미함 • 중도해지는 보험사고의 발생으로 볼 수 없음
증여세 과세방법	보험사고 발생일 현재 계약자와 수익자가 다르면 계약자가 수익자에게 보험금을 증여한 것으로 간주하여 증여세 과세

91 정답 ④
과거에는 재무적인 부분에 치중하였지만, 지금은 기대수명이 길어지면서 재무적·비재무적인 요소의 균형을 중시하게 되었다.

92 정답 ①
(기대수명)은 성별·연령별 사망률이 현재 수준으로 유지된다고 가정했을 때 0세 출생자가 향후 몇 년을 더 생존할 것인가를 통계적으로 추정한 기대치를 말한다. (기대여명)은 현재 특정 연령에 있는 사람이 향후 얼마나 더 생존할 것인가 기대되는 연수를 말한다.

93 정답 ⑤
소득인정액을 계산할 때 재산의 소득환산율은 연 4%로 적용한다.

핵심개념 기초연금제도

구 분	내 용
목 적	고령자들에게 연금을 지급하여 안정적인 소득기반을 제공함으로써 고령자의 생활안정과 복지를 증진하고자 함
지급대상 및 선정기준	만 65세 이상이고 대한민국 국적을 가지고 있으며 국내에 거주하는 고령자 중 가구의 소득인정액이 선정기준액 이하인 자
선정기준액 (2025년)	• 단독가구 : 2,280,000원 • 부부가구 : 3,648,000원
신청방법	• 본인 및 대리인을 통한 신청 • 만 65세 생일이 속하는 달의 1개월 전부터 신청 • 주소지 관할 동 주민센터 및 읍·면사무소 또는 국민연금공단(인터넷 신청도 가능)

94 정답 ①
유니버설 디자인에 해당한다.

※ **배리어 프리**
유니버설 디자인의 핵심개념으로, 거동이 불편한 고령자나 장애인들도 편하게 살아갈 수 있도록 주택이나 건물, 도시의 물리적·제도적 장벽을 제거하는 것을 말한다.

95 정답 ④
본인 232만원 및 국민연금 30만원, 배우자 152만원의 근로소득이 있는 경우 월 소득평가액은 다음과 같다.
월 소득평가액 = 본인 소득 분 [0.7 × (232만원 − 112만원) + 30만원] + 배우자 소득 분 [0.7 × (152만원 − 112만원)] = 142만원
※ 근로소득에서 기본공제액인 112만원을 공제한 금액에서 30% 추가 공제

96 정답 ④
DC형과 IRP의 경우 연간 (1,800만원)까지 추가납입이 가능하며, 연금저축과 합산하여 최대 (900만원)까지 세액공제를 받을 수 있다.

97 정답 ②
퇴직급여에는 퇴직연금, 퇴직연금일시금, 퇴직연금공제일시금, 퇴직일시금이 포함된다.
① 퇴직연금 : 공무원이 10년 이상 재직하고 퇴직한 때
③ 퇴직연금일시금 : 10년 이상 재직 후 퇴직한 공무원이 퇴직연금에 갈음하여 일시금으로 지급받고자 할 때
④ 퇴직연금공제일시금 : 10년 이상 재직 후 퇴직한 공무원이 10년을 초과하는 재직기간 중 일부기간을 일시금으로 지급받고자 할 때
⑤ 퇴직일시금 : 공무원이 10년 미만 재직하고 퇴직한 때

98 정답 ③

주상복합건물을 이용하는 경우 등기사항증명서상 주택이 차지하는 면적이 1/2 이상이어야 한다.

핵심개념 주택연금제도

구 분	내 용
개 념	집을 소유하고 있지만 소득이 부족한 고령자가 평생 또는 일정기간 집을 담보로 맡긴 후 국가가 보증하는 연금을 수령하는 대출상품
가입조건	• 부부 중 1명이 대한민국 국민 • 부부 중 1명이 만 55세 이상 • 부부기준 공시가격 등이 12억원 이하인 주택소유자 • 다주택자인 경우 합산 공시가격 12억원 이하 • 12억원 초과 2주택자는 3년 이내에 1주택 팔면 가입 가능 • 주택연금 가입주택을 가입자 또는 배우자가 실제 거주해야 함
특 징	• 가입자 및 배우자 모두 거주가 평생 보장되면서 부부 중 한 명이라도 사망해도 동일한 금액으로 연금지급이 보장 • 부부 두 사람 모두가 사망하여 주택을 처분 정산했을 때 연금수령액이 집값을 초과해도 상속인에게 별도의 청구를 하지 않음(반대로 정산 후 잔금이 있으면 상속인에게 돌아감) • 물가상승률이 반영되지 않아 처음 가입 시보다 주택가격이 상승해도 연금액은 동일

99 정답 ③

보장 분석에 대한 설명이다. 보장 분석 시에는 의료 및 사망 보장이 어느 정도인지 파악하고 은퇴 이후 보장이 지속되는지도 체크해야 한다. 또한 필요 이상의 보험에 가입해 있는지도 확인해야 한다.

100 정답 ⑤

은퇴설계 제안서는 중장기적 지표가 되므로 적어도 1년에 1~2회 정도 사후관리가 바람직하다.

은행FP 자산관리사 1부

제2회 정답 및 해설

01	02	03	04	05	06	07	08	09	10
③	⑤	③	④	①	①	③	②	⑤	④
11	12	13	14	15	16	17	18	19	20
①	⑤	④	⑤	④	①	③	⑤	③	①
21	22	23	24	25	26	27	28	29	30
④	⑤	②	①	②	④	②	②	④	⑤
31	32	33	34	35	36	37	38	39	40
⑤	①	②	④	③	④	⑤	⑤	③	⑤
41	42	43	44	45	46	47	48	49	50
②	④	⑤	③	②	①	①	②	④	⑤
51	52	53	54	55	56	57	58	59	60
⑤	①	④	①	④	③	②	②	②	①
61	62	63	64	65	66	67	68	69	70
②	⑤	④	⑤	①	⑤	④	②	④	⑤
71	72	73	74	75	76	77	78	79	80
⑤	⑤	③	④	④	③	④	⑤	③	②
81	82	83	84	85	86	87	88	89	90
④	④	④	③	④	④	⑤	④	④	⑤
91	92	93	94	95	96	97	98	99	100
③	②	⑤	⑤	①	③	④	③	②	④

제1과목 자산관리 기본지식(40문항)

01 정답 ③
재무상담은 고객의 문제평가에서 시작한다면, 재무설계는 고객의 목표로부터 시작한다.

02 정답 ⑤
비재무적 요구의 증가는 소비자의식 변화에 해당한다.

핵심개념 개인 재무설계의 필요성

구 분	내 용
사회 경제적 배경	• 자산 및 부채의 증가 • 금융시장 개방 및 국제화 • 금융상품 다양화 및 금융 관련 법규 강화
인구 통계적 배경	• 1인 가구의 증가 • 저출산 및 고령화 • 노동환경의 변화
소비자의식 변화	• 개인주의적 사고방식 • 개별성 추구 • 비재무적 요구의 증가 • 재무설계의 중요성 인식

03 정답 ③
ⓒ·ⓔ은 소비자의식 변화에 해당한다.

04 정답 ④
재무설계는 미래의 일어나지 않은 사건에 대비해 무형의 금융상품에 가입하는 것이므로 고객의 자발적인 참여가 낮다고 볼 수 있는데, 실행력 있는 사람이 유망고객일 경우에는 재무설계의 성공 가능성이 높아진다.

05 정답 ①
일반적 DM발송 시 고객 불만을 초래할 가능성이 높으므로 고객에게 맞춤화된 DM을 제작하여 발송해야 한다.

06 정답 ①
①은 상황 파악 질문에 해당한다.

핵심개념 최초 면담 시 자산관리사가 활용할 수 있는 유용한 질문의 유형

구 분	내 용
상황 파악 질문	고객이 현재 처해 있는 상황에 대한 정보를 수집하기 위한 질문
문제 인식 질문	고객이 현재 갖고 있는 문제 및 어려움에 대해 고객 스스로 인식하도록 하기 위한 질문
시사 질문	고객이 갖고 있는 문제로 인해 발생되는 결과에 대한 심각성을 고객 스스로 인지하도록 하는 질문
해결 질문	고객이 스스로 해결책에 의한 효용 및 이득을 느끼게 하여 자산관리사의 해결안에 동의를 구하는 질문

07
정답 ③

ⓒ·ⓒ 문제 해결 질문
㉠·㉣ 시사 질문
㉥ 상황 파악 질문

08
정답 ②

고객과의 최초 면담 시 자산관리사는 가볍고 일상적인 내용으로 시작하여 고객과의 어색함을 해소하고 관심을 유도한 후, 고객의 생각이나 의견을 들을 수 있는 질문으로 유도하는 것이 바람직하다.

09
정답 ⑤

설문서는 빠른 정보수집이 가능하므로 시간이 절약되고, 고객의 생각이 잘 반영된다는 장점이 있다.

핵심개념 고객 정보수집 방법별 특징

구 분	내 용
직접면담	• 재무적·비재무적 정보 등 많은 자료 수집 가능 • 고객의 인생관이나 성향, 경험 등에 대한 파악을 통해 고객을 잘 이해할 수 있음 • 고객과의 신뢰 증대
설문서	• 빠른 정보수집이 가능하여 시간 절약 • 고객의 생각이 잘 반영됨 • 고객의 정보를 정확하게 점검 가능
인터넷	• 시간과 비용 절약 • 고객과의 쌍방향 의사소통 극대화 • 상담업무의 효율성 증대
전 화	• 이미 수집한 정보 중 간단한 질문이 필요할 경우 사용 • 답변에 대한 확인이 필요한 경우 유용함

10
정답 ④

부동산자산이란 투자 목적 또는 거주 목적의 부동산을 모두 포함하는 것으로, 개인이 소유한 토지, 주택, 아파트 등은 대표적인 부동산자산에 해당한다.

11
정답 ①

예화법은 가망고객이 아는 사람의 계약 체결 사례를 들어 불안감 제거 및 모방심리를 유도하는 방법이다.

핵심개념 계약체결기법의 종류

구 분	내 용
묵시적 동의법	실제로는 고객이 동의한 적 없지만, 암묵적 동의를 전제로 하여 다음 단계로 진행하는 방법
양자택일법	두 개의 결정 중 어느 하나를 선택하도록 유도하는 방법
예화법	가망고객이 아는 사람의 계약체결 사례를 들어 불안감을 제거하고 모방심리를 유도하는 방법
손해암시법	가입을 미루려는 고객에게 앞으로 발생할 수 있는 손해를 암시하여 지금 바로 계약을 체결하도록 유도하는 방법

12
정답 ⑤

장기에는 기술의 변화가 없고 자본·노동 등 생산요소 총량이 고정되어 있지만, 최장기에는 기술발전이 가능하고 자본·노동 등 생산요소 총량이 가변적이다.

13
정답 ④

단기에는 노동만을 가변 생산요소로 가정하기 때문에 노동시장을 중심으로 요소시장을 살펴볼 수 있으며, 노동시장에서 균형 실질임금과 고용량이 결정된다. 생산물시장에서는 총수요와 총공급이 일치하는 점에서 한 나라의 균형 실질GDP와 물가가 결정된다.

14
정답 ⑤

단기에 실물과 화폐의 교환비율은 1:1이라고 가정하고, 실물의 흐름과 반대방향으로 동액의 화폐흐름이 있다.

15
정답 ④

환율이 상승하여 수입원자재 등 생산요소가격이 상승하면 총공급이 감소하여 단기 총공급곡선이 좌측으로 이동한다.

핵심개념 단기 총공급곡선의 이동 요인

구 분	내 용
우측 이동 요인	• 경제활동인구의 증가 • 투자를 통한 자본량의 증가 • 기술 향상에 의한 요소생산성 향상 • 임금 등 생산요소가격 하락 • 총수요 증가 예상 • 신기술 개발 등의 긍정적 공급충격
좌측 이동 요인	• 기대인플레이션 상승에 따른 임금 상승 • 환율 상승에 따른 수입원자재 등 생산요소가격 상승 • 자연재해 등 부정적 공급충격

은행FP 자산관리사 1부 — 2회

16 정답 ①

① 실질소득의 증가 → 소비지출 증가 → 총수요곡선 우측이동 → 총수요 증가
② 상대물가의 상승 → 순수출 감소 → 총수요곡선 좌측이동 → 총수요 감소
③ 실질이자율 상승 → 투자지출 감소 → 총수요곡선 좌측이동 → 총수요 감소
④ 가계의 부채 증가 → 소비지출 감소 → 총수요곡선 좌측이동 → 총수요 감소
⑤ 조세부담 증가 기대 → 투자지출 감소 → 총수요곡선 좌측이동 → 총수요 감소

핵심개념 총수요에 영향을 미치는 요인(총수요곡선의 이동)

구 분		내 용
총수요 증가 요인 (총수요곡선 우측이동)	소비지출	• 가계의 부, 실질소득의 증가 • 물가 상승 기대 • 실질소득 증가 기대 • 실질이자율 상승 기대
	국내총투자	• 기술의 발전 • 실질소득의 증가 • 물가 상승 기대 • 실질소득 증가 기대 • 실질이자율 상승 기대
	재정지출	• 재정지출 증가
	순수출	• 환율 상승 • 상대국 실질국민소득의 상대적 증가 • 자국의 관세 등 실효적 무역장벽 강화
총수요 감소 요인 (총수요곡선 좌측이동)	소비지출	• 가계의 부채 증가 • 실질이자율 상승 • 소득세 등 조세부담 증가
	국내총투자	• 실질이자율 상승 • 기업에 대한 조세부담 증가 • 조세부담 증가 기대
	재정지출	• 재정지출 감소
	순수출	• 상대물가의 상승 • 자국의 실질이자율 상승

17 정답 ③

물가가 하락하면 실질통화 공급이 증가함에 따라 대부자금 공급이 늘어 실질이자율이 하락한다. 실질이자율이 하락하면 가계의 소비지출과 기업의 투자지출이 증가하여 총수요량이 증가한다.

핵심개념 총수요곡선 그래프

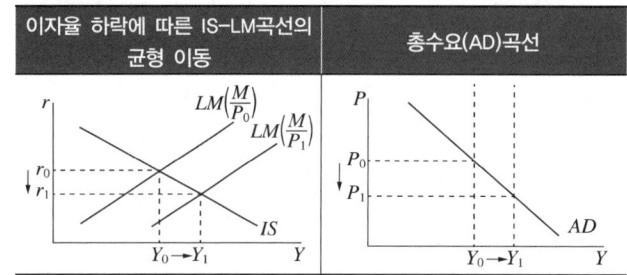

| 이자율 하락에 따른 IS-LM곡선의 균형 이동 | 총수요(AD)곡선 |

18 정답 ⑤

자연실업률 수준에서 인플레이션과 실업률과의 상충관계는 없으며, 만약 상충관계가 존재한다면 그것은 단기적 현상이다. 따라서 장기필립스곡선은 인플레이션율과 실업률의 평면에서 자연실업률 수준에서 수직의 형태를 갖는다.

19 정답 ③

전체인구 100만명 = 비노동가능인구 20만명 + 노동가능인구
노동가능인구 80만명 = 비경제활동인구 30만명 + 경제활동인구
경제활동인구 50만명 = 실업자 + 취업자 40만명
따라서 실업자 = 10만명이므로,

• 경제활동참가율 = $\dfrac{경제활동인구}{노동가능인구} \times 100 = \dfrac{50만명}{80만명} \times 100$
  = 62.5%

• 실업률 = $\dfrac{실업자}{경제활동인구} \times 100 = \dfrac{10만명}{50만명} \times 100 = 20\%$

20 정답 ①

구축효과란 화폐공급량은 불변인 채 재정지출이 확대되면 이자율이 상승하고 이자율 상승이 민간투자를 억제하여 본래의 소득증대효과를 상쇄하는 현상을 말한다.

21 정답 ④

재정지출의 재원을 과세 또는 국채의 공개시장매각을 통하여 조달할 경우 통화공급에는 변동이 없지만, 국채를 중앙은행이 인수할 경우에는 통화공급이 증가하게 된다.

22 정답 ⑤
첫 번째 시차와 두 번째 시차를 합하여 내부시차라 하고, 세 번째 시차를 외부시차라 하는데, 통상 재정정책의 내부시차는 긴 편이나 외부시차는 짧은 편이다.

23 정답 ②
경제가 침체국면에 있으므로 노동시장에서 노동공급곡선은 비교적 완만한 기울기를 가지고 있어 기업은 실질임금 상승 압력 없이 고용량을 늘릴 수 있다. 즉 고용량의 실질임금에 대한 탄력성이 커서 작은 실질임금 변동에 대해서도 고용량이 크게 변동한다.

24 정답 ①
② · ③ 경기동행종합지수
④ · ⑤ 경기후행종합지수

핵심개념 경기종합지수의 구성지표

구 분	내 용
선행종합지수	재고순환지표(제조업), 경제심리지수, 기계류내수출하지수, 건설수주액, 코스피, 장단기금리차, 수출입물가비율
동행종합지수	비농림어업취업자수, 건설기성액, 서비스업생산지수, 소매판매액지수, 내수출하지수, 수입액
후행종합지수	취업자수, 생산자제품재고지수, 소비자물가지수변화율, 소비재수입액, CP유통수익률

25 정답 ②
경상수지에는 상품수지, 서비스수지, 본원소득수지, 이전소득수지가 있다.

핵심개념 국제수지표의 구성

국제수지	경상수지	상품수지, 서비스수지, 본원소득수지, 이전소득수지
	자본수지	자본이전, 비생산 · 비금융자산
	금융계정	직접투자, 증권투자, 파생금융상품, 기타투자, 준비자산

26 정답 ④
과거 행태가 반복되고 경제의 외부충격이 없는 경우 단기예측에 유용한 예측방법이다.

27 정답 ②
① 사유재산권 존중의 원칙 : 각 개인의 사유재산권에 대한 절대적 지배를 인정하고 국가나 다른 개인은 이에 간섭하거나 제한을 가하지 않는다는 원칙
③ 과실책임의 원칙 : 개인이 다른 사람에게 가한 손해에 대하여는 그 행위가 위법할 뿐만 아니라 고의 또는 과실에 기한 경우에만 책임을 진다는 원칙
④ 신의성실의 원칙 : 사회공동생활의 일원으로서 서로 상대방의 신뢰를 헛되이 하지 않도록 성의 있게 행동하여야 한다는 원칙
⑤ 권리남용금지의 원칙 : 권리 행사의 실질적인 내용이 권리의 원래 목적이나 공공성에 반하면 안 된다는 원칙

핵심개념 민법의 기본원리
근대민법은 기본원리로 개인의 자유와 평등을 기본이념으로 하는 사유재산권 존중의 원칙, 사적자치의 원칙, 과실책임의 원칙을 인정하였다. 그러나 현대에 와서는 근대민법의 기본원리에 많은 문제점이 노출되어 사회적 조정의 원칙으로 신의성실 · 권리남용금지 · 폭리행위금지 등이 제시되었다.

28 정답 ②
전세권은 용익물권에 해당한다.

핵심개념 담보물권의 종류

구 분	내 용
유치권	타인의 물건 또는 유가증권을 점유한 자가 그 물건이나 유가증권에 관하여 생긴 채권이 변제기에 있는 경우에 그 채권의 변제를 받을 때까지 그 물건 또는 유가증권을 점유할 수 있는 물권
질 권	채권자가 채권의 담보로서 채무자 또는 제3자가 제공한 동산 또는 재산권을 점유하고, 채무의 변제가 없는 때에는 그 목적물로부터 우선변제를 받는 물권
저당권	채권자가 채무자 또는 제3채무자가 제공한 부동산, 기타의 목적물의 교환가치를 채무의 담보로 운용하다가 채무의 변제가 없는 경우에 그 목적물을 경매하여 그 매각대금으로부터 우선변제를 받는 물권
근저당권	계속적인 거래관계로부터 발생 · 소멸하는 불특정 다수의 장래 채무를 결산기에 계산한 후 잔존하는 채무를 채권최고액의 범위 내에서 담보하는 저당권

29 정답 ④
특별결의는 출석한 주주의 의결권의 (3분의 2) 이상이며, 발행주식총수의 (3분의 1) 이상인 수로써 하는 결의이다.

30 정답 ⑤
수취은행은 원칙적으로 수취인의 계좌에 입금된 금원이 송금의뢰인의 착오로 자금이체의 원인관계 없이 입금된 것인지 여부에 관하여 조사할 의무가 없다. 다만, 수취은행이 수취인에 대한 대출채권 등을 자동채권으로 하여 수취인의 계좌에 입금된 금원 상당의 예금채권과 상계하는 것은 원칙적으로 가능하다.

31 정답 ⑤
대출계약의 성립시기는 차주가 금전소비대차약정서를 작성하여 은행에 제출하고 은행이 이를 이의 없이 수리한 때 성립한다.

32 정답 ①
동종의 채권이 서로 대립하고 있어야 한다.

33 정답 ②
은행은 고객이 요구할 때에는 당해 약관의 사본을 고객에게 교부하여 이를 알 수 있도록 하여야 하며, 보험약관의 경우는 교부의무가 다른 약관에 비해 강화되어 있다. 보험자(보험회사)는 보험계약을 체결할 때 보험계약자에게 보험약관을 의무적으로 교부하여야 하고, 그 약관의 중요한 내용을 설명하여야 한다. 만약 보험자가 이를 위반하면 보험계약자는 보험계약이 성립한 날부터 3개월 이내에 그 계약을 취소할 수 있다.

34 정답 ④
신탁재산에서 손실이 발생한 경우 이는 모두 수익자에게 귀속되며 수탁자는 이것을 보전하여 주지 않는다(신탁의 실적배당 원칙).

35 정답 ③
금융소비자보호법에서 규정한 6대 판매원칙
- 적합성 원칙
- 적정성 원칙
- 설명의무
- 불공정영업행위금지
- 부당권유금지
- 광고규제

36 정답 ④
신용카드는 권리 또는 재산권을 표창하는 증권은 아니고, 다만 회원자격을 증명하는 증거증권에 불과하다고 보는 것이 통설이다.

37 정답 ⑤
부부의 일방이 일상의 가사에 관하여 제3자와 법률행위를 한 때에는 다른 일방은 이로 인한 채무에 대하여 연대책임이 있다.

38 정답 ⑤
합병의 효과는 합병등기(변경등기·해산등기·설립등기)를 함으로써 발생한다.

39 정답 ③
의심거래보고를 하지 않는 경우에는 3천만원 이하의 과태료부과가 가능하다.

40 정답 ⑤
개인정보를 이용하는 경우 개인정보는 당초 수집한 목적 범위 내에서 이용 가능하고, 당초 수집 목적 외로 이용하는 경우에는 정보주체의 별도 동의를 받아야 한다. 다만, 정보주체 또는 그 법정대리인이 의사표시를 할 수 없는 상태에 있거나 주소불명 등으로 사전 동의를 받을 수 없는 경우로서 명백히 정보주체 또는 제3자의 급박한 생명·신체·재산의 이익을 위하여 필요하다고 인정되는 경우 등 법에서 따로 정한 경우에는 동의 없이 가능하다.

제2과목 세무설계(40문항)

41
정답 ②

직장의 본사 위치와 무관하며, 계속하여 183일 이상 국내에 거주할 것을 통상 필요로 하는 직업을 가진 때 주소를 가진 것으로 본다.

핵심개념 거주자에 대한 과세방법

- 주소와 거소의 판정
  국내에 거주하는 개인이 다음 어느 하나에 해당하는 경우에는 국내에 주소를 가진 것으로 본다.
  - 계속하여 183일 이상 국내에 거주할 것을 통상 필요로 하는 직업을 가진 때
  - 국내에 생계를 같이하는 가족이 있고, 그 직업 및 자산상태에 비추어 계속하여 183일 이상 국내에 거주할 것으로 인정되는 때
- 거주자와 비거주자 구분

구 분	거주자	비거주자
개 념	국내에 주소를 두거나 183일 이상의 거소를 둔 개인	거주자가 아닌 개인
과세대상 소득	국내외에서 발생한 모든 소득	국내원천소득
과세방법	• 원칙 : 종합과세 • 예외 : 분리과세	• 원칙 : 분리과세(제한세율) • 예외 : 종합과세
소득공제 (종합과세 되는 경우)	모든 소득공제 가능	• 기본공제는 본인공제만 인정 • 특별소득공제는 인정 안 됨

- 과세기간

구 분	과세기간
원 칙	1월 1일부터 12월 31일까지
거주자가 사망한 경우	1월 1일부터 사망한 날까지
거주자가 출국하는 경우	1월 1일부터 출국한 날까지

42
정답 ④

제시된 소득 중 근로소득, 상가임대소득이 종합소득금액에 합산된다.
근로소득 5,000만원 + 상가임대소득 4,000만원 = 9,000만원

핵심개념 종합소득

- 이자소득
- 배당소득
- 사업소득(부동산임대소득 포함)
- 근로소득
- 연금소득
- 기타소득

43
정답 ⑤

퇴직 전 부여받은 주식매수선택권을 해당 법인에서 근무기간 중 행사함으로써 얻은 이익은 근로소득에 해당하며 퇴직 후 행사함으로써 얻은 이익은 기타소득에 해당한다.

핵심개념 수령방법, 행사시기, 지급시기 등에 따라 소득구분이 바뀌는 경우

- 퇴직 전 부여받은 주식매수선택권을 행사함으로써 얻은 이익
  - 근무기간 중 행사 : 근로소득
  - 퇴직 후 행사 : 기타소득
- 직무발명보상금
  - 퇴직 전 지급받는 경우 : 근로소득
  - 퇴직 후 지급받는 경우 : 기타소득
- 연금계좌 세액공제를 받은 연금계좌 납입액
  - 연금수령하는 경우 : 연금소득
  - 연금외수령하는 경우 : 기타소득
- 연금계좌의 운용실적에 따라 증가된 금액
  - 연금수령하는 경우 : 연금소득
  - 연금외수령하는 경우 : 기타소득

44
정답 ③

부양가족이 장애인인 경우에는 나이의 제한 없이 기본공제를 적용할 수 있다.

핵심개념 기본공제

- 본인공제 : 거주자 본인
- 배우자공제 : 연간 소득금액이 100만원 이하[1]
- 부양가족공제 : 연간 소득금액이 100만원 이하[1]이면서 거주자와 생계를 같이하는 부양가족[2] 중 다음 어느 하나에 해당하는 사람
  - 직계존속으로서 60세 이상인 사람
  - 직계비속 또는 입양자로서 20세 이하인 사람
  - 거주자의 형제자매로서 20세 이하 또는 60세 이상인 사람
  - 국민기초생활 보장법에 따른 수급자
  - 아동복지법에 따른 위탁아동

[1] 근로소득만 있는 경우 총급여액 500만원 이하
[2] 장애인인 경우 나이의 제한 없음

45
정답 ②

당초 배당소득에 부과되었던 법인세를 합산하여 배당소득금액으로 하고, 그 법인세를 납부할 소득세에서 공제해 주는 것을 그로스업이라고 한다. 이를 통해 이중과세를 조정할 수 있다.

핵심개념 그로스업 제도

- 그로스업 적용요건

요 건	내 용
종합과세되는 배당소득	배당소득이 다른 금융소득과 합산하여 2천만원을 초과하여야 함
법인세가 과세된 소득	법인세가 과세된 소득을 재원으로 하는 배당소득이어야 함
내국법인으로부터 받은 배당소득	외국법인으로부터 받은 배당은 법인세가 외국정부에 귀속되었기 때문에 정책적으로 그로스업 대상에서 배제

- 그로스업에서 제외되는 배당소득
  - 자기주식 또는 자기출자지분의 소각이익의 자본전입으로 인한 의제배당
  - 토지의 재평가차액의 자본전입으로 인한 의제배당
  - 자본전입을 함에 따라 그 법인 외의 주주 등의 지분비율이 증가한 경우 증가한 지분비율에 상당하는 주식 등의 가액
  - 최저한세가 적용되지 아니하는 법인세의 비과세·면제·감면·소득공제를 받은 법인 중 유동화전문회사 등의 법인으로부터 받은 배당소득이 있는 경우에는 그 배당소득에 정하는 율을 곱하여 산출한 금액

46　　　　　　　　　　　　　　　　　　정답 ①

비영업대금의 이익은 거주자에게 지급하는 경우와 법인에게 지급하는 경우 모두 (25%)의 세율로 원천징수한다. 기타 이자소득은 (14%)의 세율로 원천징수한다.

핵심개념 금융소득의 원천징수세율

- 거주자에게 지급하는 경우

구 분	세 율
일반적인 경우	14%
비영업대금의 이익	25%
직장공제회 초과반환금	기본세율
출자공동사업자의 배당소득	25%
금융회사가 지급하는 비실명 금융소득	90%
비금융회사가 지급하는 비실명 금융소득	45%
법원에 납부한 보증금 및 경락대금에서 발생하는 이자소득	14%

- 비거주자에게 지급하는 경우

구 분	세 율
조세조약 체결 국가의 거주자에 대한 금융소득	제한세율
조세조약 비체결 국가의 거주자에 대한 금융소득	20%

- 법인에게 지급하는 경우

구 분	세 율
비영업대금의 이익	25%
기타 이자소득	14%
집합투자기구로부터의 이익 중 투자신탁의 이익(배당소득)	14%

47　　　　　　　　　　　　　　　　　　정답 ①

종합과세 기준금액 초과 금융소득 중 그로스업 대상 배당소득
= 500만원
∴ 그로스업 금액 = 500만원 × 10% = 50만원

48　　　　　　　　　　　　　　　　　　정답 ②

비과세·분리과세 금융소득은 종합과세 기준금액에 합산하지 않으며 이자소득과 배당소득 중 이자소득을 먼저 합산한다.

핵심개념 이자소득과 배당소득이 혼재한 경우의 그로스업 방법
종합과세 기준금액 초과여부를 따질 때에 다음 순서에 따라 합산한다.
- 이자소득과 배당소득이 함께 있는 경우에는 이자소득부터 먼저 합산
- 그로스업 대상 배당소득과 기타의 배당소득이 함께 있는 경우에는 기타의 배당소득부터 먼저 합산
- 비과세·분리과세 금융소득은 합산하지 않음

49　　　　　　　　　　　　　　　　　　정답 ④

연금계좌 세액공제를 받은 연금계좌 납입액을 연금외수령한 경우 기타소득으로 구분한다.

핵심개념 분리과세 금융소득
- 법원에 납부한 보증금 및 경락대금에서 발생하는 이자소득
- 금융회사가 실지명의가 확인되지 않은 자에게 지급하는 금융소득
- 비금융회사가 실지명의가 확인되지 않은 자에게 지급하는 금융소득
- 직장공제회 초과반환금
- 조세특례제한법에 따라 분리과세되는 금융소득
- 위 금융소득 외의 금융소득으로서 합계액이 2천만원 이하이면서 원천징수된 소득

50　　　　　　　　　　　　　　　　　　정답 ⑤

국내사업장 또는 부동산소득과 관련 없는 금융소득이 분리과세되는 경우 제한세율 또는 20%의 세율로 원천징수된다.

핵심개념 비거주자에 대한 과세방법

- 국내원천소득

구 분	과세방법
퇴직소득, 부동산 등 양도소득	거주자와 동일한 방법으로 분류과세
그 외 국내원천소득	• 종합과세 : 국내사업장이나 부동산소득이 있고, 소득이 실질적으로 국내사업장이나 부동산소득에 관련되거나 귀속되는 경우 • 분리과세 : 국내사업장과 부동산소득이 없거나, 있더라도 소득이 실질적으로 국내사업장과 부동산소득에 관련되지 않거나 귀속되지 않은 경우

- 금융소득

구 분	과세방법
국내사업장이나 부동산소득이 있고, 소득이 실질적으로 국내사업장이나 부동산소득에 관련되거나 귀속되는 경우	• 금액에 상관없이 종합과세 　- 기본세율 적용
국내사업장과 부동산소득이 없거나, 있더라도 소득이 실질적으로 국내사업장과 부동산소득에 관련되지 않거나 귀속되지 않은 경우	• 금액에 상관없이 분리과세 　- 조세조약 체결국가 : 제한세율 　- 조세조약 비체결국가 : 20%

51   정답 ⑤

채권의 개인 간 거래 시 보유기간 입증 시 필요한 서류의 작성은 강제적인 것이 아니므로 개인 간의 합의에 의하여 조세의 전가가 가능하다.

핵심개념 채권이자 과세제도

- 개 요
  채권의 만기상황(또는 이자지급) 전에 중도매매가 있는 경우에는 발생이자를 각각의 중도보유자별로 보유기간에 비례하여 안분계산한 금액을 각자의 이자소득으로 귀속시키도록 하고 있다.
- 보유기간 입증방법

구 분	입증방법
금융회사의 계좌를 이용하는 경우	해당 금융회사의 전산처리체계 또는 통장원장
법인으로부터 채권을 매수하는 경우	해당 법인이 발행하는 채권등매출확인서
개인으로부터 채권을 매수하는 경우	공증인이 작성한 공정증서

52   정답 ①

저축성 보험의 보험차익이 비과세되려면 일시납보험의 경우 최초납입일부터 만기일·중도해지일까지의 기간이 (10년) 이상이어야 하며, 종신형 연금보험의 경우 보험료 납입 계약기간 만료 후 (55세) 이후부터 연금을 수령해야 한다.

핵심개념 보험차익이 비과세되는 보험

저축성보험의 보험차익은 소득세법상 이자소득으로 보아 금융소득종합과세 대상이 되지만 다음 각각의 요건을 갖춘 장기저축성보험과 종신형 연금보험의 보험차익은 비과세된다.

종 류		요 건
장기 저축성보험	일시납 보험	• 계약자 1명당 납입할 보험료 합계액 1억원 이하 • 최초납입일부터 만기일·중도해지일까지의 기간이 10년 이상
	월적립식 저축성보험	• 최초납입일부터 납입기간이 5년 이상 • 최초납입일부터 매월 납입하는 기본보험료가 균등 • 기본보험료의 선납기간이 6개월 이내 • 계약자 1명당 매월 납입하는 보험료 합계액 150만원 이하
종신형 연금보험		• 계약자가 보험료 납입 계약기간 만료 후 55세 이후부터 사망 시까지 보험금·수익 등을 연금으로 지급받을 것 • 연금 외의 형태로 보험금·수익 등을 지급하지 아니할 것 • 사망 시 보험계약 및 연금재원이 소멸할 것 • 계약자와 피보험자 및 수익자가 동일하고 최초 연금지급개시 이후 사망일 전에 중도해지할 수 없을 것

53   정답 ④

주권비상장법인의 주식 중 대주주가 아닌 자가 장외매매거래에 의하여 양도하는 중소기업 또는 중견기업의 주식은 비과세한다.

핵심개념 양도소득세 과세대상

구 분	내 용
부동산	• 토지 : 지적공부에 등록하여야 할 지목에 해당하는 것 • 건물 : 건물에 부속된 시설물과 구축물 포함
부동산에 관한 권리	• 부동산을 취득할 수 있는 권리 • 지상권 • 전세권과 등기된 부동산임차권

주식 등	• 주권상장법인의 주식 등
	  - 대주주가 양도하는 주식 등
	  - 대주주가 아닌 자가 장외매매거래로 양도하는 주식 등
	• 주권비상장법인의 주식 등
	  - 대주주가 아닌 자가 장외매매거래로 양도하는 중소기업 또는 중견기업의 주식등은 비과세
	• 국외주식

기타자산	• 사업용 고정자산과 함께 양도하는 영업권 • 특정시설물 이용권·회원권 • 과점주주가 양도하는 해당 법인의 주식 등 • 부동산 과다보유법인의 주식 등 • 부동산과 함께 양도하는 이축권
파생상품 등	이자소득 또는 배당소득으로 보지 않는 파생상품 등의 거래 또는 행위로부터의 이익
신탁의 이익을 받을 권리	수익증권 및 투자신탁의 수익권 제외

54   정답 ①

2년 이상 보유한 부동산, 부동산에 관한 권리의 양도로 발생하는 소득에 대한 원천징수세율은 기본세율이다.

핵심개념 양도소득세율

구 분	보유기간	세 율
부동산, 부동산에 관한 권리	1년 미만	50%(70%[*1])
	1년 이상 2년 미만	40%(60%[*2])
	2년 이상	기본세율(60%[*3])
기타자산	-	기본세율
미등기양도자산	-	70%

[*1] 조합원입주권, 분양권인 경우
[*2] 조합원입주권, 분양권인 경우
[*3] 분양권인 경우

55 정답 ④

양도소득 기본공제는 미등기양도자산 외의 양도로 인한 소득이 있는 경우 소득별 양도소득금액에서 각각 연 250만원을 공제한다. 고가주택의 경우 1세대 1주택에 해당하더라도 12억원을 초과하는 부분에 대하여는 양도소득세가 과세되므로 양도소득 기본공제 또한 적용이 가능하다.

56 정답 ③

구 분	예정신고 및 납부기한
일반적인 양도자산	양도일이 속하는 달의 말일부터 (2개월) 이내
부담부증여	수증일이 속하는 달의 말일부터 (3개월) 이내

핵심개념 양도소득세의 확정신고납부와 분할납부

- **확정신고납부**
양도소득이 있는 거주자는 그 양도소득 과세표준을 양도한 연도의 다음 연도 5월 1일부터 5월 31일까지 주소지 관할 세무서장에게 확정신고를 하고 세액을 자진납부하여야 하지만 중복양도가 아니면서 예정신고를 한 경우 확정신고를 하지 않아도 된다.
- **분할납부**
납부할 세액이 1천만원을 초과하는 경우 납부할 세액의 일부를 납부기한이 지난 후 2개월 이내에 분할납부할 수 있다.

납부할 세액	분할납부할 수 있는 세액
1천만원 초과 ~ 2천만원 이하	1천만원을 초과하는 금액
2천만원 초과	납부할 세액의 1/2 이하의 금액

57 정답 ②

상속받은 주택과 그 밖의 주택을 국내에 각각 1개씩 소유하고 있는 1세대가 일반주택을 양도하는 경우에는 국내에 1개의 주택을 소유하고 있는 것으로 보아 양도소득세가 비과세되는 1세대 1주택으로 본다. 상속받은 주택에는 조합원입주권 또는 분양권을 상속받아 사업시행 완료 후 취득한 신축주택을 포함하며, 피상속인이 상속개시 당시 2 이상의 주택을 소유한 경우에는 (1) 피상속인이 소유한 기간이 가장 긴 1주택, (2) 피상속인이 거주한 기간이 가장 긴 1주택, (3) 피상속인이 상속개시 당시 거주한 1주택, (4) 기준시가가 가장 높은 1주택을 말한다.

핵심개념 양도소득세가 비과세되는 1세대 1주택의 특례

구 분	비과세 적용 요건
일시적인 2주택	종전의 주택을 취득한 날부터 1년 이상이 지난 후 신규 주택을 취득하고 신규 주택을 취득한 날부터 3년 이내에 종전의 주택을 양도하는 경우
상속으로 인한 2주택	일반주택을 양도하는 경우
동거봉양으로 인한 2주택	동거봉양 합가일부터 10년 이내에 먼저 양도하는 주택
문화재주택 + 일반주택	일반주택을 양도하는 경우
농어촌주택 + 일반주택	일반주택을 양도하는 경우
수도권 밖 주택 + 일반주택	부득이한 사유가 해소된 날부터 3년 이내에 일반주택을 양도하는 경우
다가구주택	다가구주택 전체를 하나의 매매단위로 하여 양도하는 경우

58 정답 ②

자경이라 함은 농작업에 상시 종사하거나 농작업의 (1/2) 이상을 자기의 노동력에 의해 경작 또는 재배하는 것을 말한다. 사업소득금액과 총급여액 합계액이 (3,700만원) 이상인 과세기간은 자경기간에서 제외한다.

59 정답 ②

손실이 예상되는 부동산 양도가 있는 경우 같은 연도에 중복양도를 하게 되면 양도차손으로 인한 손실금액이 양도차익에 따른 이익금액을 상쇄함으로써 양도세를 절세할 수 있다.

핵심개념 양도소득세 절세방안

- 부동산 보유기간별 변곡점을 확인하고 양도시기 결정
- 발표되는 세법 개정초안을 확인한 뒤 양도시기 결정
- 손실이 예상되는 양도가 아니라면 연중 중복양도는 가급적 회피
- 소수지분·무허가·공동상속 등으로 1세대 1주택자에서 제외되지 않도록 주의
- 1세대 1주택 양도 시 저가양도, 부담부증여 활용
- 오래 보유한 부동산의 배우자 우회양도
- 재건축·재개발주택에 대한 주택 및 조합원입주권 활용
- 양도소득세 중과 대상에서 제외되는 주택의 활용

60 정답 ①

부동산의 매매거래는 계약체결에서부터 중도금, 잔금청산을 거쳐 소유권 이전등기를 마칠 때까지 상당한 기간이 소요된다. 이러한 거래과정 중 어느 시점을 택하여 양도시기로 보느냐에 따라 양도소득의 귀속연도, 장기보유 특별공제율과 세율적용 등에 필요한 보유기간의 계산, 비과세와 감면요건의 충족여부 판단 및 양도소득세 신고기한의 결정 등에 영향을 미치게 된다.

핵심개념 양도 또는 취득시기

구 분	시 기
원칙적인 경우	해당 자산의 양도대금을 청산한 날
대금청산일이 불분명한 경우	등기·등록접수일 또는 명의개서일
대금청산 전에 등기한 경우	등기접수일
장기할부조건 양도의 경우	등기접수일, 인도일, 사용수익일 중 빠른 날

자기가 건설한 건축물의 경우	사용승인서 교부일(단, 사용승인서 교부일 전에 사실상 사용하거나 임시사용승인을 받은 경우에는 그 사실상의 사용일 또는 임시사용승인을 받은 날 중 빠른 날로 하고 건축허가를 받지 아니하고 건축하는 건축물에 있어서는 그 사실상의 사용일)
상속 또는 증여의 경우	상속개시일 또는 증여받은 날

61   정답 ②

직계비속 또는 직계존속과 배우자가 공동으로 법정상속분을 상속하는 경우, 직계비속 또는 직계존속의 상속분에 5할을 가산한 금액을 배우자의 상속분으로 한다.

핵심개념 혼동하기 쉬운 상속인 유형

유 형	상속인 유무	유 형	상속인 유무
태 아	O	사실혼 관계 배우자	×
인지된 혼외자	O	이혼한 배우자	×
입양자녀	O	적모서자, 계모자	×
외국국적의 상속인	O	상속결격 사유 상속인	×

62   정답 ⑤

상속개시 2년 전에 재산을 처분하거나 인출하여 그 금액이 재산종류별로 5억원 이상이고, 그 용도가 객관적으로 명백하지 않은 경우에 상속으로 추정하여 상속세 과세가액에 포함시킨다.

핵심개념 상속 추정

피상속인이 재산을 처분하였거나 채무를 부담한 경우로서 다음의 어느 하나에 해당하는 경우에는 이를 상속받은 것으로 추정하여 상속세 과세가액에 산입한다.

- 피상속인이 재산을 처분하여 받은 금액이나 피상속인의 재산에서 인출한 금액이 상속개시일 전 1년 이내에 재산 종류별*로 계산하여 2억원 이상인 경우와 상속개시일 전 2년 이내에 재산 종류별*로 계산하여 5억원 이상인 경우로서 그 용도가 객관적으로 명백하지 아니한 경우
- 피상속인이 부담한 채무를 합친 금액이 상속개시일 전 1년 이내에 2억원 이상인 경우와 상속개시일 전 2년 이내에 5억원 이상인 경우로서 그 용도가 객관적으로 명백하지 아니한 경우

* 재산 종류별
㉠ 현금·예금 및 유가증권
㉡ 부동산 및 부동산에 관한 권리
㉢ 그 외의 기타재산

63   정답 ④

- 신탁법의 규정에 의한 공익신탁을 통해 출연하는 재산의 가액은 상속세 과세가액에 불산입한다.
- 상속개시일 6개월 전 인출한 예금 1억원은 상속개시일 1년 이내에 2억원 미만의 금액이므로 상속추정재산에 해당하지 않는다.
- ∴ 상속세 과세가액 = 토지 6억원 + (생명보험금 2억원 × 보험료 납부비율 50%) = 7억원

※ 피상속인이 부담한 보험료에 해당하는 보험금을 간주상속재산으로 본다.

64   정답 ⑤

상속세 과세표준이 50만원 미만이면 상속세를 부과하지 아니한다.

핵심개념 상속세 과세표준

상속세의 과세표준은 상속세 과세가액에서 상속공제액(인적공제, 물적공제)과 상속재산의 감정평가 수수료를 차감한 금액이다.

65   정답 ①

비거주자는 기초공제 2억원 외의 다른 상속공제가 허용되지 않는다.

핵심개념 나사망 씨가 거주자인 경우

- 기타인적공제 = 연로자공제 5천만원 + 자녀공제(5천만원 × 2명) + 미성년자공제(1천만원 × 1년) = 1억 6천만원
- 기초공제와 기타인적공제의 합계보다 일괄공제가 크므로 일괄공제 5억원을 적용한다.
- 순금융재산가액이 2천만원 이하이므로 1천만원 전액 공제한다.
- ∴ 상속공제액 = 일괄공제 5억원 + 금융재산공제 1천만원 = 5억 1천만원

66   정답 ⑤

대습상속의 경우에는 세대생략 할증과세를 적용하지 않는다.

67   정답 ④

단기재상속세액공제는 상속개시 후 10년 이내에 상속인이나 수유자의 사망으로 다시 상속이 개시되는 경우에는 전(前)의 상속세가 부과된 상속재산 중 재상속되는 상속재산에 대한 전의 상속세 상당액을 상속세 산출세액에서 공제한다.

68   정답 ④

상속세 납부의무가 있는 상속인 또는 수유자는 상속개시일이 속하는 달의 말일부터 6개월 이내에 상속세의 과세가액 및 과세표준을 납세지 관할세무서장에게 신고하여야 한다(단, 피상속인이나 상속인이 외국에 주소를 둔 경우에는 그 기간을 9개월로 한다).

69 정답 ④
부담부증여에 대한 설명이다.

70 정답 ⑤
거주자가 비거주자에게 국외에 있는 재산을 증여하는 경우 그 증여자가 증여세를 납부할 의무가 있다.

핵심개념 국외 증여에 대한 증여세 과세특례(국제조세조정에 관한 법률)
거주자가 비거주자에게 국외에 있는 재산을 증여(증여자의 사망으로 효력이 발생하는 증여는 제외한다)하는 경우 그 증여자는 이 법에 따라 증여세를 납부할 의무가 있다. 단, 다음의 요건을 모두 갖춘 경우에는 증여세 납부의무를 면제한다.
- 수증자가 증여자의 국세기본법에 따른 특수관계인이 아닐 것
- 해당 증여재산에 대하여 외국의 법령에 따라 증여세(실질적으로 같은 성질을 가지는 조세를 포함한다)가 부과될 것. 이 경우 세액을 면제받은 경우를 포함한다.

71 정답 ⑤
생명보험 또는 손해보험의 보험금 지급은 보험사고가 발생한 날을 증여재산의 취득시기로 본다.

72 정답 ⑤
- 동일인으로부터 재차증여를 받는 경우 10년간 합산하여 1천만원 이상인 경우 합산과세한다. 단, 증여자의 직계존속이 증여하는 경우 그 배우자도 동일인으로 간주한다.
- 주식 등의 상장 등에 따른 이익 등 재산의 증여 이후의 후발사건으로 발생한 증여이익은 합산배제 증여재산이다.
- 최대주주 등의 특수관계인이 비상장주식을 증여받은 경우 그 주식을 증여받은 날부터 5년 이내에 그 주식이 증권시장에 상장됨에 따라 그 가액이 증가한 경우로서 그 주식을 증여받은 자가 당초 증여세 과세가액 또는 취득가액을 초과하여 이익을 얻은 경우에는 그 이익에 상당하는 금액을 그 이익을 얻은 자의 증여재산가액으로 하여야 하지만 10년이 경과하였으므로 해당하지 않는다.
∴ 증여세 과세가액 = 아버지 증여액 500만원 + 어머니 증여액 1,000만원 = 1,500만원

73 정답 ③
특수관계가 없더라도 정당한 사유 없이 재산을 시가의 30% 이상의 차액이 발생하도록 양수·양도하는 경우 증여로 본다.

핵심개념 특수관계 없는 자 간의 저가양수·고가양도
- 특수관계 없는 자 간의 저가양수 시 증여재산가액 = (시가 - 대가) - 3억원
- 특수관계 없는 자 간의 고가양도 시 증여재산가액 = (대가 - 시가) - 3억원

74 정답 ④
부동산 무상사용에 따른 이익이 1억원 이상인 경우 증여로 본다.

핵심개념 부동산 무상사용에 따른 이익의 증여
- 타인의 부동산(그 부동산 소유자와 함께 거주하는 주택과 그에 딸린 토지는 제외한다)을 무상으로 사용함에 따라 이익을 얻은 경우에는 그 무상사용을 개시한 날을 증여일로 하여 그 이익에 상당하는 금액을 부동산 무상 사용자의 증여재산가액으로 한다. 다만, 그 이익에 상당하는 금액이 1억원 미만인 경우는 제외한다.
- 특수관계인이 아닌 자 간의 거래인 경우에는 거래의 관행상 정당한 사유가 없는 경우에 한정하여 적용한다.

75 정답 ④
- 증여재산공제액은 10년간 합산하며, 2 이상의 증여가 증여시기를 달리하는 경우 최초의 증여가액으로부터 순차적으로 공제한다.
- 5년 전 할아버지에게 받은 2천만원 전액이 직계존속공제되며 공제한도 5천만원 중 남은 3천만원만큼 올해 아버지에게 받은 증여액에서 공제한다.

76 정답 ③
신고세액공제는 3%이다.

77 정답 ④
일반적으로 과세물건의 취득일로부터 60일 이내에 취득세를 신고·납부하여야 한다. 단, 상속 또는 실종으로 인한 취득의 경우는 상속개시일 또는 실종신고일이 속하는 달의 말일부터 6개월(외국에 주소를 둔 상속인이 있는 경우에는 각각 9개월) 이내로 하며, 그 외의 무상취득의 경우에는 취득일이 속하는 달의 말일부터 3개월 이내로 한다.

78 정답 ⑤
재산세는 토지, 건축물, 주택, 항공기 및 선박을 과세대상으로 한다.

79 정답 ③
재산세의 과세기준일은 매년 6월 1일이다.

80 정답 ②
해당 연도에 부과할 세액이 20만원 이하인 경우에는 7월 16일부터 7월 31일까지로 하여 한꺼번에 부과·징수할 수 있다.

제3과목 보험 및 은퇴설계(20문항)

81 정답 ④
실손보상의 원칙에 대한 설명이다.

핵심개념 보험의 기본 원칙

구 분	내 용
수지상등의 원칙	순보험료 총액과 지급보험금 총액은 같아야 함
급부반대급부 균등의 원칙	나이나 병력 등 개별 계약자의 위험을 측정한 후 그 위험에 맞는 보험료가 산출되어야 함
대수의 법칙	어떠한 사건이라도 관찰의 횟수를 늘려 가면 일정한 발생 확률이 나옴
실손보상의 법칙	보험계약은 보험사고 시 피보험자가 입은 손해에 대해서만 보상함

82 정답 ④
예정사업비율이 낮아지면 보험료는 낮아진다.

핵심개념 예정기초율 변화에 따른 보험료의 변화

구 분	보험료와의 관계
예정위험률 (예정사망률)	예정사망률이 낮아지면 사망보험료는 낮아지고, 생존보험료는 높아짐
예정이율	• 예정이율이 낮아지면 보험료는 높아짐 • 보험기간이 길수록, 납입기간이 짧을수록 보험료 변동폭이 큼 • 순수보장형보다 만기환급형의 보험료 변동폭이 큼
예정사업비율	예정사업비율이 낮아지면 보험료는 낮아짐

83 정답 ④
보험금 청구권, 보험료 또는 환급금 반환청구권의 소멸시효 기간은 3년이다. 또한 보험수익자는 보험금 청구권을 갖는 사람이기 때문에 K씨의 아내가 보험금을 청구할 수 있다.

84 정답 ③
배당보험은 주로 상호회사에서, 무배당보험은 주로 주식회사에서 판매된다.

85 정답 ④
① 우리나라 보험업법은 보험업을 생명보험업, 손해보험업, 제3보험업으로 구분하고 있다.
② 생명보험, 손해보험의 고유영역을 제외한 상해보험, 질병보험, 간병보험으로 구분할 수 있다.
③ 생명보험의 정액보상적 특성과 손해보험의 실손보상적 특성을 동시에 가진다.
⑤ 보험업법은 원칙적으로 리스크의 상이성으로 생명보험업과 손해보험업의 겸영을 금지하고 있으나, 제3보험업에 대해서는 겸영을 허용하고 있다.

핵심개념 제3보험의 특징
제3보험은 생명보험의 정액보상적 특성과 손해보험의 실손보상적 특성을 동시에 가지는 보험을 말하며, 생명·손해보험 고유영역을 제외한 상해·질병·간병보험으로 구분할 수 있다.

구 분	내 용
상해보험	우연하고 급격한 외래 사고로 소요되는 비용 및 사망 등을 보장하는 보험
질병보험	• 질병은 원인이 신체에 내재하여 상해와 달리 외래성은 인정되지 않음 • 암보험 – 암진단·치료·수술 등과 관련된 비용을 보장하는 상품 – 면책기간 설정 : 보험계약일로부터 90일이 지난날의 다음 날부터 보장을 받을 수 있음(보험가입 후 1년 내 사고 발생 시 보험금 삭감 지급)
간병보험	• 신체적·정신적 장애로 활동에 제한이 있거나 인식불명 상태가 원인이 되어 장기적인 의료서비스가 필요한 상태를 보장하는 보험 • 일반적으로 위험률 변동제도를 채택하기도 하며, 보험기간은 대부분 종신형 • 수발필요상태(90일 혹은 180일)의 정의에 따라 보험료 차이가 발생 • 일상생활장해상태에 대한 보장개시일은 90일, 치매상태에 대한 보장개시일은 2년의 면책기간 설정

86 정답 ④
화재, 폭발, 파열이 발생했을 때 도난 또는 분실에 의한 손해와 화재, 폭발, 파열과 관련 없는 수도관, 수압기 등의 파열로 생긴 손해는 보상하지 않는다.

핵심개념 주택화재보험에서 보상하지 않는 주요 손해
• 계약자, 피보험자 또는 그 관련인이 고의나 중대한 과실로 일으킨 손해
• 화재, 폭발, 파열 시 도난 또는 분실에 의한 손해
• 보험목적물의 발효, 자연발열 또는 자연발화로 생긴 손해(단, 그로 인해 연소된 다른 보험의 목적에 생긴 손해는 보상)
• 발전기, 전압기 등의 전기적 사고에 의한 손해(단, 그 결과로 생긴 화재, 폭발, 파열 손해는 보상)
• 화재, 폭발, 파열과 관련 없는 수도관, 수압기 등의 파열로 생긴 손해

은행FP 자산관리사 1부

2회

87 정답 ⑤
보수월액보험료는 가입자의 보수월액에 보험료율을 곱하여 산정한 후에 경감률 등을 적용하여 가입자 단위로 부과한다.

핵심개념 직장가입자 보험료 산정방법

> 건강보험료 = 보수월액* × 건강보험료율
> 장기요양보험료 = 건강보험료 × 장기요양보험료율
> * 보수월액은 동일사업장에서 당해연도에 지급받은 보수총액을 근무월수로 나눈 금액임

88 정답 ④
납입최고기간 안에 발생한 사고는 보상받을 수 있다.

89 정답 ④
투사화법에 대한 설명이다.
① 개방형 질문 : 고객의 생각이나 느낌을 확인하는 질문으로, 상담 초기에 주로 사용할 수 있다.
③ 현상파악 질문 : 특정 정보를 확인하거나 고객의 결심을 요구할 때 활용하는 기법이다.
⑤ 요점화법 : 대화의 주요내용을 간략하게 요약 설명하는 방법이다.

90 정답 ⑤
고객은 특별한 이유 없이 계약을 반대하거나 회피하는 경우가 있기 때문에 거절에 대한 지나친 공감보다는 자신의 신념을 가지고 결정적인 순간을 포착하여 고객의 생각을 바꾸어 놓아야 한다.

핵심개념 계약체결 시 고객의 저항심리와 거절을 대하는 자세

- 고객의 저항심리
  - 고객이 계약을 체결하지 않는 이유를 알기 어려운 경우도 있다.
  - 고객은 돈을 지출하는 것에 대한 거부반응이 있다.
  - 고객은 결정을 뒤로 미루려는 경향이 있다.
  - 기본적인 의사결정에 약점이 있다("예"보다는 "아니오"라고 말함으로써 가장 손쉬운 결정을 함, 중요한 결정을 내리는 것을 부담스러워 함, 미래에 대한 걱정만 함)
- 고객의 거절을 대하는 자세
  - 거절의 의사를 존중하고, 쉬운 의사결정이 아니라는 점을 인식해야 한다.
  - 고객의 질문에 정성껏 응대해야 한다. 모르는 부분은 솔직하게 시인하여, 최대한 빠른 시간 안에 응대해야 한다.
  - 고객의 입장을 지나치게 고려할 필요는 없으며, 가입여력이 충분히 있다고 믿어야 한다.
  - 거절은 제안이 마음에 들지 않은 것이다. 사람이 미운 것이 아니므로, 대안을 준비하여 다시 상담한다.

91 정답 ③
기초연금은 자녀 등 부양의무자의 소득·재산은 조사하지 않고 본인 및 배우자의 소득·재산만을 조사하여 수급자격을 결정한다. 다만, 본인 또는 배우자의 주민등록상 주소지 주택이 자녀 명의이고, 시가표준액 6억원 이상인 경우 무료임차소득을 적용하여 본인의 소득인정액에 포함한다.

핵심개념 기초연금제도

구 분	내 용
목 적	고령자들에게 연금을 지급하여 안정적인 소득기반을 제공함으로써 고령자의 생활안정과 복지를 증진하고자 함
지급대상 및 선정기준	만 65세 이상이고 대한민국 국적을 가지고 있으며 국내에 거주하는 고령자 중 가구의 소득인정액이 선정기준액 이하인 자
선정기준액(2025년)	• 단독가구 : 2,280,000원 • 부부가구 : 3,648,000원
신청방법	• 본인 및 대리인을 통한 신청 • 만 65세 생일이 속하는 달의 1개월 전부터 신청 • 주소지 관할 동 주민센터 및 읍·면사무소 또는 국민연금공단(인터넷 신청도 가능)

92 정답 ②
자신의 수명보다 돈의 수명을 더 길게 설계해야 한다.

핵심개념 은퇴환경의 변화

구 분	내 용
기대수명 증가	• 기대수명 : 나이대·성별 사망률이 현재의 수준으로 유지된다고 가정했을 때 당해연도에 태어난 출생아가 향후 얼마나 살아갈 것인지 기대되는 연수, 즉 0세의 기대여명을 의미함 • 기대여명 : 특정 연령의 사람이 앞으로 얼마나 더 살 것인가 기대되는 생존연수이며, 은퇴설계 시 중요한 참고지표가 됨 • 건강수명 : 몸이나 정신에 문제없이 즉, 어떠한 질병이 없이 건강하게 사는 기간을 의미함. 평균수명에서 질병을 앓는 기간(평균 장애기간)을 뺀 기간을 말함
고령화의 문제점	노후준비 부족, 노후빈곤 문제, 의료비 증가, 장기 간병 문제

93 정답 ⑤

연금보험료 추후 납부제도에서 보험료 납부에 적용되는 기준소득월액은 과거 소득 기준이 아니라 현재 소득 기준이다.

핵심개념 국민연금제도

구 분	내 용
가입대상	• 만 18세 이상 ~ 만 60세 미만 국민 • 최소 가입기간은 10년임

국민연금보험료	• 가입자의 기준소득월액에 연금보험료율을 곱해서 결정
	• 연금보험료율
	  - 사업장가입자의 경우 : 본인 4.5%, 사용자 4.5%
	  - 지역가입자의 경우 : 본인 9%

급여의 종류와 산정방법	• 연금 급여
	  - 노령연금 : 국민연금의 가장 기초가 되는 급여, 매월 지급
	  - 장애연금 : 장애가 발생했을 때 지급
	  - 유족연금 : 가입자 사망 시 유족에게 지급
	• 일시금 급여
	  - 반환일시금 급여 : 더 이상 가입할 수 없는 경우 지급
	  - 사망일시금 급여 : 유족연금이나 반환일시금을 받지 못할 경우 지급

94 정답 ⑤

유족연금특별부가금에 대한 설명이다.
① 퇴직연금일시금 : 10년 이상 재직한 후 퇴직한 공무원이 퇴직연금에 갈음하여 일시금으로 지급받고자 할 때
② 퇴직연금공제일시금 : 10년 이상 재직한 후 퇴직한 공무원이 10년을 초과하는 재직기간 중 일부기간을 일시금으로 지급받고자 할 때
③ 유족연금 : 10년 이상 재직한 공무원이 재직 중 사망한 때, 퇴직연금 또는 조기퇴직연금 수급자가 사망한 때, 장해연금 수급자가 사망할 때
④ 유족연금부가금 : 10년 이상 재직한 공무원이 재직 중 사망하여 유족연금을 청구할 때

95 정답 ①

국민연금 또는 특수직역연금의 어느 한쪽이나 또는 양쪽 모두 수급권자가 아니면서 합산한 가입기간이 10년 또는 20년 이상일 경우 연계연금을 신청할 수 있다.

핵심개념 공적연금 연계제도

구 분	내 용
개 념	국민연금과 직역연금의 연금을 수령하기 위한 가입(재직) 기간을 채우지 못하고 이동하는 경우 각각 일시금으로만 받아야 했던 것을 연금 간 가입기간을 합하여 최소연계기간(10년 또는 20년)을 충족하면 지급연령부터 연금을 받을 수 있도록 하여 국민의 노후생활을 보장하고자 하는 제도
최소 가입기간	• 국민연금 : 10년 • 군인연금 : 20년 • 공무원 사립학교교직원 별정우체국연금 : 10년 (2016.1.2. 이후 퇴직자)
연계신청대상	법률 시행일 2009년 8월 7일 이후 국민연금과 직역연금 간 이동한 자부터 연계제도 적용
지급연령	1969년 이후 출생자부터 65세에 지급(연금연계법 2009.2.6. 부칙 제3조)

96 정답 ③

①・②・④・⑤는 확정급여형(DB형)에 대한 내용이다.

핵심개념 확정급여형(DB) VS 확정기여형(DC)

구 분	확정급여형(DB)	확정기여형(DC)
개 념	• 퇴직 시 지급할 급여의 수준을 노사합의를 통해 사전에 확정 • 근로자 퇴직 시 사용자는 사전에 약정된 퇴직급여를 지급	• 기업이 부담할 부담금 수준을 노사가 사전에 확정 • 근로자 퇴직 시 적립금 운용실적에 따라 퇴직급여 수령
운용 주체	기 업	근로자
기업부담금	적립금 운용실적에 따라 기업의 부담금 변동	가입자 연간 임금총액의 1/12에 해당하는 금액 이상
제도 간 이전	어려움, 퇴직 시 IRP로 이전	직장이동 시 이전 용이
퇴직급여 수령	55세 이상, 가입기간 10년 이상, 수령기간 5년 이상	55세 이상, 가입기간 10년 이상, 수령기간 5년 이상
중도인출	불 가	사유충족 시 가능
적합한 근로자	• 장기근속이 가능하고 임금상승률이 높으며 도산위험이 적은 기업 • 자산운용에 자신이 없는 근로자	• 연봉제 도입기업 • 체불위험이 있는 기업 • 이직과 전직이 잦은 근로자 • 자산운용에 자신이 있는 근로자

97
정답 ④

연금저축계좌의 연금은 만55세 이후 연간 연금수령한도[연금계좌의 평가액/(11 - 연금수령연차) × 120%] 내에서 수령 가능하다.

핵심개념 연금저축계좌

구 분	내 용
개 념	일정조건 충족 시 납입액에 대해 세액공제를 받을 수 있는 상품
연금 개시기간	상품 가입 후 5년 이상 납입, 55세 이후부터 수령
납입한도	연 1,800만원
세액공제	연 600만원 한도 - 근로소득만 있는 경우 총급여가 5,500만원 이하, 종합소득금액 기준 4,000만원 이하이면 16.5% 공제 - 근로소득만 있는 경우 총급여가 5,500만원 초과, 종합소득금액 기준 4,000만원 초과이면 13.2% 공제
연금수령세율	• 연 1,500만원 이하 : 연금소득세(3.3%~5.5%) 및 종합과세 중 택 1 • 연 1,500만원 초과 : 종합과세 or 16.5% 분리과세 중 택 1

98
정답 ③

① 부부 중 1명이 만 55세 이상이면 가입이 가능하다.
② 부부기준 공시가격 12억원 이하의 주택보유자이거나 다주택보유자인 경우 보유주택을 합산한 공시가격이 12억원 이하면 가입이 가능하다.
④ 부부 두 사람 모두가 사망했을 때 연금 수령액이 집값을 초과해도 상속인에게 초과분을 청구하지 않는다.
⑤ 부부 두 사람 모두가 사망했을 때 집값이 연금 수령액을 초과하여 잔금이 있으면 상속인에게 돌아간다.

핵심개념 주택연금제도

구 분	내 용
개 념	집을 소유하고 있지만 소득이 부족한 고령자가 평생 또는 일정기간 집을 담보로 맡긴 후 국가가 보증하는 연금을 수령하는 대출상품
가입조건	• 부부 중 1명이 대한민국 국민 • 부부 중 1명이 만 55세 이상 • 부부기준 공시가격 등이 12억원 이하인 주택소유자 • 다주택자인 경우 합산 공시가격 12억원 이하 • 12억원 초과 2주택자는 3년 이내에 1주택 팔면 가입 가능 • 주택연금 가입주택을 가입자 또는 배우자가 실제 거주해야 함
특 징	• 가입자 및 배우자 모두 거주가 평생 보장되면서 부부 중 한 명이라도 사망해도 동일한 금액으로 연금지급이 보장 • 부부 두 사람 모두가 사망하여 주택을 처분 정산했을 때 연금수령액이 집값을 초과해도 상속인에게 별도의 청구를 하지 않음(반대로 정산 후 잔금이 있으면 상속인에게 돌아감) • 물가상승률이 반영되지 않아 처음 가입 시보다 주택가격이 상승해도 연금액은 동일

99
정답 ②

① 특정후견의 경우 의사나 전문지식이 있는 사람의 의견을 들어야 한다.
③ 한정후견의 경우 본인의 정신상태에 대한 의사의 감정이 필요하다.
④ 성년후견의 경우 본인이 정신적 제약으로 사무처리능력이 지속적으로 결여된 경우 가능하다.
⑤ 후견인은 여러 명도 가능하며 가족, 친척, 친구 등은 물론 변호사, 법무사, 세무사 등 전문가도 될 수 있다.

핵심개념 성년후견제도

내 용	법정후견			임의후견
	성년후견	한정후견	특정후견	
개시 사유	정신 제약으로 사무처리 능력이 지속적으로 결여된 자	정신 제약으로 사무처리 능력이 부족한 자	정신 제약으로 일시적 후원, 특정사무 후원이 필요한 자	장래 정신 기능약화로 사무처리능력이 부족한 것을 대비해 미리 스스로 후견인을 정하는 것
본인의 행위능력	원칙적 행위능력 상실자	원칙적 행위능력자	행위능력자	행위능력자
후견인의 권한	원칙적으로 포괄적인 대리권, 취소권	법원이 정한 범위 내에서 대리권, 동의권, 취소권	법원이 정한 범위 내에서 대리권	각 계약에서 정한 바에 따름

100
정답 ④

일반적으로 고객은 가족문제나 금전문제 등 처음부터 문제의 핵심을 말하고 싶어 하지 않으므로, 문제해결을 위해 "실례가 안 된다면 말씀해 주시겠습니까?"라는 질문을 먼저 하는 것이 효과적이다.

은행FP 자산관리사 1부
제3회 정답 및 해설

01	02	03	04	05	06	07	08	09	10
④	②	③	③	④	③	①	①	③	①
11	12	13	14	15	16	17	18	19	20
③	②	②	②	⑤	①	④	⑤	④	⑤
21	22	23	24	25	26	27	28	29	30
②	⑤	④	①	②	①	②	③	⑤	③
31	32	33	34	35	36	37	38	39	40
④	①	③	③	⑤	②	①	②	①	④
41	42	43	44	45	46	47	48	49	50
⑤	⑤	⑤	③	①	⑤	③	⑤	③	③
51	52	53	54	55	56	57	58	59	60
①	①	④	⑤	④	②	③	②	④	③
61	62	63	64	65	66	67	68	69	70
④	⑤	④	⑤	④	③	②	④	③	①
71	72	73	74	75	76	77	78	79	80
⑤	②	②	①	③	③	④	③	⑤	③
81	82	83	84	85	86	87	88	89	90
③	②	④	③	①	④	④	④	④	②
91	92	93	94	95	96	97	98	99	100
③	②	③	③	③	④	③	③	③	①

제1과목 자산관리 기본지식(40문항)

01 정답 ④
개인 재무설계는 재무상담을 통한 단기적 문제해결 능력을 포함한 중장기적 목표달성을 포함한다고 할 수 있다.

02 정답 ②
①·③ 사회 경제적 배경
④·⑤ 소비자의식 변화

핵심개념 개인 재무설계의 필요성

구 분	내 용
사회 경제적 배경	• 자산 및 부채의 증가 • 금융시장 개방 및 국제화 • 금융상품 다양화 및 금융 관련 법규 강화
인구 통계적 배경	• 1인 가구의 증가 • 저출산 및 고령화 • 노동환경의 변화
소비자의식 변화	• 개인주의적 사고방식 • 개별성 추구 • 비재무적 요구의 증가 • 재무설계의 중요성 인식

03 정답 ③
유망고객의 4가지 조건
• 재무목표가 있는 사람
• 금융상품에 가입할 경제적 능력이 있는 사람
• 만남이 가능한 사람
• 실행력이 있는 사람

04 정답 ③
① 청년기 - 첫 직장잡기, 결혼자금 마련
② 가족형성기 - 첫 자녀 출생 준비자금 마련, 자동차 구매자금 마련
④ 자녀성장기 - 자녀들의 교육자금 및 결혼자금 마련, 주택확장 자금 마련
⑤ 가족축소기 - 노후자금 마련, 기타 목적자금 마련

05 정답 ④
자료수집 과정을 빠르게 진행할 수 있고 고객의 생각 반영도가 높은 장점이 있는 것은 설문서로 정보수집을 하는 경우이다.

핵심개념 고객 정보수집 방법별 특징

구 분	내 용
직접면담	• 재무적·비재무적 정보 등 많은 자료 수집 가능 • 고객의 인생관이나 성향, 경험 등에 대한 파악을 통해 고객을 잘 이해할 수 있음 • 고객과의 신뢰 증대
설문서	• 빠른 정보수집이 가능하여 시간 절약 • 고객의 생각이 잘 반영됨 • 고객의 정보를 정확하게 점검 가능

은행FP 자산관리사 1부 [3회]

인터넷	• 시간과 비용 절약 • 고객과의 쌍방향 의사소통 극대화 • 상담업무의 효율성 증대
전 화	• 이미 수집한 정보 중 간단한 질문이 필요할 경우 사용 • 답변에 대한 확인이 필요한 경우 유용함

06 정답 ③

㉠·㉡·㉣ 정성적 정보(비재무적 정보)
㉢·㉤·㉥ 정량적 정보(재무적 정보)

핵심개념 정량적 정보와 정성적 정보의 구분

정량적 정보는 수치로 표현 또는 파악이 가능한 정보이고, 정성적 정보는 어떤 수치나 치수로 측정하거나 표현할 수 없는 정보를 의미한다.

정량적 정보	정성적 정보
• 소득자료 • 지출자료 • 자산 및 부채 자료 • 세금 관련 자료 • 은퇴 관련 자료 • 보험 관련 자료 • 종업원복지 관련 자료 • 개인사업 관련 자료 • 증여·상속 관련 자료	• 가치관 • 꿈 • 생활방식 • 관심과 취미생활 • 사회적 지지 • 예상수명 • 개인 재무설계 관련 경험 및 지식 • 위험수용성향

07 정답 ①

무형상품인 금융상품의 특성을 고려하여 가입을 미루거나 거절하는 고객을 설득할 수 있는 거절 처리 기법으로 무장해야 한다.

08 정답 ①

가계부문의 기능
• 생산물시장에서 기업이 생산하거나 해외에서 수입한 재화와 용역의 수요
• 요소시장에서 생산요소(천연자원, 자본, 노동, 기업가 등)를 공급
• 대부자금시장에서 대부자금의 공급(저축)
• 정부에 조세 납부

핵심개념 거시경제의 주체별 기능

구 분	내 용
가계부문	• 생산물시장 : 재화와 용역의 수요 • 요소시장 : 생산요소의 공급 • 대부자금시장 : 대부자금의 공급 • 정부부문 : 조세의 납부
기업부문	• 생산물시장 : 재화와 용역의 공급, 자본재의 수요(투자) • 요소시장 : 생산요소의 수요 • 대부자금시장 : 대부자금의 수요
정부부문	• 생산물시장 : 공공재의 공급, 재정지출을 통한 재화와 용역의 수요 • 가계부문 : 조세의 징수
해외부문	• 생산물시장과 외환시장 - 수출 : 국내에서 생산된 재화와 용역에 대한 수요 - 수입 : 해외에서 생산된 재화와 용역의 공급 • 외환시장과 대부자금시장 : 대부자금의 공급과 수요
중앙은행	대부자금시장과 외환시장 : 통화량과 이자율의 조절

09 정답 ③

경기침체기와 같이 잠재GDP에 비해 상당히 낮은 수준에서 조업이 이루어질 때 단기 총공급곡선은 물가와 실질GDP 평면에서 완만한 형태로 물가 변동에 대해 단기 총공급이 민감하게 변동한다.

핵심개념 단기 총공급곡선과 장기 총공급곡선의 형태

구 분	내 용
단기 총공급곡선	명목임금이 경직적인 상태에서 물가가 상승할 경우 생산물 단위당 이윤이 증가하고, 그에 따라 총생산이 증가하여 단기 총공급곡선은 물가와 실질국민소득의 평면에서 우상향의 기울기를 가짐
장기 총공급곡선	물가가 상승하여도 실질임금이 변하지 않으면 고용량과 총생산량도 변동이 없어 일정시점에 장기 총공급곡선은 물가와 실질국민소득의 평면에서 수직의 형태를 가짐

10 정답 ①

기대 인플레이션 상승에 따라 임금이 상승하면 총공급이 감소하여 단기 총공급곡선은 왼쪽으로 이동한다.

핵심개념 단기 총공급곡선의 이동 요인

구 분	내 용
우측 이동 요인	• 경제활동인구의 증가 • 투자를 통한 자본량의 증가 • 기술향상에 의한 요소생산성 향상 • 임금 등 생산요소가격 하락 • 총수요 증가 예상 • 신기술 개발 등의 긍정적 공급충격
좌측 이동 요인	• 기대 인플레이션 상승에 따른 임금 상승 • 환율 상승에 따른 수입원자재 등 생산요소가격 상승 • 자연재해 등 부정적 공급충격

11 정답 ③

실질임금이 변동하면 노동공급곡선상에서 노동공급량이 변동하고, 실질임금 이외의 노동공급에 영향을 미치는 요인이 변동하게 되면 각각의 실질임금 수준에서 노동공급이 변동하여 노동공급곡선이 움직이게 된다.

12　정답 ②
현금보유에 따른 기회비용을 줄이기 위한 비용을 발생시킨다.

13　정답 ②
- 노동가능인구 60만명 = 비경제활동인구 10만명 + 경제활동인구
- 경제활동인구 50만명 = 실업자 + 취업자 45만명

따라서 실업자 = 5만명이므로,

- 실업률 = $\dfrac{\text{실업자}}{\text{경제활동인구}} \times 100 = \dfrac{5\text{만명}}{50\text{만명}} \times 100 = 10\%$

핵심개념 경제활동참가율과 고용률 공식

- 경제활동참가율 = $\dfrac{\text{경제활동인구}}{\text{노동가능인구}} \times 100$
- 고용률 = $\dfrac{\text{취업자}}{\text{노동가능인구}} \times 100$

14　정답 ②
재정흑자가 발생하면 정부는 여유자금을 대부자금시장에 공급할 수 있게 되어 이자율이 하락하고, 그에 따라 가계 소비와 기업 투자가 증가하여 총수요가 증가하는 피드백효과가 있지만 전체적으로는 총수요가 감소한다.

15　정답 ⑤
⑤는 본원통화 증가정책이다. 은행 등 금융기관으로부터 대출을 회수해야 본원통화가 감소한다.

핵심개념 본원통화 증가정책
- 재화와 용역의 매입
- 국채 및 주식 등 금융자산의 매입
- 외환의 매입
- 은행 등 금융기관에 대한 대출

16　정답 ①
지급준비율을 올리면 은행의 대출여력이 감소하여 통화량이 감소하고, 지급준비율을 낮추면 통화량이 증가한다.

17　정답 ④
실질GDP가 증가할 경우 조세수입이 증가하고 실업급여 등 이전지출이 감소하므로 정부의 대부자금 수요는 감소한다.

18　정답 ⑤
중앙은행이 외환을 매입하면 외환수요가 증가하여 환율이 상승한다.
① 국내물가 하락 → 수출 증가 → 환율 하락
② 국내 실질이자율 상승 → 투자자금 국내 순유입 → 환율 하락
③ 민간수지 흑자 → 외환공급 증가 → 환율 하락
④ 국내 생산성 증가 → 국내물가 하락 → 환율 하락

19　정답 ④
원화로 엔화를 구매할 때는 원화로 달러를 사고, 달러로 엔화를 사는 교차환율을 적용한다.

$\dfrac{\text{환전금액}}{\text{원달러 환율}} \times \text{엔달러 환율}$

$= \dfrac{100\text{만원}}{1{,}200\text{원}} \times 150\text{엔}$

$= 125{,}000\text{엔}$

핵심개념 교차환율의 개념
자국통화가 개입되지 않은 외국통화 간의 환율

20　정답 ⑤
소득분배 불균형 확대는 경기확장국면에 나타나는 현상이다.

핵심개념 경기확장국면과 경기수축국면

경기확장국면	경기수축국면
• 생산 활발	• 생산 둔화
• 고용·소득 및 총수요 증가	• 실업 증가
• 물가 상승	• 재고 누증
• 투자 증대	• 총수요 감소
• 상대가격 변동성 확대	• 물가상승 둔화
• 소득분배 불균형 확대	• 신규투자 위축

21　정답 ②
경기변동은 총생산·이익·고용·물가 등과 같은 총체적 변수에 파급되며, 이 변수들은 같은 시기에 동일한 방향으로 움직이지만(공행운동) 변동의 크기는 각기 다르며 일정한 시차를 두고 변동한다.

22   정답 ⑤

경제지표의 증감은 실제 발생한 경기변동의 진폭과는 관련성이 낮다는 단점이 있다.

핵심개념 경제지표를 이용한 경기예측의 문제점

구 분	내 용
거짓신호	경제지표는 경기전환을 예측하였으나 실제로는 경기전환이 발생하지 않을 수 있는 거짓신호가 존재
리드타임	경제지표가 경기전환을 예측한 시점부터 실제로 경기전환이 발생하는 시점까지의 기간이 일정하지 않음
월간변동	경제지표가 상승 또는 하락 방향으로 몇 달 동안 움직여야 경기전환을 예측한다고 해석할 것인가에 대한 모호성
진폭과의 관련성	경제지표의 증감은 실제 발생한 경기변동의 진폭과는 관련성이 낮음
상반된 신호	서로 다른 경제지표들이 경기에 대해 상반된 신호를 나타낼 수 있음
경기대응성	경제구조가 빠르게 변화할 경우 경제지표의 경기대응성이 저하될 가능성이 커져 적절한 시기에 경제지표의 개편이 요구됨

23   정답 ④

기업실사지수

$$= \frac{긍정적\ 응답업체\ 수 - 부정적\ 응답업체\ 수}{전체\ 응답업체\ 수} \times 100 + 100$$

$$= \frac{(70-30)}{100} \times 100 + 100$$

$$= 140$$

핵심개념 기업실사지수(BSI)에 의한 경기예측

구 분	내 용
확장국면	$100 < BSI \leq 200$
경기전환점(정점 또는 저점)	$BSI = 100$
수축국면	$0 \leq BSI < 100$

24   정답 ①

시계열모형은 경제이론보다는 자기시차 또는 일부 관심 경제변수 간의 상관관계에 바탕을 두고 작성된다.

25   정답 ②

부동산물권에 관해서는 등기를, 동산물권에 관해서는 점유를 그 공시방법으로 하고 있으며, 그 밖에 판례는 수목의 집단·미분리의 과실 등의 공시방법으로 명인방법을 인정하고 있다.

핵심개념 명인방법

수목의 집단 등의 소유권이 누구에게 속하고 있는지를 제3자가 명백하게 인식할 수 있도록 하는 관습법상의 공시방법

26   정답 ①

채권 및 소유권 이외의 재산권은 20년간 행사하지 아니하면 소멸시효가 완성된다.

27   정답 ②

(상계)란 채권자와 채무자가 서로 같은 종류를 목적으로 하는 채권·채무를 가지고 있는 경우에 그 채무들을 대등액에서 소멸하게 하는 단독행위이고, (경개)란 채무의 중요한 부분을 변경함으로써 신채무를 성립시키는 동시에 구채무를 소멸시키는 계약이다.

핵심개념 채권의 소멸원인

구 분	내 용
변 제	채무자 또는 제3자가 채무의 내용인 급부를 실현하는 것
대물변제	채무자가 채무의 목적물에 갈음하여 다른 물건으로 채무를 소멸시키는 변제당사자 사이의 계약
공 탁	금전, 유가증권, 기타의 물건을 공탁소에 임치하는 것
상 계	채권자와 채무자가 서로 같은 종류를 목적으로 하는 채권·채무를 가지고 있는 경우에 그 채무들을 대등액에서 소멸하게 하는 단독행위
경 개	채무의 중요한 부분을 변경함으로써 신채무를 성립시키는 동시에 구채무를 소멸시키는 계약
면 제	채권자가 일방적인 의사표시로 채무자의 채무를 대가 없이 면하여 주는 것
혼 동	채권과 채무가 동일인에게 귀속하는 사실

28   정답 ③

① 합자회사 : 합명회사의 사원과 동일한 책임을 지는 무한책임사원과 회사채권자에 대해 직접·연대책임을 지지만 출자액을 한도로 하는 유한책임사원으로 구성된 회사이다.
② 유한책임회사 : 2011년 상법 개정으로 새롭게 도입된 회사형태로서 대외적으로 출자금액을 한도로 유한책임을 지는 사원만으로 구성된 회사이다.
④ 유한회사 : 주식회사의 주주와 같이 회사채권자에 대하여는 직접 아무런 책임을 지지 않고 회사에 대하여만 일정한 범위의 출자의무만을 부담하는 사원으로 구성된 회사이다.
⑤ 주식회사 : 사원의 출자에 의한 자본금을 가진 영리법인이며, 주주는 회사채권자에 대해 아무런 책임을 지지 않는 전형적인 물적회사이다.

29   정답 ⑤

발기설립의 경우 주식회사의 설립등기는 검사인에 의한 변태설립사항의 조사보고 후 또는 법원의 변태설립사항의 변경처분 후 2주간 내에 하여야 하고, 모집설립의 경우에는 창립총회의 종결 후 또는 창립총회에 의한 변태설립사항의 변경 후 2주간 내에 하여야 한다.

30 정답 ②
신주인수권은 의무가 아니라 권리이므로 신주인수권자가 반드시 신주인수권을 행사하여 출자해야 하는 것은 아니다.

핵심개념 신주인수권
회사가 신주를 발행하는 경우 주주가 소유주식수의 비율에 따라 우선적으로 신주를 인수할 수 있는 권리

31 정답 ④
은행여신거래기본약관은 은행이 상계를 실행하는 경우에 채권·채무의 이자 등과 자연배상금의 계산기간은 은행의 상계통지가 채무자에게 도달한 날로 하도록 규정하고 있다.

32 정답 ①
약관과 개별약정이 충돌할 때에는 충돌부분에 대해서는 개별약정이 우선한다.

핵심개념 약관의 해석원칙

구 분	내 용
개별약정 우선의 원칙	약관과 개별약정이 충돌할 때에는 충돌부분에 대해서는 개별약정이 우선함
신의성실의 원칙	약관은 대중을 상대로 한 대량거래에 이용되는 것이므로 그 해석에 있어서는 직접적인 당사자들의 이해관계 외에 공공이익도 고려되어야 함
객관적 해석의 원칙	약관은 고객에 따라 다르게 해석되어서는 안 되며 모든 고객에게 통일적으로 해석되어야 함
작성자 불이익의 원칙	약관의 뜻이 명백하지 아니하여 둘 이상의 해석이 가능한 경우에는 고객에게 유리하게, 은행에게 불리하게 해석되어야 함
엄격해석의 원칙	고객의 법률상의 지위에 중대한 영향을 미치는 약관 조항은 더욱 엄격하게 해석하여야 함

33 정답 ③
신탁행위에 의하여 수익자로 지정된 자는 별도의 수익의 의사표시 없이 수익권이 발생된 시점에 당연히 수익권을 취득한다.

34 정답 ③
은행법에 따라 산업자본은 은행의 의결권 있는 주식의 (4%)를 초과 소유할 수 없으며, 의결권이 없는 경우에도 (10%)를 초과하여 은행의 주식을 소유할 수 없다.

35 정답 ⑤
금융투자업자는 금융소비자보호법에서 규정하고 있는 설명의무를 위반하면 이로 인해 발생한 일반투자자의 손해를 배상할 책임이 있다. 여기서 손해액은 금융투자상품의 취득으로 인하여 일반투자자가 지급하였거나 지급하여야 할 금전 등의 총액에서 그 금융투자상품의 처분, 그 밖의 방법으로 그 일반투자자가 회수하였거나 회수할 수 있는 금전 등의 총액을 뺀 금액으로 추정한다.

36 정답 ②
도난·분실된 신용카드의 부정사용으로 인해 발생한 손해는 분실·도난 등의 통지를 받은 날로부터 60일 전까지 발생한 신용카드의 사용에 대해서도 신용카드업자가 책임을 지도록 하고 있다.

37 정답 ①
합병의 효과는 합병등기를 함으로써 발생한다. 또한 합병의 효과로서 합병당사회사의 전부 또는 일부가 소멸하고 새로운 회사가 설립되거나 존속회사의 정관이 변경된다.

38 정답 ②
의심거래보고제도는 금융거래와 관련하여 수수한 재산이 불법재산이라고 의심되는 합당한 근거가 있거나 금융거래의 상대방이 자금세탁행위를 하고 있다고 의심되는 합당한 근거가 있는 경우 이를 금융정보분석원장에게 보고하도록 한 제도이다.

39 정답 ①
투자권유를 받은 투자자가 이를 거부하는 취지의 의사표시를 하였음에도 불구하고 투자권유를 계속 하는 행위는 금지사항이다. 다만, 투자성 있는 보험계약에 대하여 투자권유를 하는 행위, 투자권유를 받은 투자자가 이를 거부하는 취지의 의사표시를 한 후 1개월이 지난 후에 다시 투자권유를 하는 행위, 다른 종류의 금융투자상품에 대하여 투자권유를 하는 행위는 제외한다.

40 정답 ④
국적은 신용정보법에 따른 개인식별정보에 해당한다.

핵심개념 민감정보
- 사상·신념
- 정치적 견해
- 건 강
- 범죄경력자료에 해당하는 정보
- 노동조합·정당의 가입탈퇴
- 성생활 등에 관한 정보
- 유전정보

제2과목 세무설계(40문항)

41
정답 ⑤

거주자란 국내에 주소를 두거나 183일 이상 거소를 둔 개인을 말한다.

핵심개념 거주자 또는 비거주자가 되는 시기
- 비거주자가 거주자로 되는 시기
  - 국내에 주소를 둔 날
  - 국내에 주소를 가지거나 국내에 주소가 있는 것으로 보는 사유가 발생한 날
  - 국내에 거소를 둔 기간이 183일이 되는 날
- 거주자가 비거주자로 되는 시기
  - 거주자가 주소 또는 거소의 국외 이전을 위하여 출국하는 날의 다음 날
  - 국내에 주소가 없거나 국외에 주소가 있는 것으로 보는 사유가 발생한 날의 다음 날
- 거주기간의 계산
  - 국내에 거소를 둔 기간은 입국하는 날의 다음 날부터 출국하는 날까지로 한다.
  - 국내에 거소를 두고 있던 개인이 출국 후 다시 입국한 경우에 생계를 같이하는 가족의 거주지나 자산소재지 등에 비추어 그 출국목적이 관광, 질병의 치료 등으로서 명백하게 일시적인 것으로 인정되는 때에는 그 출국한 기간도 국내에 거소를 둔 기간으로 본다.
  - 국내에 거소를 둔 기간이 1과세기간 동안 183일 이상인 경우에는 국내에 183일 이상 거소를 둔 것으로 본다.
  - 재외동포가 입국한 경우 생계를 같이하는 가족의 거주지나 자산소재지 등에 비추어 그 입국목적이 관광, 질병의 치료 등 기획재정부령으로 정하는 사유에 해당하여 그 입국한 기간이 명백하게 일시적인 것으로 기획재정부령으로 정하는 방법에 따라 인정되는 때에는 해당 기간은 국내에 거소를 둔 기간으로 보지 아니한다.

42
정답 ⑤

주택담보노후연금 이자비용 공제는 연금소득이 있는 거주자인 경우 적용받을 수 있다.

핵심개념 근로소득이 있는 거주자에 대한 소득공제
- 근로소득공제
- 인적공제(기본공제+추가공제)
- 연금보험료공제
- 특별소득공제
  - 국민건강보험법, 고용보험법, 노인장기요양보험법에 따른 보험료
  - 주택임차자금차입금의 원리금 상환액
  - 장기주택저당차입금의 이자 상환액
- 주택청약종합저축에 납입한 금액
- 우리사주조합 출자금
- 장기집합투자증권저축에 납입한 금액
- 신용카드 등 사용금액

43
정답 ⑤

종합소득이 있는 거주자는 1월 1일부터 6월 30일까지의 기간을 중간예납기간으로 하여 전년도의 종합소득에 대한 소득세의 1/2에 해당하는 금액을 (11월 30일)까지 납부하여야 한다.

핵심개념 확정신고와 예외
- 확정신고기간
  해당 과세기간의 종합소득금액이 있는 거주자는 그 종합소득 과세표준을 그 과세기간의 다음 연도 5월 1일부터 5월 31일까지 납세지 관할 세무서장에게 신고하여야 한다.
- 확정신고납부
  거주자는 해당 과세기간의 과세표준에 대한 산출세액에서 감면세액과 세액공제액을 공제한 금액을 과세표준 확정신고기한까지 납세지 관할 세무서, 한국은행 또는 체신관서에 납부하여야 한다.
- 확정신고의 예외
  다음 어느 하나에 해당하는 거주자는 확정신고를 하지 아니할 수 있다.
  (1) 근로소득만 있는 자
  (2) 퇴직소득만 있는 자
  (3) 공적연금소득만 있는 자
  (4) 원천징수되는 사업소득으로서 간편장부대상자가 받는 사업소득
  (5) 원천징수되는 기타소득으로서 종교인소득만 있는 자
  (6) (1) 및 (2)의 소득만 있는 자
  (7) (2) 및 (3)의 소득만 있는 자
  (8) (2) 및 (4)의 소득만 있는 자
  (9) (2) 및 (5)의 소득만 있는 자
  (10) 분리과세되는 소득만 있는 자
  (11) (1) ~ (9)에 해당하는 사람으로서 (10)에 해당하는 소득이 있는 자

44
정답 ③

공적연금소득에 대해서는 기본세율을 적용한다.

핵심개념 연금소득의 과세방법
- 과세방법
  우리나라 연금은 크게 공적연금과 사적연금으로 구분되며, 납입단계, 운용단계, 수령단계로 대별할 수 있다. 소득세법에서는 납입단계와 운용단계에서는 과세하지 않고 과세이연하였다가 수령단계에서 과세하는 체계를 갖추고 있다.
- 공적연금소득
  공적연금 관련법에 따라 받는 각종 연금
- 사적연금소득
  다음 어느 하나에 해당하는 금액을 그 소득의 성격에도 불구하고 연금계좌에서 연금형태로 인출하는 경우의 연금
  - 퇴직소득 과세이연분
  - 연금계좌 세액공제를 받은 연금계좌 납입액
  - 연금계좌 운용실적에 따라 증가된 금액
  - 연금계좌에 이체 또는 입금되어 해당 금액에 대한 소득세가 이연된 소득
  - 기타 위 소득과 유사하고 연금형태로 받는 소득
- 연금소득의 계산

  > 연금소득금액 = 총연금액 − 연금소득공제액

  연금소득금액은 과세대상 연금소득의 합계액에서 연금소득공제를 한 금액으로 한다. 연금소득공제액이 900만원을 초과하는 경우 900만원을 한도로 공제한다.

45 정답 ①

금융소득종합과세는 개인별 금융소득의 합계액이 2천만원을 초과하는 경우 그 초과금액을 다른 종합소득과 합산하여 누진세율로 과세하는 제도로서 부부의 경우라도 합산하지 않는다.

핵심개념 금융소득의 원천징수시기

- 원 칙
  원천징수의무자가 이자소득 또는 배당소득을 지급할 때
- 배당소득 원천징수시기에 대한 특례

구 분	원천징수시기
법인이 이익 또는 잉여금의 처분에 따른 배당소득을 그 처분을 결정한 날부터 3개월이 되는 날까지 지급하지 아니한 경우	그 3개월이 되는 날
법인세 과세표준 결정·경정 시 배당으로 소득처분된 금액	소득금액변동통지서를 받은 날
법인세 과세표준 신고 시 배당으로 소득처분된 금액	신고일 또는 수정신고일

- 이자소득 원천징수시기에 대한 특례

구 분	원천징수시기
금융회사가 매출 또는 중개하는 어음, 단기사채 등, 은행 및 상호저축은행이 매출하는 표지어음으로서 보관통장으로 거래되는 것의 이자와 할인액	할인매출하는 날
외국법인 또는 비거주자로부터 지급받는 소득으로서 당해 소득을 지급하는 외국법인 또는 비거주자의 국내사업장과 실질적으로 관련하여 그 국내사업장의 소득금액계산에 있어서 손금 또는 필요경비에 산입된 것	당해 소득을 지급하는 외국법인 또는 비거주자의 당해 사업연도 또는 과세기간의 소득에 대한 과세표준의 신고기한의 종료일
조세특례제한법에 의한 동업기업으로부터 배분받는 이자소득으로서 해당 동업기업의 과세기간 종료 후 3개월이 되는 날까지 지급하지 아니한 소득	해당 동업기업의 과세기간 종료 후 3개월이 되는 날

46 정답 ⑤

환매조건부 매매차익은 이자소득에 해당한다.

핵심개념 배당소득의 종류

- 내국법인으로부터 받는 이익이나 잉여금의 배당 또는 분배금
- 법인으로 보는 단체로부터 받는 배당금 또는 분배금
- 법인과세 신탁재산으로부터 받는 배당금 또는 분배금
- 의제배당
- 법인세법에 따라 배당으로 처분된 금액
- 집합투자기구로부터의 이익
- 파생결합증권 또는 파생결합사채로부터의 이익
- 외국법인으로부터 받는 이익이나 잉여금의 배당 또는 분배금
- 국제조세조정에 관한 법률에 따라 배당받은 것으로 간주된 금액
- 출자공동사업자의 손익분배비율에 해당하는 금액
- 위 소득과 유사한 소득으로서 수익분배의 성격이 있는 것
- 위 소득 중 어느 하나에 해당하는 소득을 발생시키는 거래 또는 행위와 결합된 파생상품의 거래 또는 행위로부터의 이익

47 정답 ③

배당소득에 대한 가산액은 법인의 소득금액에 대하여 법인단계에서 부담한 법인세의 일정부분을 주주단계의 배당소득에 대한 종합소득세에서 공제하기 위하여 10%를 가산하는 금액이다.

핵심개념 그로스업 가산율 산출 근거

t = 법인세율, N = 법인세 과세 후 소득, T = 법인세 과세가액이라 할 때, $T = N/(1-t) \times t$가 되고, 이것을 다시 정리하면 $T = N \times t/(1-t)$가 된다. 실제 법인세율이 과세표준 2억원 이하인 경우 9%로 적용되기 때문에 위 식의 t에 9%를 대입하면 가산율인 $t/(1-t)$는 약 10%가 산출되지만 9% 세율이 적용되는 과세표준 구간 외에서는 그러하지 못하므로 완전한 이중과세 조정이 되지 못한다.

48 정답 ⑤

거주자의 예금에 대한 이자로 2,000만원 이하인 소득은 14%의 세율로 원천징수된다.

49 정답 ②

원천징수시기는 소득 지급자가 원천징수를 해야 하는 시기를 의미하는 반면, 수입시기는 소득 수령자가 소득세 신고를 해야 하는 연도를 결정하는 시기를 의미한다.

핵심개념 원천징수시기와 수입시기가 다른 금융소득

구 분	수입시기	원천징수시기
이자소득이 발생하는 상속재산이 상속되거나 증여되는 경우	상속개시일 또는 증여일	당해 이자소득의 원천징수일
잉여금의 처분에 의한 배당	당해 법인의 잉여금처분 결의일	지급받은 날
출자공동사업자의 배당	과세기간 종료일	지급받은 날
법인세법에 의해 처분된 배당	당해 사업연도 결산확정일	• 세무서장 또는 지방국세청장이 법인소득금액을 결정 또는 경정한 경우 : 소득금액변동통지서를 받은 날 • 법인세 과세표준을 신고한 경우 : 법인세과세표준 및 세액의 신고기일 또는 수정신고일

50 정답 ④

보통예금·정기예금·적금 또는 부금의 이자의 수입시기는 (1) 실제로 이자를 지급받는 날, (2) 원본에 전입하는 뜻의 특약이 있는 이자는 그 특약에 의하여 원본에 전입된 날, (3) 해약으로 인하여 지급되는 이자는 그 해약일, (4) 계약기간을 연장하는 경우에는 그 연장하는 날, (5) 정기예금연결정기적금의 경우 정기예금의 이자는 정기예금 또는 정기적금에 해약되거나 정기적금의 저축기간이 만료되는 날 순으로 한다.

51 정답 ①

② 비거주자의 국내원천 부동산소득과 관련된 금융소득은 크기에 관계없이 종합과세한다.
③ 국내사업장 또는 부동산소득과 관련 없는 비거주자의 금융소득은 원천징수로 납세의무가 종결된다.
④·⑤ 조세조약 체결국가 여부와는 상관없이 국내사업장 또는 부동산소득과 관련 있는 비거주자의 금융소득은 거주자와 동일한 기본세율을 적용한다.

52 정답 ①

계약자 1명당 납입할 보험료 합계액이 (1억원) 이하인 일시납 보험으로서 최초납입일부터 만기일 또는 중도해지일까지의 기간이 10년 이상인 것

핵심개념 저축성보험의 보험차익

보험은 그 기능에 따라 저축성보험과 보장성보험으로 구분되는데, 저축성보험은 만기 또는 보험 계약기간 중에 지급되는 보험금이 납입보험료 총액을 초과하는 보험상품이며, 보장성보험은 보험사고가 발생할 경우에는 약정보험금이 지급되지만 보험사고 없이 계약이 만료되는 경우에는 보험회사의 급부금이 납입보험료 총액을 하회하는 보험상품을 말한다. 저축성보험의 보험차익은 그 성격이 이자와 동일하기 때문에 이자소득으로 보아 과세대상이 된다.

53 정답 ④

양도란 자산에 대한 등기 또는 등록과 관계없이 매도, 교환, 법인에 대한 현물출자 등을 통하여 그 자산을 유상으로 사실상 이전하는 것을 말한다. 부담부증여 시 수증자가 부담하는 채무액에 해당하는 부분은 양도로 보기 때문에 증여일이 곧 양도일이 된다. 부담부증여 시 양도소득세 예정신고기한 또한 증여세 예정신고기한과 동일하게 증여일이 속하는 달의 말일부터 3개월이 된다.

핵심개념 양도소득세의 신고·납부

예정신고·납부를 누락할 경우 무신고가산세와 납부지연가산세를 부과한다. 또한 양도소득이 있는 거주자는 그 양도소득 과세표준을 양도한 연도의 다음 연도 5월 1일부터 5월 31일까지 주소지 관할세무서장에게 신고하고 세액을 자진납부하여야 한다. 그러나 중복양도가 아니면서 양도소득세 예정신고를 한 자는 확정신고를 하지 않아도 된다.

54 정답 ⑤

1984년 12월 31일 이전에 취득한 부동산, 부동산에 관한 권리, 기타자산은 1985년 1월 1일자에 취득한 것으로 본다.

핵심개념 양도자산의 취득시기에 관한 의제

- 부동산, 부동산에 관한 권리, 기타자산
  1984년 12월 31일 이전에 취득한 자산은 1985년 1월 1일에 취득한 것으로 본다.
- 주권상장법인주식, 주권비상장법인주식, 국외주식
  1985년 12월 31일 이전에 취득한 자산은 1986년 1월 1일에 취득한 것으로 본다.

55 정답 ④

거주자가 양도일부터 소급하여 10년 이내에 그 배우자 또는 직계존비속으로부터 증여받은 부동산, 부동산을 취득할 수 있는 권리, 시설물 이용권·회원권 등의 자산의 양도차익을 계산할 때 취득가액은 그 배우자 또는 직계존비속의 (취득 당시) 실지거래가액, 매매사례가액, 감정가액, 환산취득가액을 순차적으로 적용한 금액으로 한다.

56 정답 ②

양도소득금액은 양도차익에서 장기보유 특별공제액을 공제한 금액으로 하며, 해당 과세기간에 양도소득금액이 있는 거주자는 그 양도소득 과세표준을 그 과세기간의 다음 연도 5월 1일부터 5월 31일까지 납세지 관할 세무서장에게 신고를 하므로 2024년 5월 확정신고 시 포함되는 양도소득금액에는 2023년 양도분만 포함된다.

핵심개념 양도소득세 계산구조

```
  양도가액
- 취득가액
- 기타의 필요경비
  ─────────
  양도차익
- 장기보유 특별공제
  ─────────
  양도소득금액
- 양도소득 기본공제
  ─────────
  양도소득 과세표준
```

57 정답 ③

건설기계와 같은 사업용 유형자산을 양도함으로써 발생하는 소득은 사업소득에 해당한다.

핵심개념 사업용 유형자산의 종류

- 건물 및 구축물
- 차량 및 운반구, 공구, 기구 및 비품
- 선박 및 항공기
- 기계 및 장치
- 동물과 식물
- 위 항목과 유사한 유형자산

58 정답 ②

양도세율은 양도차익이 커질수록 양도세도 따라 증가하는 누진세율 구조이므로 양도차익이 발생한 두 건 이상의 부동산을 같은 연도에 중복양도하면 양도세가 커진다. 따라서 양도차익이 발생한 부동산 두 건 중 한 건은 해를 넘겨 내년 이후로 분산 양도하는 것이 절세방법이다.

59 정답 ④

주택과 이에 딸린 토지의 양도 당시 실지거래가액의 합계액이 (12억원)을 초과하는 고가주택은 제외된다.

핵심개념 1세대 1주택

- 1세대
  거주자 및 그 배우자[*1]가 그들과 같은 주소·거소에서 생계를 같이하는 자[*2]와 함께 구성하는 가족단위
  *1 법률상 이혼을 하였으나 생계를 같이하는 등 사실상 이혼한 것으로 보기 어려운 관계에 있는 사람 포함
  *2 거주자 및 그 배우자의 직계존비속(그 배우자 포함) 및 형제자매, 취학, 질병의 요양, 근무상·사업상의 형편으로 본래의 주소·거소에서 일시 퇴거한 사람 포함
- 배우자가 없어도 1세대로 보는 경우
  - 거주자의 나이가 30세 이상인 경우
  - 배우자가 사망하거나 이혼한 경우
  - 거주자의 소득이 기준 중위소득 40% 수준 이상이면서 소유하고 있는 주택·토지를 관리·유지하면 독립된 생계를 유지할 수 있는 경우. 단, 미성년자의 경우를 제외하되, 미성년자의 결혼, 가족의 사망 등 1세대의 구성이 불가피한 경우에는 포함한다.
- 주택
  허가 여부나 공부상의 용도구분과 관계없이 사실상 주거용으로 사용하는 건물을 말하며 그 용도가 분명하지 않으면 공부상의 용도에 따름

60 정답 ③

농지로부터 직선거리 30km 이내의 지역 또는 농지가 소재하는 시, 군, 구 안의 지역 또는 그 지역과 연접한 시, 군, 구 안의 지역에 거주하는 경우 양도소득세 감면을 적용받을 수 있다.

61 정답 ④

대습상속에 대한 설명이다.

핵심개념 대습상속 시 배우자

대습상속의 경우, 상속개시 전에 사망 또는 결격된 자의 배우자는 대습상속에 의한 상속인과 동순위로 공동상속인이 되고 그 상속인이 없는 때에는 단독상속인이 된다.

62 정답 ⑤

상속개시일 전 10년 이내에 피상속인이 상속인에게 진 증여채무와 상속개시일 전 5년 이내에 피상속인이 상속인이 아닌 자에게 진 증여채무는 과세가액에서 차감하지 아니하는데, 이는 세금탈루에 악용될 가능성이 있고, 상속개시일 전 10년 이내 상속인에게 증여한 재산과 5년 이내 상속인 이외의 자에게 증여한 재산은 상속세 과세가액에 가산한다는 세법의 취지와도 맞지 않기 때문이다.

핵심개념 증여채무

피상속인이 생전에 증여를 약속하였으나 상속개시일 현재까지 이행하지 못하여 상속개시 이후에 상속인이 이행해야하는 경우 부담하는 채무

63 정답 ④

- 일반장례비용의 공제한도는 1천만원이며, 봉안시설비용의 공제한도는 5백만원이다.
- 상속인의 귀책사유로 인한 가산금, 강제징수비, 벌금, 과료, 과태료 등과 상속등기에 따른 취득세는 공제대상이 아니다.
- ∴ 상속세 과세가액 = 토지 5억원 − 일반장례비용 1천만원 − 봉안시설비용 5백만원 − 은행차입금 3억원 − 미납이자 5백만원
  = 1억 8천만원

64 정답 ⑤

일괄공제 5억원에 대한 설명이다.

핵심개념 일괄공제

- 거주자의 사망으로 상속이 개시되는 경우에 상속인이나 수유자는 기초공제와 기타인적공제에 따른 공제액을 합친 금액과 5억원 중 큰 금액으로 공제받을 수 있다. 다만, 상속세 과세표준신고 또는 기한 후 신고가 없는 경우에는 5억원을 공제한다.
- 단, 피상속인의 배우자가 단독으로 상속받는 경우에는 기초공제와 기타인적공제에 따른 공제액을 합친 금액으로만 공제한다.

65 정답 ④

- 나혼자 씨의 법정상속분 = 5억원 × (1/2.5) = 2억원
- 직계비속의 유류분은 법정상속분의 50%이므로 1억원이 된다.

핵심개념 유류분

피상속인과의 관계	유류분
배우자	법정상속분의 1/2
직계비속	법정상속분의 1/2
직계존속	법정상속분의 1/3

※ 피상속인의 형제·자매에 대한 유류분 청구권리는 2024년 4월 25일 위헌판정되었다.

66 정답 ③

상속세 및 증여세의 세율은 5단계 누진세율 구조로 동일하다.

핵심개념 용어해설

- 누진세 : 과세표준의 증가와 함께 세율이 높아지는 세금
- 역진세 : 과세표준의 증가와 함께 세율이 낮아지는 세금

67 정답 ②

상속세의 연부연납은 상속세 납부세액이 (2천만원)을 초과하는 경우 가능하며, 연부연납을 허가받은 경우에는 상속세 분납이 허용되지 않는다.

은행FP 자산관리사 1부

68   정답 ④
배우자상속공제액 = Min[①, ②, ③] = 30억원
① 70억원
② 100억원 × (1.5/2.5)
③ 30억원

핵심개념 배우자상속공제액
배우자상속공제액 = Min[①, ②, ③]
① 배우자가 실제 상속받은 금액
② 상속재산가액 × 배우자의 법정상속지분비율 – 상속재산에 가산한 증여재산 중 배우자에게 증여한 재산에 대한 과세표준
③ 30억원

69   정답 ③
15억원 – 5억원 – Min(15억원 × 20%, 2억원) = 8억원

핵심개념 상속추정액
상속추정액 = 처분재산가액 – 사용처 소명액 – Min[처분재산가액 × 20%, 2억원]

70   정답 ①
세법에서 명시한 요건을 갖춘 경우 장애인이 자익신탁한 증여받은 재산가액(그 장애인이 살아 있는 동안 증여받은 재산가액을 합친 금액) 및 타익신탁 원본의 가액(그 장애인이 살아 있는 동안 그 장애인을 수익자로 하여 설정된 타익신탁의 설정 당시 원본가액을 합친 금액)을 합산한 금액은 5억원을 한도로 증여세 과세가액에 불산입한다.

핵심개념 장애인이 증여받은 신탁재산의 과세가액 불산입 요건
〈자익신탁의 요건〉
1. 신탁업자에게 신탁되었을 것
2. 그 장애인이 신탁의 이익 전부를 받는 수익자일 것
3. 신탁기간이 그 장애인이 사망할 때까지로 되어 있을 것(단, 장애인이 사망하기 전에 신탁기간이 끝나는 경우 신탁기간을 장애인이 사망할 때까지 계속 연장하여야 함)

〈타인식탁의 요건〉
1. 신탁업자에게 신탁되었을 것
2. 그 장애인이 신탁의 이익 전부를 받는 수익자일 것(단, 장애인이 사망한 후의 잔여재산에 대해서는 그러하지 아니함)
3. 다음의 내용이 신탁계약에 포함되어 있을 것
   - 장애인이 사망하기 전에 신탁이 해지 또는 만료되는 경우에는 잔여재산이 그 장애인에게 귀속될 것
   - 장애인이 사망하기 전에 수익자를 변경할 수 없을 것
   - 장애인이 사망하기 전에 위탁자가 사망하는 경우에는 신탁의 위탁자 지위가 그 장애인에게 이전될 것

71   정답 ⑤
특수관계자의 금전무상대부에 따른 이익은 포괄적인 의미의 증여에 해당하며, 대출금액에 대한 적정이자금액(또는 그 차액)이 천만원 이상이면 그 금액(또는 차액)을 증여재산가액으로 본다.

72   정답 ②
부담부증여에 대한 문제로 증여세과세가액은 증여재산가액 10억원에서 채무액 4억원을 뺀 6억원이다.

73   정답 ⑤
시가와 대가의 차액이 5억원으로 시가의 30%인 9억원보다 작아 증여세 과세대상이 아니다.

74   정답 ①
재산취득액 중 자금출처가 입증되지 않은 금액을 증여로 추정한다. 단, 그 금액이 Min(취득재산가액의 20%, 2억원)에 미달하는 경우에는 제외한다.

핵심개념 자금출처로 인정되는 경우
(1) 본인 소유재산의 처분사실이 증빙에 따라 확인되는 경우 그 처분금액에서 양도소득세 등 공과금 상당액을 뺀 금액
(2) 기타 신고하였거나 과세받은 소득금액은 그 소득에 대한 소득세 등 공과금 상당액을 뺀 금액
(3) 농지경작소득
(4) 재산취득일 이전에 차용한 부채로서 입증된 금액. 단, 원칙적으로 배우자 및 직계존비속 간의 소비대차는 인정하지 아니함
(5) 재산취득일 이전에 자기재산의 대여로서 받은 전세금 및 보증금
(6) 위의 내용 이외의 경우로서 자금출처가 명백하게 확인되는 금액

75   정답 ③
상속재산에 가산하는 증여재산은 당초의 증여일을 평가기준일로 한다.

76   정답 ③
저평가된 재산을 증여하는 것이 좋다.

77 정답 ④
취득가액이 50만원 이하인 경우에는 취득세를 부과하지 아니한다. 또한 토지나 건축물을 취득한 자가 그 취득한 날부터 1년 이내에 그에 인접한 토지나 건축물을 취득한 경우에는 각각 그 전후의 취득에 관한 토지나 건축물의 취득을 1건의 토지 취득 또는 1구의 건축물 취득으로 보아 면세점을 적용한다.

78 정답 ③
주택의 재산세 납부기간은 매년 7월 16일부터 7월 31일까지 세액의 50%를 납부하고, 나머지 50%는 9월 16일부터 9월 30일까지 납부하여야 한다. 단, 해당 연도에 부과할 세액이 20만원 이하인 경우에는 7월 16일부터 7월 31일까지로 하여 한꺼번에 부과·징수할 수 있다.

79 정답 ⑤
관할세무서장은 납부하여야 할 종합부동산세의 세액을 결정하여 해당 연도 12월 1일부터 12월 15일까지 부과·징수한다. 또한 종합부동산세를 신고납부방식으로 납부하고자 하는 납세의무자는 종합부동산세의 과세표준과 세액을 해당 연도 12월 1일부터 12월 15일까지 관할세무서장에게 신고하여야 한다.

80 정답 ③
과세기준일 현재 토지분 재산세의 납세의무자로서 다음의 어느 하나에 해당하는 자는 해당 토지에 대한 종합부동산세를 납부할 의무가 있다.
- 종합합산과세대상인 경우에는 국내에 소재하는 해당 과세대상 토지의 공시가격을 합한 금액이 5억원을 초과하는 자
- 별도합산과세대상인 경우에는 국내에 소재하는 해당 과세대상 토지의 공시가격을 합한 금액이 80억원을 초과하는 자

제3과목 보험 및 은퇴설계(20문항)

81 정답 ③
고빈도·저강도 위험에 대비한 손해복구자금의 경우에는 손해규모가 크지 않기 때문에 외부조달보다는 경상비를 활용한 자체조달이 바람직하다.

핵심개념 위험관리기법의 선택

구 분	내 용
고빈도·고강도 위험	• 개인과 기업을 위협하는 심각한 위험 • 손해통제기법이나 위험재무기법을 적용하기 어려우므로, 위험 그 자체를 피하는 위험회피기법이 가장 바람직함
저빈도·고강도 위험	• 자주 발생하지 않지만 발생할 경우에는 치명적임 • 손해규모가 크기 때문에 경상비로 손해를 복구하는 것은 불가능함 • 자체조달보다는 외부조달이 효과적(보험이 가장 바람직)
고빈도·저강도 위험	• 비교적 예측이 가능한 위험 • 손해규모가 크지 않기 때문에 경상비로 손해를 복구하는 것은 가능함 • 외부조달보다는 자체조달이 바람직함
저빈도·저강도 위험	• 특별한 위험통제기법이나 손해통제기법이 필요 없음 • 경상비로 자체적 손해복구가 가능함

82 정답 ②
급부반대급부 균등의 원칙은 자신의 위험에 상응하는 보험료를 납부해야 한다는 것이다.

핵심개념 보험의 기본 원칙

구 분	내 용
수지상등의 원칙	순보험료 총액과 지급보험금 총액은 같아야 함
급부반대급부 균등의 원칙	나이나 병력 등 개별 계약자의 위험을 측정한 후 그 위험에 맞는 보험료가 산출되어야 함
대수의 법칙	어떠한 사건이라도 관찰의 횟수를 늘려 가면 일정한 발생 확률이 나옴
실손보상의 법칙	보험계약은 보험사고 시 피보험자가 입은 손해에 대해서만 보상함

83 정답 ④
보험계약자에게 불리하게 변경한 보험약관은 그 범위 내에서 무효가 되는데, 그 약관조항이 무효가 될 뿐 계약 자체가 무효가 되는 것은 아니다.

84 정답 ③

최초 보험료의 납입 없이는 보험자의 책임의무가 개시되지 않는다.

핵심개념 보험계약의 특성

구 분	내 용
불요식 낙성계약	• 의사표시 합치만으로 성립하므로 낙성계약이고, 그 의사표시에는 특별한 방식이 필요 없으므로 법률상 불요식이라고 함 • 보험료의 선지급이 없어도 보험계약은 유효하게 성립됨 • 최초 보험료를 납입하지 않으면 보험자의 책임이 개시되지 않음
유상 쌍무계약	보험계약자는 보험료를 지급할 것을 약정하고 이에 대해 보험자는 보험금액 기타의 급부를 지급할 것을 약정한 것으로서 유상계약이고, 보험금액과 보험료는 서로 대가관계에 있는 채무이므로 쌍무계약임
사행계약	보험자의 보험금지급채무는 우연한 사고(보험사고)의 발생을 조건으로 함
부합계약	보험자는 미리 정한 정형화된 보험약관에 의해 보험계약을 체결하게 됨

85 정답 ①

CI보험에 대한 설명이다. CI(Critical Illness)보험은 종신보험과 건강보험이 결합된 상품으로 사고나 질병 등으로 인해 중병상태가 발생했을 때 사망보험금의 일부를 미리 받을 수 있는 특징이 있다.

② 유니버설보험 : 보험계약자가 납입한 보험료 중 위험보험료와 부가보험료를 분리한 후 나머지 저축보험료로 시장금리에 연동하여 상품을 운용한다.

③ 종신보험 : 보장기간이 평생인 사망보험으로 피보험자의 사망사유에 구애받지 않고 약정된 보험금을 지급해야 하는 상품이다.

④ 연금보험 : 피보험자의 종신, 또는 일정기간 동안 해마다 일정 금액을 지불할 것을 약속하는 생명보험이다.

⑤ 변액보험 : 고객의 보험료를 주식이나 채권 등 유가증권에 투자하여 발생한 이익을 배분해 주는 실적배당형 보험이며, 생명보험과 간접투자(펀드)의 성격을 동시에 갖는다.

86 정답 ④

암보험은 보험계약일로부터 90일이 지난날의 다음날부터 보장을 받을 수 있는 면책기간이 설정되어 있다. 또한 보험가입 후 일정기간 내에 보험사고 발생 시 보험금을 삭감하여 지급하기도 한다.

핵심개념 제3보험의 특징과 상품

제3보험은 생명보험의 정액보상적 특성과 손해보험의 실손보상적 특성을 동시에 가지는 보험을 말하며, 생명·손해보험 고유영역을 제외한 상해·질병·간병보험으로 구분할 수 있다.

구 분	내 용
상해보험	우연하고 급격한 외래 사고로 소요되는 비용 및 사망 등을 보장하는 보험
질병보험	• 질병은 원인이 신체에 내재하여 상해와 달리 외래성은 인정되지 않음 • 암보험 – 암진단·치료·수술 등과 관련된 비용을 보장하는 상품 – 면책기간 설정 : 보험계약일로부터 90일이 지난날의 다음 날부터 보장을 받을 수 있음(보험가입 후 1년 내 사고 발생 시 보험금 삭감 지급)
간병보험	• 신체적·정신적 장애로 활동에 제한이 있거나 인식불명 상태가 원인이 되어 장기적인 의료서비스가 필요한 상태를 보장하는 보험 • 일반적으로 위험률 변동제도를 채택하기도 하며, 보험기간은 대부분 종신형 • 수발필요상태(90일 혹은 180일)의 정의에 따라 보험료 차이가 발생 • 일상생활장해상태에 대한 보장개시일은 90일, 치매상태에 대한 보장개시일은 2년의 면책기간 설정

87 정답 ④

보험가입금액이 보험가액의 80% 해당액보다 작을 때
지급보험금 = 손해액 × [보험가입금액 / (보험가액 × 80%)]
= 1억원 × [4,000만원 / (1억원 × 80%)]
= 1억원 × [4,000만원 / 8,000만원]
= 5,000만원(보험가입금액이 한도이므로 4,000만원만 지급)

핵심개념 주택화재보험의 지급보험금 계산

구 분	내 용
보험가입금액이 보험가액의 80% 해당액과 같거나 클 때	지급보험금 = 손해액
보험가입금액이 보험가액의 80% 해당액보다 작을 때	지급보험금 = 손해액 × $\dfrac{보험가입금액}{보험가액 \times 80\%}$

88 정답 ④
① 유족급여는 연금지급이 원칙이다.
② 휴업급여의 1일 지급액은 평균임금의 70%에 상당하는 금액으로 한다.
③ 장해급여는 장해등급 제1급부터 제3급까지는 장해보상연금으로만 지급한다.
⑤ 근로자가 업무상의 사유로 사망한 경우, 평균임금의 120일분에 상당하는 금액을 장제를 지낸 유족에게 지급한다.

89 정답 ④
장애인이나 상이자를 수익자로 하는 장애인 전용 보험금에 대해 연간 (4,000만원) 한도로 증여세를 비과세한다.

90 정답 ②
계약체결 시 고객의 질문에 정성껏 답하되, 모르는 것은 솔직하게 말하고 최대한 빠른 시일 안에 응대해야 한다.

핵심개념 계약체결 시 고객의 저항심리와 거절을 대하는 자세
- 고객의 저항심리
  - 고객이 계약을 체결하지 않는 이유를 알기 어려운 경우도 있다.
  - 고객은 돈을 지출하는 것에 대한 거부반응이 있다.
  - 고객은 결정을 뒤로 미루려는 경향이 있다.
  - 기본적인 의사결정에 약점이 있다("예"보다는 "아니오"라고 말함으로써 가장 손쉬운 결정을 함, 중요한 결정을 내리는 것을 부담스러워 함, 미래에 대한 걱정만 함).
- 고객의 거절을 대하는 자세
  - 거절의 의사를 존중하고, 쉬운 의사결정이 아니라는 점을 인식해야 한다.
  - 고객의 질문에 정성껏 응대해야 한다. 모르는 부분은 솔직하게 시인하여, 최대한 빠른 시간 안에 응대해야 한다.
  - 고객의 입장을 지나치게 고려할 필요는 없으며, 가입여력이 충분히 있다고 믿어야 한다.
  - 거절은 제안이 마음에 들지 않은 것이다. 사람이 미운 것이 아니므로, 대안을 준비하여 다시 상담한다.

91 정답 ③
기대수명이란 성별·연령별 사망률이 현재 수준으로 유지된다고 가정했을 때 0세 출생자가 향후 몇 년을 더 생존할 것인가를 통계적으로 추정한 기대치이다. 건강수명이란 '수명의 질'이라고 할 수 있는 건강상태를 반영한 것으로, 평균수명에서 질병이나 부상 등으로 몸이 아픈 기간을 제외한 기간을 말한다.

핵심개념 은퇴환경의 변화

구 분	내 용
기대수명 증가	• 기대수명 : 나이대·성별 사망률이 현재의 수준으로 유지된다고 가정했을 때 당해연도에 태어난 출생아가 향후 얼마나 살아갈 것인지 기대되는 연수, 즉 0세의 기대여명을 의미함 • 기대여명 : 특정 연령의 사람이 앞으로 얼마나 더 살 것인가 기대되는 생존연수이며, 은퇴설계 시 중요한 참고지표가 됨 • 건강수명 : 몸이나 정신에 문제없이 즉, 어떠한 질병이 없이 건강하게 사는 기간을 의미함. 평균수명에서 질병을 앓는 기간(평균 장애기간)을 뺀 기간을 말함
고령화의 문제점	노후준비 부족, 노후빈곤 문제, 의료비 증가, 장기 간병 문제

92 정답 ②
제3기 인생은 퇴직 후 비교적 건강하게 생활하는 20~30년의 시기를 말하며, '자아 성취의 시기(=제2의 사춘기, 인생의 2차 성장)'이다.

핵심개념 노후에 대한 인식 전환

구 분	내 용
액티브 에이징	• 2002년 세계보건기구가 고령화 문제의 대안으로 제시 • 활동적 노화를 의미하는 것으로, 고령의 나이에 개의치 않고 새로운 것에 도전하며 인생의 제2막을 즐기는 것을 말함
제3기 인생	• 피터 라스렛은 인생을 4기로 나누어 분류 - 1기는 의존의 시기, 2기는 독립·의무·책임의 시기, 3기는 자기 성취의 시기(=제2의 사춘기, 인생의 2차 성장), 4기는 의존의 시기로 구분 • 제3기의 인생을 어떻게 보내느냐에 따라 행복한 노후의 갈림길이 될 수 있음
앙코르 커리어	은퇴 후 스스로 원하는 것을 함으로써 진정한 자아실현을 추구하는 인생 후반의 일자리를 의미
종 활	• 일본에서 생긴 신조어로 수동적으로 받아들이던 죽음을 밝고 적극적인 자세로 설계하고 맞이하는 것 • 죽음을 미리 생각하고 준비하여 마지막을 아름답게 마무리하기 위한 모든 활동을 의미

93 정답 ③

사적 연금상품의 경우에는 세제 변화 등을 고려하여 절세 혜택을 누릴 수 있는 범위에서 인출 금액을 설정하여야 하고, 최대한 인출 시기를 늦추어 장수 리스크에 대비해야 한다.

핵심개념 은퇴자금 설계 시 주요 포인트

구 분	내 용
은퇴 크레바스	• 은퇴 후 연금을 받기 전까지 생기는 소득 공백기간 • 재취업이나 사적연금을 활용하여 극복
적립과 인출	• 적립 : 목적별로 계좌를 만들어 따로 관리, 연령에 관계없이 빨리 시작하는 것이 중요 • 인출 : 최대한 인출시기를 늦춰 장수 리스크에 대응하는 전략 필요
부동산과 은퇴설계	• 부동산 리스크 : 부동산을 팔고자 할 때 팔리지 않는 유동성 리스크와 부동산 가격하락 리스크로 현금 확보에 어려움이 있음 • 부동산 규모를 줄여 노후자금을 확보하거나 주택연금을 고려할 필요가 있음
부부 중심의 은퇴설계	• 개인연금, 부부형 연금은 부부 중 누군가가 사망해도 남은 배우자가 계속해서 연금을 받을 수 있도록 설계 • 배우자를 피보험자로 하는 종신보험 활용
노후 필수 자금	노후생활비, 의료비, 장기 간병비용

94 정답 ③

노후의 거주지를 선택할 때에는 본인의 여가 및 사회활동을 고려하여 선택해야 한다. 전원주택은 도시와의 접근성이 불편해질 수 있으므로, 여가 및 사회활동을 하는 데 어려움을 줄 수 있다.

95 정답 ③

국민연금제도(1988년 도입) → 개인연금제도(1994년 도입) → 퇴직연금제도(2005년 도입) → 기초연금제도(2008년 도입) → 개인형 퇴직연금제도(2017년 도입)

96 정답 ④

개인형퇴직연금(IRP)는 근로자가 적립금 운용방법을 결정한다. 사용자가 적립금 운용방법을 결정하는 것은 확정급여형(DB)에 대한 설명이다.

핵심개념 개인형퇴직연금(IRP)의 특징

구 분	기업형 IRP	개인형 IRP
개 념	• 10인 미만의 사업장의 경우 개별 근로자의 동의를 받아 IRP에 가입하면 퇴직급여 제도를 설정한 것으로 인정 • 근로자가 적립금 운용방법을 결정 • DC형 준용 : 근로자는 일정 연령에 도달하면 운용결과에 따라 퇴직급여를 수령	• 근로자 직장이전 시 퇴직연금 유지를 위한 연금통산장치 • 근로자가 적립금 운용방법을 결정 • 퇴직일시금 수령자가 가입 시 일시금에 대해 퇴직소득세가 과세 이연 • DB, DC형 가입자도 연간 1,800만원 한도 내에서 추가 불입 가능
기업부담	• 매년 기업의 부담금은 근로자 임금의 일정비율로 확정 ※ 가입자의 연간 임금총액의 1/12에 해당하는 금액 이상	없 음
연금 수급 요건	• 연령 : 55세 이상 • 가입기간 : 10년 이상 • 연금수급 : 5년 이상	• 연령 : 55세 이상 • 연금수급 : 5년 이상
일시금 수급 요건	• 연금수급 요건을 갖추지 못한 경우 • 일시금 수급을 원하는 경우	일시금 수급을 원하는 경우
제도 간 이전	직장이동 시 이전 용이	연금이전 용이
적합한 근로자	10인 미만의 영세사업장	퇴직일시금 수령자

97 정답 ③

근로자 또는 근로자의 배우자 그리고 부양가족이 질병 또는 부상으로 6개월 이상의 요양을 필요로 하고 근로자가 요양비용을 부담하는 경우 중도인출이 가능하다.

핵심개념 퇴직연금 중 DC형과 IRP형의 중도인출이 가능한 경우
- 무주택자인 가입자가 본인 명의로 주택을 구입하는 경우
- 무주택자인 근로자가 주거를 목적으로 전세금 또는 보증금을 부담하는 경우
- 근로자, 근로자의 배우자 또는 부양가족이 질병 또는 부상으로 6개월 이상 요양을 필요로 하는 경우
- 중도인출을 신청한 날부터 역산하여 5년 이내에 근로자가 파산선고를 받은 경우
- 중도인출을 신청하는 날부터 역산하여 5년 이내에 근로자가 개인회생절차개시 결정을 받은 경우

98 정답 ③

상담장소는 비밀이 보장되는 곳이어야 하며, 밝고 청결해야 한다.

99 정답 ③

수익률을 너무 높게 설정하고 이를 달성하기 위해 주식이나 주식형 펀드에 너무 과도하게 투자하고 있는지 점검이 필요하다. 이런 경우에는 고객의 목표수익률과 리스크 허용도를 감안하여 포트폴리오를 재조정할 필요가 있다.

핵심개념 가계 대차대조표 분석 시 점검사항
- 안전자산에 너무 편중되어 있지 않은가?
- 노후자금을 위한 연금상품에는 가입해 있는가?
- 주식이나 주식형 펀드 등 위험자산의 비중이 너무 많지는 않은가?
- 분산투자는 실행되고 있는가?
- 자산이 부동산에 너무 편중되어 있지 않은가?
- 고령자일 경우 증여나 상속을 감안한 자산구성이 되어 있는가?

100 정답 ①

제안서를 작성할 때에는 고객이 이해하기 쉽도록 전문용어를 피하고, 알기 쉽게 설명한다.

남에게 이기는 방법의 하나는 예의범절로 이기는 것이다.

— 조쉬 빌링스 —

우리는 삶의 모든 측면에서 항상 '내가 가치있는 사람일까?'
'내가 무슨 가치가 있을까?'라는 질문을 끊임없이 던지곤 합니다.
하지만 저는 우리가 날 때부터 가치있다 생각합니다.

- 오프라 윈프리 -

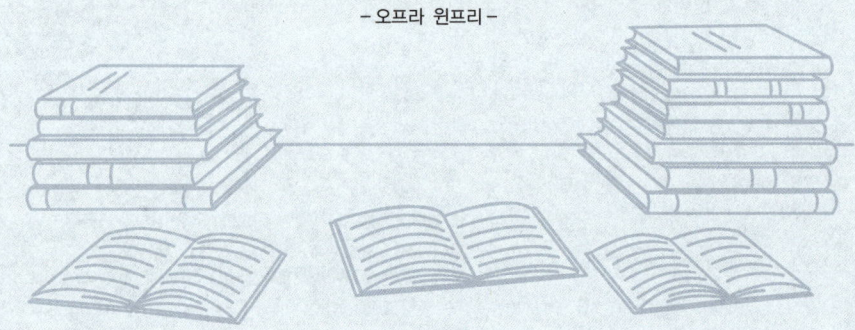

2025~2026 은행FP 자산관리사 1부 [최신출제동형 100문항 + 모의고사 3회분 + 특별부록] PASSCODE

개정3판1쇄 발행	2025년 07월 10일 (인쇄 2025년 06월 27일)
초 판 발 행	2023년 01월 05일 (인쇄 2022년 09월 22일)
발 행 인	박영일
책 임 편 집	이해욱
편 저	시대금융자격연구소
편 집 진 행	김준일 · 남민우 · 류채윤
표지디자인	하연주
편집디자인	차성미 · 하한우
발 행 처	(주)시대고시기획
출 판 등 록	제10-1521호
주 소	서울시 마포구 큰우물로 75 [도화동 538 성지 B/D] 9F
전 화	1600-3600
팩 스	02-701-8823
홈 페 이 지	www.sdedu.co.kr
I S B N	979-11-383-9517-5 (14320)
	979-11-383-9516-8 (세트)
정 가	17,000원

※ 이 책은 저작권법의 보호를 받는 저작물이므로 동영상 제작 및 무단전재와 배포를 금합니다.
※ 잘못된 책은 구입하신 서점에서 바꾸어 드립니다.

최신출제동형 100문항 OMR 답안지

제1회 모의고사 OMR 답안지

제2회 모의고사 OMR 답안지

제3회 모의고사 OMR 답안지

특별부록

핵심포인트
파이널체크 O/✕ 퀴즈

은행FP 자산관리사 1부 제1과목 [40문항 대비]

자산관리 기본지식

제1장 재무설계의 의의 및 재무설계 프로세스 (10문항 대비)

01 ⃞O⃞X 자산 및 부채의 증가, 금융시장 개방 및 국제화, 금융상품 다양화 및 금융 관련 법규 강화, 저출산 및 고령화는 개인 재무설계의 필요성 중 사회 경제적 배경에 해당한다.

02 ⃞O⃞X 개인 재무설계의 필요성 중 소비자의식 변화에는 개인주의적 사고방식과 개별성 추구, 비재무적 요구의 증가, 재무설계의 중요성 인식 등이 있다.

03 개인 재무설계의 필요성 중 (　　　)에는 1인 가구의 증가, 저출산 및 고령화, 노동환경의 변화 등이 있다.

04 재무설계의 6단계 절차는 1단계 고객과의 관계 정립 → 2단계 고객 정보수집 및 재무목표 설정 → 3단계 (　　　) → 4단계 재무설계 제안 → 5단계 재무설계 실행 → 6단계 정기점검 및 사후관리의 순서로 이루어진다.

05 유망고객의 4가지 조건에는 재무목표가 있는 사람, 금융상품에 가입할 경제적 능력이 있는 사람, (　　　), 실행력이 있는 사람이 해당된다.

06 고객 접촉 채널 중 (　　)은(는) 심리적 부담을 줄여주고, 상대적으로 저렴한 비용으로 동시에 많은 사람을 접촉할 수 있으며, 통화가 되지 않아도 가능하다는 장점이 있다.

정답
01 × ▸ 저출산 및 고령화는 인구 통계적 배경에 해당한다.
02 ○
03 인구 통계적 배경
04 고객의 재무상태 분석 및 평가
05 만남이 가능한 사람
06 SMS

은행FP 자산관리사 1부

07 ☐o ☒x 고객 접촉 채널 중 TA는 상품판매를 위한 목적으로 활용해야 한다.

08 ☐o ☒x 고객 접촉 채널 중 DM은 일반적 DM 발송 시 고객 불만을 초래할 가능성이 높으므로 고객에게 맞춤화된 DM을 제작하여 발송해야 한다.

09 고객과의 (　　　)에서는 ① 고객에게 재무설계 및 절차에 대해 설명하고, ② 자산관리사의 경력, 서비스 분야에 대해 설명하며, ③ 정보수집의 중요성을 설명한다.

10 ☐o ☒x '거래하는 자산관리사가 있으신가요?'는 상황 파악 질문에 해당한다.

11 ☐o ☒x '중대질병에 걸려 막대한 치료비가 필요한 경우 남은 가족의 생활은 어떨까요?'는 문제 인식 질문에 해당한다.

12 ☐o ☒x '가족 보장 및 필요할 때마다 자금을 찾는 기능이 부가된 상품이면 어떨까요?'는 해결 질문에 해당한다.

13 생애주기 단계 중 (　　　) 단계에서는 자녀들의 교육자금 및 결혼자금 마련, 주택확장자금 마련 등이 일반적인 재무관심사에 해당한다.

14 자녀들의 교육자금 마련, 주택자금 마련 등의 재무관심사에 해당하는 생애주기 단계는 (　　　)이다.

15 ☐o ☒x 고객 정보 중 자산 및 부채 자료, 은퇴 관련 자료, 증여·상속 관련 자료 등은 정량적 정보에 해당한다.

정답
- **07** ✕ ▶ TA는 방문약속을 잡기 위한 목적으로 활용해야 한다(상품판매 목적 활용 금지).
- **08** ○
- **09** 최초 면담
- **10** ○
- **11** ✕ ▶ 시사 질문에 해당한다.
- **12** ○
- **13** 자녀성장기
- **14** 자녀양육기
- **15** ○

부록   은행FP 자산관리사 1부

16 ☐○☐× 고객 정보 중 예상수명, 위험수용 성향, 개인 재무설계 관련 지식 등은 정성적 정보에 해당한다.

17 고객 정보수집 방법 중 고객의 재무적·비재무적 정보를 포함한 많은 자료를 수집하여 고객을 잘 이해할 수 있는 것은 (　　　　)이다.

18 ☐○☐× 인터넷을 통해 정보를 수집하는 방법은 고객과의 재무설계 업무 진행과정의 쌍방향 의사소통을 극대화할 수 있는 장점이 있다.

19 ☐○☐× 전화는 자료 수집과정을 빠르게 진행할 수 있고, 고객의 생각 반영도가 높다는 장점이 있다.

20 ☐○☐× 현금흐름표는 총소득과 총지출의 규모를 통해 저축 및 투자금액을 알 수 있다.

21 ☐○☐× 자산부채상태표는 일정 기간 동안 가계의 자산, 부채, 순자산의 상태를 나타낸다.

22 ☐○☐× 전형적인 현금성자산에는 보통예금, 수시 입·출금 예금, 단기간 저축을 위한 CMA, MMF, MMDA 등이 있다.

23 ☐○☐× 대표적인 금융투자자산에는 단기 투자금융상품의 잔액, ELS, ELD, ELF 등이 있다.

정답
- 16 ○
- 17 직접면담
- 18 ○
- 19 × ▶ 자료 수집과정을 빠르게 진행할 수 있고, 고객의 생각 반영도가 높다는 장점이 있는 방법은 설문서이다. 전화는 간단한 질문 또는 일부 답변 확인 시 유용한 방법이다.
- 20 ○
- 21 × ▶ 자산부채상태표는 일정 시점의 가계의 자산, 부채, 순자산의 상태를 나타낸다.
- 22 ○
- 23 × ▶ 단기 투자금융상품의 잔액(만기가 6개월 미만인 양도성 예금증서)은 현금성자산에 해당한다.

24 ☐○☒ 부동산자산은 투자목적 또는 거주목적의 부동산을 모두 포함한다.

25 ☐○☒ 세금, 주택관리비, 사교육비 등은 고정지출에 해당한다.

26 ☐○☒ 대출금 상환금, 건강의료비, 교통통신비 등은 변동지출에 해당한다.

27 ☐○☒ 자산관리사는 제안서 작성 시 최대한 많은 대안을 나열하여 고객의 선택권을 넓혀줘야 한다.

28 ☐○☒ 제안서의 실행 단계에서 자산관리사는 고객이 가입해야 하는 이유에 대해 논리적으로 설명하되 감성을 자극하는 스토리텔링을 제공해야 한다.

29 '△△기업 김 과장님도 지난주에 이 상품에 가입하셨습니다.'는 계약 체결 기법 중 (   )에 해당한다.

30 '배우자님 생년월일은 어떻게 되시죠? 그럼 만기 수익자는 배우자님으로 할까요?'는 (   )에 해당한다.

정답
24 ○
25 ✕ ▸ 사교육비는 변동지출에 해당한다.
26 ✕ ▸ 대출금 상환금은 고정지출에 해당한다.
27 ✕ ▸ 자산관리사는 제안서 작성 시 너무 많은 대안을 나열하지 말고, 고객의 가치관이나 생활방식을 고려한 대안을 제시해야 한다.
28 ○
29 예화법
30 묵시적 동의법

제2장 경제동향분석 및 예측(15문항 대비)

01 거시경제에서의 단기에는 가격과 임금이 (신축적 / 경직적)이다.

02 거시경제에서의 장기에는 (   )이 달성된다.

03 ○× 거시경제에서의 최장기에는 기술발전이 가능하고, 자본·노동 등 생산요소 총량이 고정되어 있다.

04 개방경제하에서 생산물시장에서는 (   )와 (   )이 일치하는 점에서 한 나라의 균형 실질GDP와 물가가 결정된다.

05 개방경제하에서 요소시장에서는 (   )만을 가변 생산요소로 가정한다.

06 거시경제의 경제주체 중 (   )부문에서는 생산물시장에 재화와 용역을 공급한다.

07 ○× 거시경제의 경제주체 중 가계부문은 요소시장에서 생산요소를 수요한다.

08 생산물시장에 공공재를 공급하고, 가계부문으로부터 조세를 징수하는 거시경제주체는 (   )이다.

09 ○× 개방경제하에서 물가변동을 언급하지 않는 한 물가는 변동이 없고, 물가변동을 고려할 경우 모든 변수는 실질변수이다.

정답
01 경직적
02 완전고용
03 × ▶ 거시경제에서의 최장기에는 기술발전이 가능하고, 자본·노동 등 생산요소 총량이 가변적이다.
04 총수요, 총공급
05 노 동
06 기 업
07 × ▶ 가계부문은 요소시장에서 생산요소를 공급한다.
08 정 부
09 × ▶ 개방경제하에서 물가변동을 언급하지 않는 한 물가는 변동이 없고, 모든 변수는 실질변수라고 가정한다. 다만, 물가변동을 고려할 경우에는 명목변수와 실질변수를 구별한다.

10 ○× 개방경제하에서 단기에 실물과 화폐의 교환비율은 1:1이라고 가정하고, 실물의 흐름과 반대방향으로 동액의 화폐의 흐름이 있다.

11 임금 등 생산요소 가격이 하락하면 총공급이 (증가 / 감소)하고 단기 총공급곡선이 (우측 / 좌측)으로 이동한다.

12 ○× 환율이 상승하면 총공급이 증가하여 단기 총공급곡선이 우측으로 이동한다.

13 총수요곡선이 물가와 실질소득 좌표 평면에서 우하향하는 이유에는 구매력 효과, 실질통화 공급 효과, ( ), ( )가 있다.

14 ( ) 이외에 총수요에 영향을 미치는 요인이 변동할 경우 총수요가 변화한다.

15 실질이자율이 상승하면 소비지출이 (증가 / 감소)하여 총수요곡선이 (우측 / 좌측)으로 이동한다.

16 상대물가가 상승하면 순수출이 (증가 / 감소)하여 총수요곡선이 (우측 / 좌측)으로 이동한다.

17 ○× 예기치 못한 인플레이션의 경우 채권자로부터 채무자에게 또는 노동자로부터 기업가에게 부가 재분배된다.

18 실업률을 구하는 공식은 $\dfrac{실업자}{(\quad)} \times 100$이다.

정답
10 ○
11 증가, 우측
12 × ▶ 환율 상승에 따라 수입 원자재 등 생산요소가격이 상승하면 총공급이 감소하여 단기 총공급곡선이 좌측으로 이동한다.
13 부의 효과, 순수출 효과 ▶ 부의 효과는 물가가 하락하면 부의 실질구매력이 증가하여 소비지출이 늘어나는 것이고, 순수출 효과는 물가가 하락하면 국내 생산물의 상대적 가격경쟁력이 커져 수출은 늘어나고 수입이 감소하여 총수요량이 증가하는 것을 의미한다.
14 물가
15 감소, 좌측
16 감소, 좌측 ▶ 상대물가 = $\dfrac{자국물가}{상대국물가}$
17 ○
18 경제활동인구

부록 — 은행FP 자산관리사 1부

19 ⃞○ ⃞× 노동가능인구는 실업자와 취업자를 합산한 값이다.

20 완전고용수준하에서 발생하는 실업률을 (　　　)이라고 한다.

21 ⃞○ ⃞× 자연실업률 수준에서는 마찰적 실업이나 구조적 실업 없이 계절적 실업과 경기적 실업만 존재한다.

22 (　　)GDP는 노동, 자본 등 생산요소를 완전 고용한 상태하에서의 GDP를 말한다.

23 실제GDP가 잠재GDP보다 크면 (　　)국면, 실제GDP가 잠재GDP보다 작으면 (　　)국면으로 판단한다.

24 정부가 국채를 발행하여 공개시장에서 매각하는 방법으로 자금을 조달할 경우 대부자금시장에서 이자율이 상승하여 민간부문의 소비지출과 투자지출이 감소하는 (　　　)가 발생한다.

25 ⃞○ ⃞× 재정지출 확대의 재원을 조세를 통해 조달할 경우 가계의 가처분소득이 감소하므로 소비가 감소하게 된다.

26 (　　　) = M_2 + 2년 이상 장기금융상품 등 + 생명보험계약준비금 및 증권금융예수금

27 ⃞○ ⃞× 중앙은행이 보유하고 있는 자산을 매각하거나 대출을 회수하면 본원통화는 증가한다.

28 본원통화에 대해 증가한 통화량의 비율을 (　　　)라고 한다.

정답
19 × ▶ 노동가능인구는 비경제활동인구와 경제활동인구를 합산한 값이며, 실업자와 취업자를 합산한 값은 경제활동인구이다.
20 자연실업률
21 × ▶ 자연실업률 수준에서는 계절적 실업이나 경기적 실업이 없이 마찰적 실업과 구조적 실업만 존재한다.
22 잠 재
23 확장, 수축
24 구축효과
25 ○
26 금융기관유동성(L_f) ▶ M_2 = 광의통화
27 × ▶ 중앙은행이 보유하고 있는 자산을 매각하거나 대출을 회수하면 본원통화는 감소한다.
28 통화승수

29 지급준비율이 상승하면 통화승수는 (증가 / 감소)한다.

30 현금보유비율이 상승하면 통화승수는 (증가 / 감소)한다.

31 준통화비율이 상승하면 통화승수는 (증가 / 감소)한다.

32 초과지급준비율이 상승하면 통화승수는 (증가 / 감소)한다.

33 무위험이자율이 (높을수록 / 낮을수록) 현재 소비를 줄이고 저축을 많이 할 것이며, 무위험이자율이 (높을수록 / 낮을수록) 저축보다는 현재 소비를 늘리려고 할 것이다.

34 조세는 실질이자율을 (상승 / 하락)시키는 요인이고, 정부보조는 실질이자율을 (상승 / 하락)시키는 요인이다.

35 미 달러 1단위를 기준으로 하여 외국통화의 교환비율을 표시하는 방법을 (American terms / European terms)라 하고, 외국통화 1단위를 기준으로 하여 미 달러와의 교환비율을 표시하는 방법을 (American terms / European terms)라 한다.

36 ○× 교차환율은 자국통화가 개입되지 않은 외국통화 간의 환율을 말한다.

37 (명목 / 실질)환율은 자국과 상대국의 물가수준을 고려하지 않고 단순하게 외환시장에서 고시되는 이종통화 간의 교환비율을 말한다.

정답
29 감소
30 감소
31 증가
32 감소
33 높을수록, 낮을수록
34 상승, 하락
35 European terms, American terms
36 ○
37 명목

38 국내 물가가 하락하면 환율은 (상승 / 하락)한다.

39 ☐☒ 중앙은행이 외환을 매입하면 환율이 하락한다.

40 환율이 하락하면 수출이 (증가 / 감소)하고, 수입은 (증가 / 감소)한다.

41 환율이 상승하면 수입원자재가격이 (상승 / 하락)하고, 물가는 (상승 / 하락)한다.

42 경기가 침체국면에 있으면 노동공급곡선은 (가파른 / 완만한) 기울기를 가지고 있어 기업은 실질임금 상승 압력 없이 고용량을 늘릴 수 있다.

43 확장적 재정정책에 따라 물가는 (상승 / 하락)하고 실질GDP와 명목GDP는 (증가 / 감소)한다.

44 ☐☒ 확장적 재정정책은 본원통화와 통화공급량에 영향을 미치지 않는다.

45 ☐☒ 지급준비율을 낮춰 확장적 통화정책을 실시한다고 가정하면 본원통화는 증가하고, 통화승수가 커져 통화공급량은 증가한다.

46 경기변동은 확장국면, 정점, 수축국면, 저점의 4단계로 구분되는데, 정점에서 정점까지 또는 저점에서 저점까지를 (   ), 정점에서 저점까지를 (   ), 정점과 저점을 (   )이라 한다.

정답
- **38** 하락 ▶ 국내 물가가 하락하면 수출이 증가하여 환율은 하락한다.
- **39** × ▶ 중앙은행이 외환을 매입하면 외환수요가 증가하여 환율은 상승한다.
- **40** 감소, 증가
- **41** 상승, 상승
- **42** 완만한 ▶ 고용량의 실질임금에 대한 탄력성이 커서 작은 실질임금 변동에도 고용량이 크게 변동한다.
- **43** 상승, 증가
- **44** ○
- **45** × ▶ 지급준비율을 낮춰 확장적 통화정책을 실시한다고 가정하면 본원통화에는 변동이 없고, 통화승수가 커져 통화공급량은 증가한다.
- **46** 주기, 진폭, 경기전환점

은행FP 자산관리사 1부

47 ☐○☒× 경기변동은 반복적으로 나타나며 그 주기도 일정하다.

48 생산성의 변동성은 GDP 변동성과 비슷하며 경기변동에 (선행 / 후행)하는 경향이 있다.

49 실업률의 변동성은 GDP 변동성보다 (크고 / 작고), 경기(순응적 / 역행적)이며, 경기변동에 (선행 / 후행)한다.

50 ☐○☒× 취업자수, CP유통수익률 등은 선행종합지수이다.

51 ☐○☒× 건설기성액, 소매판매액지수, 수입액 등은 후행종합지수이다.

52 경제심리지수, 건설수주액, 수출입물가비율 등은 (　　)종합지수이다.

53 ☐○☒× 경기종합지수는 경기변동의 단기예측이 가능하고 비교적 정확한 경기상태를 반영한다.

54 ☐○☒× 경기종합지수의 증감률 크기에 의해 경기변동의 진폭, 방향, 속도까지도 분석할 수 있다.

55 (　　) = $\dfrac{\text{긍정적 응답업체 수} - \text{부정적 응답업체 수}}{\text{전체 응답업체 수}} \times 100 + 100$

정답
- **47** × ▶ 경기변동은 반복적으로 나타나지만 그 주기는 일정하지 않다.
- **48** 선 행
- **49** 작고, 역행적, 후행
- **50** × ▶ 취업자수, CP유통수익률 등은 후행종합지수이다.
- **51** × ▶ 건설기성액, 소매판매액지수, 수입액 등은 동행종합지수이다.
- **52** 선 행
- **53** ○
- **54** ○
- **55** 기업실사지수(BSI)

56 시계열 모형은 과거 행태가 반복되고 경제의 외부충격이 없는 경우 (단기 / 장기)예측에 유용한 예측 방법이다.

57 (시계열 / 거시계량경제) 모형은 경제이론보다는 자기시차 또는 일부 관심 경제변수 간의 상관관계에 바탕을 두고 작성된다.

58 ○× 거시계량경제모형은 경제이론에 바탕을 두고 있어 거시경제변수들의 움직임과 변수 간의 파급효과 등을 구체적으로 측정할 수 있다.

59 ○× 거시계량경제모형은 모형의 작성 및 유지에 투입되는 시간을 절약할 수 있는 장점이 있다.

60 (시계열 / 거시계량경제) 모형은 모형에 표기되지 않은 변수의 충격이 클 경우 오차 발생 가능성이 높아진다.

정답 56 단 기
57 시계열
58 ○
59 × ▶ 거시계량경제모형은 모형의 작성 및 유지에 막대한 시간과 노력이 소요된다.
60 거시계량경제

제3장 법률(15문항 대비)

01 근대민법은 기본원리로 개인의 자유와 평등을 기본이념으로 하는 (　　　)의 원칙, (　　　)의 원칙, (　　　)의 원칙을 인정하였다.

02 부동산물권에 관해서는 (　　)를, 동산물권에 대해서는 (　　)를 그 공시방법으로 하고 있다.

03 O/X 물권의 포기는 물권자가 자기의 물권을 포기한다는 의사표시를 하는 물권적 단독행위이다.

04 (　　)은 서로 대립하는 두 개의 법률적 지위 또는 자격이 동일인에게 귀속되는 경우에는 어느 한쪽이 다른 한쪽에 소멸하는 것을 말한다.

05 다른 사람의 물권을 일정한 범위 안에서 사용·수익할 수 있는 권리를 (　　　)이라 한다.

06 O/X 담보물권에는 유치권, 질권, 저당권 등이 있다.

07 O/X 경개는 채권자와 채무자가 서로 같은 종류를 목적으로 하는 채권·채무를 가지고 있는 경우에 그 채무들을 대등액에서 소멸하게 하는 단독행위이다.

08 O/X 합명회사는 유한책임사원으로만 구성된 회사형태이다.

정답
01 사유재산권 존중, 사적자치, 과실책임
02 등기, 점유
03 ○
04 혼 동
05 용익물권
06 ○
07 × ▶ 상계에 대한 설명이다. 경개는 채무의 중요한 부분을 변경함으로써 신채무를 성립시키는 동시에 구채무를 소멸시키는 계약이다.
08 × ▶ 합명회사는 회사채무에 대해서 무한·직접·연대책임을 부담하며 회사의 업무집행권과 대표권을 가지는 무한책임사원만으로 구성된 회사형태이다.

은행FP 자산관리사 1부

09 ⃞O⃞X 합자회사는 무한책임사원과 유한책임사원으로 구성된 회사형태이다.

10 자본금 총액이 (　　) 미만인 회사는 주주전원의 동의가 있을 경우에는 소집절차 없이 주주총회를 개최할 수 있고, 서면에 의한 결의로써 주주총회의 결의를 갈음할 수 있다.

11 ⃞O⃞X 주주의 의결권은 1주식마다 1개만이 부여되는 것이 원칙이다.

12 특별결의는 출석한 의결권의 (　　) 이상이며 발행주식총수의 (　　) 이상인 수로써 하는 결의이다.

13 ⃞O⃞X 대표이사는 이사 중에서 이사회의 결의로 선임되는 것이 원칙이며, 대표이사의 인원수에 관하여는 제한이 없으므로 1명 또는 여러 명이 대표이사로 선임될 수 있다.

14 감사위원회는 반드시 (　　) 이상의 위원(이사)으로 구성되며, (　　) 이상은 사외이사이어야 한다.

15 자본금 감소는 회사채권자의 이익에 중대한 영향을 주므로 채권자를 보호하기 위하여 회사는 자본금 감소의 주주총회 결의일로부터 (　　) 내에 회사채권자에 대하여 (　　) 이상의 일정한 기간 내에 자본금 감소에 대한 이의를 제출할 것을 공고 및 최고하여야 한다.

16 ⃞O⃞X 현금입금에 의한 예금계약은 예금원장에 입금의 기록이 된 때에 예금계약이 성립한다.

17 ⃞O⃞X 대출계약은 차주가 금전소비대차약정서를 작성하여 은행에 제출하고 은행이 이를 이의 없이 수리한 때 성립한다.

정답
- **09** O ▶ 무한책임사원은 업무집행권과 대표권을 가지나 유한책임사원은 업무집행에는 참가하지 못하고 감시권을 가진다.
- **10** 10억원
- **11** O
- **12** 3분의 2, 3분의 1
- **13** O
- **14** 3명, 3분의 2
- **15** 2주, 1월
- **16** X ▶ 현금입금에 의한 예금계약은 예금자가 예금의 의사표시와 함께 제공한 금전을 은행직원이 예금자가 청약한 금액과 일치함을 확인한 때 성립한다. 다만, 현금으로 계좌송금하거나 계좌이체하는 경우에는 예금원장에 입금의 기록이 된 때에 예금계약이 성립한다.
- **17** O

18 일반적인 상계의 요건은 ① (   )의 채권이 서로 (   )하고 있을 것, ② 자동채권과 수동채권 모두 변제기에 있을 것, ③ 채권의 성질상 상계가 허용될 것, ④ (   )에 의한 상계통지를 할 것 등이다.

19 보험자는 보험계약을 체결할 때 보험계약자에게 보험약관을 의무적으로 교부하여야 하고, 그 약관의 중요한 내용을 설명하여야 한다. 만약 보험자가 이를 위반하면 보험계약자는 보험계약이 성립한 날부터 (   ) 이내에 그 계약을 취소할 수 있다.

20 (   )란 신탁을 설정하고 수탁자에 대하여 일정한 목적에 따라 재산의 관리 또는 처분을 하도록 재산권의 이전, 기타 처분을 하는 자를 말한다.

21 ○× 수탁자는 자신의 고유한 재산과 신탁재산을 구분하여 관리하여야 한다.

22 ○× 수탁자가 사망하는 경우 신탁재산은 명의인인 수탁자의 상속재산에 귀속된다.

23 (   )은 부동산의 소유자가 자신 또는 타인의 채무이행을 담보하기 위하여 자기소유의 부동산을 부동산신탁회사에게 이전하는 것이다.

24 금융소비자보호법상 6대 판매원칙 중 (   )원칙은 금융소비자가 자발적으로 구매하려는 상품이 해당 소비자의 재산상황 등에 비추어 적정하지 않을 경우 고지해야 하는 의무이다.

25 금융회사가 5대 판매규제를 위반한 경우, 금융소비자는 금융상품 계약을 체결한 날부터 최대 (   )년 이내, 위법사실을 안 날로부터 (   )년 이내에 계약해지를 요구할 수 있다.

정답
18 동종, 대립, 서면
19 3개월
20 위탁자
21 ○
22 × ▶수탁자가 사망하는 경우 신탁재산은 명의인인 수탁자의 상속재산에 귀속되지 않는다.
23 부동산담보신탁
24 적정성
25 5, 1

26 은행법은 비금융주력자(산업자본)의 은행 소유를 엄격히 금지하고 있다. 산업자본은 비금융부문의 자본비중이 ( )% 이상인 동일인, 비금융부문 자산총액이 ( )원 이상인 동일인, 또는 이들 동일인이 ( )% 이상 주식을 소유하고 있는 투자회사 등을 말한다.

27 은행법에 따라 산업자본은 은행의 의결권 있는 주식의 ( )%를 초과 소유할 수 없다. 의결권이 없는 경우에도 ( )%를 초과하여 은행의 주식을 소유할 수 없다.

28 ( )이란 누구의 명의로 하든지 타인의 계산으로 금융투자상품의 매도·매수, 그 청약의 권유, 청약, 청약의 승낙 또는 증권의 발행·인수에 대한 청약의 권유, 청약, 청약의 승낙을 영업으로 하는 것을 말한다.

29 손실보전·이익보장의 금지 규정에 위반한 금융투자업자의 행위에 대해서는 ( ) 이하의 징역 또는 ( ) 이하의 벌금에 처한다.

30 ○× 신용카드는 권리 또는 재산권을 표창하는 증권이다.

31 ○× 민법은 부부재산의 귀속에 관하여 별산제를 채용하고 있다.

32 재산분할청구권은 이혼한 날부터 ( )이 지나면 소멸한다.

33 부부의 일방이 다른 일방의 재산분할청구권 행사를 회피하기 위해서 재산을 처분할 경우 다른 일방은 그 취소 및 원상회복을 가정법원에 청구할 수 있다. 다만, 가정법원에 대한 청구는 취소사유를 안 날로부터 ( ), 처분행위가 있는 날로부터 ( ) 내에 해야 한다.

정답
- **26** 25, 2조, 4
- **27** 4, 10
- **28** 투자중개업
- **29** 3년, 1억원
- **30** × ▶ 신용카드는 권리 또는 재산권을 표창하는 증권은 아니고, 다만 회원자격을 증명하는 증거증권에 불과하다고 보는 것이 통설이다.
- **31** ○
- **32** 2년
- **33** 1년, 5년

34 ⃞O⃞× 한정후견은 질병·장애·노령·그 밖의 사유로 인한 정신적 제약으로 사무를 처리할 능력이 부족한 때 활용할 수 있는 제도이다.

35 (   )은 장애·질병·노령 등으로 인해 사무처리 능력이 지속적으로 결여된 성인에게 가정법원의 결정을 통해 선임된 후견인이 재산관리·일상생활 등과 관련된 신상보호를 지원하도록 하는 제도이다.

36 ⃞O⃞× 상속인의 제1순위는 피상속인의 직계존속이다.

37 상속인이 상속을 포기할 때에는 (   )의 고려기간 내에 가정법원에 포기의 신고를 하여야 한다.

38 유류권자의 유류분은 피상속인의 직계비속과 배우자는 그의 법정상속분의 (   )이고, 피상속인의 직계존속은 그의 법정상속분의 (   )이다.

39 ⃞O⃞× 합병의 효력은 존속회사의 본점소재지에서 변경등기를 한 때 또는 신설회사의 본점소재지에서 설립등기를 한 때 발생한다.

40 회사의 분할은 (   )를 함으로써 효력이 발생한다.

41 개인회생제도에서 채무액수의 제한은 유치권·질권·저당권·양도담보권·가등기담보권·전세권 또는 우선특권으로 담보된 개인회생채권은 (   ), 그 밖의 무담보 개인회생채권은 (   ) 이하이어야 한다.

42 ⃞O⃞× 법원은 신청일부터 3월 이내에 개인회생절차의 개시 여부를 결정하여야 한다.

정답
- **34** O
- **35** 성년후견
- **36** × ▶ 상속인의 제1순위는 피상속인의 직계비속이다. 직계비속이란 자기로부터 직계로 이어져 내려가는 혈족(아들, 딸, 손자, 증손 등)을 의미하고, 직계존속이란 조상으로부터 직계로 내려와 자기에 이르는 사이의 혈족(부모, 조부모 등)을 말한다.
- **37** 3개월
- **38** 2분의 1, 3분의 1
- **39** O
- **40** 등기
- **41** 15억원, 10억원
- **42** × ▶ 법원은 신청일부터 1월 이내에 개인회생절차의 개시 여부를 결정하여야 한다.

43 변제계획안은 채무자만이 신청할 수 있고, 개인회생절차 개시신청일로부터 (　　) 이내에 제출하여야 한다.

44 ○× 1천만원 또는 그에 상당하는 다른 통화로 표시된 금액 이상의 전신송금은 고객확인대상이 되는 일회성금융거래이다.

45 투자권유를 받은 투자자가 이를 거부하는 취지의 의사표시를 한 경우 (　　)이 지난 후에 다시 투자권유하는 행위는 가능하다.

46 ○× 개인의 주소, 주민등록번호, 운전면허번호, 여권번호, 외국인등록번호는 개인정보보호법에 따른 고유식별정보에 해당한다.

47 ○× 개인정보보호법에 따른 민감정보는 사상·신념, 노동조합·정당의 가입탈퇴, 정치적 견해, 건강, 성생활 등에 관한 정보, 유전정보, 범죄경력자료에 해당하는 정보 등이다.

정답
43 14일
44 × ▶ 1백만원 또는 그에 상당하는 다른 통화로 표시된 금액 이상의 전신송금은 고객확인대상이 되는 일회성금융거래이다.
45 1개월
46 × ▶ 개인의 주소는 신용정보법에 따른 개인식별정보에 해당한다.
47 ○

은행FP 자산관리사 1부 제2과목 40문항 대비

세무설계

제1장 소득세 개요(4문항 대비)

01 ☐☒ 우리나라 소득세법은 소득을 종합소득, 연금소득, 양도소득의 3가지로 구분하여 과세한다.

02 ☐☒ 소득세법상 거주자·비거주자의 구분은 국적이나 직업과는 상관없다.

03 원칙적으로 국내에 주소를 두거나 (   ) 이상 거소를 둔 개인은 국내외 모든 소득에 대해서 납세의무가 있다.

04 ☐☒ 국외원천소득만 있는 비거주자는 소득세법상 납세의무가 없다.

05 종합소득세의 기본세율은 최고 (   )%의 (   )단계 초과누진세율 구조로 되어 있다.

06 소득세의 과세기간은 일반적으로 (   )부터 (   )까지 1년이다.

07 거주자가 사망한 경우의 소득세 과세기간은 (   )부터 (   )까지이다.

정답
01 × ▶ 소득세법상 소득은 종합소득, 퇴직소득, 양도소득으로 구분한다.
02 ○ ▶ 거주자·비거주자의 구분은 주소와 거소의 판정에 따른다.
03 183일
04 ○ ▶ 비거주자는 국내원천소득에 대해서만 납세의무가 있다.
05 45, 8
06 1월 1일, 12월 31일
07 1월 1일, 사망한 날

| 부록 | 은행FP 자산관리사 1부 |

08 거주자가 주소 또는 거소의 국외이전으로 출국하여 비거주자가 되는 경우의 과세기간은 (　　)부터 (　　)까지이다.

09 ☐☒ 거주자의 소득세 납세지는 국내사업장이다.

10 ☐☒ 부동산 임대소득은 기타소득이다.

11 ☐☒ 교통사고 시 수령하는 위자료, 이혼 시 수령하는 위자료는 기타소득에 포함되어 소득세가 과세된다.

12 일용근로자의 근로소득공제액은 1일 (　　)이다.

13 ☐☒ 연금소득공제의 한도는 900만원이다.

14 인적공제는 (　　)공제와 (　　)공제를 의미한다.

15 배우자공제를 받으려면 배우자의 연간 소득금액 합계액이 (　　) 이하여야 한다(단, 근로소득만 있는 배우자는 제외한다).

16 ☐☒ 공제대상자를 판별할 때 연간 소득금액에는 일시적으로 발생한 양도소득과 퇴직소득은 포함하지 않는다.

17 ☐☒ 부양가족이 장애인인 경우 나이 제한 없이 기본공제를 적용받을 수 있다.

정답
08 1월 1일, 출국한 날
09 × ▶ 거주자의 납세지는 주소지로 하며, 주소지가 없는 경우 거소지로 한다.
10 × ▶ 부동산 임대소득은 사업소득에 해당한다.
11 × ▶ 소득세법에 열거되어 있지 않은 소득으로 과세되지 않는 소득이다.
12 15만원
13 ○ ▶ 공제액이 900만원을 초과하는 경우에는 900만원을 공제한다.
14 기본, 추가
15 100만원 ▶ 근로소득만 있는 배우자의 경우에는 500만원 이하이다.
16 × ▶ 일시적으로 발생한 양도소득과 퇴직소득도 연간 소득금액에 포함하여 판별한다.
17 ○

은행FP 자산관리사 1부

18 ☐☒ 부녀자공제와 한부모가족공제에 모두 해당하는 경우 한부모가족공제만 적용한다.

19 ☐☒ 근로소득이 있는 무주택 세대주의 경우 주택임차자금차입금의 원리금 상환액도 공제가 가능하다.

20 기본공제대상자에 해당하는 (   )세 이상의 자녀가 있는 경우 자녀세액공제를 적용받을 수 있다.

21 연금계좌세액공제 대상액 계산 시 연금계좌 중 연금저축계좌에 납입한 금액이 연 (   )을 초과하는 경우 그 초과분은 없는 것으로 한다.

22 ☐☒ 보험료세액공제의 경우 장애인전용 보장성보험료와 기타 보장성보험료 모두 100만원 한도로 세액공제가 가능하다.

23 ☐☒ 미용·성형수술을 위한 비용, 건강증진 의약품 구입을 위해 지출한 비용은 의료비세액공제 대상에서 제외된다.

24 ☐☒ 직계비속을 위하여 지급한 대학원 등록금과 학원 및 체육시설 교육비는 교육비세액공제 대상이다.

25 ☐☒ 연금소득은 납입단계와 운용단계에서는 과세이연하였다가 수령단계에서 과세한다.

26 ☐☒ 사망일까지 중도 해지할 수 없는 종신연금은 기본세율로 원천징수한다.

정답
18 O ▶ 공제액이 더 큰 한부모가족공제를 적용한다.
19 O ▶ 특별소득공제로 주택임차자금차입금의 원리금 상환액, 장기주택저당차입금의 이자 상환액 등을 공제할 수 있다.
20 8
21 600만원 ▶ 퇴직연금납입액이 있는 경우 연금저축계좌에 납입한 금액 중 600만원 이내의 금액과 퇴직연금계좌에 납입한 금액을 합한 금액이 연 900만원을 초과하는 경우에는 그 초과하는 금액은 없는 것으로 한다.
22 O ▶ 장애인전용 보장성보험료는 15%, 기타 보장성보험료는 12%의 세액공제가 적용된다.
23 O ▶ 진찰, 치료, 질병예방 등을 위하여 지급한 의료비가 공제 대상이다.
24 X ▶ 대학원 등록금의 경우 거주자 본인분만 공제가 가능하며, 학원 및 체육시설에 지급한 교육비는 취학 전 아동을 위하여 지급한 경우에만 공제 대상이다.
25 O
26 X ▶ 공적연금소득은 기본세율로 원천징수하고, 사적연금 중 종신연금은 4%, 그 외 연금소득은 연금소득자의 나이에 따라 3%~5%의 세율로 원천징수한다.

은행FP 자산관리사 1부

27 ☐○ ☒× 종업원이 임원이 되거나 법인의 상근임원이 비상근임원이 되더라도 퇴직급여를 실제로 받지 않으면 퇴직으로 보지 않는다.

28 종합소득이 있는 거주자는 (   )부터 (   )까지의 기간을 중간예납기간으로 하여 직전 과세기간의 종합소득에 대한 소득세로서 납부하였거나 납부하여야 할 세액의 (   )에 해당하는 금액을 11월 30일까지 납부하여야 한다.

29 해당 과세기간의 종합소득금액이 있는 거주자는 그 종합소득 과세표준을 다음 연도 (   )부터 (   )까지 납세지 관할 세무서장에게 신고하여야 한다.

30 거주자로서 납부할 세액이 (   )을 초과하는 경우 납부할 세액의 일부를 납부기한이 지난 후 (   ) 이내에 분할납부할 수 있다.

31 ☐○ ☒× 거주자가 사망한 경우 신고납부기한은 상속 개시일이 속하는 달의 말일부터 2개월이 되는 날까지이다.

32 ☐○ ☒× 거주자가 주소 또는 거소의 국외 이전으로 출국하는 경우 신고납부기한은 출국일까지이다.

정답
- **27** ○ ▶ 비정규직 근로자가 정규직 근로자로 전환되는 경우나 합병·분할 등 조직변경, 사업양도, 직·간접으로 출자관계에 있는 법인으로의 전출 또는 동일한 사업자가 경영하는 다른 사업장으로의 전출이 이루어진 경우에도 퇴직급여를 실제로 받지 않은 경우는 퇴직으로 보지 않을 수 있다.
- **28** 1월 1일, 6월 30일, 2분의 1
- **29** 5월 1일, 5월 31일
- **30** 1천만원, 2개월
- **31** × ▶ 거주자가 사망한 경우 신고납부기한은 상속 개시일이 속하는 달의 말일부터 6개월이 되는 날까지이다.
- **32** × ▶ 출국일 전날

제2장 금융소득종합과세(8문항 대비)

01 2천만원 이하의 금융소득은 (   )의 원천징수세율로 분리과세된다.

02 ○× 비과세·분리과세 금융소득은 종합과세 기준금액을 따질 때 제외한다.

03 ○× 금융소득의 수입시기는 금융자산을 금융회사에서 인출하는 시기를 말한다.

04 ○× 종합과세 대상이 된 금융소득은 이중과세된다.

05 이자소득과 배당소득은 (   )가 인정되지 않기 때문에 총수입금액이 바로 소득금액이 된다.

06 ○× 법인의 소득금액에 대하여 법인단계에서 부담한 법인세의 일정 부분을 주주단계의 배당소득에 대한 종합소득세에서 공제하기 위하여 배당액에 가산하는 제도를 의제배당 제도라고 한다.

07 ○× Gross-up율 10%를 통해 완전한 이중과세 조정이 가능하다.

정답
- 01 14%
- 02 ○ ▶ 비과세 금융소득은 과세대상이 아니고 분리과세 금융소득은 원천징수로 납세의무가 종결되므로 종합과세 대상에서 제외한다.
- 03 × ▶ 수입시기란 총수입금액이나 필요경비가 발생한 시기를 파악하여 귀속연도를 결정하는 시기를 말한다.
- 04 × ▶ 종합과세 대상이 된 금융소득은 이중과세를 방지하기 위해 종합소득 신고 시 원천징수세액을 공제한다.
- 05 필요경비
- 06 × ▶ Gross-up(그로스업) 제도에 대한 설명으로 의제배당은 형식적으로는 실지배당의 방법과 다르지만 실질적으로 동일한 경제적 이익을 주는 경우 배당으로 간주하는 것을 말한다.
- 07 × ▶ 과세표준 2억원 이하인 경우 9%의 법인세율이 적용되어 이중과세가 조정되지만 과세표준이 2억원을 초과하는 경우 19%, 21%, 24%가 적용되므로 완전한 이중과세 조정이라고 할 수는 없다.

부록 — 은행FP 자산관리사 1부

08 이자소득과 배당소득이 혼재한 경우 (   ) 먼저 종합과세 기준금액에 합산한다.

09 Gross-up을 적용하기 위해선 (   )법인으로부터 받은 배당이어야 한다.

10 ○× Gross-up을 적용하기 위해선 종합소득세율(누진세율) 적용분이어야 한다.

11 ○× 집합투자기구로부터의 이익은 집합투자기구에게 그 소득이 귀속되는 것으로 본다.

12 금융회사가 지급하는 비실명금융소득은 (   )의 원천징수세율로 분리과세된다.

13 ○× 개인종합자산관리계좌에서 비과세 한도금액을 초과하여 발생하는 금융소득은 종합과세 대상이 된다.

14 종신형 연금보험이 비과세되기 위해선 계약자가 연금을 보험료 납입 계약기간 만료 후 (   ) 이후부터 사망 시까지 연금방식으로 지급받아야 한다.

15 장기저축성보험 중 일시납보험의 보험차익은 계약자 1명당 납입할 보험료 합계액이 (   ) 이하인 경우 비과세한다.

16 ○× 월적립식 저축성보험의 보험차익이 비과세되기 위해선 납입기간이 10년 이상이고 계약자 1명당 매월 납입하는 보험료 합계액이 100만원 이하여야 한다.

정답
08 이자소득
09 내국
10 ○ ▶ 종합과세 대상 배당소득이면서 종합소득세율(누진세율) 적용분이어야 한다.
11 × ▶ 집합투자란 2인 이상의 투자자로부터 모은 금전 등을 투자자로부터 일상적인 운용지시를 받지 아니하면서 재산적 가치가 있는 투자대상자산을 취득·처분, 그 밖의 방법으로 운용하고 그 결과를 투자자에게 배분하여 귀속시키는 것으로, 집합투자기구로부터의 이익은 배당소득으로 과세한다.
12 90%
13 × ▶ 비과세 한도금액을 초과하는 금액에 대해서는 9% 세율로 분리과세한다.
14 55세
15 1억원
16 × ▶ 납입기간이 5년 이상이고, 매월 납입하는 보험료 합계액이 150만원 이하여야 한다.

은행FP 자산관리사 1부 — 부록

17 ○× 비영업대금의 이익과 출자공동사업자의 배당소득을 거주자에게 지급하는 경우 원천징수세율이 동일하다.

18 ○× 비영업대금의 이익의 경우 거주자에게 지급하는 경우와 법인에게 지급하는 경우의 원천징수세율이 동일하다.

19 (   )은 금전의 대여를 사업목적으로 하지 아니하는 자가 일시적·우발적으로 대여함에 따라 지급받는 이자·수수료 등을 말한다.

20 ○× 채권의 만기상환 전 또는 이자지급 전에 중도매매가 있는 경우 해당 채권에서 발생하는 이자소득은 최종소지자의 소득으로 귀속시킨다.

21 ○× 채권의 보유기간은 채권 등의 매수일부터 매도일까지의 기간을 월수로 계산한 기간을 말한다.

22 ○× 중도매매 시 보유기간 이자상당액을 계산하여 해당 기간의 보유자의 소득으로 귀속시키는 채권 등의 범위에는 소득세가 면제된 채권은 제외한다.

23 ○× 채권의 중도매매가 발생한 경우 해당 채권의 이자소득은 최종소지자의 소득으로 보아 소득금액을 계산한다.

24 실지명의가 확인된 거주자의 채권이자에 대한 원천징수세율은 (   )이다.

25 ○× 원천징수당한 채권이자는 종합소득 신고 시 공제한다.

정답
- **17** ○ ▶ 비영업대금의 이익과 출자공동사업자의 배당소득을 거주자에게 지급하는 경우 모두 25% 세율로 원천징수된다.
- **18** ○ ▶ 소득귀속자가 거주자든 법인이든 25%로 동일하다.
- **19** 비영업대금의 이익
- **20** × ▶ 채권의 만기상환 전 또는 이자지급 전에 중도매매가 있는 경우에는 발생이자를 각각의 중도보유자별로 보유기간에 비례하여 안분계산한 금액을 각자의 이자소득으로 귀속시킨다.
- **21** × ▶ 채권의 보유기간은 채권 등의 매수일부터 매도일까지의 기간을 일수로 계산한 기간을 말하며, 매수일은 채권 등의 발행일 또는 직전 원천징수일, 매도일은 이자 등의 지급일 또는 실제로 매도된 날을 말한다.
- **22** ○
- **23** × ▶ 채권을 중도매매하는 경우 각각의 중도 보유자가 그 보유기간에 비례한 발생이자분을 안분하여 각자의 이자소득으로 귀속시켜야 한다.
- **24** 14%
- **25** ○ ▶ 기납부세액으로 공제한다.

부록 은행FP 자산관리사 1부

26 채권을 금융회사에 개설된 계좌에 의하여 거래하는 경우 보유기간의 입증방법은 해당 금융회사의 전산처리체계 또는 (   )에 의해 확인한다.

27 ○× 국내사업장과 부동산소득이 없는 비거주자가 국내원천 금융소득이 발생하였을 경우 납세의무가 없다.

28 ○× 국내사업장이 있는 비거주자의 금융소득이 국내사업장에 실질적으로 관련되어 있는 경우에는 금융소득의 금액과 상관없이 국내원천소득과 금융소득을 합산하여 종합과세한다.

29 ○× 조세조약을 체결하지 않은 국가의 거주자에게 지급한 이자에 대한 소득세 원천징수세율은 기본세율의 최고세율인 45%를 적용한다.

30 ○× 당연히 법인으로 보는 단체의 경우 법인설립등기가 되어 있지 않아도 세법상 법인으로 보아 법인세법을 적용한다.

31 ○× 법인으로 보는 단체 외의 법인 아닌 단체가 국내에 주사무소 또는 실질적 관리장소를 둔 경우 1거주자로 보아 소득세를 납부할 의무가 있다.

32 법인으로 보는 단체 외의 법인 아닌 단체 중 수익을 구성원에게 배분하지 않는 단체로서 단체명을 표기하여 금융거래를 하는 단체가 금융회사로부터 받는 금융소득은 금액에 상관없이 (   )한다.

33 ○× 금융소득은 종합과세가 되더라도 최소한 원천징수세액만큼은 과세한다.

34 금융소득종합과세의 절세방법으로 사용되는 신탁으로, 위탁자와 수익자가 다른 신탁을 (   )이라고 한다.

정답
26 통장원장
27 × ▶ 국내사업장이나 부동산소득이 없는 비거주자의 국내원천 금융소득은 원천징수로 납세의무가 종결된다.
28 ○
29 × ▶ 조세조약을 체결한 경우 제한세율, 체결하지 않은 경우 일반적으로 20%의 세율을 적용한다.
30 ○
31 ○
32 분리과세
33 ○ ▶ 금융소득은 종합과세 시 산출세액이 원천징수세액보다 적어지는 일이 없도록 하기 위하여 비교과세 제도를 두고 있다.
34 타익신탁

제3장 양도소득세(8문항 대비)

01 (　　　)이란 허가 여부나 공부상의 용도구분과 관계없이 사실상 주거용으로 사용하는 건물을 말한다.

02 ○× 부담부증여의 경우도 일부는 양도가 될 수 있다.

03 ○× 미등기된 자산은 유상으로 사실상 이전되더라도 양도로 보지 않는다.

04 ○× 취득시기 및 양도시기는 대금을 청산한 날이 분명하지 아니한 경우 등 예외적인 경우를 제외하고는 해당 자산의 대금을 청산한 날로 하는 것을 원칙으로 한다.

05 ○× 자기가 건설한 건축물의 경우 완공일을 양도 또는 취득시기로 한다.

06 ○× 1985년 12월 31일 이전에 취득한 부동산은 1986년 1월 1일에 취득한 것으로 본다.

07 양도소득 기본공제란 양도소득이 있는 거주자에 대해서 소득별로 해당 과세기간의 양도소득금액에서 각각 (　　　)을 공제하는 것을 말한다.

08 ○× 미등기양도자산은 양도소득 기본공제 대상에서 제외된다.

정답
01 주택
02 ○ ▶부담부증여 시 수증자가 부담하는 채무액에 해당하는 부분은 양도로 본다.
03 × ▶등기·등록에 관계없이 그 자산이 유상으로 사실상 이전되는 경우 양도로 본다.
04 ○ ▶대금을 청산한 날이 분명하지 아니한 경우에는 등기·등록접수일 또는 명의개서일을 취득시기 및 양도시기로 본다.
05 × ▶자기가 건설한 건축물의 경우 사용승인서 교부일을 양도 또는 취득시기로 한다. 단, 사용승인서 교부일 전에 사실상 사용하거나 임시사용승인을 얻은 경우에는 그 사용일 또는 임시사용일 중 빠른 날로 한다.
06 × ▶양도자산 중 1984년 12월 31일 이전에 취득한 부동산, 부동산에 관한 권리, 기타자산은 1985년 1월 1일에 취득한 것으로 본다.
07 250만원
08 ○ ▶토지, 건물, 부동산에 관한 권리를 취득한 자가 그 자산 취득에 관한 등기를 하지 아니하고 양도하는 것을 미등기양도자산이라고 하며, 양도소득 기본공제 대상에서 제외된다.

09 ◯☒ 미등기양도자산은 양도소득세율 중 최고세율을 적용한다.

10 양도하는 주택이 1세대 1주택에 해당하더라도 양도 당시 (　　　　) 합계액이 12억원을 초과하면 양도소득세가 과세된다.

11 (　　　　)은 양도가액에서 취득가액, 기타의 필요경비, 장기보유 특별공제액을 공제한 금액으로 한다.

12 ◯☒ 1세대 1주택이 장기보유 특별공제를 받기 위해선 보유기간과 거주기간이 모두 3년 이상이어야 한다.

13 ◯☒ 미성년자만으로는 1세대 구성이 불가능하다.

14 ◯☒ 법률상 이혼을 한 배우자의 경우 생계를 같이하더라도 1세대에서 제외한다.

15 60세 이상의 직계존속을 동거봉양하기 위한 세대합가로 인하여 1세대 2주택이 되는 경우 합가한 날부터 (　　) 이내에 먼저 양도하는 주택은 양도소득세가 비과세된다.

16 ◯☒ 종전의 주택을 취득한 날부터 1년 이상 지난 후 자기가 주택을 건설하여 취득하고 자기가 건설한 주택을 취득한 날부터 3년 이내에 종전의 주택을 양도하는 경우 양도소득세가 비과세된다.

17 피상속인이 상속개시 당시 2 이상의 주택을 소유한 경우에는 피상속인이 (　　　　)이 가장 긴 1주택을 1순위로 1세대 1주택의 특례에 해당하는 주택으로 본다.

정답 **09** ◯ ▶ 미등기양도자산에 적용되는 세율은 70%로 양도소득세율 중 최고세율이다.
　　　　10 실지거래가액
　　　　11 양도소득금액
　　　　12 ☒ ▶ 보유기간은 3년, 보유기간 중 거주기간은 2년 이상이어야 한다.
　　　　13 ☒ ▶ 미성년자의 결혼, 가족의 사망 등으로 1세대의 구성이 불가피한 경우에는 1세대의 구성이 가능하다.
　　　　14 ☒ ▶ 생계를 같이하는 경우 법률상 이혼을 하였어도 사실상 이혼한 것으로 보기 어렵기 때문에 1세대에 포함한다.
　　　　15 10년
　　　　16 ◯ ▶ 종전의 주택을 취득한 날부터 1년 이상 지난 후 신규 주택(자기가 건설하여 취득한 경우 포함)을 취득하고 신규 주택을 취득한 날부터 3년 이내에 종전의 주택을 양도하는 경우 양도소득세가 비과세된다.
　　　　17 소유한 기간

18 ☐ 자경농지에 대한 양도소득세 감면을 받기 위해선 9년 이상 직접 경작해야 한다.

19 ☐ 농지로부터 직선거리 30km 이내의 지역에 거주하는 경우 농지가 소재하는 시·군·구 안의 지역에 거주하지 않아도 자경농지에 대한 양도소득세 감면을 받을 수 있다.

20 거주자가 그 소유농지에서 농작업의 (　　) 이상을 자기의 노동력에 의하여 경작·재배하는 경우 직접 경작한 것으로 본다.

21 ☐ 자경농지에 대한 자경기간 계산 시 사업소득금액이 –500만원이고 총급여액이 4,000만원인 과세기간이 존재하는 경우 해당 과세기간은 경작한 기간에서 제외한다.

22 ☐ 자경농지에 대한 양도소득세의 감면 요건을 모두 충족한 경우 해당 자경농지의 양도로 발생하는 모든 소득에 대해서 전액 감면한다.

23 ☐ 부동산을 양도한 경우 양도일이 속하는 달의 말일부터 3개월 이내에 납세지 관할 세무서장에게 예정신고·납부를 해야 한다.

24 ☐ 부담부증여의 채무액에 해당하는 부분으로서 양도로 보는 경우 양도일이 속하는 달의 말일부터 3개월 이내에 납세지 관할 세무서장에게 신고하여야 한다.

25 납부할 양도소득세가 (　　)을 초과하는 경우 납부할 세액의 2분의 1 이하의 금액을 분납할 수 있다.

정답
18 X ▶ 8년 이상 직접 경작해야 한다.
19 O ▶ 해당 농지로부터 직선거리 30km 이내의 지역, 농지가 소재하는 시·군·구 안의 지역, 농지가 소재하는 시·군·구 안의 지역과 연접한 시·군·구 안의 지역 중 한 곳에 거주하면 된다.
20 2분의 1
21 O ▶ 사업소득금액과 총급여액 합계액이 3,700만원 이상인 과세기간은 경작한 기간에서 제외하며, 사업소득금액이 음수인 경우에는 해당 금액을 0으로 본다.
22 X ▶ 감면 한도 금액까지만 감면하고 초과하는 금액은 감면하지 않는다.
23 X ▶ 양도일이 속하는 달의 말일부터 2개월 이내에 예정신고·납부하여야 한다.
24 O ▶ 부담부증여의 채무액에 해당하는 부분으로서 양도로 보는 경우 양도일이 속하는 달의 말일부터 3개월 이내에 예정신고·납부하여야 한다.
25 2천만원

26 ○× 양도차익을 계산할 때 양도자산의 수익적 지출액은 필요경비로 공제가 가능하다.

27 ○× 보유한 기간과 거주한 기간이 모두 10년 이상인 1세대 1주택을 양도하는 경우 양도차익에 대하여 80%의 공제율을 적용받을 수 있다.

28 ○× 다주택자가 보유기간 2년 미만의 조정대상지역 주택을 양도하는 경우 장기보유 특별공제를 적용할 수 없다.

29 ○× 1주택을 여러 사람이 공동으로 소유한 경우 그 지분이 30%를 넘지 않는 사람의 경우 해당 주택을 소유한 것으로 보지 않는다.

30 해당 과세기간의 양도소득금액이 있는 거주자는 그 양도소득 과세표준을 그 과세기간의 다음 연도 (   )까지 납세지 관할세무서장에게 확정신고·납부를 해야 한다.

31 ○× 건설기계와 같은 사업용 유형자산의 양도로 발생하는 소득은 양도소득세 과세대상이 아니다.

32 ○× 사업용 유형자산과 함께 양도하는 영업권은 양도소득세를 과세하지만 사업용 유형자산 없이 단독으로 양도하는 경우 기타소득으로 보아 종합소득세를 과세한다.

33 1세대 2주택 이상의 다주택자가 조정대상지역 내 주택 중 보유기간이 (   ) 이상인 주택을 2026년 5월 9일까지 양도하는 경우 양도세 중과대상에서 한시적으로 배제된다.

34 ○× 비사업용 토지를 양도하는 경우 양도소득세 중과대상이지만, 사업용 토지를 양도하는 경우 양도소득세 감면대상이다.

정답
26 × ▶ 취득가액, 자본적 지출액, 양도비 등이 필요경비로 공제가 가능하다.
27 ○ ▶ 보유기간과 거주기간이 모두 10년 이상인 1세대 1주택의 경우 양도차익에 대한 보유기간별 공제율과 거주기간별 공제율은 각각 40%이다.
28 ○ ▶ 미등기양도자산을 양도하는 경우와 다주택자가 조정대상지역의 주택을 양도하는 경우 장기보유 특별공제에서 배제한다.
29 × ▶ 그 지분이 극히 적더라도 공동 소유자 각자가 그 주택을 소유한 것으로 본다.
30 5월 31일
31 ○
32 ○
33 2년
34 × ▶ 공익사업용 토지를 양도하는 경우가 감면대상이다.

제4장 상속·증여세(16문항 대비)

01 ⊙⊠ 태아는 상속순위에 관하여는 이미 출생한 것으로 본다.

02 ⊙⊠ 상속순위에 관하여 피상속인의 배우자는 피상속인의 직계비속과 동순위로 공동상속인이 되며, 직계비속이 없는 경우 단독상속인이 된다.

03 피상속인이 지정상속을 통해 상속인 외의 자에게 모든 재산을 유증했다고 하더라도 상속인은 (   ) 제도를 통해 법정상속분에 대한 일정비율까지는 그 재산을 승계받을 수 있다.

04 ⊙⊠ 상속순위에 관하여 상속인이 될 직계비속 또는 형제·자매가 상속개시 전에 사망하거나 결격자가 된 경우에 그 직계비속이 사망하거나 결격된 자의 순위에 갈음하여 상속인이 된다.

05 상속세법상 상속개시일 전 (   ) 이내에 피상속인이 상속인에게 증여한 재산가액과 상속개시일 전 (   ) 이내에 피상속인이 상속인이 아닌 자에게 증여한 재산가액은 상속세 과세가액에 합산한다.

06 ⊙⊠ 상속세법상 피상속인이 위탁자인 타익신탁의 경우에는 신탁재산을 상속재산에서 제외한다.

07 상속세법상 피상속인이 재산을 처분하여 받은 금액이나 피상속인의 재산에서 인출한 금액이 상속개시일 전 1년 이내에 재산 종류별로 계산하여 (   ) 이상인 경우와 상속개시일 전 2년 이내에 재산 종류별로 계산하여 (   ) 이상인 경우로서 그 용도가 객관적으로 명백하지 아니한 경우 상속받은 것으로 추정하여 상속세 과세가액에 산입한다.

정답
01 ○
02 × ▶ 피상속인의 배우자는 피상속인의 직계비속 또는 직계존속과 공동상속인이 되며, 직계존비속이 모두 없는 경우 단독상속인이 된다.
03 유류분
04 ○ ▶ 대습상속에 대한 설명이다.
05 10년, 5년
06 ○ ▶ 위탁자와 수익자가 다른 신탁을 타익신탁이라고 하며, 피상속인이 수익자인 타익신탁의 경우에는 신탁재산을 상속재산에 포함한다.
07 2억원, 5억원

은행FP 자산관리사 1부

08 ☐☒ 상속재산 중 상속인이 상속세 과세표준 신고기한 이내에 국가, 지방자치단체 또는 공공단체에 기증한 재산에 대해서는 상속세를 과세하지 않는다.

09 ☐☒ 상속세 과세표준이 100만원 미만이면 상속세를 부과하지 않으며 이는 증여세도 동일하다.

10 ☐☒ 상속공제 적용 시 배우자가 실제 상속받은 재산이 없거나 상속받은 가액이 5억원 미만인 경우에는 배우자상속공제로 5억원을 공제한다.

11 ☐☒ 비거주자의 사망으로 상속이 개시되는 경우에는 모든 상속공제가 허용되지 않는다.

12 ☐☒ 상속공제 적용 시 피상속인의 배우자가 연로자 또는 미성년자인 경우 배우자공제와 함께 연로자공제 또는 미성년자공제를 중복하여 적용받을 수 있다.

13 ☐☒ 상속공제 적용 시 자녀공제는 1인당 5천만원이나 그 자녀가 미성년자인 경우 2천만원만 공제한다.

14 ☐☒ 상속에 관하여 배우자는 피상속인과 법률혼 관계뿐 아니라 사실혼 관계의 배우자도 인정한다.

15 ☐☒ 법정상속분은 상속인 간에 균등하지만 배우자의 경우에는 상속분의 5할을 가산하여 받는다.

16 ☐☒ 상속공제 적용 시 기타인적공제가 3억원 미만인 경우에는 일괄공제를 적용하는 것이 유리하다.

정답
- **08** ○
- **09** × ▶ 상속세와 증여세 모두 과세표준이 50만원 미만인 경우 세금을 부과하지 않는다.
- **10** ○ ▶ 배우자상속공제액의 최저한에 대한 설명이다. 배우자상속공제액은 최대 30억원까지 가능하다.
- **11** × ▶ 비거주자의 경우에도 기초공제 2억원을 상속세 과세가액에서 공제한다.
- **12** × ▶ 연로자공제와 미성년자공제의 공제대상자에서 배우자는 제외되며 장애인공제의 경우에는 배우자도 공제대상자에 포함된다.
- **13** × ▶ 자녀의 나이와 상관없이 자녀공제(태아 포함)는 5천만원이며 미성년자(태아 포함)인 경우 미성년자공제(1천만원에 19세가 될 때까지의 연수를 곱한 금액만큼)를 추가로 받을 수 있다.
- **14** × ▶ 배우자는 법적으로 혼인신고를 마친 배우자를 의미하며 원칙적으로 사실혼 관계는 그 지위를 인정받을 수 없다.
- **15** ○
- **16** ○ ▶ 기초공제 2억원과 기타인적공제의 합계액이 일괄공제 5억원에 미치지 못하는 경우 일괄공제를 선택하는 것이 유리하다.

17 ☐☒ 상속세법상 피상속인의 직계존비속이 존재하지 않아 배우자가 단독상속인인 경우에는 일괄공제를 적용할 수 없다.

18 상속세법상 금융재산 상속공제의 최고한도액은 (   )이다.

19 세대를 건너뛴 상속에 관한 상속세 할증과세율은 30%이다. 단, 피상속인의 자녀를 제외한 직계비속이면서 미성년자에 해당하는 상속인이 받을 상속재산의 가액이 (   )을 초과하는 경우에는 40%이다.

20 ☐☒ 대습상속의 경우에는 세대생략 할증과세를 적용하지 않는다.

21 ☐☒ 상속세 납부의무가 있는 상속인은 상속개시일로부터 6개월 이내에 상속세의 과세가액 및 과세표준을 납세지 관할세무서장에게 신고하여야 한다.

22 ☐☒ 상속세 신고기한 이내에 과세표준신고를 하는 경우에는 산출세액의 3%를 공제해 준다.

23 상속세의 연부연납은 상속세 납부세액이 (   )을 초과하는 경우에 가능하다.

24 ☐☒ 증여는 당사자 일방이 무상으로 재산을 상대방에게 수여하는 의사를 표시하면 상대방의 동의가 없더라도 그 효력이 생긴다.

정답 **17** ○ ▸ 직계존비속이 존재하지만 상속인 간 협의분할에 의하여 배우자가 단독으로 상속받거나 다른 공동상속인이 상속포기하여 배우자 단독으로 상속받는 경우에는 일괄공제의 적용이 가능하다.
  18 2억원
  19 20억원
  20 ○
  21 × ▸ 상속개시일이 속하는 달의 말일부터 6개월 이내에 신고하여야 한다.
  22 ○ ▸ 신고세액공제에 대한 설명이다.
  23 2천만원
  24 × ▸ 증여는 증여자와 수증자 사이의 의사의 일치로 성립하는 계약이다.

부록 은행FP 자산관리사 1부

25 ☐☒ 비영리법인이 증여를 받은 경우 증여세 납부의무가 있지만, 영리법인의 경우에는 증여세 납부의무가 없다.

26 ☐☒ 비거주자가 수증자인 경우 대한민국에 증여세를 납부할 의무가 없다.

27 ☐☒ 증여세법상 사인증여는 증여세가 과세되지 않는다.

28 ☐☒ 이혼 등에 의한 정신적 또는 재산상의 손해배상의 대가로 받는 위자료는 조세포탈의 목적이 있다고 인정되는 경우를 제외하고는 증여로 보지 않는다.

29 특수관계인이 아닌 자 간의 거래에서 그 대가와 시가의 차액이 시가의 30% 이상인 경우에는 그 대가와 시가의 차액에서 (   )을 뺀 금액을 증여재산가액으로 본다.

30 ☐☒ 해당 증여일 전 10년 이내에 동일인(증여자가 직계존속인 경우에는 그 직계존속의 배우자를 포함한다)으로부터 받은 증여재산가액을 합친 금액이 1천만원 이상인 경우에는 그 가액을 증여세 과세가액에 가산한다. 다만, 합산배제증여재산의 경우에는 그러하지 아니하다.

31 거주자가 배우자로부터 증여를 받은 경우 증여재산 공제한도액은 (   )이다.

32 ☐☒ 증여세법상 미성년자가 직계존속으로부터 증여를 받은 경우에 증여재산 공제액은 2천만원을 한도로 한다.

정답
- 25 ○ ▶ 영리법인이 증여를 받은 경우 수증된 재산에 대해서 법인세가 부담되기에 증여세 납부의무가 없다.
- 26 × ▶ 수증자가 비거주자라 하더라도 국내에 있는 수증재산에 대해서는 증여세를 납부할 의무가 있다.
- 27 ○ ▶ 증여자의 사망으로 그 효력이 발생하는 사인증여는 상속세가 과세된다.
- 28 ○
- 29 3억원
- 30 ○ ▶ 재차증여재산의 합산과세에 대한 설명이다.
- 31 6억원
- 32 ○ ▶ 성년자인 경우에는 5천만원이다.

33 ○× 증여세 납부의무가 있는 자는 증여받은 날이 속하는 달의 말일부터 3개월 이내에 증여세의 과세가액 및 과세표준을 납세지 관할세무서장에게 신고하여야 한다.

34 ○× 상속재산의 경우 상속개시일 전후 6개월 이내의 기간 중 매매・감정・수용・경매 또는 공매가 있는 경우 확인되는 가액을, 증여재산의 경우 증여일 전 6개월부터 증여일 후 3개월까지의 기간 중 매매・감정・수용・경매 또는 공매가 있는 경우 확인되는 가액을 시가로 한다.

35 ○× 상속재산 및 증여재산의 매매・감정・수용・경매 또는 공매에 대한 시가로 보는 가액이 2 이상인 경우에는 그 평가기준일을 전후하여 가장 가까운 날에 해당하는 가액으로 한다.

36 ○× 상속재산 및 증여재산 중 상장주식은 평가기준일 전후 2개월간 공표된 매일의 한국거래소 최고시세가액의 평균액(거래실적 유무 불문)을 시가로 한다.

37 ○× 저평가된 재산을 증여하는 것이 세부담을 줄이는 데 도움이 된다.

38 ○× 배우자가 있고 상속재산이 10억원 이하인 경우라도 세부담 측면에서 사전증여를 하는 것이 유리하다.

39 ○× 세부담을 줄이기 위해서는 자녀가 아닌 직계비속에 대한 상속 및 증여는 반드시 피해야 한다.

40 ○× 부담부증여를 한다고 해서 반드시 절세가 되는 것은 아니다.

정답 33 ○
　　　　34 ○ ▶ 상속세와 증여세의 시가에 대한 설명이다.
　　　　35 ○
　　　　36 × ▶ 최종시세가액의 평균액으로 한다.
　　　　37 ○
　　　　38 × ▶ 배우자 단독상속의 경우 기초공제 2억원, 배우자공제 30억원(최대)을 적용할 수 있고 배우자와 직계존속 또는 직계비속이 있는 경우에는 일괄공제 5억원, 배우자공제 5억원(최소)을 적용할 수 있으므로 배우자가 있고 상속재산이 10억원 이하인 경우에는 세부담을 줄이기 위해 사전증여할 필요가 없다.
　　　　39 × ▶ 2차 상속 등 자녀 세대의 상황 등에 따라 할증과세를 받더라도 절세되는 경우가 있으므로 반드시 피해야 하는 것은 아니다.
　　　　40 ○ ▶ 채무부분은 세법상 양도에 해당하므로 양도소득세가 부과된다. 일반적으로 양도소득세보다는 증여세의 세부담이 크지만 경우에 따라서 세부담이 더 커질 수도 있다.

제5장 취득세·재산세·종합부동산세(4문항 대비)

01 (   )는 부동산, 차량, 기계장비, 항공기, 선박, 입목, 광업권, 어업권, 양식업권, 골프회원권, 승마회원권, 콘도미니엄 회원권, 종합체육시설 이용회원권 또는 요트회원권을 취득한 자에게 부과한다.

02 취득세 납세의무자는 취득세 과세대상 재산의 취득자이며 취득일로부터 (   ) 이내에 취득세를 신고·납부하여야 한다.

03 ○× 취득가액이 50만원 이하인 경우에는 취득세를 부과하지 아니한다.

04 ○× 납세의무자가 취득세 과세물건을 사실상 취득한 후 취득세를 신고하지 아니하고 매각한 경우에는 산출세액에 80%를 가산한 금액을 세액으로 하여 징수한다.

05 ○× 재산세의 과세기준일은 매년 12월 1일이다.

06 ○× 과세기준일 현재 사실상 자동차를 보유하고 있는 자는 재산세를 납부할 의무가 있다.

07 ○× 주택에 대한 재산세의 경우 해당 연도에 부과할 세액이 20만원 이하인 경우 9월 16일부터 9월 30일까지 한꺼번에 부과·징수할 수 있다.

08 ○× 주택 부속토지 외의 토지에 대한 재산세는 매년 9월 16일부터 9월 30일까지 한꺼번에 납부한다.

정답
01 취득세
02 60일
03 ○
04 ○ ▶중가산세율에 대한 설명이다.
05 × ▶매년 6월 1일
06 × ▶자동차세를 납부할 의무가 있다.
07 × ▶20만원 이하인 경우 7월 16일부터 7월 31일까지 한꺼번에 부과·징수할 수 있다.
08 ○

은행FP 자산관리사 1부

부록

09 ⃞O⃞X⃞ 주택 외의 건물에 대한 재산세는 매년 9월 16일부터 9월 30일까지 한꺼번에 납부한다.

10 주택을 제외한 당해 재산에 대한 재산세 산출세액은 해당 재산에 대한 직전연도 재산세액 상당액의 최대 (   )까지 징수할 수 있다.

11 ⃞O⃞X⃞ 종합부동산세 과세기준일은 매년 6월 1일이다.

12 과세기준일 현재 토지분 재산세의 납세의무자로서 다음의 어느 하나에 해당하는 자는 해당 토지에 대한 종합부동산세를 납부할 의무가 있다.
- 종합합산과세대상인 경우에는 국내에 소재하는 해당 과세대상토지의 공시가격을 합한 금액이 (   )을 초과하는 자
- 별도합산과세대상인 경우에는 국내에 소재하는 해당 과세대상토지의 공시가격을 합한 금액이 (   )을 초과하는 자

13 ⃞O⃞X⃞ 종합부동산세의 납세의무자가 해당 연도에 납부하여야 할 종합합산과세대상인 토지에 대한 총세액상당액이 직전연도에 해당 토지에 부과된 종합합산과세 대상인 토지에 대한 총세액상당액의 150%를 초과하는 경우에는 그 초과하는 세액에 대해서는 이를 없는 것으로 본다.

14 ⃞O⃞X⃞ 관할세무서장은 납부하여야 할 종합부동산세의 세액을 결정하여 해당 연도 12월 1일부터 12월 15일까지 부과·징수한다.

15 ⃞O⃞X⃞ 관할세무서장은 종합부동산세로 납부하여야 할 세액이 250만원을 초과하는 경우에는 그 세액의 일부를 납부기한이 지난 날부터 6개월 이내에 분납하게 할 수 있다.

16 ⃞O⃞X⃞ 취득세 과세표준은 취득자가 신고한 취득 당시의 가액에 의한다.

정답
- **09** X ▶ 매년 7월 16일부터 7월 31일까지 한꺼번에 납부한다.
- **10** 150%
- **11** O
- **12** 5억원, 80억원
- **13** O ▶ 종합부동산세 세부담 상한선에 대한 설명이다.
- **14** O ▶ 종합부동산세를 신고납부방식으로 납부하고자 하는 납세의무자는 종합부동산세의 과세표준과 세액을 해당 연도 12월 1일부터 12월 15일까지 관할세무서장에게 신고하여야 한다.
- **15** O
- **16** O

17 ☐☒ 2027년 12월 31일까지 무주택자가 서민주택을 취득하여 1가구 1주택자가 되는 경우 취득세를 감면한다.

18 ☐☒ 재산세 및 종합부동산세의 경우 6월 1일 이전에 부동산을 양도하면 세부담을 줄일 수 있다.

19 ☐☒ 부동산을 취득할 때 부부 공동으로 취득 및 등기하면 취득세와 재산세에 대한 세부담을 줄일 수 있다.

20 ☐☒ 종합부동산세법은 고액의 부동산 보유자에 대하여 종합부동산세를 부과하여 부동산보유에 대한 조세부담의 형평성을 제고하고, 부동산의 가격안정을 도모함으로써 지방재정의 균형발전과 국민경제의 건전한 발전에 이바지함을 목적으로 한다.

정답 17 ○
　　　 18 ○ ▶ 재산세와 종합부동산세의 과세기준일 이전에 양도하고 과세기준일 이후에 양수받는 것이 세부담을 줄이는 방법이다.
　　　 19 × ▶ 취득세와 재산세는 단독과 공동 모두 세액이 동일하며 부부 공동으로 취득 등기하는 경우 양도세와 종합부동산세 및 상속세가 절세된다.
　　　 20 ○ ▶ 세법에서 명시한 종합부동산세법의 목적이다.

보험 및 은퇴설계

은행FP 자산관리사 1부 제3과목 20문항 대비

제1장 보험설계(10문항 대비)

01 ☐O☐X☐ 위험이 자주 발생하지는 않지만 발생할 경우 치명적인 위험은 자체조달보다는 외부조달이 효과적이다.

02 ☐O☐X☐ 실손보상의 원칙이란 개별 보험계약자는 자신의 위험에 상응하는 보험료를 납부해야 한다는 원칙이다.

03 ☐O☐X☐ 예정사망률이 낮아지면 사망보험료는 높아지고, 생존보험의 보험료는 낮아진다.

04 순보험료는 (   )와 (   )로 구성된다.

05 사람의 생애는 일반적으로 출생·성장·결혼·육아·노후의 단계를 거치는데, 이러한 단계적 변화를 (   )(이)라고 한다.

06 ☐O☐X☐ 보험계약은 쌍무계약이면서, 무상계약이다.

07 보험자가 고지의무위반 사실을 안 날로부터 (   ), 계약을 체결한 날로부터 (   ) 경과 시 보험계약 해지가 제한된다.

정답
01 O
02 × ▶ 급부반대급부 균등의 원칙에 대한 설명이다. 실손보상의 원칙은 보험계약은 보험사고 시 피보험자가 입은 손해에 대해서만 보상한다는 원칙이다.
03 × ▶ 예정사망률이 낮아지면 사망보험료는 낮아지고, 생존보험의 보험료는 높아진다.
04 위험보험료, 저축보험료
05 라이프 사이클
06 × ▶ 보험계약은 쌍무계약이면서, 유상계약이다.
07 1개월, 3년

부록   은행FP 자산관리사 1부

08 ☐○☐× 퇴직연금·퇴직보험·연금저축·변액보험·자산연계형보험은 특별계정에서 별도로 관리된다.

09 보험회사의 성격상 배당보험은 (　　)가, 무배당보험은 (　　)가 주로 판매한다.

10 (　　)은 암·심근경색·뇌졸중 등 중대한 질병이 발생하면 치료비, 생활비 등 생존자금 보장을 위해 사망보험금의 일부를 미리 지급해 주는 보험이다.

11 제3보험은 생명보험의 (　　)과 손해보험의 (　　)을 동시에 지닌다.

12 ☐○☐× 간병보험은 일상생활장해상태에 대한 보장개시일이 60일, 치매상태에 대한 보장개시일은 1년의 면책기간이 설정되어 있다.

13 ☐○☐× 콘도미니엄, 오피스텔, 기숙사 건물, 공장 내 기숙사 등은 주택물건에 해당하지 않는다.

14 장기손해보험의 보험기간은 (　　) 이내로 하되 보장성 보험의 경우 (　　) 이상으로 할 수 있다.

15 장기손해보험은 1회의 사고로 지급되는 보험금이 보험가입금액의 (　　) 미만이면 몇 번의 사고가 발생해도 보험가입금액이 감액되지 않는다.

16 ☐○☐× 자동차손해배상보장법에서는 조건부 무과실책임주의를 채택함으로써 운전자에게 과실이 없는 경우에도 피해자는 그 운행자에게 손해배상청구를 할 수 있다.

정답
08 ○
09 상호회사, 주식회사
10 CI보험
11 정액보상적 특성, 실손보상적 특성
12 × ▶ 90일, 2년
13 ○
14 15년, 15년
15 80%
16 ○

17 ☐○☐× 가족운전자 한정특약에서 형제와 자매도 가족의 범위에 포함한다.

18 ☐○☐× 건강보험제도는 일정한 법적 요인이 충족되면 본인의 의사와 관계없이 강제 적용되며, 소득수준 등 보험료 부담능력에 따라 차등적으로 부담한다.

19 노인장기요양보험은 일반 수급자의 경우 장기요양급여비용의 (   )를, 시설급여의 경우 (   )를 본인이 부담한다.

20 ☐○☐× 산업재해보상 보험급여 중 휴업급여의 1일당 지급액은 평균임금의 50%에 상당하는 금액으로 한다.

21 ☐○☐× 유족급여는 연금지급이 원칙이다.

22 금융소득종합과세는 개인별 연간 금융소득이 (   )을 초과하는 경우 금융소득을 다른 종합소득과 합산하여 종합소득세율 (   )로 누진과세하는 제도이다.

23 ☐○☐× 보험의 유형에 관계없이 보험계약일로부터 10년이 경과하기 전에 중도 해지함으로써 발생한 이자소득세는 과세한다.

24 ☐○☐× 보험금수령인(수익자)과 보험료납부자(계약자)가 다른 경우 보험금 상당액을 보험금납부자의 증여재산가액으로 한다.

25 ☐○☐× 보험금의 증여 시기는 보험사고 발생일이다.

정답
17 × ▶ 가족운전자 한정특약에서 형제와 자매는 가족의 범위에서 배제된다.
18 ○
19 15%, 20%
20 × ▶ 휴업급여의 1일당 지급액은 평균임금의 70%에 상당하는 금액으로 한다.
21 ○
22 2천만원, 6~45%
23 ○
24 × ▶ 보험금수령인의 증여재산가액으로 한다.
25 ○

은행FP 자산관리사 1부

26 장애인 또는 상이자를 수익자로 하는 장애인 전용 보험금에 대해 연간 (　　) 한도로 증여세를 비과세한다.

27 보험상품구매의 4단계 절차는 1단계 : (　　) → 2단계 : 욕구 → 3단계 : (　　) → 4단계 : 구매의 순서로 이루어진다.

28 보험상담 프로세스의 5단계 절차는 1단계 : 고객 발굴 → 2단계 : (　　) → 3단계 : 정보수집 및 분석 → 4단계 : (　　) → 5단계 : 증권전달 및 소개확보의 순서로 이루어진다.

29 고객으로 분류되기 위해서는 4가지 조건인 (　　)이 가능한 사람, 보험에 (　　)가 있는 사람, (　　) 납입능력이 있는 사람, (　　)을 갖춘 사람을 충족해야 한다.

30 정보수집 방법 중 (　　)은 거울처럼 감정의 개입 없이 느낀 그대로를 상대에게 표출하는 것을 말한다.

31 정보수집 방법 중 (　　)은 대화의 주요내용을 간략하게 요약 설명하는 것으로서, 주요내용이 복잡하고 길게 이어지는 것을 새로운 정보와 접목시키기 위해 활용한다.

32 계약체결 기법 중 (　　)은 고객에게 니즈가 있고 보험료 납입능력도 있는 경우, 고객이 가입하기 쉽도록 행동을 유도하는 방법이다.

33 ○× 특정시장을 갖고 있을 경우 동일한 계약체결 화법을 활용하여 성공확률이 낮아진다.

정답
26 4,000만원
27 불만족, 결정
28 고객접근, 프리젠테이션&클로징
29 접근, 니즈, 보험료, 가입자격
30 투사화법
31 요점화법
32 행동유도법
33 × ▶ 특정시장을 갖고 있을 경우 동일한 계약체결 화법을 활용하여 성공확률이 높아진다.

제2장 은퇴설계(10문항 대비)

01 은퇴설계는 근로소득이 없는 은퇴 이후의 삶을 행복하게 영위하기 위해 (   ) 요소와 (   ) 요소를 균형 있게 설계하는 것을 말한다.

02 O/X 우리나라의 연금제도는 20여 년의 짧은 역사를 가지고 있기 때문에 현재 연금 수급자도 적고 수령액도 낮은 수준에 머물러 있다.

03 (   )은 성별·연령별 사망률이 현재 수준으로 유지된다고 가정했을 때 0세 출생자가 향후 몇 년을 더 생존할 것인가를 통계적으로 추정한 기대치로, '0세에 대한 기대여명'을 말한다.

04 (   )은 현재 특정 연령에 있는 사람이 향후 얼마나 더 생존할 것인가 기대되는 연수를 말한다.

05 O/X 고령사회에 대한 인식의 변화로 은퇴기를 인생 제2막으로 받아들이고, 잘 사는 것에서 오래 사는 것을 추구하게 되었다.

06 O/X 프로이드는 심리 사회학적 관점에서 생애 8단계 이론을 통해 노년기를 '자아 통합감 대 절망감'으로 표현하였다.

07 (   )은 활동적 노화를 의미하는 것으로, 고령의 나이에 개의치 않고 새로운 것에 도전하며 인생의 제2막을 즐기는 것을 말한다.

정답 01 재무적, 비재무적
02 O
03 기대수명
04 기대여명
05 X ▶ 오래 사는 것에서 잘 사는 것을 추구하게 되었다.
06 X ▶ 에릭슨은 심리 사회학적 관점에서 생애 8단계 이론을 통해 노년기를 '자아 통합감 대 절망감'으로 표현하였다.
07 액티브 에이징

부록 은행FP 자산관리사 1부

08 ○× 제4기 인생은 퇴직 후 비교적 건강하게 생활하는 20~30년의 시기를 말하며, '자기 성취의 시기'이다.

09 ○× 종활이란 일본에서 생긴 신조어로 수동적으로 받아들이던 죽음을 밝고 적극적인 자세로 설계하고 맞이하는 것을 말한다.

10 (   )란 물가상승으로 실질 자산가치가 하락하는 리스크를 말한다.

11 (   )는 은퇴 후 연금을 받기 전까지 생기는 소득의 공백기간을 말한다.

12 ○× 부부형 연금은 부부 중 한 명이 사망하면 남은 배우자는 연금을 받지 못하는 상품이다.

13 (   )은 장애, 연령 등에 관계없이 제품이나 서비스 등을 편리하고 안전하게 이용할 수 있도록 하는 설계기법이다.

14 (   )는 장애인이나 고령자들도 편하게 살 수 있도록 주택이나 건물, 도시의 물리적·제도적 장벽을 제거하는 것을 말한다.

15 ○× 기초연금은 대한민국 국적을 갖고 국내에 거주하는 만 65세 이상 고령자 중 소득과 재산을 합한 금액(소득인정액)이 해당 연도 선정기준액 이하인 자에게 지급한다.

16 ○× 기초연금을 부부가 모두 받을 경우에는 각각에 대해 산정된 기초 연금액의 30%를 감액한다.

정답
08 × ▶ 제3기 인생에 대한 설명이다. 제4기 인생은 건강이 나빠져 다른 사람의 도움을 받게 되는 약 10년 정도의 '의존의 시기'를 의미한다.
09 ○
10 인플레이션 리스크
11 은퇴 크레바스
12 × ▶ 부부형 연금은 부부 중 한 명이 먼저 사망해도 남은 배우자가 연금을 받을 수 있다.
13 유니버설 디자인
14 배리어 프리
15 ○
16 × ▶ 각각에 대해 산정된 기초 연금액의 20%를 감액한다.

은행FP 자산관리사 1부

17 ☐o☒x 국민연금은 매년 물가변동률을 반영하여 지급하기 때문에 실질가치가 보전된다는 특징이 있다.

18 ☐o☒x 국내에 거주하고 있는 외국인은 국민연금에 가입할 수 없다.

19 ☐o☒x 공무원이 1년 이상 재직하고 퇴직 또는 사망하면 퇴직일시금이 지급된다.

20 ☐o☒x 군인연금은 복무기간이 20년 이상일 경우 퇴직연금이 지급되고, 20년 미만일 경우 퇴직일시금을 받는다.

21 ☐o☒x 공적연금 연계제도 수급요건은 국민연금 또는 특수직역연금의 어느 한쪽이나 또는 양쪽 모두 수급권자가 아니면서 합산한 가입 기간이 10년 또는 20년 이상일 경우만 신청이 가능하다.

22 퇴직연금제도는 (　　　), (　　　), (　　　) 총 3가지 유형으로 구성된다.

23 확정급여형(DB형)제도는 (　　)가 적립금 운용방법을 결정하고, 확정기여형(DC형)제도는 (　　)가 적립금 운용방법을 결정한다.

24 ☐o☒x DB형과 IRP형은 중도인출이 가능하다.

25 ☐o☒x 확정급여형(DB형)제도는 퇴직 시 지급할 급여수준을 노사가 사전에 약정한다.

정답
17 O
18 X ▶ 국내에 거주하고 있는 외국인은 국민연금에 가입할 수 있다.
19 X ▶ 퇴직수당이 지급된다.
20 O
21 O
22 확정급여형(DB형)제도, 확정기여형(DC형)제도, 개인형퇴직연금제도
23 사용자, 근로자
24 X ▶ 중도인출이 가능한 것은 DC형과 IRP형이다.
25 O

26 ⬜ 연금저축계좌는 세제 적격 연금상품에 가입한 후 10년 이상 납입하고 60세 이후부터 연금으로 수령해야 한다.

27 연금저축계좌에서 보험료 납입은 연간 (   )까지 가능하고, 세액공제는 연간 (   )까지 납입액의 13.2% 또는 16.5%를 받을 수 있다.

28 ⬜ 주택연금제도는 부부 중 한 명이라도 대한민국 국적을 가지고 있어야 하고, 가입연령은 부부 중 한 명이 만 60세 이상이어야 한다.

29 (   )란 장애, 질병, 노령 등으로 사무처리 능력이 부족한 성인에게 재산관리 및 일상생활과 관련된 신상보호를 지원하는 제도를 말한다.

30 은퇴설계 프로세스 3단계 절차는 1단계 : (   ) → 2단계 : (   ) → 3단계 : 실행지원 및 사후관리로 이루어진다.

정답
26 X ▸ 5년 이상, 55세 이후
27 1,800만원, 600만원
28 X ▸ 주택연금제도의 가입연령은 부부 중 한 명이 만 55세 이상이어야 한다.
29 성년후견제도
30 고객과 관계정립 및 정보수집, 고객 분석 및 은퇴설계 제안

우리가 해야할 일은 끊임없이 호기심을 갖고
새로운 생각을 시험해보고 새로운 인상을 받는 것이다.

— 월터 페이터 —

인생이란 결코 공평하지 않다. 이 사실에 익숙해져라.

- 빌 게이츠 -